中国图书馆事业发展报告

“十二五”时期图书馆事业发展卷

韩永进　主编

国家图书馆出版社

图书在版编目(CIP)数据

中国图书馆事业发展报告."十二五"时期图书馆事业发展卷/韩永进主编. --北京:国家图书馆出版社,2018.8
ISBN 978-7-5013-6456-5

Ⅰ.①中… Ⅱ.①韩… Ⅲ.①图书馆事业—研究报告—中国—2011-2015 Ⅳ.①G259.2

中国版本图书馆 CIP 数据核字(2018)第 128354 号

书　　名　中国图书馆事业发展报告·"十二五"时期图书馆事业发展卷
著　　者　韩永进　主编
责任编辑　张　颀
封面设计　耕者设计工作室

出　　版　国家图书馆出版社(100034　北京市西城区文津街 7 号)
　　　　　(原书目文献出版社　北京图书馆出版社)
发　　行　010-66114536　66126153　66151313　66175620
　　　　　66121706(传真)　66126156(门市部)
E-mail　nlcpress@nlc.cn(邮购)
Website　www.nlcpress.com ——→投稿中心
经　　销　新华书店
印　　装　北京鲁汇荣彩印刷有限公司
版　　次　2018 年 8 月第 1 版　2018 年 8 月第 1 次印刷

开　　本　710×1000(毫米)　1/16
印　　张　48
字　　数　811 千字

书　　号　ISBN 978-7-5013-6456-5
定　　价　280.00 元

中国图书馆事业发展报告
“十二五”时期图书馆事业发展卷

序

图书馆是国家重要的文化与教育机构，是公众自由平等获取各类信息的主要场所，在保存民族文化遗产、传播信息与知识、推进社会教育、丰富公众文化生活等方面发挥着越来越重要的作用。“十二五”时期，中央和地方各级政府进一步加大对图书馆事业的重视和支持，图书馆法制化、制度化建设取得新进展，较为完备的图书馆网络基本建成，办馆条件和服务体系建设逐步完善，服务效能稳步提升，传承和弘扬中华优秀传统文化成效明显，体制机制改革和事业发展保障体系建设有序推进，国际交流与合作进一步加强，中国图书馆界的国际影响力进一步提高，中国图书馆事业迎来了历史上最好的发展时期之一。国家图书馆、公共图书馆、高校图书馆、中小学图书馆、专业图书馆、民办图书馆等各级各类图书馆都呈现出欣欣向荣的发展势头，取得了长足的发展和进步，并在图书馆事业发展进程中积累了一些鲜活而成功的实践经验。与此同时，我国图书馆学界也积极围绕中国图书馆事业发展出现的新情况、新问题开展调查研究，不断取得新的研究成果，为政府制定出台相关政策，推进图书馆事业发展提供了丰富的理论指导。

为系统总结我国“十二五”时期图书馆事业发展的成就、经验和特点，并对“十三五”时期图书馆事业发展的热点和重点进行展望与前瞻性思考，国家图书馆组织各系统、各地区图书馆界实践者和专家学者，联合编纂了《中国图书馆事业发展报告·“十二五”时期图书馆事业发展卷》。

全书分为综述、行业发展报告、地区实践报告、图书馆学教育与研究、附录五部分，各部分内容互相补充、互相衔接，从不同角度、不同层面探究我国“十二五”时期图书馆事业的发展脉络。行业发展报告和地区实践报告分别从不同维度对“十二五”时期图书馆建设进行研究分析，其中行业发展报告着眼于国家图书馆、公共图书馆、高校图书馆、中小学图书馆、专业图书馆、民办图书馆和图书馆行业组织等若干系统的发展，分析总结发展成就、特点、问题以及未来发展重点；地区实践报告则围绕华北、东北、华东、华中、华南、西南、西北等七大区域的图书馆事业发展开展深入研究。图书馆学教育与研究报告则对我国“十二五”时期图书馆学教育发展和图书馆学研究进展进行系统回顾与综合分析。此外，书末还提供四个资料性附录，分别是 2011—2015 年图书馆相关法律法规政策文件目录、2011—2015 年中国图书馆大事记、2011—2015 年国家社会科学基金项目（图书馆、情报与文献学）一览表和 2011—2015 年教育部人文社会科学研究规划基金项目（图书馆、情报与文献学）一览表，为学者研究提供资料线索。

有赖本书编写组全体成员竭尽全力，数易其稿，终成此书，在此一并致谢。由于时间仓促，本书难免有所纰漏与不当之处，敬请各位读者批评指正。

韩永进

2017 年 12 月于北京

目　　录

综　　述

行业发展报告

地区实践报告

图书馆学教育与研究

综　　述

第一章 “十二五”时期全国图书馆事业发展综述

“十二五”时期,是我国在实现“两个一百年”奋斗目标历史进程中极为重要的五年。在党中央、国务院的正确领导下,在国家全面构建公共文化服务体系和大力推进社会主义文化大发展大繁荣的政策背景和大好形势下,中国图书馆事业呈现出欣欣向荣的发展势头,并取得了长足的进步。“十二五”期间,中央、地方及相关政府部门、行业组织陆续出台系列政策文件指导、规范图书馆事业发展,图书馆法制化、制度化、标准化建设取得阶段性进展。国家图书馆、公共图书馆、高校图书馆、中小学图书馆、专业图书馆等各类图书馆建设取得长足进步,基础设施建设不断完善,较为完备的图书馆体系基本建成,文献信息资源保障能力日益增强。各级各类图书馆不断探索法人治理结构建设、社会力量参与、绩效考核评估等体制机制改革的重要途径。与此同时,中国图书馆界通过多种方式与国际图书馆界建立广泛联系,国际影响力得到进一步提升。

第一节 发展环境

“十二五”时期,中国图书馆事业得到飞速发展,这与国民经济的持续快速发展、国家政策的大力支持保障、党和政府对文化教育及科研等公共事业的高度重视以及信息技术的发展应用等息息相关。在此发展环境下,我国图书馆事业面临着前所未有的历史发展机遇,同样也面临着改革创新的深刻挑战。

一、国民经济快速发展,文化教育科研等公共支出持续增长

2010 年,国内生产总值达到 39.8 万亿元,跃居世界第二位,国家财政收入达到 8.3 万亿元[1]。国家经济实力显著增强,促使文化、教育、科研等公共领域财政资金支持力度进一步加大。据统计,2010 年,国家文化事业建设费 323.06 亿元,比 2005 年(133.82 亿元)增长 141.40%[2];教育经费 19 561.85

亿元[3],比2005年(8418.84亿元[4])增长132.36%;科技研发经费7062.6亿元[5],比2005年(2450亿元[6])增长188.27%。

与此同时,人民生活消费水平进一步提高。教育文化娱乐等方面支出在消费结构中的比例明显增加,2010年,全国城镇居民人均消费性支出13 471元,农村居民人均消费性支出4382元[7],分别比2005年(城镇7943元,农村2555元[8])增长69.6%和71.5%。居民文化教育水平得到显著提升,2010年,全国初中毛入学率达到100.1%,初中三年巩固率达到94%,分别比2005年提高5.1个百分点和1.02个百分点,城乡免费义务教育全面实现;高中阶段教育毛入学率达到82.5%,比2005年提高29.8个百分点;高等教育毛入学率达26.5%,比2005年提高5.5个百分点,各种形式的高等教育在学总规模达到3105万人,比2005年增加805万人,增长35%[9],“高等学校本科教学质量与教学改革工程”稳步推进,进一步实现高等教育内涵式发展。

2011至2015年,国民经济继续保持中高速增长,国内生产总值年均增长7.8%[10],经济总量稳居世界第二位,人均国内生产总值稳步提高。2011至2015年,城镇居民、农村居民年人均可支配收入实际分别增长7.25%、8.8%,城乡收入差距持续缩小。2015年,全国居民人均消费支出达到15 712元[11],其中教育文化娱乐支出1593元[12],比2010年增长58.8%。城镇化布局与形态不断优化,京津冀、长三角、珠三角等东部三大城市群继续发挥引领作用,成渝、长江中游等中西部城市群加快发展,带动了巨大的投资和消费需求,也进一步激发了广大社会公众的文化需求。国家财政支出进一步向基础设施建设和公共服务倾斜,公共文化支出占比不断提高,图书馆作为公共文化事业的重要一环,得到更加强有力的支持和保障。

二、国家综合实力显著增强,社会公共事业繁荣发展

“十二五”时期,党中央、国务院以增进民生福祉为目的,不断加大社会事业投入,推进基本公共服务均等化,各项社会事业全面进步,文化事业及产业繁荣发展。图书馆蕴藏着丰富的文献资源,处在文化交流与传承的前沿,在文化事业与产业发展中有着不可替代的作用。同时,教育科研事业在“十二五”时期也迎来了长足的发展与进步,九年义务教育全面普及,高等教育大众化水平、科研创新能力显著提升,全民终身学习的态势初步形成,教育、科研信息化全面推进,大大促进了公共图书馆、中小学图书馆、高校图书馆、专业图书馆及民办图书馆等各类型图书馆的发展。

三、“文化强国”战略深入实施，文化政策环境持续向好

2011 年 10 月 18 日，党的十七届六中全会审议通过《中共中央关于深化文化体制改革、推动社会主义文化大发展大繁荣若干重大问题的决定》，提出建设社会主义文化强国长远战略。为深入贯彻落实这一重大战略，党的十八大以来，党中央、国务院突出强调“现代公共文化服务体系”建设，先后做出系列政策部署，《文化部、财政部关于推进全国美术馆公共图书馆文化馆（站）免费开放工作的意见》《全国公共图书馆事业发展“十二五”规划》《中共中央办公厅、国务院办公厅关于加快构建现代公共文化服务体系的意见》等系列重要文件先后出台；习近平总书记围绕传承弘扬中华优秀传统文化、培育社会主义核心价值观、实现中华民族伟大复兴“中国梦”发表系列重要讲话，并就深化文化体制机制改革，坚定文化自信，树立历史底蕴深厚、各民族多元一体、文化多样和谐的文明大国形象提出了许多富有创见的新思想、新论断、新要求。图书馆作为中华优秀典籍的主要收藏机构，作为现代公共文化服务体系的重要组成部分，在党和国家的高度重视和大力支持下，迎来了新的发展机遇期。

四、技术影响力持续加大，“大众创业、万众创新”蓬勃开展

当前，中国经济发展进入新常态。“新形势下，低成本资源和要素投入形成的驱动力明显减弱，需要依靠更多更好的科技创新为经济发展注入新动力”。为此，党的十八大提出实施创新驱动发展战略。2014 年，李克强总理首次提出“大众创业、万众创新”。新的创新创业环境对图书馆的知识信息服务提出了新的要求，特别是在数字科研环境搭建、科学知识普及、创新能力培养等方面，为图书馆工作开辟了一个具有无限发展前景的新领域。图书馆不再只是图书文献等信息资源的保管存储地，而是逐渐拓展成为社会广泛参与、可互动、可实践、拥有多种创新服务能力的“第二课堂”和“创客空间”科普实验室，等等。

五、信息技术飞速发展，社会公众信息行为深刻变革

“十二五”时期，移动互联网、社交媒体、物联网、大数据、云计算等新兴信息技术快速发展、交融渗透，并作为互联网的延伸和发展，在与知识经济发展的互动中进一步推动了创新形态的演变，各行各业以互联网为平台进行融合

创新的同时,也深刻影响着文化发展的路径。RFID、数字保存、开放资源、语义网和链接数据、云计算、大数据、电子书、用户界面和多媒体等技术已逐步推广应用于图书馆的研究和使用中,并对图书馆业务的未来发展产生了持续性的深远影响。随着信息技术的变革,用户的信息环境、数字出版模式发生了较大变化,也带来了用户信息需求和行为的转变。用户阅读手段由传统纸质图书转移到通过计算机终端及互联网渠道进行阅读,并逐步向以手机等移动终端为主的移动阅读发展。据统计,截至 2015 年年底,中国数字阅读用户规模达到 2.96 亿[13];网络在线阅读、手机阅读、电子阅读器阅读、光盘阅读、Pad(平板电脑)阅读等数字化阅读方式的接触率为 64%[14]。此外,自 2011 年以来,以教学资源高度共享、学习计划高度自主、学习过程高度交互为特征的网络开放学习(慕课,MOOCs)等也已经逐步形成新风尚。新环境下,图书馆也紧随时代浪潮,选择适用于图书馆的先进技术,改进工作的各项环节,以更好地满足用户需求,提供更精准化的服务。

第二节　主要成就

“十二五”时期,中国图书馆事业取得了长足的发展和进步,全国图书馆体系更加完备,资源、经费、人才等保障更加有力,法律、制度及标准规范体系更加健全。各级各类图书馆深入学习贯彻落实习近平总书记系列重要讲话精神,积极传承弘扬中华优秀传统文化,加快构建现代公共文化服务体系,主动开拓典籍展览、在线公开课、创客空间等创新服务模式,不断深化体制机制改革,图书馆建设管理水平和服务效能不断提升,国内外交流合作不断深化,中国图书馆界在世界图书馆事业中的影响力和话语权得到进一步增强。

一、图书馆体系更加完备

改革开放以来,我国已逐步形成一个由国家图书馆、公共图书馆、学校图书馆、专业图书馆以及工会图书馆、军队图书馆等各类型、各系统图书馆组成的图书馆体系。“十二五”时期,各类型图书馆设施建设均取得突出成效,全国图书馆体系更加完备。

在“十一五”时期基本实现“县县有图书馆”目标的基础上,“十二五”时期,中央和地方各级政府加快推进公共文化服务体系建设,积极推广自助图书馆、流动图书馆、图书馆总分馆制等成功经验，推进图书馆服务不断向城乡基层延伸拓展。浙江省嘉兴市城乡一体化公共图书馆服务体系建设、重庆市大渡口区图书馆总分馆制建设、陕西省铜川市公共图书馆服务一体化建设、新疆维吾尔自治区克拉玛依市图书馆联建共享一体化服务体系、河南省“关爱留守儿童：信阳市平桥区农村公共图书馆一体化建设”、重庆市南岸区社区图书馆标准化服务项目、西藏自治区昌都市公共图书馆服务拓展与创新项目、浙江省温州市“城市书网”、江苏省扬州市“四位一体”公共图书馆服务体系、湖北省十堰市图书馆总分馆体系 + 建设、陕西省西安市公共图书馆总分馆信息化建设平台等项目先后列入国家公共文化服务体系示范区创建项目，在公共图书馆体系化建设方面深入推进制度创新和服务创新，取得积极成效。流动图书馆建设有效推进，截至 2015 年年底，全国已有公共图书馆流动图书车 72 922 辆，流动图书馆推动公共图书馆服务进一步向基层、社区、学校等延伸。“24 小时城市街区自助图书馆”服务模式在全国各地快速普及并实现新发展，武汉市、成都市双流区等地区通过自助图书馆设备提供无线 Wi-Fi 接入服务，开通数字资源的实时查询、下载和使用功能；合肥、沧州等图书馆在通过 ATM 自助借还机提供查询、借阅服务以外，进一步开辟 24 小时自助学习、阅读空间，真正实现图书馆服务“365 天天天开馆，24 小时时时开放”。各地以乡镇综合文化站评估定级及基层综合性文化服务中心建设等工作为契机，深入推进基层图书馆（室）建设，同时通过公共文化服务体系建设制度创新，积极将这些基层图书馆（室）纳入区域总分馆服务体系；通过建设主体上移等方式，加强基层图书馆（室）建设的统筹规划、专业指导、技术支持和人财物保障。

高校、科研及基础教育等领域图书馆设施装备更加完善。据“教育部高校图书馆事实数据库”统计，2011 至 2015 年，高校新馆在建率分别为 57.9%、60.7%、55.0%、49.4%、39.4%，仅 2014 年，就有 117 所高校图书馆新馆建成开放，清华大学人文社会科学图书馆、武汉大学新图书馆、北京师范大学新图书馆、中国人民大学新图书馆等一批有代表性的新馆相继建成投入使用。同时，随着我国高校办学规模不断扩大，多校区办学形式日益普遍，学科建设越来越受到高等学校的重视，高校图书馆积极探索学科分馆建设模式，纷纷开展了学科分馆建设，北京大学、清华大学、武汉大学、厦门大学等高校图书馆根据图书馆的藏书特色及学校学科、专业、课程体系的需要，建立起按照学科分类对文献信息进行收集、整理、研究和开发的学科分馆[15]，985、211 院校图书馆的分馆数量由“十一五”末的馆均 2 个增加为“十二五”末的馆均 3 个。

此外,随着基础教育事业的快速发展,国家进一步明确和规范了中小学图书馆的建设发展方向,中小学图书馆设施建设水平也实现显著提升。目前我国中小学已普遍设立了图书馆,以2012年年底的数据为例,东部发达地区的江苏已达到99.03%,浙江更是高达99.23%,而中西部地区的河南、四川、甘肃也都达到了80.00%以上;中小学图书馆校均馆舍使用面积,东部地区的上海为377.32平方米、西部地区的甘肃也达到339.37平方米。

二、资源、经费、人才等保障更加有力

“十二五”期间,中央及地方各级财政不断加大对各类型图书馆的经费投入力度,支持图书馆不断提高文献信息资源保障水平,提升人才队伍专业化能力,为全国图书馆事业的健康快速发展提供了更加坚强有力的保障。

各类型图书馆经费持续增长。根据文化部会同财政部《关于推进全国美术馆公共图书馆文化馆(站)免费开放工作的意见》《关于加强美术馆、公共图书馆、文化馆(站)免费开放经费保障工作的通知》等文件要求,“十二五”期间,中央财政累计安排三馆一站免费开放专项资金98.1亿元(其中,2011年18.23亿元,2012年18.92亿元,2013年20.17亿元,2014年20.37亿元,2015年20.41亿元),支持全国各级公共图书馆(室)全面实现免费开放。2015年,全国县以上公共图书馆财政拨款总额达127亿元,是2010年的2.2倍;馆均财政拨款近405万元,比2010年翻了一番。据“教育部高校图书馆事实数据库”统计,739家高校图书馆2015年年度总经费的平均值约567.7万元,年度经费投入在500万元以上的高校占比达到34.60%,各校图书馆之间不平衡的情况逐年得到缓解。

图书馆文献资源总量和新增藏量逐年增长,馆藏结构不断优化。2015年,全国县以上公共图书馆新增藏量购置费19.7亿元,比2010年增长了77.50%;人均购书经费1.43元,比2010年增长72.30%;全国公共图书馆总藏量83 844万册/件,比2010年增长35.80%;全国人均藏书和年人均新增藏量达到0.61册/件和0.037册/件,分别比2010年增加0.15册/件和0.015册/件[16]。据“教育部高校图书馆事实数据库”统计,748个高校图书馆2015年度馆均文献资源购置费491.81万元,比“十一五”末增加28.20%。与此同时,各类型图书馆数字资源总量不断增加。截至2015年年底,公共数字文化工程建设的数字资源总量超过10 000TB,电子图书83 041万册,是2010年末的134倍[17];据“教育部高校图书馆事实数据库”统计,748家高校图书

馆馆均电子资源购置费 261.26 万元,比“十一五”末增长 80.98%。电子资源成为各类型图书馆“十二五”期间文献资源建设重点。各类型图书馆资源加工、整合能力显著增强,各类特色数字资源库建设成果丰硕。公共图书馆注重地方文献、地方文化及专题等特色数据库建设,强化基于 OPAC 系统、导航及跨库检索等资源整合模式。高校图书馆通过对学科特色、专题特色或机构特色的文献信息资源加工、整理和数字化,建立具有独特信息价值和多途径检索功能的专题信息资源库。科研图书馆重点开发综合信息资源保障体系,开发建立国家科技报告体系与服务系统,为我国的自主创新能力建设提供重要的信息资源保障。

图书馆从业人员结构和整体素质进一步优化。“十二五”时期,各类型图书馆纷纷实施“人才兴馆”“人才强馆”战略,通过营造适宜人才成长的环境,提升馆员的地位和待遇,进一步完善图书馆专业技术职称制度,人才队伍建设机制日益完善,图书馆专业技术人才比例逐步扩大,人力资源结构逐步向高学历、专业化和知识化的方向发展。2015 年,全国公共图书馆中高级职称人员比重为 60.2%,比 2010 年增长 19.5%;716 所高校图书馆拥有博士学位馆员总人数为 716 人,平均每馆 1 人,拥有硕士学位馆员总人数为 7352 人,平均每馆 10.27 人。围绕数字图书馆建设、知识信息组织、古籍保护、基层图书馆服务等重点领域开展的职业培训和继续教育成效突出,城乡基层图书馆(室)从业人员的系统培训机制逐步健全,依托数字图书馆推广工程、古籍保护工程等建立培训平台与人才培训基地,通过大规模全国性培训、个性化定制培训、网络远程培训、特色培训、合作培养等对从业人员实施专业培训,业务水平有效提升。

三、法律、制度及标准规范体系更加健全

“十二五”期间,在党和政府高度重视下,国家、部门及地方立法均取得突破性进展,图书馆领域国家标准、行业标准、地方标准及政府指导标准等制修订工作全面推进,图书馆事业发展政策保障体系进一步健全。

公共图书馆立法进程不断加快。国内图书馆领域第一部国家立法——《中华人民共和国公共图书馆法(征求意见稿)》于 2015 年 12 月由国务院法制办正式面向社会公开征求意见[18],征求意见稿明确了各级政府在公共图书馆事业发展中的权利义务,在加强公共图书馆服务体系建设、完善公共图书馆服务功能、推动公共图书馆专业治理、充分调动社会力量参与等方面进行

了一系列现代化的制度设计，既体现了我国公共文化服务体制机制改革的发展方向和基本要求，同时也有利于推动我国图书馆事业进一步实现与国际图书馆发展理念的全面接轨，对于促进我国公共图书馆事业发展，保障人民群众基本文化权益必将发挥里程碑式的积极作用。与此同时，四川、广州、上海三省市在“十二五”时期相继修订或制定出台了地方性图书馆条例和法规，这些地方性公共图书馆法规各有特色，成为进一步推进国家层面立法的重要参考，同时也为其他各省市图书馆相关法规规章的制定（修订）工作提供借鉴。

《普通高等学校图书馆规程》《中小学图书馆（室）规程（修订）》等部门规章先后启动修订。再次修订后的《普通高等学校图书馆规程》于 2015 年 12 月颁布[19]，新修订的《规程》进一步明确了高校图书馆在体制机制、馆舍设备、经费、人员、文献资源、服务和管理等方面必须达到的基本要求，强调馆际协作与资源共建共享，强调数字信息资源的建设与管理，对今后图书馆工作具有重大的指导意义。《中小学图书馆（室）规程（修订）》修订工作于 2015 年由中国图书馆学会中小学图书馆委员会牵头启动，修订工作主要涉及图书馆自动化、网络化、数字化建设，配备标准，馆员条件，推动阅读等若干重点问题。

古籍保护、全民阅读等领域专门立法取得重大进展。2011 年 3 月，文化部发布《关于进一步加强古籍保护工作的通知》[20]，提出将研究制定《古籍保护条例》，并委托国家图书馆、国家古籍保护中心成立《古籍保护条例》起草小组，深入推进《古籍保护条例》立法研究工作，根据古籍保护工作的特殊性，围绕国家和省级古籍保护中心的建设与管理、古籍普查登记制度、古籍分级保护制度等重点问题，提出了一系列立法建议，为今后正式启动《古籍保护条例》立法工作奠定了良好基础[21]。2013 年 3 月，我国全民阅读立法工作正式启动，并列入国务院法制办立法规划项目[22]。图书馆作为以提供阅读服务为主要职能的公共文化机构，积极参与并在立法进程中发挥了重要作用。与此同时，江苏、湖北、辽宁等地先后通过地方性全民阅读法规，在全民阅读立法方面呈现地方先行的态势，为国家立法提供了有益经验。

图书馆事业发展规划的编制与实施得到各级各类图书馆及图书馆主管部门普遍重视。“十二五”伊始，国家和文化部分别制定文化改革发展规划纲要[23][24]，对公共图书馆事业在全国文化大局中的发展进行了总体部署。与此同时，《国家中长期教育改革和发展规划纲要（2010—2020 年）》[25]《国家教育事业发展第十二个五年规划》[26]等部门规划也分别对相应领域图书馆事业的发展提出了规划要求。在中央政府和各行各业规划“十二五”发展大计之际,图书馆行业主管部门、图书馆行业组织和各类型图书馆也纷纷启动了事业发展规划的编制工作,其中既有着眼于某一地区或某一系统图书馆事业发展全局的宏观统筹,也有针对各馆自身业务发展的系统部署,集中体现了“十二五”时期我国图书馆行业关于事业发展方向的全局理解和整体把握。特别是2013年,首个全国性公共图书馆事业发展五年规划——《全国公共图书馆事业发展“十二五”规划》[27]和首个国家重点文化工程建设五年规划——《全国文化信息资源共享工程“十二五”规划纲要》[28]相继发布,开启了在国家层面对公共图书馆事业和重点文化工程建设加强统筹规划的新篇章。

图书馆标准化工作机制进一步健全,标准规范体系不断完善。“十二五”时期,全国图书馆标准化组织进一步健全,工作制度进一步完善,全国各级各类图书馆以及教学科研机构共同开展标准化研究与实践工作的开放合作机制建立起来,一个包含标准研究、标准制修订、标准宣贯、标准实施反馈等完整流程的标准化工作体系逐步形成,各类标准制修订和标准化科研项目的申报论证、中期检查、验收评估、经费审计等全流程管理逐步走向规范,标准化工作信息通过网站、简报等多种渠道实现公开共享,标准化工作的国际化水平不断提升。根据《全国图书馆标准化工作“十二五”规划纲要》要求,着力推进图书馆服务体系建设、数字图书馆建设、基层图书馆建设、古籍和民国时期文献保护、特殊群体图书馆服务等重点领域标准制修订工作,依托全国图书馆标准化技术委员会、全国信息与文献标准化技术委员会,先后立项国家标准制修订项目34项、文化行业标准制修订项目33项、文化部标准化科研项目13项。此外,各级政府部门和图书馆行业组织也积极通过部门规章和行业规范形式加强对图书馆事业的标准化指导,如中共中央办公厅和国务院办公厅2015年1月印发的《国家基本公共文化服务指导标准(2015—2020年)》[29]、教育部和新闻出版总署2011年《关于进一步加强中小学图书馆(室)图书配备和管理工作的通知》[30]、江西省质量监督检验局2014年发布实施的《江西省公共图书馆服务规范》[31]、中国图书馆学会2015年发布实施的书香城市(县级)、书香社区标准指标体系[32]等。至“十二五”末,一个涵盖国家标准、行业标准、地方标准及政府指导标准的图书馆标准规范体系已经基本形成,并继续不断完善。

四、传承弘扬优秀传统文化成效显著

“十二五”期间,全国各级各类图书馆认真学习贯彻习近平总书记系列重要讲话精神,深入推进中华古籍保护计划、民国时期文献保护计划、中华再造善本工程等国家重点文化工程,在传统文化典籍的保存保护、整理研究、挖掘阐发、传播推广、开发利用等方面进行积极探索,充分发挥了图书馆在传承弘扬中华优秀传统文化、培育践行社会主义核心价值观方面的主阵地作用。

传统文化典籍资源普查、保护工作深入开展。截至2015年年底,全国已有1000余家古籍收藏单位完成古籍普查登记工作,普查登记数据达200余万条;“民国时期文献保护计划”项目正式启动,民国时期文献普查逐步开展,截至2015年年底,征集书目数据近30万条,馆藏数据50余万条。古籍分级保护制度进一步健全,国务院第四批《国家珍贵古籍名录》和“全国古籍重点保护单位”正式公布,第五批《国家珍贵古籍名录》和“全国古籍重点保护单位”评审工作完成,香港地区首次参与名录申报,旅顺博物馆藏甲骨、北京大学藏西汉竹简、吉林省图书馆等五家单位藏南三阁《四库全书》等珍贵古籍被陆续发现。西藏、新疆等少数民族地区古籍保护专项工作稳步推进。古籍和民国时期文献保护人才培养机制不断完善,形成了培训基地、传习所、专业硕士培养点“三位一体”的人才培养网络。

珍贵典籍整理、出版成果丰硕。由中宣部直接领导的《中华传统文化百部经典》编纂项目成功启动,成立袁行霈先生领衔的编纂工作委员会。《中华再造善本总目》《中国古籍珍本丛刊》《中国珍贵典籍史话丛书》《民国时期文献总目(图书卷)》等重要文献整理成果陆续出版。《国际检察局讯问记录》(70册)、《抗日战争史料丛编:第二辑》(50册)、《中华抗战期刊丛编》(67册)等大型抗战文献集中发布。《美国哈佛大学哈佛燕京图书馆藏善本方志书志》《哈佛燕京图书馆藏稀见方志丛刊》、英国国家图书馆和英国阿伯丁大学图书馆藏《永乐大典》等海外中华古籍合作出版项目顺利完成。“中华古籍资源库”于2015年9月28日正式上线,《中华再造善本》(一期)工程的数据库建设全部完成。细菌战、天皇战争责任、日本虐俘罪行等主题文献数字化回归工作逐步实施,日本战犯审判文献资源一站式检索平台和日本对华调查档案资料数字化服务平台建设全面推进。各地图书馆积极参与地方性文化丛书整理出版项目,抢救和保护地方乡邦文献、延续城市文脉资源、传承地方历史文化。

典籍文化传播推广方式和手段不断创新。中华古籍保护计划连续推出“我与中华古籍”摄影大赛、“我与中华古籍”创客大赛等主题系列活动,以当代百姓喜闻乐见的方式宣传普及典籍文化知识,深受社会公众欢迎和好评。

公共数字文化惠民工程的网络文化传播功能得到进一步延伸，数字图书馆推广工程“网络书香过大年”“童声诵古韵·经典有新声”等数字阅读系列活动影响力不断扩大，合作图书馆数量和参与用户数量均实现连年增长。中国国家典籍博物馆示范带动作用进一步凸显，通过举办一系列重大专题文献展，紧扣时代脉搏，以现代化展陈手段挖掘、阐释、弘扬文献典籍中蕴藏的中华优秀传统文化特质和爱国主义精神。与此同时，全国各级各类图书馆也充分挖掘馆藏资源，结合各自所在系统、专业或地域文化特色，积极推进“书院+图书馆”“互联网+图书馆”等创新服务模式，通过举办文化展览、道德讲堂、在线公开课等方式，弘扬中华优秀传统文化。

五、图书馆服务功能进一步拓展

图书馆阅读服务功能不断延伸，阅读推广主体作用日益凸显。公共图书馆充分利用世界读书日、图书馆服务宣传周等，持续开展编制推荐书目、开展阅读调查、举办读者沙龙、策划品牌阅读活动等各种形式的阅读推广与指导活动。通过编制《全国少年儿童图书馆基本藏书目录》及发布“数字资源使用情况读者调查分析报告”引导和促进少儿阅读与数字阅读。高校图书馆陆续发布年度阅读报告和榜单，揭示高校师生年度阅读状况，引导专业阅读和经典阅读、适应电子阅读趋势。“十二五”时期，一些图书馆不断拓展讲座、展览、培训等社会教育职能。例如山西省图书馆的“文源讲坛”，对于扩大图书馆阅读推广活动的影响力和感召力，增强公众参与阅读的积极性和主动性产生了积极影响；国家图书馆借鉴“慕课”理念，以传承弘扬中华优秀传统文化为核心，打造国家级公共开放课程平台“国图公开课”，为互联网时代培育社会主义核心价值观提供了新的宣传教育阵地。

图书馆空间功能不断优化，为创新创业服务能力逐步提升。近年来，各级图书馆围绕馆舍空间的现代化、人文化、生活化不断努力，逐步把图书馆打造成为人们喜爱和向往的公共文化空间。一是打造展览展示空间，如国家图书馆设立“国家典籍博物馆”，成为收藏典籍、展示典籍的专门场所；二是打造专题信息共享和交流研讨空间，如天津图书馆音乐专题馆，为读者提供全媒体专题信息服务，提供音乐创作和录制的交流平台；三是打造创新创业空间，如上海交通大学图书馆、武汉大学图书馆、天津大学图书馆等都高校图书馆纷纷设立创客空间，服务高校师生创新创业；四是打造休闲娱乐空间，如杭州图书馆设立“杭图生活主题分馆”，举办各种体验型生活分享活动。

图书馆服务理念不断更新，面向特殊群体的服务水平不断提升。各级公共图书馆纷纷建立盲人阅览室等无障碍信息服务中心、农民工之家、儿童阅读中心、老年人阅览室等，为各类特殊群体提供免费、平等的人性化服务；依托移动阅读终端等新设备，为信息和知识弱势群体提供新技术和新工具带来的支持与帮助，如掌上图书馆“菜场书屋”为上海虹口区内22家标准化菜场的进城务工人员安装了无线服务器，使外来务工人员及其子女可以直接通过手机进行阅读。

各类图书馆服务联盟合作进一步深化。全国图书馆参考咨询联盟、中国高等教育文献保障系统、上海市文献资源共建共享协作网等已有联盟继续深入发展，首都图书馆联盟、湘鄂赣皖公共图书馆联盟、京津冀图书馆联盟、河南省公共图书馆地方特色资源共建共享联盟、全国师范院校图书馆联盟等新联盟组织相继成立，西北五省虚拟图书馆群系统正式运行、中科院文献情报中心与陕西、甘肃、江西、贵州、河北、河南等6省科学院合作建立文献情报共享服务站，上海图书馆签约加入中国高等教育保障系统，各系统内图书馆之间、跨系统图书馆之间合作不断深入，有效延伸图书馆服务半径，提升服务效能。

六、数字化、网络化服务能力显著增强

“十二五”时期，各级各类图书馆积极应用现代信息技术，不断加强数字资源建设，努力推进数字服务网络继续向城乡基层延伸，逐步实现数字图书馆服务全媒体、多终端的广泛覆盖，数字化、网络化服务能力显著增强。

国家及各地区、各行业数字图书馆系统建设继续推进。全国文化信息资源共享工程、数字图书馆推广工程和公共电子阅览室建设计划等三项公共数字文化惠民工程深入实施，贯通国家—省—市—县—乡—村六级的公共数字图书馆服务体系基本建成；国家高等教育文献保障系统三期建设项目正式启动，为2000个高校成员馆提供标准化、低成本、自适应、可扩展的数字图书馆统一服务和集成平台，构成全国高校数字图书馆三级共建和共享服务以及多馆服务协作的联合体系，共同为高校师生提供全方位的文献服务、咨询服务、电子商务和个性化服务；科研图书馆注重集成服务建设，推动以知识组织工具与平台和用户群组知识环境等为代表的智能系统建设，推进开放获取及数字信息资源本地仓储与长期保存均取得重大进展。

移动图书馆与新媒体服务不断创新。许多公共图书馆及高校图书馆构

建了以手机、手持阅读器、平板电脑移动终端为媒介,以 WAP 网站、手机客户端、应用程序商店、个性化图书资源、在线咨询为服务形式的移动图书馆服务,极大地拓宽了自身服务范围和能力。与此同时,各类型图书馆积极嵌入微博、微信等新媒体平台提供服务,充分利用这些平台的及时性、交互性等功能特点,不断扩大自身影响力,为读者提供更加个性化的多元信息服务。

七、体制机制改革有序推进

“十二五”时期,根据《中共中央国务院关于分类推进事业单位改革的指导意见》关于推进从事公益服务事业单位改革的要求,各地区、各部门积极推进图书馆体制机制改革,在法人治理、政府购买、社会参与、绩效考评,以及促进跨区域、跨系统统筹协调发展方面不断开拓创新,积累了成功经验,推动我国图书馆事业焕发新的生机与活力。

以理事会为核心的图书馆法人治理结构改革试点有序推进。“十二五”期间,中央和地方各级文化主管部门积极推进公共图书馆等公共文化机构法人治理结构改革试点,在促进政事分开、建立制衡机制、完善监管体系等方面取得了阶段性成果,同时对改革中遇到的一些关键瓶颈问题进行了广泛深入的调查研究,在人事、财务等配套管理制度改革方面进行了积极探索,在一些地区实现了创新与突破。

社会力量参与图书馆建设方式日益多元。“十二五”期间,党和国家关于加快构建现代公共文化服务体系的战略部署进一步明确,政府购买图书馆服务、图书馆捐赠资金管理、图书馆志愿者队伍建设等相关政策保障机制不断健全,社会力量参与公共文化服务体系建设的积极性不断高涨,参与形式日益多元。一是承接公共图书馆运营与管理,通过市场化运作,提升公共图书馆服务效能和公共资金效益,如艾迪讯电子科技(无锡)有限公司先后承接江苏省无锡新区图书馆、四川省成都市武侯区图书馆的管理运营,北京市西城区文化委与万松老人塔、宣阳驿站、中国书店、繁星戏剧村等社会力量合作,开办 23 家特色阅读空间等。二是由个人或非政府组织兴办图书馆,为城乡基层及中西部不发达地区提供公益服务,如河南省内黄县“80 后”农家女自办的“微光书苑”、江西省鹰潭市余江县春涛乡“农民图书馆”等。三是通过捐赠物资或图书,资助项目或赞助活动等形式参与公共图书馆建设,如加多宝集团为国家图书馆第八届文津图书奖及其系列阅读推广活动捐赠阅读推广公益金,新加坡金鹰国际集团捐资推动山东省日照市图书馆设施建设等。四是以志愿者身份参与图书馆服务，整合社会各领域优秀人力资源提升图书馆服务品质，如上海市奉贤区图书馆组建“5·23故事会”少儿阅读推广志愿者团队，广东省东莞市莞城区图书馆面向社会招募“志愿馆长”等。

图书馆绩效考评机制进一步健全。2011年10月，党的十七届六中全会发布《中共中央关于深化文化体制改革、推动社会主义文化大发展大繁荣若干重大问题的决定》，明确要求“制定公共文化服务指标体系和绩效考核办法”“将文化改革发展纳入科学发展考核评价体系”。公共图书馆作为公共文化服务体系建设重要组成部分，其服务质量和效益的考核评价随之受到各级党委政府的高度重视。公共图书馆评估指标体系进一步完善，体现出注重图书馆公益性质回归，普遍均等服务理念深入、建设与管理专业化要求提高、从强调单馆建设到重视区域服务体系建设、提升图书馆社会价值与影响等新思路；评估机制进一步创新，政府主管部门对公共图书馆事业的考核评价职能逐步向图书馆行业组织转移，专业研究机构在评估标准研制、评估系统开发及评估活动组织方面发挥了越来越积极的作用；数字图书馆推广工程、中华古籍保护计划等重点文化工程的专项评估工作日益深入，评估结果的应用日益广泛，国家文明城市评比、国家公共文化服务体系示范区验收等工作中，均已将图书馆建设、管理与服务情况纳入考核指标。与此同时，中小学图书馆、高校图书馆以及科研院所图书馆等的绩效考评工作也分别在制度建设、标准制定以及实践推广方面取得长足进步。如教育部、文化部和国家新闻出版广电总局三部门于2015年5月联合印发《关于加强新时期中小学图书馆建设与应用工作的意见》明确要求“把图书馆建设与应用工作纳入依法治校，作为中小学校综合督导评估和义务教育均衡发展评估认定的重要内容，完善评估标准和实施细则，定期开展应用管理评估工作，并将评估结果纳入学校管理考核”。

八、国际交流与合作继续加强

“十二五”期间，我国图书馆界的国际交流与合作日益频繁，中国图书馆事业的发展得到了国际社会更加广泛的关注与肯定。清华大学图书馆“爱上图书馆”系列视频及排架游戏、厦门大学“圕·时光”毕业季系列活动、内蒙古图书馆“彩云服务”项目等先后斩获一系列国际大奖，中国图书馆界的国际影响力和话语权进一步增强。与此同时，在以合作共赢为核心的新型国际关系中，图书馆作为各民族文明成果的保存和传承机构，在中国与世界各国，特别是与“一带一路”沿线国家的双边和多边人文交流活动中也发挥了越来越重要的作用。

国际合作项目继续深入。“十二五”时期,在继续推进“中国之窗”“国际敦煌”等国际合作项目的基础上,中国图书馆界还积极策划或参与了哈佛燕京图书馆古籍数字化合作项目、全球“中华寻根网”、海外中华古籍调查暨数字化合作项目等一系列新的国际合作项目。中国科学院文献情报中心与英国自然出版集团正式签署数字资源长期保存合作协议;“海外中华古籍调查暨数字化合作项目”成功实现法国国家图书馆《圆明园四十景图》数字版本和英国牛津大学博德利图书馆 19 册《永乐大典》的高清数字版本回归。这些项目的实施有力促进了中外文化的交流与沟通,为推动中华文化“走出去”做出了积极贡献。

业务交流与合作进一步拓展。“十二五”时期,中国图书馆通过联合办展、馆员交换、学术研讨、交流互访,以及举办和参加国际会议等形式,与世界各国许多图书馆开展深入交流与合作,充分发挥了中国图书馆在古籍修复、中文信息处理、东方语种文献编目等方面的独特优势。如中国国家图书馆先后与新加坡、俄罗斯、哈萨克斯坦、印度、伊朗、泰国、越南等多国国家图书馆开展互访,并定期选派人员到新加坡等国进行业务交流;杭州图书馆与爱尔兰科克大学布尔图书馆、瑞典斯德哥尔摩市立图书馆、俄罗斯涅克拉索夫图书馆、美国印第安纳波利斯图书馆及德国不来梅图书馆等建立友好图书馆合作关系,开展各种国际文化交流活动等。一些图书馆还通过互建分馆的方式,积极拓展与其他国家图书馆界之间的深层次业务合作,如北京大学图书馆与沙特阿拉伯阿卜杜勒·阿齐兹国王公共图书馆合作,于 2015 年 11 月启动阿卜杜勒·阿齐兹国王公共图书馆北京大学分馆暨北京大学古籍图书馆建设项目,以共同推进阿拉伯文献的收藏与阅览服务,并通过举办专题讲座及学术会议等形式推进中沙两国文化、学术、学者交流。

“一带一路”沿线图书馆交流与合作初见成效。2013 年,中国政府提出共建丝绸之路经济带和 21 世纪海上丝绸之路的倡议,得到国际社会的广泛关注。图书馆作为各民族文明成果的保存和传承机构,积极响应国家战略部署,不断深化与“一带一路”沿线图书馆的交流与合作,在促进各民族人民了解彼此历史文化、理解彼此价值观念、学习彼此文明成果方面能发挥了重要作用。各国图书馆间多次举办合作论坛,建立了有效的沟通机制。如 2013 年 11 月在云南昆明举办亚洲图书馆馆长论坛,与马来西亚、斯里兰卡、孟加拉国等国签订《亚洲图书馆昆明宣言》;2014 年 10 月在北京举办中国—阿拉伯国家图书馆馆长论坛，与约旦、伊拉克、也门等国国家图书馆联合发布《中国—阿拉伯国家图书馆馆长论坛公报（2014 年 10 月 13 日北京倡议）》等。在 2015 年 9 月举办的“丝绸之路”国际文化论坛上，中国国家图书馆进一步提出共建“丝绸之路”图书馆联盟与“丝绸之路”数字图书馆的倡议，获得与会各国代表的一致支持。此外，国内各级各类图书馆与“一带一路”沿线图书馆之间还通过文献交换、人员互访、业务交流与学术研讨、联合展览等方式不断加深了解与合作。如重庆图书馆于 2013 年向哈萨克斯坦国家图书馆赠送 300 余册精美中国图书，并设立“重庆之窗”专架；广州图书馆于 2013 年 6 月接受泰国、菲律宾等多个国家的驻穗领馆赠书，并在新馆设立外语文学角，通过讲座、阅读分享会、展览等形式加强交流；辽宁省图书馆于 2015 年 3 月与莫斯科中国文化中心、俄罗斯国立图书馆共同主办“中国传统节日系列图片展”，为俄罗斯民众了解中国优秀传统文化打开一扇新的窗口。

第三节　未来展望

今天的图书馆是人们阅读书籍、学习知识、交流思想、文化休闲的重要场所，是社区生活的黏合剂、终身学习的加油站、社会发展的助推器。与此同时，图书馆本身所赖以生存的社会环境也处在快速发展变化之中，使图书馆事业面临前所未有的机遇和挑战。

一是实现“两个一百年”奋斗目标和中华民族伟大复兴的“中国梦”要求图书馆做出积极贡献。随着“全面小康”目标的实现，人们物质生活水平进一步提高，对精神文化生活的需求也将快速增长，并呈现多层次、多样化的特点，从而对文化产品和服务的供给提出了新的更高要求，图书馆如何为人们追求小康生活目标提供更加丰富多样的精神食粮，是当前面临的一大挑战。另一方面，实现“两个一百年”奋斗目标是长期而艰巨的伟大事业，只有充分发挥文化浸润心灵、滋养智慧的功能，才能够凝聚成共同理想和价值体系，为“中国梦”的实现提供精神支柱。图书馆作为公共文化服务的主阵地，在传承和弘扬中华优秀传统文化，培育和践行社会主义核心价值观方面必将担负更加重要而艰巨的职责和使命。

二是建设世界科技创新强国要求图书馆大力提升创新创业服务能力。2016 年 5 月，中共中央办公厅和国务院办公厅发布《国家创新驱动发展战略纲要》,提出到2020年进入创新型国家行列,到2030年进入创新型国家前列,到中华人民共和国成立100年时成为世界科技创新强国的战略目标。历史经验证明,科技创新总是伴随着对知识和信息的强烈需求。改革开放以来,各级各类图书馆不断加强面向工业、农业、教育等重点领域的知识服务和信息支撑,为各领域的现代化发展提供了源源不断的动力;今天,创新驱动作为国家优先发展战略,再一次为图书馆在科技信息服务领域的发展带来了新的机遇。今天的创新是在继承基础上的创新,是在对信息的全面把握和深入分析基础上的创新,是在协同协作基础上的创新。新的创新创业环境对图书馆的知识信息服务也提出了新的要求,特别是在数字科研环境搭建、科学知识普及、创新能力培养等方面,图书馆还大有可为。

三是现代公共文化服务体系的标准化、均等化建设目标对图书馆事业发展提出了新的要求。2015年1月,中共中央办公厅、国务院办公厅发布《关于加快构建现代公共文化服务体系的意见》,提出“到2020年,基本建成覆盖城乡、便捷高效、保基本、促公平的现代公共文化服务体系”,对加快构建现代公共文化服务体系,提升公共文化服务效能作了全面部署。与《意见》提出的建设目标相比,当前我国图书馆事业发展不均衡、服务效能不高的问题还比较突出,县级以下基层图书馆和贫困地区、偏远地区图书馆事业发展还相当薄弱。以公共图书馆为例,到2015年年底,全国县级图书馆中仍有18.80%年购书经费不足1万元,19.30%建筑面积不到800平方米;贫困地区近40%的县人均藏书量不足0.1册,仅相当于全国人均藏书量的六分之一;全国公共图书馆持证读者不足4.2%,人均年到馆不足0.43次,人均书刊外借仅为0.37册次。广大图书馆必须要充分认识这一现实基础,在推动基层和贫困地区图书馆标准化、体系化、数字化建设方面积极作为,切实提高基层和贫困地区百姓基本阅读需求满足率。

四是全球经济一体化发展为图书馆协同合作开辟了新的空间。2015年,中国将“一带一路”、京津冀协同发展与长江经济带并列为国家三大战略,为在国际和国内两个层面上实现区域协同发展做出了重要部署。长期以来,不同文明之间的对话与理解在促进国际、地区间的交流与合作中发挥着重要的桥梁纽带作用。对图书馆而言,如何充分发挥人类文明成果收藏与保存方面的优势,促进不同文明之间的相互理解,为日益密切的国之交、民相亲提供多元文化服务,是我们面临的时代命题。

面对上述机遇和挑战，各级各类图书馆必须立足于自身职能定位，结合不同用户群体信息与知识需求的变化发展，积极谋划未来事业发展的新理念、新目标、新思路与新路径，为全国图书馆事业的继续创新发展开启新的篇章。

一是大力推进中华优秀传统文化传承发展。继续实施中华古籍保护计划、民国时期文献保护计划等中华优秀传统文化传承发展工程项目，使更多优秀传统文化典籍得到精心保护；通过展览、讲座、文创产品开发，普及典籍文化知识，使典籍之美能够为更多社会公众所认识和领会；以百姓喜闻乐见的形式对传统文化典籍进行通俗阐释和现代解读，使典籍中所蕴含的历史经验和智慧能够为人们的现实生活、学习和工作带来启示。

二是全面提高信息服务能力和水平。围绕国家和地方政府的重大关切和重要决策，加强前瞻性、预研性咨询服务；为建设世界科技创新强国提供全方位支持，鼓励、引导和支持公众的创新创意活动，为企业技术研发、科研院所和研究性大学开展科学研究、培养科技创新人才提供服务；依托馆藏资源优势和信息处理专长，打造在线学习平台，为公众自主学习和协同学习提供便利；结合“宽带中国”和“智慧城市”建设，搭建数字图书馆云技术与云服务环境，提供更为广泛和有效的数字化、网络化和知识化服务。

三是深入开展全民阅读活动。重点推进未成年人阅读习惯培养和阅读能力提升，推进图书馆阅读资源与学校教育融合发展；积极拓展数字阅读服务，为读者提供更加完备的数字阅读设施设备和更加丰富的数字阅读资源；努力倡导经典阅读，营造典雅舒适的阅读环境，推广内涵丰富的优质阅读资源；加大对基层和贫困地区图书馆阅读服务工作的帮扶力度，以县为基本单元，对基层阅读服务资源进行整合利用，推动数字阅读技术在贫困地区图书馆的普及应用。

四是广泛联合各界力量共同推进事业发展。继续推进图书馆、博物馆、档案馆等文化机构的融合发展，深化图书馆与社会化信息服务机构的合作，在专题性、地域性传统文献典籍的共同挖掘展示、整理出版与研究利用，社会教育服务、文化创意产品开发、传统工艺振兴，以及机构间平台共建、渠道共用、资源共享与技术合作等领域探索多元合作模式，在实现共赢发展的基础上，不断提升图书馆服务效能。

五是深化体制机制改革，全面增强发展活力。积极推进《公共图书馆法》及其配套制度的制定与实施，为建立科学的图书馆事业体制机制提供全面保障；进一步完善图书馆标准规范体系，为解决体制机制改革中出现的新问题提供标准支撑；在前期试点的基础上，结合当前管理体制和决策程序，积极稳妥地推动法人治理结构改革；探索购买社会服务、与社会资本合作提供服务、志愿服务等多元化社会力量参与形式；五是探索建立政府、行业组织、社会第三方共同参与的多主体绩效评价机制。

（执笔人：韩永进　申晓娟　李丹　王天乐　刘宇初）

参考文献：

[1] 中华人民共和国国民经济和社会发展第十二个五年规划纲要[EB/OL].[2017-10-23]. http://www.gov.cn/2011lh/content_1825838_2.htm.

[2] 文化部、光明日报联合调研组. 让每个公民都能共享文化阳光——关于公共文化服务体系建设的调研报告[N/OL]. 光明日报,2011-10-16(6)[2017-12-22]. http://epaper.gmw.cn/gmrb/html/2011-10/16/nw.D110000gmrb_20111016_1-06.htm? div=-1.

[3] 教育部 国家统计局 财政部关于2010年全国教育经费执行情况统计公告[EB/OL].[2017-12-22]. http://old.moe.gov.cn//publicfiles/business/htmlfiles/moe/s3040/201112/xxgk_128871.html.

[4] 教育部 国家统计局 财政部关于2005年全国教育经费执行情况统计公告[EB/OL].[2017-12-22]. http://www.moe.edu.cn/srcsite/A05/s3040/200911/t20091130_78263.html.

[5][6] 2010年全国科技经费投入统计公报[EB/OL].[2017-12-22]. http://www.most.gov.cn/kjbgz/201109/t20110927_89857.htm.

[7] 中华人民共和国国家统计局. 中国统计年鉴2011[M/OL].[2017-12-22]. http://www.stats.gov.cn/tjsj/ndsj/2011/indexch.htm.

[8] 中华人民共和国国家统计局. 中国统计年鉴2006[M/OL].[2017-12-22]. http://www.stats.gov.cn/tjsj/ndsj/2006/indexch.htm.

[9] “十一五”成就系列报告：教育事业发展成就显著[EB/OL].[2017-10-23]. http://www.gov.cn/gzdt/2011-03/10/content_1821592.htm.

[10] 李克强：“十二五”国内生产总值年均增长7.8%[EB/OL].[2017-12-22]. http://news.xinhuanet.com/politics/2016lh/2016-03/05/c_135157574.htm.

[11] 统计局：2015年全国居民人均可支配收入同比增8.9%[EB/OL].[2017-12-22]. http://finance.sina.com.cn/roll/2016-02-29/doc-ifxpvutf3663997.shtml.

[12] 黄海蕾. 教育文化娱乐人均支出1593元[EB/OL].[2017-12-22]. http://politics.people.com.cn/n/2015/0829/c70731-27529947.html.

[13] 数字阅读白皮书发布:2015 数字阅读用户规模达到 2.96 亿[EB/OL].[2017-12-22].http://media.people.com.cn/n1/2016/0413/c14677-28274021.html.
[14] 第十三次全国国民阅读调查结果公布[EB/OL].[2017-12-22].http://www.wenming.cn/book/pdjj/201604/t20160419_3298720.shtml.
[15] 王晓征.高校图书馆学科分馆建设研究[J].江西图书馆学刊,2012(6):22-24.
[16][17] 中国图书馆学会,国家图书馆.中国图书馆年鉴 2016[M].北京:国家图书馆出版社,2017:28.
[18] 国务院法制办公室关于公布《中华人民共和国公共图书馆法(征求意见稿)》公开征求意见的通知[EB/OL].[2017-12-22].http://www.chinalaw.gov.cn/article/cazjgg/201512/20151200479628.shtml.
[19] 教育部关于印发《普通高等学校图书馆规程》的通知[EB/OL].2015-12-31.[2017-12-22].http://www.moe.edu.cn/srcsite/A08/moe_736/s3886/201601/t20160120_228487.html.
[20] 文化部关于进一步加强古籍保护工作的通知[EB/OL].[2017-12-22].http://www.mcprc.gov.cn/whzx/ggtz/201111/t20111121_420553.html.
[21] 周和平.中国图书馆事业发展报告 2012[M].北京:国家图书馆出版社,2013:5.
[22] 璩静,王帅.全民阅读立法列入国家立法计划[EB/OL].[2017-12-22].http://culture.people.com.cn/n1/2016/0123/c172318-28078486.html.
[23] 中办国办印发国家“十二五”文化改革发展规划纲要[EB/OL].[2017-12-22].http://www.gov.cn/jrzg/2012-02/15/content_2067781.htm.
[24] 文化部关于印发《文化部“十二五”时期文化改革发展规划》的通知[EB/OL].[2017-12-22].http://www.scio.gov.cn/xwfbh/xwbfbh/wqfbh/2014/20140224/xgzc30494/Document/1364215/1364215.htm.
[25] 国家中长期教育改革和发展规划纲要(2010—2020 年)[EB/OL].[2017-12-22].http://www.moe.edu.cn/srcsite/A01/s7048/201007/t20100729_171904.html.
[26] 教育部关于印发《国家教育事业发展第十二个五年规划》的通知[EB/OL].[2017-12-22].http://old.moe.gov.cn//publicfiles/business/htmlfiles/moe/moe_630/201207/139702.html.
[27] 文化部关于印发《全国公共图书馆事业发展“十二五”规划》的通知[EB/OL].[2017-12-22].http://www.gov.cn/gongbao/content/2013/content_2404725.htm.
[28] 文化部发布全国文化信息资源共享工程“十二五”规划纲要[EB/OL].[2017-12-22].http://www.mcprc.gov.cn/whzx/bnsjdt/ggwhs/201407/t20140704_434285.html.
[29] 中共中央办公厅、国务院办公厅印发《关于加快构建现代公共文化服务体系的意见》[EB/OL].[2017-12-22].http://www.gov.cn/xinwen/2015-01/14/content_2804250.htm.

[30] 新闻出版总署关于进一步加强中小学图书馆(室)图书配备和管理工作的通知[EB/OL].[2017-12-22]. http://www.snedu.gov.cn/news/jiaoyutingwenjian/201103/17/3539.html.
[31] 江西出台公共图书馆服务规范[EB/OL].[2017-12-22]. http://www.mcprc.gov.cn/whzx/qgwhxxlb/jiangxi/201403/t20140320_431344.html.
[32] 中国图书馆学会关于发布书香城市(县级)、书香社区标准指标体系的通知[EB/OL].[2017-12-22]. http://www.lsc.org.cn/c/cn/news/2015-05/05/news_7973.html.

行业发展报告

第二章　国家图书馆①

第一节　发展综述

国家图书馆是综合性研究型图书馆，主要承担国家古籍保护中心、国家典籍博物馆、国家文献信息资源总库（国家总书库）、国家书目中心、全国图书馆信息网络中心和全国图书馆发展研究中心的职责。

“十二五”时期，国家图书馆积极适应经济社会新变化，密切跟踪国际图书馆事业发展新趋势，充分发挥在“传承文明、服务社会”中的重要作用，积极围绕建设现代公共文化服务体系，传承弘扬中华优秀传统文化的要求，进一步加强文献资源总库建设，加强分层服务体系建设，强化社会教育职能和业界服务职能，加快数字图书馆建设成果在全国的推广应用，不断扩大服务范围，提高服务水平，圆满完成了“十二五”规划确定的主要目标和任务。五年来取得的主要成绩有：

一是基础设施建设取得新突破。总馆南区维修改造工程竣工，典籍博物馆建成开放，国图艺术中心和综合服务楼投入使用，馆舍面积增至28万平方米，总馆南区、北区、古籍馆三个馆区互为补充、紧密衔接的业务格局与功能布局逐步形成。

二是馆藏文献信息资源规模持续增长。“十二五”末期，馆藏总量达3518.15万册/件，数字资源总量达1160.98TB，覆盖多国别、多语种、多学科、多载体类型的馆藏资源结构日趋完善。国家书目建设启动，“文津”搜索系统上线，元数据集中仓储规模达2.8亿条，资源整合工作成效显著。

三是服务体系逐步完善，服务效能显著提升。“十二五”期间共接待到馆读者2154.90万人次，文献流通12 607.11万册次，网站点击量56.83亿页次，解答各类咨询430.76万件，举办展览、讲座、培训、阅读推广等活动2906场，参与活动463.95万人次，“文津图书奖”影响力持续扩大，推出“国图公开课”

① 本章数据主要来源于《国家图书馆年鉴》及国家图书馆内部业务统计数据。

等创新服务品牌,开通“中国残疾人数字图书馆”,扩建国家图书馆少年儿童图书馆,国家典籍博物馆开馆社会反响热烈。

四是国家重点文化工程进展顺利。完成《中华再造善本(续编)》任务,积极实施中华古籍保护计划、民国时期文献保护计划,国家图书馆国家文献战略储备库项目建设获批立项。国家数字图书馆工程基本完成,数字图书馆推广工程稳步推进,数字图书馆服务覆盖互联网、移动通信网和广播电视网。

五是人才队伍建设稳步推进。截至2015年年底,全馆在编员工1523人,其中本科及以上学历占84.4%,高级职称人员占27.2%。科研综合实力不断增强。“十二五”期间,资助立项馆内科研课题149项,支持馆内员工申报立项省部级以上项目34项,申请国家各类专利14项,获批国家标准和行业标准10项,建立文化部重点实验室1个。

六是国内外交流与合作务实开展。跨地区、跨系统的业界交流与合作深入推进,重点业务领域合作平台初步形成,在全国公共图书馆服务体系建设中发挥重要作用;广泛参与国际图书馆事务,围绕国家政治外交大局,拓展与重点国家和地区图书馆行业的合作与协作,“十二五”期间,累计与136个国家的图书馆建立人员交流与合作关系。

第二节　基本统计数据

一、资源建设

1. 馆藏规模

截至2015年年底,国家图书馆馆藏文献资源总量达到3518.15万册/件,比“十一五”末增长了21.40%,涵盖123种语言,各年文献总藏量变化情况如图2-1所示。

(1)传统介质文献资源建设

2011—2015年,年新增藏量分别为96.39万册/件、125.20万册/件、124.77万册/件、133.57万册/件、140.30万册/件,年均新增藏量119.98万/件,大幅超额完成“十二五”规划纲要中“馆藏文献平均年增长80万册/件以上”的目标。2011—2015年入藏的各类文献数量如表2-1所示:

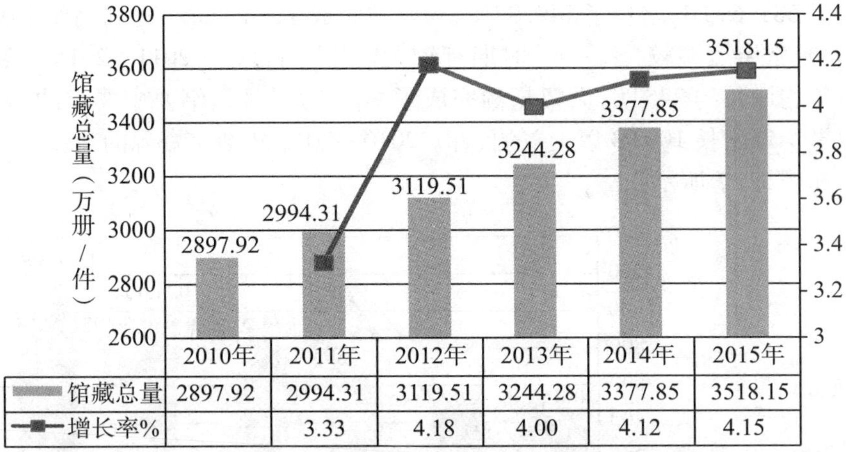

图 2－1　2010—2015 年馆藏总量

表 2－1　2011—2015 年各类文献入藏数量

	2011 年		2012 年		2013 年		2014 年		2015 年	
	入藏总量（册/件）	增长率（%）	入藏总量（册/件）	增长率（%）	入藏总量（册/件）	增长率（%）	入藏总量（册/件）	增长率（%）	入藏总量（册/件）	增长率（%）
图书	483 679	17.23	609 019	25.91	614 896	0.96	716 994	16.60	798 093	11.31
期刊	285 986	2.16	293 030	2.46	309 168	5.51	302 151	－2.27	288 700	－4.45
报纸	5409	90.86	7946	46.90	5789	－27.15	9109	57.35	10 087	10.74
特藏、专藏	165 160	－66.87	233 628	41.46	244 200	4.53	241 761	－1.00	242 403	－1.50
缩微文献	17 369	－11.80	54 918	216.18	34 459	－37.25	36 585	6.17	36 831	0.67
视听文献	21 229	31.29	58 063	173.51	29 717	－48.82	24 319	－18.16	21 382	－12.08
电子文献	8844	207.19	15 378	73.88	9415	－38.78	4844	－48.55	5440	10.86

（2）数字资源建设

截至 2015 年年底，国家图书馆的数字资源总量已达 1160.98TB，比“十一五”末增加了 680.98TB，增长了 141.87%。国家图书馆的数字资源建设途径主要包括外购、自建以及网络采集等，其中自建数字资源一直占数字资源总量的 80% 以上。截至 2015 年年底，自建资源达到 969.69TB，比“十一五”末增加了581.69TB，增长了149.92%，较好地完成了“十二五”规划纲要中要求的“自建数字资源较‘十一五’时期有较大增长”的目标。2011—2015年数字资源年均增长约245TB，大幅超额完成了“十二五”规划纲要中要求的“数字资源平均年增长100TB以上”的目标。2010—2015年数字资源的建设与发展情况如图2－2所示：

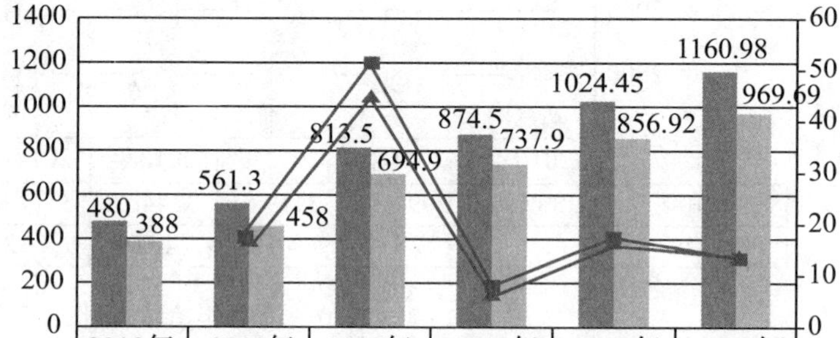

	2010年	2011年	2012年	2013年	2014年	2015年
数字资源（TB）	480.00	561.30	813.50	874.50	1024.45	1160.98
自建数字资源（TB）	388.00	458.00	694.90	737.90	856.92	969.69
数字资源增长率（%）		16.94	44.93	7.50	17.15	13.33
自建数字资源增长率（%）		18.04	51.72	6.19	16.13	13.16

图2－2　2010—2015年数字资源建设情况

2. 书目数据建设情况

2011—2015年，文献编目加工能力不断增强。2015年各类文献编目总量近70万种，1 469 802册/件，加工总量比2010年增长了20%，如图2－3。“十二五”期间，开展了中文文献和外文文献的回溯编目工作。2013年年底基本完成了外文文献的回溯编目工作，各语种文献均实现了计算机编目。

二、读者服务

1. 借阅服务

2011—2014年，受总馆南区闭馆进行维修改造的影响，到馆读者数量有一定下滑，但基本保持在年均400万人次左右。与之相关，年书刊文献流通册次也有所减少，但仍保持在年均2500万册次左右。随着总馆南区维修改造和典籍博物馆的开放，到馆读者数增加，2015年为512.60万人次。截至2015年年底，通过人工办证和自助办证办理的读者证卡累计为221.06万张，比“十一五”末增长了将近一倍，为94.67%，年均增长约为21.50万张，如图2－4。

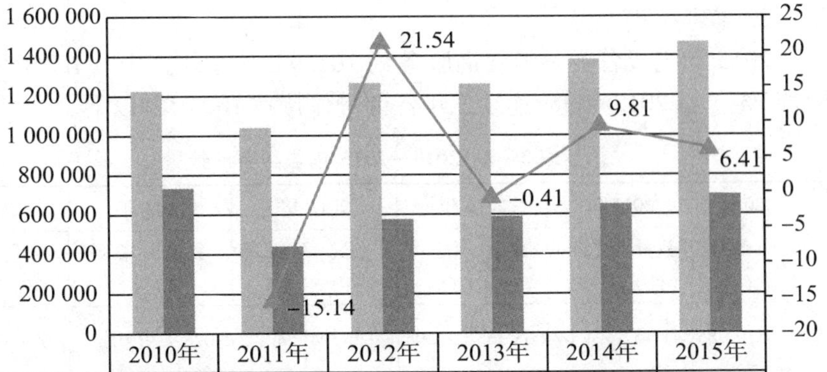

	2010年	2011年	2012年	2013年	2014年	2015年
总量(册/件)	1 224 688	1 039 242	1 263 091	1 257 866	1 381 280	1 469 802
种数(种)	733 392	440 487	575 533	589 350	650 601	699 698
增长率(%)		−15.14	21.54	−0.41	9.81	6.41

图 2－3　2010—2015 年各类文献编目加工情况①

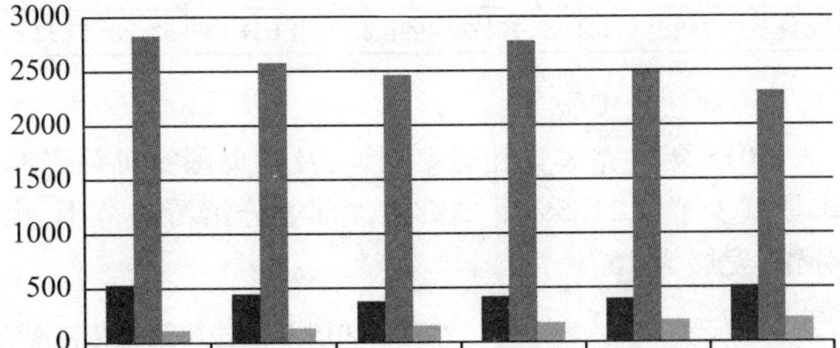

	2010年	2011年	2012年	2013年	2014年	2015年
到馆读者数量(万人次/年)	532.99	447.04	378.35	418.74	398.17	512.60
书刊文献年流通册次(万册次/年)	2826.35	2577.20	2461.69	2773.75	2486.35	2308.12
读者证卡数量(万张)	113.56	132.67	153.02	176.24	199.91	221.06

图 2－4　2010—2015 年间借阅服务重要指标数据

其中,少儿馆到馆人次由 2010 年开馆时的 5.5818 万人次升至 2015 年的 23.2047 万人次。2010—2015 年,年新增少儿读者卡的数量分别为 2692 张、5269 张、4064 张、7218 张、5610 张、5846 张。

① 图中的增长率为编目总量(册/件)的增长情况。

2. 参考咨询服务

2015 年完成各类参考咨询服务约 101.95 万件，比“十一五”末期增长了 91.73%。自 2013 年起，连续三年咨询量保持在 100 万件以上。

表 2－2　2010—2015 年各类咨询数量

	2010 年	2011 年		2012 年		2013 年		2014 年		2015 年	
	数量（件）	数量（件）	增长率（%）	数量（件）	增长率（%）	数量（件）	增长率（%）	数量（件）	增长率（%）	数量（件）	增长率（%）
一般咨询	519 985	541 157	4.07	665 353	22.95	1 026 794	54.32	1 023 729	0.3	1 009 314	－1.41
代检索服务	4394	2569	－41.53	1948	－24.17	2216	13.76	3705	67.2	4143	11.82
编制二次文献	7366	5140	－30.22	5198	1.1	5126	－1.4	5199	1.43	6037	16.12
总数	531 745	548 866	3.22	672 499	22.53	1 034 136	53.78	1 032 633	－0.15	1 019 494	－1.27

3. 立法决策服务

2015 年共完成党和国家领导，及中央国家机关咨询 1912 件，比“十一五”末期减少了约 21.5%。继续扩大部委分馆覆盖范围，由 2011 年年初的 10 家分馆，发展为 16 家。

表 2－3　2010—2015 年立法决策服务咨询情况①

	2010 年	2011 年	2012 年	2013 年	2014 年	2015 年
完成党和国家领导及中央国家机关咨询数量（件）	2436	1660	1423	1421	1342	1912

① 此表数据来源于历年《国家图书馆年鉴》的“统计资料”部分，与《国家图书馆年鉴》服务工作部分的数量略有不同，故将服务工作部分的有关数据一并摘录于此。“2010 年累计完成为中央国家立法决策专题咨询 2183 件”“2011 年有计划、有重点地开展专题文献的预研性研究，累计完成中央国家机关委托的立法决策专题咨询 1540 件”“2012 年，国家图书馆累计完成中央国家机关委托的立法决策相关咨询 1506 件”“2013 年面向中共中央、全国人大、国务院（含各组成部委）、中央军委（含各总部）、最高人民检察院、最高人民法院完成立法决策咨询，总计 1515 件”。

4. 数字资源服务

（1）信息基础设施情况

全馆网络带宽由250兆拓宽至1200兆，并实现了总馆南区、北区和文津街馆区无线网的无线网全面覆盖。

（2）国图网站（中英文）年访问量

2012年2月初，国图网站进行了上线以来的第10次改版。改版后，国图网站访问量有了明显增长，较2011年增长了55.12%。2015年访问量达到14.51亿次，比“十一五”末增长了74.82%，各年网站访问量变化情况如图2-5所示。

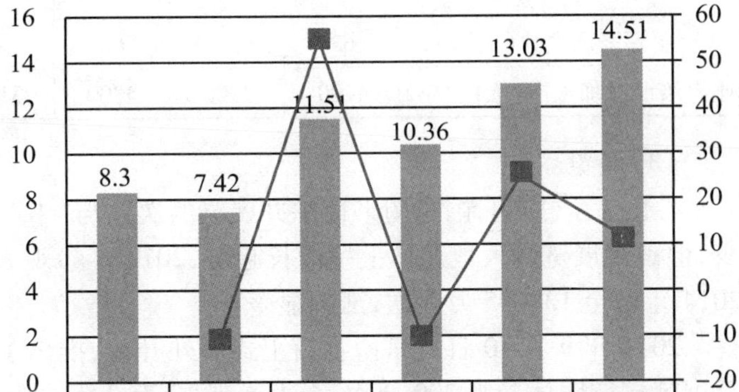

	2010年	2011年	2012年	2013年	2014年	2015年
国图网站访问量（亿次）	8.3	7.42	11.51	10.36	13.03	14.51
年增长率（%）		-10.60	55.12	-9.99	25.77	11.36

图2-5　2010—2015年国图网站访问量

5. 社会教育活动

（1）讲座

“十二五”期间，“国图讲坛”“文津讲坛”“中国典籍与文化”等几大讲座品牌不断发展。2015年，共举办各类讲座343场，约有6.99万人次参加，讲座次数与参加人数较2010年分别增长了38.87%和12.20%。

表2-4　2010—2015年举办讲座情况

	2010年	2011年	2012年	2013年	2014年	2015年
数量（次/年）	247	158	215	237	288	343
参加人次（万人次/年）	6.23	4.08	4.99	6.06	7.23	6.99

（2）培训

2011至2013年，国家图书馆组织的业界培训次数和参加人数较2010年有所减少，但每次培训的平均参加人次分别约为79人次、72人次和97人次。与“十一五”末期的次均75人相比，整体呈上升趋势。自2014年起，业界培训次数与参加人次与往年相比，有了大幅增长。参加人数连续两年在15 000人左右，为“十一五”末期的3倍多。

表2-5　2010—2015年业界培训情况

	2010年	2011年	2012年	2013年	2014年	2015年
业界培训次数（期）	63	37	60	32	482①	399
业界培训参加人次（人次/年）	4700	2900	4300	3100	15 200	14 300

（3）展览

“十二五”期间，国家图书馆举办展览的次数与“十一五”末期相比有所减少，但参观展览的人数总体上呈增长趋势，2010年参观人次仅为13.36万，至2014年增至138.05万人次，涨幅显著。

2014年9月10日典籍博物馆正式对外开放，推出了一系列精品展览，仅首展就接待团体参观200余次，个人参观12万余人次。

表2-6　2010—2015年举办展览情况

	2010年	2011年	2012年	2013年	2014年	2015年
数量（次/年）	81	60	69	53	19	26
参加人次（万人次/年）	13.36	41.18	76.53	57.75	138.05	94.26

三、购书经费

2011至2015年，国家图书馆年均购书经费（包括数字资源购置费）基本持平，保持在16 500万元左右。除2012年数字资源购置费出现较大变动，占文献资源购置费25%外，数字资源购置费占比一般保持在18%左右。自2013年以来，数字资源购置费作为专项经费单列，如图2-6。

① 自2014年起，业界培训的统计单位发生了变化，由“期”变为了“批”。

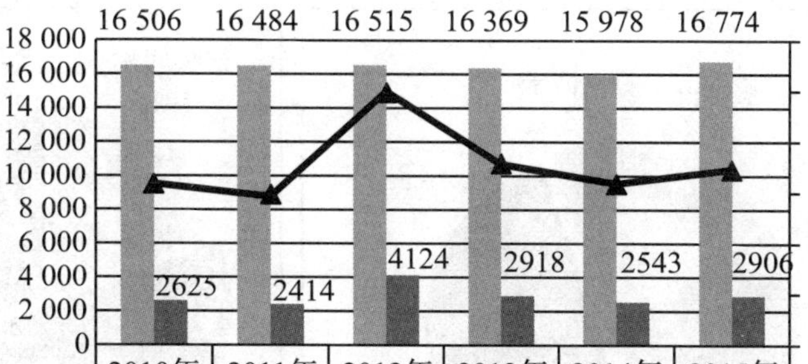

	2010年	2011年	2012年	2013年	2014年	2015年
资源购置费（万元）	16 506	16 484	16 515	16 369	15 978	16 774
数字资源购置费（万元）	2625	2414	4124	2918	2543	2906
数字资源购置费比例（%）	15.90	14.64	24.97	17.83	15.92	17.32

图 2－6　2010—2015 年文献资源购置费情况

四、人员结构

截至 2015 年年底，国家图书馆在编员工 1523 人。按性别结构，男性 575 人，女性 948 人；按年龄结构，20—30 岁 443 人，31—40 岁 512 人，41—50 岁 241 人，51 岁以上 327 人；按学历结构，博士 85 人，硕士 715 人，本科 485 人，本科以下 238 人；按专业技术职务结构，正高级职称 63 人，副高级职称 352 人，中级职称 686 人，初级职称 260 人。

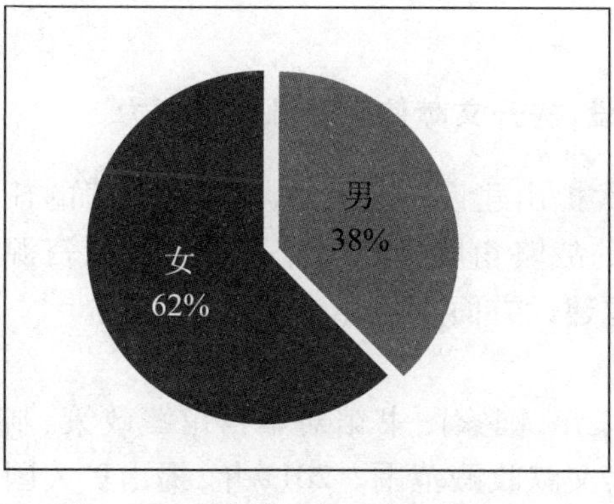

图 2－7　“十二五”末期国家图书馆在编员工性别结构情况

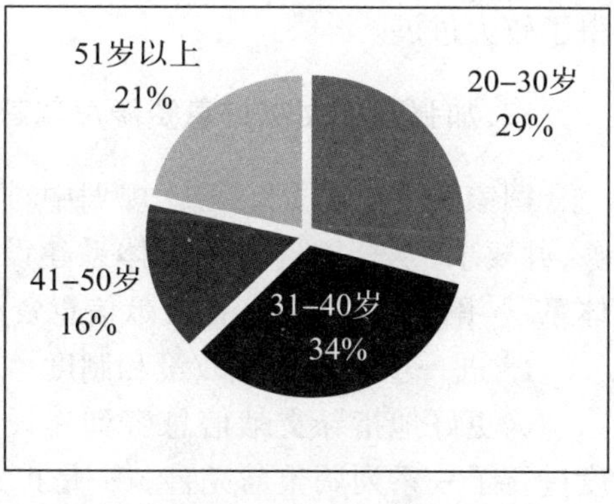

图 2－8　“十二五”末期国家图书馆在编员工年龄结构情况

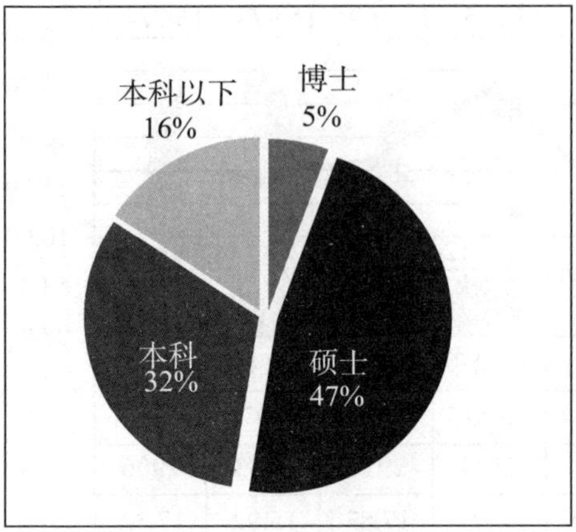

图2-9 “十二五”末期国家图书馆在编员工学历结构情况

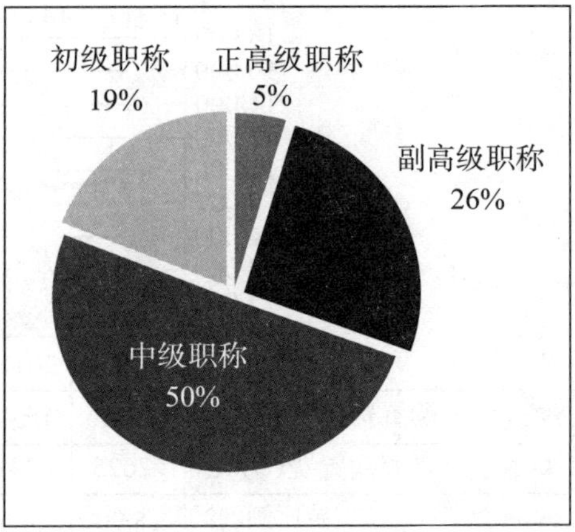

图2-10 “十二五”末期国家图书馆在编员工专业技术职务结构情况

第三节 主要工作

“十二五”期间,国家图书馆基于对未来工作的规划布局,创造性地以“创新年”“基础年”“发展年”“全面提升年”和“规划发展年”分别命名每年的工作主题,并围绕这一主题,有的放矢地制定年度任务,科学推进各项工作,取得了较大进展。

一、加强国家文献信息资源总库建设,提升文献信息资源保障能力

国家图书馆在“十二五”规划中首次提出建设“国家文献资源总库”的任务,并要求“从全国资源保障体系建设的战略角度构建国家图书馆文献资源体系”。围绕这一任务,在文献信息资源建设方面主要开展了以下工作:

1. 进一步完善馆藏政策和制度

为更好地指导文献信息咨询建设工作,国家图书馆对本馆馆藏政策、制度进行了一系列调整与完善。一是扩大文献收藏范围。2011 年,提出扩大国家总书库中文文献入藏方案,将重印本及部分少儿文献纳入正式馆藏范围,加强了小语种及少儿图书采选工作。同时,着力完善非正式出版物文献入藏体系。二是加强文献补藏。通过补采、交换、缩微复制、数字化文献印刷等多

种方式开展文献补藏。除常规补藏外，有重点地以边疆史地、年鉴、党的十八大、茅盾文学奖、莫言作品等专题开展差缺补藏工作。三是加强数字资源建设与管理。制修订了一批数字资源馆藏政策，如修订《国家图书馆数字资源管理办法》，围绕数字资源的建设、验收、版权管理、保存保护和发布制定了一系列管理办法。四是加强捐赠文献管理，颁布了新的《国家图书馆捐赠文献接受管理办法》。

2. 不断扩大文献信息资源规模

“十二五”期间，国家图书馆稳步推进出版物缴送，中文图书全品种缴送率提高至75%。继续拓展购买、受缴、征集、复制、受赠等多种采选渠道，实现呈缴文献全面入藏，文献信息资源规模持续扩大，共入藏各类型文献620余万册/件，馆藏文献总量超过3500万册/件。有序推进数字资源建设，继续开展中文图书、博士论文、民国文献、古籍文献、音视频资源等各类型馆藏资源的数字化，数字资源总量达1160.98TB，其中网络资源采集量达77.28TB。依托“中国记忆”项目，进一步拓展馆藏文献来源与形式，完成东北抗联老战士、中国远征军、非物质文化遗产等共600余小时的专题口述资源采集。

3. 入藏珍贵文献典籍

入藏了多件具有重要历史意义的珍贵文献，2013年入藏的《永乐大典》1册、黄河水利档案、钓鱼岛和南海地图等具有极高价值；2015年，入藏《佛说弥勒菩萨上生经》《金刚经》《弥勒下生经》等三件五代刻本，为研究唐末五代中国民间文化提供了重要实物证据，其中天成二年刻本《佛说观弥勒菩萨上生兜率天经一卷》是国内现存有明确纪年的最早雕版印刷品，在世界印刷史上堪称标志性实物例证；同年，从宁夏私藏购入西夏文献18包、擦擦37个、僧帽装饰物6件，其中世俗文献《碎金》《谚语集》《三才杂字》等，具有很高的文献、文物和收藏价值，丰富了珍贵少数民族文字馆藏。

4. 文献信息资源整合揭示持续推进

大力推进基于元数据的资源整合，编制《数字馆藏元数据著录规范》，馆藏数字资源基础元数据创建和维护工作基本完成。基于主题对馆藏各类型资源进行整合，策划开发图书鉴赏、历史图书、民国报纸史料和戏曲文化知识4个专题数据库。对读者门户系统、手机门户网站、数字资源发布系统进行升级改造，实现资源可视化展示和多终端统一发布。元数据仓储有序开展，完成约2.8亿条元数据的接收和存储。截至2015年，“文津搜索”系统已整合百余个数据库，月均访问量近1000万次。编制历年国家书目。初步搭建数据管理与分析平台，利用大数据技术对资源、服务及读者数据进行分析和汇总，为资源建设与服务政策调整提供依据。

二、加强文献资源保存保护，改善文献存藏条件

国家图书馆依托中华古籍保护计划和民国时期文献保护计划，不断提升文献信息资源的保存保护和研究利用水平，并且积极策划国家图书馆国家文献战略储备库建设项目，计划建设国家文献的最后一道防线。

1. 国家图书馆国家文献战略储备库项目成功立项

国家图书馆自2010年提出建设国家图书馆国家文献战略储备库的构想，经过大量的研究、论证，在此基础上形成项目建议书，并于2015年正式由国务院批准立项。该项目建设用地位于河北省承德市承德县，项目建设将确保国家战略文献的永久保存，逐步实现国家层面重要文献资源的全面储备，为推进地区和专业文献储备库建设提供探索与示范，并为最终建成大规模分级分布、共建共享的国家文献战略储备体系奠定基础。

2. 文献信息资源保存保护水平稳步提升

完成综合布线、安防布控、漏水报警等系统设备安装，一期维修改造工程顺利竣工，显著改善馆藏文献存藏条件；金石拓片、民文古籍、善本、手稿、新善本等上百万册/件古籍善本文献安全回迁；成立国家图书馆网络安全和信息化领导小组，加强网络信息安全体系化建设；配合中共中央网络安全和信息化领导小组办公室，就在全国建立分级分布的网络信息资源采集与保存体系开展研究，制定方案；取得国家文物局“可移动文物修复资质”。

3. 实施中华古籍保护计划和民国时期文献保护计划

进一步推进中华古籍保护计划，在古籍普查、人才培养、古籍数字化、整理出版、人才培养等方面取得了丰硕成果。一是有序推进古籍普查登记工作，截至2015年12月，全国古籍普查登记数据完成总量为170万余条，累计出版21种47册《全国古籍普查登记目录》。二是完成了第四批和第五批《国家珍贵古籍名录》和“全国古籍重点保护单位”的申报与发布。三是开展古籍数字化工作，推进“中华珍贵典籍资源库”建设，已累计接收19家单位约29万拍国家珍贵古籍影像资源，并开展了数据验收和加工工作；启动馆藏普通古籍数字化工作。四是做好古籍整理出版工作，组织完成《中华再造善本总目》《中国珍贵典籍史话丛书》等出版工作。五是推进少数民族古籍保护工作，开展新疆、西藏古籍保护工作专项，新疆维吾尔自治区已基本完成汉文古

籍的普查任务,西藏自治区成立了藏文古籍修复中心。六是拓宽人才培养渠道,创新人才培养模式,深化培训基地、传习所、高等院校三位一体的人才培养模式,目前全国已建立12家"国家古籍保护人才培训基地",1家国家级古籍修复技艺传习中心,15家国家级古籍修复技艺传习所,与中山大学、复旦大学等4所高校合作培养古籍保护专业硕士。举办古籍普查、编目、修复等各类培训班73期,培训近4000人次。七是协助筹备成立中国古籍保护协会。八是发动社会力量参与古籍保护,首次开展"中华古籍普查志愿服务行动",遴选来自京津冀6所高校的76名高校学生作为志愿者在河北省开展古籍普查登记工作。

2012年,正式启动民国时期文献保护计划,在民国文献普查、海外文献征集、文献整理出版等方面取得了重要进展。一是深入开展普查登记工作,截至2015年年底,征集书目数据近30万条,馆藏50余万条。二是积极开展海外民国文献征集,制定《国家图书馆海外民国时期文献数字化加工规范》,已完成美国藏二战盟军联合军事会议记录等民国时期缩微文献5批58种1784卷的征集入藏。三是推进民国时期文献整理出版,已出版《远东国际军事法庭证据文献集成》《远东国际军事法庭判决书》《东京审判历史图片集》等500余册。四是加快专题文献数据库建设,"东京审判资源库"已面向社会提供服务,持续推进"抗战时期图片资源库""对日战犯审判专题文献数据库"建设。五是启动《民国时期文献总目(图书卷)》编纂工作,梳理民国时期文献普查工作阶段性成果。六是加强人才培养工作,举办各类民国时期文献保护工作培训班,培训学员近千人。

三、深入挖掘展示馆藏文献资源,传承弘扬中华优秀传统文化

结合习近平同志关于继承和弘扬中华优秀传统文化系统讲话精神和经济社会发展对图书馆的新要求,国家图书馆深入挖掘展示馆藏文献资源,探索图书馆传承、弘扬中华优秀传统文化的方法路径。

1. 国家典籍博物馆社会效益进一步彰显

2012年7月,国家典籍博物馆挂牌成立,并于2014年9月9日正式对外服务,已累计接待各界观众约119万人次。国家典籍博物馆通过对博大精深、丰富多彩的中华典籍及其产生、传播历史的展示,使公众穿越历史近距离感受到珍贵文献的魅力。开馆一年多来,在做好中国古代典籍简史、名家手稿等基本陈列的同时,还围绕重大历史事件、重要社会关切、主要节庆纪念,策

划举办了重大专题展览30场,如纪念中国人民抗日战争暨世界反法西斯战争胜利70周年馆藏文献展、圆明园四十景文化展、珍贵古籍雕版展、非物质文化遗产中的文字传承展、甲骨文记忆展等。其中,“甲骨文记忆展”获得第十三届(2015年度)全国博物馆十大陈列展览精品奖。挂牌成立“青少年中华传统文化教育基地”,举办“走进典籍博物馆大课堂”系列活动,不断推进博物馆资源与学校教育融合发展。

2. 推进优秀文化典籍的整理、研究与出版

国家图书馆依托收藏的各类珍贵文献,加强优秀文化典籍的整理、研究和出版工作,努力使馆藏文献化身万千,为社会公众服务。《中华再造善本(续编)》编纂出版工作全部完成,共涉及明代编、清代编以及少数民族文字编的554种4266册善本古籍,其中“十二五”期间出版407种。2014年《中华优秀传统文化百部经典》编纂工作启动,项目秉持“普及经典,大众阅读”的宗旨,通过对古代典籍的阐释,传播当代中国价值观念,体现中华文化精神,为中华优秀传统文化传承体系建设做贡献。编辑出版《中华珍贵典籍史话丛书》《佳联赏析》,推进中华优秀传统文化、节日习俗知识的普及。出版《中华再造善本总目》《楚辞文献丛刊》《中国古籍珍本丛刊》,推进历史文献数字化工作,建设中华再造善本数据库、民国时期文献总库·图书、中国历史人物传记数据库等。

3. 大力开发文创产品

为了使书写在古籍中的文字活起来,让观众把图书馆带回家,国家图书馆还积极以馆藏古籍文献等为灵感设计开发文化创意产品,包括生活用品、展览衍生品及电子产品等。截至2015年年底,共设计文创产品百余件。其中“庆赏昇平”系列形象、“三山五园”丝巾在第十二届“北京礼物”旅游商品大赛中获得市级优秀奖。

四、加大专业能力建设,为中央和国家机关立法决策提供支持

积极推动立法决策服务向预研性、研究性和专题化转变,不断提高国家图书馆立法决策服务业务品质,“十二五”期间共完成中央国家机关委托专题咨询7759件。

1. 提升立法决策资源保障能力

2012年成立国家图书馆中国边疆文献研究中心,全面开展馆藏边疆文献调研工作,为相关部门决策提供专题文献支撑,编辑出版《文献为证:钓鱼岛

图籍录》《南海图籍录》，与国家海洋局南海信息中心合作建设南海数字图书馆，提升面向国防、外交等国家重大决策的文献支撑保障能力。组织建设了中国边疆文献专题系列数据库、各国文化政策资料库等一批专题数据库，构建立法决策服务资源保障体系。

2. 开展部委分馆建设

新建水利部、全国政协机关、农业部、共青团中央、最高人民法院等5家部委分馆，部委分馆总数已达16家，其中最高人民法院分馆，是首个面向全国实现四级人民法院系统垂直化服务的部委分馆。建设开通国家图书馆民政部分馆、农业部分馆内网平台，开创了国家图书馆面向部委分馆"外网推资源、内网推服务"的二元信息服务立体格局。"中办数字图书服务平台"上线，建立了面向中央最高决策机构的数字图书馆服务体系，与中央办公厅档案图书资料室开展合作，设立图书文献借阅服务窗口，直接为中央办公厅服务。

3. 做好"两会"支撑服务

圆满完成历年"两会"服务任务，2012年国家数字图书馆资源首次全面为"两会"代表服务，建设"两会"人大和政协平台；2011年正式启动全国公共图书馆地方"两会"服务工作，为全国公共图书馆两会服务提供业务指导、资源支持和技术保障。

4. 举办部级领导干部历史文化讲座

举办部级领导干部历史文化讲座71场，总数达229场，创新推出"专题研习小组"学习模式，完成讲座网站建设，启动讲座视频库建设，提高讲座服务能力，在"中央国家机关示范学习品牌"评选中荣登榜首。

五、强化公共文化服务，不断提高服务效能

作为社会公共文化服务体系的重要组成部分，国家图书馆在"十二五"期间，积极拓展公共文化服务职能，充分发挥图书馆作为公共文化空间的作用，国家级公共文化服务阵地作用不断凸显。

1. 教育、科研与企业用户服务稳步推进

从跟踪国家重大战略领域和重点建设项目的需求入手，切实加强对教育、科研与企业用户的主动性专业化参考咨询服务，逐步完善由一般咨询服务、定题咨询服务、馆际互借服务、文献传递服务、文献复制服务等构成的咨询服务体系，提升服务质量和服务效率。"十二五"期间，共完成社科类咨询5840件，科技咨询辅导性咨询7883件，接收文献传递、馆际互借、国际互借请

求约18万宗，为科研院所和高等院校开展科研教育工作发挥了重要的文献支撑作用。加强与中国高等教育文献保障系统之间的馆际互借与文献传递服务，为高校教学科研提供更多支持；完成国家图书馆企业信息服务平台改造升级工作；积极响应国家“大众创业、万众创新”号召，加强创业创新服务，筹建国家图书馆科学评估中心，做好文献资源保障与专业咨询服务，科技查新工作获得国家查新业务管理机构的正式认可；加强创业创新信息资源整合，做好创业政策、创新情报集中发布和创新创业成果宣传展示服务。

2. 全面开展阅读推广活动

进一步推进全民阅读活动，不断创新形式，开展交互式、个性化、多媒体阅读等多种形式阅读推广。圆满完成每年一届的“文津图书奖”的评奖活动，评出获奖图书50本，受到社会各界广泛关注；与京港地铁有限公司联合启动“M地铁·图书馆”项目，先后举办“我们的文字”“文津十年”等主题活动，每期活动推荐与主题内容相关的10本经典著作，乘客只要通过扫描站内、车厢内的二维码就可以免费在线阅读全书，还可以免费浏览平台内的5万余册图书资源和300余种期刊资源；启动“网络书香”全国数字阅读推广活动，陆续在全国百家公共图书馆开展，采用互动体验的方式，通过信息搜索竞赛、亲身体验、讲座、有奖征文等活动形式，充分挖掘数字图书馆在人们生产和生活中的重要作用，培养公众的数字阅读习惯，在全社会营造全民终身学习的良好氛围；每年12月举办国家图书馆读书周活动，通过邀请读者填写图书分享单、设立经典阅读推广展区等丰富多彩的阅读活动宣传国家图书馆丰富的馆藏资源和服务，推广全民阅读；年均举办“国图讲坛”“文津讲坛”“中国典籍与文化系列讲座”“典籍博物馆系列讲座”等讲座活动200余次，丰富公众文化生活，营造书香社会的文化氛围。

3. 公共开放课程平台“国图公开课”上线

2015年“4·23世界读书日”，推出“国图公开课”新服务，积极探索“互联网+”环境下图书馆社会教育的新形态。它借鉴“慕课”大规模、开放、在线的理念，以国家图书馆丰富的纸质藏书、数字资源藏书以及历年来积累的专家学者讲座等资源为依托，以专题形式设置课程，推送多种形态的学习资源。截至2015年年底，已初步形成较为完善的精品课程体系，推出精品课程900余个，涵盖16个学科，包含经典阅读、历史文化等12个专题，上线以来网络访问量月均45万人次，并通过镜像形式向黑龙江、江苏、福建、安徽、四川、贵州等10家省级图书馆提供部分课程视频。

4. 面向特殊群体的服务取得新进展

继2010年国家图书馆开始提供少儿服务以来，一直不断加强服务水平，主动拓展故事会、数字阅览、培训、竞赛、展览等少儿服务活动形式。2013年放宽少年儿童入馆年龄限制，12周岁（含）以下少年儿童均可入馆，并设置了低幼阅读区；2015年6月1日，少年儿童馆新馆顺利迁址并开放服务，服务面积从600平方米扩大到1200平方米，文献数量和阅览座席均比原馆址增加一倍；开展“全国少儿图书馆数字阅读推广先导项目”“全国图书馆未成年人服务提升计划”“弱势儿童知识援助计划”等工作，积极策划“全国少年儿童主题阅读年”“儿童阅读推广进校园”系列活动，进一步发挥国家图书馆在少年儿童服务方面的示范引领作用；编制发布《2013年全国少年儿童阅读年推荐书目》《绘本100——2014全国少年儿童绘本阅读年指导书目》等，连续研究发布《全国少年儿童图书馆基本藏书目录》，指导少儿阅读，优化少儿馆藏结构。

自2014年起，定期开展“关爱夕阳”老年课堂服务，针对老年读者的特点提供上网、智能手机应用等个性化培训服务；设立“老年读者绿色通道”，为老年读者提供优先预约、文献咨询和检索等便利服务。

联合中国残疾人联合会成立“全国残疾人阅读指导委员会”促进残疾人阅读，建设开通“中国残疾人数字图书馆”“盲人数字图书馆”，成为残疾人获取公共文化服务的重要阵地；联合中国残联举行“图书馆文化助残系列活动”，开设文津·阳光讲坛，为残疾人创造良好的学习和信息获取环境；采集保存腾讯微信“为盲胞读书”项目声音资源，面向中国盲人数字图书馆读者提供服务，同时制作专题网站，联合全国33家省级图书馆面向视障读者提供读书服务。

5. 调整馆区布局，完善业务服务格局

为适应业务发展和读者服务需求，国家图书馆在2011至2014年实施了总馆南区维修改造工程，并在南区维修改造完成后对业务格局进行了全面调整，于2014年9月9日重新开馆。随着总馆南区维修改造工程完成，以及新建综合服务楼的投入使用，馆舍面积增至28万平方米，文献存藏条件、读者阅览环境和员工工作条件都有明显改善。调整之后，总馆南区提供以外文文献、中外文专藏文献为主的专业性服务和典籍博物馆展陈服务，总馆北区提供以中文普通文献借阅、电子文献、音视频资源服务为主的大众服务，古籍馆提供普通古籍、外文善本、地方志家谱文献服务和临时主题展览服务。三个馆区定位明确，功能互补，衔接紧密，既更好地满足了现实需求，又充分考虑了未来发展的需要。国图艺术中心正式开放，向公众提供艺术素养培育服务，成为深受百姓欢迎的京城文化艺术阵地，仅2015年就举办演出127场，接待观众十余万人次。

六、增强现代信息技术应用，推进数字图书馆建设

国家图书馆在“十二五”期间，继续开展了国家数字图书馆工程的建设，并在此基础上提出建立覆盖全国的数字图书馆服务网络的构想，策划立项了数字图书馆推广工程。

1. 国家数字图书馆工程扎实推进

依据数字资源生产、组织、保存以及发布服务的生命周期构建了国家数字图书馆的总体架构，从软硬件平台、资源建设、服务体系、标准规范等多个方面进行国家数字图书馆建设。目前，已基本完成软硬件平台建设，完善了机房、服务器、网络、存储等基础设施，建立了覆盖数字资源生命周期的数字图书馆软件体系，建设完成文献数字化、网页资源获取等软件平台；以馆藏资源数字化加工为突破口，开始了大规模的数字资源加工工作，数字资源规模不断扩大；开发了文津搜索等多个应用系统，建成“掌上国图”移动数字图书馆服务体系，涵盖短彩信、手机门户网站、移动阅读平台和应用程序等多种服务形式；构建了涵盖数字内容创建、数字对象描述、数字资源组织管理、数字资源服务、数字资源长期保存五个环节数字图书馆标准规范体系，总计11个大类、34个标准规范项目。

2. 数字图书馆推广工程顺利实施

2011年5月，财政部、文化部联合发文启动数字图书馆推广工程，由国家图书馆组织实施。截至2015年年底，工程建设取得的成果有：一是构建联通全国的数字图书馆网络体系，275家省、市级图书馆接入该体系，各地图书馆平均网络带宽、存储容量、服务器速度等指标较“十一五”末翻一番。二是以唯一标识符系统、统一用户管理系统为代表的数字图书馆业务平台投入使用，全国各级图书馆356个业务平台实现互联互通。三是开展全国性资源共建共享，272家公共图书馆参与资源联合建设，共享资源总量达到120TB；通过专用网络向全国各级公共图书馆提供160余万册中外文图书、1000余种中外文期刊、500余种中文报纸、23万余篇学位论文以及2500余场视频讲座等，向少数民族地区推送民族语言文字资源60GB。四是开展基层图书馆数字资

源提升活动，向全国所有县级图书馆提供4TB优秀数字资源，包括电子图书、电子期刊、视频、图片、政府公开信息等。五是开展全媒体服务，实名用户超过655万人，遍布内地及港澳和部分海外地区，各服务系统年均点击总量超过12亿次。其中，移动阅读用户辐射全球44个国家，总访问量达到9600万次；开通147个移动阅读平台地方分站；数字电视及互联网电视面向全球67个国家50万用户服务；盲人数字图书馆为101个国家和地区的用户服务，总点击量近2000万次。

3. 大力发展新媒体服务

加强新媒体资源建设，创新服务方式。2014年9月9日，"印象数图"数字图书馆体验区开放，设有国家数字图书馆工程、数字图书馆推广工程、数字资源展示体验、数字图书馆互动体验、印象未来等多个展示体验区域，运用科技手段，灵活生动地向公众展示数字图书馆建设成果，畅想图书馆未来发展；积极推进国家数字图书馆应用程序建设，推出"听书"等特色服务；开通国家图书馆官方微博、微信服务。截至2015年年底，官方微博粉丝总数187 748人，官方微信用户46 424人；开展国家动漫公共素材库建设，于2013年正式上线服务，已完成三维动画素材、二维动画素材、音效素材、创意参考素材等4个素材资源大类、199个素材资源小类、近3万件动漫素材资源。

七、发挥行业引领作用，积极推进全国图书馆事业统筹协调发展

加强与业界的共建共享，通过实施国家重点项目，发挥中国图书馆学会等行业平台作用，推进图书馆事业繁荣发展。

1. 加强图书馆事业发展支撑研究

积极履行全国图书馆发展研究中心职能，围绕图书馆事业和公共文化事业发展中的重大业务、制度及政策问题开展调研，为各级政府文化主管部门科学决策和各级图书馆创新发展提供参考。受文化部公共文化司委托，围绕《公共图书馆法》开展立法支撑研究，启动《古籍保护条例》立法工作，研制全国公共图书馆事业发展"十三五"规划和公共图书馆业务规范，组织开展公共文化机构法人治理结构改革、文化行业标准化工作体系等专题调研；组织编纂《中国图书馆史》《中国图书馆年鉴》《国家图书馆概论》等；启动《中国图书馆事业发展报告（蓝皮书）》系列图书编纂，已出版2012卷和农村图书馆卷、数字图书馆卷、少年儿童图书馆卷，为广大图书馆工作者进一步提高业务水平和管理水平提供借鉴，为各级政府科学制定图书馆政策提供参考；依托全

国图书馆标准化技术委员会、全国文献影像技术标准化技术委员会，进一步完善图书馆标准规范体系。

2. 深化业务合作平台建设

在已有各业务合作平台的基础上，进一步拓宽合作领域，深化合作内容。充分发挥全国联合编目中心作用，完善联合目录，拓展共享范围，加强书目建设标准化和规范化的指导与培训。截至2015年年底，成员馆达到2530家，书目数据超过1120万条，规范数据超过139万条，馆藏数据3099万条；全国图书馆文献缩微复制中心确定两批11家成员馆为数字缩微建设单位，推动文献缩微合作模式转型；建成全国省级公共图书馆决策咨询服务协作平台，探索资源联合建设模式，启动成员馆“中国市情数据库”共建试点工作；完善全国图书馆参考咨询协作网建设，进一步提升为业界服务水平；推进全国公共图书馆讲座联盟建设，实现师资、课件等资源的共建共享，仅2015年就完成平台主讲人和讲座数据约5000条。

3. 全力支持行业组织发展

国家图书馆作为中国图书馆学会、中国古籍保护协会等社会组织的秘书处挂靠单位，一方面为其发展提供了人员、经费、设施设备等全方位支持与保障，另一方面也依托行业组织，加强了行业学术交流与合作协调。每年组织召开中国图书馆学会年会，指导各专门工作委员会和分支机构开展形式多样的学术活动；举办中国图书馆学会第九次全国会员代表大会，选举产生第九届理事会。推动中国古籍保护协会的成立，并顺利召开第一次代表大会，完成理事会选举。依托全国图书馆标准化技术委员会，进一步完善图书馆标准规范体系，“十二五”期间共申请立项国家标准23项，文化行业标准33项，内容涵盖图书馆管理、服务、技术、业务等领域；申请国家级和部级标准化研究项目11项，涉及文化领域和图书馆行业标准规范体系、工作机制、特殊群体服务、新技术应用等多个重点领域；完成第二届技术委员会的换届。顺利完成第六届全国文献影像技术标准化技术委员会换届。依托全国图书馆文献缩微复制中心，与各成员单位之间建立了共赢互利的新型合作模式，顺利推动了数字缩微工作。

4. 引领全国图书馆事业发展

通过召开会议、组织活动、开展培训等多种形式指导全国图书馆业务工作。配合文化部公共文化司开展第五次全国公共图书馆评估定级，参与标准修订、评估实施和定级总结工作；通过举办面向全国的培训，支持地方图书馆的业务培训，接收各级图书馆工作人员来馆业务交流等多种形式，为地方图书馆的人才队伍建设提供支持；组织召开“全国省级公共图书馆馆长座谈会”“图书馆未成年人服务工作研讨会”“图书馆现代技术学术研讨会”等全国性会议，共同就图书馆事业发展的战略性、全局性问题进行开放交流，不断提升行业发展的科学化、专业化水平。

八、促进国际交流与合作，进一步提升影响力

紧密围绕典籍展览、文献数字化、古籍保护与修复、数字图书馆建设等重点业务工作，开展国际及港澳台交流活动，“十二五”期间共接待来访 259 批次、2240 人次，组织出访 137 批次、381 人次，外事工作对事业发展的促进作用进一步增强。

1. 积极发挥在国际图书馆事务中的作用

参与国际图书馆协会联合会、国际互联网保存联盟等国际组织活动，提升国家图书馆的国际影响力。举办或参加国际性图书馆交流与合作会议，如国际图联大会、北美亚洲图书馆年会、亚洲图书馆馆长论坛等国际交流与研讨活动，加强国内同行与世界图书馆界的联系与交流。参与政府有关文化交流工作，深入开展务实合作，参与“中英人文交流机制启动仪式”“2012 中欧文化对话年”等重要活动；制定海外中国文化中心数字图书馆建设方案，着力推进中华传统文化的国际传播，展示中国现代化建设成就。

2. 组织策划国际图书馆合作项目

围绕国际图书馆事业发展的重点领域，组织策划国际合作项目，“以项目促合作，以项目促发展”。在“十二五”期间，继续开展哈佛燕京图书馆中文古籍数字化、中日韩数字图书馆等项目，策划启动“海外中华古籍调查暨数字化合作项目”，对散落海外的中华典籍进行全面调查，促使其以数字化形式回归。项目开展以来，成功实现法国国家图书馆《圆明园四十景图》数字版本和英国牛津大学博德利图书馆 19 册《永乐大典》的高清数字版本回归；“海外古籍登记平台”累计完成数据 10 万条。

3. 拓展与丝绸之路沿线国家图书馆的交流与合作

配合国家“一带一路”战略，积极与丝绸之路沿线国家和地区图书馆开展交流合作，促进丝绸之路沿线文明的交流互鉴。与阿盟秘书处合作举办首届中阿图书馆及信息领域专家会议，加强双方在技术交流、数据库建设等方面的合作；承办中国—阿拉伯国家图书馆馆长论坛，就建立信息领域合作机制、

图书馆资源共享与合作发展、文献典籍保护与利用、数字图书馆发展合作等共同关注的问题进行研讨交流，并通过《中国—阿拉伯国家图书馆馆长论坛公报（2014 年 10 月 13 日北京倡议）》；与突尼斯国家图书馆、土耳其国家图书馆、阿塞拜疆国家图书馆、伊朗德黑兰大学中央图书馆签署合作协议，达成“共同保护、利用与展示丝绸之路”的共识；筹备建立“丝绸之路”国际图书馆联盟和“丝绸之路”数字图书馆。

九、全面提高综合管理水平，为事业发展提供有力保障

1. 切实加强人才培养

深入贯彻落实《国家图书馆“十二五”人才发展规划》，全面推进人才队伍建设。做好人才引进工作，优化应届高校毕业生招录工作流程，加大急需紧缺专业人才和复合型人才的引进力度；广泛吸收实践经验丰富的业务骨干和引领事业发展的高层次人才。统筹推进人才培养工作，以加强岗位基础业务知识和基本业务技能培训为重点，编制《国家图书馆基础业务知识应知应会手册》，鼓励部门根据业务实际开展员工培训。制定《国家图书馆各类人员培训管理办法》，逐渐形成分层培训机制，对全馆科级干部进行培训，提升科组长业务和管理水平；制定全员培训计划，馆方统筹、部门负责、科组参与的员工岗位培训体系得到完善；有重点地加强业务骨干的培养，促进专业技术拔尖人才脱颖而出；加强新员工入馆培训，以专题教学为主，业务参观为辅，帮助新员工了解馆史馆情，树立岗位意识。成立国家图书馆文化志愿者总队，开展外事服务、典籍博物馆服务等志愿工作。

2. 进一步提升科研能力

依据《国家图书馆“十二五”科研工作发展规划》，紧密围绕图书馆事业发展重点，策划相关科研项目，积极争取立项国家级与部级科研项目。成功立项国家科技支撑计划项目 3 项，国家社科基金项目 17 项，国家社科基金后期资助项目 3 项，全国艺术科学规划项目 1 项，文化部国家科技提升计划项目 4 项，中国博士后科学基金面上一等资助项目 3 项；立项资助 149 个馆级科研项目。自主研制的文献脱酸剂和脱酸系统已申报国家专利，研制完成国内首个一体化民国文献整本脱酸设备。2014 年，古籍保护科技文化部重点实验室入选首批认定的文化部重点实验室。

第四节　创新之处

一、树立宏观发展视野，为国家大局服务

国家图书馆自觉将事业发展置于社会主义文化建设大局中，置于全面建成小康社会的国家战略中，置于经济社会持续健康发展的总体部署中。围绕传承弘扬中华优秀传统文化、培育社会主义核心价值观、构建现代公共文化服务体系、大众创业万众创新、全民阅读等领域，策划实施了展览、讲座、典籍整理出版、新媒体服务等一系列重点工作，特别是紧密围绕国家政治经济外交大局主动策划开展了一些具有广泛社会影响的活动，既凸显了国家图书馆服务于国家战略的独特作用，又使国家图书馆事业的未来发展拥有了更为广泛和更加有力的支持。

二、践行全民阅读的服务理念，引领书香社会建设

作为社会阅读资源和公共阅读服务的主要提供机构，国家图书馆积极响应国家“倡导全民阅读，建设书香社会”的倡议，通过完善阅读设施、加强阅读资源建设、开展多元化的阅读推广活动、提供专业阅读指导等，来发挥好全民阅读主阵地的作用。积极加强现代信息技术研究与应用，推进大数据研究和云平台建设，提升数字图书馆服务效能，创新全民阅读服务方式，如借鉴“慕课”理念，推出“国图公开课”，为人们提供提升文明素质的优质“精神产品”；优化互联网服务，提供个性化、免费的移动服务。放宽入馆年龄限制，公共服务区域面向未成年人全面开放，少年儿童馆“零门槛”，成为世界上开放程度最高的国家图书馆之一。组织全国图书馆界开展“中华经典诵读大赛”等全民阅读活动，引导各级各类图书馆充分发挥阅读阵地作用。

三、发挥多元社会力量，共同推动事业发展

积极联合政府、媒体、出版商、书店、学校、家庭、企业、社会机构等社会力量，共同参与和推动图书馆事业发展。创造性地联合京港地铁共同发起大型公益项目“M 地铁 · 图书馆”，借助地铁这一公共服务空间，增设日常出行中的阅读平台和场所，为提高全民文化素养、建设书香城市做出应有贡献。引入社会力量支持阅读文化项目，由加多宝集团作为独家支持单位参与第八届

“文津图书奖”有关活动，并向国家图书馆捐赠阅读推广公益资金300万元用于公益文化事业。面向社会公开招募少儿图书馆家长志愿者、小图书管理员，典籍博物馆志愿者等，引入社会公众的力量，共同开展图书馆服务工作，更好地发挥图书馆的社会教育职能。

四、深化文化体制改革，为事业发展保驾护航

根据中央、文化部关于文化体制改革的相关要求和我馆事业发展需要，深化内部机制改革，进一步加强保障能力，增强发展活力，进一步提高管理水平，推动形成责任明确、行为规范、富有效率、服务优良的运行机制，营造良好的事业发展环境。国家图书馆出版社完成转企改制工作，成为文化部第一家完成该项工作的出版社。配合文化部直属事业单位机构编制管理，研究制定本馆“三定”方案。落实国务院《关于机关事业单位工作人员养老保险制度改革的决定》《关于在京中央和国家机关职工住宅区物业管理和供热采暖改革有关问题的通知》等文件要求，顺利完成调整工作人员基本工资标准、增加离退休人员离退休费、实施事业单位养老制度改革、物业采暖补贴发放方式调整等工作。

第五节　未来展望

在未来，随着我国公共文化事业和图书馆事业的飞速发展，国家图书馆的事业发展也面临新的机遇和挑战，接下来将围绕建设成为“国内最好、世界领先”的图书馆，重点开展以下工作，努力成为传承和弘扬中华优秀传统文化的重要基地，成为支持和推广全民阅读的主要阵地，成为国家经济社会发展的新型智库，成为创新创业的知识中心，成为业界发展和服务创新的示范高地，成为联结一切信息服务机构的开放平台。

一是文献信息资源综合保障能力进一步增强。接受出版物缴送的工作制度进一步完善，适应出版形势和数字化服务方式的多渠道文献采选、补藏机制较为成熟，馆藏文献信息资源的学科、载体、语种结构更为优化，重点馆藏的保存保护和异地灾备条件显著改善，覆盖重点国家、重点地区、重点领域的文献信息资源保障体系更加完备。

二是文献信息资源的集成化整合效能进一步提高。以国家文献信息资

源总目建设为重点，馆藏各类型文献的统一揭示更加深入，覆盖全国县以上公共图书馆的联合馆藏建设基本完成，对各类新型资源整合揭示技术的研究应用能力进一步增强。

三是文献信息资源的研究整理与展示利用水平进一步提升。以传承和弘扬优秀传统文化为重点，面向国家经济社会发展重点领域和重大关切的专题文献整理与研究工作形成一定规模，古籍保护修复、整理出版与研究利用水平全面提升，中华珍贵典籍文化展示、传播与研究平台逐步完善。

四是支撑国家创新发展的多元分层服务体系进一步完善。以建设国家新型智库为重点，面向国家重要法律法规和政策制定的立法决策服务能力显著增强，面向经济社会和科学技术发展重点领域的知识服务水平显著提升，面向“大众创业、万众创新”的综合信息服务平台基本形成。

五是支持公民终身学习的服务网络进一步健全。以促进和支持公众自我学习、自我涵养为重点，基于讲座、展览、培训、阅读推广活动、艺术鉴赏及文化创意产品研发的立体化社会教育服务网络进一步健全，“国图公开课”“文津图书奖”等文化教育活动品牌的社会影响进一步提高，面向全民阅读的服务支撑体系建设更加完备。

六是基于现代信息技术的公共文化服务效能进一步强化。数字图书馆“一云一库一网”建设任务基本完成，传统业务与数字图书馆业务进一步融合发展，服务于社会公众学习、工作、研究与休闲娱乐的公共数字文化空间进一步优化，通过网络向公众提供的资源和服务内容更加丰富，渠道更加多样，手段更加便捷。

七是在国内外图书馆事务中的话语权和影响力进一步凸显。围绕“一带一路”国家战略，依托重大文化工程和双边、多边合作项目，与其他图书馆和信息机构之间的开放交流与合作机制进一步完善，与周边国家、重点地区和相关国际组织的务实合作不断深化，对现代公共文化服务体系建设和提升中华文化国际传播力、影响力的积极作用进一步发挥。

八是人才队伍建设与科学研究工作进一步加强。以事业发展和业务工作需求为导向，多渠道、多层次选人用人机制进一步健全，人才队伍进一步优化，围绕事业发展和业务工作重点领域的研究工作取得突破性进展，研究成果的转化利用效率不断提高，开放合作的研究平台不断完善，业务工作、科研工作和人才培养进一步实现有机结合与良性互动。

九是综合管理能力和保障能力进一步稳固。综合管理的科学化、规范化程度显著提升,行政管理与业务管理机制进一步创新,安全保卫与后勤保障水平不断提高,业务流程进一步理顺,适应事业发展和社会需求的新型业务格局逐步完善。

（执笔人:申晓娟　张若冰　杨凡）

第三章　公共图书馆

“十二五”时期是全面建设小康社会的关键时期，也是推动社会主义文化大发展大繁荣、增强国家文化软实力、进一步推进公共文化服务体系建设的重要战略机遇期。公共图书馆是保障人民基本文化权益的重要阵地，是国家公共文化服务体系的重要组成部分，承担着丰富人民精神文化生活、保障人民群众基本文化权益、满足人民群众基本文化需求的光荣职责和神圣使命[1]。在《国家“十二五”时期文化改革发展规划纲要》《文化部“十二五”时期文化改革发展规划》《全国公共图书馆事业发展“十二五”规划》的指引下，我国公共图书馆全面开启免费开放的新篇章，在基础设施、法制化、公共图书馆服务体系、阅读推广活动、公共数字文化、古籍保护、对外交流与合作等方面都取得了突出的成就。

第一节　发展综述

免费开放政策全面推行，标志着我国公共图书馆服务进入保障公民权利的新时代。2010 年年初，温家宝总理在《政府工作报告》中明确提出了推进美术馆、图书馆、文化馆、博物馆免费开放的任务。“十二五”规划纲要把基层公共文化设施免费开放列为推进基本公共服务均等化、保障和改善民生的重点任务之一[2]。2011 年 1 月，财政部、文化部联合下发《关于推进全国美术馆、公共图书馆、文化馆（站）免费开放工作的意见》，标志着我国公共图书馆进入免费开放新时代。通过实施免费开放政策，旨在建立起与经济社会发展水平相适应、与基本职能相适应的持续稳定的公共文化服务经费保障机制[2]；进而实现公民的文化权利，实现大众对公共图书馆的普遍性利用、平等性利用、公开性利用、重复性利用[3]。免费政策颁布以来，各地逐步形成五级免费开放网络，注册读者率大幅提升近 30%，带来极大的社会效益。2011 年年底的调查显示，全国 2952 个公共图书馆全部实现了无障碍、零门槛进入，公共空间设施场地全部免费开放，所提供的基本服务项目全部免费[4]。

新馆建设掀起新一轮高潮，推动图书馆功能转型发展。“十二五”期间，全国各地持续加大新馆建设力度，各层级图书馆的新建、扩建或改建工程精彩纷呈，图书馆设施条件得到极大改善；新技术、新设备在图书馆的应用不断扩大，RFID技术、自助服务设备、电子触摸屏、无线网络覆盖、移动阅读技术等广泛应用。图书馆功能逐步多元化、综合化，许多大型图书馆除了具备传统文献与知识信息服务功能外，还肩负起文化休闲、公共空间等功能，成为地方的文化名片和文明标志。如广州图书馆新馆以“美丽书籍”为设计理念，独特的“之”字优雅体造型成为“新广州好”百景之一，同时形成了多元文化交流的服务特色，成为城市文化新地标、城市窗口；首都图书馆新馆设有多功能剧场、音乐影视鉴赏厅、艺术展厅、报告厅等专业厅室，向公众提供演出、观影、展览、沙龙、研讨、座谈等文化休闲活动。

公共文化服务法制化、标准化建设成效显著，制度保障体系日益健全。“十二五”期间，我国公共图书馆法律法规、标准化建设成果显著。在国家层面，《公共文化服务保障法》《公共图书馆法》和《全民阅读促进条例》先后完成起草工作并广泛征求各方意见。在地方层面，《四川省公共图书馆条例》和《广州市公共图书馆条例》先后颁布实施，这是继深圳、内蒙古、北京、湖北等地之后我国第五部和第六部地方性图书馆法规；《广东省公共文化服务促进条例》和《江苏省人大常委会关于全民阅读的决定》分别作为我国首部地方性公共文化服务和全民阅读法规，先后颁布实施，而《江苏省公共文化服务促进条例》《深圳经济特区全民阅读促进条例》则先后于“十二五”期末颁布。公共图书馆行业标准规范也不断完善，《公共图书馆服务规范》《乡镇综合文化站建设标准》和《公共图书馆参考咨询服务规范》等多个行业规范正式实施。

推动公共文化服务体系示范区（项目）创建工作，图书馆事业进入体系化发展阶段。“十二五”期间，文化部、财政部共同推动“国家公共文化服务体系示范区（项目）创建工作”。2011年5月，广东省东莞市、江苏省苏州市等入选第一批国家公共文化服务示范区，浙江省嘉兴市的“城乡一体化公共图书馆服务体系建设”等入选第一批创建公共文化服务示范项目[5]。以创建公共文化服务示范区（项目）为契机，各地发挥政府主导与主体作用，不断提升事业投入保障水平，探索完善公共图书馆服务体系建设模式，全面推进服务体系化发展。如苏州公共图书馆总分馆模式由原来的“在合作基础上的全委托模式”升级为“从制度上实现政府主导”的“新模式”，保障了苏州总分馆体系的可持续发展[6]。嘉兴市在全地区形成公共图书馆服务体系的基础架构后，进一步与其他类型图书馆共同构建覆盖全民的图书馆服务体系[7]。国家公共文化服务示范区(项目)创建工作,对全国公共图书馆服务体系建设起到良好的示范作用,极大地推动了各地的服务体系建设。

公共图书馆阅读推广活动丰富多彩,在全民阅读工作中的主体作用日益突出。“十二五”期间,全民阅读工作正逐渐被提升为国家战略。自2014年起,“全民阅读”连续两年写入国务院《政府工作报告》;2015年,文化部公共文化司召开“图书馆与全民阅读研讨会”,指出全民阅读要发挥各级各类图书馆的主体作用,并充分调动社会力量参与[8]。中国图书馆学会阅读推广委员会充分发挥行业协调作用,系统推进各层面图书馆举办各种阅读推广活动。如举办“青少年阅读活动案例”“全民阅读推广活动经典、创新案例”征集活动,总结阅读推广活动的经典做法及先进经验;编制各种阅读推荐书目、阅读刊物;召开图书馆与阅读学术研讨会,举办“全国少儿阅读峰会”“全民阅读推广年会”;启动“阅读推广人”培育行动,编制阅读推广培训教材;命名“全民阅读示范基地”……促进图书馆阅读推广活动的蓬勃发展。

公共数字文化建设有序推进,供给能力不断提高。2011年,文化部、财政部共同出台了《关于进一步加强公共数字文化建设的指导意见》,提出“十二五”时期将以推进实施全国文化信息资源共享工程、数字图书馆推广工程、公共电子阅览室建设计划三大公共数字文化惠民工程为重点,加强统筹,协调发展,提升整体效能。“十二五”期间,三大公共数字文化惠民工程构成了全国性的公共数字文化服务网络。“全国文化信息资源共享工程”形成资源建设工作机制、制度和方法,根据公共文化司在文化部2015年第三季度新闻发布会上提供的信息,共享工程各级资源总量已达到412.46TB,推出了一批较高文化价值、具有鲜明特色和一定社会影响力的资源建设成果,初步形成内容丰富、规模较大的资源存量,具备了服务基层的资源保障能力[9]。2011年5月,文化部、财政部启动“数字图书馆推广工程”,旨在整体提升我国各级图书馆的数字化服务能力和水平,“十二五”期末完成既定目标,惠及全国3000余家图书馆,实名用户超过655万人,各服务系统年均点击量超过12亿次[10]。2012年2月,文化部、财政部在全国实施“公共电子阅览室建设计划”,坚持公益性、基本性、均等性、便利性原则,依托全国文化信息资源共享工程的服务网络和设施,努力实现公共电子阅览室在全国乡镇、街道、社区的全覆盖。截至“十二五”期末,在全国建设公共电子阅览室近3万个,把更多满足人民群众需求的数字资源传送到社区、城镇和农村[11]。

典籍保护工作扎实开展,取得丰硕成果。古籍保护工作扎实开展,成果显著。“十二五”期间,古籍保护工作在“中华古籍保护计划”的推动下稳步前进,在海内外古籍普查、民国时期文献保护以及地方性典籍保护等各方面都取得了丰硕成果。“中华古籍保护计划”方面,2014 年 2 月《天津图书馆古籍普查登记目录》的正式出版标志着全国普查登记工作进入成果展示阶段[12];国务院公布了第四批《国家珍贵古籍名录》以及全国古籍重点保护单位,其中包括了四家公共图书馆;古籍保护人才队伍建设进一步加强,设立了“国家古籍保护中心人才培训基地”以及“国家级古籍修复技艺传习中心”;启动建设中华古籍保护网以及中华古籍资源库。“民国时期文献保护计划”自 2012 年正式启动以来,在文献普查、海外文献征集、整理出版等方面都取得了重要成果,“民国时期文献联合目录”上线,《抗战阵亡将士资料汇编》《远东国际军事法庭庭审记录》等数个民国文献项目相继整理出版。地方性典籍保护也取得重要进展,既有集图书馆、档案馆、博物馆之力共同搜集、抢救、整理地方性典籍,如《广州大典》《山东文献集成》《巴蜀全书》等大型地方性丛书的推出,也有依托各地公共图书馆馆藏资源开展的典籍保护项目,成绩斐然。

对外交流与合作日趋活跃,国际影响力进一步提升。“十二五”期间,我国公共图书馆进一步走向世界,与国际上各类图情机构的联系日益密切,包括加入国际图情组织、在国外图书馆开设典藏专区、开展文化活动、参与和举办国际会议、开展人员互访等。目前我国图书馆界共有 28 人在国际图联各专业委员会担任委员职务;2012—2015 年,中国人(含港澳台地区)在国际图联年会各分会场的总发言次数为 93 人次。上海图书馆于 2015 年 1 月正式成为都柏林核心元数据组织(DCMI)的机构会员[13],杭州图书馆于 2015 年 2 月初开通 OCLC 的 Worldshare ILL 平台,成为继国家图书馆和上海图书馆之后我国第三家与全球 1 万余家图书馆实现馆际互借和文献传递的公共图书馆[14]。“十二五”时期,上海图书馆、杭州图书馆、广州图书馆和重庆图书馆等积极开展国际交流与合作。截至 2015 年 10 月 31 日,上海图书馆“上海之窗”项目合作伙伴已遍布六大洲 64 个国家和地区,共计 129 家机构,累计送出图书86 719 册[15]。杭州图书馆自 2011 年起陆续与 4 家国外友好图书馆开展图书交换项目,并在对方图书馆设置“映像西湖”专区[16]。广州图书馆新馆全面开放以来,携手广州市外办等机构,已经与 20 多个驻穗领馆合作举办 100 多场文化交流活动;与 9 个国际友好城市图书馆签订合作备忘录,开展图书交换、互办展览、馆员交流等交流合作。重庆图书馆在泰国、英国、德国、贝宁、哈萨克斯坦、西班牙[17][18]等6个国家和地区设立了“重庆之窗——中国图书角”，为重庆对外文化交流搭建起可持续平台。此外，新一届广东图书馆学会还设立对外交流委员会，这是我国图书馆界首个以“国际交流”为主题的专业委员会。

公共图书馆社会化发展取得新进展。“十二五”期间，各地积极探索社会力量参与公共文化服务体系建设，社会力量逐渐成为公共文化发展的生力军。“十二五”期间党和政府密集出台了一系列鼓励和支持社会力量参与公共文化服务的政策，如2013年，国务院办公厅印发《国务院办公厅关于政府向社会力量购买服务的指导意见》（国办发〔2013〕96号）；2015年5月，国务院办公厅转发文化部等4个部委联合出台的《关于做好政府向社会力量购买公共文化服务工作的意见》（国办发〔2015〕37号），将“公共图书馆（室）、文化馆（站）、村（社区）综合文化服务中心（含农家书屋）等运营和管理”纳入《政府向社会力量购买公共文化服务指导性目录》，指导社会力量参与公共文化服务体系建设。同时，各地积极培育和引进相关社会主体参与公共图书馆管理和服务，2011年江苏省无锡高新区引入艾迪讯电子科技有限公司[19]、广州市南沙区引入广东大音文化发展公司[20]、2014年安徽省芜湖市镜湖区引入安徽儒林图书馆咨询服务有限公司[21]承接区级图书馆的整体运营、北京市朝阳区图书馆及朝外街道文化服务中心委托悠贝亲子图书馆负责朝外街道公共图书馆日常管理及活动开展工作，这些有益的尝试取得良好效果。此外艾迪讯电子科技有限公司2015年通过政府公开招标的方式承接了成都武侯区图书馆新馆、上海金山区图书馆新馆、苏州吴江图书馆社区图书馆的运行管理项目，将公共文化服务社会化运营的这一创新模式推广到全国，得到了客户的认可肯定以及良好的社会效益[22]。在地方立法层面，《广州市公共图书馆条例》明确规定向社会组织购买公共图书馆服务的内容，为当地公共图书馆购买社会服务提供了法律依据。

管理体制机制改革创新有序推进。2011年3月，中共中央、国务院下发《关于分类推进事业单位改革的指导意见》（中发〔2011〕5号），提出推进公益服务事业单位改革，建立健全法人治理结构。2011年7月，国务院办公厅《关于建立和完善事业单位法人治理结构的意见》对面向社会提供公益服务的事业单位探索建立和完善法人治理结构提出了具体要求。2013年，十八届三中全会通过了《中共中央关于全面深化改革若干重大问题的决定》，明确提出“推动公共图书馆、博物馆、文化馆、科技馆等组建理事会，吸纳有关方面代表、专业人员、各界群众参与管理”。公共图书馆法人治理结构构建的试点工作开始于2007年。至2013年年底,先期试点的有无锡市图书馆、深圳图书馆、广州图书馆、深圳市宝安区图书馆、成都市成华区图书馆等。理事会的职能定位包括议事决策型、议事监督型和咨询型[23]。2014年,文化部通过《2014年文化系统体制改革工作要点》,明确提出推动图书馆组建理事会试点工作,吸纳有关方面代表、专业人士、各界群众参与管理,完善决策和监督机制,提高服务水平。同年,文化部公布10家国家公共文化机构法人治理结构试点单位名单,其中有7家是图书馆,包括南京图书馆、浙江图书馆、重庆图书馆、温州市图书馆等[24]。广东、山东等地图书馆也在积极探索以建立理事会为中心的公共图书馆法人治理模式。

第二节　基本统计数据①

一、基础设施建设

1. 公共图书馆机构数

“十二五”期间图书馆数量增长明显。截至2015年年底,全国共有公共图书馆3139个,比“十一五”期末增加255个,增长率为8.84%,年均增长率为1.71%,比“十一五”期间的0.87%翻了一番。其中省级图书馆39个,比“十一五”期末增加2个,分别为2011年9月正式开馆的福建省少年儿童图书馆以及2014年6月正式开馆的河南省少年儿童图书馆;地级市图书馆365个,比“十一五”期末增加31个,增幅9.28%;县级图书馆2734个,比“十一五”期末增加222个,增幅8.84%;独立建制的少儿图书馆113个,比“十一五”期末增加16个,增幅16.50%,少儿图书馆占全国公共图书馆总数的3.60%。“十二五”期间,东、中、西部地区公共图书馆数量分别增加21、83、151个②,其中东部地区图书馆数量增速相对“十一五”期间有所减缓,而中、

① 数据来自历年《中国图书馆年鉴》,涉及增长比例均以未做四舍五入处理前的原始数据计算,可能与以本部分数据直接计算结果略有不同。

② 本报告东、中、西部划分:东部地区包括北京、天津、辽宁、上海、江苏、浙江、福建、山东、广东9个省(直辖市),中部地区包括河北、山西、吉林、黑龙江、安徽、江西、河南、湖北、湖南、海南10个省,西部地区包括内蒙古、广西、重庆、四川、贵州、云南、西藏、陕西、甘肃、青海、宁夏、新疆12个省(自治区、直辖市)。

西部地区的增速均有所增长，说明在我国现有政策的支持下，中、西部地区公共图书馆事业发展继续保持较好的发展势头。西部地区公共图书馆事业发展速度最快，“十二五”期末公共图书馆数量比“十一五”期末增长 14.45%，增幅约是中部地区的 2 倍，公共图书馆总量也已超过中部地区。

根据 2013 年第五次公共图书馆评估定级结果，全国 2230 个图书馆达到三级以上图书馆标准，对比 2013 年全国公共图书馆个数为 3112 个，达标率为 71.66%，实现“十二五”规划要求公共图书馆达标率（部颁三级以上）60% 的目标。但通过对各省县级行政区划（根据《中国统计年鉴 2016》，2015 年为 2850 个）与县级图书馆数量进行对比，县级图书馆覆盖率约为 95.93%，“县县有图书馆”的目标仍未能在“十二五”期间完全实现。截至 2015 年年底，河北、山西、内蒙古、吉林、黑龙江、江苏、浙江、安徽、福建、山东、河南、湖北、湖南、广东、广西、四川、贵州、陕西、甘肃、青海、宁夏、新疆等 22 个省级行政区的县级图书馆数均少于县级行政区划数，意味着这些省（区）的一些市辖区、县级市或县尚未建立独立建制的公共图书馆。

表 3－1　2010—2015 年公共图书馆数量

年份	公共图书馆（个）	增速	省级图书馆（个）	市级图书馆（个）	县级图书馆（个）	独立建制的少儿图书馆（个）
2010	2884	—	37	334	2512	97
2011	2952	2.36%	38	343	2570	94
2012	3076	4.20%	38	354	2683	99
2013	3112	1.17%	39	360	2712	105
2014	3117	0.16%	39	361	2716	108
2015	3139	0.71%	39	365	2734	113

表 3－2　“十一五”“十二五”期间公共图书馆数量增长情况

时间	年均增速/增长率
“十一五”期间	0.87%
“十二五”期间	1.71%
“十二五”期末较“十一五”期末	8.84%

表3-3 2010—2015年东、中、西部地区公共图书馆数量

年份	东部	中部	西部
2010	786	1052	1045
2011	787	1089	1075
2012	792	1109	1174
2013	801	1120	1190
2014	800	1124	1192
2015	807	1135	1196

表3-4 “十二五”期间东、中、西部地区公共图书馆增长情况

时间	年均增速/增长率		
	东部	中部	西部
“十一五”期间	0.62%	0.94%	0.99%
“十二五”期间	0.53%	1.53%	2.74%
“十二五”期末较“十一五”期末	2.67%	7.89%	14.45%

2. 公共图书馆馆舍面积

“十二五”期末全国公共图书馆馆舍面积达到1316.8万平方米，比“十一五”期末的900.4万平方米增长46.25%；每千人建筑面积从“十一五”末期的6.71平方米增长至“十二五”末期的9.58平方米，同时期全国人口数增长2.51%，据此计算，每千人建筑面积总体增长42.77%，略低于建筑面积增长情况。“十二五”期间，公共图书馆馆舍面积和每千人建筑面积年均增长率均比“十一五”高出2个百分点。公共图书馆建筑面积和每千人建筑面积不断增长，但增长率有所波动。独立建制的少儿图书馆建筑面积从“十一五”末的25.8万平方米，增长至“十二五”末的37.6万平方米，增幅45.71%。

表3-5 2010—2015年公共图书馆馆舍面积

年份	建筑面积（万平方米）	增速	每千人建筑面积（平方米）	增速	独立建制少儿馆建筑面积（万平方米）	增速
2010	900.4	—	6.71	—	25.8	—
2011	994.9	10.50%	7.38	9.99%	25.1	-2.71%

续表

年份	建筑面积（万平方米）	增速	每千人建筑面积（平方米）	增速	独立建制少儿馆建筑面积（万平方米）	增速
2012	1058.4	6.38%	7.82	5.96%	30.5	21.51%
2013	1158.5	9.46%	8.51	8.82%	29.6	-2.95%
2014	1231.6	6.31%	9.00	5.76%	34.2	15.54%
2015	1316.8	6.92%	9.58	6.44%	37.6	9.94%

表3－6　“十一五”“十二五”期间公共图书馆馆舍面积增长情况

年均增速/增长率 时间	建筑面积	每千人建筑面积	独立建制少儿馆建筑面积
“十一五”期间	5.85%	5.32%	8.56%
“十二五”期间	7.90%	7.36%	7.76%
“十二五”期末较“十一五”期末	46.25%	42.77%	45.74%

在地区分布方面，截至2015年年底，东、中、西部地区公共图书馆馆舍面积依次为592.5万平方米、376.9万平方米、319.6万平方米，分别比“十一五”期末增长44.58%、52.16%、46.94%，年均增速也都高于“十一五”期间。从各地区馆均面积来看，东部仍为最高（0.73万平方米），中部次之（0.33万平方米），西部最低（0.27万平方米），与“十一五”期末相比，“十二五”期末西部公共图书馆馆均面积增长率低于中部和东部，意味着西部与东、中部的差距进一步加大。

表3－7　2010—2015年东、中、西部地区公共图书馆馆舍面积分布

年份	东部馆舍面积（万平方米）		中部馆舍面积（万平方米）		西部馆舍面积（万平方米）	
	总量	馆均	总量	馆均	总量	馆均
2010	409.8	0.52	247.7	0.24	217.5	0.21
2011	456.6	0.58	276.8	0.25	236.2	0.22
2012	476.2	0.60	304.3	0.27	252.6	0.22
2013	515.4	0.64	345.7	0.31	272.9	0.23
2014	545.8	0.68	370.0	0.33	288.0	0.24
2015	592.5	0.73	376.9	0.33	319.6	0.27

表3-8 “十一五”“十二五”期间东、中、西部地区公共图书馆馆舍面积增长情况

时间 \ 年均增速/增长率	东部图书馆馆舍面积		中部图书馆馆舍面积		西部图书馆馆舍面积	
	总量	馆均	总量	馆均	总量	馆均
“十一五”期间	7.11%	6.45%	5.22%	4.24%	4.05%	3.04%
“十二五”期间	7.65%	7.09%	8.75%	7.12%	8.00%	5.13%
“十二五”期末较“十一五”期末	44.58%	40.38%	52.16%	37.50%	46.94%	28.57%

3. 公共图书馆阅览座席数

“十二五”期末，全国公共图书馆阅览座席数达910 679个，较“十一五”末的630 683个增加279 996个，增长44.40%，年平均增速为7.62%。千人均阅览座席数从“十一五”期末的47.03个增加至“十二五”期末的66.25个，增长40.87%，年均增速为7.09%。其中少儿阅览座席数为223 948个，较“十一五”期末增加67 424个，增长43.08%，年均增速为7.43%；少儿阅览座席数占公共图书馆阅览座席总数的24.59%，与“十一五”期末的24.82%基本持平。随着馆舍规模的不断扩大，公共图书馆阅览座席数同样呈增长趋势。

表3-9 2010—2015年公共图书馆阅览座席数

年份	公共图书馆阅览座席				少儿阅览座席	
	数量(个)	增速	千人均数(个)	千人均增速	数量(个)	增速
2010	630 683	—	47.03	—	156 524	—
2011	681 441	8.05%	50.58	7.55%	168 647	7.75%
2012	734 571	7.80%	54.25	7.26%	181 264	7.48%
2013	809 767	10.24%	59.51	9.70%	196 192	8.24%
2014	855 520	5.65%	62.55	5.11%	210 662	7.38%
2015	910 679	6.45%	66.25	5.92%	223 948	6.31%

表 3-10　“十一五”“十二五”期间公共图书馆阅览室座席数增长情况

时间 \ 年均增速/增长率	公共图书馆阅览室座席数	千人均公共图书馆座席数	少儿阅览室座席数
“十一五”期间	5.61%	0.33%	2.40%
“十二五”期间	7.62%	7.09%	7.43%
“十二五”期末较“十一五”期末	44.40%	40.87%	43.08%

“十二五”期末，我国东、中、西部地区公共图书馆阅览座席数分别为37.63万个、28.40万个、24.51万个，与“十一五”期末相比，西部地区公共图书馆阅览座席数增长最快，中部次之，东部相对较低。而就馆均阅览座席数来说，东部地区为466.26个，远高于中、西部地区的250.26个、204.90个；与各地区公共图书馆阅览座席总数的增长情况不同，东部地区公共图书馆馆均阅览座席数相较于“十一五”期末增长最快，中部次之，西部则最低。

表 3-11　2010—2015年东、中、西部地区公共图书馆阅览室座席数

年份	东部阅览室座席数（个）		中部阅览室座席数（个）		西部阅览室座席数（个）	
	总量	馆均	总量	馆均	总量	馆均
2010	266 896	339.56	192 107	182.61	164 803	157.71
2011	278 248	353.56	211 049	193.80	187 752	174.65
2012	299 480	378.13	235 965	212.77	194 734	165.87
2013	320 928	400.66	260 311	232.42	224 117	188.33
2014	339 681	424.60	275 954	245.51	234 730	196.92
2015	376 269	466.26	284 043	250.26	245 064	204.90

表 3-12　“十一五”“十二五”期间东、中、西部地区公共图书馆阅览室座席数增长情况

时间 \ 年均增速/增长率	东部阅览室座席数		中部阅览室座席数		西部阅览室座席数	
	总量	馆均	总量	馆均	总量	馆均
“十一五”期间	6.70%	6.04%	4.93%	3.96%	3.32%	2.31%
“十二五”期间	7.11%	6.55%	8.14%	6.51%	8.26%	5.38%
“十二五”期末较“十一五”期末	40.98%	37.31%	47.86%	37.04%	48.70%	29.92%

4. 公共图书馆信息化建设

“十二五”时期,电子阅览室终端数为12.67万台,计算机数量为21.18万台,较“十一五”末的8.31万台及14.28万台总体增长4.36万台和6.90万台,增幅分别为52.47%、48.32%;年平均增速分别为8.80%和8.21%,较“十一五”时期的20.61%和17.32%均有大幅下降。可见,“十二五”时期我国公共图书馆信息化建设仍在持续推进,但不同于“十一五”时期的全面铺展,“十二五”时期的信息化建设是在一定基础条件下继续深化。“十二五”期末,公共图书馆电子阅览室终端占计算机总数的59.82%,与“十一五”期末的占比58.22%基本持平。

表3-13　2010—2015年公共图书馆电子阅览室终端、计算机数及增速

年份	电子阅览室终端数		计算机	
	数量(万台)	增速	数量(万台)	增速
2010	8.31	—	14.28	—
2011	9.26	11.43%	15.75	10.29%
2012	10.14	9.50%	17.33	10.03%
2013	11.63	14.69%	19.54	12.75%
2014	12.16	4.56%	19.86	1.64%
2015	12.67	4.19%	21.18	6.65%

表3-14　“十一五”“十二五”期间公共图书馆电子阅览室终端、计算机数增长情况

年均增速/增长率 时间	电子阅览室终端	计算机
“十一五”期间	20.61%	17.32%
“十二五”期间	8.80%	8.21%
“十二五”期末较“十一五”期末	52.47%	48.32%

“十二五”期末,我国东、中、西部地区公共图书馆电子阅览室配置总体情况差别不大,其中东部最高,为43 036台,西部最低,为41 488台。“十二五”期间,东、中、西部地区公共图书馆电子阅览室终端数年均增长速度较“十一五”时期有所回落,其中西部地区下降幅度最大,其次为中部,最后为东部。此外,东部地区电子阅览室终端数量在2011至2014年一直低于中部,部分年

份低于西部，但在2015年发展速度加快，其电子阅览室终端数量超过了中、西部。此外，总体看来，中、西部地区公共图书馆馆均电子阅览室终端配置差距逐步拉大。

表3-15　2010—2015年东、中、西部地区公共图书馆电子阅览室终端数

年份	东部电子阅览室终端数（台）		中部电子阅览室终端数（台）		西部电子阅览室终端数（台）	
	总量	馆均	总量	馆均	总量	馆均
2010	28 950	36.83	26 782	25.46	27 168	26.00
2011	30 230	38.41	31 316	28.76	30 867	28.71
2012	32 714	41.31	34 350	30.97	34 001	28.96
2013	38 599	48.19	38 976	34.80	38 331	32.21
2014	39 698	49.62	41 458	36.88	40 043	33.59
2015	43 036	53.33	41 778	36.81	41 488	34.69

表3-16　“十一五”“十二五”期间东、中、西部地区公共图书馆电子阅览室终端数增长情况

时间＼年均增速/增长率	东部电子阅览室终端数		中部电子阅览室终端数		西部电子阅览室终端数	
	总量	馆均	总量	馆均	总量	馆均
“十一五”期间	12.01%	11.32%	24.77%	23.61%	30.50%	29.22%
“十二五”期间	8.25%	7.68%	9.30%	7.65%	8.84%	5.94%
“十二五”期末较“十一五”期末	48.66%	44.80%	55.99%	44.58%	52.71%	33.42%

二、经费投入与资源建设

1. 年度总经费

“十二五”期末，公共图书馆财政拨款为127.04亿元，比“十一五”期末的58.37亿元增长117.65%，呈现大幅增长的态势，年均增长率与“十一五”持平，保持了“十一五”的增长势头。其中，独立建制的少儿图书馆“十二五”财政拨款比“十一五”增长174.03%，增幅大于公共图书馆财政拨款增长情况。“十二五”期间，公共图书馆财政拨款占全国年度文化事业经费投入比例在2013年达到近六年的峰值20.18%，之后逐步下降至2010年的水平，约为18.60%。公共图书馆财政拨款占全国年度文化事业经费投入比例未发生较大变化，在一定程度上说明这种增长主要是由经济快速发展而带来的经费投入的增加，公共图书馆在公共文化服务体系中的投入、地位未见明显提升。

表3-17　2010—2015年公共图书馆财政拨款及增速

年份	财政拨款（亿元）	增速	独立建制少儿馆财政拨款（亿元）	独立建制少儿馆财政拨款增速	财政拨款占年度文化事业经费投入的比例(%)
2010	58.37	—	2.31	—	18.07%
2011	75.64	29.59%	2.56	10.82%	19.26%
2012	93.49	23.60%	5.32	107.81%	19.47%
2013	107.06	14.51%	4.38	-17.67%	20.18%
2014	113.72	6.22%	5.21	18.95%	19.49%
2015	127.04	11.71%	6.33	21.50%	18.60%

表3-18　“十一五”“十二五”期间公共图书馆财政拨款增长情况

时间 \ 年均增速/增长率	财政拨款	独立建制少儿馆财政拨款
“十一五”期间	16.00%	8.54%
“十二五”期间	16.83%	22.40%
“十二五”期末较“十一五”期末	117.65%	174.03%

“十二五”期末，东、中、西部公共图书馆财政拨款相较于“十一五”期末均有大幅增长，其中西部增长幅度最大，为169.36%，中部次之，为127.37%，东部最低，为99.53%；东、中、西部地区公共图书馆馆均财政拨款与财政拨款总额增长趋势一致，仍是西部最高，中部次之，东部最低。虽然东部地区公共图书馆财政拨款增幅最小，但其财政拨款基数大，财政拨款总额仍为最多，且中、西部与东部之间财政拨款差距进一步加大。“十一五”时期，西部地区公共图书馆财政拨款低于中部地区，自2011年开始反超中部，其中2012年达到最高值，西部比中部多36 381.7万元。

表 3－19　2010—2015 年东、中、西部公共图书馆财政拨款

年份	东部财政拨款		中部财政拨款		西部财政拨款	
	总量(万元)	馆均(万元)	总量(万元)	馆均(万元)	总量(万元)	馆均(万元)
2010	312 754.6	397.91	122 625.4	116.56	110 987.4	106.21
2011	380 371.5	483.32	154 456.1	141.83	155 105.4	144.28
2012	441 692.5	557.69	194 024.7	174.95	230 406.4	196.26
2013	502 043.2	626.77	230 523.4	205.82	256 063.6	215.18
2014	543 521.2	679.40	250 554.2	222.91	252 448.0	220.17
2015	624 047.1	773.29	278 817.0	245.65	298 954.0	249.96

表 3－20　“十一五”“十二五”期间东、中、西部公共图书馆财政拨款增长情况

年均增速/增长率 时间	东部财政拨款		中部财政拨款		西部财政拨款	
	总量	馆均	总量	馆均	总量	馆均
“十一五”期间	14.89%	14.18%	18.31%	17.21%	19.74%	18.57%
“十二五”期间	14.82%	14.21%	17.85%	16.08%	21.92%	18.67%
“十二五”期末较“十一五”期末	99.53%	94.34%	127.37%	110.75%	169.36%	135.35%

2. 购书经费

“十二五”期末，全国公共图书馆购书经费为 197 084 万元，比“十一五”期末的 111 093 万元增长 77.41%；人均购书经费为 1.43 元，比“十一五”期末增长 72.29%。其中 2012 年购书经费增长率最高，达到了 19.63%，人均购书经费增长率也在该年达到峰值 18.48%。虽然“十二五”期间公共图书馆的购书经费逐年增长，但其占总经费的比例逐年下降。

“十二五”期末，东、中、西部地区公共图书馆购书经费相较于“十一五”期末均大幅提升，其中中部地区增长幅度最大，为 158.29%，其次是西部，为 132.29%，最后是东部，为 65.70%，东、中、西部地区公共图书馆人均购书经费也相应大幅提升，2015 年分别达到 2.264、0.729、0.834 元。“十二五”时期，中部地区公共图书馆购书经费总体高于西部，但其人均购书经费低于西部地区。

2013 年,我国将数字信息资源购置费单列统计,为 20 873 万元,2014 年稍微下降后于 2015 年升至 35 103 万元,比 2013 年增长 68.17%。2015 年数字信息资源购置费占购书经费的 17.81%,说明现代图书馆越来越重视数字信息资源建设,这是满足公众信息化需求的重要保障,也符合公共图书馆在信息化社会的发展趋势。

表 3-21　2010—2015 年公共图书馆购书经费及增速①

年份	购书经费(万元)	增速	购书经费占总支出比例(%)
2010	111 093	—	17.26%
2011	123 540	11.20%	15.90%
2012	147 785	19.63%	15.12%
2013	165 959	12.30%	14.69%
2014	170 133	2.52%	14.62%
2015	197 084	15.84%	14.70%

表 3-22　“十一五”“十二五”期间公共图书馆购书经费增长情况

年均增速/增长率 时间	购书经费
“十一五”期间	10.55%
“十二五”期间	12.15%
“十二五”期末较“十一五”期末	77.41%

表 3-23　2010—2015 年全国图书馆人均购书费

年份	人均购书费(元)	增速
2010	0.83	—
2011	0.92	10.84%
2012	1.09	18.48%
2013	1.22	11.93%
2014	1.24	1.64%
2015	1.43	15.32%

① 2013 至 2015 年购书经费包括新增数字资源藏量购置费。

表3-24　"十一五""十二五"期间全国图书馆人均购书费增长情况

时间＼年均增速/增长率	人均购书经费
"十一五"期间	9.99%
"十二五"期间	11.59%
"十二五"期末较"十一五"期末	72.29%

表3-25　2010—2015年东、中、西部公共图书馆购书经费及人均购书经费

年份	东部		中部		西部	
	购书经费（万元）	人均购书经费（元）	购书经费（万元）	人均购书经费（元）	购书经费（万元）	人均购书经费（元）
2010	66 358.0	1.413	14 495.9	0.288	13 339.1	0.370
2011	71 957.3	1.520	15 864.4	0.314	18 584.7	0.513
2012	86 275.6	1.810	22 580.3	0.445	20 737.8	0.569
2013	92 035.5	1.918	29 072.5	0.571	28 599.5	0.781
2014	96 459.3	1.998	31 059.0	0.607	26 683.5	0.724
2015	109 956.3	2.264	37 441.1	0.729	30 985.2	0.834

表3-26　"十一五""十二五"期间东、中、西部公共图书馆购书经费及人均购书经费增长情况

时间＼年均增速/增长率	东部		中部		西部	
	购书经费	人均购书经费	购书经费	人均购书经费	购书经费	人均购书经费
"十一五"期间	10.08%	8.28%	13.11%	12.69%	15.81%	15.72%
"十二五"期间	10.63%	9.89%	20.90%	20.40%	18.36%	17.67%
"十二五"期末较"十一五"期末	65.70%	60.23%	158.29%	153.13%	132.29%	125.41%

表3-27　2013—2015年全国图书馆新增数字资源藏量购置费及增速

年份	新增数字资源藏量购置费(万元)	增速	新增数字资源藏量购置费占新增藏量购置费的比例(%)
2013	20 873	—	12.58%
2014	19 060	-8.69%	11.20%
2015	35 103	84.17%	17.81%

3. 文献总藏量

“十二五”期末,全国公共图书馆文献总藏量达到83 844万册/件,比“十一五”期末的61 726万册/件增加22 118万册/件,增长35.83%,年均增速为6.32%,略高于“十一五”期间的5.13%。人均拥有藏书量从“十一五”末的0.46册/件增加至“十二五”末的0.61册/件,增加0.15册/件,增长32.61%,年均增速为5.79%,同样高于“十一五”期间的4.61%。“十二五”期间,公共图书馆总藏量和人均藏量持续增长。“十二五”期末与“十一五”期末相比,公共图书馆总藏量增长率不到购书经费增长率的一半,说明文献价格涨幅高于公共图书馆购书经费涨幅,购书经费实际购买能力逐渐降低。

“十二五”期末,东、中、西部文献总藏量分别为43 078.9、19 898.5、17 348.4万册/件,比“十一五”期末分别增长39.87%、32.27%、33.61%。在人均藏量方面,东部地区公共图书馆为0.89册/件,中部为0.39册/件,西部为0.47册/件,分别比“十一五”期末增长35.21%、29.43%、29.72%。其中,东部公共图书馆人均藏量最高,增长率也最高,其次为西部,最后为中部,说明中部、西部地区公共图书馆人均藏量与东部相比,差距进一步拉大。近年,在国家对西部公共文化事业的大力扶持下,西部公共图书馆事业取得较快发展,西部地区公共图书馆人均藏量高于中部,且其增长率也高于中部,中部公共图书馆事业已是我国公共图书馆事业最为薄弱的部分。《全国公共图书馆事业发展“十二五”规划》规定“十二五”时期公共图书馆人均藏量目标:截至2015年年底,全国人均藏量达到0.7册,东部达到1册,中部达到0.5册,西部达到0.5册。全国以及东、中、西部公共图书馆人均藏量均未达到规划要求目标。全国公共图书馆人均藏量还需增加0.09册,东部及中部地区还需增长0.11册,西部地区还需增长0.03册。

表 3－28　2010—2015 年公共图书馆文献总藏量、人均藏量及增速

年份	总藏量（万册/件）	增速	人均拥有藏书量（册/件）	增速	独立建制少儿馆总藏量（万册/件）	增速
2010	61 726	—	0.46	—	2159.24	—
2011	69 719	12.95%	0.52	13.04%	2321.07	7.49%
2012	78 852	13.10%	0.58	11.54%	3217.38	38.62%
2013	74 896	-5.02%	0.55	-5.17%	3165.01	-1.63%
2014	79 092	5.60%	0.58	5.45%	3392.29	7.18%
2015	83 844	6.01%	0.61	5.17%	3698.23	9.02%

表 3－29　“十一五”“十二五”期间公共图书馆文献总藏量、人均藏量增长情况

年均增速/增长率 时间	总藏量	人均拥有藏书量	独立建制少儿馆总藏量
“十一五”期间	5.13%	4.61%	8.70%
“十二五”期间	6.32%	5.79%	11.36%
“十二五”期末较“十一五”期末	35.83%	32.61%	71.27%

表 3－30　东、中、西部公共图书馆文献总藏量及人均藏量

年份	东部		中部		西部	
	总藏量（万册/件）	人均藏量（册/件）	总藏量（万册/件）	人均藏量（册/件）	总藏量（万册/件）	人均藏量（册/件）
2010	30 799.9	0.656	15 043.5	0.299	12 984.8	0.360
2011	34 920.0	0.738	16 855.9	0.334	14 805.7	0.409
2012	39 758.1	0.834	19 217.0	0.379	16 403.4	0.450
2013	38 064.3	0.793	18 135.6	0.356	15 452.0	0.422
2014	40 168.1	0.832	18 808.1	0.368	16 737.6	0.454
2015	43 078.9	0.887	19 898.5	0.387	17 348.4	0.467

表3-31 “十一五”“十二五”期间东、中、西部公共图书馆文献总藏量及人均藏量增长情况

时间＼年均增速/增长率	东部		中部		西部	
	总藏量	人均藏量	总藏量	人均藏量	总藏量	人均藏量
“十一五”期间	6.01%	4.28%	4.46%	4.07%	4.44%	4.36%
“十二五”期间	6.94%	6.23%	5.75%	5.32%	5.97%	5.35%
“十二五”期末较“十一五”期末	39.87%	35.21%	32.27%	29.43%	33.61%	29.72%

4. 年新增藏量

2015年,全国公共图书馆年新增藏量为5151万册/件,比2010年的2956万册/件增长74.26%,年人均新增藏量从0.0220册/件增至0.0375册/件,与年新增藏量的增长率基本一致。“十二五”期间,全国公共图书馆年新增藏量和年人均新增藏量的变化趋势相同。受文化部第五次县级以上公共图书馆评估定级工作等影响,2012年全国公共图书馆年新增藏量和年人均新增藏量均达到最高值,之后两年连续下降,呈现负增长的态势。由此看出国家对公共图书馆的评估定级工作会促进各级政府加大对公共图书馆购书经费的投入,使得公共图书馆年新增藏量和年人均新增藏量获得较大幅度的增长,从而推动公共图书馆事业的整体发展。但根据《全国公共图书馆事业发展“十二五”规划》要求,2015年,全国公共图书馆人均年新增图书藏量达到0.05册/件。“十二五”期末,我国公共图书馆年人均新增藏量仅为0.0375册/件,与规定目标相距0.0125册/件,这说明“十二五”期间各级政府对公共图书馆的资源投入保障仍不足,未达到预期目标。

表3-32 2010—2015年公共图书馆新增藏量、人均新增藏量及增速

年份	新增藏量(万册/件)	增速	人均新增藏量(册/件)	增速
2010	2956	—	0.0220	—
2011	3985	34.81%	0.0296	34.55%
2012	5826	46.20%	0.0430	45.27%
2013	4865	-16.50%	0.0358	-16.74%

续表

年份	新增藏量(万册/件)	增速	人均新增藏量(册/件)	增速
2014	4742	-2.53%	0.0347	-3.07%
2015	5151	8.63%	0.0375	8.07%

表3-33　“十一五”“十二五”期间公共图书馆新增藏量、人均新增藏量增长情况

年均增速/增长率 时间	新增藏量	人均新增藏量
“十一五”期间	8.84%	8.29%
“十二五”期间	11.75%	11.19%
“十二五”期末较“十一五”期末	74.26%	70.45%

“十二五”期末，我国东部地区公共图书馆新增藏量为2865.8万册/件，中部为1139.8万册/件，西部为1005.1万册/件，年人均新增藏量依次为0.059册/件、0.022册/件、0.027册/件。与“十一五”期末相比，西部地区公共图书馆新增藏量和年人均新增藏量增长率最高，中部次之，东部最低。“十二五”期间，中部地区公共图书馆新增藏量高于西部地区，但其年人均新增藏量均低于西部地区或与之持平。

表3-34　2010—2015年东、中、西部公共图书馆新增藏量、年人均新增藏量

年份	东部		中部		西部	
	总量（万册/件）	人均（册/件）	总量（万册/件）	人均（册/件）	总量（万册/件）	人均（册/件）
2010	1732.8	0.037	621.6	0.012	478.2	0.013
2011	2253.3	0.048	823.7	0.016	808.9	0.022
2012	3429.2	0.072	1289.4	0.025	979.8	0.027
2013	2762.7	0.058	1149.8	0.023	828.0	0.023
2014	2482.1	0.051	1121.3	0.022	1005.1	0.027
2015	2865.8	0.059	1139.8	0.022	1005.1	0.027

表 3－35 “十一五”“十二五”期间东、中、西部公共图书馆新增藏量、年人均新增藏量增长情况

时间＼年均增速/增长率	东部		中部		西部	
	总量	人均	总量	人均	总量	人均
“十一五”期间	7.66%	5.90%	9.40%	9.00%	11.53%	11.44%
“十二五”期间	10.59%	9.85%	12.89%	12.43%	16.02%	15.35%
“十二五”期末较“十一五”期末	65.39%	59.46%	83.37%	83.33%	110.18%	107.69%

三、人员队伍建设

“十二五”期末，我国公共图书馆从业人员共有 56 422 人，比“十一五”期末的 53 564 人增长 5.34%，远低于公共图书馆的馆舍面积、经费投入、文献信息资源藏量、服务效益等各项指标增长情况，并在 2014 年出现负增长。“十二五”期末，我国实现每 2.44 万常住人口配备一名图书馆工作人员，与“十一五”期末的情况基本相同。一方面，由于仅统计在编人员基本情况，因此，表 2－36中的数据不能全面反映我国公共图书馆社会化用人规模逐步扩大的实际状况；另一方面，这也在一定程度上反映出我国公共图书馆从业人数量少，人力资源配置水平较低，不能满足公共图书馆事业快速发展的需求。主要原因在于：我国对编制的严格控制，使得公共图书馆在编人员无法随事业的快速发展大量增加；国家层面对向社会购买公共文化服务给予政策支持，但仍处于探索阶段，配套制度并未完善，没有实现普遍、规范实施。

表 3－36 2010—2015 年全国公共图书馆从业人员数量及平均服务人口数

年份	公共图书馆从业人员		
	数量(人)	增速	平均每名图书馆工作人员服务人口数(万)
2010	53 564	—	2.50
2011	54 475	1.70%	2.47
2012	54 997	0.96%	2.46
2013	56 320	2.41%	2.42

续表

年份	公共图书馆从业人员		
	数量(人)	增速	平均每名图书馆工作人员服务人口数(万)
2014	56 071	-0.44%	2.44
2015	56 422	0.63%	2.44

表3-37　"十一五""十二五"期间全国公共图书馆从业人员增长情况

时间＼年均增速/增长率	公共图书馆从业人员	平均每名图书馆工作人员服务人口数(万)
"十一五"期间	1.22%	2.54(期间年度均值)
"十二五"期间	1.05%	2.45(期间年度均值)
"十二五"期末较"十一五"期末	5.34%	—

"十二五"期间,我国东、中、西部地区公共图书馆从业人员数量增幅不大,均在10%以内,其中西部地区最高,为8.13%;公共图书馆人员配备水平略有提高。"十二五"期末,我国东部地区公共图书馆人员配置水平最高,平均约每2.17万常住人口配备一名图书馆工作人员,中部地区最低,约每2.99万常住人口配备一名图书馆工作人员,西部地区居中,约每2.43万常住人口配备一名图书馆工作人员。

表3-38　2010—2015年东、中、西部公共图书馆从业人员总量及平均服务人口数

年份	东部		中部		西部	
	总量(人)	平均每名图书馆工作人员服务人口数(万)	总量(人)	平均每名图书馆工作人员服务人口数(万)	总量(人)	平均每名图书馆工作人员服务人口数(万)
2010	21 225	2.21	16 796	3.00	14 113	2.56
2011	21 660	2.19	16 918	2.98	14 324	2.53
2012	21 734	2.19	17 099	2.96	14 738	2.47
2013	22 118	2.17	17 291	2.94	15 184	2.41
2014	22 103	2.18	17 229	2.97	15 017	2.45
2015	22 369	2.17	17 213	2.99	15 261	2.43

表3-39 “十一五”“十二五”期间东、中、西部公共图书馆从业人员增长情况

年均增速/增长率 时间	东部		中部		西部	
	总量	平均每名图书馆工作人员服务人口数	总量	平均每名图书馆工作人员服务人口数	总量	平均每名图书馆工作人员服务人口数
“十一五”期间	1.92%	-0.26%	0.27%	0.10%	1.37%	-1.27%
“十二五”期间	1.06%	-0.38%	0.49%	-0.08%	1.58%	-0.98%
“十二五”期末较“十一五”期末	5.39%	-1.81%	2.48%	-0.33%	8.13%	-5.08%

“十二五”期间，我国公共图书馆专业技术人才数量呈缓慢增长趋势，截至2015年，专业技术人才数量达40 251人，占公共图书馆从业人员的71.43%，较“十一五”期末增长了10.15%。职称是反映专业技术人员技术水平和工作能力的等级指标。图书馆拥有高级职称的人员数量从“十一五”末的4408人增至“十二五”末的5746人，增幅达30.35%，拥有中级和初级职称的人员数量亦有所增加，分别为6.36%和10.93%，增幅相对较小。

“十二五”期间公共图书馆从业人员专业化水平未达到规划要求。“十二五”期末，拥有高级职称的工作人员占从业人员总数的10.18%，与《全国公共图书馆事业发展“十二五”规划》规定的目标（10.66%）存在些微差距；拥有中级职称工作人员占从业人员总数的32.74%，同样未达到《全国公共图书馆事业发展“十二五”规划》规定的36.29%的目标。

表3-40 2010—2015年公共图书馆专业技术人才、职称情况①

年份	专业技术人才		专业技术人才比例	高级职称		中级职称	初级职称
	数量（人）	增速		正高级职称	副高级职称		
2010	—	—	—	4408		17 370	—
2011	36 541	—	67.08%	691	4019	17 380	14 451

① 因2010年未进行相关数据统计，专业技术人才及初级职称的期末增长率比较的是2011年与2015年的数据。

续表

年份	专业技术人才		专业技术人才比例	高级职称		中级职称	初级职称
	数量(人)	增速		正高级职称	副高级职称		
2012	37 939	3. 83%	68. 98%	654	4308	17 833	15 144
2013	39 440	3. 96%	70. 03%	715	4607	17 876	16 242
2014	40 186	1. 89%	71. 67%	701	4778	18 146	16 561
2015	40 251	0. 16%	71. 34%	768	4978	18 475	16 030

四、公共服务效益

1. 到馆人次

“十二五”期末,全国公共图书馆到馆人次为 58 892 万,比“十一五”期末的 32 823 万增长 79. 42%;人均到馆次数为 0. 428 次,比“十一五”期末的 0. 245 次增长 74. 69%。“十二五”期间,全国公共图书馆到馆人次和人均到馆次数的年均增速均高于“十一五”时期,其中,人均到馆次数的年均增速是“十一五”时期的十倍之多。二者均持续增长,其增速逐步减缓而后又有所回升。《全国公共图书馆事业发展“十二五”规划》规定:到 2015 年,总流通人次达到 4. 5 亿人次。“十二五”期末,公共图书馆到馆人次已超出 1. 39 亿人次,远远超过规定目标。

表 3 -41　2010—2015 年公共图书馆到馆人次

年份	到馆人次		人均到馆次数	
	数量(万人次)	增速	数量(次)	增速
2010	32 823	—	0. 245	—
2011	38 151	16. 23%	0. 283	15. 51%
2012	43 437	13. 86%	0. 321	13. 43%
2013	49 232	13. 34%	0. 362	12. 77%
2014	53 036	7. 73%	0. 388	7. 18%
2015	58 892	11. 04%	0. 428	10. 31%

表3-42 “十一五”“十二五”期间公共图书馆到馆人次、人均到馆次数增长情况

时间 \ 年均增速/增长率	到馆人次	人均到馆次数
“十一五”期间	7.06%	1.71%
“十二五”期间	12.40%	11.85%
“十二五”期末较“十一五”期末	79.42%	74.69%

“十二五”期末,东部地区公共图书馆到馆人次为34 975.4万,人均到馆人次为0.72次,比“十一五”末分别增长88.02%、81.82%,增速最快,相较而言,中、西部地区增速稍缓。中部地区公共图书馆到馆人次略高于西部,但其人均到馆次数却低于西部。

表3-43 2010—2015年东、中、西部公共图书馆到馆人次、人均到馆情况

年份	东部		中部		西部	
	到馆人次(万人次)	人均到馆(次)	到馆人次(万人次)	人均到馆(次)	到馆人次(万人次)	人均到馆(次)
2010	18 602.0	0.396	7375.2	0.147	6313.2	0.175
2011	21 591.5	0.456	9200.1	0.182	6911.6	0.191
2012	24 574.1	0.515	10 260.7	0.202	8224.1	0.226
2013	28 805.5	0.600	11 044.1	0.217	8963.6	0.245
2014	30 850.8	0.639	11 812.4	0.231	9974.6	0.271
2015	34 975.4	0.720	13 205.2	0.257	10 323.3	0.278

表3-44 “十一五”“十二五”期间东、中、西部公共图书馆到馆人次增长情况

时间 \ 年均增速/增长率	东部		中部		西部	
	到馆人次	人均到馆	到馆人次	人均到馆	到馆人次	人均到馆
“十一五”期间	8.43%	6.66%	5.03%	4.64%	6.13%	6.04%
“十二五”期间	13.46%	12.71%	12.36%	11.89%	10.34%	9.70%
“十二五”期末较“十一五”期末	88.02%	81.82%	79.05%	74.83%	63.52%	58.86%

2. 文献利用

“十二五”期末，全国公共图书馆外借人次为 23 085 万，比“十一五”期末的 13 934 万增长 65.67%；外借册次从“十一五”期末的 26 392 万册次增长至 50 896 万册次，增长率为 92.85%；人均外借册次则从 0.197 册次增长至 0.370 册次，增长率为 87.82%。受文化部第五次县级以上公共图书馆评估定级工作等影响，2013 年公共图书馆利用率取得明显提升。《全国公共图书馆事业发展“十二五”规划》要求公共图书馆文献外借册次在 2015 年达到 4 亿册次，“十二五”期末已达到 5.09 亿册次，超出 1.09 亿册次。

2015 年，全国公共图书馆到馆人次增长率为 11.04%，而外借人次增长率仅为 1.53%，两者增速差距达到了“十二五”时期的最大值。全国公共图书馆到馆人次较快增长，但外借人次增长幅度减小，一定程度上说明随着公共图书馆服务日益多样化，读者走进图书馆可能是参加展览、讲座等活动，而非仅为借阅图书。另外，全国公共图书馆外借人次增长率明显低于外借册次增长率，也在一定程度上说明随着公共图书馆馆藏资源日益丰富，读者的可外借册数不断增长。

表 3－45　2010—2015 年公共图书馆外借人次、外借册次及增速

年份	书刊文献外借人次		书刊文献外借册次		人均外借册次	
	数量（万人次）	增速	数量（万册次）	增速	数量（册次）	增速
2010	13 934	—	26 392	—	0.197	—
2011	15 316	9.92%	28 452	7.81%	0.211	7.11%
2012	17 402	13.62%	33 191	16.66%	0.245	16.11%
2013	20 552	18.10%	40 868	23.13%	0.300	22.45%
2014	22 737	10.63%	46 734	14.35%	0.342	14.00%
2015	23 085	1.53%	50 896	8.91%	0.370	8.18%

表 3－46　“十一五”“十二五”期间公共图书馆外借人次、外借册次增长情况

年均增速/增长率 时间	书刊文献外借人次	书刊文献外借册次	人均外借册次
“十一五”期间	5.19%	5.42%	0.15%
“十二五”期间	10.62%	14.04%	13.47%
“十二五”期末较“十一五”期末	65.67%	92.85%	87.82%

“十二五”期末，我国东部地区公共图书馆外借册次为32 069.6万册次，比“十一五”期末增长119.10%，增长幅度最大；其次为西部地区，公共图书馆外借册次为7952.0万册次，比“十一五”期末增长65.89%；最后为中部地区，公共图书馆外借册次为10 808.7万册次，比“十一五”期末增长58.54%。就三个地区人均外借册次而言，东部地区人均外借册次为0.660册次；西部地区次之，为0.214册次；中部地区仅为0.210册次。由于各项资源投入较有保障，东部地区公共图书馆发展较好，公共图书馆利用率最高，同时吸引越来越多的公众利用图书馆。西部和中部地区公共图书馆外借册次也有所增长，但幅度不大，其中西部地区增长更快。

表3-47　2010—2015年东、中、西部公共图书馆外借册次

年份	东部		中部		西部	
	书刊文献外借册次（万册次）	人均外借册次（册次）	书刊文献外借册次（万册次）	人均外借册次（册次）	书刊文献外借册次（万册次）	人均外借册次（册次）
2010	14 637.3	0.312	6817.5	0.135	4793.6	0.133
2011	16 320.5	0.345	6771.4	0.134	5311.1	0.147
2012	18 878.7	0.396	8410.4	0.166	5902.4	0.162
2013	24 995.4	0.521	8986.5	0.177	6886.4	0.188
2014	29 215.9	0.605	9965.3	0.195	7445.2	0.202
2015	32 069.6	0.660	10 808.7	0.210	7952.0	0.214

表3-48　“十一五”“十二五”期间东、中、西部公共图书馆外借册次增长情况

年均增速/增长率 时间	东部		中部		西部	
	书刊文献外借册次	人均外借册次	书刊文献外借册次	人均外借册次	书刊文献外借册次	人均外借册次
“十一五”期间	7.64%	5.88%	3.32%	2.94%	4.11%	4.02%
“十二五”期间	16.98%	16.21%	9.66%	9.20%	10.65%	10.01%
“十二五”期末较“十一五”期末	119.10%	111.54%	58.54%	55.56%	65.89%	60.90%

3. 注册读者量

“十二五”期末，全国公共图书馆注册读者数量为5721万人，比“十一五”期末的2020万人增加3701万人，增长183.22%，超过《全国公共图书馆事业发展“十二五”规划》中对有效读者总人数在2015年达到5050万人的要求。“十二五”期间，全国公共图书馆注册读者持续增长，增幅不断加大，2014年全国公共图书馆注册读者量增长1067万个，同比增长37.09%；2015年注册读者量增长1777万个，同比增长率高达45.06%。就全国范围来看，浙江省和江苏省公共图书馆注册读者量连续两年迅猛增长，2014年分别增长604.08万个、158.06万个，2015年分别增长713.00万个、581.54万个。2014年，杭州图书馆联合杭州市民卡公司免费开通市民卡图书借阅功能[25]，苏州图书馆则于次年开通市民卡A卡的借阅功能[26]，这是两省公共图书馆注册读者量大幅增长的主要原因。2014年，上海图书馆与上海市教委签署“中小学生电子学生证作为上图读者证”合作协议[27]，并逐步推动该项工作，使得上海市公共图书馆注册读者量于2015年增长131.97万个。此外，广东省公共图书馆注册读者量也呈快速增长态势，广州图书馆新馆开放以及实施免押金注册是其中一个重要原因。“十二五”期间，公共图书馆注册读者年均增长率为23.15%，比“十一五”高出近10个百分点。

在各项资源投入指标中，财政拨款增长率最高，“十二五”期末比“十一五”期末增长117.64%，而全国持证读者增长率比其高出约66个百分点。说明随着公共图书馆经费投入不断增加，馆舍条件逐步完善，越来越多的公众成为公共图书馆的读者。

表3-49　2010—2015年全国图书馆注册读者数量

年份	持证读者数量(万人)	增速
2010	2020	—
2011	2214	9.60%
2012	2485	12.24%
2013	2877	15.77%
2014	3944	37.09%
2015	5721	45.06%

表3-50 “十一五”“十二五”期间全国图书馆注册读者数增长情况

时间	持证读者增速
“十一五”期间	13.72%
“十二五”期间	23.15%
“十二五”期末较“十一五”期末	183.22%

“十二五”期末，我国东部地区公共图书馆注册读者量为4170万，是西部地区的9倍，是中部地区的近5倍，比“十一五”期末增长265.44%；馆均注册读者为5.17万，比“十一五”期末增长了256.55%。在所统计的各项服务效益指标中，东部地区注册读者量增长最快，西、中部与东部的差距在各项统计指标中也最大。“十二五”期间，东、中、西部地区公共图书馆注册读者量年均增速均高于“十一五”时期，其中东部地区年均增速比“十一五”翻了一番。

表3-51 2010—2015年东、中、西部公共图书馆注册读者量

年份	东部		中部		西部	
	总量(万人)	馆均(万人)	总量(万人)	馆均(万人)	总量(万人)	馆均(万人)
2010	1141.1	1.45	514.4	0.49	250.4	0.24
2011	1259.9	1.60	502.3	0.46	318.8	0.30
2012	1420.9	1.79	592.7	0.53	317.9	0.27
2013	1732.8	2.16	626.0	0.56	342.3	0.29
2014	2595.7	3.24	737.9	0.66	410.3	0.34
2015	4170.0	5.17	869.6	0.77	460.4	0.38

表3-52 “十一五”“十二五”期间东、中、西部公共图书馆注册读者数增长情况

时间 \ 年均增速/增长率	东部		中部		西部	
	总量	馆均	总量	馆均	总量	馆均
“十一五”期间	15.26%	14.55%	10.09%	9.06%	7.54%	6.49%
“十二五”期间	29.59%	28.90%	11.07%	9.40%	12.95%	9.94%
“十二五”期末较“十一五”期末	265.44%	256.55%	69.05%	57.14%	83.87%	58.33%

4. 网页访问量

“十二五”期间,全国公共图书馆网页访问量被纳入统计,并呈现增长态势,从2011年到2015年,图书馆网页访问量增长了近四倍,其中,2011年至2012年的增长尤为明显,增长率为214.22%。截至“十二五”期末,全国公共图书馆网页访问量达到约222 822.73万页次,比2011年增长346.57%,年均增速45.37%。虽然数据不全,也无法排除数据统计可能存在的口径差异,但仍可以看出公共图书馆网页访问量快速增长,说明公共图书馆的服务方式和公众利用公共图书馆的方式都发生了重要变化,数字化服务发展迅猛。今后应将数字信息资源下载、浏览等情况纳入统计范围,以全面反映公众利用数字化服务的基本情况。

表3－53　2010—2015年公共图书馆网页访问量及增速

年份	图书馆网页访问量(万页次)	增速
2010	—	—
2011	49 896.8828	—
2012	156 783.7551	214.22%
2013	161 481.9403	3.00%
2014	195 416.6415	21.01%
2015	222 822.7344	14.02%

表3－54　“十二五”期间公共图书馆网页访问量增长情况

时间	年均增速/增长率
“十二五”期间	45.37%
“十二五”期末较2011年	346.57%

5. 公众活动

“十二五”期末,全国公共图书馆共举办活动114 544次,比“十一五”期末的60 093次增长90.61%,参加活动人次和每万人参加活动次数也大幅提升,分别增长115.62%、110.78%。“十二五”期间,举办活动次数、参加活动人次、平均每万人参加活动次数逐年持续增长,这说明公共图书馆的服务结构发生可喜变化,讲座、展览、读书活动、阅读推广等已成为公共图书馆基本服务内容之一,吸引大量公众走进图书馆。

表3－55　2010—2015年全国公共图书馆举办公众活动次数、参与人次及增速

年份	举办活动次数		参加活动读者人次		平均每万人参加读者活动次数	
	数量（次）	增速	数量（万人次）	增速	数量（次）	增速
2010	60 093	—	2740	—	204	—
2011	68 251	13.58%	2937	7.19%	218	6.86%
2012	81 890	19.98%	4108	39.87%	303	38.99%
2013	91 520	11.76%	4411	7.38%	324	6.93%
2014	103 586	13.18%	5015	13.69%	367	13.27%
2015	114 544	10.58%	5908	17.81%	430	17.17%

表3－56　“十一五”“十二五”期间全国公共图书馆举办公众活动次数、参与人次增长情况

年均增速/增长率 时间	举办活动次数	参加活动读者人次	平均每万人参加读者活动次数
“十一五”期间	－24.59%	1.40%	－3.67%
“十二五”期间	13.77%	16.61%	16.03%
“十二五”期末较“十一五”期末	90.61%	115.62%	110.78%

“十二五”期间，我国东、中、西部地区公共图书馆举办活动次数和参加活动人次均有增长，其中西部地区最为突出，年举办活动次数比“十一五”期末增长141.93%，参与活动人次比“十一五”期末增长174.68%；中部地区也有明显增长；东部地区虽然增速最小，但由于其基数大，公共图书馆举办活动次数仍为最多，参与活动读者人次也仍为最高。在统计的各项服务效益指标中，“十二五”期间各地区公共图书馆举办活动次数、参与活动读者人次都有显著增长，这说明公众活动作为公共图书馆最新的基本服务项目，在各图书馆都受到高度重视并取得良好效果。

表3－57　2010—2015年东、中、西部公共图书馆举办公众活动次数及参与人次情况

项目 年份	东部		中部		西部	
	举办活动次数（次）	参与活动读者人次（万人次）	举办活动次数（次）	参与活动读者人次（万人次）	举办活动次数（次）	参与活动读者人次（万人次）
2010	30 878	1493.6	16 091	737.6	12 733	489.0
2011	35 263	1617.3	17 234	710.4	15 096	564.0

续表

年份＼项目	东部		中部		西部	
	举办活动次数（次）	参与活动读者人次（万人次）	举办活动次数（次）	参与活动读者人次（万人次）	举办活动次数（次）	参与活动读者人次（万人次）
2012	37 318	2041.1	22 506	1008.6	21 722	976.1
2013	38 623	2241.9	26 617	1182.7	25 958	922.9
2014	46 300	2535.0	28 801	1240.0	27 696	1094.0
2015	51 819	3009.1	31 152	1452.7	30 805	1343.2

表 3－58　“十一五”“十二五”期间东、中、西部公共图书馆举办公共活动次数及参与人数的增长情况

时间＼年均增速/增长率	东部		中部		西部	
	举办活动次数	参与活动读者人次	举办活动次数	参与活动读者人次	举办活动次数	参与活动读者人次
“十一五”期间	－32.08%	－0.94%	4.25%	4.66%	－7.56%	4.58%
“十二五”期间	10.91%	15.04%	14.12%	14.52%	19.33%	22.40%
“十二五”期末较“十一五”期末	67.82%	101.47%	93.60%	96.95%	141.93%	174.68%

6. 延伸服务

“十二五”期末，全国公共图书馆分馆数量[①]达到 13 171 个，比“十一五”期末的 9078 个增长 45.09%，流动服务书刊借阅人次和借阅册次大幅提升，分别增长 339.42%、345.80%，分别达到 3067.6 万人次、5102.6 册次。“十二五”期间，公共图书馆分馆数量呈现下降而后回升的态势，其中 2011 年公共

① 数据来自历年《中国图书馆年鉴》。2011 至 2014 年《中国图书馆年鉴》对“分馆”的解释是：指馆舍面积、藏书具有一定规模，有专人管理的文献收藏单位。总馆对分馆负有业务指导关系，并且总、分馆之间文献资源实现共建共享。2015 年《中国图书馆年鉴》对“分馆数量”的解释则是：指在以本馆为中心馆的总分馆体系中，接受本馆统一管理，具有独立馆舍、一定数量的馆藏、专职管理人员的图书馆数量。总馆对分馆负有业务指导关系，并且总、分馆之间实现文献资源共建共享、通借通还。

图书馆分馆数量达到最高值，为15 205个。此外，流动服务增速逐渐减缓，其中2015年公共图书馆流动服务书刊借阅人次和册次同比下降10%以上。

表3－59　2010—2015年公共图书馆分馆数量

年份	分馆数量（个）	增速
2010	9078	—
2011	15 205	67.49%
2012	11 060	－27.26%
2013	6516	－41.08%
2014	9134	40.18%
2015	13 171	44.20%

表3－60　“十一五”“十二五”期间公共图书馆分馆数增长情况

时间	年均增速/增长率
“十一五”期间	49.22%
“十二五”期间	7.73%
“十二五”期末较“十一五”期末	45.09%

表3－61　2010—2015年公共图书馆流动服务借阅情况

年份	流动服务书刊借阅人次		流动服务书刊借阅册次	
	人次（万人次）	增速	册次（万册次）	增速
2010	698.1	—	1144.6	—
2011	1830.2	162.17%	2741.9	139.55%
2012	2391.4	30.66%	4058.4	48.01%
2013	2939.4	22.91%	5188.8	27.85%
2014	3479.2	18.36%	5716.9	10.18%
2015	3067.6	－11.83%	5102.6	－10.75%

表 3-62　“十一五”“十二五”期间公共图书馆流动服务借阅增长情况

时间	流动服务书刊借阅人次年均增速/增长率	流动服务书刊借阅册次年均增速/增长率
“十一五”期间	12.62%	15.08%
“十二五”期间	34.46%	34.84%
“十二五”期末较“十一五”期末	339.42%	345.80%

相较于“十一五”期末，东、中、西部公共图书馆总分馆建设均有一定的发展，其中中部地区公共图书馆分馆数量增长 111.66%，增幅最大；西部地区仅为 10.63%，增幅最小。但是，从表 3-63 可知：“十二五”期间，东、中、西部公共图书馆分馆数量的年均增速远低于“十一五”时期，并有较大起伏。江西和河北两省 2015 年公共图书馆分馆数量分别比 2011 年减少 2969 个、2255 个，江苏则比 2011 年增长 1924 个，这三个省份的分馆数量变化很大。其中 2011 年江西、河北两省的分馆数量分别占全国公共图书馆分馆数量的 20.66%、15.41%；2015 年，江苏省公共图书馆分馆数则占全国的 17.24%。造成分馆数量大幅波动的原因可能是各地对分馆统计标准认识不一致，没有严格按照《中国图书馆年鉴》标准上报统计数据。分馆数量是体现公共图书馆服务体系建设水平的重要指标，应减少数据统计的随意性，严格按照年鉴定义的分馆概念上报数据，提高数据统计的规范化和可验证程度。

“十二五”期间，全国各地区流动图书馆服务效益突出，流动服务书刊外借人次和书刊借阅册次均有大幅度提升。“十二五”期末，中部地区流动书车外借人次和书刊借阅册次分别为 839.2 万、1228.4 万，比“十一五”期末分别增长 480.36%、443.78%，西部地区紧随其后，东部地区相对稍缓。

表 3-63　2010—2015 年东、中、西部公共图书馆分馆数量

年份	东部		中部		西部	
	总量	馆均	总量	馆均	总量	馆均
2010	5707	7.26	1706	1.62	1665	1.59
2011	5280	6.71	8492	7.80	1433	1.33
2012	5733	7.24	3318	2.99	1977	1.68
2013	4366	5.45	1318	1.18	800	0.67
2014	5763	7.20	2154	1.92	1184	0.99
2015	7684	9.52	3611	3.18	1842	1.54

表 3－64 “十一五”“十二五”期间东、中、西部公共图书馆分馆数变化情况

时间 \ 年均增速/增长率	东部		中部		西部	
	总量	馆均	总量	馆均	总量	馆均
“十一五”期间	39.44%	38.61%	70.53%	68.40%	80.53%	78.67%
“十二五”期间	6.13%	5.57%	16.18%	14.43%	2.04%	－0.68%
“十二五”期末较“十一五”期末	34.64%	31.13%	111.66%	96.30%	10.63%	－3.14%

表 3－65 2010—2015 年东、中、西部公共图书馆流动服务借阅情况

年份	流动图书馆（车）书刊借阅人次（万人次）			流动图书馆（车）书刊借阅册次（万册次）		
	东部	中部	西部	东部	中部	西部
2010	403.6	144.6	149.9	681.0	225.9	237.7
2011	984.6	439.7	406.0	1550.9	649.8	541.3
2012	1148.9	652.0	590.6	2358.3	843.1	857.0
2013	1351.6	756.7	831.2	2765.1	1087.9	1335.9
2014	1613.4	939.5	926.3	2938.8	1383.1	1394.9
2015	1455.4	839.2	773.0	2673.4	1228.4	1200.8

表 3－66 “十一五”“十二五”期间东、中、西部公共图书馆流动借阅服务增长情况

时间 \ 年均增速/增长率	流动图书馆（车）书刊借阅人次			流动图书馆（车）书刊借阅册次		
	东部	中部	西部	东部	中部	西部
“十一五”期间（2007—2010）	12.64%	5.64%	21.48%	14.91%	13.03%	17.69%
“十二五”期间	29.24%	42.14%	38.84%	31.46%	40.31%	38.26%
“十二五”期末较“十一五”期末	260.60%	480.36%	415.68%	292.57%	443.78%	405.17%

第三节　主要工作及发展特点

“十一五”和“十二五”期间是中华人民共和国成立以来公共图书馆事业发展最为快速的十年，这得益于我国经济社会发展水平迅速提升，以及国家对图书馆事业的日益重视，给予政策、资金等多方面的大力支持，投入力度和保障程度在“十二五”期间达到新高度。

一、县级以上基础设施增长较快，县级以下公共图书馆取得一定发展

“十二五”期间，图书馆数量增速为“十一五”期间的2倍多，其中县级图书馆增加了222个，远超省、市级图书馆所增长的33个；馆舍面积、阅览座席数、少儿阅览座席数、电子阅览室终端数以及计算机数量保持“十一五”期间的增长势头，年均增长7.43%至8.80%。

2011年至2013年，多个省级图书馆、城市图书馆新建或扩建并投入使用，包括河北省图书馆新馆、首都图书馆二期、山西省图书馆新馆、广东省立中山图书馆二期、湖北省图书馆新馆、天津图书馆文化中心新馆、广州图书馆新馆、河南郑州市图书馆新馆等。2014年以后，依据《全国地市级公共文化设施建设规划》，全国各地重点推动地市级公共图书馆设施建设。期间多个地市级图书馆得到新建、扩建与改建，成为设施达标、布局合理、功能完善的公共图书馆。

县级以下图书馆建设力度进一步加大，但总体特点仍是高覆盖、低水平。随着我国公共文化服务保障政策的逐步落实，公共图书馆设施网络已基本建成，但总体水平仍然较低，专业化服务能力基本未形成，并未真正转化为公共图书馆服务网络，更未转化为公众文化权益保障网络。甚至可以说，我国公共图书馆服务有效覆盖面总体上仍局限于城镇化地区。基层图书馆仍是我国公共图书馆服务保障体系的薄弱环节，缺乏充分的空间条件、持续更新的馆藏资源、充足的人力资源配置和专业化的人才、信息化的管理和及时规范的业务统计等。经过多年的探索和实践，嘉兴、苏州、深圳、东莞、佛山等地区公共图书馆服务保障水平已有效延伸至街镇层级，为全国基层图书馆建设提供了有益的借鉴和参考。

二、经费保障、资源建设与服务绩效快速增长，人力资源保障不足、区域发展不均衡

“十二五”是我国公共图书馆事业快速发展的重要时期，公共图书馆建筑面积、财政拨款、文献总藏量、年新增藏量等资源投入持续增长，公共图书馆服务效能也大幅提升，均较大幅度超出“十二五”规划目标。

然而，与我国公共图书馆事业蓬勃发展不同的是，图书馆人员队伍建设与“十一五”期末相比没有明显变化，与公共图书馆事业的总体快速发展不相协调，成为制约我国公共图书馆事业科学发展的短板。“十二五”期末，我国实现每2.44万常住人口配备一名图书馆工作人员，这一配置标准仍处于较低水平，与发达国家每2500服务人口配备一名图书馆工作人员存在较大差距。“十三五”期间，在人员编制受到严格控制的条件下，各地应该加强政府购买服务，培育市场主体，为公共图书馆特别是基层公共图书馆事业发展提供人力资源保障。

东、中、西部发展不均衡，西部取得较快发展，“中部低洼”现象出现。在建筑面积方面，“十二五”期末，重庆市公共图书馆建筑面积增速最快，比“十一五”期末增长118.86%；其次为天津市，比“十一五”期末增长94.15%；位居第三位的是西藏自治区，增长88.14%。在财政拨款方面，“十二五”期末西藏自治区公共图书馆财政拨款增长率最高，比“十一五”期末增长505.38%；四川省紧随其后，为277.59%；重庆市和青海省分别为210.83%、201.63%，位居第三和第四位。我国公共图书馆财政拨款增长最快的前四个省（自治区、直辖市）都位居西部。在购书经费方面，“十二五”期末，西藏自治区比“十一五”期末增长890.40%，青海省增长414.75%，湖北省增长373.76%，内蒙古自治区增长241.88%，购书经费增长最快的前四个省（自治区、直辖市）中，有三个位于西部。在总藏量上，“十二五”期末，西藏自治区公共图书馆总藏量为162.1万册/件，比“十一五”期末的53.5万册/件增长203.01%，之后为东部的福建省和浙江省，分别比“十一五”期末增长67.76%、66.16%。在年新增藏量上，西藏自治区公共图书馆年新增藏量从“十一五”期末的2.2万册/件增长至“十二五”期末的39.4万册/件，增长率为1678.11%，远高于国内其他省（自治区、直辖市）；青海省增长率为241.81%。在人员队伍建设方面，西藏自治区公共图书馆也是增长最快，比“十一五”期末增长192.19%；其后是安徽省，仅为21.87%。“十二五”期间，西部地区的西藏自治区公共图书

馆资源投入呈现迅猛增长,发展最快。此外,通过对比国内各省(自治区、直辖市)公共图书馆服务效益,西部地区公共图书馆也取得一定发展。"十二五"期末,西藏自治区公共图书馆到馆人次比"十一五"期末增长638.01%,增幅最大;之后为东部的海南省和浙江省,分别增加158.58%、129.93%。贵州省和广西壮族自治区的举办活动人次分别比"十一五"期末增长281.99%、271.68%,在国内各省(自治区、直辖市)中增幅位居前列。而在公共图书馆持证读者、书刊外借册次、参加活动人次方面,则是东部地区公共图书馆增长幅度最大。"十二五"期末,浙江省公共图书馆持证读者为1638.6万人,比"十一五"期末的177.4万人增长823.51%;上海市公共图书馆书刊外借册次增长494.12%;北京市公共图书馆参加活动人次增长411.83%。

三、法制建设硕果累累,政策保障作用充分体现

1. 文化立法取得突出成果

"十二五"期间,国家层面公共文化立法稳步推进。2011年12月,文化部将《公共图书馆法(草案送审稿)》上报国务院审议。2015年12月9日,国务院法制办在官网发布《中华人民共和国公共图书馆法(征求意见稿)》并广泛征求社会各界意见。《公共图书馆法(征求意见稿)》扩大了公共图书馆的外延,不仅包括政府设立的公共图书馆,还包括公民、法人或者其他组织设立的公共图书馆;坚持公共图书馆服务标准化、均等化,推动建立覆盖城乡、便捷实用的公共图书馆网络,明确公共图书馆应当具备的基本条件和运行管理的基本要求;坚持以人为本、服务读者,规定公共图书馆基本服务免费,推动公共图书馆丰富服务内容、提高服务水平,满足人民群众精神文化需求。2014年,全国人民代表大会教科文卫委员会牵头启动《公共文化服务保障法》制定工作,并于2015年5月将《公共文化服务保障法(草案)》在官网公布征求社会各界意见。2013年,国务院将《全民阅读条例》纳入立法工作计划,国家新闻出版广电总局启动制定工作,并于"十二五"期末完成征求意见稿。2014年,《全民阅读条例》被改为《全民阅读促进条例》,并且连续两年被列入国务院立法工作计划。

"十二五"期间,我国地方文化立法硕果累累。2013年10月1日,《四川省公共图书馆条例》实施,规定县级以上地方人民政府应当将公共图书馆事业纳入国民经济和社会发展总体计划,县(市、区)人民政府负责推进本级公共图书馆设立分馆或者服务站点,整合乡(镇、街道)综合文化站(中心)等多

种公共文化资源,构建覆盖城乡的基层公共图书馆服务体系。2015 年 5 月 1 日,《广州市公共图书馆条例》正式实施。该条例是我国第六部地方性图书馆法规,提出建设中心馆与总分馆相结合的管理体制,区级人民政府负责建设区和镇、街道公共图书馆,建设公共图书馆总分馆体系,公共图书馆服务保障目标从区一级提升到镇、街道一级;制定公共图书馆建筑面积、文献信息资源基本藏量和年新增藏量、人员配备的人均指标,保障公共图书馆发展所需要的资源投入;此外,条例还对数字图书馆建设、公共图书馆发展社会基金、法人治理结构、向社会力量购买公共文化服务等进行规定。2015 年,上海市对《上海市公共图书馆管理办法》进行修正,这是该办法自 1996 年发布以来第四次被修正,也是我国唯一一部持续修订的关于公共图书馆的地方性法规。此外,《乌鲁木齐市社区(村)文化室管理办法》于 2014 年 12 月 8 日正式实施。与我国地方图书馆立法相同,我国公共文化和全民阅读立法也是走地方先行的道路,《广东省公共文化服务促进条例》《上海市社区公共文化服务规定》《江苏省公共文化服务促进条例》《江苏省人民代表大会常务委员会关于促进全民阅读的决定》《深圳经济特区全民阅读促进条例》先后颁布实施,不仅为当地公共文化和全民阅读提供了法律保障,也为国家层面的公共文化和全民阅读立法提供了重要参考和借鉴。

2. 政策保障日趋完善

“十二五”期间,为贯彻免费服务理念,推进“三馆一站”开展基本服务免费,我国先后出台一系列政策予以支持。2011 年,文化部、财政部发布《关于推进全国美术馆、公共图书馆、文化馆(站)免费开放工作的意见》,意见界定了“三馆一站”免费开放的基本服务内容、具体举措和保障机制。同年,《关于加强美术馆、公共图书馆、文化馆(站)免费开放经费保障工作的通知》规定了经费投入原则、分担原则和补助标准,为推进“三馆一站”免费开放提供配套经费政策支持。为了进一步规范和加强中央补助地方“三馆一站”免费开放专项资金管理,2013 年,财政部、文化部制定《中央补助地方美术馆、公共图书馆、文化馆(站)免费开放专项资金管理暂行办法》,标志着“三馆一站”免费开放工作经费保障常态化。在《关于推进全国美术馆、公共图书馆、文化馆(站)免费开放工作的意见》实施后,财政部连续发布经费保障工作的通知,并形成政府规章,这是我国“三馆一站”免费开放能够顺利推进并获得良好社会效益的根本保障。每年,文化部均下发《关于做好中央补助地方文化事业专项资金申报工作的通知》,资助地方文化项目开展。

“十二五”时期是我国公共文化服务体系建设的重要时期，也是公共文化服务政策逐步完善的时期。2011 年，党的第十七届六中全会通过《中共中央关于深化文化体制改革推动社会主义文化大发展大繁荣若干重大问题的决定》要求构建公共文化服务体系。2012 年 5 月 7 日，文化部印发《文化部“十二五”时期文化改革发展规划》，这是我国文化发展第二个五年规划。2012 年 7 月，国务院下发《国务院关于印发国家基本公共服务体系“十二五”规划的通知》首次将公共文化纳入公共基本服务的范畴。2013 年 1 月 14 日，文化部印发《文化部“十二五”时期公共文化服务体系建设和实施纲要》，要求到 2015 年初步建立覆盖城乡、结构合理、功能健全、使用高效的公共文化服务体系，并规定“十二五”时期公共文化服务国家基本标准和主要指标，指导我国公共文化服务体系建设。2013 年 1 月 30 日，文化部印发《全国公共图书馆事业发展“十二五”规划》，这是我国第一个公共图书馆事业专门规划，要求逐步建立覆盖城乡、结构合理、功能健全、实用高效的服务网络，同时规定了“十二五”时期公共图书馆事业发展主要指标值。2015 年年初，中办、国办印发《关于加快构建现代公共文化服务体系的意见》，提出坚持正确导向、政府主导、社会参与、共建共享和改革创新的基本原则，到 2020 年基本建成覆盖城乡、便捷高效、保基本、促公平的现代公共文化服务体系。该文件最大的突破在于要求建立基本公共文化服务标准体系：以群众需求为导向，以保障基本文化权益为目标，以供给能力为依据，明确国家基本公共文化服务的内容、种类和水平，以及应具备的基本条件和各级政府的保障责任。同时明确实现方式：国家制定《国家基本公共文化服务指导标准（2015—2020 年）》，明确政府保障底线，做到保障基本、统一规范；各地要根据国家指导标准，制定与当地经济社会发展水平相适应、具有地域特色的地方实施标准，逐步形成具有基本共性、上下衔接的标准指标体系；标准以县为单位推进落实；建立基本公共文化服务标准动态调整机制，根据经济社会的发展变化，适时调整提高具体指标。建立国家基本公共文化服务标准体系这一政策措施，借鉴了义务教育、基本医疗保障的经验和做法，标志着公共文化服务纳入基本公共服务已经由理论阐述发展到了制度建设[28]。为加快构建现代公共文化服务体系，促进基本公共文化服务标准化均等化，财政部于 2015 年设立中央补助地方公共文化服务体系建设专项资金，并制定《中央补助地方公共文化服务体系建设专项资金管理暂行办法》。2015 年 10 月，国务院印发《关于推进基层综合性文化服务中心建设的指导意见》。2015 年 12 月，文化部、国家发展改革委、国家民委、财政部等七部委共同印发了《“十三五”时期贫困地区公共文化服务体系建设规划纲要》。

鼓励和引导社会力量参与公共文化服务，这是我国一直以来的政策导向，“十二五”期间，这种政策导向和政策保障更为突出。2012年，文化部制定《文化部关于鼓励和引进民间资本进入文化领域的实施意见》。2013年，国务院办公厅印发《关于政府向社会力量购买服务的指导意见》。同年，党的十八届三中全会通过的《中共中央关于全面深化改革若干重大问题的决定》提出“引入竞争机制，推动公共文化服务社会化发展。鼓励社会力量、社会资金参与公共文化服务体系建设，培育文化非营利组织”。2015年年初，中办、国办《关于加快构建现代公共文化服务体系的意见》把社会化发展提升到增强公共文化服务发展动力的高度，明确要求建立健全政府向社会力量购买公共文化服务机制[29]。2015年5月5日，文化部、财政部、新闻出版广电总局、体育总局等4个部委联合出台《关于做好政府向社会力量购买公共文化服务工作的意见》，并由国务院办公厅转发。该意见提出社会力量参与公共文化服务建设的目标任务：到2020年，在全国基本建立比较完善的政府向社会力量购买公共文化服务体系，形成与经济社会发展水平相适应、与人民群众精神文化和体育健身需求相符合的公共文化资源配置机制和供给机制。同时明确积极有序推进购买服务工作的内容和有关保障条件，提供《政府向社会力量购买公共文化服务指导性目录》，指导社会力量参与公共文化服务体系建设。

3. 行业标准和规范不断细化

文化部制定的《公共图书馆服务规范》于2011年12月30日颁布，自2012年5月1日起正式实施。该规范明确了公共图书馆的定位和发展原则，是国家质量监督检验检疫总局、国家标准化管理委员会批准发布的第一个规范公共文化服务的国家级标准，是我国图书馆标准规范体系中的首个服务类标准。与《公共图书馆建设用地指标》《公共图书馆建设标准》（建标〔2012〕44号）等共同构成了我国公共图书馆标准规范体系的基础[30]。文化部编制的《乡镇综合文化站建设标准》也于2012年5月1日实施。该标准规定乡镇综合文化站项目建设应遵循统一规划、统筹建设、突出重点、分步实施的建设原则，明确乡镇图书馆的建设规模、项目构成预选址、建筑面积指标、建筑标准与建筑设备等，这是我国首部基层图书馆建设部标准，标志着我国基层图书馆建设步入科学发展的轨道，有利于指导基层图书馆健康和可持续发展。同年，在文化部公共文化司的支持和指导下，《乡镇综合文化站服务标准》得以启动。在全国图书馆标准化技术委员会的推动下,2012 年《社区图书馆建设指南》《社区图书馆服务规范》和《图书馆参考咨询服务规范》等文化行业标准成功立项;2013 年至 2014 年,《公共图书馆少年儿童服务规范》《乡镇图书馆管理规范》《图书馆视障人士服务规范》等国家标准立项[31]。2015 年,《图书馆参考咨询服务规范》发布实施。"十二五"期间,我国公共图书馆多项标准和规范启动或者实施,这是我国日益重视公共图书馆标准化建设的结果,同时体现当前我国公共图书馆事业发展中重视公共图书馆服务、基层图书馆发展、特殊人群服务、注重提升专业技术规范等方面的总体趋势。

"十二五"期间,我国地方公共文化标准化建设主要集中在服务规范方面,2012 年 11 月,青海省文化和新闻出版厅颁布《青海省公共图书馆服务标准》和《青海省乡镇综合文化站服务标准》。2013 年 9 月,江苏省文化厅公布并施行《江苏省公共图书馆服务规范》。2014 年 1 月,由江西省文化厅组织制定、江西省质量技术监督局批准发布的《江西省公共图书馆服务规范》正式实施。我国地方公共图书馆服务规范为促进地方公共图书馆服务标准化、均等化,提供了制度保障。

综上所述,"十二五"时期是全国上下出台系列文化政策的密集期,已形成较为完备的政策保障体系,但尚未完成政策的转化和落实。此外,关于社会力量参与公共文化建设还需进一步探索,以便逐步形成具有普遍性、可操作性的政策实施细则,指导社会力量参与公共文化事业建设。

四、公共文化服务示范区(项目)示范作用显现,政府主导的服务体系建设模式初步形成

2011 年年初,文化部和财政部启动了创建国家公共文化服务体系示范区工作。截至"十二五"期末,第一批国家公共文化服务体系示范区(项目)已建设完成,第二批国家公共文化服务体系示范区(项目)建设接近尾声,第三批国家公共文化服务体系示范区(项目)创建资格则已确定。北京市朝阳区等 28 个地区入选第一批创建国家公共文化服务体系示范区名单,其中包括江苏省苏州市、福建省厦门市、广东省东莞市等国内公共图书馆发展水平较高的城市。嘉兴市"城乡一体化公共图书馆服务体系建设"等 28 个地区的 47 个项目入选创建示范项目名单。作为公共文化服务体系的重要组成部分,国家公共文化服务体系示范区创建给公共图书馆事业全面发展带来巨大机遇。以示范区创建标准和验收分值为例,第一批公共文化服务示范区的创建标

准，东部地区包括30个项76个指标，中部地区包括29个项72个指标，西部地区包括25个项61个指标，其中直接涉及公共图书馆的项目和指标分别达25个、23个和17个，检查验收分别占总分值的29.9%、31.9%和28.5%[32]。47个入选的示范项目中与公共图书馆直接相关的项目有8个，分别是浙江嘉兴的“城乡一体化公共图书馆服务体系建设”、重庆大渡口区的“文化馆和图书馆总分馆制”、陕西铜川市的“公共图书馆服务体系一体化建设”、新疆克拉玛依市的“图书馆联建、共享一体化服务体系”、广东省佛山市南海区的“县域公共文化服务体系建设工程”、湖北省荆州市的“小太阳读书节暨全民阅读活动”、湖南省衡阳市的“公共文化服务进社区活动”、四川省攀枝花市的“大地书香新农村家园工程”，大致可分为总分馆体制的探索与实践、基层公共图书馆的基础建设、全民阅读活动三种类型。从第一批示范区（项目）创建的检查验收结果来看，通过示范区（项目）的创建，为我国公共文化服务体系建设探索路径，积累经验，形成制度，提供示范，推动公共文化服务体系建设可持续发展[33]。“十二五”期间，以创建公共文化服务示范区（项目）为契机，在政府主导下，结合本地经济社会发展实际，不断探索、完善公共图书馆服务体系建设，推进公共图书馆馆舍设施新建升级、促进图书馆服务条件改善和服务能力提升，提升了图书馆服务效益，在保障政府投入、创新体制机制、提升服务效能、引导社会力量参与等方面为我国公共图书馆事业发展积累了经验与提供了示范。东、中、西部的示范区（项目）创建工作，为我国不同经济社会发展水平区域构建公共图书馆服务体系，提供了可操作性强的借鉴。东莞、苏州、嘉兴、深圳等地的公共图书馆服务体系建设实践，为全国各地政府及图书馆学界、业界所研究、借鉴和吸收，形成可以参考、复制的较为成熟的“模式”，促进了公共图书馆服务体系建设的规范化和专业化发展。

“十二五”期间，通过创建公共文化服务示范区（项目），全国公共图书馆界对构建现代服务体系的理念和模式基本形成共识，以强化政府主导、提高政府保障水平、保障民众基本文化权益为突出特点的总分馆模式日趋成熟，并在实践中取得显著成效。一是通过创建示范区（项目），在全国范围内形成可供不同发展水平的其他地区借鉴的公共图书馆服务体系建设模式；二是通过创建示范区（项目），重视顶层设计，在体制机制上不同程度地突破或解决了一些长期制约服务体系建设的重大问题，为其他地区构建公共图书馆服务体系积累了实际操作经验；三是通过创建示范区（项目），切实改善了该地区公共图书馆服务能力，提升公共图书馆服务均等化水平，提高了图书馆服务绩效。国家公共文化服务示范区(项目)创建工作,对全国公共图书馆服务体系建设起到良好的示范和推动作用,推动各地构建符合本地区经济社会发展水平的公共图书馆服务体系,保障人民群众享受普遍均等的公共图书馆服务的基本权利。

五、阅读推广活动异彩纷呈,公共图书馆在全民阅读工作中的主体作用不断增强

1. 阅读推广活动走向常态化、品牌化

"十二五"期间,在全民阅读快速发展的背景下,各级公共图书馆积极开展各类阅读推广活动,阅读推广活动走向常态化、品牌化。嘉兴市图书馆体系年均举办活动4500场,苏州图书馆2015年举办活动2294场,广州图书馆2015年举办活动1261场。深圳市以读书月为代表的阅读节活动,时间大为延长,内容也更加丰富。苏州阅读节自2006年创办至今,已成功举办10届,活动成为苏州推动全民阅读、建设书香社会的强大推手,成为苏州群众性精神文明建设和推进"家在苏州"品牌建设的重要载体。2015年苏州阅读节被国家新闻出版广电总局评为"全国知名阅读品牌"[34]。东莞读书节自2005年首次举办以来,共举办11届,每年开展各项评奖评优活动,表彰奖励优秀单位和个人,吸引了越来越多的单位和公众参与全民阅读推广活动,影响力和辐射力不断扩大。2014年6月安徽省公共图书馆阅读推广联盟成立,在资源整合共享、阅读项目推广、服务品牌打造和人员培训等方面发挥着积极作用,至2015年年底,已策划组织安徽各级公共图书馆开展阅读推广活动2800场次,工作成效日益显现[35]。陕西省图书馆充分利用图书馆联盟平台开展阅读推广活动,策划开展了多项全省性大型主题阅读推广活动,大力宣传公共图书馆服务职能,扩大全民阅读的范围和影响,陕西公共图书馆服务联盟被中国图书馆学会授予"2014年全民阅读优秀组织奖"[36]。

2. 图书馆阅读推广活动覆盖面扩大至新生儿,分级阅读兴起

2011年,苏州市在阅读节启动"阅读宝贝计划",向全市1000位0—3岁婴幼儿免费赠送阅读大礼包,随后发展成为图书馆的品牌活动,预期到2017年覆盖苏州市的所有新生儿;苏州图书馆也于2013年成为中国内地首家也是目前唯一一家参与英国发起的"阅读起跑线"活动的成员馆[37]。少儿阅读推广活动不断精细化,覆盖面扩展至新生儿,形式和内容丰富多彩。如深圳少年儿童图书馆于2011年推出的"喜阅365——亲子共读计划",由喜阅推荐书

目、喜阅读书会、故事讲述人研习班、阅读推广人培训班等多个子项目组成[38]；河南省图书馆自2011年起推出“中英故事对对碰”，经历了樱桃林故事妈妈讲故事、萤火虫亲子读书会、小书房故事会，最终形成“七色花亲子故事会”的品牌活动，面向2—7岁的小读者及家长开展形式多样的阅读活动，促进了低幼儿童的阅读欲望，荣获2013年全国少年儿童阅读年——全国家庭亲子阅读推广月活动二等奖[39]。2011年，国务院颁布《中国儿童发展纲要（2011—2020）》，提出“推广面向儿童图书的分级制，为不同年龄儿童提供适合其年龄特点的图书”，我国公共图书馆分级阅读推广活动也进入探索、起步阶段。张家港市在全国首推分级阅读推广活动，两年间已开展分级阅读推广活动600多场，参与读者20万多人次，设计了面向0—3岁婴幼儿的“宝贝启蒙”计划、面向3—6岁的“幼儿启智”计划、面向小学生的“乐读童年”行动、面向中学生的“喜阅青春”阅读行动，张家港市少儿图书馆已成为全市未成年人阅读活动和推广的中心[38]。重庆市荣昌县图书馆于2013年5月推出“妈咪宝贝悦读会”，面向0—6岁儿童开展家庭亲子阅读活动，分低幼（0—3岁）和幼儿（3—6岁）两个年龄组开展公益服务[38]。

3. 特殊群体服务受到关注，阅读推广服务范围进一步扩大

杭州图书馆自2013年启动“阅读疗愈”项目，这是一项跨越阅读推广、心理咨询和社会评价等多领域的阅读项目，目的是释放市民的压力及心理纠结，同时推广阅读[40]。嘉兴市图书馆于2014年推出面向读写困难儿童服务的实践项目“快乐读写直通车”学习体验营，以“快乐读写”为宗旨，以香港《读写乐》教材为基础，以融合教育为理念，运用多元化教学法和多感官教学法提高读写困难儿童的阅读能力、书写能力。云南省大关县图书馆关注偏远山区群众和留守儿童，为解决山区流动图书服务车行驶不便的问题，建立“背篓图书馆”，打通公共文化服务“最后一公里”[41]。虽然公共图书馆越来越重视老年读者群体、残疾人等特殊群体的阅读推广服务，开展了诸如为老人定制“文化餐”、开办残疾人图书馆、在戒毒所或看守所建立馆外服务点等活动，但相比于普通公众尤其是少年儿童阅读推广活动的火爆，面向社会特殊群体的阅读推广服务仍显力度不足。

4. 优化空间功能，创新阅读推广模式

2009年第75届IFLA卫星会的主题之一是“作为第三空间的公共图书馆”，此后“第三空间”受到国内外图书馆界的普遍关注。“第三空间”概念最早由美国社会学家Ray Oldenburg提出，他称家庭为第一空间，职场、办公场所

为第二空间，城市的咖啡厅、酒吧、公园、广场、图书馆等为第三空间。公共图书馆作为城市的“第三空间”，强调发挥公共图书馆的社会公共空间价值，围绕馆舍空间的社会化、服务的多元化、活动的创新性，优化图书馆空间功能，为公众提供主题服务、特色服务，同时推动图书馆阅读推广模式的变革。2011年上海图书馆与澳大利亚昆士兰州立图书馆合作开展“光源自光”国际艺术展，可以说是国内第一个有关图书馆作为第三空间的项目[42]；2012 年 12 月 19 日，深圳市罗湖区图书馆首创“悠 · 图书馆”，打破传统模式，打造全新的社区图书馆服务品牌，从空间、资源、服务等方面呈现悠然自得、平和幸福的社区生活方式，定期举办“尚修学苑”“真人图书馆”“读书沙龙”等阅读文化活动[43]。真人图书馆最早源于丹麦，以消除偏见、友善沟通为理念，共享经历，并进行互动交流。2012 年 4 月，重庆图书馆开展“真人图书馆”活动，开创了我国公共图书馆参与“真人图书”分享活动的先例。随后，公共图书馆“真人图书”活动发展迅速，河北、广东、黑龙江、湖南、山东、陕西、浙江、上海、北京等地公共图书馆纷纷开展了“真人图书馆”主题活动。同时，创客空间进入公共图书馆，改变学习方式，促进知识创新。上海图书馆于 2013 年开设“创 · 新空间”，以各类创新型活动项目为载体，以馆藏文献、数字技术、创新工具为支撑，建立学习交流、信息共享的复合型新空间，为创新者提供孵化空间[44]。成都图书馆于 2015 年筹划启动“阅创空间”，定位发展成一种面向社会大众、具有创新意义的服务形式，将科学、技术、数码或电子艺术等不同领域具有相同兴趣的创客们聚集在一起，共享资源和知识，已推出“阅创派对”“创客散打”“创客机器人”等活动[45]。

此外，在数字阅读推广方面，2013 年国家图书馆主办的“网络书香 · 全国数字阅读推广活动”推动了全国各级图书馆开展数字阅读推广工作。其中，东莞图书馆于 2014 年至 2015 年推出的“e 读 e 学 e 生活——数字阅读从图书馆开始”大型展示体验活动，融数字阅读资源介绍、硬件设备使用、空间服务介绍等一体，展现数字阅读知识、数字阅读高科技产品，进行阅读体验及问题解答[46]。总体而言，“十二五”期间，我国公共图书馆阅读推广活动特色明显，对象不断延伸，范围逐步扩大，已经成为我国公共图书馆基本服务的重要内容之一。但阅读推广活动中也存在一些问题，如目前只能了解阅读推广活动的次数和参加活动人次，对于阅读推广活动服务效益较难统计，不能充分发挥持续推动各级图书馆大力开展阅读推广活动的作用。

六、技术创新助推图书馆事业,数字化服务发展迅猛

公共图书馆积极推进文化与科技的深度融合,使高新技术成为推动公共图书馆事业发展的重要引擎,图书馆自动化和数字化图书馆建设是图书馆技术现代化的主要内容,国家的信息化政策加速我国公共图书馆技术现代化进程。随着新技术与图书馆服务的进一步融合,“十二五”期间,我国公共图书馆数字化服务发展迅速,新媒体服务、云服务等进入公共图书馆服务领域,更好地满足读者的个性化需求。

1. 图书馆自动化管理系统

图书馆自动化系统在“十一五”期间已经发展成熟,在“十二五”期间随着总分馆制、图书馆之城等项目的进一步推进,对图书馆自动化系统也提出了更高的要求。曾经占据国内主流的 ILAS 系统,其第三代产品 ILASⅢ依然以图书馆传统业务为核心,导致市场份额逐步减少;而江苏汇文的 Libsys 系统以及广州图创的 Interlib 系统因契合国内图书馆总分馆制建设等的需求,逐渐成为国内图书馆自动化的主流。需要注意的是当前国内相关领域对于链接解析、ERM、资源发现等问题的处理上仍远远落后于国际先进水平,国外系统开发商,如艾利贝斯公司的 Aleph 500,也在抢占着国内图书馆自动化系统市场[47]。

2. RFID 在图书馆中的应用

2006 年 7 月,深圳图书馆全面使用 RFID 系统,成为我国首家应用 RFID 的公共图书馆。2012 年 3 月,由国家图书馆牵头起草的文化行业标准《图书馆—射频识别—数据模型》通过评审验收。这一时期,我国在图书馆应用 RFID 的标准化建设上达成广泛共识,不仅确立了 HF RFID 的文化行业标准规范,还积极开展 UHF RFID 的标准规范建设,为 RFID 技术在我国图书馆界的推广提供了条件,加快了 RFID 技术在图书馆的应用步伐,使 RFID 技术在图书馆的应用进入逐渐推广阶段。RFID 技术在图书馆应用具有读取数据快捷、优化借还书流程、加快馆藏清点速度、提高排架速率等优势,其对图书馆的最大价值在于管理和服务的自主性或智能化,可以有效地将智能服务融合到图书馆业务中,促进图书馆服务的变革[48]。RFID 技术的推广,使得以其为基础的自助借还服务以及 24 小时自助图书馆服务(当前仍有部分图书馆的自助服务使用扫码技术)得以普及,深圳图书馆的城市街区 24 小时自助图书馆已布点 240 台,武汉图书馆 2012 年至 2013 年间就在全市范围内建设了 50

台“24 小时自助图书馆”，拓宽了公共图书馆的服务半径，提升了公共图书馆的服务效益。同时，基于 RFID 技术的图书自动分拣系统的应用，也将极大地缩短还书上架时间，优化人力资源配置。广州图书馆新馆通过建设图书馆自动分拣系统，使得还书上架时间由原来的 2—3 天缩短为 1—3 个小时[49]。随着 RFID 的标签和设备成本下降到绝大多数图书馆可以接受的程度，未来图书馆将进入 RFID 全面推广阶段[48]。

3. 移动图书馆服务

我国图书馆移动客户端 App 的探索开发始于“十一五”期间，这是通过智能手机、Kindle、iPad 等移动终端设备整合图书馆数字化资源及服务，进行阅读和业务查询的一种服务方式。用户可通过移动终端随时随地接受或访问图书馆信息服务，实现移动阅读与参考咨询。随着智能手机与移动设备的普及，“十二五”期间许多省市图书馆都推出了移动客户端服务。上海图书馆、广东省立中山图书馆、江西省图书馆、山东省图书馆、河北省图书馆、辽宁省图书馆、黑龙江省图书馆、吉林省图书馆、浙江省图书馆、首都图书馆、宁夏图书馆、贵州省图书馆、海南省图书馆、天津图书馆、福建省图书馆等省级公共图书馆均建立了移动图书馆 App。其中部分图书馆通过与超星、阿帕比、龙源等厂商的合作，实现数字资源检索与数字阅读等功能[50]。上海图书馆的手机图书馆服务，在电子书阅读上进行创新，用户可通过移动图书馆 App 实现电子书借阅服务及在线阅读，同时 App 还提供有动态新闻、上图讲座、分馆导引、电子期刊等服务。

4. 新媒体服务

随着微博、微信等新媒体平台的兴起，强调技术组合，实现图像、文本、动画、声音以及视频技术的结合，向读者呈现更为生动的信息，图书馆的数字化发展注入了新的活力。各级公共图书馆通过利用新媒体技术，进行馆藏信息、活动推介的发布，并整合数字图书馆功能，便于读者进行信息搜集、检索[51]。新媒体平台具有成本较低、即时便利、互动性强、服务内容形式丰富、影响范围广等特点，通过微信的信息推送、微博的评论转发及粉丝互动等功能，扩大公共图书馆的影响力，深入了解用户需求，为用户提供深层次、个性化的服务。目前，公共图书馆利用新媒体技术大多处于探索阶段。为适应新媒体时代的发展需要及用户的实际需求，未来公共图书馆应增加符合手机、电视、手持设备等新型终端格式的电子数据，为更好实现数字资源发布、检索、服务以及数据保存等奠定基础[52]。同时，通过对平台的规范有序维护，提升平台的服务及研发能力，辅助传统阅读[53]。截至 2015 年年底，全国有 30

所省级公共图书馆开通了微信公众号，其中22所图书馆的微信公众平台阅读推广信息所占比例在70%以上，涉及内容包括图书推荐、培训讲座、图文欣赏、生活百科、影视推荐、音视频赏析、阅读活动及主题展览等八个方面[54]。目前，虽然很多公共图书馆同时拥有微博、微信及移动客户端App，但微信公众平台的影响力正在持续扩大。微阅读背景下阅读的碎片化与简易化，也迫切要求公共图书馆创新数字化服务模式。

5. 云服务

云计算的核心是整合和共享，其超强的计算能力和存储空间，使得图书馆可以突破现有物理空间和数字图书馆的局限，延伸图书馆服务，同时通过平台的搭建，降低图书馆软、硬件的维护成本[55]。当前我国图书馆云计算模式包括网络搭载模式、总分馆模式、混搭模式[56]。云计算的产生也为图书馆服务模式的革新提供了新型技术基础。如2014年5月，内蒙古图书馆开展了“你的图书馆，你做主”的“彩云服务计划”，在国内公共图书馆首创以读者为主导的资源采购模式，运用云服务理念，通过与各出版发行机构搭建的云平台将图书馆和所有出版发行机构的资源与服务集成整合，扩充了资源总数，并提供联合编目、资源共享、图书外借等一系列基于动态数据的云服务，打造“云图书馆”，满足广大读者的文化需求的同时，提升公共图书馆馆藏借阅率，创新图书馆服务效能，促进各机构间的互惠互利和资源共建共享[57]。随后，各地图书馆掀起了活色生香的“你选书，我买单”读者活动，在全国营造以读者为主的阅读氛围。2016年，彩云服务获“美国图书馆协会国际图书馆创新项目主席大奖”[58]。

此外，智能技术在数字图书馆建设中的应用主要有数据挖掘技术、机器人技术、虚拟现实技术、数字资源整合技术、移动泛在网络技术等。数据挖掘技术在数字图书馆的个性化服务方面已经开始发挥作用；在机器人技术、数字资源整合技术、虚拟现实技术和移动泛在网络技术上，大多数图书馆的发展和应用仍处于起步阶段。“十二五”时期，我国公共图书馆积极将新技术运用于业务建设和读者服务等领域，取得了新突破和新进展，但仍处于探索阶段，尚未形成稳定的效益明显的应用模式。

七、守护典籍、传承文化，文献保护成果显著

1. 古籍保护工作稳步推进

“十二五”期间，“中华古籍保护计划”各方面工作稳步推进，硕果累累。

一是对全国古籍收藏和保护状况进行全面普查，除港澳台地区外，全国共有2343家单位参加古籍普查，截至2014年6月，已有28个省、市以及2家中央直属机关单位的600余家古籍收藏单位完成古籍普查登记工作，全国共完成普查数据量130余万条[59]；建设“中华古籍书目数据库”和“中华古籍数字资源库”。二是建立《国家珍贵古籍名录》，实现国家对古籍的分级管理和保护，截至2015年年底，国务院共公布四批“国家珍贵古籍名录”，11 375部古籍入选。三是命名“全国古籍重点保护单位”，截至2015年年底，166家单位被命名为“全国古籍重点保护单位”，完成一批古籍书库的标准化建设，改善古籍的存藏环境。四是培养一批具有较高水平的古籍保护专业人员，加强古籍修复工作和基础实验研究工作，逐步形成完善的古籍保护工作体系，评审、公布了12家“国家古籍保护中心人才培训基地”，设立了国家图书馆等12家国家级古籍修复中心。五是进一步加强古籍的整理、出版和研究利用，特别是应用现代技术加强古籍数字化和缩微工作，建设“中华古籍保护网”。在“中华古籍保护计划”框架下，开展了“西藏古籍保护专项”“新疆古籍保护专项”“海外中华古籍合作保护专项”及“国际图书馆联合会文献保护与修复项目”等四个古籍保护专项；规划实施了《中华再造善本（续编）》《中华医藏》、“中国珍贵典籍史话丛书”、《国家珍贵古籍名录》古籍题跋整理等项目，充分挖掘古籍文献价值，推动珍贵古籍的整理和利用。

2. 民国时期文献保护计划方兴未艾

我国民国时期文献具有鲜明的时代特征、历史价值、学术价值和现实意义，但民国时期文献保护面临较多困难，如家底不清、保存条件不佳、酸化老化程度加剧、缺乏原生性保护、再生性保护进展缓慢等。为此，国家图书馆于2012年正式启动“民国时期文献保护计划”项目，财政部每年拨付专项资金，保障各项工作顺利开展。在此项目框架下，各地公共图书馆已在文献普查、整理出版、保护研究等方面取得重要成果。文献普查方面，截至2015年年底，民国时期文献联合目录已汇聚国家图书馆、首都图书馆、南京图书馆、重庆图书馆等16家收藏单位的书目数据30余万条，馆藏记录66万余条[60]。文献整理出版方面，自2013年起，国家图书馆面向各省级公共图书馆推出民国时期文献整理出版项目申报，2015年起扩展至高校图书馆、档案馆、博物馆等，2013[61]至2015年共立项81项[62]，包括有南京图书馆《汪伪政府公报汇刊》、重庆图书馆《重庆图书馆藏〈刘赞廷藏稿〉》、浙江图书馆《民国浙江续通志稿》、江西省图书馆《江西省政府公报》、首都图书馆《首都图书馆藏革命历史文献书目提要》、上海图书馆《民国时期电影杂志汇编》等,其中部分已完成出版工作。同时,民国时期文献保护计划还组织开展有民国文献纸张酸化研究。如2013年10月,南京图书馆作为项目主持单位,与国家图书馆、国家档案局科学技术研究所、南京大学图书馆、金陵科技学院、南京莫愁中等职业学校等共同启动“民国时期文献酸化检测及国内外脱酸技术调研项目”[63],以南京图书馆民国文献为基础,分析近代文献不同类型纸张产生酸化的原因、调研国内外文献脱酸技术的发展与现状,为我国进一步开展民国文献脱酸研究提供结果及建议[64]。

3. 地方文献整理蓬勃发展

地方文献是中华典籍的重要组成部分,具有鲜明的地域特色及文化价值,系统搜集、整理地方文献对于抢救保护地方典籍、传播地方文化具有重要意义。在大型典籍整理项目方面,受“中华古籍保护计划”以及《中国再造善本》等国家级重大典籍项目开展的影响,各地也积极开展地方文献典籍的整理开发。开始于2005年的广州市重点文化工程《广州大典》于2015年4月底完成出版工作,历经十年坚守,广收1911年以前广州人士(含寓贤)著述、有关广州历史文化的著述及广州版丛书,共收录历代著者2000余位计4064种文献,精装影印,编成520册,并建立网络服务平台,建设全文数据库,面向公众提供全方位服务;始于2005年的山东省政府特批重大文化工程《山东文献集成》于2011年编撰完成,影印山东先贤遗著1375种,共计出版四辑200册(另附提要1册)[65];截至2015年10月,始于2010年的国家社科基金委托项目、巴蜀范围内史上最为浩大的古籍编撰整理工程《巴蜀全书》,已正式出版124种书目,编撰完成3000万字,立项子课题150余项[66];2014年《云南丛书续编》启动,将收集1911年至1950年期间“滇人所著之书”和“记载滇事之书”[67]。此外,还有《浙江文丛》《金陵全书》《绍兴丛书》《新疆文库》等地方性丛书的推出,这些项目的推出,通常以地方政府主导,图书馆、博物馆、档案馆等各方广泛参与,加强了公共图书馆与其他系统的联系,有利于搜集、保护、抢救地方典籍,传承地方历史文化,推进区域文化认同,具有显著的历史意义及现实意义。小型的地方典籍整理则以收藏机构为主体,各级公共图书馆依托馆藏资源,对馆藏资源进行再生性保护及整理出版。如广东省立中山图书馆出版《旧报新闻·清末民初画报中的广东》《容庚藏名人尺牍》等反映广东地方特色的文献;成都图书馆影印出版《林中丞书信集》等馆藏善本资源;广西壮族自治区图书馆整理出版《桂学丛书》《八桂记忆》等地方特色新古籍文献;云南省图书馆与云南人民出版社合作出版《云南抗战历史文献资料选编》等。

八、资源共建共享稳步推进,跨地区、跨系统联盟深入发展

“十二五”期间,除已有的图书馆联盟的有效运作外,还成立了多个新的联盟,合作持续深化。从联盟的主题上,涉及讲座、展览、信息、网络技术、数字化建设、阅读推广等各方面。以讲座、展览联盟为例,2012 年 2 月山东公共图书馆讲座联盟成立[68],2013 年江西省[69]、河南省、重庆市[70]、宁波市[71]的讲座和展览联盟相继成立,2015 年湖南省公共图书馆讲座联盟、参考咨询联盟[72]成立,更好地促进了区域内讲座、展览资源的共建共享。河南省还于 2013 年启动了河南省公共图书馆信息共享联盟、河南省公共图书馆地方特色资源共建共享联盟。从联盟的区域上,包括省级、跨省域联盟。省级的如成立于 2014 年的重庆区域性公共图书馆联盟,12 家区县图书馆在文献保障、馆际互借、讲座展览资源共建共享等方面进行合作[73];再如成立于 2010 年 11 月的陕西公共图书馆服务联盟,至 2015 年年底,加盟成员馆已发展至 105 家,占全省图书馆的 93. 7% ,其中联合编目成员 91 家,占比 81. 3% ,在技术支持保障、文献资源建设、数字资源推广、阅读推广工作、讲座展览开展等方面发挥了重要的作用[74]。跨省域联盟则主要有“中三角”(湘鄂赣皖)公共图书馆联盟以及成立于 2015 年年底的京津冀图书馆联盟[75],跨省域联盟的建立,有利于缩减区域发展差异,在资源整合、信息共享、参考咨询服务、人才培养、学术交流等方面发挥重要作用。其中,“中三角”(湘鄂赣皖)公共图书馆联盟由成立于 2012 年的“湘鄂赣长江中游城市集群信息中心”暨“湘鄂赣公共图书馆联盟”发展而来,总服务人群达 2. 3 亿[76]。从跨专业领域上,代表性的有早期上海市中心图书馆网上联合知识导航站、2010 年成立的珠江三角洲数字图书馆联盟、2012 年成立的首都图书馆联盟等。其中,首都图书馆联盟由北京市行政区域内的国家图书馆、党校系统图书馆、科研院所图书馆、高等院校图书馆以及医院、部队、中小学图书馆和北京市公共图书馆共 110 余家图书馆自愿联合成立,有利于发挥统筹资源、行业管理、提升服务的功能,推动北京地区各类型图书馆实现横向联动[77]。

通过以上内容,我们可以将“十二五”时期我国公共图书馆事业发展总体特点总结如下:

一是公共图书馆事业发展迅速,但同时仍远未满足公众旺盛的阅读需

求。第十三次全国国民阅读调查报告显示,2015 年,我国国民成人人均纸质图书阅读量为 4.58 册,电子书阅读量为 3.26 册[78]。这在相当程度上体现了国民的阅读需求。然而,2015 年,我国公共图书馆服务人群人均外借册次仅为 0.37 册,虽未计入阅览服务数字,但与国民人均纸质阅读量比较,公共图书馆在国民阅读服务方面发挥的作用仍然有限,要成为全民阅读的主阵地可谓任重道远。

二是中、西部地区与东部地区的差距在进一步扩大。在基础设施建设、经费投入及资源建设、人员队伍建设方面,东部地区由于基数大,相对而言增长速度比不上中、西部地区,但是在数值上则进一步拉大了与中、西部间的差距。在公共服务效益方面,东部地区依托长久以来的发展优势,在服务效益方面的进步也更加可喜。西部地区公共图书馆事业发展迎头赶超,“中部洼地”[79]现象出现。“十二五”期间,西部地区在基础设施建设、经费投入与资源建设、人员队伍建设、公共服务效益等多个指标上,增长速度均快于中部地区,截至 2015 年年底,西部地区在公共图书馆机构数、财政拨款、人均购书费、人均藏量、年新增人均藏量、人均到馆次数、人均外借册次等指标上均超越了中部地区。从指标上看,中部地区公共图书馆事业发展的主要问题是均等化水平低,中部是我国人口最多的地区,提高均等化水平是中部地区公共图书馆事业发展面临的主要问题。

三是政府保障作用显著增强,但投入保障未发生结构性变化。“十二五”时期,公共图书馆有关政策密集出台,馆舍、经费等各项保障性投入增幅较大,但从经费保障角度来看,财政拨款占年度文化事业经费投入比例没有发生结构性改变,县级以下公共图书馆投入保障仍未纳入经费预算保障范围。如何适时提出街镇等基层图书馆服务与投入保障目标应是我国公共图书馆事业下一个阶段发展的重点。同时,图书馆工作人员不足成为制约公共图书馆事业进一步发展的瓶颈,未来需要重点解决事业快速发展所需要的人力资源投入保障问题。

四是需要提升统计规范性和扩大统计范围。我国公共图书馆统计工作未能全面反映事业发展的实际情况,需要与时俱进,不断完善。首先,财政拨款仅为同级财政下拨给公共图书馆的经费数额,而用于公共图书馆新馆建设的经费多由文化行政主管部门管理和使用,并未纳入财政拨款统计范畴,中央财政对各项工程的转移支付投入亦未纳入统计范畴,因此事实上,各级政府对公共图书馆事业的经费投入应远高于统计数额;其次,在人员统计方面,未将公共图书馆的编外人员(如长期聘用制、合同制、人事代理、劳务派遣、社会购买服务等人员)纳入工作人员统计范围,而我国公共图书馆实际工作人员数量应远大于统计数量;再次,“十二五”期间,我国已将数字资源购置费纳入公共图书馆统计范畴,今后应进一步对数字资源的利用情况进行统计,同时建立和完善总分馆体系尤其是基层街镇图书馆体系、阅读推广服务等绩效评价,为我国公共图书馆数字资源建设、数字阅读推广活动开展等提供指导。

第四节　未来展望

“十三五”时期是我国建设社会主义文化强国的关键时期。党的十八大和党的十八届三中全会分别从“扎实推进社会主义文化强国建设”和“构建现代公共文化服务体系”角度,对我国文化建设提供了新的改革目标。2015 年年初中共中央办公厅、国务院办公厅印发《关于加快构建现代公共文化服务体系的意见》(以下简称《意见》),具体提出了我国推进现代公共文化服务体系建设的总体目标、基本原则、重点任务以及保障措施,是指导未来现代公共文化服务体系建设的纲领性文件。2016 年 12 月 26 日《中华人民共和国公共文化服务保障法》(以下简称《公共文化服务保障法》)通过,2017 年 3 月 1 日起正式实施,对公共文化服务设施建设与管理、公共文化服务提供、保障措施、法律责任等进行了详细规定。《文化部“十三五”时期文化发展改革规划》(以下简称《文化部“十三五”规划》)于 2017 年 2 月 23 日公布,系统阐明了“十三五”时期文化建设的总体要求、目标方向、主要任务、重要举措等内容。公共图书馆事业在“十三五”时期的发展,应以党的十八大和十八届三中、四中、五中、六中全会精神为指导,全面落实中办、国办《意见》的总体部署,聚焦构建现代公共文化服务体系的总目标,明确新任务,凝练新项目,创造新经验,取得新突破,推动公共图书馆事业持续快速发展,为进一步完善公共文化服务建设的中国经验、中国模式、中国道路做出新贡献。以《意见》《公共文化服务保障法》《文化部“十三五”规划》等有关公共文化服务体系建设政策为导向,参考“十二五”期间密集出台的一系列政策、规范,以及即将出台的《公共图书馆法》,结合经济社会发展阶段,我国公共图书馆在“十三五”时期的发展主要有以下几大趋势。

一、完善法制化建设，提高法治化水平

“十三五”时期，我国公共文化立法将取得显著成果。全国人大教科文卫委员会牵头制定《公共文化服务保障法》已于“十三五”初期出台，这是我国加强文化立法的标志性成果，是公共文化服务的“基本法”，也是党的十八届四中全会后立法体制改革的重要成果。《公共图书馆法》和《全民阅读促进条例》也将有序推进，在“十三五”期间陆续出台。根据《中华人民共和国立法法》(2015年修正)规定，我国拥有立法权的地方扩大至设区的市，随着国家层面的文化立法陆续出台，这意味着不少地方将会启动地方文化或者图书馆立法工作，如广东省东莞市于“十二五”期末启动《东莞市公共图书馆管理办法》制定工作，该政府规章将于“十三五”期间出台。地方立法因地制宜、针对性强，同时为国家立法积累经验，奠定基础，“十三五”期间需要继续推进地方性公共图书馆立法进程，保持地方性图书馆立法在整个文化法治建设中的领先水平[80]。另外，“十二五”时期是我国公共文化政策密集出台时期，“十三五”期间，既要加强配套政策的制定工作，也要做好各项政策的贯彻落实工作。

加强公共图书馆标准化建设，继续推进各项行业标准和国家标准制定工作，提高公共图书馆服务的标准化、规范化水平，从而提升公共图书馆专业化服务水平、知名度和影响力。同时，随着“十二五”期间制定的一系列法律法规、政策、规范、标准的全面落实，“十三五”时期，我国公共图书馆法律体系将进一步完善，为公共图书馆事业的健康和可持续发展提供保障和依据。

二、落实政府保障责任，全面推进县(区)域总分馆体系建设

“十二五”时期，国家出台一系列政策支持公共文化服务体系建设，实施国家公共文化服务体系示范区(项目)创建工作，通过发挥典型的示范、影响和带动作用，为我国公共图书馆服务体系建设、馆舍建设、经费保障等探索经验、提供示范，促进基本公共文化服务均等化。中办、国办出台的《意见》是指导“十三五”时期现代公共文化服务体系建设的纲领性文件，为现代公共图书馆服务体系建设提供了标准和依据。推动公共图书馆事业均衡发展，提升公共图书馆服务的保障水平，实现公共图书馆服务的普遍均等，这是“十三五”时期的重要任务。首先，加大政府保障尤其是经费投入保障力度，使之与公共图书馆在公共文化服务体系中的基础框架地位相适应。其次，全面实现

“县县有图书馆”的建设目标，发展壮大县级图书馆。再次，在过去十多年成功探索实践的基础上进一步深化和完善制度建设，通过多样化的总分馆体系建设的实践，创造出相对规范的适应不同发展水平的总分馆实现方式，制定全国范围内的公共图书馆总分馆建设指导意见和服务规范等行业标准，全面推进公共图书馆体系化建设，建立以县(区)级馆为总馆、以镇、街道图书馆为分馆的服务体系，发挥县级总馆在县域公共文化建设中的中枢作用，将保障图书馆专业化服务的目标定位到镇、街层次，采取盘活存量、调整置换、集中利用等方式重点提升镇、街层次公共图书馆服务保障水平，推动公共图书馆沿着体系化方向发展，为公众提供普遍均等的公共图书馆服务，实现和保障公众的基本文化权益。最后，各级政府按照中央统一要求制定发布地方性基本公共文化服务实施标准，将地方实施标准中的相关项目和指标转化为“十三五”发展指标，以标准化促进均等化，从而促进公共图书馆事业均衡发展。

三、加大要素投入，提高服务效能

《意见》在部署加强公共文化产品和服务供给时，首先要求“提升公共文化服务效能”。提高公共图书馆服务效能，是“十三五”时期必须取得明显突破的重要方面。“十三五”时期，各地公共图书馆应吸收我国公共文化服务示范区(项目)建设经验，探索建设符合地方实际的公共图书馆服务体系，抓住制约服务效能提升的关键要素，以创新性的思路、创造性的方法设计出适应不同发展水平的服务效能提升项目，通过体系化运作、专业化服务促使服务效能实现跨越式提升[80]。按照公共图书馆事业发展的基本规律，影响服务效能提升的关键要素主要体现在三个方面：一是具有现代服务理念、专业水平和管理能力的“舵手式”领军人才遴选机制；二是达到“临界标准”的文献信息资源数量和结构保障；三是建立以效能为导向的评价激励机制[80]。首先，地方政府应当通过多种方式为公共图书馆配备足够的工作人员，补齐人员紧缺这块短板，建立高素质、专业化的人才队伍，大力发展公共图书馆事业；其次，地方政府应当加大对公共图书馆事业的保障投入，严格执行基本公共文化服务实施标准，经济发达地区可以参考国际标准执行，使得文献信息资源等要素达到“临界标准”；再次，研究和固化体现公共图书馆服务效能的核心指标，建立年报制度，做好各级公共图书馆业务统计分析工作，准确客观地反映地区公共图书馆服务效能的变化，这是争取政府投入的重要依据。“十三五”时期，还应当继续深入推进公共图书馆免费开放，提升免费开放服务水平，提高公众利用率。同时,加强数字图书馆推广工程等重大公共数字文化项目效能目标设计和服务绩效评估,完善系统内绩效评价机制;加强数字产品和服务的开发,提高优质资源供给能力。

四、深入开展全民阅读,充分发挥图书馆在全民阅读中的主体作用

深入开展全民阅读活动连续被写入十七届六中全会《中共中央关于深化文化体制改革推动社会主义文化大发展大繁荣若干重大问题的决定》、十八大报告以及国务院2014年和2015年《政府工作报告》,标志着全民阅读上升为国家文化发展战略。如何发挥各级各类公共图书馆在全民阅读中的主体作用,做好全民阅读推广活动,实现全民阅读资源与阅读条件的平等化,是未来五年内公共图书馆的战略重点。按照《意见》的要求,在“十三五”时期,公共图书馆在全民阅读活动中将侧重“深入”和“普及”两方面工作。“普及”就是要求公共图书馆扩大阅读推广对象,形成全民“好读书读好书”的阅读氛围;“深入”就是要求公共图书馆创新阅读推广内容与形式,打造出系列化的特色阅读服务品牌[80]。

五、引领公共数字文化建设,提高服务供给能力

公共图书馆的数字化建设水平在整个公共文化服务体系相关领域处于领先地位,“十三五”时期的工作着力点,是谋求进一步深化和提高。在区域综合性、一站式、全媒体服务和管理平台建设中发挥公共图书馆的主导和引领作用,是保持和提高公共图书馆数字化建设优势的重要任务[80]。“十二五”期间,借助于三大数字文化惠民工程的建设,覆盖城乡的公共数字文化服务网络初步形成,海量丰富的公共数字文化资源库群为文化共享提供了坚实的内容基础,传播快捷的公共数字文化服务新业态正在形成。但三大工程的分头建设、分头管理,对资源供给和服务平台造成一定程度上的叠加重复与“孤岛”现象。随着“互联网+”战略的实施,应以“互联网+公共文化服务”的理念构建公共文化服务体系与新信息技术融合创新应用的新业态和新模式,通过以新技术为支撑的统一的管理与服务揭示入口,为社会提供全面的公共数字文化服务[81]。因此,2015年6月文化部办公厅印发的《文化部公共数字文化工程管理办法》第二十条规定:“在文化部的统筹协调下,组织实施单位依据工程规划与职能任务要求,遵循‘开放接口、兼容互用’原则,面向各级各类公共文化服务机构,构建开放互动、共建共享的统一服务管理平台,为

基层群众提供集成化、一站式公共数字文化服务。”“十三五”时期，应该统筹实施多项公共数字文化工程，构建融合发展新格局，为多样化的公共数字文化服务在“互联网＋”环境下搭建一站式入口。充分利用云计算、物联网、大数据等技术，真正提高覆盖全国的公共数字文化资源和服务供给能力，成为现代公共文化服务标准化和均等化的助推器[81]。

六、推动社会化发展，创新公共图书馆管理运行机制

《关于加快构建现代公共文化服务体系的意见》要求在公共文化服务领域引入社会力量，形成政府主导、社会参与、多元投入、协同发展的新格局，这对公共图书馆的社会化发展提出了要求，为加快构建现代公共文化服务体系提供了遵循路径，也为公共图书馆创新服务方式、拓展服务领域提供了新的思路。

《意见》阐述和部署公共文化服务社会化发展的新思路和新举措集中体现在两个方面：一是赋予公共文化服务新的功能和任务，二是创新公共文化社会化发展方式。培育和促进文化消费，是《意见》首次提出的公共文化服务新的功能和任务。探索和实践社会力量参与公共图书馆建设与服务的创新方式，是“十三五”时期社会化发展的重要任务。社会力量参与主要体现在三个方面：一是通过加大政府购买公共文化服务的力度，吸引和促进更多的社会力量参与。二是在公共图书馆领域探索政府和社会资本合作的事项、模式和机制。三是推进基层公共文化服务设施社会化管理运营[80]。通过社会化发展方式创新，实现服务提供主体和提供方式的多元化，形成公益性文化事业单位内部机制改革倒逼机制，激发竞争动力和内部活力，改善服务效能，提高服务质量，增强公共文化发展动力[82]。

同时，加大管理体制机制改革。“十三五”时期，公共图书馆最主要的任务是建立法人治理结构，探索转变政府职能、管办分离的有效形式，落实法人自主权，健全公共图书馆决策、执行和监督机制。“十三五”时期，在总结试点试验的基础上，将有更多的公共图书馆普遍组建理事会，建立法人治理结构[80]。

七、完善评估工作机制，促进科学规范发展

自 1994 年以来，文化部共开展五次县级以上公共图书馆评估定级工作，对公共图书馆事业的发展起到重要推动作用。按照每 4 年进行 1 次全国县级

以上公共图书馆评估定级工作的要求，文化部将于2017年开展第六次全国县级以上公共图书馆评估定级工作。与之前几次公共图书馆评估定级工作相比，第六次评估定级工作是公共图书馆事业发展的一个新阶段的标志，从政府单一评估转向政府、中国图书馆学会、第三方相结合的评估；从手工评估转向自动化评估；以建设为导向转向以效能为导向，重视公共图书馆服务绩效；先下达标准，经过一段时间后再进行评估，从结果评估转向过程评估；设置加分项，鼓励公共图书馆的创新性[83]。“十三五”时期，应当建立并完善以效能为导向的公共图书馆服务效能评价激励机制，引入第三方评估及公众满意度调查；建立健全基层公共文化服务监督评价机制，开展常态化文化服务效能评估。各级公共图书馆根据评价结果不断改进工作，实现科学规范发展，从而提升服务质量，提高读者满意度。

八、加强对外交流合作，提升国际影响力

随着图书馆事业的进一步发展，我国公共图书馆应当在“十三五”时期进一步加强对外交流与合作，通过整合地方资源，开展“引进来”“走出去”的双向交流方式，建立对外交流项目的长效机制。在2015年7月举办的全国文化厅局长座谈会暨“十三五”规划工作座谈会上，明确了“十三五”时期文化改革六项主要任务，其中一项就是“以提高文化开放水平为着力点，推动中华文化走向世界。力争到‘十三五’末，形成更加完备的多渠道、多层次、宽领域的对外和对港澳台文化交流格局”[84]。同时，结合国家“一带一路”建设要求，加强与“一带一路”沿线国家的文化交流与合作。此外，广州市已于“十二五”期末准备启动国际图联大会申报工作，如果申办成功，这将是又一文化盛宴，为国内外图书馆界交流、文化交流提供重要平台。

（执笔人：方家忠　陈丽纳　谭丽琼　黄洁晶　陈深贵）

参考文献：

［1］文化部关于印发《全国公共图书馆事业发展“十二五”规划》的通知［EB/OL］.［2016-05-01］. http://zwgk. mcprc. gov. cn/auto255/201302/t20130205_474113. html.

［2］李国新. 公共图书馆“免费开放”的内容、范围与边界［J］. 图书馆，2011(6)：59-61.

［3］柯平. 公共图书馆免费开放的理论思考［J］. 图书馆，2011(3)：1-5.

［4］李东来，周文杰. 2011年我国图书馆免费开放情况概述［M］//中国图书馆学会，国家

图书馆. 中国图书馆年鉴 2012. 北京:国家图书馆出版社,2013:54-69.

[5] 关于公布第一批创建国家公共文化服务体系示范区(项目)名单的通知(文社文发〔2011〕26号)[EB/OL]. [2016-10-01]. http://www. mof. gov. cn/zhengwuxinxi/bulinggonggao/tongzhitonggao/201106/t20110602_556575. html.

[6] 邱冠华. 示范区创建中深化"苏州模式"的制度设计研究[J]. 中国图书馆学报,2012(3):20-25.

[7] 李超平. 嘉兴模式的延伸与深化:从总分馆体系到图书馆服务体系[J]. 中国图书馆学报,2012(3):12-19.

[8] 文化部邀专家研讨图书馆与全民阅读[J]. 新世纪图书馆,2015(4):43.

[9] 陈胜利. 公共数字文化资源建设的宏大实践——全国文化信息资源共享工程资源建设的现状与发展[J]. 图书馆杂志,2015(11):4-11.

[10] 孟欣. 数字图书馆推广工程成效显著[N]. 中国文化报,2016-04-11(7).

[11] 魏大威,邵燕. "十二五"时期国家数字图书馆的建设与发展[J]. 国家图书馆学刊,2016(5):3-10.

[12] 古籍普查目录[EB/OL]. [2016-10-01]. http://www. nlc. gov. cn/pcab/gjpc/gjpc_cg/201412/t20141203_93255. htm.

[13] 上海图书馆正式加入都柏林核心元数据组织(DCMI)[EB/OL]. [2017-02-24]. http://beta. library. sh. cn/SHLibrary/newsinfo. aspx? id=94.

[14] 杭图开通全球馆际互借[EB/OL]. [2017-02-24]. http://www. hzwh. gov. cn/ggfw/whrd/201503/t20150316_570737. html.

[15] 上海之窗概况[EB/OL]. [2016-10-01]. http://windowofshanghai. library. sh. cn/Default. aspx? tabid=150&language=zh-CN.

[16] 吴宇琳,马臻如. 公共图书馆国际交流业务浅谈——以杭州图书馆为例[J]. 图书馆理论与实践,2015(11):116-118.

[17] "重庆之窗——中国图书角"入驻伏尔加河畔[EB/OL]. [2017-02-24]. http://www. cqlib. cn/? q=node/12275.

[18] 重庆在巴塞罗那设"中国图书角"传播中华文化[EB/OL]. [2017-03-06]. http://www. scio. gov. cn/dfbd/dfbd/Document/1389185/1389185. htm.

[19] 图书馆社会化运营领域的"翘楚":艾迪讯社会化运营的"精致样板间"[EB/OL]. [2017-02-24]. http://www. claridychina. com/product_detail. cfm? uuid=39&typesn=18.

[20] 图书馆整体业务外包拓新路——广东大音坚守馆配20年[EB/OL]. [2017-02-24]. http://www. cbbr. com. cn/article/104767. html.

[21] 李祝启,陆和建. 我国基层公共图书馆社会化管理实证研究——以安徽省芜湖市镜湖区图书馆社会化管理为例[J]. 图书情报工作,2015(1):73-77.

[22] 图书馆社会化运营[EB/OL]. [2017-02-24]. http://www. claridychina. com/product_

detail. cfm? uuid = 36&typesn = 18.

[23] 霍瑞娟. 公共图书馆法人治理结构现状调研及思考[J]. 中国图书馆学报,2016(4):117-127.

[24] 国家图书馆研究院. 文化部公布国家公共文化机构法人治理结构试点单位[J]. 国家图书馆学刊,2015(1):63.

[25] 关于杭州市民卡(社保卡)领卡同步开通图书借阅功能的公告[EB/OL]. [2017-02-24]. http://www. yuhang. gov. cn/zjyh/jryh/hotnews/smk/smkdt/smkxw/dtxw/201404/t20140423_927437. html.

[26] 苏州图书馆开通市民卡借书功能　持 B 卡需交押金[EB/OL]. [2017-02-24]. http://js. people. com. cn/culture/n/2015/0326/c360308-24288294. html.

[27] 上海市中心图书馆“一卡通”年度流通量首次突破 5000 万[EB/OL]. [2017-02-24]. http://www. clcn. net. cn/modules/information/view. php? id = 1254.

[28] 李国新. 现代公共文化服务体系建设与公共图书馆发展《关于加快构建现代公共文化服务体系的意见》解析[J]. 中国图书馆学报,2015(5):4-12.

[29] 李国新. 文化类社会组织是政府购买公共文化服务的主要力量[J]. 中国社会组织,2015(11):14-15,8.

[30] 文化部关于做好《公共图书馆服务规范》宣传贯彻工作的通知[EB/OL]. [2016-11-01]. http://zwgk. mcprc. gov. cn/auto255/201211/t20121123_29335. html.

[31] 图标委成立以来立项标准一览表[EB/OL]. [2016-09-20]. http://www. nlc. gov. cn/tbw/bzwyh_bzhxd. htm.

[32] 金武刚. 示范区创建与公共图书馆进展[J]. 图书馆,2014(1):1-7.

[33] 李国新. 示范区(项目)创建与公共图书馆发展[J]. 中国图书馆学报,2012(2):4-11.

[34] 阅读,让苏州更美丽[EB/OL]. [2016-12-28]. http://www. suzhou. gov. cn/zt/dsjydj/index. shtml.

[35] 乔国良. 安徽省公共图书馆阅读推广联盟工作成效初显[N]. 中国文化报,2015-12-21(2).

[36] 李博阳. 2014 年陕西省图书馆全民阅读年度报告之公共图书馆[J]. 当代图书馆,2015(3):48-61,23.

[37] 邱冠华,金德政. 图书馆阅读推广基础工作[M]. 北京:朝华出版社,2015:70-88.

[38] 中国图书馆学会. 阅读与成长——中国图书馆学会第二届全国图书馆未成年人服务论坛会议指南[C]. 河南:河南省少年儿童图书馆,2016.

[39] 我馆少儿活动在 2013 年中国图书馆年会上喜获二等奖[EB/OL]. [2017-02-18]. http://blog. 12101. com/webs/show/notice/588/2962. html.

[40] 王波. 图书馆时尚阅读推广[M]. 北京:朝华出版社,2015:53-64.

[41] 余结红. 行走在大山里的“背篼图书馆”——云南大关打通公共文化服务最后一公里

[N]. 中国文化报,2016-08-02(1).
[42] 吴建中. 拓展图书馆作为社会公共空间的功能[J]. 公共图书馆,2011(1):3.
[43] 黄宪光. 引进国外理念首创“悠·图书馆”[N]. 中国文化报,2013-01-01(11).
[44] 时菲. 上海图书馆借力新技术——“智慧图书馆”更懂你[N]. 中国文化报,2015-04-01(7).
[45] 梁娜. 成都图书馆·阅创空间:孵化创意的平台[N]. 中国文化报,2015-09-30(2).
[46] 李东来. 图书馆数字阅读推广[M]. 北京:朝华出版社,2015:82-84,184-189.
[47] 陈定权. ILAS 三十年(1985 - 2015):发展历程与未来走向[J]. 图书馆论坛,2016(6):34-42,26.
[48] 陈定权,王孟卓. 我国图书馆 RFID 的十年实践探索(2006 ~ 2016)[J]. 图书馆论坛,2016(10):1-10.
[49] 王永东. 图书自动分拣系统在图书馆的应用——以广州图书馆为例[J]. 图书馆论坛,2015(5):84-88.
[50] 魏群义,袁芳,贾欢,等. 我国移动图书馆服务现状调查——以国家图书馆和省级公共图书馆为对象[J]. 中国图书馆学报,2014(3):50-63.
[51] 海胜利. 新媒体时代的大众阅读与公共图书馆对策[J]. 图书馆工作与研究,2010(12):50-53.
[52] 霍瑞娟. 公共文化服务体系构建中的数字图书馆新媒体服务平台应用与创新[J]. 图书馆理论与实践,2016(6):91-93.
[53] 刘刚. 公共图书馆微信服务现状及对策分析研究[J]. 图书馆工作与研究,2016(7):56-58,77.
[54] 蔡丽萍,孔德超. 基于 WCI 的省级公共图书馆微信阅读推广研究[J]. 图书馆工作与研究,2016(10):90-95.
[55] 马丽萍. 云计算环境下图书馆之机遇、挑战与未来展望[J]. 图书馆工作与研究,2016(5):59-33.
[56] 赵研科. 我国图书馆“云计算”应用存在的问题及应对策略研究[J]. 图书馆,2015(6):107-111.
[57] 彩云服务[EB/OL]. [2017-03-06]. http://www.nmglib.com/ntzt/cyfwjh/qdcx/.
[58] 李庆禹. 内蒙古图书馆“彩云服务”荣获“国际图书馆创新项目主席大奖”[EB/OL]. [2017 - 03 - 06]. http://www.mcprc.gov.cn/whzx/qgwhxxlb/neimenggu/201607/t20160720_462761.html.
[59] 古籍普查[EB/OL]. [2016-05-21]. http://www.nlc.gov.cn/pcab/gjpc/gjpc_dt/.
[60] 民国时期文献普查工作概况[EB/OL]. [2017-03-07]. http://mgwxbh.nlc.gov.cn/wxpc/pcgk/.
[61] 国家图书馆关于组织申报 2014 年民国时期文献整理出版项目的函[EB/OL]. [2017-

03-07]. http://mgwxbh. nlc. gov. cn/zlcb/dtxx/201404/t20140404_201882. html.

[62] 国家图书馆关于组织申报2016年民国时期文献整理出版项目的函[EB/OL]. [2016-03-07]. http://mgwxbh. nlc. gov. cn/zlcb/dtxx/201601/t20160115_201954. html.

[63] 文献脱酸技术的发展与现状[EB/OL]. [2017-03-07]. http://mgwxbh. nlc. gov. cn/bhyj/ysxbh/201401/t20140115_201730. html.

[64] 全勤. 南京图书馆民国文献保护与开发研究[J]. 国家图书馆学刊,2014(2):44-47.

[65] 历史文化丛书《山东文献集成》完成编纂[EB/OL]. [2017-02-24]. http://www. gov. cn/fwxx/wy/2011-10/12/content_1966868. htm.

[66]《巴蜀全书》已整理古籍三千万字[EB/OL]. [2017-02-24]. http://news. xinhuanet. com/politics/2015-10/20/c_128336532. htm.

[67] 大型文化典籍编撰工程《云南丛书续编》编撰工作正式启动[EB/OL]. [2017-02-24]. http://yn. yunnan. cn/html/2014-05/27/content_3225814. htm.

[68] 山东公共图书馆讲座联盟成立[EB/OL]. [2017-02-18]. http://www. sdwht. gov. cn/html/2012/gzdt_0229/2304. html.

[69] 公共图书馆讲座展览资源实现共享[EB/OL]. [2017-02-18]. http://www. jxnews. com. cn/jxrb/system/2013/03/26/012343825. shtml.

[70] 图书馆讲座展览联盟成立[EB/OL]. [2017-02-18]. http://www. cqwb. com. cn/cqwb/html/2013-05/26/content_354233. htm.

[71] 汪志铭. 宁波市公共图书馆讲座、展览联盟建立[M]//宁波文化年鉴编委会. 宁波文化年鉴2013. 北京:中国文史出版社,2014:169.

[72] 湖南省公共图书馆讲座联盟成立[EB/OL]. [2017-02-18]. http://www. nlc. gov. cn/newtsgj/yjdt/2015n/6y_11624/201506/t20150619_101914. htm.

[73] 重庆区域性公共图书馆联盟正式成立[EB/OL]. [2017-02-18]. http://www. cqlib. cn/? q=node/9608.

[74] 赵登峰. 陕西公共图书馆服务联盟2015年工作报告[J]. 当代图书馆,2016(1):59-60.

[75] 京津冀成立“图书馆联盟”实现文献资源共享[EB/OL]. [2017-02-18]. http://news. xinhuanet. com/local/2015-11/19/c_1117197984. htm.

[76]“中三角”(湘鄂赣皖)公共图书馆联盟简介[EB/OL]. [2017-02-18]. http://www1. library. hb. cn/csjq/gaikuang. html.

[77] 首都图书馆联盟[EB/OL]. [2017-02-18]. http://www. clcn. net. cn/modules/theme_news/view. php? id=5.

[78] 第十三次全国国民阅读调查结果发布:数字化阅读迅猛增长 微信阅读人数过半[EB/OL]. [2016-12-27]. http://news. xinhuanet. com/politics/2016-04/18/c_1118659452. htm.

[79] 李国新,张勇. 推动公共图书馆事业“中部崛起”[J]. 中国图书馆学报,2016(11):4-12.

[80] 李国新.公共图书馆事业发展思考[J].国家图书馆学刊,2015(5):3-6.
[81] 魏大威.数字图书馆推广工程“十三五”规划思考[J].图书馆杂志,2015(6):4-10.
[82] 柯平,邹金汇.论乡镇图书馆的转型——突破总分馆模式的发展瓶颈[J].图书馆工作与研究,2016(7):5-12.
[83] 刘锦山.柯平:辨章方略创新模式[EB/OL].[2017-02-24].http://www.chinalibs.net/ArticleInfo.aspx?id=402031.
[84] 文化部明确“十三五”文化改革发展六项主要任务[EB/OL].[2016-12-28].http://news.xinhuanet.com/politics/2015-07/13/c_1115906577.htm.

第四章　高校图书馆

“十二五”时期，中国高等教育迈出了大改革大发展的坚实步伐，站在了由大向强的新起点上。《国家中长期教育改革和发展规划纲要（2010—2020年）》绘制了教育发展的宏伟蓝图，指明了前行的路径和方向。过去的五年，在国家相关政策的大力扶持下，高等学校通过深入实施“985工程”“211工程”，推进国家重点学科建设，实施高等学校创新能力提升计划（即“2011计划”），实施“高校哲学社会科学繁荣计划”等，使高校的科研能力和学科建设水平显著提升，较好满足了社会经济和文化发展的需求，不断满足了人民群众日益增长的接受高等教育的需求，推动了经济社会的可持续发展。2015年12月教育部颁布了新的《普通高等学校图书馆规程》，明确了高等学校图书馆是学校的文献信息资源中心，是为人才培养和科学研究服务的学术性机构，是学校信息化建设的重要组成部分，是大学文化建设的重要基地[1]，其建设和发展必然与学校的建设和发展相适应。随着国家对高等教育的投入加大，高等教育的快速发展，“十二五”期间，高校图书馆在基础设施、数字化建设、服务创新、阅读推广、古籍保护等方面都取得了令人瞩目的成就。

第一节　发展综述

一、高校图书馆数量有所增长，层次化明显

教育部发布的《全国教育事业发展统计公报》显示，2010年全国普通高等学校2358所（含独立学院323所），其中普通本科院校1112所，高职（专科）院校1246所[2]。经过“十二五”期间的建设和发展，至2015年，全国普通高等学校有2560所（含独立学院275所），其中普通本科院校1219所，高职（专科）院校1341所[3]。高等院校的总量和普通本科、高职（专科）数量分别比“十一五”末期增长了8.57%和9.62%、7.62%。

随着高等学校的发展，高校图书馆的数量也随之增长，2015年在教育部高等学校图书情报工作指导委员会（以下简称“高校图工委”）的“高校图书馆

事实数据库”中共收录了2033所高校图书馆,通过对该数据库中相关数据的统计以及对重复、无效数据的清理,全国普通高等学校图书馆有效数据为1972所,其中,“985”/“211”院校图书馆109所,普通本科院校图书馆828所,高职(专科)院校图书馆1035所。从地区分布看,“985”/“211”院校图书馆主要分布在北京(23所)、江苏(11所)、上海(9所)、湖北(7所)、陕西(7所)和四川(5所),普通本科院校图书馆主要集中分布在广东(58所)、江苏(53所)、湖北(51所)、山东(47所)、陕西(43所)、北京(42所)、四川(41所),高职(专科)院校图书馆主要分布在江苏(85所)、湖南(83所)、广东(80所)、河北(60所)、四川(58所)、湖北(50所)、河南(49所)等。目前,我国高校图书馆分布具有如下特点[4]:①全面性。每省都有若干所普通本科院校图书馆和多所高职(专科)院校图书馆,并且每省至少有1所“985”/“211”院校图书馆。②层次性。我国高校图书馆包括了“985”院校图书馆、“211”院校图书馆、普通本科院校图书馆、高职(专科)院校图书馆、民办院校图书馆等类型,结构特征明显,层次感较强。高职(专科)院校图书馆是我国高校图书馆发展的重要力量,已占高校图书馆总数的52.48%。民办院校图书馆成为我国高校图书馆事业的有机组成部分。③非均衡性,在数量上,主要集中在广东、江苏、湖南、湖北等省;在类型上,“985”/“211”院校图书馆集中在北京、上海、江苏等东部经济发达地区,并且普通本科院校图书馆数量优势明显,高职(专科)院校图书馆主要分布在江苏、湖南、广东、河北、四川、湖北等省。

二、馆舍面积不断增长,办馆条件逐步改善

2000年以来,随着高等学校招生规模的扩大、学校总体办学条件的不断改善和多校区发展的需求,我国高校图书馆新馆建设呈现出新一轮的高潮,新建、扩建、改建图书馆此起彼伏,“十二五”期间仍处于热潮中。“985”/“211”院校图书馆的分馆数量由“十一五”末的馆均2个增加为“十二五”末的馆均3个。在这一轮的热潮中值得注意的一个变化是,无论是新建、扩建还是改建,高校图书馆都非常重视图书馆的功能设计与空间利用,着力把图书馆打造成为集学习空间、交流空间、创新空间、文化活动中心、休闲娱乐中心为一体的文献信息中心。

根据“高校图书馆事实数据库”统计,“十一五”末,在提交了有效数据的480个高校图书馆中,在建的新馆有255个,在建率达到53.1%。“十二五”期间,新馆建设仍在继续中,2011—2015年的新馆在建率分别为57.9%、

60.7%、55.0%、49.4%、39.4%(有效填报数分别为478、506、625、603、695)。且近年来单个新馆的建设面积也在不断突破新高。如厦门大学图书馆新建7.37万平方米的馆舍,天津天狮学院图书馆新建7.1万平方米的馆舍,华北理工大学(原名河北理工大学)图书馆新建6.9万平方米的馆舍,贵州师范大学图书馆新建6.8万平方米的馆舍。到“十二五”末,695个高校图书馆的馆舍总面积为17 042 571平方米,馆均面积为24 521平方米,比“十一五”末的馆均面积增加了2439平方米。其中,“985”/“211”院校、普通本科院校、高职(专科)院校的馆均面积分别比“十一五”末增长20.92%、20.43%、19.90%。

三、基础设施和信息化建设不断完善,成效显著

“十二五”期间,各高校图书馆在注重馆舍空间利用外,更加重视信息基础设施的建设与信息服务平台的开发利用。在校园信息化建设中,图书馆更是首当其冲,服务器更新换代、存储不断扩容。校园一卡通、门禁系统、无线网覆盖、电子阅报机、电子书阅览机、阅览座位选座系统、RFID等都在高校图书馆中得到应用。读者可在图书馆借用iPad、Kindle等各类电子阅读设备、电子阅读器以及笔记本电脑等各类设备。感应式互动屏、音乐欣赏设备、录音设备、3D打印机等各类新技术新设备也出现在图书馆中。“十二五”末,全国高校图书馆服务器总量达10 163台,馆均值14台,比“十一五”末的13台增长7.7%。其中,“985”/“211”院校、普通本科院校图书馆的服务器馆均数分别为40台和16台,比“十一五”末分别增长了21.21%和23.08%。“十二五”末,全国高校图书馆存储总容量总值达49 965.14TB,馆均值71.69TB,比“十一五”末的32.77TB增长了119%,增长幅度非常大。表现尤为突出的是“985”/“211”院校、普通本科院校图书馆,存储总容量的馆均值分别达到了198.74TB和77.72TB,比“十一五”末的64.75TB和27.43TB增长了206.93%和183.34%。

在信息服务平台建设方面,图书馆专注于为学生、教职工及更广大的用户群提供开放、无缝获取的综合性信息资源与多样化渠道。建立健全网站系统,整合资源与服务;加强数字图书馆建设,拓展数字资源范围,加大资源的可发现性和可获取性;移动图书馆在高校图书馆应用逐渐普遍,完善移动服务平台,确保读者在任何时间、任何地点都可获得所需要的信息和资源;建立图书馆信息门户网站、建立机构知识库;注重信息服务技术的全面应用,加强基于大数据的信息服务、专利服务、学科服务等。

四、人才队伍建设继续加强，员工学历不断提高

高校图书馆作为支撑学校教学和科研发展的重要支柱之一，对促进学校教学科研的发展和提升，深化学科建设，辅助保障学校战略目标的实现，具有不可或缺的重要作用。面对新形势下高等教育的发展，图书馆要为学校学科发展和人才培养提供一流、高效的服务，馆员队伍建设是重中之重。"十二五"期间，尽管馆舍面积和馆藏数量持续增长，但馆均在编职工人数处于下降的拐点状态，这意味着图书馆员的工作效率需要继续提高，图书馆为读者提供服务的成本将继续降低，高校图书馆员的工作压力也日益加大。无论是"985"/"211"院校、普通本科院校还是高职（专科）图书馆，在编职工人数均值整体都呈现出下降趋势。这和学校人事制度改革、严格控制非教师编制密不可分。同时，我们也看到，"十二五"末全国716所高等院校图书馆职工中，29岁及以下、30—39岁、40—49岁、50岁以上各年龄段人数分别占总人数的比例为6.40%、26.50%、37.50%、29.60%，由此可见，30—49岁职工仍是图书馆的核心力量。

近年来各馆具有硕士及以上学历的馆员人数总体上保持稳定增长，这说明馆员的学历结构正在提升，硕士及以上学历馆员成为高校图书馆馆员的主要群体。"十二五"末，全国716所高等院校图书馆职工总人数增长到28 536人，其中博士、硕士（含第二学士学位）、本科、大专及以下分别占比2.51%、26.67%、47.54%、23.28%。与"十一五"末相比，大专及以下学历的职工人数在下降；本科学历职工人数略有下降，仍是高校图书馆的主力，但其所占比例正在减小，相对于硕士及以上学历馆员的数量优势正在逐渐减弱；拥有博士、硕士（含第二学士学位）的职工人数逐渐增长，尤其是"985"/"211"院校图书馆。各高校图书馆继续加强人员队伍建设，减少在编人员，人力资源结构正在向知识化、专业化、高学历化方向发展，这种趋势在"985"/"211"院校图书馆表现相当明显。

五、文献购置经费持续增加，电子资源投入大幅上升

传统图书馆时代，文献信息资源建设是衡量一个图书馆办馆水平的重要指标，是图书馆开展业务工作的基础。随着现代图书馆的发展，资源建设在图书馆工作中的地位已不再是重中之重，但仍然在图书馆建设发展中占据重要位置。"十二五"期间，高校对图书馆的经费投入在持续增加中。

“十二五”末，全国748个高校图书馆的文献资源购置费为3 678 727 495元，馆均值为4 918 085元，比“十一五”末的馆均值3 835 530元增加了28.20%。从统计数据可以看出，“985”/“211”院校的纸质资源购置费馆均值在2015年已开始呈下降趋势，说明“985”/“211”院校图书馆已明显减少在纸质资源建设上的经费投入，而将更多的经费用于电子资源建设；普通本科院校图书馆和高职（专科）院校图书馆2011—2015年度纸质资源购置费馆均值均表现为基本持平状态[5]。相较于纸质资源购置费的下降或持平状态，电子资源购置费呈现出大幅上涨趋势。“十二五”末，全国高校图书馆电子资源购置费总值达1 779 187 646元，馆均值为2 612 610元，比“十一五”末的1 443 630元增长80.98%。可见，电子资源建设是高校图书馆“十二五”期间的重点。其中，“985”/“211”院校图书馆电子资源购置费馆均值从2010年的503.6万元增长到2015年的1085.4万元，增加幅度达115.50%；普通本科院校和高职（专科）院校图书馆的电子资源购置费馆均值从2010年到2015年分别增长了134.90%、116.60%。可见，三类院校图书馆的电子资源购置费馆均值增长幅度都超过了100%，但不可否认的是，不同类型图书馆之间的差别也在逐步扩大。“985”及“211”高校图书馆2011—2014年度电子资源购置费馆均值，每年都是普通本科高校图书馆的4.2倍以上，是高职（专科）图书馆的32倍以上。

六、文献资源总量增长较快，电子资源增幅不断加大

“十二五”末，全国高校图书馆当年购置纸质图书达37 335 284册，馆均值为50 727册，比“十一五”末的66 064册减少23.21%；当年购置纸质报刊达826 029种，馆均值1155种，比“十一五”末的1593种减少27.48%。这与纸质资源经费2015年呈下降趋势吻合，说明高校图书馆将更多的经费用于购买电子资源，正在逐步减少纸质资源的入藏量。

“十二五”末全国高校图书馆纸质图书累积量达869 630 047册，馆均值为1 194 547册，比“十一五”末的1 064 537册增长12.21%。但不同类型图书馆之间的差异较为明显，每年“985”/“211”院校图书馆纸质图书累积量馆均值是普通本科院校图书馆馆均值的2倍左右，是高职（专科）院校图书馆馆均值的5倍左右。

学位论文是高校图书馆的特色化收藏的资源。随着硕士、博士毕业生人数的增加，“十二五”期间，高校图书馆收集的本校硕、博士毕业生的学位论文及博士后出站报告不断增加。“十二五”末，全国高校图书馆当年新增学位论

文达 351 686 册，比“十一五”期末的 234 820 册增长 49.77%；年度新增学位论文馆均值从“十一五”末期的 1389 册增长至“十二五”末期的 1509 册。

高校图书馆一直重视自建特色数据库的发展。经过“十二五”的建设，“985”/“211”院校图书馆自建数据库累积量馆均值明显高于普通本科院校和高职（专科）院校图书馆，而普通本科院校图书馆又明显高于高职（专科）院校图书馆，是高职（专科）院校图书馆的 2 至 3 倍。

七、传统服务呈现下降趋势，稳步推进创新性服务

美国图书馆学家谢拉曾说“服务，是图书馆的基本宗旨”，服务水平是衡量图书馆软实力的重要指标。在信息化社会的今天，高等教育的全球化、开放化、数字化、智慧化、移动化等趋势日渐显著。随着大环境的变化，高校图书馆的传统服务面临着巨大的挑战和转型。从各项数据反映的基本情况来看，传统的外借服务呈下降趋势，科技查新业务萎缩，馆际互借和文献传递服务量增长，深层次的信息服务更加广泛展开。

“十二五”末，全国高校图书馆书刊外借量总值达 98 166 208 册，馆均值 139 441 册，比“十一五”末的 272 347 册下降 132 906 册，下降幅度达 48.80%。各类院校 2011—2015 年度书刊外借量馆均值整体呈下降趋势，其中“985”/“211”院校图书馆的馆均值下降幅度达 41.20%，普通本科院校图书馆下降 44.46%，高职（专科）院校图书馆下降 27.91%。

与此相反的是，馆际互借与文献传递的服务量在“十二五”期间呈大幅上升趋势。“十二五”末，全国高校图书馆馆际互借借入量总值达 355 867 册，馆均值 1640 册，比“十一五”末的 763 册增长 877 册，增长幅度达 114.94%；馆际互借借出量总值达 136 043 册，馆均值 747 册，比“十一五”末的 332 册增长 415 册，涨幅达 125%。“十二五”末，全国高校图书馆文献传递传入量的馆均值为 4151 篇次，比“十一五”末的馆均值 1122 篇次增长了 269.96%。其中，普通本科院校图书馆的文献传递传入量馆均值较“十一五”末上涨了 359.55%，高职（专科）院校图书馆的馆均值涨幅更是高达 690%。

“十二五”期间，不少高校图书馆重新定位服务功能和角色，采用自助借还机、移动借阅机等设备方便读者，同时延长开馆时间，增加借书数量，大力开展阅读推广工作，不断提升传统服务水平。在参考咨询方面，也新增加了实时通讯软件、微博、微信等交互手段。不少高校，尤其是“985”/“211”高校图书馆除了开展科技查新、查收查引等学科服务外，也在积极探索深层次信

息服务的新模式、新方法，如专利服务、知识产权服务、竞争情报服务、学科发展状况分析、科研态势分析、科研工具应用、决策支持、数据管理等。

八、高校图书馆依托自身优势，积极参与社会服务

高校图书馆依托自身优势参与社会服务已渐成社会共识。2002 年，教育部颁布的《普通高等学校图书馆规程（修订）》规定“有条件的高等学校图书馆应尽可能向社会读者和社区读者开放”。自此，高校图书馆向社会开放提上了议事日程。2012 年 3 月，在首都图书馆联盟成立的仪式上，北京大学图书馆朱强馆长宣读了《首都图书馆联盟惠民服务措施》，其中第 3 条即“高等院校图书馆逐步实现面向社会免费开放，通过办理借阅证使读者共享图书资源”。2012 年暑期，清华大学校长陈吉宁代表全国 41 所高校，向全国高校发出倡议并郑重承诺定期设立校园开放日，向社会免费开放图书馆。倡议一经提出，得到许多高校图书馆的积极响应。2014 年 12 月起，由四川省高校图书情报工作委员会组织，制定了《成都地区部分高校图书馆面向社会开放管理办法（试行）》，并征得四川大学、电子科技大学、西南交通大学、成都理工大学、西华大学、西南石油大学、成都信息工程学院、西南民族大学、成都大学、成都工业学院、四川大学锦城学院等 11 所院校同意，先期在这 11 所院校图书馆面向社会提供免费阅览服务试点工作。截至 2016 年年底，共计为校外读者办证 36 172 个，服务 272 582 阅览人次，外借图书 12 024 册次，有力拓展了高校图书馆的服务阵地，为成都市民，尤其是大学周边居民提供了方便的服务。“十二五”末，全国高校图书馆校外读者办证总人数达 527 387 人，馆均值 1332 人，比“十一五”末的 784 人增长 548 人，增长幅度达 69.9%。

九、文献资源共建共享深入发展，探索新模式

目前，具有较大影响力的高校图书馆合作与共享体系包括教育部“211 工程”建设、教育部高教司主持的高等教育文献保障体系（包括 CALIS 和 CADAL）和教育部社科司主持的中国高校人文社会科学文献中心（包括“文科外文图书引进专款项目”和“外文期刊项目”），以及从 CALIS 项目中分离出来的高校图书馆数字资源采购联盟（简称 DRAA）。此外，还有教育部于 1979 年开始建设的外国教材中心，经过多年建设，逐渐开展优秀境外教材的共享服务。

“十二五”期间，两大高校图书馆联盟——CALIS 和 CASHL 继续发挥资

源共建共享的大本营的作用，克服各种困难，努力为全国高校提供文献保障。CALIS共享体系在各省（直辖市、自治区，以下简称省）都建立了省级中心，以推动CALIS服务在本省的应用，开展省内高校图书馆的共享与合作。此外，我国绝大部分省教育厅（教委）都不同程度安排地方政府经费支持省内高校图书馆开展资源共建共享方面的合作。有些省采取项目方式，项目验收后就结束，并未留下专门的合作或共享体系管理机构继续推动合作，如四川、广东、云南、河南等；有些省或依托省级图工委或依托CALIS省级中心，或成立专门的共享体系管理机构，在省经费和国家项目（如CALIS、CADAL和CASHL等）经费支持下，持续地开展地区高校图书馆的共享与合作。

高校图书馆间开展合作与共享的范围几乎覆盖了目前图书馆所涉及业务领域的所有方面，如联机合作编目、文献传递、应用软件共享、CALIS e读、CALIS外文期刊目录、高校古文献资源库、数字资源加工。凡是合作规模大、可持续且产生较大效益的合作共享，绝大部分都与图书馆的基础业务相关，且依托全国性共享体系或省级共享体系。各省级共享体系主要工作是开展文献资源集团采购（外文文献则依托全国性共享体系）、省级联合目录建设、省级文献传递与馆际互借和特色数据库建设等。

1997年起步的高校图书馆数字资源集团采购工作，作为CALIS最先开展的一项服务，取得了有目共睹的成绩。2010年高校图书馆数字资源采购联盟（DRAA）正式成立，2013年6月，DRAA数字资源“在线采购”工作全面启动，传统手工模式的集团采购工作圆满画下句号，联盟的发展迈出了大胆前进的一步。截至2014年，DRAA共发展了570多家成员馆，集团采购了134个数据库。

十、加强高校图书馆的宏观协调和指导工作，成绩斐然

高校图书馆的宏观协调和指导工作主要由教育部高等学校图书情报工作指导委员会（以下简称“高校图工委”）和中国图书馆学会高校图书馆分会（以下简称“高校图书馆分会”）来开展。两会在教育部和中国图书馆学会的领导下，紧密依靠委员和会员，充分发挥交流信息、推广经验、激发创新、指导发展的桥梁和纽带作用，努力为事业的发展集思广益、探索方向、出谋划策、上传下达、凝聚力量、协同推进。

2013年8月，第四届高校图工委成立，由70名委员和29名高职（专科）分委员会委员组成，分为文献资源建设、人力资源建设、馆舍与环境建设、读

者服务创新与推广、信息素养教育、信息技术应用、战略规划研究(包括统计、发展报告)、古籍和特藏整理与保护、期刊及信息计量研究、规程修订(临时机构,任务完成即撤销)等10个工作组开展工作。

2013年,根据《中国图书馆学会章程》《中国图书馆学会分支机构管理办法》中的有关规定以及按照中国图书馆学会的工作安排,高校图书馆分会召开了第三届委员会会员代表大会,完成第二届委员会的换届工作,选举产生了第三届委员会。

“十二五”期间,高校图工委和高校图书馆分会团结全国各高校图书馆,在指导各高校图书馆完成“十三五规划”,制定、组织《普通高等学校图书馆规程》修订,编制《中国高等学校图书馆发展报告蓝皮书》,策划组织高校图书馆阅读推广案例大赛,召开全国性高校古籍保护工作及学术会议,持续举办“高校图书馆发展论坛”及组织全国高校图书馆新任馆长培训班等方面,开展了一系列工作和活动,充分发挥了高校图工委和高校图书馆分会在高等学校图书情报工作中的咨询、研究、指导、评估、服务等作用。2015年召开了由高校图工委主办、中山大学图书馆承办的2015年全国高校图书馆古籍整理与保护高层论坛暨学术研讨会,这是高校图工委主办的第一次全国性高校古籍保护工作及学术会议,对提高高等学校古籍整理与保护重视力度、团结兄弟院校古籍整理与保护力量、加强高校古籍保护工作的统一规划和组织管理、推动高校古籍保护工作整体向前发展,具有开创性作用。

2015年12月31日,在高校图工委的积极组织下,历经三年四上四下修订过程的《普通高校图书馆规程》终于由教育部印发全国高等学校。

第二节　基本统计数据

本部分数据均来自全国高校图工委的“高校图书馆事实数据库”,数据下载截止日期为2016年1月10日。

一、基础设施及设备情况

1. 馆舍总面积

“十二五”末,全国高校图书馆馆舍总面积总值达17 593 443平方米,馆均值24 100.61平方米,比“十一五”末的21 876.94平方米增长10%。其中,

"985"/"211"院校图书馆馆舍总面积馆均达到 48 315.06 平方米,比"十一五"末的 39 955.10 平方米增长 20.92%;普通本科院校图书馆馆舍总面积馆均达到 28 363.10 平方米,比"十一五"末的 23 551.18 平方米增长 20.43%;高职(专科)院校图书馆馆舍总面积馆均达到 11 983.12 平方米,比"十一五"末的 9994.43 平方米增长 19.90%。详细数据见表 4-1。

表 4-1　各类院校图书馆 2010—2015 年度馆舍总面积情况

学校类型	年份	总量（平方米）	样本量（个）	均值（平方米）	最大值（平方米）	最小值（平方米）
"985"/"211"院校	2010	3 236 363	81	39 955.10	116 660	4696
	2011	2 757 965	60	45 966.08	107 000	14 600
	2012	2 769 822	62	44 674.55	107 000	14 600
	2013	3 372 922	75	44 972.29	116 660	4696
	2014	3 652 079	73	50 028.48	116 660	10 904
	2015	3 768 575	78	48 315.06	116 660	9550
普通本科院校	2010	5 864 245	249	23 551.18	95 453	200
	2011	6 107 414	249	24 527.77	95 453	1416
	2012	6 746 983	260	25 949.93	263 200	1000
	2013	8 045 435	323	24 908.47	111 000	2057
	2014	8 614 497	313	27 522.35	75 177	1998
	2015	10 182 352	359	28 363.10	140 000	120
高职（专科）院校	2010	1 499 165	150	9994.43	33 910	30
	2011	1 768 610	169	10 465.15	39 910	160
	2012	2 185 049	184	11 875.27	45 000	800
	2013	2 744 055	227	12 088.35	45 112	500
	2014	2 736 210	217	12 609.26	47 455	200
	2015	3 091 644	258	11 983.12	47 455	370

从图 4-1 可知,三类院校图书馆馆舍总面积馆均值呈总体上升趋势,其中"985"/"211"院校图书馆一直维持在 4 万—5 万平方米之间,普通本科院校图书馆一直维持在 2 万—3 万平方米之间,而高职(专科)院校图书馆则维持在 1 万平方米以上。

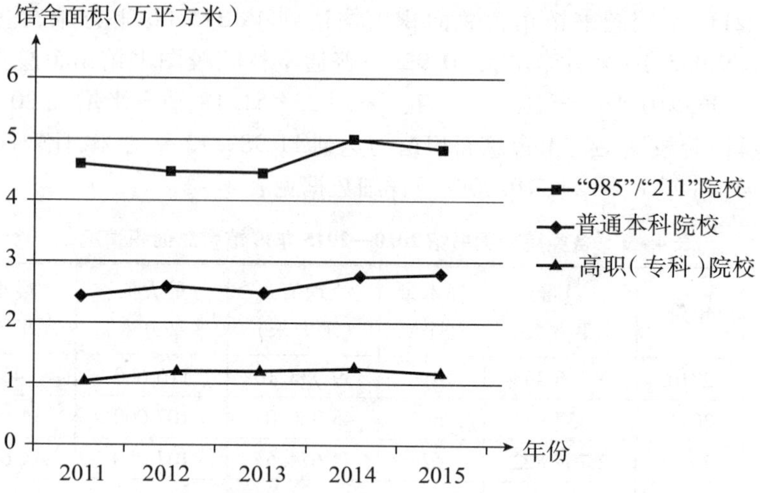

图 4－1　各类院校图书馆 2011—2015 年度馆舍总面积馆均情况

2. 读者座位数

"十二五"末,全国高校图书馆读者座位总数总值达 1 780 026 个,馆均值 2389 个,比"十一五"末的 2260 个增长 6%。其中,"985"/"211"院校图书馆读者座位总数馆均达到 4367 个,比"十一五"末的 3769 个增长 15.87%;普通本科院校图书馆读者座位总数馆均达到 2866 个,比"十一五"末的 2488 个增长 15.19%;高职(专科)院校图书馆读者座位总数馆均达到 1276 个,比"十一五"期的 1150 个增长 10.96%。详细数据见表 4－2。

表 4－2　各类院校图书馆 2010—2015 年度读者座位总数情况　(单位:个)

学校类型	年份	总量	样本量	均值	最大值	最小值
"985"/"211"院校	2010	260 067	69	3769	13 496	104
	2011	269 844	67	4028	13 496	1170
	2012	250 006	62	4032	9618	1170
	2013	270 837	73	3710	7955	233
	2014	283 596	68	4171	9195	583
	2015	344 975	79	4367	13 328	1007

续表

学校类型	年份	总量	样本量	均值	最大值	最小值
普通本科院校	2010	572 221	230	2488	9060	111
	2011	578 433	231	2504	9836	110
	2012	662 267	246	2692	8200	50
	2013	820 600	314	2613	8647	50
	2014	895 095	306	2925	8321	150
	2015	1 028 718	359	2866	11 500	150
高职（专科）院校	2010	155 306	135	1150	4000	85
	2011	192 380	168	1145	5150	100
	2012	226 595	180	1259	4520	40
	2013	282 232	225	1254	4500	60
	2014	286 287	221	1295	6724	60
	2015	343 332	269	1276	4500	60

从图 4－2 可知，三类院校图书馆 2011—2015 年度读者座位总数馆均值呈总体上升趋势，仅 2013 年“985”/“211”院校图书馆、普通本科院校图书馆略有下降，“985”/“211”院校图书馆大致维持在 4000—4500 个之间，普通本科院校图书馆一直维持在 2500—3000 个之间，而高职（专科）院校图书馆则维持在 1000—1500 之间。

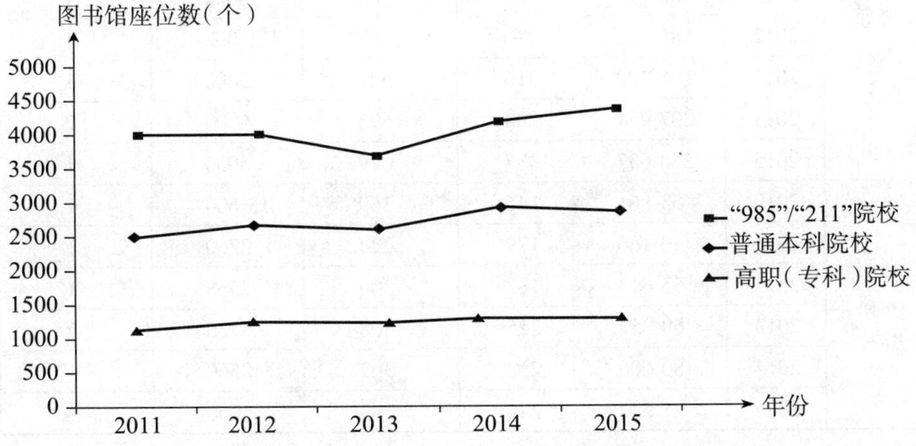

图 4－2　各类院校图书馆 2011—2015 年度读者座位总数馆均情况

3. 网络交换机端口数

“十二五”末,全国高校图书馆网络交换机端口总数总值达418 025个,馆均值608个,比“十一五”末的607个基本持平。其中,“985”/“211”院校图书馆网络交换机端口总数馆均达到1387个,比“十一五”末的1115个增长24.39%;普通本科院校图书馆网络交换机端口总数馆均达到679个,比“十一五”末的572个增长18.71%;高职(专科)院校图书馆网络交换机端口总数馆均值293个,比“十一五”末的369个减少20.60%。详细数据见表4-3。总之,“985”/“211”院校图书馆2011—2015年度网络交换机端口总数馆均值呈总体上升趋势,一直保持在1200—1400个之间;普通本科院校图书馆、高职(专科)院校图书馆则有升有降。

表4-3 各类院校图书馆2010—2015年度网络交换机端口总数情况(单位:个)

学校类型	年份	总量	样本量	均值	最大值	最小值
“985”/“211”院校	2010	83 598	75	1115	3000	20
	2011	99 130	76	1304	8000	3
	2012	87 952	67	1313	3240	200
	2013	104 222	78	1336	4872	68
	2014	96 960	71	1366	3500	48
	2015	104 028	75	1387	4872	30
普通本科院校	2010	143 491	251	572	3300	2
	2011	156 711	268	585	6000	1
	2012	185 613	270	687	21 000	1
	2013	196 290	316	621	5000	1
	2014	207 954	298	698	5000	2
	2015	228 687	337	679	5000	1
高职(专科)院校	2010	53 861	146	369	13 600	1
	2011	40 166	179	224	2260	1
	2012	55 613	182	306	2568	1
	2013	69 354	225	308	3760	2
	2014	80 006	218	367	8560	1
	2015	71 534	244	293	5000	1

4. 服务器

“十二五”末，全国高校图书馆服务器总量达10 163台，馆均值14台，比“十一五”末的13台增长7.7%。其中，“985”/“211”院校图书馆服务器馆均达到40台，比“十一五”末的33台增长21.21%；普通本科院校图书馆服务器馆均达到16台，比“十一五”末的13台增长23.08%；高职(专科)院校图书馆服务器馆均值为5台，与“十一五”期末的5台保持不变。详细数据见表4－4。总之，“985”/“211”院校图书馆和普通本科院校图书馆2011—2015年度服务器馆均值呈总体上升趋势，高职(专科)院校图书馆则基本维持在5台左右。

表4－4　各类院校图书馆2010—2015年度服务器情况

学校类型	年份	总量(台)	样本量(个)	均值(台)	最大值(台)	最小值(台)
“985”/“211”院校	2010	2423	74	33	167	2
	2011	2515	76	33	142	4
	2012	2540	70	36	126	4
	2013	3029	80	38	123	2
	2014	2825	71	40	98	6
	2015	2962	74	40	115	6
普通本科院校	2010	3226	257	13	90	1
	2011	3803	271	14	100	1
	2012	4163	278	15	150	1
	2013	5406	325	17	680	1
	2014	4840	309	16	120	2
	2015	5549	350	16	150	1
高职(专科)院校	2010	716	150	5	36	1
	2011	833	185	5	24	1
	2012	996	192	5	42	1
	2013	1266	231	5	42	1
	2014	1232	229	5	40	1
	2015	1395	259	5	40	1

5. 存储总容量

“十二五”末，全国高校图书馆存储总容量总值达 49 965.14 TB，馆均值 71.69 TB，比“十一五”末的 32.77 TB 增长 119%。其中，“985”/“211”院校图书馆存储总容量馆均达到 198.74 TB，比“十一五”末的 64.75 TB 增长 206.93%；普通本科院校图书馆存储总容量馆均达到 77.72 TB，比“十一五”末的27.43 TB 增长 183.34%；高职（专科）院校图书馆存储总容量馆均达到 29.47 TB，比“十一五”末的 27.03 TB 增长 9.03%。详细数据见表 4－5。

表 4－5 各类院校图书馆 2010—2015 年度存储总容量情况

学校类型	年份	总量（TB）	样本量（个）	均值（TB）	最大值（TB）	最小值（TB）
“985”/“211”院校	2010	4208.62	65	64.75	185.70	2
	2011	6858.12	74	92.68	301.50	8
	2012	8007.12	68	117.75	700.00	8
	2013	10 592.17	77	137.56	700.00	2
	2014	11 863.37	71	167.09	736.00	2
	2015	14 905.37	75	198.74	700.00	16
普通本科院校	2010	6144.97	224	27.43	421.30	0.86
	2011	9263.44	255	36.33	421.30	0.5
	2012	13 928.55	266	52.36	910.00	0.5
	2013	20 184.99	316	63.88	910.00	0.5
	2014	21 784.56	297	73.35	900.00	1.2
	2015	26 734.31	344	77.72	607.80	1
高职（专科）院校	2010	3540.98	131	27.03	600.00	0.81
	2011	3197.90	171	18.70	600.00	0.5
	2012	2667.12	176	15.15	146.00	0.5
	2013	3836.65	218	17.60	130.00	0.5
	2014	4321.66	213	20.29	200.00	0.5
	2015	7250.18	246	29.47	900.00	0.5

从图4-3可知,“985”/“211”院校图书馆、普通本科院校图书馆2011—2015年度存储总容量馆均值增幅较大,高职(专科)院校图书馆相对平稳,维持在50 TB以内。

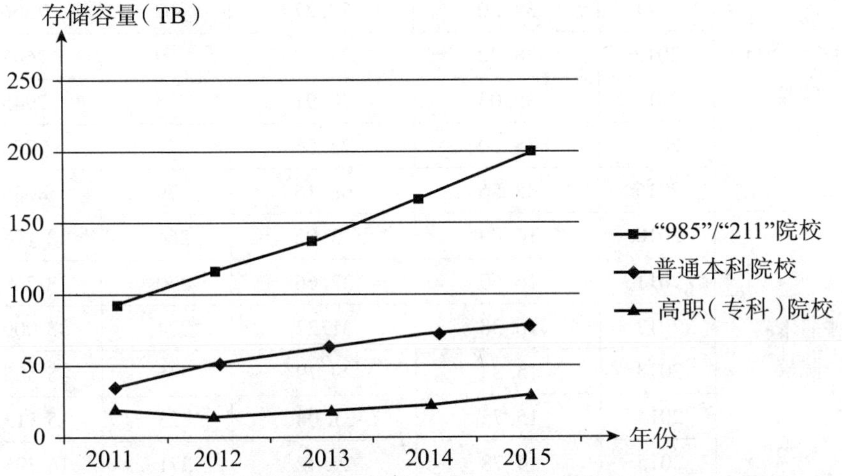

图4-3 各类院校图书馆2011—2015年度存储总容量馆均情况

二、人力资源状况

1. 性别状况

“十一五”末全国505所高等院校图书馆职工总人数为25 186人,其中男职工8469人,女职工16 717人,男职工占总人数的33.6%,女职工占66.4%。而到“十二五”末,全国732所高等院校图书馆职工总人数为28 514人,其中男职工9492人,女职工19 022人,男职工占总人数的33.3%,女职工占66.7%,女职工人数比例略有增长。

全国高等院校图书馆男职工从“十一五”末的馆均16.77人降低到“十二五”末馆均13.04人;与此相对应,“十一五”末女职工馆均33.23人减少到“十二五”末馆均为25.99人。截至“十二五”末,全国高等院校图书馆男、女职工总人数馆均值相比“十一五”期末呈现下降趋势,全国高等院校女职工馆均值减少幅度要大于男职工馆均值,但图书馆女职工人数仍然远远多于男职工人数。

表 4-6　各类院校图书馆 2010—2015 年度职工性别状况

学校类型	年份	男职工均值	女职工均值	样本量	职工总量
“985”/“211”院校	2010	38.98	77.07	83	9555
	2011	34.20	77.27	67	7366
	2012	38.20	74.72	69	7642
	2013	35.03	70.91	75	7945
	2014	35.70	73.56	71	7758
	2015	33.56	68.16	79	8036
普通本科院校	2010	16.89	33.02	264	13 174
	2011	16.60	32.66	270	13 269
	2012	16.38	31.22	274	13 009
	2013	15.33	29.79	345	15 535
	2014	15.75	31.04	323	15 113
	2015	14.78	29.42	371	16 396
高职（专科）院校	2010	4.96	10.71	158	2444
	2011	4.84	10.09	186	2761
	2012	4.89	9.59	200	2890
	2013	5.11	10.36	250	3853
	2014	5.07	10.20	242	3694
	2015	4.89	9.66	282	4082

2. 年龄结构状况

高等院校图书馆人力资源的年龄结构状况分为四个层次统计分析：29 岁及以下、30—39 岁、40—49 岁、50 岁以上。

“十一五”末全国 498 所高等院校图书馆职工总人数为 25 157 人，其中 29 岁及以下 2643 人、30—39 岁 6452 人、40—49 岁 10 904 人、50 岁以上 5158 人，各年龄段人数分别占总人数的比例为 10.5%、25.6%、43.4%、20.5%，其中 40—49 岁职工人数比例几乎占据总人数的一半，也是图书馆的中坚力量。而到“十二五”末，全国 716 所高等院校图书馆职工总人数为 28 318 人，其中 29 岁及以下 1827 人、30—39 岁 7499 人、40—49 岁 10 622 人、50 岁以上 8370 人，各年龄段人数分别占总人数的比例为 6.4%、26.5%、37.5%、29.6%，其中30—39岁和50岁以上职工人数比例有所增加,30—49岁职工仍是图书馆的核心力量。

表4－7　各类院校图书馆2010—2015年度职工年龄结构状况

学校类型	年份	29岁及以下均值	30—39岁均值	40—49岁均值	50岁以上均值	样本量	总量
"985"/"211"院校	2010	9.71	27.18	50.71	27.04	84	9532
	2011	8.40	27.65	49.71	26.20	69	7709
	2012	7.51	28.08	49.85	28.94	66	7541
	2013	7.61	26.61	42.44	29.37	73	7656
	2014	7.96	27.17	41.50	31.59	71	7607
	2015	6.90	24.87	36.67	33.16	79	7995
普通本科院校	2010	5.49	13.66	21.67	9.32	265	13 189
	2011	4.24	13.37	21.94	9.68	267	13 117
	2012	3.80	12.87	20.30	10.90	269	12 812
	2013	3.14	12.45	18.42	11.66	342	15 539
	2014	3.10	12.96	18.71	12.70	316	14 925
	2015	2.68	11.88	17.21	12.93	365	16 259
高职(专科)院校	2010	2.81	4.29	6.54	2.79	149	2427
	2011	2.24	4.22	6.30	2.76	178	2698
	2012	1.88	4.16	5.95	3.06	197	2887
	2013	1.51	4.55	6.09	3.56	247	3830
	2014	1.54	4.71	5.71	3.84	238	3716
	2015	1.34	4.58	5.40	3.84	272	4064

3. 学历结构状况

学历是人们受教育程度的重要标志,尤其对于高等院校图书馆,工作人员的学历状况是反映工作人员整体素质状况的一个极其重要的因素,直接影响图书馆提供信息服务的水平高低。高等院校图书馆人力资源的学历结构状况分为六个层次统计分析:博士、硕士、第二学士学位、本科、大专、大专以下。

“十一五”末全国504所高等院校图书馆职工总人数为25 275人，其中博士337人、硕士4085人、第二学士学位142人、本科11 865人、大专5937人、大专以下2909人，其中本科学历职工占据了总职工比例的47%，到“十二五”末，全国716所高等院校图书馆职工总人数增长到28 536人，其中博士716人、硕士7352人、第二学士学位259人、本科13 567人、大专4893人、大专以下1749人。

由统计数据可以看出，大专学历、大专以下学历职工的人数和比例在下降，本科学历职工的人数和比例则略有下降，这与硕士毕业生成为高校图书馆引进人才的主要对象、在人数和比例上增长较快有一定关系；拥有博士学位、硕士学位、第二学士学位的职工人数比例逐渐增长，尤其是“985”/“211”院校图书馆。从整体上看，高校图书馆的人力资源结构正在向知识化、专业化、高学历化方向发展，在“985”/“211”院校图书馆表现得相当明显，但平均到全国高校图书馆，人力资源结构转型的速度仍较为缓慢。

表4-8　各类院校图书馆2010—2015年度职工学历结构状况

学校类型	年份	博士均值	硕士均值	第二学士学位均值	本科均值	大专均值	大专以下均值	样本量	总量
“985”/“211”院校	2010	2.68	22.21	0.75	48.92	26.77	15.45	84	9592
	2011	2.92	25.31	1.68	46.97	24.07	11.75	67	7534
	2012	3.53	26.52	0.86	50.09	23.04	12.65	68	7750
	2013	4.65	29.04	1.21	44.76	17.72	10.35	75	7986
	2014	4.91	33.42	0.88	44.76	17.32	8.76	71	7799
	2015	5.26	31.51	1.24	42.84	15.68	8.01	78	8019
普通本科院校	2010	0.51	7.65	0.38	24.54	11.92	5.67	263	13 187
	2011	0.58	8.68	0.50	24.53	11.35	4.52	271	13 478
	2012	0.66	8.57	0.37	23.60	10.77	4.21	271	12 911
	2013	0.84	9.76	0.75	22.49	9.22	3.46	342	15 669
	2014	0.89	11.11	0.54	22.82	9.15	3.36	315	14 871
	2015	0.87	11.45	0.57	21.72	8.14	2.82	368	16 446

续表

学校类型	年份	博士均值	硕士均值	第二学士学位均值	本科均值	大专均值	大专以下均值	样本量	总量
高职（专科）院校	2010	0.05	1.83	0.16	8.69	4.07	1.96	157	2485
	2011	0.08	1.84	0.08	7.88	3.88	1.69	183	2704
	2012	0.07	2.06	0.23	7.95	3.45	1.64	198	2899
	2013	0.08	2.66	0.29	8.37	3.33	1.21	248	3789
	2014	0.07	2.82	0.12	8.36	3.44	1.11	241	3692
	2015	0.09	3.01	0.21	8.34	2.94	1.12	273	4071

4. 职称结构状况

职称是反映专业技术人员技术水平和工作能力的等级指标。高等院校图书馆人力资源职称结构状况分为五个层次统计分析:正高级职称、副高级职称、中级职称、初级职称及其他。

“十一五”末全国499所高等院校图书馆职工总人数为24 892人,其中正高级职称726人、副高级职称4271人、中级职称11 277人、初级职称4814人、其他3804人,其中中级职称职工占据总职工比例最多,为45.3%。到“十二五”末,全国716所高等院校图书馆职工总人数增长到28 145人,其中正高级职称1115人,副高级职称5499人,中级职称13 117人,初级职称4483人,其他3931人。

可以看出,“十二五”期间我国高等院校图书馆专业技术人才数量呈增长趋势。拥有高级职称的人员总数从“十一五”末的4997人增至“十二五”末的6614人,从占总职工比例的20.1%增长到23.5%;拥有中级和初级职称的人员总数则从16 091人增加至“十二五”末的17 600人,从占总职工比例的64.6%降到62.5%,这符合近年来高校图书馆要求引进更多高级职称与高学历人才趋势。

综观统计数据,高等院校图书馆职称结构呈非对称橄榄球状,位于职称层级顶端的正高职称人员所占比例最小,尽管其比例在逐年上升,但位于职称层级中部的中级职称所占比例仍然最大。其中高职(专科)院校图书馆的正高与副高职称所占比例最低,“985”/“211”院校图书馆的初级职称比例最少。

表4-9 各类院校图书馆2010—2015年度职工职称结构状况

学校类型	年份	正高级均值	副高级均值	中级均值	初级均值	其他均值	样本量	总量
“985”/“211”院校	2010	3.46	20.15	55.00	18.31	18.03	84	9541
	2011	3.37	20.82	54.90	15.28	17.79	67	7455
	2012	3.46	20.96	54.07	16.84	18.61	69	7737
	2013	3.48	20.49	52.13	14.78	16.61	75	7965
	2014	3.69	20.97	54.01	14.61	15.99	72	7709
	2015	3.95	20.62	49.85	13.74	15.62	79	8020
普通本科院校	2010	1.66	8.65	21.74	9.71	7.92	264	12 926
	2011	1.82	9.05	21.92	8.89	7.97	271	13 279
	2012	1.81	8.87	20.73	8.13	8.04	271	12 774
	2013	1.90	8.48	20.68	7.67	6.87	342	15 381
	2014	2.12	9.07	21.33	7.44	6.99	317	14 722
	2015	1.95	8.92	20.35	7.02	6.42	368	16 170
高职（专科）院校	2010	0.30	2.27	6.23	4.83	3.06	151	2414
	2011	0.23	2.10	6.02	4.35	2.64	174	2625
	2012	0.35	2.20	5.86	4.06	2.70	195	2833
	2013	0.49	2.37	6.39	3.81	2.55	251	3747
	2014	0.46	2.43	6.56	3.65	2.76	239	3652
	2015	0.55	2.55	6.48	3.39	2.78	269	3955

5. 工作人员构成状况

依照体制内外角度划分，高等院校图书馆工作人员又可分为在编人员和非在编人员。在编人员是指在高校图书馆有正式编制的人员；非在编人员则没有正式的编制，比如合同制职工、临时工及勤工助学人员等。在此，仅对高等院校图书馆工作人员的在编职工与合同制职工两类进行统计分析。

(1)在编职工

“十一五”末全国498所高等院校图书馆在编职工共计24 905人，馆均50.01人，排名第一的武汉大学图书馆在编职工为332人；到“十二五”末，全国735所高等院校图书馆在编职工总数增长到28 275人，而馆均则下降到

38.47 人。在编职工人数排名前 3 位的分别是:武汉大学图书馆,275 人;中山大学图书馆,267 人;上海交通大学图书馆,212 人。

据图 4－4 可知,“十二五”末“985”/“211”院校图书馆在编职工人数馆均值从“十一五”末的馆均 116.01 人减到 101.80 人;普通本科院校图书馆 2010—2015 年度在编职工人数馆均值则从 49.93 人减少到 43.63 人;高职(专科)院校图书馆在编职工馆均值从 15.48 人减少到 13.89 人。与“十一五”末相比,虽然“十二五”期间,各年度馆均值起伏不定忽增忽减,但“十二五”末全国各类高校图书馆在编职工人数馆均值整体都呈现出下降趋势。

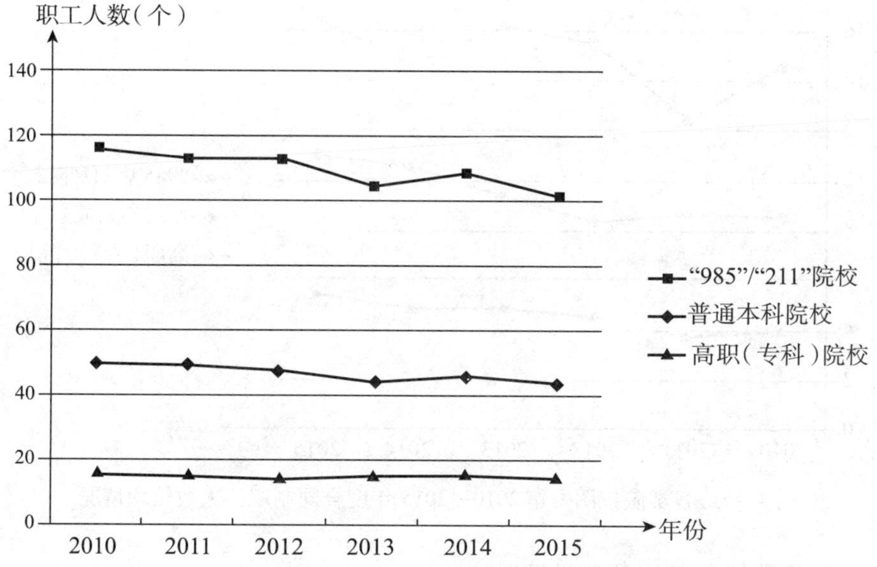

图 4－4　各类院校图书馆 2010—2015 年度在编职工人数馆均情况

(2)合同制职工

合同制职工是与高校图书馆签订有一定期限聘用合同的职工,主要从事基础性业务工作,他们是图书馆人力资源的重要组成部分。

“十一五”末全国 427 所高等院校图书馆合同制职工共计 3468 人,馆均 8.12 人,排名第一的浙江大学图书馆合同制职工人数为 72 人;到“十二五”末全国 640 所高等院校图书馆合同制职工总数增长到 6058 人,馆均亦增长到 9.47 人。合同制职工人数排名前 3 位的分别是:西北民族大学图书馆 76 人;西南交通大学图书馆 72 人;北京大学图书馆 65 人。

据图 4 - 5 可知，到"十二五"末，全国各类高校图书馆合同制职工人数馆均值相比"十一五"期末整体都呈现出一定程度的增长趋势。其中"十二五"末，"985"/"211"院校图书馆合同制职工人数馆均值从"十一五"末的馆均 14. 49 人增加到 16. 39 人；普通本科院校图书馆 2010—2015 年度合同制职工人数馆均值则从 8. 52 人增加到 10. 97 人；高职(专科)院校图书馆在编职工馆均值从 3. 84 人增加到 5. 38 人。

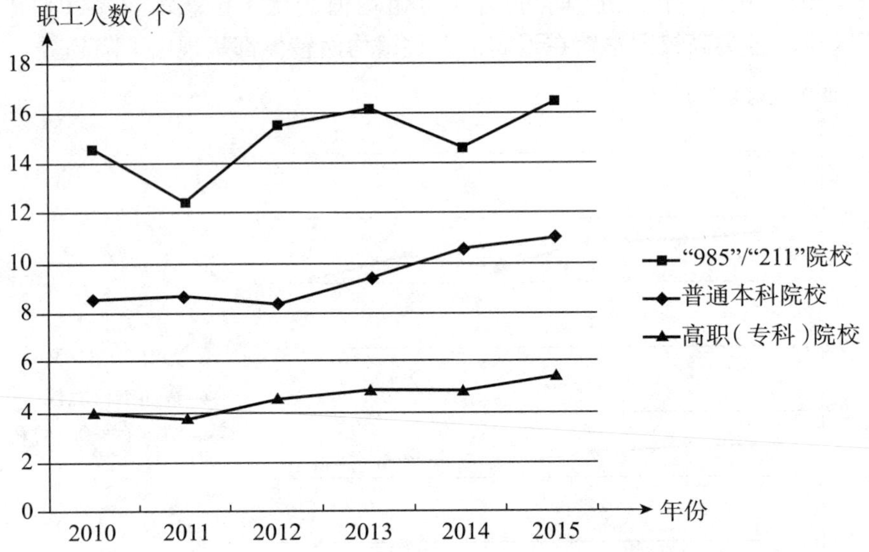

图 4 - 5　各类院校图书馆 2010—2015 年度合同制职工人数馆均情况

三、经费投入与资源建设情况

1. 文献资源购置费

(1)纸质资源购置费

"十二五"末，全国高校图书馆纸质资源购置费总值达 1 893 064 512 元，馆均值 2 541 026 元，比"十一五"末的 2 535 981 元略有增长。从表 4 - 10 可以看出，"十二五"期间，"985"/"211"院校图书馆纸质资源购置费馆均值明显高于普通本科院校和高职(专科)院校图书馆。2011—2015 年度，"985"/"211"院校图书馆纸质资源购置费馆均值是普通本科院校图书馆的 2. 6 倍以上，是高职(专科)院校图书馆的 6. 9 倍以上。

表 4-10 各类院校图书馆 2010—2015 年度纸质资源购置费情况

学校类型	年份	总量（元）	样本量（个）	均值（元）	最大值（元）	最小值（元）
"985"/"211"院校	2010	467 022 518	74	6 311 115	22 259 956	587 757
	2011	464 228 031	68	6 826 883	24 278 440	727 136
	2012	505 865 998	68	7 439 206	26 347 478	2 221 020
	2013	434 424 933	58	7 490 085	28 257 310	1 392 739
	2014	513 520 914	63	8 151 126	23 976 282	1 497 643
	2015	563 979 237	78	7 230 503	27 714 300	1 382 092
普通本科院校	2010	579 174 224	237	2 443 773	10 716 909	150 822
	2011	619 415 418	251	2 467 791	36 175 480	98 061
	2012	637 690 001	264	2 415 492	9 211 078	110
	2013	630 268 667	240	2 626 119	11 582 125	136 452
	2014	773 482 266	287	2 695 060	9 401 630	170
	2015	985 324 264	363	2 714 392	13 590 505	172 589
高职（专科）院校	2010	120 764 407	146	827 153	3 579 000	168
	2011	158 405 210	170	931 795	10 467 940	20 000
	2012	159 937 889	182	878 780	3 749 269	53 152
	2013	202 605 493	188	1 077 689	14 008 604	9788
	2014	187 779 583	207	907 148	5 880 297	100
	2015	263 551 082	266	990 794	13 405 507	30 700
其他	2010	14 806 116	9	1 645 124	2 925 348	890 490
	2011	27 395 286	11	2 490 481	4 535 000	1 128 527
	2012	28 303 619	14	2 021 687	3 483 108	551 888
	2013	22 953 769	8	2 869 221	7 908 790	105 379
	2014	48 090 162	21	2 290 008	6 083 390	187 018
	2015	80 209 929	38	2 110 788	7 999 518	118 000

从图 4-6 可知，"985"/"211"院校图书馆 2011—2015 年度纸质资源购置费馆均值呈逐年增长趋势，2014 年度的馆均值超过 800 万元，2015 年度的

馆均值较2014年度有所下降,说明"985"/"211"院校图书馆已明显减少在纸质资源建设上的经费投入,而将更多的经费用于电子资源建设;普通本科院校图书馆和高职(专科)院校图书馆2011—2015年度纸质资源购置费馆均值均表现为基本持平状态,普通本科院校图书馆2011—2015年度纸质资源购置费馆均值维持在241万元至272万元之间;高职(专科)院校图书馆2011—2015年度纸质资源购置费馆均值则维持在87万元至108万元之间。

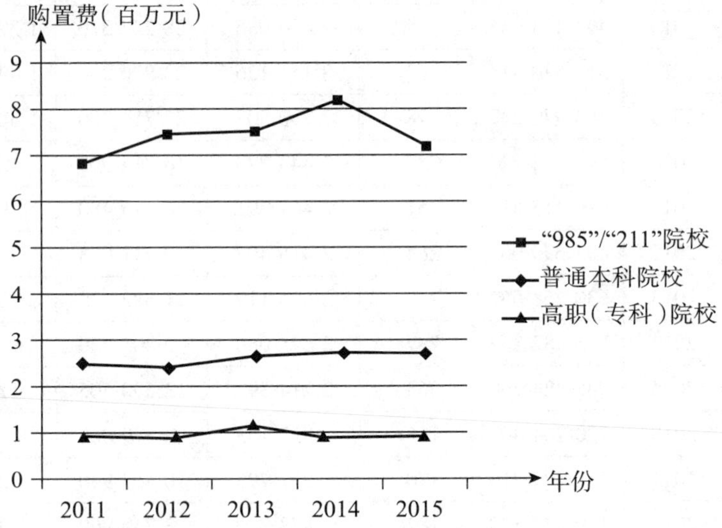

图4-6 各类院校图书馆2011—2015年度纸质资源购置费馆均情况

(2)电子资源购置费

"十二五"末,全国高校图书馆电子资源购置费总值达1 779 187 646元,馆均值为2 612 610元,比"十一五"末的1 443 630元增长80.98%。可见,电子资源建设是高校图书馆"十二五"期间的重点。表4-11显示,三类院校图书馆"十二五"期间电子资源购置费的馆均值均呈逐年增长趋势。其中,"985"/"211"院校图书馆电子资源购置费馆均值除2012年度以外,其余年度馆均值增长幅度均超过100万元,增长幅度明显高于普通本科院校图书馆和高职(专科)院校图书馆。从图4-7可以看出,"985"/"211"院校图书馆2011—2015年度电子资源购置费馆均值,每年均是普通本科院校图书馆的4.2倍以上,是高职(专科)院校图书馆的32倍以上。高职(专科)院校图书馆2011—2015年度电子资源购置费馆均值虽逐年增加,但增长幅度不大,几乎维持在一个水平线上,2015 年突破了 30 万元。

表 4－11　各类院校图书馆 2010—2015 年度电子资源购置费情况

学校类型	年份	总量（元）	样本量（个）	均值（元）	最大值（元）	最小值（元）
"985"/"211"院校	2010	357 577 025	71	5 036 296	15 679 950	60
	2011	416 771 474	68	6 128 992	15 680 344	415 453
	2012	456 171 735	66	6 911 693	20 696 426	415 453
	2013	488 600 890	58	8 424 153	21 498 558	30 000
	2014	603 264 878	62	9 730 079	26 228 414	30 000
	2015	824 941 826	76	10 854 498	35 567 080	30 000
普通本科院校	2010	239 462 770	229	1 045 689	8 114 898	61
	2011	303 450 493	241	1 259 131	7 982 278	10 000
	2012	411 020 645	255	1 611 846	13 678 000	16
	2013	457 318 453	230	1 988 341	14 996 800	42 613
	2014	614 350 813	272	2 258 643	15 916 733	93
	2015	847 599 782	345	2 456 811	17 048 900	45 000
高职（专科）院校	2010	18 633 293	122	152 732	1 201 698	90
	2011	22 011 735	141	156 112	1 072 000	8
	2012	32 037 643	154	208 037	3 651 561	95
	2013	41 944 901	161	260 527	1 450 000	358
	2014	49 644 603	174	285 314	1 401 000	20
	2015	75 652 038	227	333 269	1 982 795	1538
其他	2010	757 000	5	151 400	296 000	80 000
	2011	2 108 588	10	210 859	541 000	26 000
	2012	1 829 763	9	203 307	277 135	139 888
	2013	1 432 340	5	286 468	789 000	54 340
	2014	5 408 227	17	318 131	1 803 397	60 000
	2015	30 993 999	33	939 212	10 882 370	20 000

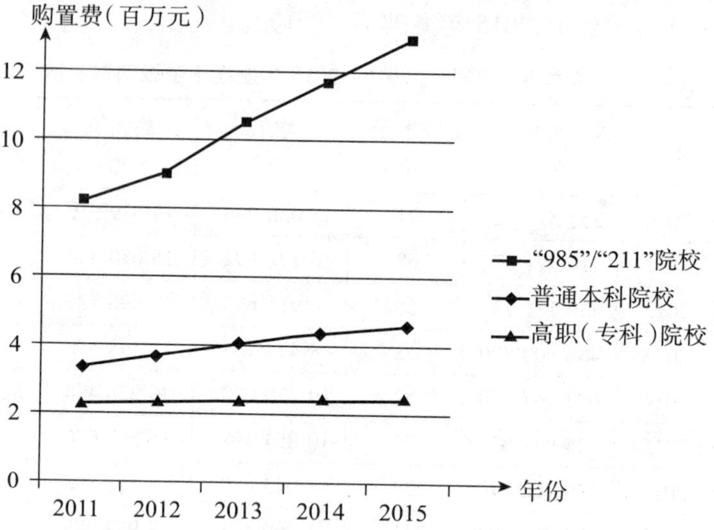

图 4－7　各类院校图书馆 2011—2015 年度电子资源购置费馆均情况

（3）生均文献资源购置费

“十二五”末，全国高校图书馆生均文献资源购置费馆均值从“十一五”末的 207 元增长至“十二五”末的 250 元，总体增长 20.61%。从学校类型看 2011—2015 年度生均文献资源购置费馆均值，“985”/“211”院校图书馆在 300 至 400 元间波动，并于 2015 年度超过了 400 元，达到了最高值 410 元；普通本科院校图书馆在 200 至 280 元间波动，高职（专科）院校图书馆在 150 元至 170 元间波动。

表 4－12　各类院校图书馆 2010—2015 年度生均文献资源购置费情况

学校类型	年份	总量（元）	样本量（个）	均值（元）	最大值（元）	最小值（元）
“985”/“211”院校	2010	20 570	69	298	1263	43
	2011	21 971	67	328	907	75
	2012	23 657	66	358	2026	118
	2013	25 614	65	394	1396	108
	2014	24 854	64	388	802	127
	2015	29 539	72	410	1783	54

续表

学校类型	年份	总量（元）	样本量（个）	均值（元）	最大值（元）	最小值（元）
普通本科院校	2010	40 250	204	197	2176	25
	2011	51 072	232	220	1631	20
	2012	54 717	250	219	1170	1
	2013	83 755	298	281	2130	16
	2014	74 986	288	260	1932	13
	2015	92 572	335	276	2072	11
高职（专科）院校	2010	21 279	124	172	2259	10
	2011	26 078	154	169	1475	9
	2012	27 115	175	155	697	9
	2013	33 043	214	154	2518	4
	2014	33 869	221	153	1080	5
	2015	35 884	239	150	1392	5
其他	2010	1674	7	239	415	151
	2011	5233	12	436	1960	119
	2012	3339	13	257	586	78
	2013	5467	20	273	783	77
	2014	7273	22	331	2507	30
	2015	12 573	36	349	5455	16

2. 年度文献资源购置情况

(1)年度购置纸质图书

“十二五”末,全国高校图书馆年度购置纸质图书达 37 335 284 册,馆均值为 50 727 册,比“十一五”末的 66 064 册减少 23.21%。从表 4 - 13 中可以看到,“十二五”期间,“985”/“211”院校图书馆年度购置纸质图书册数馆均值明显高于普通本科院校和高职(专科)院校图书馆,约是普通本科院校图书馆的 1.2 至 1.7 倍,是高职(专科)院校图书馆 2 至 3 倍。

表 4－13　各类院校图书馆 2010—2015 年度购置纸质图书情况

学校类型	年份	总量（册）	样本量（个）	均值（册）	最大值（册）	最小值（册）
“985”/“211”院校	2010	7 769 182	80	97 115	734 298	8564
	2011	6 347 730	72	88 163	252 714	21 740
	2012	5 761 746	68	84 732	179 695	18 910
	2013	4 974 776	56	88 835	173 128	25 300
	2014	6 045 518	67	90 232	190 999	25 661
	2015	6 552 716	79	83 123	291 237	14 261
普通本科院校	2010	9 546 012	173	55 179	214 747	218
	2011	10 355 732	188	55 084	280 742	710
	2012	12 125 196	183	66 258	1 783 871	2000
	2013	8 970 178	166	54 037	216 141	1994
	2014	17 159 037	291	58 966	441 759	1399
	2015	19 824 814	355	56 369	272 748	34
高职（专科）院校	2010	1 733 750	34	50 993	350 981	1320
	2011	1 190 683	36	33 075	153 105	593
	2012	1 557 285	40	38 932	212 129	377
	2013	1 586 498	47	33 755	212 129	59
	2014	6 329 571	205	30 876	214 032	4
	2015	8 361 010	264	32 274	353 737	478
其他	2010	307 841	6	51 307	67 258	26 840
	2011	360 275	5	72 055	120 000	35 500
	2012	364 289	8	45 536	66 298	15 809
	2013	372 610	6	62 102	82 753	29 274
	2014	1 855 728	20	92 786	495 977	1792
	2015	2 596 744	38	71 380	398 850	907

(2)年度购置纸质报刊(种)

“十二五”末，全国高校图书馆年度购置纸质报刊达 826 029 种，馆均值

1155 种,比“十一五”末的 1593 种减少 27.48%。表 4 - 14 显示,“十二五”期间,“985”/“211”院校图书馆年度购置纸质报刊种数馆均值高于普通本科院校和高职(专科)院校馆均值,是普通本科院校图书馆的近 2 倍,高职(专科)院校图书馆的 4 倍左右。

表 4 - 14　各类院校图书馆 2010—2015 年度年度购置纸质报刊(种)情况

学校类型	年份	总量(种)	样本量(个)	均值(种)	最大值(种)	最小值(种)
“985”/“211”院校	2010	213 424	73	2924	8279	205
	2011	200 282	71	2821	6491	1114
	2012	199 032	69	2885	8740	1091
	2013	152 161	58	2623	6629	443
	2014	173 398	65	2668	6451	749
	2015	185 242	77	2406	8591	55
普通本科院校	2010	331 673	211	1572	5471	37
	2011	365 865	248	1475	3938	35
	2012	386 707	256	1511	5899	45
	2013	328 533	227	1447	6638	14
	2014	403 738	292	1383	5124	37
	2015	449 264	348	1309	6098	29
高职(专科)院校	2010	90 006	113	797	5600	76
	2011	95 364	146	653	2105	23
	2012	112 290	156	720	2670	21
	2013	117 594	155	759	2683	8
	2014	135 288	208	650	2688	8
	2015	160 808	256	638	2563	14
其他	2010	10 065	8	1258	2661	265
	2011	10 795	11	981	2871	371
	2012	14 802	15	987	2598	272
	2013	13 431	9	1492	2575	326
	2014	23 710	20	1186	2542	425
	2015	30 715	34	903	2563	24

从图4-8可知，“985”/“211”院校和普通本科院校图书馆2011—2015年度购置纸质报刊种数馆均值都呈略微的下降趋势。“985”/“211”院校图书馆2015年购置纸质报刊种数不到2500种，为5年来历史最低。

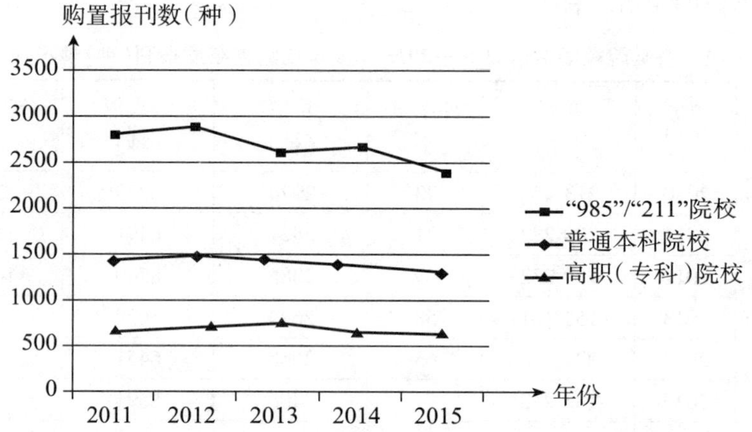

图4-8　各类院校图书馆2011—2015年度购置纸质报刊(种)馆均情况

(3)年度新增学位论文

年度新增学位论文和学位论文累积量是指高校图书馆收集的本校硕、博士毕业生的学位论文及博士后出站报告。

“十二五”末，全国高校图书馆年度新增学位论文达351 686册，比“十一五”期末的234 820册增长49.77%；年度新增学位论文馆均值从“十一五”末期的1389册增长至“十二五”末期的1509册，总体增长8.63%。

表4-15　各类院校图书馆2010—2015年度新增学位论文情况

学校类型	年份	总量(册)	样本量(个)	均值(册)	最大值(册)	最小值(册)
“985”/“211”院校	2010	159 462	65	2453	5397	126
	2011	214 279	67	3198	8643	313
	2012	235 826	64	3685	12 806	647
	2013	178 930	52	3441	18 025	235
	2014	236 044	55	4292	25 656	985
	2015	214 342	65	3298	10 750	340

续表

学校类型	年份	总量（册）	样本量（个）	均值（册）	最大值（册）	最小值（册）
普通本科院校	2010	75 358	104	725	7419	4
	2011	87 113	123	708	5526	20
	2012	108 332	125	867	9824	20
	2013	104 519	119	878	5200	45
	2014	110 104	135	816	7666	2
	2015	137 344	168	818	12 000	2

3. 文献资源累积情况

(1)纸质图书累积量

“十二五”末全国高校图书馆纸质图书累积量达 869 630 047 册，馆均值为 1 194 547 册，比“十一五”末的 1 064 537 册增长 12.21%。从表 4 – 16 看，“十二五”期间，“985”/“211”院校图书馆纸质图书累积量馆均值是普通本科院校图书馆馆均值的 2 倍左右，是高职(专科)院校图书馆馆均值的 5 倍左右。

表 4 – 16　各类院校图书馆 2010—2015 年度纸质图书累积量情况

学校类型	年份	总量（册）	样本量（个）	均值（册）	最大值（册）	最小值（册）
“985”/“211”院校	2010	153 384 426	66	2 324 006	6 849 078	242 041
	2011	153 379 519	65	2 359 685	7 296 694	228 000
	2012	161 796 760	61	2 652 406	5 771 408	789 904
	2013	158 444 966	60	2 640 749	5 638 091	100 661
	2014	179 301 789	63	2 846 060	5 817 987	891 649
	2015	210 520 272	77	2 734 030	5 929 213	730 618
普通本科院校	2010	226 889 344	205	1 106 777	3 131 988	185 420
	2011	262 928 420	226	1 163 400	3 055 537	124 000
	2012	289 872 271	229	1 265 818	4 011 500	109 672
	2013	296 952 817	238	1 247 701	4 036 074	75 666
	2014	371 031 233	271	1 369 119	4 191 347	113 042
	2015	481 756 803	348	1 384 359	4 281 035	14 125

续表

学校类型	年份	总量（册）	样本量（个）	均值（册）	最大值（册）	最小值（册）
高职（专科）院校	2010	52 254 799	129	405 076	1 118 980	21 432
	2011	67 244 489	166	405 087	1 177 254	18 750
	2012	85 772 345	176	487 343	2 431 560	73 831
	2013	105 622 622	183	577 173	2 213 667	20 542
	2014	107 765 943	194	555 495	2 274 522	2050
	2015	143 356 153	263	545 080	2 282 000	14 802
其他	2010	4 996 029	11	454 184	772 263	155 371
	2011	5 414 533	10	541 453	811 384	226 881
	2012	7 910 808	14	565 058	937 894	937 894
	2013	5 747 881	9	638 653	1 332 500	74 203
	2014	17 676 515	21	841 739	1 767 000	48 422
	2015	33 996 819	40	849 920	1 711 656	55 712

从图 4－9 可知，三类院校图书馆 2011—2015 年度纸质图书累积量均基本保持平稳发展趋势。“985”/“211”院校图书馆 2013 和 2015 年度在前一年的基础上略有下降，其余年份均表现出稳步上升趋势。而高职（专科）院校图书馆的纸质图书累积量则在 2012 和 2013 年度增幅较大。

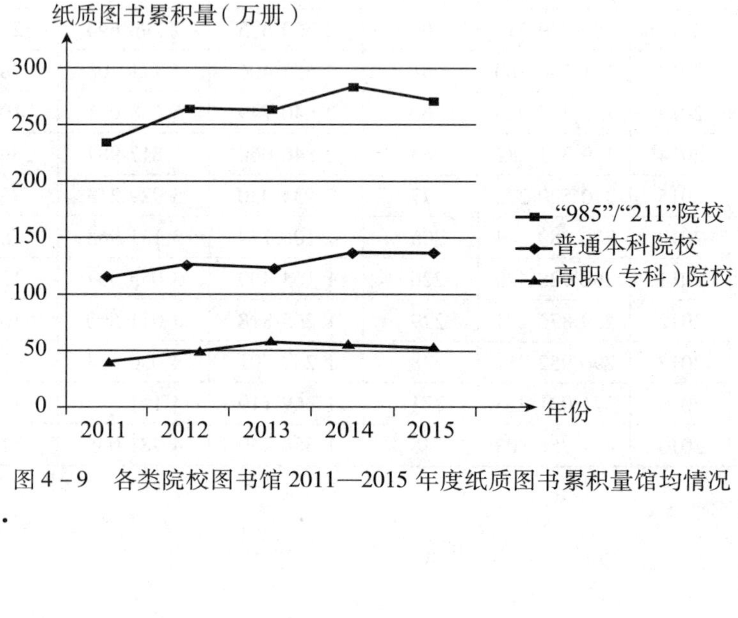

图 4－9　各类院校图书馆 2011—2015 年度纸质图书累积量馆均情况

(2)纸质期刊合订本累积量

“十二五”末,全国高校图书馆纸质期刊合订本累积量达60 633 473册,馆均值为88 002册,比“十一五”末的91 956册减少4.30%。从表4-17看,“十二五”期间,三种类型高校图书馆纸质期刊合订本累积量馆均值的差异较大,其中“985”/“211”院校图书馆的均值基本维持在31万册至36万册之间,普通本科院校图书馆的均值在8万册至10万册之间,而高职(专科)院校图书馆的均值基本维持在1.8万册至3万册之间。

表4-17　各类院校图书馆2010—2015年度纸质期刊合订本累积量情况

学校类型	年份	总量(册)	样本量(个)	均值(册)	最大值(册)	最小值(册)
“985”/“211”院校	2010	18 575 649	65	285 779	1 528 003	14 244
	2011	20 264 267	65	311 758	994 738	16 965
	2012	22 083 841	65	339 751	1 548 433	58 184
	2013	19 189 700	58	330 857	1 559 909	1893
	2014	21 787 887	61	357 178	1 570 193	51 832
	2015	24 068 466	74	325 250	1 576 484	15 703
普通本科院校	2010	15 979 199	199	80 297	375 000	1297
	2011	19 478 886	217	89 764	548 613	946
	2012	25 183 467	245	102 790	3 929 521	32
	2013	21 034 737	231	91 059	460 000	200
	2014	24 236 858	256	94 675	400 489	59
	2015	29 959 889	336	89 166	478 000	156
高职(专科)院校	2010	2 375 201	128	18 556	92 428	48
	2011	2 934 013	155	18 929	119 251	260
	2012	3 748 146	174	21 541	188 226	21
	2013	5 045 451	173	29 164	235 503	700
	2014	4 394 370	185	23 753	237 025	50
	2015	5 615 448	245	22 920	147 102	200

续表

学校类型	年份	总量（册）	样本量（个）	均值（册）	最大值（册）	最小值（册）
其他	2010	220 168	12	18 347	51 300	1100
	2011	158 658	11	14 423	35 051	3767
	2012	381 284	14	27 235	216 478	2584
	2013	152 707	6	25 451	60 456	7255
	2014	376 488	20	18 824	60 240	2473
	2015	989 670	34	29 108	151 348	762

（3）学位论文累积量

“十二五”末全国高校图书馆学位论文累积量达3 452 944册，馆均值14 883册，比“十一五”末的9346册增长59.26%。由表4－18可知，“985”/“211”院校图书馆和普通本科院校图书馆2011—2015年度学位论文累积量均基本保持逐年上升的趋势。“985”/“211”院校图书馆学位论文累积量均值基本维持在2.5万册至3.9万册之间，是普通本科院校图书馆2011—2015年度学位论文累积量均值的4至6倍左右。这与国家硕博士学位点的分布是一致的。

表4－18　各类院校图书馆2010—2015年度学位论文累积量情况

学校类型	年份	总量（册）	样本量（个）	均值（册）	最大值（册）	最小值（册）
“985”/“211”院校	2010	1 282 522	64	20 039	94 836	1013
	2011	1 640 303	65	25 235	84 744	1992
	2012	1 714 271	61	28 103	97 550	2351
	2013	1 652 345	55	30 043	105 086	3659
	2014	2 174 490	60	36 242	121 256	3000
	2015	2 534 199	65	38 988	146 957	2517

续表

学校类型	年份	总量（册）	样本量（个）	均值（册）	最大值（册）	最小值（册）
普通本科院校	2010	380 979	114	3342	60 000	18
	2011	449 722	127	3541	26 403	1
	2012	470 896	129	3650	31 570	2
	2013	664 222	117	5677	37 900	170
	2014	767 700	129	5951	60 000	2
	2015	918 745	167	5501	35 337	2

（4）生均拥有纸质文献

“十二五”末，全国高校图书馆生均拥有文献（不含电子文献）馆均值从“十一五”末的69册增长至76册，增幅9.57%。从表4-19看出，“985”/“211”院校图书馆和普通本科院校图书馆2011—2015年度生均拥有文献（不含电子文献）均值差别不大，维持在70册至90册之间；高职（专科）院校图书馆2011—2015年度生均拥有文献（不含电子文献）均值略少于“985”/“211”院校图书馆和普通本科院校图书馆，维持在65册至80册之间。

表4-19　各类院校图书馆2010—2015年度生均拥有文献（不含电子文献）情况

学校类型	年份	总量（册）	样本量（个）	均值（册）	最大值（册）	最小值（册）
“985”/“211”院校	2010	4602	65	71	196	4
	2011	4566	64	71	189	4
	2012	5015	66	76	184	22
	2013	4797	54	89	617	39
	2014	4213	55	77	125	43
	2015	5463	73	75	237	18

续表

学校类型	年份	总量（册）	样本量（个）	均值（册）	最大值（册）	最小值（册）
普通本科院校	2010	13 611	189	72	199	7
	2011	17 601	217	81	614	14
	2012	18 550	234	79	444	1
	2013	17 570	217	81	211	3
	2014	20 535	261	79	204	1
	2015	27 071	331	82	269	1
高职（专科）院校	2010	7554	117	65	531	1
	2011	9962	150	66	486	2
	2012	13 132	171	77	622	1
	2013	12 757	166	77	404	2
	2014	13 072	187	70	255	1
	2015	16 102	233	69	317	4
其他	2010	488	8	61	68	35
	2011	824	10	82	280	33
	2012	763	14	55	82	22
	2013	402	6	67	78	57
	2014	1329	19	70	105	31
	2015	2446	36	68	111	24

4. 特色资源建设情况

(1)民国时期文献资源

民国时期文献作为一种重要的特色馆藏，长期以来受到高校图书馆的高度重视。在民国时期图书收藏方面，馆藏量在 6 万至 10 万册之间的，有北京大学、复旦大学、中山大学、中国人民大学、华东师范大学、河南大学、中南财经政法大学、暨南大学等图书馆；馆藏量在 2 万至 5 万册之间的，有浙江大学、山东大学、南京大学、武汉大学、四川大学、厦门大学、西北师范大学、辽宁大学、皖西学院、安徽师范大学、上海师范大学、首都师范大学、贵州师范大学、苏州大学、扬州大学、湖州师范学院、南京理工大学、宁夏大学、湖北大学等图书馆。

在民国时期期刊收藏方面，北京大学图书馆馆藏刊种多达 11 547 种，中山大学、中国人民大学、南京大学、厦门大学、复旦大学、四川大学、山东大学等图书馆的馆藏刊种介于 4000 至 7000 种之间，武汉大学、苏州大学、河南大学、重庆大学、华东师范大学、南京农业大学等图书馆馆藏刊种均为 2000 多种。

在民国时期报纸收藏方面，南京农业大学、北京大学、复旦大学、中国人民大学、四川大学等图书馆收藏较好，馆藏品种介于 290 至 720 种之间；中山大学、西南民族大学、苏州大学、厦门大学、西北大学、武汉大学、重庆大学等图书馆的收藏品种介于 50 至 170 种之间，其余高校馆藏均在 50 种以下。为弥补本馆民国时期文献数量的不足，许多图书馆还通过购买民国时期文献数据库产品、影印复制资料来丰富和扩充馆藏。

（2）少数民族文献资源

少数民族文献在研究我国少数民族地区的历史变迁、社会形态、民族族源、宗教信仰、政治经济、文化教育和文学艺术等方面有着重要价值，是我国文献资源保障体系中不可或缺的构成部分。长期以来，我国高校图书馆，特别是民族地区的高校图书馆，不断加强民族文献的收集和整理，在少数民族文献资源建设中发挥着重要的作用。

调查显示，在 460 所高校图书馆中，有 46 所图书馆收藏有少数民族文献，收藏总量达 42. 59 万册，馆均收藏量近 9260 册。其中，图书收藏量 39. 8 万多册，占所有文献馆藏总量的 93. 54%，馆均收藏约 8662 册；期刊收藏量约 1. 23 万册，馆均收藏 268 册；报纸和其他资料收藏 1. 5 万余册。

（3）古籍资源

据调查，高校馆拥有古籍的比例较大，但古籍数量不均，多数高校馆古籍馆藏量很少，少于 1 万册。馆藏量大于 1 万册的高校馆中，以 1 万—10 万册的馆居多。古籍收藏量大于 20 万的有 11 所高校，分别为北京大学、中山大学、中国人民大学、四川大学、复旦大学、南京大学、山东大学、武汉大学、华东师范大学、安徽师范大学和河南大学。这 11 所高校的古籍管理保护利用等工作都比较全面，并均入选国家古籍重点保护单位。这 11 所高校的古籍利用开发都比较齐备。除复旦大学和安徽师范大学以外，其余九校均出版过馆藏书本式古籍目录（善本或普本）。除武汉大学以外，其余均具有完整的可供检索的网上古籍书目。

(4)自建特色数据库

自建特色数据库是高校图书馆对通过广征博采形成学科特色、地方特色、专题特色或机构特色的文献信息资源,按照一定的标准和规范进行多层次加工、整理和数字化,从而建立的具有独特信息价值和多途径检索功能的专题信息资源库。特色数据库丰富了图书馆的数字资源,又能使特定用户方便、快捷地获得某一方面比较系统的文献信息,极大地提升了文献信息服务的质量,既是图书馆数字化资源建设的重心,也是特色资源建设的方向。

①自建数据库累积量

由表4-20可知,“985”/“211”院校图书馆自建数据库累积量馆均值明显高于普通本科院校和高职(专科)院校图书馆。而普通本科院校图书馆又明显高于高职(专科)院校图书馆,是高职(专科)院校图书馆的2至3倍。“十二五”末,“985”/“211”院校图书馆自建数据库累积量馆均值9个,比“十一五”末的8个增加1个,增长12.5%;普通本科院校图书馆的馆均值在“十一五”末和“十二五”末持平,均为5个,期间峰值为6个;高职(专科)院校图书馆馆均值3个,比“十一五”期末的2个增加1个。

表4-20　各类院校图书馆2010—2015年度自建数据库累积量情况(单位:个)

学校类型	年份	总量	样本量	均值	最大值	最小值
“985”/“211”院校	2010	491	63	8	36	1
	2011	574	65	9	71	1
	2012	584	60	10	50	1
	2013	645	68	9	40	1
	2014	619	61	10	40	1
	2015	562	61	9	40	1
普通本科院校	2010	890	181	5	37	1
	2011	1212	212	6	40	1
	2012	1064	210	5	30	1
	2013	1300	246	5	35	1
	2014	1350	241	6	57	1
	2015	1439	277	5	35	1

续表

学校类型	年份	总量	样本量	均值	最大值	最小值
高职（专科）院校	2010	151	64	2	13	1
	2011	164	74	2	10	1
	2012	178	88	2	10	1
	2013	299	123	2	20	1
	2014	274	111	2	11	1
	2015	341	126	3	13	1

②累计自建数字资源总量

由表4－21可知，“985”/“211”院校图书馆累计自建数字资源总量馆均值明显高于普通本科院校和高职（专科）院校图书馆，并且这种差距正在呈现逐渐增大的趋势。“十一五”末，“985”/“211”院校图书馆的馆均值是普通高校图书馆馆均值的3.6倍，而到“十二五”，则约是普通图书馆馆均值的6倍。2010年“985”/“211”院校图书馆的馆均值是高职（专科）院校图书馆馆均值的3.3倍，而2015年约是高职（专科）院校图书馆馆均值的10.2倍。

表4－21　各类院校图书馆2010—2015年度累计自建数字资源总量情况

学校类型	年份	总量（GB）	样本量（个）	均值（GB）	最大值（GB）	最小值（GB）
“985”/“211”院校	2010	400 761	74	5416	78 000	2
	2011	457 064	69	6624	103 000	3
	2012	502 869	63	7982	123 504	3
	2013	117 8397	68	17 329	260 000	3
	2014	1 215 100	65	18 694	260 000	3
	2015	1 520 597	64	23 759	310 671	2
普通本科院校	2010	322 284	208	1549	26 000	1
	2011	337 566	221	1527	20 000	1
	2012	480 055	220	2182	36 000	1
	2013	681 655	249	2738	65 579	1
	2014	982 453	241	4077	203 000	1
	2015	1 058 064	266	3978	130 007	1

续表

学校类型	年份	总量（GB）	样本量（个）	均值（GB）	最大值（GB）	最小值（GB）
高职（专科）院校	2010	105 588	65	1624	15 200	1
	2011	118 174	87	1358	15 200	1
	2012	138 636	99	1400	15 200	1
	2013	182 509	132	1383	15 200	1
	2014	164 929	116	1422	15 353	1
	2015	296 244	128	2314	91 604	1

“十二五”末,“985”/“211”院校图书馆累计自建数字资源总量馆均值23 759 GB,比“十一五”期末的5416 GB增加18 343 GB,增长238.68%。每年馆均值均呈现大幅上涨趋势,其中2013年度上涨幅度最大,较2012年的7982 GB增加9347 GB,上涨幅度为117.10%;普通本科院校图书馆的馆均值为3978 GB,比“十一五”期末的1549 GB增加了2429 GB,增长156.81%,除2012年度和2015年度略有下降外,其余年度呈现上升趋势;高职(专科)院校图书馆的馆均值为2314 GB,比“十一五”期末的1624 GB增加了690 GB,增长42.48%,其中2010—2014年期间馆均值变化不大,2015年馆均值较2014年增加892 GB。

四、服务状况

1. 读者人数

(1)读者总人数

“十二五”末,全国高校图书馆读者总人数总值达13 477 433人,馆均值18 237人,比“十一五”末的18 208人略有增长。由表4-22可知,“十二五”期间各类图书馆读者总人数馆均值呈缓慢增长趋势。2011—2015年,“985”/“211”院校图书馆读者总人数馆均值均高于普通本科院校和高职(专科)院校图书馆。“985”/“211”院校图书馆读者总人数馆均值是普通本科院校图书馆的2倍以上,是高职(专科)院校图书馆的4.5倍以上。

表 4-22　各类院校图书馆 2010—2015 年度读者总人数情况

学校类型	年份	总量（人）	样本量（个）	均值（人）	最大值（人）	最小值（人）
"985"/"211"院校	2010	2 676 971	70	38 242	134 438	546
	2011	2 440 177	63	38 733	91 255	309
	2012	2 368 407	61	38 826	91 043	139
	2013	2 756 615	68	40 538	102 070	1643
	2014	3 025 485	69	43 848	134 245	10 695
	2015	3 198 565	74	43 224	166 216	9599
普通本科院校	2010	4 125 675	219	18 839	48 224	875
	2011	4 443 132	240	18 513	48 243	295
	2012	4 950 298	261	18 967	58 708	963
	2013	6 002 218	315	19 055	89 800	746
	2014	6 082 879	300	20 276	57 714	400
	2015	7 216 204	358	20 157	73 006	297
高职（专科）院校	2010	1 048 026	136	7706	22 142	215
	2011	1 320 650	175	7547	26 721	285
	2012	1 579 667	193	8185	30 163	300
	2013	2 143 125	245	8747	35 510	206
	2014	2 062 033	225	9165	34 912	135
	2015	2 580 829	270	9559	33 171	115

（2）校外读者人数

"十二五"末，全国高校图书馆校外读者人数总值达 527 387 人，馆均值 1332 人，比"十一五"末的 784 人增长 548 人，增长幅度达 69.90%。由表 4-23 可知，"985"/"211"院校图书馆校外读者人数馆均值明显高于普通本科院校和高职（专科）院校图书馆。

"十二五"末，"985"/"211"院校、普通本科院校、高职（专科）院校图书馆服务校外读者人数馆均值分别为 4272 人、758 人、723 人，分别比"十一五"末增长 229.88%、22.85%、6.95%，总体呈现波动增长趋势。同时，随着高校图书馆逐步对公众免费开放，这种差距也在增大，从 2010 年"985"/"211"院校图书馆和普通高校图书馆、高职(专科)院校图书馆的差距均不到2倍,增加到2015年的5倍以上。

表4-23 各类院校图书馆2010—2015年度校外读者人数情况

学校类型	年份	总量(人)	样本量(个)	均值(人)	最大值(人)	最小值(人)
“985”/“211”院校	2010	67 349	52	1295	21 969	3
	2011	78 709	49	1606	14 677	1
	2012	66 338	46	1442	12 853	6
	2013	150 102	52	2887	52 291	2
	2014	144 388	50	2888	65 129	2
	2015	230 693	54	4272	118 395	1
普通本科院校	2010	77 065	125	617	18 225	1
	2011	81 445	153	532	20 388	1
	2012	118 516	151	785	23 792	1
	2013	120 332	166	725	15 477	2
	2014	113 162	186	608	13 500	1
	2015	159 986	211	758	20 365	1
高职(专科)院校	2010	31 101	46	676	10 837	1
	2011	28 379	58	489	10 837	1
	2012	30 673	70	438	12 025	2
	2013	85 590	95	901	24 716	2
	2014	54 272	92	590	11 823	1
	2015	86 759	120	723	23 125	1

2. 开馆时间

“十二五”末,全国高校图书馆每周开馆时间总值达69 005小时,馆均值91小时,比“十一五”末的89小时略有增长。由表4-24可知,“985”/“211”院校图书馆周开馆时间的馆均值略高于普通本科院校,普通本科院校的周开馆时间馆均值又高于高职(专科)院校图书馆周开馆时间馆均值10小时以上。

“十二五”末，各类高校图书馆的开馆时间较“十一五”末基本持平略有增长。在“十二五”末，“985”/“211”院校图书馆的周开馆时间馆均值较“十一五”末的96小时增加至99小时，增加3小时；普通本科院校的周开馆时间馆均值从“十一五”期末的92小时增加至96小时，增加4小时；高职（专科）院校图书馆周开馆时间均值从“十一五”期末的82小时增加至83小时，增加1小时。

表4－24　各类院校图书馆2010—2015年度周开馆时间情况

学校类型	年份	总量（小时）	样本量（个）	均值（小时）	最大值（小时）	最小值（小时）
“985”/“211”院校	2010	7871	82	96	118	70
	2011	7578	79	96	115	14
	2012	7219	74	98	112	84
	2013	7679	78	98	168	81
	2014	7130	73	98	108	89
	2015	7880	80	99	166	14
普通本科院校	2010	25 412	277	92	168	14
	2011	26 853	291	92	168	14
	2012	27 099	290	93	168	35
	2013	32 176	344	94	168	15
	2014	30 447	321	95	168	15
	2015	34 883	365	96	168	11
高职（专科）院校	2010	13 242	162	82	168	10
	2011	15 599	195	80	113	13
	2012	16 906	207	82	168	13
	2013	20 674	248	83	168	40
	2014	20 007	241	83	168	13
	2015	22 916	276	83	168	10

3. 资源利用情况

（1）书刊外借量

“十二五”末，全国高校图书馆书刊外借量总值达98 166 208册，馆均值

139 441 册,比"十一五"末的 272 347 册下降 132 906 册,下降幅度达 48.8%。由表 4-25 可知,"985"/"211"院校图书馆的书刊外借册数均值明显高于普通本科院校和高职(专科)院校图书馆,是普通本科院校图书馆的 2 倍以上,约是高职(专科)院校图书馆 6 倍。

表 4-25 各类院校图书馆 2010—2015 年度书刊外借量情况

学校类型	年份	总量(册)	样本量(个)	均值(册)	最大值(册)	最小值(册)
"985"/"211"院校	2010	48 560 197	77	630 652	2 396 243	110 017
	2011	40 707 454	70	581 535	1 763 515	4043
	2012	36 748 648	66	556 798	1 710 000	101 541
	2013	34 517 436	77	448 278	1 517 868	542
	2014	30 613 512	67	456 918	1 820 000	35 007
	2015	27 809 388	75	370 792	1 073 588	30 000
普通本科院校	2010	68 303 076	249	274 310	1 200 000	1186
	2011	64 720 326	273	237 071	2 397 403	114
	2012	55 200 999	269	205 208	970 000	3
	2013	58 033 977	322	180 230	1 203 625	42
	2014	56 288 119	298	188 886	1 697 845	2772
	2015	52 711 910	346	152 347	1 840 000	4
高职(专科)院校	2010	11 071 863	138	80 231	580 000	1
	2011	18 090 035	172	105 175	5 000 000	4
	2012	12 077 290	192	62 903	751 077	13
	2013	13 214 138	228	57 957	401 300	2
	2014	12 552 578	226	55 542	533 840	10
	2015	14 401 420	249	57 837	2 560 000	2

从图 4-10 可知,各类院校 2011—2015 年度书刊外借量馆均值整体呈下降趋势,除高职(专科)院校图书馆在 2011 年度较 2010 年度上升外,其余各类院校各年度馆均值均出现不同程度的下降。尽管高职(专科)院校图书馆书刊外借量在 2011 年度出现上升,但在 2012 年也出现了大幅下降。其中

“985”/“211”院校图书馆在“十二五”末书刊外借册数从“十一五”末的630 652册下降至370 792册，下降41.20%；普通本科院校图书馆从274 310册下降至152 347册，下降44.46%；高职(专科)院校图书馆从80 231册下降至57 837册，下降27.91%。

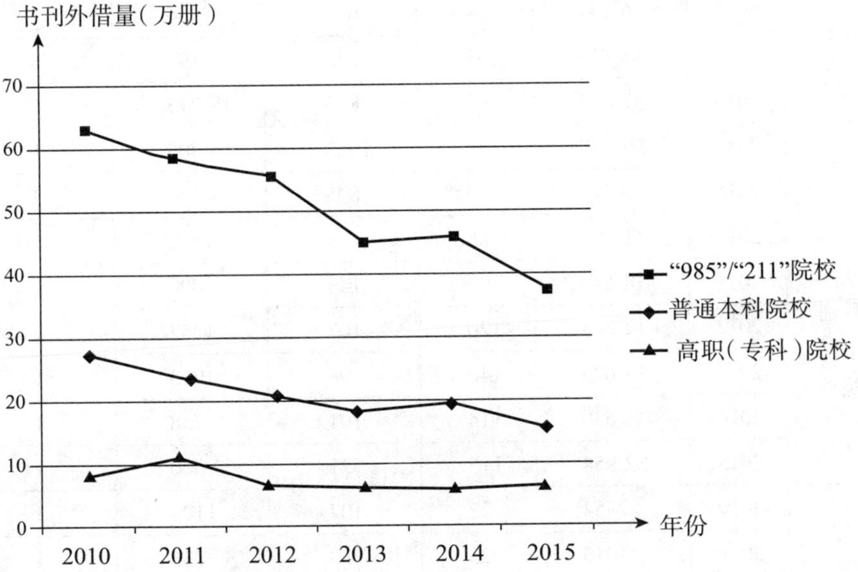

图4-10 各类院校图书馆2010—2015年度书刊外借量馆均情况

(2)馆际互借

①馆际互借借入量

“十二五”末，全国高校图书馆馆际互借借入量总值达355 867册，馆均值1640册，比“十一五”末的763册增长877册，增长幅度达114.94%。由表4-26可知，2011—2015年度“985”/“211”院校图书馆馆际互借借入量馆均值明显高于普通本科院校和高职(专科)院校图书馆。而2015年，普通本科院校中河南大学图书馆的馆际互借借入量60 000册和高职(专科)院校图书馆中广东创新科技职业学院图书馆的馆际互借借入量86 148册，使得普通本科院校和高职(专科)院校图书馆的馆均值迅速提高，而高职(专科)院校图书馆的馆均值更是远远超过“985”/“211”院校图书馆的馆均值。

表4-26　各类院校图书馆2010—2015年度馆际互借借入量情况

学校类型	年份	总量（册）	样本量（个）	均值（册）	最大值（册）	最小值（册）
“985”/“211”院校	2010	52 099	63	827	9001	3
	2011	36 147	59	613	7436	1
	2012	35 813	57	628	8195	4
	2013	57 611	65	886	17 745	1
	2014	59 470	58	1025	16 805	1
	2015	50 713	63	805	13 990	3
普通本科院校	2010	11 892	86	138	1512	1
	2011	14 619	99	148	5000	1
	2012	12 783	120	107	1257	1
	2013	13 673	140	98	1013	1
	2014	11 530	114	101	758	1
	2015	82 954	115	721	60 000	1
高职（专科）院校	2010	2354	22	107	1109	1
	2011	1913	23	83	736	1
	2012	4586	27	170	2783	1
	2013	10 774	40	269	6000	1
	2014	1047	27	39	269	1
	2015	93 297	30	3110	86 148	2

截至“十二五”期末，“985”/“211”院校图书馆馆际互借借入量馆均值805册，比“十一五”期末的827册减少22册，降幅2.66%。普通本科院校图书馆的馆均值721册，比“十一五”期末的138册增加583册，涨幅422.46%。高职（专科）院校图书馆的馆均值3110册，是“十一五”期末的107册的29倍。

②馆际互借借出量

“十二五”末，全国高校图书馆馆际互借借出量总值达136 043册，馆均值747册，比“十一五”末的332册增长415册，涨幅达125%。由表4-27可知，2011—2015年度“985”/“211”院校图书馆馆际互借借出量馆均值明显高于普通本科院校。而高职（专科）院校图书馆由于样本量小，呈波动调整趋势。

表 4－27　各类院校图书馆 2010—2015 年度馆际互借借出量情况

学校类型	年份	总量（册）	样本量（个）	均值（册）	最大值（册）	最小值（册）
“985”/“211”院校	2010	23 954	58	413	8053	1
	2011	21 145	46	460	8009	1
	2012	22 190	51	435	7457	1
	2013	41 188	59	698	17 021	1
	2014	41 796	55	760	11 552	1
	2015	22 880	61	375	2510	1
普通本科院校	2010	16 854	66	255	4043	1
	2011	13 428	81	166	4000	1
	2012	23 098	90	257	5161	1
	2013	13 972	106	132	2766	1
	2014	23 686	84	282	12 000	1
	2015	18 365	93	197	6858	1
高职（专科）院校	2010	7056	20	353	4109	1
	2011	50 904	20	2545	35 875	5
	2012	40 900	18	2272	15 518	3
	2013	29 012	30	967	12 000	1
	2014	13 214	25	529	11 645	1
	2015	17 094	24	712	12 146	2

截至“十二五”末，“985”/“211”院校图书馆馆际互借借出量馆均值 375 册，比“十一五”末的 413 册减少 38 册，降幅 9.20%；普通本科院校图书馆馆均值为 197 册，比“十一五”期末的 255 册减少 58 册，降幅 25.75%；高职（专科）院校图书馆的馆均值为 712 册，比“十一五”期末的 353 册增加 359 册，涨幅 101.70%。由于高职（专科）院校图书馆馆际互借借出量的有效样本量偏少，受统计数据的个体影响较大。

（3）文献传递

①文献传递传入量

“十二五”末，全国高校图书馆文献传递传入量总值达 1 527 606 篇次，馆均值4151篇次,比“十一五”末的1122篇次增长3029篇次,涨幅269.96%。由表4－28可知,“十二五”末,“985”/“211”院校图书馆的文献传递传入量馆均值达2600篇次,较“十一五”期末的1572篇次增加1028篇次,涨幅65.39%;普通本科院校图书馆的馆均值达5147篇次,较“十一五”期末的1120篇次增加4027篇次,涨幅359.55%;高职(专科)院校图书馆的馆均值达2131篇次,较“十一五”期末的271篇次增加1860篇次,涨幅约为690%。

表4－28 各类院校图书馆2010—2015年度文献传递传入量情况

学校类型	年份	总量(篇次)	样本量(个)	均值(篇次)	最大值(篇次)	最小值(篇次)
“985”/“211”院校	2010	117 898	75	1572	10 615	5
	2011	208 205	72	2892	40 449	10
	2012	155 162	67	2316	21 188	19
	2013	209 543	73	2870	34 678	12
	2014	195 367	65	3006	44 186	5
	2015	182 010	70	2600	31 672	5
普通本科院校	2010	189 240	169	1120	30 696	1
	2011	410 797	181	2270	65 762	1
	2012	441 987	192	2302	47 487	1
	2013	676 476	211	3206	76 437	1
	2014	1 171 088	201	5826	87 225	1
	2015	1 163 278	226	5147	89 878	1
高职(专科)院校	2010	10 292	38	271	2252	2
	2011	136 373	57	2393	37 164	2
	2012	99 263	53	1873	45 496	1
	2013	282 962	82	3451	68 000	2
	2014	336 258	70	4804	74 639	3
	2015	123 569	58	2131	31 082	5

②文献传递传出量

“十二五”末,全国高校图书馆文献传递传出量总值达867 363篇次,馆均值3599篇次，比“十一五”末的2160篇次增长1439篇次，涨幅66.62%。由表4－29可知，“十二五”末，“985”/“211”院校图书馆的文献传递传出量馆均值达3142篇次，较“十一五”末的2646篇次增加496篇次，涨幅18.75%；普通本科院校图书馆的馆均值达3020篇次，较“十一五”末的1465篇次增加1555篇次，涨幅106.14%；高职（专科）院校图书馆的馆均值达5030篇次，较“十一五”期末的2935篇次增加2095篇次，涨幅71.38%。

表4－29　各类院校图书馆2010—2015年度文献传递传出量情况

学校类型	年份	总量（篇次）	样本量（个）	均值（篇次）	最大值（篇次）	最小值（篇次）
“985”/“211”院校	2010	179 921	68	2646	21 139	2
	2011	202 143	63	3209	24 023	1
	2012	217 851	63	3458	31 746	4
	2013	264 395	70	3777	28 315	1
	2014	184 340	62	2973	18 656	1
	2015	204 238	65	3142	36 874	1
普通本科院校	2010	133 345	91	1465	70 566	1
	2011	170 110	120	1418	30 000	1
	2012	279 594	117	2390	53 447	1
	2013	345 227	127	2718	69 801	1
	2014	406 182	116	3502	62 997	1
	2015	368 423	122	3020	43 254	1
高职（专科）院校	2010	64 564	22	2935	58 442	1
	2011	26 672	26	1026	15 866	2
	2012	37 932	26	1459	19 668	2
	2013	87 459	53	1650	33 923	1
	2014	108 974	40	2724	35 341	1
	2015	231 385	46	5030	34 000	2

(4)科技查新

"十一五"末,经由教育部科技发展中心认证授牌的全国高校图书馆查新工作站共四批次67所,"十二五"期间,又新增加了三个批次35所查新工作站。其中,2011年增加第五批次查新站11所,2013年增加第六批次查新站6所,2015年增加第七批次查新站18所。

由表4-30可知102所教育部查新工作站2010—2015年度查新业务量情况。截至"十二五"期末,所有教育部查新工作站查新业务量馆均值360件,较"十一五"期末的478件下降118件,下降幅度达24.69%。

进一步分析可知,查新业务可分为校内服务的查新业务和为校外服务的查新业务。在2010—2015年度校外的查新业务量馆均值均高于校内,而且这种差距还在不断加大,校内查新业务量馆均值占总查新业务量馆均值的比例由2010年的44.1%下降至2015年的31.9%,而校外查新业务量馆均值占总查新业务量馆均值的比例由2010年的55.9%上升至2015年的68.1%。

表4-30　教育部查新工作站2010—2015年度查新业务量情况

项目	年份	总量(件)	样本量(个)	均值(件)	校内总量(件)	校内均值(件)	校外总量(件)	校外均值(件)
查新数量	2010	31 997	67	478	14 095	210	17 902	267
	2011	38 179	78	490	16 140	207	22 039	283
	2012	41 448	78	531	16 068	206	25 380	325
	2013	41 931	84	499	16 540	197	25 391	302
	2014	33 626	84	400	10 351	123	23 275	277
	2015	36 723	102	360	11 710	115	25 013	245

4. 信息素质教育

(1)信息素质教育课听课总人数

由表4-31可知,"985"/"211"院校图书馆的信息素质教育课听课总人数馆均值明显高于普通本科院校和高职(专科)院校图书馆,但是随着普通本科院校和高职(专科)院校信息素质教育课的发展,这种差距在逐步缩小。

表4-31　各类院校图书馆2010—2015年度信息素质教育课听课总人数情况

学校类型	年份	总量（人）	样本量（个）	均值（人）	最大值（人）	最小值（人）
"985"/"211"院校	2010	542 767	68	7982	41 700	47
	2011	493 165	66	7472	24 558	489
	2012	530 263	67	7914	18 917	150
	2013	560 905	71	7900	68 191	60
	2014	515 824	69	7476	32 588	500
	2015	509 543	76	6705	23 066	253
普通本科院校	2010	998 526	202	4943	23 130	130
	2011	1 290 936	222	5815	87 962	115
	2012	1 347 994	232	5810	50 150	128
	2013	1 461 768	285	5129	47 699	24
	2014	1 488 208	289	5150	35 696	50
	2015	1 825 350	334	5465	63 500	3
高职（专科）院校	2010	301 294	106	2842	14 192	50
	2011	366 350	134	2734	16 616	42
	2012	424 514	154	2757	15 407	40
	2013	702 370	198	3547	31 500	31
	2014	672 611	186	3616	17 048	40
	2015	756 444	208	3637	16 300	21

进一步对各类院校各年度馆均值进行分析，在2010—2015年期间，"985"/"211"院校图书馆的信息素质教育课听课总人数馆均值呈现波动下降趋势。截至"十二五"末，"985"/"211"院校图书馆的信息素质教育课听课总人数馆均值6705人，较"十一五"期末的7982人下降1277人，下降16%；普通本科院校图书馆的馆均值达5465人，较"十一五"期末的4943人增加了522人，涨幅10.56%，整体呈小幅波动上升趋势；高职（专科）院校图书馆的馆均值达3637人，较"十一五"期末的2842人增加了795人，涨幅27.97%，整体呈上升趋势。

(2)信息素质教育课教师人数

由表 4 - 32 可知,“985”/“211”院校图书馆的信息素质教育课教师人数馆均值明显高于普通本科院校和高职(专科)院校图书馆。在“十二五”末,“985”/“211”院校图书馆的信息素质教育课教师人数馆均值较“十一五”期末的 10 人增加至 11 人,增加 1 人;普通本科和高职(专科)院校图书馆的信息素质教育课教师人数馆均值均较“十一五”期末持平,且馆均值在 2011—2015 年度均保持不变。

表 4 - 32　各类院校图书馆 2010—2015 年度信息素质教育课教师人数情况

学校类型	年份	总量（人）	样本量（个）	均值（人）	最大值（人）	最小值（人）
“985”/“211”院校	2010	696	71	10	39	1
	2011	736	71	10	40	1
	2012	650	69	9	37	1
	2013	730	75	10	41	1
	2014	745	67	11	60	1
	2015	862	76	11	68	1
普通本科院校	2010	1514	237	6	78	1
	2011	1519	253	6	60	1
	2012	1631	255	6	41	1
	2013	1903	302	6	96	1
	2014	1826	285	6	33	1
	2015	2081	323	6	68	1
高职（专科）院校	2010	422	112	4	30	1
	2011	555	143	4	50	1
	2012	645	162	4	81	1
	2013	791	196	4	81	1
	2014	740	187	4	20	1
	2015	782	196	4	25	1

五、共建共享体系

1. 全国性高校图书馆合作共享体系

目前,在全国有较大影响力的高校图书馆合作与共享体系见表4－33。

表4－33　全国性高校图书馆共享体系概况①

序号	机构名称	上级主管	经费来源	2014年经费(万)	累计投资(万)	机构用户数	资源总量	主要服务
1	中国高等教育文献保障系统(CALIS)	教育部高教司	教育部	1300	37 800	1280	整合各类高校资源4.3亿(册/篇/件)	联机编目、资源发现、馆际互借、文献传递、协同采购、统一认证、软件共享、馆员培训
2	大学数字图书馆国际合作计划(CADAL)	教育部高教司	教育部	700	23 400	94	全文资源250万(册/件)	目录检索、在线浏览、文献借阅
3	中国高校人文社会科学文献中心(CASHL)	教育部社科司	教育部	外文期刊1500;文科专款480万美元	文科专款15 000	782	213.7万种外文图书、2.2万余种外文期刊	文献传递、馆际互借、全文下载、代查代检
4	高校图书馆数字资源采购联盟(DRAA)		自筹			572		外文电子资源集团采购谈判

① 统计时间截至2014年年底。

续表

序号	机构名称	上级主管	经费来源	2014年经费（万）	累计投资（万）	机构用户数	资源总量	主要服务
5	教育部外国教材中心	教育部高教司	教育部	500	11 200	13	11.9万册外文教材	馆际互借、文献保障、教材研究

2. 地区性合作与共享

CALIS共享体系在各省（直辖市、自治区，以下均称省）都建立了省级中心，以推动CALIS服务在本省的应用，开展省内高校图书馆的共享与合作。此外，我国绝大部分省教育厅（教委）都不同程度安排地方政府经费支持省内高校图书馆开展资源共建共享方面的合作（如表4－34）。

表4－34 各省政府投资建设省内共享体系情况一览①

序号	省别	机构名称	成立年份	主持单位	经费情况			成员馆数量（家）	建设/服务内容
					经费来源	年度经费（万）	累计投入（万）		
1	上海	长三角高校图书馆联盟	2011	上海高校图工委	上海市教育委员会	50	300	150	联合采购、联合目录、特色库、馆际互借与文献传递
2	湖北	湖北省高校数字图书馆	2006	湖北大学图书馆	湖北省教育厅	50	1800	120	联合采购、联合目录、馆际互借与文献传递、应用软件与设备共享、数字中心

① 统计时间截至2014年。

续表

序号	省别	机构名称	成立年份	主持单位	经费情况			成员馆数量（家）	建设/服务内容
					经费来源	年度经费（万）	累计投入（万）		
3	江苏	江苏省高等学校数字图书馆（JALIS）	1997	南京大学、东南大学、南师大等高校图书馆	江苏省财政	600	6224	120	联合采购、联合目录、特色库、馆际互借与文献传递、数字资源合作加工、应用软件与设备共享
4	浙江	浙江省高校数字图书馆（ZADL）	2008	省中心及分中心所在图书馆	浙江省财政及成员学校自筹	800	3200	105	联合采购、联合目录、特色库、馆际互借与文献传递、应用软件与设备共享
5	天津	天津高等教育文献信息中心	2004	天津工业大学图书馆	天津市教育委员会	1500	22 000	60	联合采购、联合目录、特色库、馆际互借与文献传递、数字资源合作加工、应用软件与设备共享
6	河北	河北省高等学校数字图书馆	2002	燕山大学图书馆	自筹	30	500	40	联合采购
7	北京	BALIS 北京地区高校文献资源保障体系	2007	中国人民大学图书馆	北京市教育委员会	349	2595	90	联合采购、联合目录、特色库、馆际互借与文献传递、数字资源合作加工、应用软件与设备共享

续表

序号	省别	机构名称	成立年份	主持单位	经费情况			成员馆数量(家)	建设/服务内容
					经费来源	年度经费(万)	累计投入(万)		
8	安徽	安徽省高等学校数字图书馆	2009	中国科学技术大学图书馆	安徽省财政厅	1500	5000	70	联合采购、联合目录、文献传递、资源数字化加工、应用系统建设、安徽省高校 MOOC 项目建设、本科院校读者信息素养教育、高职院校企业文化进校园系列、联合阅读推广
9	辽宁	辽宁省高校新共享联盟	2011	辽宁大学图书馆	辽宁省教育厅	0	55	62	联合采购、联合目录、特色库、馆际互借与文献传递、应用软件与设备共享
10	福建	福建省文献信息资源共享平台	2010	福州大学	福建省财政厅	475	4125	11	联合采购、联合目录、馆际互借与文献传递应用软件与设备共享
11	湖南	湖南省高校数字图书馆	2014	湖南师范大学图书馆	湖南省教育厅	290	575	37	联合目录、馆际互借与文献传递、数字资源合作及应用软件与设备共享

续表

序号	省别	机构名称	成立年份	主持单位	经费情况			成员馆数量(家)	建设/服务内容
					经费来源	年度经费(万)	累计投入(万)		
12	海南	海南省教育科研数字图书馆	2009	海南大学图书馆	海南省教育厅	80	490	17	联合采购、联合目录、特色库、馆际互借与文献传递、应用软件与设备共享
13	甘肃	CALIS 甘肃省文献信息服务中心	1998	兰州大学图书馆	无	5.4	328	33	联合采购、联合目录、特色库、馆际互借与文献传递、应用软件与设备共享
14	宁夏	CALIS 宁夏回族自治区文献信息服务中心	2010	宁夏大学图书馆	宁夏回族自治区教育厅	0	100	15	联合目录、特色库、馆际互借与文献传递
15	广西	广西高校图书情报工作指导委员会	1984	广西大学图书馆	—	0	60	0	联合采购、信息资源共享、馆际互借与文献传递

3. 高校图书馆开展合作与共享的主要业务领域[6]

高校图书馆间开展合作与共享的范围几乎覆盖了目前图书馆所涉及业务领域的所有方面。

(1)联机合作编目

联机合作编目由 CALIS 联机编目中心组织并向各成员馆编目业务提供优质的、符合国际主流规范的中外文图书、连续出版物等文献资源的书目数据套录下载服务。

CALIS联合目录数据库中的书目数据2014年总增量为324 964条，总量达6 113 468条。2013年12月1日至2014年11月30日，联机合作编目成员单位共套录数据10 183 582条次。

（2）馆际互借与文献传递

在文献传递与馆际互借方面，国内多个层面的服务体系互相补充，共同向读者提供馆际互借服务。高校范围内全国性的就有CALIS和CASHL两大服务体系，还有各省、市建立的区域性服务体系。

为实现全国高校馆际互借与文献传递服务的集中式调度，CALIS三期推出了馆际互借调度中心系统，通过调度中心不仅可调度到高校图书馆，同时也可调度到国家图书馆、上海图书馆、国家科技图书文献中心（NSTL）等合作机构，为实现“一个账号，全国获取”的目标奠定了基础。另外，调度中心还提供了调度策略和补贴优惠的管理，便于更好地管理补贴经费的合理使用。

在文献获取的方式上，CALIS积极整合公共馆系统、情报所系统和共享服务项目及商业化服务资源，不断开拓新的服务类型：与国家图书馆、上海图书馆合作提供馆际互借服务；与NSTL签署了服务合作协议，开通NSTL文献传递服务（高校版）；与北京方正阿帕比技术有限公司合作，推出方正电子书的借还服务；与重庆维普资讯有限公司合作，推出了中文期刊的单篇订购（PPV）的服务；与教育部外国教材中心合作，推出外国教材的馆际借书试点服务。

2014年CALIS继续与韩国教育学术情报院（KERIS）、香港特别行政区大学图书馆长联席会（JULAC）、美国哈佛大学哈佛燕京图书馆等机构合作开展文献传递工作。2014年11月CALIS开通成员馆获取KERIS韩文文献的服务。读者在e得平台即可检索KERIS韩文文献，并直接提交文献传递服务申请。

近年来，CASHL通过陆续与CALIS、中国社会科学院、上海图书馆、北京地区高校图书馆文献资源保障体系（BALIS）等机构的战略合作，CASHL逐步形成了人文社科资源服务新格局。截至2014年年底，使用CASHL服务的高校馆已经达到781家。2014年文献传递年服务总量达112647笔，文献平均满足率达92.94%，时间进一步缩短为1.77天。手工文献传递量达到11.3万篇，累计总量突破100万笔；跨区域图书借阅量达到4000册，比上一年度增加35%。

(3)外文资源集团采购

高校图书馆数字资源集团采购工作作为CALIS最先开展的一项服务，于1997年起步，并且取得了有目共睹的成绩。2010年5月，在CALIS第八届引进数据库培训周大会上，高校图书馆数字资源采购联盟(DRAA)正式成立并启动运行，同时发布联盟章程、工作规范和工作主页。至此，高校引进资源集团采购的组织工作正式由CALIS移交至高校图书馆数字资源采购联盟。

DRAA宗旨为“团结合作开展引进数字资源的采购工作，规范引进资源集团采购行为，通过联盟的努力为成员馆引进数字学术资源，谋求最优价格和最佳服务”。各高校图书馆、其他图书情报机构在了解DRAA联盟后，根据自身意愿，自主决定是否参加联盟组织的数字资源集团采购。联盟成员需接纳联盟章程，享有成员馆的各项权利，同时应履行成员馆义务。

DRAA门户以采购方案为索引，以资源百科为支撑，管理监督集团采购全过程，探索高效准确的资源统计与评估服务，新增了资源培训平台，建立起“多方协作、共建共享”的综合多元在线平台。截至2014年，DRAA共发展了570多家成员馆，集团采购了134个数据库。

(4)应用软件共享

为快速提高高校图书馆的馆际资源共享能力和数字图书馆建设进程，降低共享CALIS的门槛，CALIS三期利用云计算技术构建了“软件即服务(SaaS)”平台，建立了多级“云服务”平台，将文献资源共享拓展到了设备、软件、人员、知识等更多层面的共享，向高校图书馆提供应用软件云服务；或帮助各类图书馆联盟搭建联盟级(CALIS称其为共享域)SaaS平台，向联盟成员提供应用软件云服务。

CALIS共享域级云服务平台为共享域中的成员提供了以统一认证为基础的软件租用服务，CALIS成员馆无须购买设备和软件，也不用配备系统管理员，通过申请即可使用CALIS应用软件云服务，搭建自己的数字图书馆或馆际共享的应用系统环境，开展数字图书馆建设，获取馆外资源共享服务或向其他成员馆提供共享服务。CALIS云服务平台有效地带动了中小型图书馆的发展，提升了其服务能力。截至2014年年底，共有1208所高校和1个联盟(五星联盟)租用了CALIS云平台服务。统一认证、馆际互借等多套主流应用系统部署馆均超过1250余家，全国租用的软件总量为4857套。

(5)CADAL项目建设情况

高校图书馆数字资源加工的合作建设主要通过CADAL项目开展。

CADAL 集结了国内外多家高校图书馆或图书情报机构，进行文献资源的数字化加工与共享。CADAL 项目自建设以来，拥有良好的资源基础并得到国内外图书馆的大力支持。目前为止，已有 64 家国内高校图书馆、5 家美国高校图书馆和 16 家印度图书馆机构加入 CADAL 数字资源建设项目中，截至 2014 年 2 月 27 日，CADAL 项目资源入库已达到 2 748 688 件/册。

第三节　主要工作及发展特点

“十二五”期间是我国高校图书馆事业快速发展的五年，这得益于我国经济社会发展水平迅速提升以及国家对高等教育的重视，在建设一流大学、一流学科过程中对高等学校给予了政策、资金等多方面的大力支持，高校图书馆作为高等学校的重要组成部分，也是学校发展总体水平的体现。

一、空间再造掀热潮，体现图书馆多重功能

“十二五”期间，全国高校图书馆掀起图书馆空间再造的热潮。随着学习、教学和科研模式的变化，用户需求也发生了变化，高校图书馆以体现现代图书馆设计为理念，以读者为中心，不断改进其空间布局、学习环境，从信息共享空间、学习共享空间、研究共享空间到学习中心，图书馆空间再造也在不断变化发展中，更好地体现出图书馆阅读、学习、交流、创新、休闲的多重功能。空间不仅仅是作为物理场所存在，空间服务也越来越成为高校图书馆的共识，很多高校图书馆都致力于营造功能各异的服务空间以满足读者的不同需求。如清华大学图书馆为读者提供了阅览区、个人研读间、团体研讨间、自修室、会议室、展览厅、休闲厅等多种功能的空间，有助于增强读者的空间体验，让图书馆更具吸引力。2015 年高等教育领域成立了“中国高校创新创业教育联盟”和清华大学“创客教育基地联盟”，在高校图书馆中也掀起了建设“创客空间”的热潮，并进行了积极的探索与实践。很多高校图书馆，如武汉大学图书馆、上海交通大学图书馆等纷纷开展空间再造，打造“共享空间”“创客空间”等，取得了较好的成效。高校图书馆的创客空间建设多与学校的学科、课程相关，师生通过学术交流、教学研讨、创新实践，让学生接触新知识新科技，增强动手能力，启迪思维。

二、资源建设为根本，构建合理的资源保障体系

馆藏资源建设是服务教学和科研的基础。长期以来，高校图书馆把资源建设作为图书馆发展的重点，多渠道争取购置经费，多途径优化资源配置，建设与学校学科发展相适应的馆藏资源体系。“十二五”期间，高校图书馆逐步完善了馆藏资源发展政策，建立起了科学的馆藏评价体系，创新了以用户为中心的馆藏建设模式；不断拓宽资源共享的渠道，如加强开放获取资源的建设、加强与国内外文献机构和共享联盟的合作、大力开展馆际互借和文献传递服务；积极整合基于用户需求的馆藏资源，如加快推进教材教参资源的整合、学习中心建设、数字化教参资源平台建设、机构知识库建设、文库建设、特色数据库建设等；探索科研数据管理，积极将资源建设融入科学研究和人才培养过程中。各高校图书馆，尤其是“985”及“211”高校图书馆，逐步形成了载体多样化、结构合理化、特色显著化、藏用一体化的各具特色的馆藏文献信息资源保障体系。但部分普通院校图书馆及高职（专科）院系图书馆仍然需要花大力气调整经费比例，加大电子资源采购，优化资源配置，注重特色馆藏收集。因此，随着出版模式的转变以及信息技术、移动技术的发展，高校图书馆需要重新定义和改变馆藏资源，强调用户为中心，大力促进数字化资源馆藏建设，利用新技术不断优化一站式资源发现系统，逐步形成以需求为导向的特色鲜明、配置合理的馆藏文献信息资源保障体系。

三、资源利用引重视，推动资源发现系统应用

随着网络数据库资源和图书馆馆藏资源种类和内容的日益丰富，各种资源的供应平台种类繁杂，读者要在浩如烟海的信息海洋中检索到自己所需的资源变得越来越困难。图书馆通过 OPAC 检索系统、数据库和期刊导航、整合检索系统等方式方法，不断提高用户的检索效率和效果，但均未能很好地解决此问题。自 2007 年起，国外高校图书馆对资源发现服务系统进行了探索和应用。国内的高校图书馆也相继引进了此项服务，并在“十二五”期间得到快速发展，许多高校图书馆纷纷通过采购、联合开发、自主研发的方式建设中文、外文资源发现系统。资源发现系统具有使用简便、迅速、易用、有效的特点，使图书馆海量的异构和分布式学术信息得以汇聚，能为用户提供高效的资源发现与传递，用户能在检索结果中看到馆藏信息，提高了资源的利用率，拓展了馆藏资源的广度和深度应用。采用资源发现系统后，高校图书馆还要

加强资源发现后的数据挖掘工作，利用发现系统的各种功能进行再次开发，加大为读者开展知识服务的力度。同时，还要加强与开发商的合作，重视资源发现的本地化工作，不断提升发现技术和功能。

四、服务创新是热点，增强高校图书馆服务能力

近年来，信息技术与网络技术的高速发展、泛在化和移动化知识环境的形成、高等教育的颠覆性变革（MOOCs、翻转课堂等）、学术交流与出版模式的转型、用户阅读行为和阅读习惯的改变、科研交流方式的改变等，都迫使高校图书馆进行服务变革和创新。在高等教育改革的影响下，高校图书馆逐步突破传统服务范式的藩篱，把对教学和科研的支持放在突出位置，纷纷推出各种类型的创新服务项目，探索用户服务的新模式和新手段。这些或是基于传统服务的改进和深化，或是开辟新领域的服务，极大地帮助图书馆树立了新的形象，增强了影响力，建构更为系统化、多元化的用户服务体系。2014 年，高校图工委读者服务创新与推广工作组、上海交通大学图书馆和南方医科大学图书馆联合策划举办了首届全国高校图书馆服务创新案例大赛。大赛共收到全国 105 所高校图书馆推选的 156 个服务创新案例申报材料，经过 25 位专家网上评审，最终有 32 个案例入围决赛。上海交通大学图书馆的“新技术 · 新模式 · 新体验@ SJTULIB 主页”“创建世界一流大学的人才评价支撑体系”、北京大学图书馆的“新媒体环境下的图书馆‘微’营销团队”“当图书馆遇上‘密室逃生’——北大读者参与图书馆服务设计撷英”、南方医科大学图书馆的“Young 不一样”、中国科学技术大学图书馆的“安徽省首届高校研究生信息素养夏令营”获得了一等奖。综观近年来高校图书馆的服务创新，层出不穷，创意迭出，涌现出大量新生事物，真是“只有想不到，没有做不到”。

五、学科服务创新高，助力高校“双一流”建设

学科服务是高校图书馆的特色，高校图书馆利用自身的资源优势和信息能力，不断创新学科服务内容和方式。在服务内容上，积极提供课题咨询、资源检索与利用培训、科研成果评估、学科发展态势分析、学科竞争情报分析、引进人才评估等服务。在服务方式上，积极开展嵌入式服务，为研究项目提供选题咨询、文献调研、可行性分析和数据调查等，为科研课题申请、科研成果鉴定、论文报奖等提供科技查新和论文收录引用证明，为专业课程教学提

供嵌入式信息素质教育、科研论文写作培训等。在服务创新上,积极探索知识产权服务、专利检索、专利评估等深度服务;开拓数据服务,超越图书馆服务边界,参与到校内科研数据的保存、管理、分析过程中。

2015 年 10 月 24 日,国务院印发《统筹推进世界一流大学和一流学科建设总体方案》,"双一流"建设对图书馆文献资源发展提出了新的要求。2016 年 2 月,教育部印发《教育部 2016 年工作要点》的通知。通知要求加快世界一流大学和一流学科建设,制定"双一流"实施办法。对此,我国高校图书馆界做出积极回应,纷纷展开多方探索,为支持"双一流"建设发力。未来高校图书馆将围绕"双一流"环境下图书馆资源建设、学科服务与评价、创新技术、创新知识服务等主题进行积极的理论和实践探索。要结合我国高等教育对智库的支撑需求,深入挖掘智库建设对图书馆服务的引导作用,为智库建设做出贡献。

六、移动服务显成效,不断完善移动图书馆功能

近些年,移动技术发展迅猛,3G、4G 网络广泛应用,Wi-Fi 普及进家庭、覆盖城市乡村,移动终端井喷式增长且智能化功能快速提升。据《第 38 次中国互联网络发展状况统计报告》,截至 2016 年 6 月,我国手机网民规模达 6.56 亿。网民上网设备进一步向移动端集中。随着移动通信网络环境的不断完善以及智能手机的进一步普及,手机正逐步替代照相机、现金支付、导航、游戏机、登机牌、门票等,向用户各类生活需求深入渗透,促进手机上网使用率增长。图书馆服务必须考虑新的需求。2007 年以来,开通移动服务的国内高校图书馆越来越多。2011 年,北京大学图书馆移动 WAP 网站正式上线。随后,清华大学图书馆、武汉大学图书馆、西安交通大学图书馆也都开展了移动数字图书馆服务,国内高校开通移动图书馆服务进入了一个新的发展期,服务内容和方式也有了新的发展变化。据粗略统计,截至 2015 年 4 月,在 39 所"985 工程"高校中,提供移动客户端服务的已有 38 所;112 所"985"及"211"高校中,提供移动图书馆服务的比例超出 95%;全国有近千所大学已提供移动图书馆服务。目前移动图书馆主流应用主要包括手机网站服务、手机 App 客户端及短信、微信服务,部分高校图书馆对于移动图书馆建设非常重视,与软件公司合作建设了以学校名命名的专用图书馆 App,并且都有相应的安卓客户端和苹果系统客户端提供下载。读者可以通过智能手持设备访问馆内各种数字资源,包括中外文期刊、图书、学位论文,同时可实现跨库检索,真正

实现了无所不在的阅读。

七、阅读推广谱新章，发挥图书馆在校园文化建设中的重要作用

2012年11月“全民阅读”首次被党中央写入十八大工作报告。自2014年起，“全民阅读”连续两年写入国务院《政府工作报告》，全民阅读工作正逐渐被提升为国家战略。高校图书馆是校园文化建设的重要组成部分，承担着保存文明、传播文化、提高大学生综合素养的重要职责。在“全民阅读”的浪潮下，高校图书馆阅读推广工作开展得如火如荼。2009年，中国图书馆学会将“科普与阅读指导委员会”更名为“中国图书馆学会阅读推广委员会”，下设专门负责高校图书馆阅读推广的“大学生阅读推广委员会”，开展了一系列阅读推广活动，包括开展高校图书馆阅读推广问卷调查、大学生阅读与心理健康问卷调查、举办“高校图书馆阅读推广理论与实践”高级研修班等。2015年，高校图工委读者服务创新与推广工作组主办了首届全国高校图书馆阅读推广案例大赛，得到了全国高校图书馆的热烈响应和大力支持。大赛共收集456个参赛案例，其中38个案例入围决赛。进入决赛的阅读推广案例形式不拘一格，有传统的读书会、读书沙龙、阅读知识竞赛、阅读训练营，也有“互联网+”背景下的经典名著在线游戏、一站到底名著阅读、新媒体阅读推广、微拍电子书等。118个优秀案例(含单项奖案例)参加了决赛现场的海报展示。经过角逐，四川大学图书馆、清华大学图书馆、上海交通大学图书馆、北京大学图书馆、武汉大学图书馆、天津财经大学图书馆的6个参赛案例获得一等奖，其他12个案例、17个案例分获二、三等奖，香港大学图书馆、香港理工大学图书馆、澳门大学图书馆的参赛案例获得特别奖。

“十二五”期间，高校图书馆通过开展形式多样的阅读推广活动，如读书活动、图书漂流、学术沙龙、名家讲座、书画展览、音乐欣赏、电影展映等活动，提升了学生的人文素养，彰显了图书馆的文化品位，成为校园文化活动中不可缺少的部分。

八、微信推广成亮点，借力新媒体宣传图书馆

微信是腾讯公司于2011年1月推出的一款通过网络快速发送语音短信、视频、图片和文字，支持多人群聊的手机聊天软件。自推出以来就受到大众，尤其是年轻人的追捧，使用人数直线上升。高校图书馆紧紧抓住此契机，纷纷开通微信号或微信公众平台，积极向读者宣传和推广图书馆服务。高校图

书馆微信开通时间主要集中在2013年至2014年期间，有调查显示，2015年全国114所“211工程”高校中有78所高校的图书馆已开通了图书馆微信平台服务，开通比例达68.40%。国内“211工程”高校图书馆微信服务按照地理区域划分，在华东地区的普及率为32.05%，华北地区为23.08%，华中和东北地区的普及率均为11.54%，西南地区为6.41%，华南地区为5.12%，西北地区为4.26%。2015年，吉林省高校图书馆开通微信公众号的数量为25所，占比为67.57%。高校图书馆微信公众平台将成为今后高校图书馆服务推广和宣传的主流平台，如何为读者提供个性化的、多元化的服务值得进一步深入探究。

九、社会服务显优势，发挥高校图书馆在公共文化服务中的作用

高校图书馆作为公共文化服务体系的重要组成部分，在社会服务方面承担着不可推卸的责任。“十二五”期间，许多高校图书馆在政府的政策支持下向社会免费开放，取得了良好的效果。“十二五”末，全国高校图书馆校外读者人数总值达527 387人，馆均值1332人，比“十一五”末的馆均值784人增长548人，增长幅度达69.9%。尤其是“985”/“211”院校图书馆，校外读者人数馆均值明显高于普通本科院校和高职（专科）院校图书馆。“十二五”末，服务校外读者人数馆均值为4272人，比“十一五”末增长了229.88%，呈现出大幅上涨趋势。在新形势下，高校图书馆要以开放的姿态，拓展服务范围和服务领域，依托自身专业优势，积极参与公共文化服务，扩张图书馆的功能，加强与其他公共文化服务单位、科研机构、出版商、企业等的合作，充分发挥高校图书馆在公共文化建设的重要作用。但是，如何使高校图书馆向社会开放成为长期可持续性的行为？如何使高校图书馆既能在保障本校师生读者服务的基础上，更好地依托自身优势向社会提供服务？如何提高高校图书馆向社会开放的积极性？这些仍然是我们亟须思考的问题。2015年，教育部重新修订颁布的《普通高等学校图书馆规程》中，再次对高校图书馆向社会服务做出了规定和要求：“图书馆应在保证校内服务和正常工作秩序的前提下，发挥资源和专业服务的优势，开展面向社会用户的服务。”

十、战略规划是重点，有序推进“十三五”规划

2015、2016连续两年，教育部发布的工作重点中都明确提出，要科学编制和制订实施教育“十三五”规划。为配合国家“十三五”发展规划工作，促进高

校图书馆的未来发展,2013 年,第四届高校图工委成立时,就专门成立了战略规划工作组,揭开了高校图书馆发展规划指南编制的序幕。此后,在高校图工委的领导下,召开了多次专题会议,组织了研讨会,为高校图书馆战略规划的制定奠定了良好的基础。2015 年,战略规划工作组编辑出版了《高校图书馆发展规划编制指南》《高校图书馆十三五规划:理论与方法》,为高校图书馆战略规划的制定提供支持和指导,促进了我国各级各类高校图书馆战略规划的制定,推动了高校图书馆战略规划的实施。各高校图书馆也积极响应并制定本图书馆“十三五”战略规划,高校图工委战略规划工作组分别于 2015 年 10 月(杭州)、2015 年 11 月(海口)、2015 年 12 月(镇江)连续三次举办高等学校图书馆“十三五”规划研讨会,与会人员从不同的角度对新时期图书馆发展重点的认识以及编制“十三五”规划的思路和经验做了交流汇报,提高了各高校图书馆编制“十三五”规划的积极性和规范性。编制“十三五”规划的高校图书馆数量远远高于“十二五”规划时期。接下来,如何使战略规划成为高校图书馆发展过程中的一个科学工具长期应用,并将规划与计划结合,落实于日常工作中,是值得深思和继续努力探索的工作。

第四节　未来展望

一、信息技术的发展推动着高校图书馆的全面变革

信息技术是高校图书馆各项功能与服务得以实现的基础。一方面,信息技术为图书馆发展提供了技术手段,深刻地改变了图书馆的信息环境和运行管理模式;另一方面,对信息技术的应用和管理已成为现代图书馆工作的重要组成部分。在当今信息技术指数级发展的情况下,高校图书馆技术发展有了新的背景和动力。目前图书馆服务向以数据为中心的实证型、密集型、创新型服务方式转化,对数据管理、数据分析、知识组织和知识发现等技术的应用需求空前提高。用户的个性化需求推动图书馆技术的不断创新。高校图书馆用户的学习理念和使用习惯正随着信息技术的发展而更新改变,对个性化服务如移动学习平台、图书推荐、互动交流、虚拟化学习研讨等的需求日渐强烈,使精致高效的服务质量和更加满足用户需求成为技术发展的驱动力。总体看来,信息技术的发展推动着高校图书馆的全面变革,重构着高校图书馆的生态系统。

随着信息技术被普遍应用到图书馆工作的各个环节，图书馆技术系统实现了快速的自我更新和高度集成。在未来的发展过程中，图书馆的技术集成趋势将更加明显，总体上主要包括信息技术基础（设施及其结构）、信息技术功能（服务）以及图书馆业务应用三个层面的技术集成，这意味着图书馆将不断开发和应用新的技术集成管理模型，优化基于信息技术集成的综合管理架构和管理模式，以实现基于集成效能的服务增值和更加满意的用户体验。

二、不断探索发展智能图书馆相关技术及其应用

智能图书馆是从传统图书馆、数字图书馆等概念和实践中逐步演化出来的一个新概念，也是新一代图书馆发展的方向，是“智能技术 + 图书馆建筑 + 数字图书馆”，通过信息物理系统（Cyber-Physical Systems，CPS）来实现智能化的服务和管理。为实现高校图书馆提供智能化感知、环境、管理、服务和体验的目标，需要借助情境感知技术、传感器技术、RFID（无线射频识别）技术、语义技术等，提升图书馆环境、管理和服务以促进图书馆智能化发展。在美国图书馆协会（American Library Association，ALA）举办的“新技术在图书馆服务中的应用”优秀案例征集中，全自动触摸屏自助借还书机、手机图书馆、图书推荐工具等新技术均已在图书馆运行且效果良好。通过图书自动识别与智能续借、个性化智能信息推送、面向移动端的语义检索、可视化导航、实时交流互动等功能的实现，相关智能技术和语义技术的应用能将全面感知空间与泛在信息空间集成起来，极大地方便读者对图书馆资源的使用和精致服务的体验。不断探索发展智能图书馆相关技术及其应用是图书馆服务质量和服务水平提升的重要措施，也是高校图书馆技术发展的必然趋势之一。

三、高校图书馆管理不断规范，服务逐步向社会开放

针对高等学校图书馆事业发展需要，教育部于 2015 年 12 月 31 日印发了《普通高等学校图书馆规程》（以下简称《规程》），它是对 2002 年发布的《普通高等学校图书馆规程（修订）》所进行的全面修订，可更好地指导和规范高校图书馆工作。随着《规程》的颁布，以及一系列和《规程》相配套的评估评价指标体系及办法陆续出台，将更有效地指导高校图书馆的建设与运行，使高校图书馆更好地为学科建设、人才培养做好支撑服务。

互联网与移动技术的发展,使图书馆服务群体不再受地域的限制,高校图书馆也将不再仅仅服务于本校读者。目前,我国一些高校图书馆在建设和完善电子馆藏的同时,还注重向社会用户提供一些资源和服务,深入开展各种形式的文化活动,如免费向社会开放,举办各种形式的读书节、阅读推广,积极在社区中开展全民阅读活动等。随着社会化服务功能的不断拓展,相信未来高校图书馆的各类资源和服务都将逐步向社会开放使用。

四、高校图书馆服务的内涵不断拓展,服务资源逐渐扩大

随着图书馆“在线”资源的不断丰富完善,能够吸引读者的将不只是馆藏,还有环境。图书馆用于服务的资源将不再仅限于文献信息,为读者提供的服务也不再仅限于以信息资源为中心的服务。近年来,图书馆空间一直在发生变化,随着学习、教学和科研模式的变化,学术交流空间和协作创新空间成为用户依赖的新兴学习交流空间,我国高校图书馆在未来要注重图书馆空间的重新设计,应将开放化、人性化、智能化和综合化相互结合,优化服务模式;充分应用前沿、创新的信息技术,打造充满活力适于研究性学习和合作学习的信息环境和知识环境。从20世纪末出现的信息共享空间,到现在广泛普及的学习空间、知识空间、创客空间等,通过一段时期的空间再造,图书馆正在从传统的以阅览室为主体的时代向以学习和交流为特征的知识中心转变。在这个变化过程中要让空间成为资源,图书馆馆员成为资源;空间成为服务,图书馆馆员也成为服务。

五、读者需求多样化,个性化读者服务发展日渐深入

随着图书馆读者群体的快速扩展,读者需求日趋多样化,统一标准的图书馆服务将不再能够满足读者的需求。因此,不少的高校图书馆已经开始对图书馆的资源使用、服务情况、读者行为等进行大数据分析,甚至有的图书馆还对读者个人使用图书馆的行为数据进行挖掘,如厦门大学图书馆、西南交通大学图书馆;有的通过建立图书馆智能门户网站,根据读者的个人身份特征进行资源和服务的个性化推送,如上海交通大学图书馆。数据分析的结果有助于高校图书馆对不同的读者群体进行个性化服务,向不同读者推送即时的信息和服务,从而提高读者使用图书馆的效率和用户体验。这种“以用户为中心”的服务是对图书馆传统服务的颠覆,是未来图书馆服务的新增长点。当然,未来高校图书馆对大数据的分析也许不再局限于读者使用图书馆的行为数据，还包括读者的健康状况、职业发展、教育培训等相关数据，从而为每一位读者提供量身定做的学习计划、阅读建议等。

六、重视泛在化移动信息服务，强调精细化信息服务

泛在计算技术的高速发展，使图书馆的信息服务无所不在，无时不在。图书馆泛在化的核心理念是实现人类对所有知识的普遍访问，其具体目标是能够让任何用户，在任何时候、任何地点，获得任何图书馆拥有的任何信息资源。泛在化的服务彻底改变了图书馆只服务到馆读者的限制，将服务延伸到一切有用户存在的地方，更加强调信息获取的时效性、便捷性、开放性与交互性。

围绕用户的信息需求，近年来国内高校图书馆提供的信息服务归纳起来主要包括基本服务如数据库导航、期刊导航、论文提交，特色服务如科技查新、论文收录及被引用检索、发现服务、学科信息推送服务、个人参考文献服务、数据分析服务等。为了不断满足用户的需求，现时国外已有不少高校图书馆注重将科研情报服务贯穿于各个科研阶段，体现了科研情报服务的动态以及精细化的趋势。例如，在项目申报阶段，明尼苏达大学图书馆专门为用户推送基金检索和申报渠道的相关信息；在项目开展阶段，斯坦福大学图书馆开发了社会科学数据软件，为读者提供数据访问、保存、分析等服务；在论文撰写阶段，康奈尔大学图书馆、拉夫堡大学图书馆等为用户提供引文管理服务。此外，德国尤利希研究中心图书馆还为学科评估提供了包括机构产出分析、影响力分析、国内外比较分析、科研热点分析等服务，并形成两个标准服务产品：文献计量消息和文献计量报告。前者主要是具体而简短的查询结果，如被引次数；后者则是对复杂问题的分析。新南威尔士大学图书馆提供的研究影响评估服务融合了书面报告、咨询建议、专题讨论和交流等方式，面向个人、院系和学校层面提供。澳大利亚则有50%高校的科研数据管理服务由图书馆负责。可喜的是，上述提到的一些精细化服务已在我国部分高校进行了尝试和探索。随着高校对开展科研情报服务工作的日益重视，相信未来这些服务将会朝着更系统完整、更连续深入的方向发展。

七、咨询服务向协同化、深度化、专业化方向发展

图书馆提供的常规咨询服务主要包括入馆须知、检索辅导、方位指引、数

字资源使用、参考咨询等。随着读者对信息检索、学术论文发表、毕业论文撰写等深度咨询服务的需求不断增加，国内外一些高校图书馆已逐步开展了如论文写作、论文检测、专业辅导等深度咨询服务。此外，为了给读者提供方便的咨询服务，需要馆员24小时跟踪并提供咨询，这对图书馆来说是个极大的挑战，尤其是当服务项目多样化之后。鉴于人力资源的限制，许多图书馆通过合作伙伴来安排数字参考服务。例如，耶稣会大学图书馆通过合作伙伴提供24小时的虚拟参考咨询服务，超过2200个图书馆参与其中，体现了图书馆咨询服务的协同性。由于种种原因，大规模的协同合作在国内高校图书馆中还需要一段较长时间的实践，但互联网使合作变得更便捷，协同咨询服务将会是未来高校图书馆的发展方向。

现代技术与智能化服务的普及应用，使馆员从借还服务和一般咨询服务中解放出来，可以集中力量为用户进行专业化、技术化服务，一些图书馆馆员已成为嵌入式信息专员。例如，美国Welch医学图书馆的馆员已经成为医学团队中的一部分，将信息服务嵌入到用户的工作流程中；莫纳什大学图书馆馆员作为“learning skills advisers”为各个学院提供服务；普林斯顿大学图书馆馆员为读者提供统计学、研究数据处理等方面的服务；斯坦福大学图书馆馆员为读者提供多媒体创作、可视化服务、计算机应用和现代技术等方面的帮助。未来这些细致的专业技术服务也将是我国高校图书馆需要注重发展和提供的服务内容，要求馆员在相应的专业素养和能力方面尽快提高以适应这一趋势发展的需要。

八、加强合作共享，发展以业务为导向的新型联盟

近几年，高校图书馆界逐渐出现一些小规模、基于特定业务发展需要而自发形成的图书馆联盟。比如高校图书馆RFID技术应用联盟、学者唯一标识符联盟等。此类联盟的特点之一是通常由新技术在图书馆的应用或者图书馆服务创新所引发，单一图书馆难以解决，需要抱团以形成有效的影响力，进而影响产业发展，促进行业应用。比如RFID技术应用联盟就是为了推动RFID厂商统一标准，以期在图书馆获得最佳应用而成立。此类联盟的另外一个特点是联盟自发形成，规模较小，成员发展缓慢。目前，我国高校图书馆的创新服务多出现在“985”“211”高校图书馆，因而此类联盟发起馆为数通常不多，加之创新服务在其他高校图书馆推广普及速度较慢，因此联盟成员发展也相对缓慢。

随着外包市场的兴起以及新的产业链和产业环境的形成，图书馆与信息服务行业、业务外包行业及相关技术支撑行业的合作愈加频繁和紧密，已经突破了传统的买卖关系，开始趋向多途径多形式的合作。

跨系统合作是联盟发展的未来方向，无论是全国性的高校图书馆联盟还是地方性的高校图书馆联盟，都在积极沟通，寻求跨系统的合作和共享。以CALIS以为例，CALIS于2012年完成与国家图书馆、上海图书馆、国家科技图书文献中心（NSTL）、中国高校人文与社会科学文献中心（CASHL）、大学数字图书馆国际合作计划（CADAL）等国家级公共图书馆和共享机构平台的对接，建成基于全国顶级资源与服务的协同服务平台，突破了“高校图书馆联盟”的局限，接下去将通过与各省市级图书馆、情报所等机构的合作，向“全国图书情报行业联盟”迈进。CALIS还通过和北美、欧洲、日本、韩国等大学图书馆的合作，建立国际资源共享合作联盟。

九、充分利用新技术手段，加强内部业务管理

新技术的应用一直是高校图书馆的重要关注课题和实践热点。依靠先进的技术来支撑图书馆的管理和日常运维，可以为管理插上翅膀，让服务提升品质。首先，可以让日程管理、常规工作协调、顺畅、轻松、高效率；其次，又便于在运行过程中及时发现问题，快速形成解决方案；再次，还可以为运行机制优化、机构重组等提供参考方向和依据。

因此，在有条件的情况下，图书馆应当建立数据统计平台，自动、实时采集来自不同服务和应用的各类“原子化”的基础数据，然后充分利用这些基础业务数据进行统计和分析。这样，既可以全面掌控工作动态、辅助业务联动、提升服务品质；同时还能够辅助简化工作流程，准确实时的按需组织发布数据，保证了数据的统一性和准确性，实现各类报表的快速一键生成，提高工作效率；此外，还可以及时发现工作中的问题，有效提高管理的科学化水平，进而提升服务质量。

同时，图书馆在服务过程中会产生大量的文件档案，如何有效管理好这些文档是检查评估一个图书馆管理水平的重要指标之一，也是图书馆良性发展的重要手段。在现代技术环境下，云存储技术已经日益成熟，在保证信息安全可靠的条件下，利用FTP、云盘、NAS存储等方式，可以非常方便地实现信息共享和文档快速传递，确保交流沟通的及时、顺畅。另一方面，借助良好的网络文档共享环境，还可以便捷地建立并积累历史档案，妥善保存历

年的业务工作资料，这对于图书馆的整体发展以及将来回溯研究都具有巨大的价值。

十、馆员队伍学历逐渐趋高，向专业馆员方向发展

为用户提供知识服务，是高校图书馆的核心目标和基本使命，也是高校图书馆与公共图书馆日益凸显差异之所在。高校图书馆在国家实施创新驱动发展战略过程中，必须紧抓机遇、乘势而上，深化人事体制改革，建立分类管理制度，优化人员配置，进行图书馆机构改革和重组，培养创新人才。高校图书馆要培育一支具有良好学科背景和图书情报知识的学科服务队伍，运用数据挖掘工具，对馆藏知识资源和网络知识资源进行广泛收集、深度挖掘、科学分析，为知识创新主体及时提供服务。在此发展趋向下，高校图书馆要能堪此大任，馆员队伍必须走专业化发展道路。根据《普通高等学校图书馆规程》（教高〔2015〕14 号）的规定，“图书馆馆员包括专业馆员和辅助馆员，专业馆员的数量应不低于馆员总数的 50%。专业馆员一般应具有硕士研究生及以上层次学历或高级专业技术职务，并经过图书馆学专业教育或系统培训”，除此而外，专业图书馆馆员通常还应该具备所在学校的某一学科的知识背景，这样才能在图书馆的知识服务过程中发挥更好的作用。

（执笔人：高凡）

参考文献：

[1] 中华人民共和国教育部. 教育部关于印发《普通高等学校图书馆规程》的通知[EB/OL].[2017-10-01]. http://www.moe.edu.cn/srcsite/A08/moe_736/s3886/201601/t20160120_228487.html.

[2] 中华人民共和国教育部. 2010 年全国教育事业发展统计公报[EB/OL].[2017-10-01]. http://www.moe.edu.cn/srcsite/A03/s180/moe_633/201203/t20120321_132634.html.

[3] 中华人民共和国教育部. 2015 年全国教育事业发展统计公报[EB/OL].[2017-10-01]. http://www.moe.edu.cn/srcsite/A03/s180/moe_633/201607/t20160706_270976.html.

[4] 教育部高等学校图书情报工作指导委员会. 高校图书馆发展蓝皮书 2015[M]. 北京：高等教育出版社，2016：7.

[5] 教育部高等学校图书情报工作指导委员会文献资源年度报告工作组.高等院校图书馆文献资源发展状况报告[EB/OL].[2017-10-01]. http://www.scal.edu.cn/tjpg/201504280147.
[6] 教育部高等学校图书情报工作指导委员会.高校图书馆发展蓝皮书(2015)[M].北京:高等教育出版社,2016:220-238.

第五章 中小学图书馆

第一节 发展综述

“十二五”时期，我国政治、经济、文化、教育等方面都发生了很大变化，外部环境以及中小学图书馆自身的办馆理念、馆舍条件、馆藏资源及服务形式等软硬件环境的变化促进了中小学图书馆事业的进一步发展。据不完全统计，截至2012年，全国中小学图书馆建馆率，东部发达地区的江苏已达到99.03%，浙江更是高达99.23%，而中西部地区的河南、四川、甘肃均达到了80%以上。中小学图书馆校均馆舍使用面积，天津372.52平方米、上海377.32平方米、甘肃339.37平方米。中学图书馆的生均藏书情况，北京达到49.9册，上海达到55册。中小学图书馆年生均购置图书经费，北京达到80.44元、上海91.02元、天津66.66元、四川46.75元、青海46.38元，但江苏、浙江却不足40元，辽宁、广东、河南、云南不足30元。中小学校图书馆平均藏书量，东部发达地区普遍超过了3万册，中西部部分地区仅为1万余册。系列校园阅读活动广泛开展，建设“书香校园”成为普遍共识。依据以上数据和事实可以得出，“十二五”时期我国中小学图书馆的发展呈现出政策引导更加明显，经费投入总量增加，图书馆数量虽减少但办馆条件有所改善，信息化程度稳步提高，管理人员数量下降，队伍结构变化，行业协作、馆际协作加强，跨专业跨领域的合作趋势明显，中小学图书馆的研究受到业界的更加关注，地区性发展依然不均衡等特点。

一、国家对中小学图书馆建设的重视程度明显加强

“十二五”时期，国家相继出台一系列促进教育改革与发展的政策举措，明确和规范了中小学图书馆的建设发展方向。2010年，教育部颁布实施《国家中长期教育改革和发展规划纲要》，在规划基础教育和教育信息化进程的改革和发展方向内容中，均有涉及中小学图书馆工作的领域。2011年，教育部、新闻出版总署曾联合下发《关于进一步加强中小学图书馆（室）图书配备

和管理工作的通知》(教基二〔2011〕1 号)的文件,要求各地教育和新闻出版行政部门要加强中小学图书馆图书配备管理工作的领导和书目选定工作的管理。2015 年,教育部、文化部、国家新闻出版广电总局又联合发布了《关于加强新时期中小学图书馆建设与应用的意见》(教基一〔2015〕2 号)。系列文件的出台体现了国家对中小学图书馆的重视程度较以往明显增强,这些政策举措在中小学图书馆事业发展上也起到了强有力的引导作用。

二、政府对中小学图书馆的经费投入增加,办馆条件得以改善,区域、校际发展仍不均衡

“十二五”时期,全国中小学数量、在校中小学生数量、中小学图书馆的数量呈减少趋势。但同期,全国中、小学图书馆的馆舍面积、馆藏图书量、生均图书册数都在逐步上升。尽管仅有 2011 年和 2012 年的图书经费统计数据,但从这两年的数据来看,经费投入也呈增长趋势,较“十一五”初期的 2006 年有较大幅度增加。从中国图书馆学会“最美校园书屋”的评比情况来看,一些中小学校馆舍条件和设施改造比较突出,现代化的程度大大提高,环境设计更加科学与人文,更加贴近教育需求。但是从全国范围比较,区域之间、校际之间还是存在较大差距。

三、读者服务的内容和形式更加多样

随着全民阅读、建设书香社会等文化战略日益受到党和国家的重视,以“书香校园”为载体的校园阅读活动也随之广泛开展。许多省市的教育管理部门定期举办中小学阅读活动,图书馆的开架阅览率提高,数字阅读、移动阅读等新阅读形式逐渐进入中小学校园。一些示范性学校的阅读指导课更加贴近学科教学,在提升师生信息素养方面做了许多有益尝试。

四、行业协作、馆际协作加强,跨专业跨领域的合作趋势明显

中国图书馆学会中小学图书馆工作委员会、中国教育装备行业协会学校图书装备分会以及各省市的行业组织和学术团体在“十二五”时期开展了许多卓有成效的工作。吸取国外的先进经验,中小学图书馆与公共图书馆、高校图书馆的合作呈现比较好的趋势,一些公共图书馆特别是少儿图书馆、高校图书馆主动加入为中小学生服务的队伍中来,参与基础教育课程改革。新闻出版系统通过开展全民阅读活动、少儿出版物出版与推荐等工作与图情界

建立了常态的合作与联系,服务中小学图书馆资源建设,推动师生阅读活动有效开展。在有些办学质量比较高的中小学内部,图书馆员与学科教师的合作,在主动融入学科教学方面均开展了一些有益的尝试。

五、关于中小学图书馆的研究受到业界的关注,发表和出版的研究成果较“十一五”时期更为丰富

通过中国知网检索,以“中小学图书馆”为题名,发表时间分别限定为“2006年1月1日—2010年12月31日”“2011年1月1日—2015年12月31日”。基于以上检索条件,检索结果分别为403和399篇,“十一五”和“十二五”期间论文成果数量基本持平。从论文内容来看,“十二五”期间的成果更加关注国内外的比较研究,更加关注学科交叉融合研究,图情专业作者的参与度也更高,理论与实践紧密结合的高水平成果有所增加,涌现出一些有组织的集体研究成果。检索国家图书馆馆藏中文图书,“十二五”期间,题名中包含中小学图书馆的著作有8部,说明相关研究领域的专著出版还有较大的提高空间。

第二节　基本统计数据

一、全国中小学校及学生情况

1. 全国小学及在校学生

根据教育部《全国教育事业发展统计公报》发布的权威数据,在“十二五”开局的2011年,全国普通小学24.12万所,在校学生9926.37万人。到“十二五”末的2015年,全国普通小学数为19.05万所,在校学生9692.18万人。与“十一五”末的2010年相比,2015年全国普通小学数比2010年减少5.07万所,在校学生减少248.53万人。2010—2015年全国普通小学及在校学生数情况见表5-1和表5-2。

表5-1　2010—2015年全国普通小学数量

年度	2010	2011	2012	2013	2014	2015
学校数量(万所)	25.74	24.12	22.86	21.35	20.14	19.05

表 5－2　2010—2015 年全国小学在校学生数量

年度	2010	2011	2012	2013	2014	2015
在校生数量(万人)	9940. 71	9926. 37	9695. 90	9360. 55	9451. 07	9692. 18

2. 全国中学及在校学生

根据教育部《全国教育事业发展统计公报》发布的权威数据，在“十二五”开局的 2011 年，全国中学(初中＋普高)数为 6. 78 万所，在校学生 7521. 62 万人。到“十二五”末的 2015 年，全国中学数为 6. 56 万所，在校学生 6686. 35 万人。与“十一五”末的 2010 年相比，2015 年全国中学数比 2010 年减少 0. 34 万所，在校学生减少 1020. 31 万人。2010—2015 年全国中学及在校学生数情况见表 5－3 和表 5－4。

表 5－3　2010—2015 全国中学数量

年度	2010	2011	2012	2013	2014	2015
学校数量(万所)	6. 90	6. 78	6. 67	6. 62	6. 59	6. 56

表 5－4　2010—2015 全国中学在校学生数量

年度	2010	2011	2012	2013	2014	2015
在校生数量(万人)	7706. 66	7521. 62	7230. 23	6876. 00	6785. 10	6686. 35

二、全国中小学图书馆数量及馆舍面积情况

1. 全国小学图书馆数量和馆舍面积

根据教育部《全国中小学教育技术装备综合统计》数据，2011 年全国小学建有图书馆(室)数量 170 351 所，2012 年为 158 634 所，分别比“十一五”末的 2010 年减少了 9768 所和 21 485 所；与当年小学数量相比，图书馆(室)的建馆率分别为 70. 65%、69. 38%。2006—2012 年全国小学图书馆数量及建馆率情况参见图 5－1 和图 5－2。

另外，全国小学图书馆馆舍情况，2014 年全国小学图书馆馆舍总面积 1647. 20 万平方米，其中城区小学图书馆面积 434. 30 万平方米，镇区小学图书馆面积 494. 97 万平方米，乡村小学图书馆面积 717. 93 万平方米，见表 5－5。

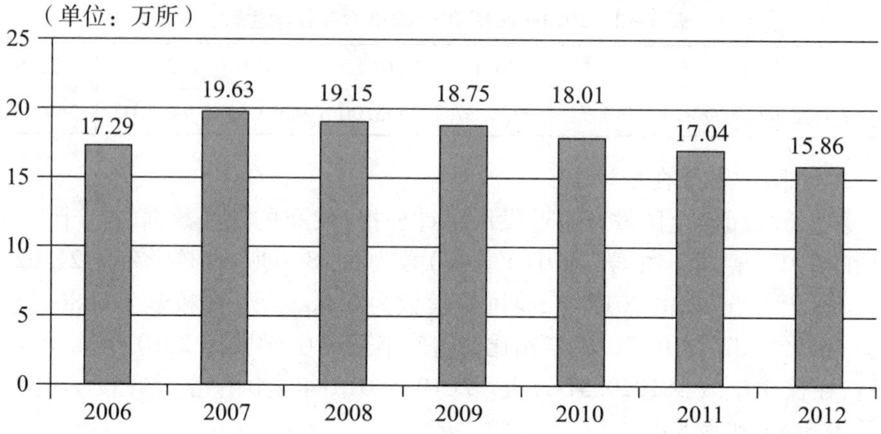

图 5－1　2006—2012 年全国小学图书馆数量

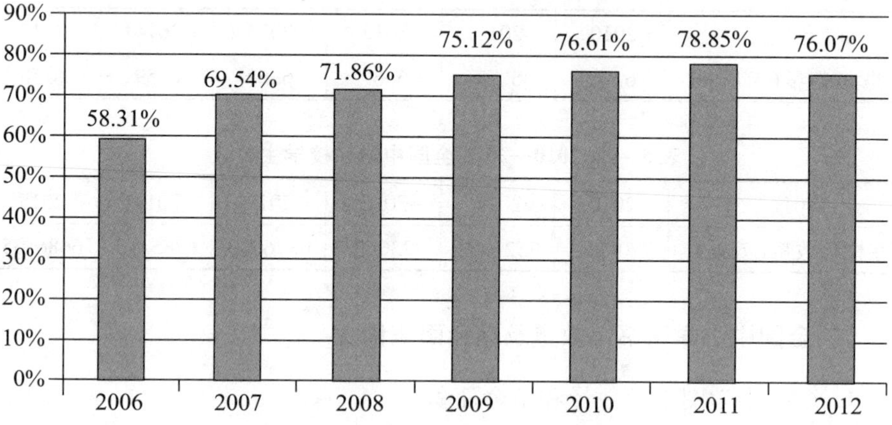

图 5－2　2006—2012 年全国小学建馆率

表 5－5　2014 年全国小学图书馆馆舍面积

图书馆所在区域	馆舍面积(万平方米)
城区	434.30
其中:城乡结合区	91.51
镇区	494.97
其中:镇乡结合区	182.77
乡村	717.93
合计	1647.20

“十二五”时期，各年度全国小学图书馆馆舍面积统计见图 5 - 3。

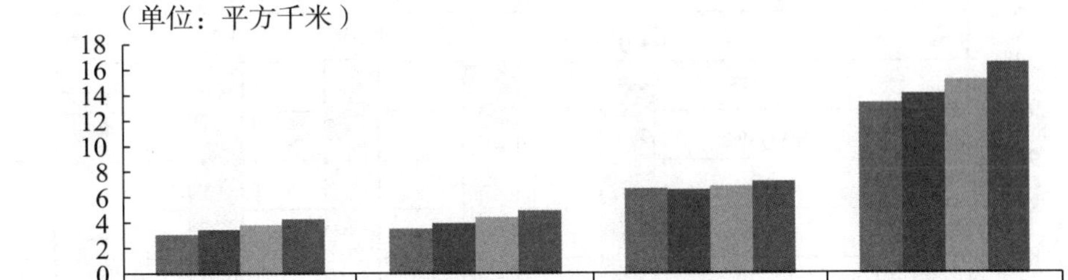

	城区	镇区	乡村	合计
■2011年	3.14	3.55	6.64	13.33
■2012年	3.5	3.99	6.57	14.06
■2013年	3.87	4.43	6.83	15.13
■2014年	4.34	4.95	7.18	16.47

图 5 - 3　2011—2014 年全国小学图书馆馆舍面积

2. 全国中学图书馆数量和馆舍面积

根据教育部《全国中小学教育技术装备综合统计》数据，2011 年全国中学（初中 + 普高）建有图书馆（室）数量 103 233 所，2012 年为 99 885 所，分别比“十一五”末的 2010 年减少了 1689 所和 5037 所；与当年中学数量相比，图书馆（室）的建馆率分别为 95. 65%、92. 72%。2006—2012 年全国中学图书馆数量及建馆率情况参见图 5 - 4 和图 5 - 5。

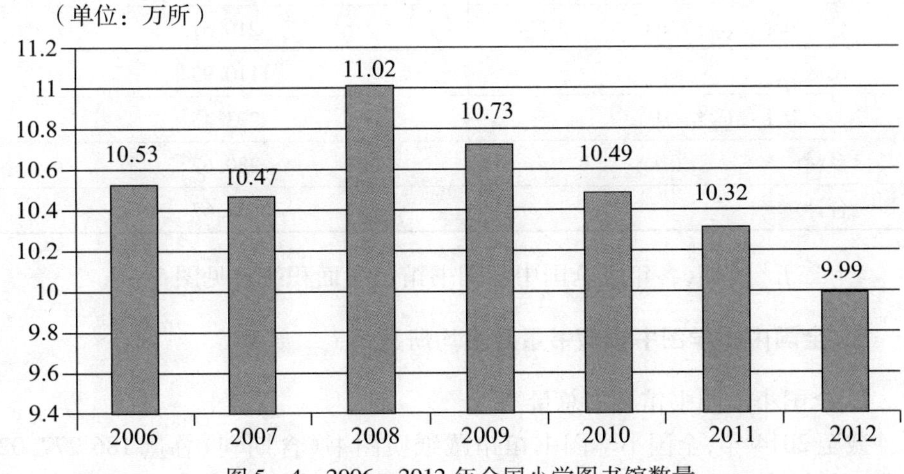

图 5 - 4　2006—2012 年全国小学图书馆数量

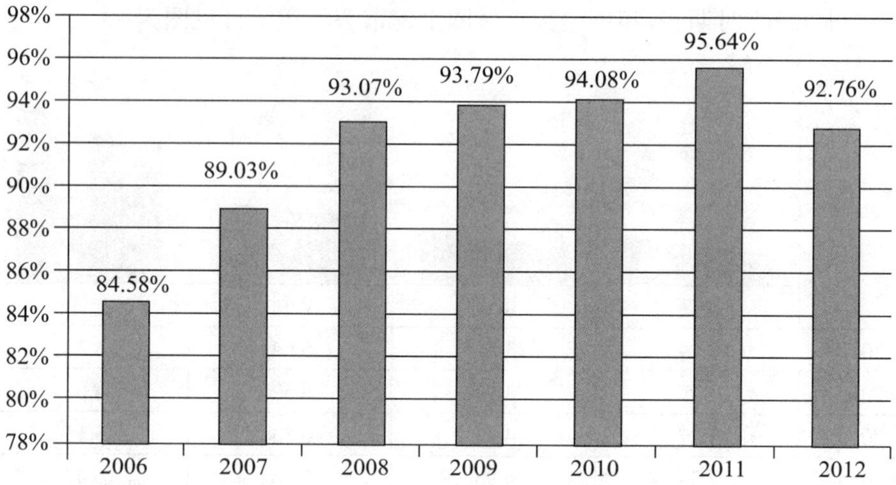

图5－5　2006—2012年全国中学建馆率

另外,全国中学图书馆馆舍情况,2014年全国中学图书馆馆舍总面积2632.67万平方米,其中城区中学图书馆面积1241.07万平方米,镇区中学图书馆面积1110.94万平方米,乡村中学图书馆面积280.67万平方米,如表5－6。

表5－6　2014年全国中学图书馆馆舍面积

图书馆所在区域	馆舍面积(万平方米)
城区	1241.07
其中:城乡结合区	210.51
镇区	1110.93
其中:镇乡结合区	293.45
乡村	280.67
合计	2632.67

“十二五”时期,各年度全国中学图书馆馆舍面积统计见图5－6。

三、全国中小学图书馆藏书量及生均册数

1. 全国小学图书馆藏书总量

截至2014年,全国小学图书馆馆藏纸质图书(含期刊)总量186 277.02万册,其中城区小学馆藏总量60 164.41万册(含城乡结合区小学馆藏

10 871. 14万册），镇区小学馆藏总量63 808. 33 万册（含镇乡结合区小学馆藏20 151. 14 万册），乡村小学馆藏总量62 304. 27 万册，见表5 –7。

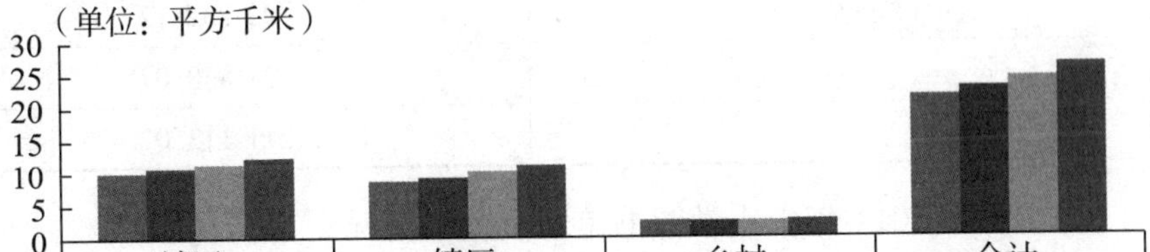

	城区	镇区	乡村	合计
2011年	10.17	8.77	2.67	21.61
2012年	10.87	9.36	2.64	22.87
2013年	11.44	10.28	2.63	24.35
2014年	12.41	11.11	2.81	26.33

图5 –6　2011—2014 年全国中学图书馆馆舍面积

表5 –7　2014 年全国小学图书馆藏书情况统计

图书馆所在区域	馆藏量（单位：万册）
城区	60 164. 41
其中：城乡结合区	10 871. 14
镇区	63 808. 33
其中：镇乡结合区	20 151. 14
乡村	62 304. 27
合计	186 277. 02

2. 全国中学图书馆藏书总量

截至2014 年，全国中学图书馆馆藏图书（纸质含期刊）总量211 113. 02 万册，其中城区中学馆藏总量82 941. 08 万册（含城乡结合区中学馆藏14 530. 95万册），镇区中学馆藏总量96 733. 87 万册（含镇乡结合区中学馆藏25 232. 12 万册），乡村中学馆藏总量31 438. 07 万册，见表5 –8。

表5 –8　2014 年全国中学图书馆藏书情况统计

图书馆所在区域	馆藏量（万册）
城区	82 941. 08
其中：城乡结合区	14 530. 95
镇区	96 733. 87

续表

图书馆所在区域	馆藏量(万册)
其中:镇乡结合区	25 232.12
乡村	31 438.07
合计	211 113.02

3. 2011—2014 年中小学图书馆馆藏图书情况

“十二五”时期,各年度小学图书馆馆藏图书情况,见图 5－7。

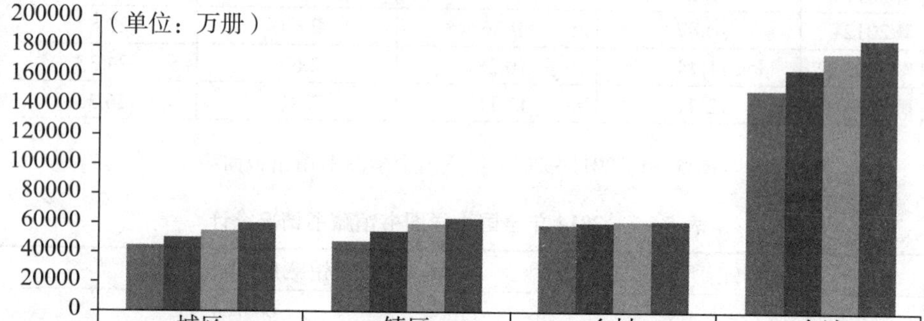

	城区	镇区	乡村	合计
2011年	44595.71	47701.56	59393.45	151690.72
2012年	50136.91	54788.97	61064.03	165989.91
2013年	54945.08	60053.35	62089.23	177087.66
2014年	60164.41	63808.33	62304.27	186277.02

图 5－7　2011—2014 年全国小学图书馆藏书情况

“十二五”时期,各年度中学图书馆馆藏图书情况,见图 5－8。

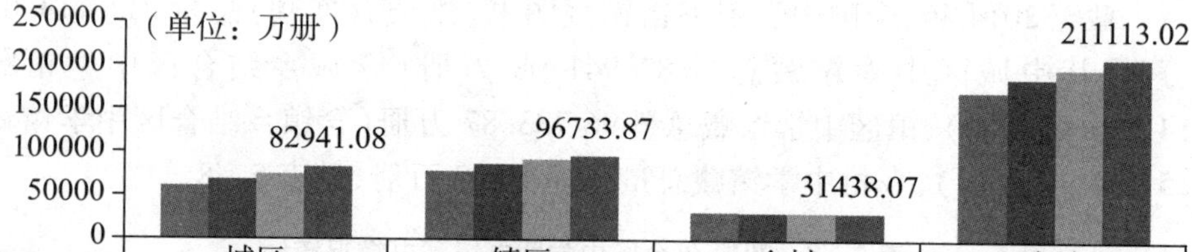

	城区	镇区	乡村	合计
2011年	61077.54	78633.26	32620.14	172330.94
2012年	68262.6	87170.22	32131.32	187564.14
2013年	74623.87	92548.55	32077.62	199250.04
2014年	82941.08	96733.87	31438.07	211113.02

图 5－8　2011—2014 年小学图书馆藏书情况

4. 馆藏图书生均册数情况

(1)2011—2014 年小学图书馆馆藏图书生均册数

2014 年,全国小学图书馆平均生均册数为 19.88 册,2011、2012、2013 年平均生均册数分别为 28.63 册、19.00 册、18.92 册。2014 年平均生均册数比 2013 年有较大幅度增长,增幅达到 4.83%。超过《中小学图书馆规程》规定的人均藏书册数 2 类标准,超额 4.88 册。"十二五"时期,2011—2014 年小学图书馆馆藏图书总量及生均册数对比见表 5-9。

表 5-9　2011—2014 年小学图书馆馆藏图书总量及生均册数

年份	馆藏图书总量(万册)	生均册数(册)
2014 年	186 277.06	19.88
2013 年	177 087.66	18.92
2012 年	158 937.73	19.00
2011 年	148 777.23	28.63

(2)2011—2014 年中学图书馆馆藏图书生均册数

2014 年,全国中学图书馆平均生均册数为 30.71 册,2013 年、2012 年、2011 年平均生均册数分别为 28.97 册、28.23 册、25.61 册。2014 年平均生均册数比 2013 年增长 1.74 册,增幅为 5.67%。达到了《中小学图书馆(室)规程》规定的人均藏书册数 2 类标准(平均量 30 册)。"十二五"时期,2011—2014 年中学图书馆馆藏图书总量及生均册数对比见表 5-10。

表 5-10　2011—2014 年中学图书馆生均册数变化

年份	馆藏图书总量(万册)	生均册数(册)
2014 年	211 113.02	30.71
2013 年	199 250.03	28.97
2012 年	195 205.49	28.23
2011 年	181 142.68	25.61

四、全国中小学图书馆设施状况

"十二五"时期,2011 年、2012 年全国中小学图书馆设施状况如下:小学图书馆拥有阅览室分别为 137 202 和 133 445 个;电子阅览室分别为 16 050

和15 682个;藏书室分别为283 742和479 385个;资料室分别为76 462和90 266个。图书馆使用面积分别为1941.39万平方米和1829.01万平方米。中学图书馆拥有阅览室分别为83 365和73 588个;电子阅览室分别为17 081和17 451个;藏书室分别为231 722和202 190个;资料室分别为50 334和37 141个。图书馆使用面积分别为1805.18万平方米和1821.25万平方米。

五、全国中小学图书馆管理人员状况

“十二五”时期,全国中小学图书馆管理人员情况如下:2011年小学图书馆管理人员中高级职称12 550人、中级职称100 630人、初级职称97 181人,其他15 600人;2012年分别为11 750人、98 994人、89 538人和15 484人。小学图书馆管理人员的专兼职情况为:2011年专职27 482人、兼职198 479人,2012年专职27 047人、兼职188 719人。2011年中学图书馆管理人员中高级职称12 883人、中级职称45 229人、初级职称25 768人,其他10 534人;2012年分别为13 794人、43 537人、24 886人和10 547人。中学图书馆管理人员的专兼职情况为:2011年专职52 084人、兼职42 348人,2012年专职51 972人、兼职40 792人。

六、全国中小学图书馆当年购置图书经费情况

据不完全统计,“十二五”时期,2011—2012年全国中小学图书馆当年图书购置经费合计815.86亿元,其中小学图书馆购书总经费300.12亿元,中学图书馆购书总经费515.74亿元。2006—2012年全国小学图书馆当年购置图书经费情况见图5-9。

图5-9 2006—2012年全国小学图书馆年购书经费

据当年在校小学生数计算，年生均购书经费分别为 85.78 元、117.98 元、112.72 元、130.70 元、140.68 元、159.09 元、195.14 元，详见图 5－10。

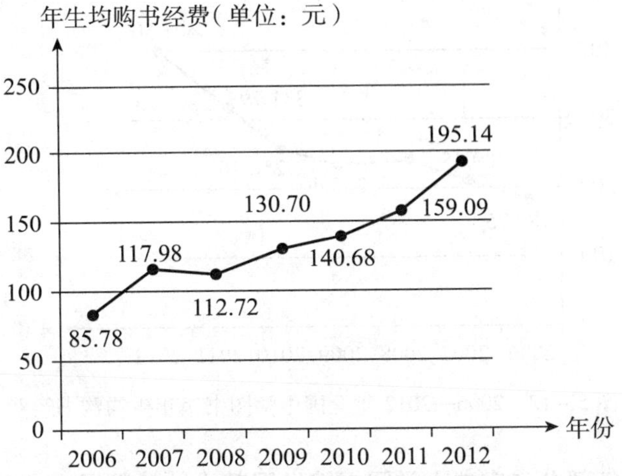

图 5－10　2006—2012 年全国小学图书馆年生均购书经费

2006—2012 年全国中学图书馆当年购置图书经费情况见图 5－11。

图 5－11　2006—2012 年全国中学图书馆年购书经费

据当年在校中学生数计算，年生均购书经费分别为 182.75 元、209.45 元、242.85 元、235.40 元、256.16 元、331.79 元、406.50 元，详见图 5－12。

图 5－12　2006—2012 年全国中学图书馆年生均购书经费

七、2012 年部分省市中小学图书馆发展基本统计数据

1. 北京市

北京市中小学数量 1520 所，在校学生数量 106.38 万人，校均人数 700 人。建有图书馆（室）的学校数 1492 所，其中小学建馆率 97.88%，中学建馆率 98.68%，中小学综合建馆率达到 98.16%。中小学图书馆使用面积达到 36.26 万平方米，校均使用面积 243.03 平方米。中小学图书馆共有藏书 4874 万册，生均册数达 45.8 册/人。当年中小学图书购置经费总额 8557.32 万元。从事图书管理人员共有 2056 人，其中具有高级职称的占 9.92%，中级职称占 52.68%，初级职称占 28.16%，其他占 9.24%。专职管理人员占 51.90%，兼职管理人员占 48.10%。

2. 天津市

天津市中小学数量 1248 所，在校学生数量 90.62 万人，校均人数 726 人。建有图书馆（室）的学校数 1219 所，其中小学建馆率达 98.17%，中学建馆率 96.74%，中小学综合建馆率达到 97.68%。中小学图书馆使用面积达到 45.41 万平方米，校均使用面积 372.52 平方米。中小学图书馆共有藏书 4060 万册，生均册数达 34 册/人。馆藏图书总金额 4.62 亿元，当年图书购置经费总额 6040.38 万元。从事图书管理人员共有 1606 人，其中具有高级职称的约占 16.37%，中级职称占 60.40%，初级职称占 16.75%，其他占 6.48%。专职管理人员占 33.13%，兼职管理人员占 66.87%。

3. 辽宁省

辽宁省中小学数量 4649 所，在校学生数量 295.29 万人，校均人数 635 人。建有图书馆（室）的学校数 4040 所，小学建馆率 83.21%，中学建馆率 94.94%，中小学综合建馆率达到 86.90%。中小学图书馆使用面积达到 67.62 万平方米，校均使用面积 167.38 平方米。中小学图书馆共有藏书 8911 万册，生均册数达 30.18 册/人。当年图书购置经费总额 7787.54 万元。从事图书管理人员共有 5804 人，具有高级职称的约占 14.59%，中级职称占 55.69%，初级职称占 18.85%，其他占 2.40%。专职管理人员占 36.01%，兼职管理人员占 65.66%。

4. 上海市

上海市中小学数量 1238 所，在校学生数量 111.58 万人，校均人数 901 人。建有图书馆（室）的学校数 1226 所，小学建馆率 98.16%，中学建馆率 99.84%，中小学综合建馆率达到 99.03%。中小学图书馆使用面积达到 46.26 万平方米，校均使用面积 377.32 平方米。中小学图书馆共有藏书 5033.61 万册，生均册数达 45.11 册/人。当年图书购置经费总额 10 156 万元。从事图书管理人员共有 2141 人，具有高级职称的约占 2.66%，中级职称占 38.86%，初级职称占 36.71%，其他占 21.49%。专职管理人员占 69.13%，兼职管理人员占 30.87%。

5. 江苏省

江苏省中小学数量 6125 所，在校学生数量小学 357.26 万人，校均人数 1076 人。建有图书馆（室）的学校数 6068 所，其中小学 3710 所，小学建馆率 98.91%，中学建馆率 99.33%，中小学综合建馆率达到 99.07%。中小学图书馆使用面积达到 257.63 万平方米，校均使用面积 421.72 平方米。中小学图书馆共有藏书 20 076.27 万册，生均册数达 30.44 册/人。当年图书购置经费总额 25 018.13 万元。从事图书管理人员共有 11 817 人，具有高级职称的约占 13.77%，中级职称占 54.93%，初级职称占 19.96%，其他占 18.85%。专职管理人员占 54.42%，兼职管理人员占 45.58%。

6. 浙江省

浙江省中小学数量 5680 所，其中小学 3496 所，中学（含完中、高中、初中）2184 所。在校学生数量小学 2 988 954 人，中学 2 498 469 人，合计 5 487 423 人。中小学校均人数 966 人，其中小学 854 人，中学 1143 人。建有图书馆（室）的学校数5636所,其中小学3462所,小学建馆率达99.03%,中学2174所,建馆率99.54%,中小学综合建馆率达到99.23%。中小学图书馆使用面积达到188.09万平方米,校均使用面积333.73平方米。中小学图书馆共有藏书18 030.39万册,其中小学8540.08万册,中学9490.31万册。中小学图书生均册数达32.86册/人,其中小学28.57册/人,中学37.98册/人。馆藏图书总金额184 083.59万元,其中小学74 302.69万元,中学109 780.90万元。当年图书购置经费总额19 954.20万元,其中小学图书购置费10 191.58万元,中学图书购置费9762.62万元。从事图书管理人员共有8215人,具有高级职称的约占6.07%,中级职称占46.03%,初级职称占30.58%,其他占17.32%。专职管理人员占46.80%,兼职管理人员占53.20%。

7. 河南省

河南省中小学数量24 899所,在校学生数量1234.36万人,校均人数495人。建有图书馆(室)的学校数20 650所,小学建馆率81.00%,中学建馆率92.99%,中小学综合建馆率达到82.94%。中小学图书馆使用面积达到235.25万平方米,校均使用面积113.92平方米。中小学图书馆共有藏书25 621.99万册,生均册数20.75册/人。当年图书购置经费总额20 073.41万元。从事图书管理人员共有27 577人,具有高级职称的约占9.32%,中级职称占53.80%,初级职称占32.10%,其他占4.77%。专职管理人员占17.65%,兼职管理人员占82.35%。

8. 广东省

广东省中小学数量19 722所,在校学生数量1541.40万人,校均人数781人。建有图书馆(室)的学校数14 370所,小学建馆率69.28%,中学建馆率85.56%,中小学综合建馆率达到72.86%。中小学图书馆使用面积达到361.96万平方米,校均使用面积251平方米。中小学图书馆共有藏书47 263.18万册,生均册数20.75册/人。当年图书购置经费总额33 196.69万元。从事图书管理人员共有20 988人,具有高级职称的约占5.60%,中级职称占44.66%,初级职称占29.45%,其他占21.29%。专职管理人员占27.65%,兼职管理人员占72.35%。

9. 四川省

四川省中小学数量12 942所,在校学生数量9944.38万人,校均人数768人。建有图书馆(室)的学校数11 203所,小学建馆率80.47%,中学建馆率97.82%,中小学综合建馆率达到86.56%。中小学图书馆使用面积达到

177.47万平方米，校均使用面积158平方米。中小学图书馆共有藏书20 151.49万册，生均册数20.26册/人。当年图书购置经费总额46 491.92万元。从事图书管理人员共有16 643人，具有高级职称的约占4.34%，中级职称占41.08%，初级职称占46.53%，其他占8.05%。专职管理人员占22.08%，兼职管理人员占77.92%。

10. 云南省

云南省中小学数量15 546所，在校学生数量702.52万人，校均人数451人。建有图书馆（室）的学校数9455所，小学建馆率57.17%，中学建馆率82.78%，中小学综合建馆率达到60.82%。中小学图书馆使用面积达到101.61万平方米，校均使用面积107平方米。中小学图书馆共有藏书10 480.71万册，生均册数达14.92册/人。当年图书购置经费总额20 098.30万元。从事图书管理人员共有13 811人，具有高级职称的约占7.35%，中级职称占37.03%，初级职称占48.25%，其他占7.37%。专职管理人员占12.72%，兼职管理人员占87.29%。

11. 甘肃省

甘肃省中小学数量11 851所，在校学生数量386.69万人，校均人数326人。建有图书馆（室）的学校数10 233所，小学建馆率84.31%，中学建馆率96.96%，中小学综合建馆率达到86.35%。中小学图书馆使用面积达到347.28万平方米，校均使用面积339.37平方米。中小学图书馆共有藏书7562.58万册，生均册数达19.56册/人。当年图书购置经费总额9766.41万元。从事图书管理人员共有13 853人，具有高级职称的约占3.91%，中级职称占27.73%，初级职称占57.42%，其他占10.94%。专职管理人员占12.11%，兼职管理人员占87.89%。

12. 青海省

青海省中小学数量1806所，在校学生数量79.11万人，校均人数211人。建有图书馆（室）的学校数686所，小学建馆率31.81%，中学建馆率62.78%，中小学综合建馆率达到37.98%。中小学图书馆使用面积达到11.33万平方米，校均使用面积165.16平方米。中小学图书馆共有藏书1562.13万册，生均册数19.75册/人。当年图书购置经费总额3669.31万元。从事图书管理人员共有1541人，具有高级职称的约占10.25%，中级职称占58.47%，初级职称占24.47%，其他占6.81%。专职管理人员占12.52%，兼职管理人员占87.48%。

表 5－11　2012 年部分省市中小学图书馆基本统计数据汇总表

项目＼省(市)	北京	天津	辽宁	上海	江苏	浙江
中小学数量(所)	1520	1248	4649	1238	6125	5680
小学	991	819	3187	597	3551	3496
中学	529	429	1462	641	2374	2184
在校生数(万人)	106.38	90.62	295.29	111.58	659.58	548.74
小学在校生	59.27	51.43	154.00	57.56	357.26	298.90
中学在校生	47.11	39.19	141.29	54.02	302.32	249.85
校均人数(人)	700	726	635	901	1076	966
小学校均	598	628	483	964	952	854
中学校均	891	913	966	842	1273	1143
建有图书馆数(所)	1492	1219	4040	1126	6068	5636
小学图书馆	970	804	2652	586	3710	3462
中学图书馆	522	415	1388	540	2358	2174
综合建馆率(%)	98.16	97.68	86.90	99.03	99.07	99.23
小学建馆率	97.88	98.17	83.21	98.16	98.91	99.03
中学建馆率	98.68	96.74	94.94	99.84	99.33	99.54
馆舍使用面积(万平方米)	36.26	45.41	67.62	46.26	257.63	188.09
校均使用面积(平方米)	242.03	372.52	167.38	377.32	421.72	333.73
图书藏书总量(万册)	4874.00	4060.00	8911.00	5033.61	20 076.27	18 030.39
小学图书馆藏书	2522.00	2162.00	4586.53	2048.14	8416.14	8540.08
中学图书馆藏书	2352.00	1989.00	4324.47	2985.47	11 660.13	9490.31
生均册数	45.80	34.00	30.18	45.11	30.44	32.86
小学生均册数	42.60	30.30	29.78	34.00	23.56	28.57
中学生均册数	49.90	38.80	30.61	55.00	38.60	37.98
馆藏图书总金额(万元)	59 859.81	46 200.00	74 744.80	68 582.11	306 109.00	184 083.59
小学馆藏总金额	29 520.54	24 000.00	27 995.80	25 033.18	124 053.00	74 302.69
中学馆藏总金额	30 339.37	22 200.00	46 749.00	43 548.93	182 056.00	109 780.90
当年购置图书(万元)	8557.32	6040.38	7787.54	10 156.00	25 018.13	19 954.20
小学当年购置图书	4520.98	3485.83	3536.65	4219.00	11 663.83	10 191.58
中学当年购置图书	4036.34	2554.55	4250.89	5937.00	13 354.30	9762.62

续表

项目＼省(市)	北京	天津	辽宁	上海	江苏	浙江
年生均购置图书(元)	80. 44	66. 66	26. 37	91. 02	37. 93	36. 36
图书管理人员	2056	1606	5804	2141	11 817	8251
小学图书管理人员	1151	956	3667	821	5666	4321
中学图书管理人员	905	650	2137	1320	6151	3894
高级职称占比(%)	9. 92	16. 37	14. 59	2. 66	13. 77	6. 07
中级职称占比(%)	52. 68	60. 40	55. 69	38. 86	54. 93	46. 03
初级职称占比(%)	28. 16	16. 75	18. 85	36. 71	19. 96	30. 58
其他占比(%)	9. 24	6. 48	2. 40	21. 49	18. 85	17. 32
专职管理人员占比(%)	51. 90	33. 13	36. 01	69. 13	54. 42	46. 80
兼职管理人员占比(%)	48. 10	66. 87	65. 66	30. 87	45. 58	53. 20

表 5－12　2012 年部分省市中小学图书馆基本统计数据汇总表

项目＼省(市)	河南	广东	四川	云南	甘肃	青海
中小学数量(所)	24 899	19 722	12 942	15 546	11 851	1806
小学	20 888	15 386	8398	13 333	9940	1446
中学	4011	4336	4544	2213	1911	360
在校生数(万人)	1234. 36	1541. 40	994. 44	702. 52	386. 69	79. 11
小学在校生	750. 95	792. 06	476. 10	413. 91	197. 17	38. 24
中学在校生	483. 41	749. 34	518. 33	288. 61	189. 52	40. 86
校均人数(人)	495	781	768	451	326	211
小学校均	359	514	566	310	198	264
中学校均	1205	1728	1140	1304	991	1135
建有图书馆数(所)	20 650	14 370	11 203	9455	10 233	686
小学图书馆	16 920	10 660	6758	7623	8380	460
中学图书馆	3730	3710	4445	1832	1853	226
综合建馆率(%)	82. 94	72. 86	86. 56	60. 82	86. 35	37. 98
小学建馆率	81. 00	69. 28	80. 47	57. 17	84. 31	31. 81
中学建馆率	92. 99	85. 56	97. 82	82. 78	96. 96	62. 78
馆舍使用面积(万平方米)	235. 25	361. 96	177. 47	101. 61	347. 28	11. 33
校均使用面积(平方米)	113. 92	251. 00	158. 00	107. 00	339. 37	165. 16

续表

项目 \ 省(市)	河南	广东	四川	云南	甘肃	青海
图书藏书总量(万册)	25 621.99	47 263.18	20 151.49	10 480.71	7562.58	1562.13
小学图书馆藏书	10 042.85	25 117.20	8224.16	5470.16	3467.04	712.91
中学图书馆藏书	15 579.15	22 145.98	11 927.33	5010.55	4095.54	849.22
生均册数	20.75	20.75	20.26	14.92	19.56	19.75
小学生均册数	13.40	27.96	17.27	13.22	17.58	18.64
中学生均册数	32.20	33.51	23.01	17.36	21.61	20.78
馆藏图书总金额(万元)	183 115.86	472 572.68	251 927.88	107 825.53	82 152.99	28 459.11
小学馆藏总金额	75 398.21	161 298.00	96 733.77	43 722.44	33 405.34	13 098.57
中学馆藏总金额	107 717.65	311 274.68	155 194.11	64 103.09	48 747.99	15 360.54
当年购置图书(万元)	20 073.41	33 196.69	46 491.92	20 098.30	9766.41	3669.31
小学当年购置图书	8889.31	14 688.41	17 772.72	9489.38	4379.12	618.74
中学当年购置图书	11 184.10	20 410.28	28 719.20	10 608.92	5387.29	3050.57
年生均购置图书(元)	16.26	21.54	46.75	28.61	25.26	46.38
图书管理人员	27 577	20 988	16 643	13 811	13 853	1541
小学图书管理人员	6051	14 428	10 369	2667	11 241	443
中学图书管理人员	21 526	6560	6274	11 144	2612	1098
高级职称占比(%)	9.32	5.60	4.34	7.35	3.91	10.25
中级职称占比(%)	53.80	44.66	41.08	37.03	27.73	58.47
初级职称占比(%)	32.10	29.45	46.53	48.25	57.42	24.47
其他占比(%)	4.77	21.29	8.05	7.37	10.94	6.81
专职管理人员占比(%)	17.65	27.65	22.08	12.72	12.11	12.52
兼职管理人员占比(%)	82.35	72.35	77.92	87.29	87.89	87.48

第三节　主要工作及发展特点

一、办馆条件、设施建设、馆藏配备明显改善，社会公益助推贫困地区的中小学图书馆建设

“十二五”时期，各地教育部门加强了对中小学图书馆的馆舍建设。从统

计数据来看,2014 年较 2011 年,全国各类型中小学图书馆的馆舍面积均呈上升趋势。尤其是藏书室和资料室的数量增加比较迅速。以小学为例,2011 年和 2012 年藏书室分别为 283 742 和 479 385 个;资料室分别为 76 462 和 90 266个。一些条件比较好的地区和学校还建有新馆。

"十二五"时期,各地教育部门加强了对中小学图书馆的图书购置经费的投入。据统计数据,2014 年较 2011 年,全国中、小学图书馆的馆藏总量和生均册数均有增加。如安徽、浙江、江西等省实施了一系列农村义务教育薄弱校改造计划的图书招标采购项目,进一步改善农村中小学图书馆(室)的生均藏书量不达标的落后状况。例如,2014 年 3 月 24 至 27 日安徽省教育技术装备中心在合肥组织举办"2013 年度安徽省农村义务教育薄弱学校改造计划"图书采购项目资格审查工作会。本次图书招标采购实际总金额 6002 万元,为安徽省 71 个县(区)农村义务教育阶段的 1254 所小学和 144 所初中图书馆(室)按照标准整建制配备图书。"安徽省农村义务教育薄弱学校改造计划"自 2010 年开始实施,四年来共为全省 7278 所农村义务教育学校配备图书 55 184万元,显著改变了农村薄弱学校长期无书、缺书的现状,对提高学校教育教学质量,促进学生全面发展意义重大。2014 年 4 月 11 日,浙江省"书香校园工程"图书采购和选书工作顺利完成。该工程作为 2014 年浙江省教育厅十项为民办实事工程之一,按照每学年生均 5 元的标准,由省财政保障,省教育技术中心落实,为浙江省义务教育阶段农村中小学、外来务工人员子女学校以及欠发达地区义务教育阶段城镇中小学配置必要的图书。本次采购计有 30 家图书供应商中标入围,优选出近 7000 个图书品种,供全省 3000 余所受益学校自主选择征订。2014 年 11 月 27 日,江西省吉安市教育技术装备站发布 2012 年度吉安市"农村义务教育薄弱学校改造计划"中小学纸质图书采购招标公告,采购总金额 389. 50 万元,该项目专门为所属吉安县、峡江县和吉水县的中小学图书馆采购配备图书。

由于东、西部城乡经济条件的差异,许多西部地区的农村中小学图书馆建设遇到的最突出问题就是购书经费投入严重不足,农村中小学图书馆普遍缺乏适合孩子们阅读的新书、好书。为贫困地区中小学建立图书馆(室),解决孩子们的阅读难题,缩小城市学生和农村学生之间的课外图书差距,一些有社会责任感的公益机构、企业积极参与到捐书助学的公益事业中。例如,2013 年 4 月 18 日中国下一代教育基金会与福建省读书援助协会签订协议,设立"捐书助学专项基金"。该基金致力于全国老、少、边、穷地区中小学图书馆(室)建设,促进义务教育均衡发展,通过开展的“中华魂捐书助学献爱心”援建活动,引导、帮助更多的农村贫困地区孩子养成爱读书、读好书的良好阅读习惯,改善农村贫困地区学校图书馆(室)的阅读环境。“中华魂捐书助学献爱心”援建活动计划在5年内(2013—2018年)分期分批为全国老、少、边、穷地区,重点为中西部贫困地区的中小学援建10 000所爱心图书室。又如,为支持中西部贫困地区基础教育的发展,改善中西部地区中小学教学条件,针对部分贫困地区教师和学生用书缺口大、教学信息化基础薄弱,而学校又缺少经费购置新书和教学信息化设备这一实际现状,自2006年起中国移动集团启动名为“蓝色梦想—中国移动教育捐助提升计划”的“中国移动爱心图书馆(室)”及“中国移动多媒体教室”公益项目。截至“十二五”期末,中国移动共计捐款6600万元,分三批在中、西部23个省区和新疆建设兵团农村中小学校建设了“中国移动爱心图书馆(室)”2310个,赠送图书达到447万余册。再如,广州满天星青少年公益发展中心是一家专注儿童阅读推广的民间教育公益机构,成立于2012年1月。该中心启动的公益项目就是要在中国欠发达地区选择图书资源匮乏的乡村小学建立满天星公益图书馆,包括配置图书、书架、阅读桌椅、电脑及借阅系统,并和当地师生一起创造儿童友好的阅读环境。“十二五”时期,该中心已在乡村小学建立并持续运营35所满天星公益图书馆。“满天星公益图书馆项目”具有为各项目点提供优质、适量、种类多样的图书,并把图书做好分类指引;为项目点儿童提供一个集安全、舒适、便利和趣味的阅读环境;与当地的老师、学生一起参与建馆、运营和阅读推广等特点。

“十二五”时期,教育装备管理部门对图书采购的监管和藏书标准的建设有所加强。以书目编制引导中小学图书馆的馆藏建设受到了广泛关注,各种类型的书目推荐比较活跃。2012年,受教育部基础教育二司的委托,中国教育装备行业协会启动“中小学图书馆(室)核心书目专题研究”项目,并已于2016年结题。教育部基础教育课程教材与发展中心、国家新闻出版广电总局也都坚持连续数年做中小学图书、少儿出版物的推荐工作。馆藏资源的类型也较以前更加丰富,随着学校信息化建设的加强、学生学习方式的变革,数字资源的建设发展迅速。一些地区借基础薄弱校改造工程,加强了对农村、乡镇中小学图书馆(室)的资源建设的投入。

同时,出版领域更是在“十二五”时期对少儿出版给予了较多关注,举办了各类论坛、书展等交流研讨活动,中国作家的童书作品在国际出版界也获得了一定的声誉。

二、以“书香校园”建设为抓手，开展阅读活动，读者服务多样化

“十二五”时期，中小学图书馆开展的读者服务工作形式多样。随着国家对全民阅读活动的重视，中小学图书馆的阅读活动开展的非常丰富，教育主管部门、新闻出版部门、文化部门、共青团少先队等政府部门对校园阅读活动高度重视，协同开展了“书香校园”等系列活动。一些中小学图书馆在学生信息素养教育、阅读指导课、融入学科教学等方面做了一些卓有成效的尝试。配合落实《基础教育课程改革纲要》提出“积极开发并合理利用校内外各种课程资源。学校应充分发挥图书馆、实验室、专用教室及各类教学设施和实践基地的作用；广泛利用校外的图书馆、博物馆、展览馆、科技馆、工厂、农村、部队和科研院所等各种社会资源以及丰富的自然资源；积极利用并开发信息化课程资源”的要求，一些学校图书馆与高校图书馆、公共图书馆（少儿图书馆）、博物馆等场所建立了协作关系，开发课程资源。

2015 年 3 月，为进一步推动少年儿童阅读活动的开展，整合全国社会各界的儿童阅读推广力量，在广大少年儿童和青少年中形成“多读书、读好书”的良好社会风尚，中国图书馆学会联合国家图书馆以及全国各地公共图书馆、少年儿童图书馆和中小学图书馆共同组织开展了“2015 全国少年儿童阅读年”系列活动。活动以“经典阅读——弘扬优秀传统文化”为主题，全国各地少年儿童图书馆、公共图书馆、中小学图书馆坚持“儿童优先”和“儿童利益最大化”，以及统一策划、规范组织、总分结合、上下互动的组织原则联合开展行动，积极策划和组织多种形式的阅读推广活动，如：长春市少年儿童图书馆承办“我给孩子讲故事”大赛活动；重庆市少年儿童图书馆承办“亲子绘本阅读推广月”活动；大连市少年儿童图书馆承办“寻找最美读书故事”征文大赛活动；杭州少年儿童图书馆承办“用声音传播经典——全国少年儿童中华经典讲读大赛”活动；河南省少年儿童图书馆承办“‘中国传统节日’图书馆未成年人服务案例征集评选活动”等，系列活动取得了良好的社会效果。

北京市从 2011 年开始每年开展“书香燕京——北京市中小学生阅读指导活动”，取得了良好的效果。北京市教育技术设备中心 2014 年开展了全市中小学图书馆的调研，北京市提供全开架书刊借阅的中小学校图书馆有 663 所，占比 63%；其中开架借阅率高于 50% 的学校有 525 所，占全部开架借阅学校的 79. 2%；全市开架书刊共计 1794. 5 册，占全市中小学图书馆总藏量的 49. 1%。开架借阅后，馆藏图书的效用得到了较大地发挥，读者对图书馆的馆

藏全貌有了充分地了解,提高了读者借阅、图书馆员工作的效率,调动了读者借阅的积极性。在针对学生发放的《北京市中小学图书馆概况调查问卷(学生卷)》中,57%的学生认为借阅较为便捷,这与学校信息化建设的程度、开架借阅服务的比例较高有关。

通过该调查,对北京市开展阅读指导课的教师所对应的学科进行统计,语文老师担任阅读指导课的比例最高,其次为英语、科技、品德、数学。绝大多数学校开设阅读指导课时不只一科教师进行授课。在调查中,图书馆馆员担任阅读指导课的情况极少。这与各校图书馆队伍人员较少有直接性的关系,但也反映出图书馆在加强与教学工作的直接相关性、扩大宣传方面做的仍非常不足。海淀区开设阅读指导课的情况比较好。有36所小学开设了阅读指导课,31所有课时保障,并有阅读指导教师,其中86%为语文老师担当阅读指导课教师,其次为英语教师,图书管理员担任阅读指导课的仅有两所学校;中学开设阅读指导课的学校有39所,其中有34所有课时保障,89%的任课教师为语文教师。值得关注的是,初中阶段的阅读指导课除语文教师外,阅读指导课的教师专业范围有所扩大,英语、历史、政治等专业教师比例上升。同时,图书馆员担任任课教师的比例较高,这也与中学图书馆员数量较多有一定关联。

2015年11月,深圳市推出了国内首个旨在助力“全民阅读”的“校园智慧阅读”系统。分级阅读起源于发达国家,并成功应用于少年儿童阅读,被认为是提高少年儿童阅读能力的最有效方法。深圳市推出的“校园智慧阅读创新系统”以“分级阅读”理念为基础,引入互联网技术并辅以极具特色的长效激励方式,激发学生的阅读兴趣,培养学生的阅读习惯。目前该系统已经覆盖广东、辽宁、山东、海南、湖北、河北等省多个大中城市的100多所学校,为数十万学生及家长提供了阅读服务。

三、信息化建设、数字化应用明显改善

2010年7月我国颁布实施《国家中长期教育改革和发展规划纲要(2010—2020年)》,其第十九章“加快教育信息化进程”中提出:“建立数字图书馆和虚拟实验室。建立开放灵活的教育资源公共服务平台,促进优质教育资源普及共享……鼓励学生利用信息手段主动学习、自主学习,增加运用信息技术分析解决问题能力”。“十二五”时期,面向中小学的“电子书包”、数字图书馆、数据库产品、数字阅读终端设备、电子阅览室、在线学习系统等新技术产品的研发与应用受到教育管理部门和信息化企业的关注。中小学图书

馆的信息化理念与信息化、数字化应用程度有了比较明显的改善。例如：北京市实施“中小学数字图书馆改造项目”；四川省建成运行“中小学图书馆信息管理平台”成都试点项目。

北京市中小学数字图书馆（http://ebook. lib. bjedu. cn）是由北京市教委投资开发，为当前国内规模较大的中小学数字图书馆之一。该项目现有300多家国内出版机构的正版电子图书约70万册，包括大量适合中小学教师、学生阅读的教育图书、科普读物及工具书；设置小学、中学、教师和通用四个书库，免费向北京市中小学师生开放。同时，它也与北京教育资源网、数字德育平台等重点资源项目进行资源共享与互通，最大限度地方便北京市广大中小学师生的使用。2013年年底北京市教育技术设备中心启动对北京市中小学数字图书馆项目进行平台改造的公开招标，系统运维和资源都得到了进一步的优化。

四川省中小学图书馆信息管理平台成都试点项目建成于2013年年底。该管理平台是为实现全省中小学图书馆的信息化管理及资源共享，按照“全域四川、顶层设计、试点先行”的思路，采用《教育部九部门关于加快推进教育信息化当前几项重点工作》中“政府政策支持、企业参与建设、学校持续使用”的新机制建成的试点项目。2014年，四川省中小学图书馆信息管理平台成都试点正式运行，为四川省全面实现中小学图书馆信息化管理积累了宝贵经验，成都市原有馆藏图书和新增图书共计约2900多万册数据信息首先进入平台。

该管理平台的建成使用，一是实现了全市中小学图书馆运作、管理方式的现代化转型。学校师生到图书馆借阅图书，将不再需要办理烦琐的借阅手续，而只需提供带有个人数字信息的借书证，再扫描所借图书条码后就可完成，使用起来十分方便快捷。二是实现了中小学图书配置情况的有效监控，进一步推进了教育管理部门决策优化；各级教育行政管理部门都能够在平台查阅各学校的图书流通情况，为学校图书馆应用绩效考核提供依据，为图书的优化配备提供了准确、科学的信息支撑。目前，平台已经实现了图书册数、种类、金额的统计，读者流通情况统计，读者排行榜及图书排行榜，馆藏书目数据远端查询、网上续借预约催还，学校图书馆自动化评估等功能。三是实现了全市中小学图书馆资源的有效链接，为全面实现中小学师生跨校借阅图书，图书跨区域“漂流”，提高利用效率，节约资金投入和全省图书资源共建共享、提高图书馆服务质量和水平奠定了坚实基础。

未来四川省中小学校将在成都市试点成功的基础上，以数字化图书管理平台建设为载体，以“书香校园”建设为目标，以“阅读进课程、阅读进课堂、课堂进图书馆”为重要手段，着力加强师生阅读习惯的培养，开展丰富多彩的活动，逐步构建起“泛阅读”模式和开放的学习应用空间，提升师生阅读素养，促进师生学习方式和教学方式变革。

随着信息化水平的提高和新兴文化传播渠道的不断完善，阅读方式和书写已经发生巨大转变，数字阅读正在成为青少年阅读的主要方式之一，互联网平台已经逐渐成为广大学生交流和展示自我的重要手段。中小学数字图书馆也已经从第一代基于数字化资源的数字图书馆模式，演变为第二代基于集成信息服务的数字图书馆模式，再演变为第三代基于互联网云平台和移动终端应用的数字图书馆模式。

例如，“屏”与“书”的结合是学校图书装备的又一发展趋势。中文在线、超星等企业顺应阅读需求的发展，研制开发了新一代中小学数字图书馆，集成了相应专用互动展示软件和数字资源的载体，可部署在教学楼公共走廊、图书馆或教室内，方便师生自助检索、浏览及下载借阅数字图书、期刊、课件、试卷等教学资源。2014 年中文在线推出的互动式中小学数字图书馆，可安置在学校的图书馆、教学走廊等公共区域，配备 42 寸触控互动显示屏，进行资源推送和展示。数字图书馆本地内置 3000 本精品图书和 500 集有声图书，学生和老师可以通过手机客户端直接扫描二维码下载图书内容，也可以通过 U 盘下载相关资源，方便实用。“中文在线中小学数字图书馆”在云资源平台上汇聚近 300 家出版单位、2000 余名知名作家的正版数字图书资源，满足不同年龄、不同层次、不同阅读目的的阅读需求。设备连接云资源平台后，提供海量教育资源，包括 5 万册中小学专用图书、3 万集有声读物、13 万套试卷、2 万份课件、3000 种期刊、50 万分钟微视频等内容。实现有屏的地方就有图书馆，成为移动互联网时代的新型图书装备。

超星出品的数字图书借阅机是一款专门为满足师生数字移动阅读需求而研发的专业移动阅读平台，它利用“互联网 + 电子书”来完成图书的借阅功能，总体框架由借阅主机设备和后台提供的电子图书资源两大部分构成，其中包括设备管理、图书内容、客户端应用等模块。超星数字图书借阅机简洁时尚，易安装，可放置于学校教室、走廊、大厅、图书阅览室、教师办公室等多个场所，同时还具有全方位展示校园文化的功能，它以滚动图片的方式展示所在学校的校园文化内涵，并可根据学校的个性化需求开发子功能，建设新时代的校园书香文化，如可以设置校长寄语、学生作品展示、赛事评比、艺术鉴赏、每日一语、名师讲堂、名人名言、校园风采、校园新闻等栏目，充分展示学校文化魅力。

四、人员队伍数量和结构有所变化，业务培训存在较大空间

据教育部基础教育司、教育部教育管理信息中心编辑的《2012 年全国中小学教育技术装备综合统计》《2011 年全国中小学教育技术装备综合统计》(2013 年以后未发现有此资料)，比较两年的数据，全国中小学图书馆(室)管理人员总体数量都在减少，这与学校的数量减少有关。从人员结构来看，全国小学图书馆(室)的管理人员无明显变化，中学图书馆管理人员中高级职称的数量有提升。

一些地区的教育管理部门、教育装备部门、学术团体以及公共图书馆等陆续组织了一些中小学图书馆(室)管理人员的业务培训，在提升队伍业务水平方面继续做工作。例如，2014 年 3 月在重庆举办了一期本年度规模最大的全国学校图书装备管理业务培训——全国中小学数字图书馆建设及图书馆(室)管理培训班。该培训活动由教育部教育装备研究与发展中心主办，重庆市教育信息技术与装备中心承办；来自全国教育装备管理部门负责人、中小学分管图书馆工作的校长、图书馆管理人员共计 600 多人参加。培训班就新课程对中小学图书馆建设与使用的新要求、新趋势，中小学数字图书馆(室)建设方案及应用实践，全媒体数字资源建设思想与建设、开发、利用，电子阅览室(移动阅览室)建设、应用及管理策略，图书馆在学科教学和人人通建设中的作用与实践，读者服务工作的主要内容、方法与策略等方面进行了专题授课，并对数字图书馆在信息化和开展学生阅读活动方面进行了现场互动交流。

五、政府主导开展馆际协作，有效利用教育资源

以国家图书馆为龙头的公共图书馆发挥业务指导和引领作用，与中小学图书馆积极开展各种合作。2014 年 4 月 28 日，由国家图书馆和中国图书馆学会联合主办、丰子恺儿童图画书奖组委会协办的“2014 全国少年儿童阅读年”系列活动在国家图书馆启动。来自国内图书馆界、出版界和教育界的专家学者以及少年儿童代表 200 余人参加活动。

为进一步推动少年儿童阅读活动的开展，整合社会各界的儿童阅读推广力量，在广大少年儿童和青少年中形成“多读书、读好书”的良好社会风尚，中国图书馆学会联合国家图书馆以及全国各地公共图书馆、少年儿童图书馆和中小学图书馆于 2015 年 3 月共同组织开展了“2015 全国少年儿童阅读年”系列活动，取得了良好的社会效益。

为践行社会主义核心价值观，推进北京高校服务中小学进程，提高北京

高校图书馆服务社会能力，北京市教育委员会组织开展了北京高校图书馆面向北京中小学设立参观开放日工作，搭建北京高校图书馆和中小学交流的平台，充分利用北京高校图书馆丰富的资源，引领中小学生走进阅读殿堂，感受大学文化氛围，激发中小学生学习和探索兴趣，建设书香校园。50 余所高校图书馆参与此活动，通过集体预约的形式为中小学读者服务。

六、政策法规建设得到国家重视

2015 年，《中小学图书馆（室）规程（修订）》启动再修订工作。由中国图书馆学会中小学图书馆委员会牵头启动，组织有关相关专家学者研究讨论。来自装备部门、教研部门、高校图书馆、中小学图书馆、公共图书馆及图书馆委员会的十几位专家参加会议，并全程参加修订工作。会议就修订原因、修订原则、修订的主要方向做了一一说明。与会专家围绕图书馆的自动化、网络化、数字化建设以及配备标准、馆员条件、推动阅读等几个问题展开了讨论。

2015 年 5 月，教育部、文化部和国家新闻出版广电总局三部门联合印发了《关于加强新时期中小学图书馆建设与应用工作的意见》，这是我国首部针对中小学图书馆建设与应用全面工作的系统性文件。

面向中小学生的出版物的出版发行管理受到了国家重视。2015 年 8 月，国家新闻出版广电总局、教育部、国家发展改革委员会发布关于印发《中小学教辅材料管理办法》的通知，并自 2015 年 10 月 1 日起施行。

七、一些地区开展图书馆评估，推动标准化建设

“十二五”时期，为有效地引导学校全面提高中小学图书馆（室）的装备水平，使学校图书馆工作更加科学规范，浙江、江西、福建、辽宁、宁波等省市教育装备管理部门围绕中小学图书馆队伍建设、藏书布局、管理手段、管理规范、服务能力等内容，开展的省级中小学示范图书馆的评估、评选活动，极大地促进了中小学图书馆的标准化建设。

例如，2014 年 1 月 10 日辽宁省教育厅办公室下发《关于对获得省级中小学图书馆示范县（市、区）进行复查的通知》。该《通知》称，截至 2013 年年底，辽宁省有 24 个县（市、区）成为省级中小学图书馆示范县（市、区）、有近千所学校获得省级“图书馆示范校”称号。2014 年 4 月 30 日，浙江省教育技术中心下发《关于开展示范性图书馆（室）评选的通知》，按照《浙江省中小学示范性图书馆（室）评选标准》要求，评选一批浙江省普通中小学校示范性图书馆

（室）。中小学示范性图书馆（室）评选标准分为体制（管理体制、学校领导重视、人员管理）、队伍建设（人员配备、业务素质、人员稳定）、工作成果（课题、论文、工作成果）、馆舍设施（馆舍面积、设施要求、陈列设施、办公设施、电子阅览室设施、防护设施）、藏书建设（藏书刊量、藏书质量）、图书经费（包括经费落实与管理）、常规管理（规则制度、计划总结、工作细则）、文献管理（自动化管理、文献分类、图书加工、文献检索、期刊管理、书刊剔除、网络应用）、基本服务（借阅模式、借阅册数、读者到馆率统计与分析）、服务教育教学（读书活动、配合课改、图情教育、阅读指导、书目宣传、文献工作、检索咨询服务、信息交流）、特色与创新（特色服务、公共服务、工作创新）等五个方面、十三大项、四十二细目。

中小学图书馆作为学校书刊资料信息中心，承担着为学校教育、教学和教育科学研究服务的责任和义务。"十二五"时期，部分省市教育行政部门以中小学图书馆等级评定为抓手，加大开展中小学图书馆评估工作力度，进一步推动本地区中小学图书馆的发展建设。例如，2014 年 4 月 27 日江西省教育厅赣教备字〔2014〕1 号文件通报了 2013 年度江西省中小学图书馆评估结果，赣州中学等十二所学校图书馆达到了省颁"中小学一级图书馆"标准，成为江西省第五批"中小学一级图书馆"，并分别授予"江西省高中一级图书馆""江西省初中一级图书馆"和"江西省小学一级图书馆"称号并挂牌。另有吉安县城关一小、宜黄县第三中学等 18 所中小学图书馆经评定获得了"中小学二级图书馆"称号。2014 年 12 月 25 日，辽宁教育厅办公室公布 2014 年度辽宁省中小学图书馆（室）示范校评估结果。根据《辽宁省中小学图书馆（室）工作示范校、示范乡（镇）、示范县（区）评估细则》等文件规定，经各市教育行政部门推荐，教育厅组织专家评估检查，最终沈阳市同泽高级中学等 47 所学校被评为 2014 年度辽宁省中小学图书馆（室）评估工作示范校。

八、存在不足与问题

由于中小学图书馆的基本数据统计不全、不连续，数据项和年度统计都存在一定缺失。导致对现状的掌握不够清晰。

中小学图书馆的管理人员队伍兼职情况比较严重，专业化程度存在较多问题；系统的培训策划、统筹和跟进不足；缺乏从业资格的准入制度；队伍素质影响了图书馆工作的深入开展和办馆水平。

地区间、校际间发展不均衡，农村乡镇边远地区的中小学图书馆（室）建设与管理重视和投入不够。

中小学图书馆的法制和规范标准建设存在还一些空白。

第四节 未来展望

随着国家对中小学图书馆的重视，这一领域的政策和法制建设会更加完善。组织社会力量，研制出台相应的国家标准、行业标准和团体标准，如中小学图书馆评估标准、中小学图书馆馆藏馆舍标准等。中小学图书馆的建设与发展将作为教育综合督导评估和规范办学行为的重要内容，以评估检查促进规范建设和管理。

加快中小学图书馆信息化建设，要提高偏远落后地区的学校信息化普及程度，提高图书馆工作自动化管理水平。各级教育行政部门应将中小学图书馆的信息化建设纳入区域和学校信息化建设的整体规划。加强中小学数字图书馆建设，依托局域网或城域网，建立数字图书馆，提高数字资源的整合能力，加强资源特色化建设。研发和推行数字阅读机、移动阅读、手持阅读等新型阅读设备以广泛应用于校园阅读。

进一步深化中小学图书馆的读者服务形式，结合全民阅读更为深入地开展多种形式的“书香校园”阅读活动，开设与学科教学深度融合的图书馆课程，在全面提高师生核心素养方面发挥学校图书馆特有的育人功能。

开展全国中小学图书馆的状况调研，建立事实数据统计数据库，发布统计分析白皮书。研制中小学图书馆馆藏馆舍服务等系列国家标准和行业标准。做实各项基础工作，为建立全国中小学图书馆文献资源共建共享工程做准备。

更大范围的实现馆际协作，利用各种社会资源为中小学图书馆服务，除了公共图书馆、高校图书馆外，还可以尝试与博物馆、科技馆、文化馆、资料馆、电教馆等单位合作，开发更为灵活的课程资源。结合基础教育课程改革、中高考考试改革，拓宽学生视野。

加强中小学图书馆管理人员队伍建设，管理人员培训常态化、系统化、规范化。

中小学图书馆的研究成果要更体现理论与实践相结合，总结出更为适宜的研究方法，培养出较为稳定的研究队伍，逐渐探讨学校图书馆学的学科架构，丰富图书馆学理论体系。

为中小学图书馆研究成果的发表搭建平台，如复刊专业期刊《中小学图书情报世界》以及在科研项目、出版资助中设立有关中小学图书馆研究方面的内容等。

（执笔人：王海明 曹青）

参考文献：

[1] 中国教育装备行业协会学校图书装备分会. 中小学图书装备发展研究报告[M]//王富. 中国教育装备行业蓝皮书:2013 版. 南京:江苏文艺出版社,2013:24-37.

[2] 张晓凌. 学校图书装备发展概述[M]//王富. 中国教育装备行业蓝皮书:2014 版. 北京:中国大百科全书出版社,2014:53-68.

[3] 张晓凌,王海明. 学校图书装备发展概述[M]//王富. 中国教育装备行业蓝皮书:2015 版. 北京:中国大百科全书出版社,2015:87-103.

[4] 王海明,曹青,庞振华. 学校图书装备年度发展报告[M]//王富. 中国教育装备行业蓝皮书:2016 版. 北京:中国大百科全书出版社,2016:97-119.

[5] 曹青,王海明.《中小学图书馆(室)配备核心书目》编制工作的思考与实践[M]//王富. 中国教育装备行业蓝皮书:2016 版. 北京:中国大百科全书出版社,2016:190-197.

[6] 中国教育装备行业协会学校图书装备分会. 中小学图书馆工作指南[M]. 北京:高等教育出版社,2013.

第六章　专业图书馆[①]

第一节　发展综述

在我国，专业图书馆泛指科研型图书情报机构，其主要任务是紧密结合本系统本单位的业务活动和发展目标，依托专业馆藏和专业资源，为专业人员或专业领域提供专业化文献信息服务。我国专业图书馆是一个复杂的体系，包括了科研机构图书馆、专业化服务文献情报机构、学术型图书馆和专门机构图书馆等。从分布上，专业图书馆广泛地分布于各行业、各系统、各地区。从类型上，覆盖了科研机构、政府体系、事业机构、非政府组织等。从体系结构上，各个系统都建立了各自的图书情报协作网络系统，自上而下，一般设有中心图书馆和基层图书馆，中心图书馆发挥本行业、本系统图书情报工作引领、牵头和协调作用，基层图书馆发挥着为母体科研机构提供文献资源保障与服务的作用；来自地区的专业图书馆，发挥着支撑区域科技、经济发展决策咨询的作用。

我国具有代表性、典型性的专业图情机构大多来自于国务院、国家部委所属行业系统的科研型文献信息机构，如：中国科学院系统的中国科学院文献情报中心文献情报体系、中国社会科学院系统的中国社会科学院图书馆体系、农业科学院系统的中国农业科学院图书馆体系、医学系统的中国医学科学院医学图书馆、中国中医科学院图书馆、解放军医学图书馆等。在行业系统图书情报协作网络体系中，像国家工程技术图书馆、中国化工信息中心、机械信息研究院、冶金信息标准研究院、中国地质图书馆、中国民族图书馆等机构都是国内著名的专业信息服务机构，也是各自体系图书情报事业协调发展的牵头单位。专门机构图书馆如国家标准馆文献馆、中国计量科学研究院文献馆、国家知识产权局专利图书馆、中国版本图书馆都是国家级文献信息标准提供与服务单位。另外，2000 年 6 月 12 日，经国务院批准，由科技部联合

① 本章数据主要来自于《专业图书馆“十二五”期间事业发展报告》，国家图书馆出版社 2017 年出版。

财政部、经贸委、农业部、卫生部和中国科学院成立的国家科技图书文献中心(NSTL),由中国科学院文献情报中心、中国科学技术信息研究所、机械工业信息研究院、冶金工业标准信息研究院、中国化工信息中心、中国农业科学院农业信息研究所、中国医学科学院医学信息研究所、中国计量科学院文献馆和中国标准研究院标准馆9个成员单位组成,突破了传统的行政隶属关系,保障了隶属不同系统的文献信息机构资源服务共建共享,NSTL经过10多年的发展,已成为享有广泛声誉的国家科技文献信息资源和服务战略保障基地,同时也为地方和行业文献资源搭建共享平台,促进地方和行业科技经济发展。

以上这些较具规模、具有代表性的专业图书馆,在推动我国专业图书馆事业的发展中发挥着示范和引领作用,也在一定程度上代表了我国专业图书馆的发展特点和未来趋势。

“十二五”期间是专业图书馆变革性发展、服务快速转型的关键期。专业图书馆围绕“十二五”发展规划及创新驱动的行业发展目标,面向用户、面向科技决策、面向科研一线、面向国家科技信息服务需求,持续拓展知识服务内涵、强化知识服务能力建设,深入推进文献情报服务创新发展战略。在数字资源保障体系优化与知识组织、阵地服务拓展与新型文献信息服务、学科服务创新与知识服务转型、战略情报研究与多元化咨询服务、集成服务平台建设与知识服务新技术研发等方面均取得了突破性的进步,进一步向集成化、个性化、专业化、咨询化的知识服务转型升级。

“十二五”以来,专业图书馆体现出如下发展特点:一、持续夯实基础服务,保障和满足科技文献、行业信息普惠需求,为科技创新提供基础性、战略性支撑服务;二、探索建立新型情报服务体系,围绕科技创新价值全链条和产业行业转型升级发展,延展信息服务链,开展全谱段文献情报服务,形成对科技发展和创新驱动的强劲支撑力;三、积极探索科技情报与决策咨询服务的新方法、新思路和新实践,承担和开展重大科研基础项目研究,产出一批具有重要影响力的情报产品及科研项目;四、着力构建知识服务平台和信息环境建设,研发知识服务新技术应用,完善科技信息基础设施建设;五、积极推进开放获取、开放出版及科学数据共享服务的新研究和新实践,促进学术成果开放交流,提高我国在国际学术界的影响力与地位;六、探索科技智库建设与实践,响应党的“十八”大号召,在创新驱动发展战略实施、中国特色新型智库建设的新形势下,加大推动文献情报机构向专业知识咨询、专业科技智库转型升级和跨越发展。七、开展专题文化传播活动,提升专业图书馆机构的社会影响力。

表 6-1 “十二五”期间主要专业图书馆事业发展基本数据——资源建设①

项目			国家科技图书文献中心	中国科学院文献情报中心	国家工程技术图书馆	国家农业图书馆	中国林业科学研究院图书馆	中国医学科学院图书馆	中国社会科学院图书馆
印本资源	中文图书	种	—	625 111	—	184 016	—	—	—
		册	—	851 830	—	248 273	121 909	10.8 万余	84 602
	外文图书	种	—	827 825	—	102 285	—	—	—
		册	—	945 794	—	121 805	94 310	9.4 万余	27 857
	中文期刊	种	—	29 833	11 000 余	4878	—	1430	1500
		册	—	2 909 987	—	626 219	33 020	—	—
	外文期刊	种	—	46 588	16 000 余	6500	—	3883	800 余
		册	—	5 592 817	—	1 332 032	47 422	—	—
	中文会议录	种	—	790	—	645	—	—	—
		册	—	790	70 000 余	1033	—	—	—
	外文会议录	种	9119	110 398	—	1617	—	—	—
		册	—	117 702	130 000 余	1882	—	—	—
	学位论文	篇	—	121 601	3 300 000 余	18 506	—	11 531	179 342
	标准文献	件	—	20 123	—	4269	—	—	—
	专利文献	册	—	2 365 496	—	36	—	—	—
	科技报告	篇	—	119 701	1 900 000 余	2376	—	—	—
	法规	条	—	—	—	459	—	—	—
	古籍	种	—	—	—	12 768	—	—	—
		册	—	—	—	13 050	—	—	—
	地方志	种	—	—	—	7	—	—	—
		册	—	—	—	7	—	—	16 284 余
电子资源	数据库	集团采购	60	109	41	70	26	86	190 余
		为其他单位开通	149	44		65		—	
	图书/工具书	中文	—	—	—	38 000	—	14 万余	—
		外文	—	136 490	—	8500	—	10 204	—
	期刊	中文	—	—	—	5075	—	1 万余	27 700 余
		外文	3659	18 248	—	7000	—	6634	3 万余
	会议录	中文	—	—	—	—	—	—	—
		外文	—	40 757	—	—	—	—	—
	学位论文	中文	—	—	—	—	—	—	—
		外文	—	—	700 000	—	—	—	—
	行业报告	中文	—	—	—	2705	—	—	—
		外文	—	—	—	38	—	—	—

① 表中空白项为未得到数据，下同。

项目			中国中医科学院图书馆	解放军医学图书馆	中国标准化研究院国家标准馆	中国计量科学研究院文献馆	中国化工信息中心	冶金信息标准研究院	中国地质图书馆	军事科学院军事图书资料馆
印本资源	中文图书	种	8 万余	17 184	—	151 716	—	—	22 037	—
		册	20 万余	—	—	207 579	88 807	2863	28 905	58 228
	外文图书	种	1. 2 万余	2135	—	152 261	—	—	4902	—
		册	1. 4 万余	—	—	171 568	—	6601	5112	2297
	中文期刊	种	2650 余	1451	—	390	1290	—	—	—
		册	4. 6 万余	—	—	76 625	29 952	13 825	5262	—
	外文期刊	种	200 余	828	—	326	1461	—	—	—
		册	2. 7 万余	—	—	77 242	26 298	103 937	7054	—
	中文会议录	种	—	—	—	105	—	—	—	—
		册	—	—	—	240	6349	300	—	—
	外文会议录	种	—	—	—	485	—	—	—	—
		册	—	—	—	48 534	6540	9130	—	—
	学位论文	篇	—	16 913	—	1200	—	—	—	164
	标准文献	件	—	—	857 195	1062	—	229	—	—
	专利文献	册	—	—	—	360	—	—	—	—
	科技报告	篇	—	—	—	3652	9689	639	—	—
	法规	条	—	—	—	3300	—	—	—	—
	古籍	种	8000 余	—	—	1	—	—	—	—
		册	10 万余	—	—	246	—	—	—	—
	地方志	种	—	—	—	—	—	—	—	—
		册	—	—	—	—	—	—	—	—
电子资源	数据库	集团采购	18/60 余自建	72	—	80	—	20	28	—
		为其他单位开通			—		—			—
	图书/工具书	中文	—	—	—	302 471	—	—	4 201 176	—
		外文	—	—	—	281 326	—	64	197 155	—
	期刊	中文	—	7156	—	10 924	2600	—	20 092	—
		外文	—	6229	—	10 974	1600	30 317	1666	—
	会议录	中文—	—	—	3863	—	—	2 868 843	—	
		外文	—	—	—	1858	—	9	140 000	—
	学位论文	中文	—	—	—	3 786 118	—	—	3 293 807	—
		外文	—	—	—	862	—	—	3 293 807	—
	行业报告	中文	—	—	—	582	—	—	—	—
		外文	—	—	—	703	—	1691	—	—

表6－2 “十二五”期间主要专业图书馆事业发展基本数据——用户服务

项目	文献流通及咨询服务								文献传递		馆际互借	查新、引证检索、专题服务数量		
	到馆读者（人次）	书刊流通量		读者咨询量	网络点击量	网络文献下载量	资料复制（千页）	音像制品购置（张）	接受请求（篇）	满足请求（篇）		引证检索（项）	科技查新（项）	专题及其他（项）
		借阅人次	借阅册次											
国家科技图书文献中心	—	—	—	—	—	—	—	—	—	—	—	—	—	—
中国科学院文献情报中心	504 871	—	377 736	116 277	—	—	—	—	433 490	404 456	10 777	14 168	1468	928
国家工程技术图书馆	—	—	—	—	—	—	—	—	752 637		—	—	—	—
国家农业图书馆	150 000	45 000	180 000	58 000	5 299 428	17 600 000	150	—	192 485	—	—	261	1188	275
中国林业科学研究院图书馆	26 416	28 407		—	2401 万	1570 万	—	—	119 900		—	246		—
中国医学科学院图书馆	147 200	—	43 786	1.2 万	350 万	1559.3 万	199	—	1 751 700		—	1407	2288	17 165
中国社会科学院图书馆	10 522	—	284 241	—	914.2 万	1237.5 万	—	—	—	—	—	—	—	—

续表

项目	文献流通及咨询服务								文献传递		馆际互借	查新、引证检索、专题服务数量		
	到馆读者（人次）	书刊流通量		读者咨询量	网络点击量	网络文献下载量	资料复制（千页）	音像制品购置（张）	接受请求（篇）	满足请求（篇）		引证检索（项）	科技查新（项）	专题及其他（项）
		借阅人次	借阅册次											
中国中医科学院图书馆	6540	—	—	—	23 471 232	2 156 425	—	—	—	—	—	246	1116	77
解放军医学图书馆	46.23 万	16.41 万	—	1200 余万	40 余万	—	—	42 293	—		769	2721	—	
中国标准化研究院国家标准馆	10 117	120 470		61	731 008 970	221 836	—	—	—	—	—	—	938	118
中国计量科学研究院文献馆	8536	8267	41 338	5302	4 825 945	1 123 960	61	16	172 180	170 035	7855	697	580	295
中国化工信息中心	16 325	—	32 694	—	—	519 615	320	—	—	118 733	326	—	1281	—
冶金信息标准研究院	1000	—	—	1000	30 万	无	100	—	5 万	5 万	100	—	600	30
中国地质图书馆	667 024	47 091	206 865	—	1000	1400	531	—	20 285	—	—	812	388	—
军事科学院军事图书资料馆	40 789 余	—	83 235 余	—	—	—	—	—	—	—	—	—	—	—

第二节　基本统计数据

本节数据主要来自于各类型主要专业图书馆机构提供的“十二五”期间事业发展报告的相关数据。

一、文献资源建设

表6-1说明在“十二五”期间，专业图书馆机构在巩固印本科技信息资源馆藏体系的基础上，重点强化了数字化文献资源建设，形成了覆盖图书、工具书、期刊、会议录、专利、标准、学位论文、科技报告等各类型的数字化文献资源体系，构建了印本文献资源和数字化文献资源互补的科技文献保障体系。

二、用户服务

表6-2说明在“十二五”期间，各专业图书馆的到馆服务主要集中在文献流通及咨询服务，文献传递，馆际互借，查新、引证检索及专题服务五个方面，且服务项目、服务效果及服务人次都大幅增加。

三、自建数据

表6-3　“十二五”期间专业图书馆事业发展基本数据——自建数据

单位名称	自建数据
国家科技图书文献中心	自建4200多种外文期刊引文数据，总量达2.18亿条
中国科学院文献情报中心	自加工中国科学引文数据库，文摘数据464万篇，引文数据5700万条
国家工程科技图书馆	仓储3.34亿条文摘及引文数据，7715万全文
国家农业图书馆	外文文摘数据加工量实际完成1 181 546条，外文引文数据加工19 636 799条；自建特色数据库10余个，包括农业古籍数据库、农业统计数据库、专利数据库、专家库、政策法规等
中国林业科学研究院图书馆	拥有自主知识产权的数据库已达80个，自建库累计信息量达500多万条（其中：文本数据量10 GB，PDF文件1.2TB）

续表

单位名称	自建数据
中国医学科学院图书馆	外文文摘数据加工量实际完成 246.56 万条,外文引文数据加工 4586.46 万条,中文文摘加工总量 309.27 万条,中文引文数据加工总量 1475.73 万条
中国社会科学院图书馆	—
中国中医科学院图书馆	自建各类数据库 60 余种,总数据量达 150G
解放军医学图书馆	自主研发《中文生物医学期刊数据库(CMCC)(累积文献题录数据 810 万条)》《中文生物医学期刊引文查询系统(CMCI)(累积引文数据 2010 万条)》《中国生物医学期刊引文数据库机构知识版(累积引文数据 2010 万条)》和《中国疾病知识总库(CDD)》(文本数据量 33GB)等系列信息产品
中国标准化研究院国家标准馆	自建数据库数据总量为 327 320 条
中国计量研究院文献馆	自建各类数据库 10 余种,总数据量达 700 多万条
中国化工信息中心	"十二五"期间外文文摘数据加工完成 1 945 994 条,外文科学引文数据加工 12 036 618 条,中文文摘数据完成 68 万条,国内外动态消息市场信息数据库完成 86 万条
冶金信息标准研究院	200 万条,冶金领域数据库
中国地质图书馆	自建数据库 20 余个,纸本资源近 80 万卷,数据量超过 102TB

四、特色服务

"十二五"期间,专业图书馆在巩固阵地服务的同时,也根据自身特色资源拓展特色服务。如:"十二五"期间,NSTL 支持集团联合采购美国物理、化学类期刊 55 种,农业、生物类 580 种,为近 200 所大学、100 余家科研院所服务;并支持成员单位采购网络版全文电子期刊数据库 66 个 20 083 种,事实型文摘型数据库 83 个,为 160 多个国家级重点研究所服务。国家工程技术图书馆开展了图书馆参考咨询服务,累计完成用户电话咨询 174 219 人次,E-mail 咨询 14 700 人次,为用户搭建有效沟通的桥梁和渠道。国家农业图书馆于 2013 年年底新馆开馆至 2014 年年底,参考咨询服务达 6636 次;宣传培训 80

场,6810人次参加。中国医学科学院图书馆服务相关咨询1.2万余人次。中国社会科学院图书馆开通24小时接听远程登录系统的使用咨询,为科研人员解决问题。截至2015年年底,系统共有注册用户11 539人,日均访问次数超过1万余次。2011年到2015年,中国标准化研究院国家标准馆参考咨询服务有61项,专题信息服务数量为118项。中国计量科学研究院文献馆尝试着运用“情报工具+海量数据+专家智慧”的新模式,将科技查新服务、专题信息咨询服务、竞争情报服务、信息主动推送服务等结合起来,实现多方位、多元化、多功能的深层次文献信息服务。

第三节　主要工作及发展特点

“十二五”期间,各专业图书馆基于对未来工作的规划布局,在信息资源保障、学科化服务模式、情报服务系统建设、信息基础设施建设、科技文献知识组织、开放获取和长期保存以及科学文化传播等方面都取得了较大进步。

一、强化数字化特色资源建设,不断完善综合信息资源保障体系

专业图书馆的主要使命是为本机构和相关机构提供专业化文献信息保障与服务。在数字化文献信息服务的大环境下,“十二五”期间,各专业图书馆机构秉承一贯的发展理念,在保证基础文献资源保障能力的基础上,重点开发综合信息资源保障体系,加强数字信息资源加工整合和特色化数字馆藏建设,并开发建立国家科技报告体系与服务系统,为我国的自主创新能力建设提供了重要的信息资源保障。

1. 提升基础文献资源保障能力

“十二五”期间,各专业图书馆巩固优化本馆的馆藏资源,大大提升本馆基础文献资源的保障能力。

截至2015年,国家科技图书文献中心(NSTL)续订全国开通的网络版外文期刊641种,事实、数值型数据库4个,继续支持集团联合采购外文现刊635种,支持成员单位采购外文全文数据库66个,中文现刊12 000种,电子图书总量达257 734种。并在此基础上,调整和优化资源结构,积极推进多种形式的外文科技文献资源建设,逐步加大灰色文献的建设力度,合理拓展文献采集的地域和语种范围,侧重满足“一带一路”、京津冀、长江沿线相关的重点

地区科研机构、高新技术企业等用户需求，继续以“国家许可”方式引进各类全文数据库，积极推进数字科技文献资源长期保存体系。

中国科学院文献情报中心巩固优化以数字资源及其网络化服务为主的文献保障体系，使得科技创新文献需求保障率持续保持在95%以上，年均全文下载达到4600余万次、原文传递12万篇。截至2015年年底，完成引进数据库171个，全院所属研究所可共享的外文期刊18 248种，外文图书105 446卷/册，外文工具书31 044卷/册，外文会议录40 757卷/册，外文学位论文543 086篇，外文行业报告1 677 811篇，中文图书353 854种(套)382 461册，中文期刊16 918种，中文学位论文2 789 057篇。在满足基础资源保障的同时，积极拓展支持成果转化、科技决策、综合素质教育等新需求的信息资源，新增引进全球产品样本数据库、搜数网等，支持核心需求研究引进SciFinder、剑桥晶体数据库等专业工具。同时，积极探索新型资源保障体系建设。

中国农业科学院国家农业图书馆发起成立农业科研系统电子资源建设与服务联盟，依托国家农业图书馆文献资源，合作开展数据库资源集团采购、电子资源共建共享。“十二五”期间，争取NSTL和农业部国际合作司采购补贴，电子资源集团采购初具规模。通过集团引进国外数据库10种，参加集团采购的成员单位达33家127个馆次，总经费达828万元。初步形成了全国农业科研文献信息共建共享服务体系。

中国中医科学院图书馆开展中国中医科学院研究生论文库建设。同时采集北京地区中医药视频资源数据2084条，全国中医药多媒体资源7950条；采集中医药及传统医学学术专题讲座158个；采集中医药非物质文化遗产相关文本资料200多个，相关图片2000余幅，视频资料300余部/集；采集图片资源34组，3000余幅；拍摄各级各类会议、发布会等37次，编辑制作会议资料片40部集，片长共6960分钟；制作光盘147张。

中国科学院上海生命科学信息中心以科研需求为导向，建设结构合理、利用高效的数字资源，引入“用户驱动电子书采购模式(PDA)”有效探索用户使用需求特征及图书订购模式转变；同时将本馆馆藏资源嵌入连接到PubMed检索系统，开设上海生科院专属PubMed链接，方便用户查找和利用本馆资源。

2. 开发综合信息资源保障体系

“十二五”期间，随着开放获取运动的不断发展，开放科技资源的需求和建设也得到迅猛发展，对开放图书、开放会议论文、开放数据等开放资源的建设也是专业图书馆信息资源保障体系的重要环节。

中国科学院文献情报中心在持续优化数字文献资源保障体系建设的基础上，全面启动“综合科技资源集成登记系统”“开放科技课件采集与服务系统”“开放社会经济信息集成揭示系统”等系统建设，共登记 9 万余条综合科技资源，采集组织 49 108 个开放课件、2 万余条各领域信息，并突破原有的开放获取期刊论文一站式发现平台（GoOA）的采集方式。同时完善全院机构知识库网络，存储各类科技成果 69.4 万份；并与 Springer、Nature 等出版社完成 16 种重要科技文献数据库在我国本土的长期保存，覆盖电子期刊 16 933 种、电子图书 74 622 种、实验室指南 34 000 种、预印本 999 619 种。

国家工程技术图书馆在“十二五”期间牵头启动 NSTL 开放学术资源库的建设工作。提出国家开放学术资源建设的总体框架，拟定政府资助成果开放呈缴；协同构建国家知识库；登记国家开放资源；建立国家开放出版基金；开放资源建设标准规范等工作内容，并划分不同的建设阶段，根据“有所为，有所不为”的原则逐次开展开放学术资源建设工作。“十二五”期间，重点启动对期刊、图书、会议录、课件、报告、学位论文六种类型高质量开放资源进行集成揭示与保存，构建开放资源集成服务平台。

国家农业图书馆在“十二五”期间加大对开放获取资源的收集和整理，初步建立开放数字资源体系。通过深入调研、分析筛选、编制规范、定期审核等一系列过程，采集中英文开放期刊 700 余种，开放获取会议信息 1500 余个，录入整理 4 万余篇开放获取会议文献数据信息。此外，还建立农业 OA 期刊关联数据检索系统和开放资源集成检索系统，提高了开放资源的使用率及系统语义揭示能力。

3. 加强数字信息资源加工整合

“十二五”期间，各专业图书馆在保障科技文献资源建设的同时，进一步加大了对科技文献的加工和整合力度。

“十二五”期间，国家科技图书文献中心进一步加大对印本科技文献的加工和揭示力度，所有期刊、会议录、学位论文、科技报告、文集汇编等都要做到篇目级的文摘加工，对专著、工具书等文献进行简介报道。同时，建立数据研究管理中心，大力推进数据加工业务转型，调整数据加工流程，优化联合数据加工系统结构，增强系统功能；加强国际科学引文数据库建设，提高引文数据库的检索与分析功能；加强对网络科技信息资源的整合、加工与揭示。

“十二五”期间，中国农业科学院国家农业图书馆从对单一的馆藏文献扫描与数字化加工扩大至科技文献、科学数据、科研实体、OA 资源、专业术语等综合科技资源的加工，在过程中，增强和改进自动化拆分系统的功能，实施农科数字化加工业务的精细化管理，建立加工过程的实时监控机制；同时，引入智能化的加工处理流程和技术，基于深入分析大量农业科学引文著录规律的基础上，提出了14种典型的引文著录类型，建立了基于特征词分类和期刊名称知识库的计算机自动批量拆分软件及配套的质检程序和批量修复工具；在深度加工方面，通过智能拆分、精细化与碎片化等不同方式加工不同数据和科研实体，形成多类型资源知识组织与多维语义关联；共加工文摘与引文数据加工量达2242.39万余条，其中中文库总数据量达360.50万余条。

4. 加强特色化古籍数字化馆藏建设

各专业图书馆在一般性文献保障服务的基础上，加强古籍化数字化和古籍馆藏资源，最大限度满足专业学术研究和专题文献的服务需求。

"十二五"期间，中国中医科学院图书馆采购未藏古籍资源共计87种90册，其中孤本占70种、稿抄本75种、未藏版本12种，获得未藏古籍电子版15种，可在线阅读《中华再造善本》账号2个；扫描古医籍图片2000余叶，转换中医古籍扫描图片6100余页；开发"中医古籍书目数据库"网络版，完成《中国中医古籍总目》电子版、《民国时期书刊联合目录》；完成《走方医抄本研究》《草泽医抄本研究》撰写工作；出版第八批、第九批《中医古籍孤本大全》及《孤本医籍叙录集》，完成《欧美收藏中医古籍联合目录》《欧美收藏稀见中医古籍及研究》撰写工作，复制回归国内失传中医古籍30余种；完成全国59家藏书单位的1370种孤本书目调研出版《中国中医孤本古籍总目提要》，其中点校出版37种入《中医药古籍珍善本点校丛书》。

军事科学院军事图书资料馆作为全国古籍保护试点单位，对馆藏古籍进行普查、登记和著录工作，现馆藏古籍9400余种，10.7万册，其中1975年前的善本古籍650余种。"十二五"期间，共完成其中6700余部、5.7万余册古籍的普查登记工作，同步制作了版本书影，先后向国家古籍保护中心填报申报书300余部，其中17部被收录《国家珍贵古籍名录》。此外，还建成兵书珍品展厅，形成了现代古籍展藏中心。

中国版本图书馆于2008年起启动馆藏样本资源抢救工程，抢救内容为处于濒危状态、早期征缴到馆的出版物样本。"十二五"期间各类介质出版物样本抢救数量为：录音带样本总量2万小时；光盘介质CD-ROM、VCD、DVD样本总量8800小时；年画、木刻水印卷轴样本总量4.1万张；老图书样本总量372万页；绘本连环画样本总量304万页；老期刊102万页。顺利完成样本资源抢救工程项目绩效评价，较好地保护了馆藏版本资源。

中国艺术研究院图书馆珍藏古籍十六万余册，包括善本古籍五万余册，大部分为戏曲、美术、音乐等艺术类古籍。其所藏善本主要是20世纪50年代以来，陆续接收原北平国剧学会、政务院文化部戏曲改进局、文化部艺术事业管理局、原中国艺术博物馆、中国文联等单位的收藏，以及傅惜华先生“碧蕖馆”藏书、梅兰芳先生“缀玉轩”部分藏书、程砚秋先生“玉霜簃”部分藏书、齐如山先生“百舍斋”部分藏书、杜颖陶先生抄藏戏曲善本、杨荫浏先生藏书、盛家伦先生藏书、吉联抗先生藏书等名家的藏书，具有较高的学术和文物价值。

5. 国家科技报告体系与服务系统建设

根据中共中央关于建立统一科技报告制度的要求，“十二五”期间，国家工程技术图书馆受科技部委托，负责建设科技报告制度体系等相关工作，主要包括：充分调研与论证国内外科技报告制度建设现状和科研管理体系，分析研究我国科技计划管理过程及其与科技报告管理目标间的契合并轨机制，努力将科技报告工作流程嵌入科技计划管理过程，提出与现有科技计划管理体制相适应的总体制度框架；与各省级科技信息机构组建约50人的科技报告编辑改写专家队伍，分4批集中对科技报告进行改写编辑并上网服务奠定基础；开发国家科技报告服务系统，收录的1万余份科技报告面向社会提供服务；编制《科技报告工作手册》等系列教材，面向国家科技计划管理人员等全面开展宣传培训工作；组织专家完成《科技报告编写规则》等国家标准的制修订工作，确保科技报告撰写标准统一，数据、系统、服务互联和互操作。

二、探索多层次学科服务模式，实现传统服务向知识服务转型升级

专业图书馆机构的主要任务是为本机构和相关机构的科研人员提供信息服务。随着各机构科研人员群体多元化和个性化的发展，“十二五”期间，专业图书馆在提供普惠化学科服务的基础上，积极拓展学科化知识服务、推进阵地服务转型，拓展区域和产业信息服务转型，以多种服务模式，由浅入深、点面结合的推行多层次学科知识服务，实现传统服务向知识服务的转型升级。

1. 夯实普惠化学科服务

学科化服务作为一种理念，强调的是基于用户需求的个性化服务无处不在。“十二五”期间，各专业图书馆借助信息技术的力量，充分利用网络资源，为研究人员提供普惠化学科服务。

“十二五”期间,中国科学院文献情报中心持续夯实面向一线科研人员和研究生的信息服务,坚持“服务到所、创新到所、考核到所”和“常下所、长下所”的服务机制,重点推进学科化服务,本地下所5065次、外地下所1349次;服务课题组3065个;服务科研人员18 714位;服务学生数目61 442人;到所用户培训1748场、71 098人次参加;提供专题信息2245份;提供课题跟踪712份;共为3085位VIP用户提供服务;提供(学科情报)咨询报告590份;发放培训及宣传材料75 475份;提供业务指导与咨询次数12 761次;服务的用户数达78 235位;新增用户数30 725位。学科馆员队伍采取E-mail、QQ、MSN、服务Blog、电话等,为用户提供随时随地的咨询服务。开设必修和选修相结合、检索利用技能与学科领域深度分析相互补的多层次信息素质教育课程体系。组织中国科学院兰州文献情报中心、成都文献情报中心、武汉文献情报中心和科学院下属各个研究所文献信息机构,通过网络服务、到所服务等多种形式,为科研人员提供文献检索利用指导培训、资源与服务宣传推介、先进知识分析工具使用培训、基本信息素质培训等普遍服务,全面夯实面向科研一线的学科知识服务。

2. 拓展学科化知识服务

新型学科化服务体系是专业图书馆发展的亮点之一。“十二五”期间,各专业图书馆开展并深化了形式多样、各具特色的学科化服务,取得了良好效果。

中国科学院文献情报中心在为用户提供文献服务、信息素质培训等基础学科服务外,还与83个研究所的图书馆员协同完成创新到所项目115项,涉及重大领域或技术发展态势、科研产出分析、研究所竞争力分析等内容。在此基础上,通过“嵌入重点、以点带面”的方式,组织面向研究所重大突破的知识化服务,已在90多个研究所提供针对性的知识化服务,面向各重点实验室、各重大专项等建立起学科馆员和课题组人员互动交流的知识化服务建设机制。与此同时,启动“研究所情报分析可持续服务能力建设”项目,逐步形成研究所认可的情报分析产品体系;启动组织“研究所群组集成知识平台可持续服务能力建设”,建设个性化知识平台488个,资源总量超过33.4万,访问总量超过一千万人次;还协同50个研究所完成科技文献资源保障规划,支持所级可持续优化资源保障。

中国科学院武汉文献情报中心的学科化信息服务对象从以研究生为主扩展到研究生与科研人员并重,培训工作从以大规模培训课为主到针对课题组和个人用户的培训，服务内容从单一的资源介绍到结合科研项目的多种形式服务；五年来，开展各类培训667场，制作培训课件200余个，培训用户15 592人次，发放培训资料15 000余份；同时，为决策部门和科研人员提供包括研究所竞争力分析、学科发展态势分析、专利技术分析、产品及技术市场调研、引进人才分析等多种学科情报服务；还积极构建科研机构竞争力分析系统(ICA)，完成46个地学领域国家重点实验室、16个数理学科领域重点实验室SCI论文分析报告，通过“机构竞争力分析服务网站”发布；完成93个生物医学领域国家重点实验室的SCI论文分析报告。

中国科学院高能物理所文献信息部开展了“文献小课堂”的信息素养培训课程，年均课程数量达到16次以上，参与培训的人次可达到500人；推出“论文收引检索”和科技查新服务；面向科研一线提供专利信息跟踪分析等多种学科化情报服务产品；推出高能所群组知识平台，为科研人员提供个性化的科研信息集成化服务；同时，开展了面向科研管理的学科情报服务。

中国计量科学研究院文献馆在持续面向计量科研人员提供公益性的文献资源服务的同时，尝试从信息服务向知识服务转型，深入推进文献信息知识服务，主要是面向计量科研创新团队、重点实验室、课题组等提供支撑计量科学研究、服务计量科研创新的多层次文献、信息、数据、情报服务。同时，搭建了文献信息知识服务技术平台，为重点项目计量科研人员提供以知识选取与存储、知识重组与再生产、知识配送与输出为内容的文献信息知识服务。

中国农业科学院国家农业图书馆在夯实传统文献服务的基础上，积极推进学科化、知识化服务的发展。主要包括：开展服务宣传与资源培训工作；开通国家农业图书馆新浪微博官方服务账号，利用基于Web2. 0SNS拓展国家农业图书馆服务，为广大地方乡镇农业局、农术推广站、动植物疫病防控站、种植养殖企业等机构或涉农个人快速提供中文农业实用技术文献查询和网络传递服务；面向“转基因生物新品种培育重大专项”等开展专题信息服务；为农业部提供农产品质量安全信息监测服务；建设专题服务平台为院士提供专题推送服务等。

3. 推进阵地服务转型

“十二五”期间，专业图书馆积极推进阵地服务转型，实现了图书馆服务功能的转变和转化。

中国科学院文献情报中心围绕协同创新需求，推进阵地服务转型，改造服务空间，建设信息交流区和学习共享区，指导科研工作者利用数据挖掘工具和海量数据进行知识挖掘，5 年来累计举办信息分析工具培训 800 余场，培训 2 万余人次；在国内首次组织“科研教育开放信息创新应用大赛”，培养广大研究生利用开放数据和开放工具进行创新的能力；建设“科技创新与创业信息服务平台”，支持万众创新、大众创业；支持创业项目路演和投资对洽活动，组织产业技术评估与咨询服务；创办《产业技术情报》，定期发布国内外新兴重点产业发展趋势的分析与预测，目前主要涉及医药与健康、生态与环保、农业与食品、信息与信息化、新能源与新材料等 5 大领域为政府决策和企业创新提供智力支持。

中国科学院兰州文献情报中心积极创新阵地服务，推进新型知识服务空间建设。主要包括建成面向研究生用户的学习共享空间（LC）、升级改造科研综合楼信息共享空间（IC）、建设研究共享空间（RC）；探索开展图书漂流活动、新东方多媒体学习库公益讲座等活动。

4. 拓展面向区域经济和产业发展的信息服务

在“大众创业、万众创新”的社会背景下，专业图书馆积极发挥馆藏和服务优势，广泛参与国家、区域和产业的创新中，为国家、区域和产业提供多样化的信息服务。

国家科技图书文献中心积极开展针对国家重点发展需求的科技服务，主要包括：根据战略性新兴产业发展、重大科技专项、重要行业振兴计划和重大区域发展计划等的信息需求，组织成员单位和服务站建立专门的信息集成服务平台，开展个性化的文献信息服务和情报研究服务，逐步形成联合服务机制和联合服务体系；建立针对国家重大需求的情报研究服务计划；针对国家科技创新战略前瞻和战略决策的重大需求，联合有关科技文献信息机构建立情报分析研究服务体系，通过动态监测、专题研究、态势分析等方式提供服务；紧跟“一带一路”“京津冀协同发展”和“长江经济带”国家三大发展战略，确立了面向三大国家发展战略提供信息服务的框架；提出“一带一路”信息服务平台设计的需求方案，建立长江经济带科技信息服务联盟的工作方案；开展技术园区信息服务行动计划；开展企业创新信息服务行动计划。

在中国科学院领导下，中国科学院文献情报中心组织成立“全国科学院联盟文献情报分会”，建立“全国科学院联盟文献情报共享服务平台”，集成各种资源与服务，支持各省科学院实现文献情报资源共享服务，并为省级科学院、高新技术产业园区及科技型企业提供科技决策与技术产业情报服务。联合相关省级科学院或中科院与地方共建机构，组建“产业情报研究中心”，建制化推进地方科技决策和技术产业情报服务，形成面向经济建设和区域发展的产业情报研究与服务体系；在中关村生命科学产业园区等设立产业图书馆，开展信息素质培训、科技文献服务、科技查新、产业情报服务等；为伟嘉集团等企业提供各种产业情报调研与技术分析报告等服务。

中国科学院兰州文献情报中心面向地方政府部门的战略研究与决策咨询服务，如承担完成“科技引领支撑兰州率先跨越发展若干关键问题研究”等项目；面向区域科研院所的科研创新知识服务，如推进覆盖甘肃、新疆、青海、宁夏4省（自治区）30余个地方科研机构、高等院校、医院、科技型企业的信息资源宣传与保障服务等；面向创新型企业的产业技术与竞争情报服务，如根据青海盐湖集团、晶洁镁露科技有限公司等盐湖资源开发企业的需求，先后组织完成并提交了《盐湖制氢氧化镁阻燃剂产业分析》等系列产业情报报告。

中国科学院成都文献情报中心与四川省知识产权局等相关单位建立初步合作关系；与四川省科技信息研究所等地方研究机构共建文献信息资源共享服务平台、科技成果信息服务平台等；与西南民族大学等高校合作共建“区域文献服务联盟”；为东方电气中央研究院等企业提供战略情报和竞争情报服务。同时，整合面向区域创新的知识服务方法、工具数据等，为区域科技发展、产业转型与提升和全院科技成果转移转化提供分析咨询服务，与企业及高校等合建服务分支机构延伸服务等。

中国计量科学研究院文献馆满足国家整体发展需要，支援西部以及国防建设发展，主要包括：为新疆、西藏提供日常文献保障、文献定题推送等公益服务；为全军提供高质量的计量科技文献信息服务，如提供计量检定规程、计量基标准能力信息等计量科技文献。

三、服务各层面战略决策需求，持续推进协同情报服务体系建设

开展情报研究与决策咨询服务是专业图书馆的重要职能和核心能力，主要围绕所属机构、行业产业和市场用户的情报需求展开。“十二五”期间，专业图书馆纷纷发挥信息集成、检索、分析等技术优势，开展了科技动态情报监测服务、战略情报研究与咨询服务，建设新型专业智库，探索产业技术情报研究与信息服务，优化知识产权和专利分析服务等，有力地支撑了各层面的战略决策需求。

1. 开展科技动态情报监测服务

在科技信息迅猛增长的新环境下，科技监测对科技管理、科学研究信息

服务等具有重要意义。“十二五”期间，各专业图书馆聚焦各领域前沿热点、跟踪领域科技发展，开展专业领域的科技动态情报检测服务。

中国科学院文献情报中心每年完成《国际重要科技信息专报》及其特刊50多期、完成覆盖全院学科体系的《科学研究动态监测快报》13个专辑共282期。直接通过对上专报提供决策咨询服务，连续2年对上专报信息工作在全院排名第一，“关于国家科研计划资助项目发表论文实施开放获取的建议”等多份报告得到党和国家领导人批示。

中国农业科学院国家农业图书馆围绕两院院士及其团队研究领域、专业方向和需求建议，开展专业领域资源的挖掘与分析，通过聚焦领域前沿热点、跟踪领域科技发展、国内外研究状况及相关领域各国和国际组织政策规划与发展，及时为该领域研究人员提供相关领域政策规划和科研最新进展，共完成粮食安全、蔬菜育种、茶学研究、动物营养、农资信息工程及农牧信息等领域简报各28期，向院士及其团队推送信息853条。

中国医学科学院图书馆以面向“重大新药创制”“重大传染病防治”的专业化信息服务专项工作为抓手，以“重点领域信息门户”建设为依托，开展领域信息自动监测与推送以及前沿热点跟踪、学科态势分析等情报服务。

中国中医科学院图书馆积极开展中医药情报的对上服务，监测、追踪国内外中医药、传统医学、补充替代医学发展动态，累计提供与传统医学相关的对上快速反应资料129条、国内外传统医学专题调研报告77份、传统医学专题调研资料122篇、国内外传统医学热点资料871篇约60万字（其中英文、韩文及日文相关资料344篇），发布传染性疾病专题信息16期等内容。

解放军医学图书馆以科学数据分析和科学计量评价为基础，以大数据挖掘与分析为手段，提升情报研究队伍能力，建立情报监测服务平台，形成快速反应和深度分析相结合的学科情报和战略情报服务体系。形成《前沿快报》（月度）、《信息专报》（不定期）等对上决策咨询情报研究产品。加强学科情报研究服务，围绕重点领域进行数据挖掘、动态追踪，加强对热点重点、创新点的态势监测和预警分析，大力培育《跟踪研究报告》《态势分析报告》《竞争力分析报告》等精品化情报研究产品。

2. 开展战略情报研究与决策咨询服务

“十二五”期间，我国以科技创新为核心带动全面创新，强调促进经济发展更多依靠创新驱动。专业图书馆针对科技决策及国家重大项目开展战略情报研究与决策咨询服务。

中国科学院文献情报中心的多个情报团队分别承担了空间科学等先导专项的战略情报研究任务；支持科技部、国家自然科学基金委等部委战略规划，如完成《世界科技发展态势与产学研合作分析》等研究报告；承担“国际地球科学、海洋科学和大气科学研究发展态势分析”等多项研究。

中国科学院兰州文献情报中心及时关注中国科学院和国家在资源环境科学领域的重大项目任务，争取承担中国科学院战略性先导科技专项、国家重大专项等的相关战略情报研究任务，主要包括：承担中国科学院“碳专项”等3个专项4个课题研究任务，承担国家自然科学基金委员会黑河流域科学计划重点项目；承担国家科技支撑计划项目专题、中国科学院知识创新工程重要方向项目、中国科学院“西部之光”项目以及地方科技计划项目等。

中国科学院武汉文献情报中心为中科院科技决策和重大专项开展情报研究工作，主要包括：承担中科院“低阶煤”专项（重大局）等情报监测与研究工作；为学部工作局“分布式可再生能源应用和智能微网咨询研究”提供支持；为中科院重点部署项目“规模储能关键技术研发与示范预先研究”等项目提供支撑。

中国农业科学院国家农业图书馆启动了面向“转基因生物新品种培育重大专项”的专题信息服务工作，主要包括相关文献信息资源进行系统采集、发现和挖掘；通过建立专题信息服务平台，深化相关文献资源的组织开发，向该重大专项的各课题，主动跟踪提供有针对性的、准确便捷的多层次信息服务。

中国医学科学院图书馆参与“国家人口与健康科学数据共享平台——药学数据中心”项目建设，对“创新药物研究专题服务”栏目进行创新药物库、药物靶点信息的数据维护与更新。跟踪、组织、发布国内外最新药物靶点、在研药物、核心专利、上市药物、FDA审批新药等信息，为新药物研发人员及时了解国际发展动态提供信息支撑服务。

中国地质图书馆围绕国土资源重要领域、重大科技前沿和重点科技攻关方向，有计划、有重点地开展地学情报信息分类采集，逐步建立覆盖全面、更新及时、重点突出、特点鲜明的国外地学情报基础数据信息体系和专题数据库。

3. 建设新型专业智库

“十二五”期间，国家政府部门的科学决策对智库的依赖日益加深，智库在政府科学民主决策方面发挥着日益重要的战略和政策问题研究与咨询服务。专业图书馆围绕专业领域战略情报研究与决策咨询、学科领域数据挖掘与知识发现以及区域发展战略研究与决策咨询等方面全面开展新型智库建设。

中国科学院文献情报中心承担中国科学院科技战略咨询研究院的战略情报研究部和产品与平台管理部的任务；承担科技战略咨询研究院《科技前沿快报》和《科技政策与咨询快报》的编辑出版工作，承担新版《科学发展报告》的编制工作；承建的科技战略咨询研究院门户网站进入试运行等，参与推进中科院高端科技智库建设。

中国科学院兰州文献情报中心依托其在战略情报研究领域多年来形成的特色与优势，高效组织力量和配置资源，深入关注国家重大战略需求，重点围绕应对地震与滑坡泥石流等重大自然灾害、全球气候变化、能源与资源开发、生态环境保护、环境污染与治理、低碳经济与循环经济等重大战略性科技问题，通过自主组织选题开展研究与积极承担重要委托任务相结合，主动支撑和服务于国家以及相关部委的宏观战略决策咨询任务，加快推进建设专业型科技智库能力体系。

中国科学院成都文献情报中心支持中科院相关领域重大发展规划的研究与制定，策划并主持承担中科院“十二五”战略情报服务项目，包括中科院重要方向项目或重点部署项目“工业生物技术知识服务研究与应用”等，同时继续为中科院相关领域“十三五”规划研究提供情报支撑；根据国家及中科院各相关部门的战略研究需求，承担情报研究任务，如为科技部先进制造专项“十二五”发展规划专家组提供战略情报，为中国科学院学部工作局、国家保密局等提供战略情报支持。

中国科学院上海生命科学信息中心为国家、中科院战略决策提供服务和支撑，积极参与相关部委的规划编制及决策咨询工作中；面向“率先行动”计划的重大需求，主动对接、加强部署，积极投入中科院生命科学及相关学科领域、上海生科院的情报支撑需求工作中，2011 年以来新增承担或参与各类战略情报和学科情报项目共计 51 项（其中国家部委项目 6 项、中国科学院项目 35 项、地方项目 10 项），已经形成了一定的服务中国科学院、国家有关部门及地方政府战略研究和学科发展决策的能力。

中国地质图书馆积极开展境外大宗矿产资源形势的分析研判，为制定我国矿产资源勘查开发宏观决策提供支撑等战略决策咨询服务。

4. 探索产业技术情报研究与信息服务

“十二五”期间，各专业图书馆通过对国内外新兴重点产业发展趋势的分析与预测，探索文献情报与产业用户需求的对接方式，为中国的企业以及高技术研究机构提供信息服务。

中国科学院文献情报中心在为省级科学院提供文献共享服务的基础上，开展机构科研竞争力、地区发展战略、产业技术态势、专题技术发展等分析，组织完成“全国省级科学院科技竞争力比较分析”等，并为江西等十几家省科院提供科研竞争力分析，承担“鄱阳湖生态经济区城镇化发展与生态保障研究”等研究和建设，并与各省的科学院合作开展专题产业技术情报调研。

中国医学科学院图书馆面向企业技术创新群体的信息服务，主要包括为医药企业定期推送《新药研发动态》，受医药企业委托提供多份专题咨询报告与文献检索服务等。

中国中医科学院图书馆与新疆维吾尔自治区维吾尔医药研究所建立“中医/维医科学数据应用联合研究室”，与中科院大连化物所建立“中药新药(化学数据)筛选联合实验室”，与西苑医院建立“中药新药(药理数据)筛选联合实验室”等，共同研发基于中医药信息相关应用产品，实现成果的落地转化。

中国科学院上海生命科学信息中心成立了“产业与技术情报研究中心”，大力发展产业技术情报、企业竞争情报、专利检索与专利评价等业务，开展战略新兴产业技术路线图的研究与绘制，内容涉及新药创制、干细胞治疗、医学影像、生物服务等，有力支持了区域产业技术发展对情报服务的需求。

冶金工业信息标准研究院服务科技支撑计划冶金领域国际标准研制与培育项目，研制“索氏体检验方法”等6项国际标准，培育“球墨铸铁管件及配件的环氧涂层技术要求及试验方法”1项国际标准，为项目提供国外技术现状及发展方向。服务质检公益性行业科研专项6项：重点领域(战略性新兴产业)标准化技术组织体系构建研究、高效安全承压设备用钢关键技术标准研究、耐腐蚀钢材关键技术标准研制、桥梁缆索用钢等23项国际标准研制、化解产能过剩关键技术标准研制、航空装备等重要制造领域49项基础及关键共性技术标准研究。

5. 优化知识产权和专利分析服务

“十二五”期间，各专业图书馆围绕国家部委、区域地方、企事业单位、科研院所的知识产权发展和专利分析需求，进一步优化知识产权和专利分析服务。

中国科学院文献情报中心承担中科院知识产权信息服务，面向先导专项和重点领域开展深度专利分析服务，定期发布《知识产权动态》，同时进行多场知识产权专员的培训；中国科学院兰州文献情报中心组织承担了“甘肃省知识产权智库建设与重点领域知识产权分析”等系列知识产权分析项目与报告，搭建了中科院与地方在知识产权成果转移转化方面的桥梁，对地方知识产权工作发挥了重要决策咨询作用；中国科学院成都文献情报中心围绕知识产权信息分析特色服务能力建设，逐步强化中心在知识产权信息分析方面的特色能力，主要包括：探索性研究知识产权信息分析方法与工具及其应用，编制上报领导的知识产权类参阅材料，承担知识产权信息服务专项任务，建设“中国科学院知识产权信息服务平台与网络”，宣传推广利用《中国科学院知识产权工作指南》等知识产权信息。中国科学院文献情报中心以及兰州中心、成都中心、武汉中心均先后入选国家知识产权局知识产权分析评议服务示范创建机构。

中国林业科学研究院图书馆承担了国家林业局“知识产权战略实施与管理——信息平台与预警机制研究”项目，组织开展了林业知识产权发展战略与政策研究、林业植物新品种保护制度和对策研究、国际知识产权制度与规则研究等。在开展林业知识产权相关研究的同时，还负责每年《中国林业知识产权年度报告》《林业知识产权动态》等编辑工作。2012 年 4 月，经国家林业局批准，依托中国林业科学院林业科技信息研究所成立国家林业局知识产权研究中心。积极参加每年的全国林业知识产权宣传周系列活动，参与完成全国林业知识产权成就展览，并负责每年《林业知识产权年度报告》的组织和编印出版，现已连续 5 年完成《林业知识产权年度报告》的出版工作。此外，开展林业重点领域专利预警分析研究，跟踪国内外林业知识产权动态，实时监测和分析林业行业相关领域的专利动态变化，做好专利数据统计和分析，建立林业知识产权预警指标体系和应急机制，主持编写并出版了《世界林业行业专利技术现状与发展趋势》等报告。

四、建设数字化信息平台，继续完善科技信息基础设施

“十二五”期间，各专业图书馆系统普遍加强了数字化网络化建设，搭建数字化信息集成与服务平台、优化网络基础平台与系统、建设专业化数据平台与工具，完善科技信息基础设施。

1. 搭建数字化信息集成与服务平台

“十二五”期间，各专业图书馆从用户需求出发，积极创新，搭建数字化信息集成与服务平台，使广大用户可以随时随地获取全球化的科技信息，享受

方便快捷的服务。

中国科学院文献情报中心建立跨领域类型信息资源的可视化集成检索系统，汇集了中科院学位论文、机构知识库、电子图书、电子期刊、标准文献等重要资源，支持多维度检索和可视化形式多维度分析。同时还正式发布移动文献信息服务，初步建成全院图书馆统一自动化系统、提供国际著名物理知识库 arXiv 中国镜像站点，自主开发 arXivSI 新型检索界面，建立国际开放论文国家交换服务中心示范系统（iSwitch）科研论文数据交换中心、中国科学家在线系统（iAuthor）、富媒体化数字学位论文支持工具（iDissertation）、科学文献与科学数据关联示范应用系统等。

中国科学院兰州文献情报中心在完成维护国家科技图书文献中心（NSTL）服务站等系统的基础上，组织实施完成“知识服务信息基础设施升级改造专项”工程，完成基于 OpenStack 框架的云计算平台、网络准入控制系统、网络安全扫描检测系统、机房空调系统及 UPS 电源系统扩充等任务的设备工程招标及初步实施。同时，启动建设“中文开放知识库集成服务系统”“开放资源元数据集成服务系统”（Open Academic Resources Engine，OpenARE）等系统建设，其中 IRSR 建立了学科专家推荐、机器自动监测更新、用户开放推荐等机制，并优化升级开放资源自动发现与采集、链接检测、开放接口等功能模块，并在全院 31 个研究所 127 个用户群组平台中实现嵌入服务；OpenARE 实现了对重要开放期刊、学术会议、科技报告、开放图书、会议演示文稿、数据仓储等开放资源系统元数据的采集和集成，建成了开放知识资源一站式检索发现平台。

中国科学院武汉文献情报中心研发了中国科学院集成信息平台（CASIIP）、科技情报分析系统（Argus）、实验室知识管理平台（LKMP）、科研产出分析平台、中国科学院知识领域专业环境（SKE）等数字知识管理与知识服务发现平台。其中，CASIIP 已被 70 个研究所采用并建设了 600 多个 IIP 平台，“科研产出分析平台”已完成 46 个地学口国家重点实验室、16 个数理学科领域重点实验室 SCI 论文分析报告；93 个生物医学领域国家重点实验室的 SCI 论文分析报告。

中国科学院成都文献情报中心持续探索和推进信息技术研究与应用。与电子科技大学计算机学院合作成立“知识科学研究与应用联合实验室”，主要从事知识发现、知识应用等相关的技术研究与实践；完成“基于移动终端的文献信息资源智能推送系统”，通过 Apple App Store 的审核并发布；升级核心设备,建立中科院科学数据成都分中心;承担中国科学院数字图书馆二期先期启动项目“重要会议开放资源采集与服务系统”的系统开发及集成。

中国农业科学院国家农业图书馆自行研发了“中国农业科技文献与信息集成服务平台”(NAIS)等多类型功能服务平台、农业科研系统馆藏资源集成揭示系统、农业科技信息共享 WEB service 服务、移动图书馆客户端等,并引进实施以色列艾利贝斯(Ex Libris)公司的图书馆软件套装,完成自动化系统从金盘系统到 Aleph 系统的迁移,推出新版馆藏书目检索系统(OPAC)、“农业学术搜索系统”等。

中国中医科学院图书馆为国家 973 横向课题“量效关系经典文献相关基础研究”建设“量效关系经典文献相关基础研究文献数据平台”;与宣武中医院、黑龙江中医药大学附属第一医院妇科、天津中医药大学第一附属医院冠心病国家中医临床研究基地等多家单位合作开发消化古籍、“多囊卵巢综合征”“中医心病”数据库等。

中国计量科学研究院文献馆依托 NSTL 服务平台,推进计量科技文献公益服务平台建设,并结合数字化技术和数据库技术,建立了国家计量检定规程题录数据库、计量外文期刊会议文摘数据库、国家基准/计量标准题录数据库和计量科研成果等数据库。

2. 优化网络基础平台与系统

网络基础平台与系统的优化是时代发展对图书馆信息服务创新的迫切要求。“十二五”期间,各专业图书馆对本馆网络平台与系统进行全面优化,全面改善网络系统,进一步提升信息服务创新能力。

国家科技图书文献中心以网络服务系统为核心,依托地方和行业科技信息机构、科研院所和大学,建立了覆盖全国的科技文献信息服务体系。现有服务站 39 个、用户管理平台 26 个、接口单位 23 个,并开发和推广嵌入式服务工具等。

“十二五”期间,中国科学院文献情报中心建立可视化集成检索系统,发布移动文献信息服务和中国科学家在线系统(iAuthor),初步建成全院图书馆统一自动化系统,并为国际著名物理知识库 arXiv 提供中国镜像站点,投入运营国际开放论文国家交换服务中心示范系统(iSwitch),完善所级集成信息平台、用户远程访问认证系统、富媒体化数字学位论文支持工具(iDissertation)、科学文献与科学数据关联示范应用系统等。

中国科学院武汉文献情报中心开发的系统平台与数据库共 16 个,包括中科院集成信息服务平台 IIP、专业领域知识环境 SKE、一线文献情报服务水平监测平台、Web 信息资源自动监测采集系统、Web 信息自动标引系统、Argus 情报分析系统以及中国光电产业知识库、中国产业经济数据库等。

中国科学院成都文献情报中心网络带宽由 2011 年的 2.5G 扩展到 2015 年的 3.5G,网站浏览量由 2011 年的 153 万次发展到 2015 年的 214 万次,电子阅览室总量达 16.3 万机时。2011 年,与电子科技大学计算机学院合作成立“知识科学研究与应用联合实验室”,审核并发布“CLAS MOBILE”移动 App,2013 年至 2014 年以此为基础,为中科院文献情报系统开发了移动版文献信息服务平台。依托中科院网络信息中心升级核心设备,拥有 300TB 存储空间。

中国科学院上海生命科学信息中心构建网络化科研信息环境,完成了“植物领域科学家网络知识平台”“上海生科院神经科学研究所机构知识库”“昆虫博物馆集成知识平台”等 3 个知识服务平台建设,完成了“乙型肝炎专题知识库的构建与信息挖掘整合技术的应用”项目的研究。其中,“植物领域科学家网络知识平台”(http://ske.slas.ac.cn/ske/)创新性地将实验视频融入科研知识环境建设中,在知识存储和共享方面尝试了一条新的途径。

国家农业图书馆的服务设备数量近 60 台套,并通过云计算虚拟化平台,实现硬件资源的充分利用,构建了 7 台服务器、1 台中央存储、2 台光纤交换机组成的服务器集群。中国林业科学研究院图书馆对原有的网络中心和中国林业信息网从硬件到软件都进行了全面的升级和改造,目前配备了高性能的惠普服务器 25 台、大容量磁盘阵列系统 19 套、惠普 MSA60 磁盘扩展柜 10 套、惠普 MSL2024 磁带备份库系统 2 套、VPN 接入设备 2 套、UPS 电源系统 7 套。

中国医学科学院图书馆陆续建设了一站式医学信息服务平台、卫生政策研究知识服务平台、公众健康知识服务平台等系列应用平台。中国中医科学院图书馆拥有两个互联网出口——中国科技网(90M)和中国联通(80M),中国科技网出口在工作时间段的使用率约为 90%、联通出口在工作时间段的使用率约 95%;内网为万兆互联网,建设并维护了中医药在线和中医药信息研究所两个网站。

中国标准化研究院国家标准馆建成了两个机房,其中知春路的 4 号机房包括:6 台小型机、7 台机架式服务器、2 组磁盘阵列共计约 20TB 存储空间。昌平实验基地机房包括:3 组刀片机,4 台小型机,10 台机架式服务器,3 组磁盘阵列共计 30TB 存储空间;并建成了基础软件和应用软件两大类软件平台;

开发包括U盾大客户服务系统等服务产品。

3. 建设专业化数据平台与工具

“十二五”期间,各专业图书馆针对科研过程中对科研项目信息利用的需求,开发建设多种专业化数据平台与工具。

中国科学院兰州文献情报中心针对科研过程对科研项目信息利用的需求,启动了专门收集和集成全球重要国家和基金组织的科研项目信息的服务系统建设,截至2015年年底,已完成了全球主要发达国家的28个重要基金组织的科研项目数据的初步采集,累计发布项目数据信息17万多条,并开发了全球科研项目知识库检索和分析实验应用系统;升级完善了核心期刊名称规范库,实现了对国内外重要核心期刊数据的完整覆盖,包括SCI/SCIE、SSCI、EI、中文核心期刊要目总览、CSCD、CSCI、CSSCI以及中国科技论文统计源期刊等认定的核心期刊,期刊总量达到16 864种;该系统除了提供规范名称查询服务外,还提供刊名变化信息、OA期刊浏览、投稿指南服务,以及基于开放接口面向第三方系统提供规范刊名及期刊影响因子调用服务等。

中国科学院武汉文献情报中心推出开放社会经济信息集成揭示与服务系统OSE平台、中国产业发展数据库、中国光信产业知识库等特色资源平台,其中中国产业发展数据库共收录了中国42个行业的1000多万条指标数据,数据来源于国家和地方统计局、国家发改委、海关总署、商务部以及各行业协会等权威机构,地域覆盖全国34个省级行政区域以及5200个区、市、县级行政区域,该数据库成为中心进行产业技术分析服务的重要支撑平台。

中国农业科学院国家农业图书馆参与NSTL热点门户与重点领域网络信息服务平台的建设工作;同时围绕农业科研用户的个性化、知识化服务需求,通过应用、集成和优化信息自动采集、大规模数据智能处理、知识组织以及集成融汇等知识服务关键技术构建领域知识服务系统;面向全院各专业研究所,通过科研协作核心功能模块和应用插件,集成网络环境中科研人员、科技文献等各类资源,建立有效支持学术搜索、知识共享、学术交流、科研协作、动态追踪、开放获取等一体化的科研交流与写作系统;与各科研团队紧密合作,构建基于Web2.0的知识获取与交流的个性化科研信息环境。

中国中医科学院图书馆完成中国中医药主题词表网络版的互联网发布以及中医药多库融合平台服务等内容;同时开发中医药门户网站,包括“中国中医药信息网”“中医药在线”“中医药科学数据共享平台”3个大平台和“亚健康中医药文献系统”“中国方剂信息专题服务平台”等多个子网站,新增“亚健康中医药文献系统”“中国方剂信息专题服务平台”“中药新药发现,新药设计和信息平台”等中医药科研成果的展示与应用系统。发布基于中医药学语言系统的中医药知识图谱与基于中医药语义的中医药知识服务平台,收录600多种中药单味药。

中国化工信息中心为工业和信息化部电子情报所等十余家企事业单位提供信息服务体系的规划和实施服务;并结合中小企业的信息服务需求特点,积极推广面向中小企业应用的情报服务云平台服务。目前在建和运维的中小企业信息服务云平台包括农药知识服务平台、磷化工网、中国轻烃网等。

五、开发科技文献知识组织工具

在国家科技文献中心组织下,联合成员单位和相关科技信息机构,完成了“十二五”支撑计划项目——“面向外文科技文献的知识组织体系建设和应用示范”,填补了我国外文大型集成词表的空白。率先初步建成了涵盖理、工、农、医四大领域,具有我国自主知识产权的科技文献信息知识组织体系(STKOS);创建了支持跨领域、多用户、多重审校需求和严格的计算机辅助质量控制的协同工作管理机制和平台;基于STKOS,搭建了面向全国共建共享的开放式知识组织发布服务平台,实现了NSTL海量科技文献的计算机辅助标引,研制了NSTL智能检索系统。

初步建成了以外文科技概念为核心的知识组织体系。基于包括NSTL文献关键词、用户检索关键词表在内的975部来源词表中的1438万来源科技术语和609万基础术语,遵循研制的标准规范,经过对来源术语、科技概念和概念的同义表达、优选词、范畴类别、释义、中文译名等的严格遴选,多重审校和计算机辅助质量控制,率先初步建成了涵盖理、工、农、医四大领域,拥有61万个概念的超级科技词表。构建了植物多样性、可再生与可替代能源技术、水稻、呼吸系统肿瘤等4个领域本体和1个包含65万个实例的科研本体知识库。具备了一定的支撑NSTL海量文献深度揭示和知识服务,以及面向国内不同领域应用共享的能力。

六、推动开放获取和长期保存,推进机构知识库网格建设

2014年开始,NSTL代表我国参加国际高能物理开放出版资助联盟(Sponsoring Consortium for Open Access Publishing in Particle Physics, SCOAP3),履行中国在SCOAP3联盟的权利、责任和义务,研究SCOAP3二期

的实施策略和方案框架，表达国家意愿，提出积极建议，历年工作得到国际社会高度赞誉。我国参加 SCOAP3 应分担的开放出版费由 NSTL 文献采购经费全额承担。这一举措有力支持了世界高能物理领域学术成果的开放获取，对促进我国科研成果的开放交流，提高我国在国际科技界的影响力与地位，发挥了很好作用；也充分体现了我国作为科技大国所体现出的责任与担当，得到国内科技界和图书馆界的充分肯定和广泛赞扬。SCOAP3 联盟各成员国和欧洲原子能研究机构（简称 CERN）等国际组织对中国政府支持 SCOAP3 的举措表示高度赞赏，认为这是国家支持科技信息获取和共享的有效模式，NSTL 和中国图书馆界的联合努力为其他国家树立了良好榜样。

中国科学院文献情报中心大力推动国家开放获取政策。完成中科院和国家自然科学基金委关于公共资金资助科研项目发表论文的开放获取政策研究和推进；承办中国科学院主办的全球研究理事会 2014 年北京峰会；创办中国开放获取推介周，已连续举办四届，形成品牌效应，并已成为国内最有影响的开放获取宣传活动；落实开放获取政策，研究发布《中国科学院开放获取政策的实施问答》等一系列政策指南。同时，牵头组织中国机构知识库推进工作组，连续承办中国机构知识库建设学术研讨会，推动中国机构知识库的发展；常年跟踪国际机构知识库发展，开展相关政策研究，发布《机构知识库存缴与发布权益管理指南》等系列政策指南。牵头承担国家数字科技文献资源长期保存体系建设，完成国家保存体系战略规划、权益管理、系统运行、公共服务等系列重要政策的研究制订，建成国内数字资源长期保存示范体系，同时引领全国图书馆界签署并发布《数字文献资源长期保存共同声明》等。

中国农业科学院国家农业图书馆对农科院机构知识库系统研建和升级改造，不断完善与加强系统信息检索、资源管理与统计等功能，并对农科院所属机构科研产出数据进行收集与整理，完成量已超过 4 万余条。中国计量科学研究院文献馆搭建计量机构知识库，对计量院机构内产出的各类知识成果进行收集、保存、管理和开放共享。

七、开展多样化科学文化传播活动，推进学术出版集群化建设

专业图书馆作为科学交流的重要平台，把科学传播和科学出版作为重要任务。“十二五”期间，专业图书馆充分发挥阵地优势，开展专题文化传播，加强科学文化传播的社会贡献度；同时还发挥专业优势，建设高端化学术期刊集群，进一步提升学术期刊质量和国际影响力。

1. 开展专题文化传播,加强科学文化传播社会贡献度

“十二五”期间,各专业图书馆充分发挥阵地优势,加强多方合作,充分利用丰富的信息资源、交互空间和技术能力,积极开展各类专题文化传播活动,加强科学文化传播社会贡献度。

“十二五”期间,中国科学院文献情报中心成为全院科普工作体系重要成员单位,高质量完成系列重要任务,主要包括:“中国科学院科技创新年度巡展”的多地巡展;承办作为庆祝与德国马普学会合作40年活动之一的“科学隧道3.0纳米专题展”;承担“院士文库”建设项目;加强与政府部门的合作共建,推出“中关村创业讲坛”等系列活动;推出“科学人讲坛”等品牌活动;年均组织各类传播活动230余场,各类受众100万余人次。

中国科学院兰州文献情报中心建成了兰州分院创新文化广场,并依托该广场举办了“兰州分院建院60周年主题展”等专题的展览。还组织举办了“中外重大科技创新进展2009”等主题展览;同时上线主题科普网站“走近宁卧庄科学城”;成功申报甘肃省科普教育基地等。

中国科学院武汉文献情报中心持续开展科学文化传播活动。策划、组织和开展了多个系列科普活动,涉及主题活动、科普展览、专题讲座、读书活动等,参加和策划湖北科技周活动等主题活动28次,举办“小恐龙带你看地球”等系列科普展览30余次、举办“为什么读书”等科普讲座50余次,创办“沁馨书会”,举行世界读书日活动、制作院士采访视频等。科学传播活动内容丰富,形式多样,受到了广大人民的欢迎,社会反响热烈,得到媒体的广泛报道。

中国科学院成都文献情报中心先后组织制作了“三峡工程”等作品;联合相关研究所策划制作科普展览“中国水资源微观察”等;组织“中外重大科技创新进展”等巡展50余场次,参观人数2600人次;在中心科普网站推出“中外重大科技创新进展2013”等12个展览,网络点击量5000余次;联合相关机构团体举办“科学文化传播走进校园”等展览40余场次,参观人数共计5.6万余人次;结合学科化服务开展“科学文化传播走进研究所”系列活动。

中国民族图书馆的少数民族文献展览和少数民族文化展览是开展文化交流活动,拓展对外文化交流渠道的重要体现。2013年起,举办或参与36场文献展览,主要包括举办“中国少数民族古籍珍品展”“新疆维吾尔自治区出版精品展”“阿拉伯文典籍暨中国伊斯兰教研究成果展”等专题展览,参与2015年美国书展中国主宾国活动——“中国少数民族出版文化展”等国际展览,每个展览的新闻都有近20个网站转载,扩大了展览的影响力。

中国版本图书馆在国内外举办了 50 多个不同风格和主题的中国版本图书馆藏品选展，在开发版本资源、弘扬中华文明、扩大对外交流、促进文化繁荣等方面取得了出色成绩。

2. 建设高端化学术期刊集群，提升期刊质量和出版影响力

“十二五”期间，各专业图书馆抓住体制机制改革之机，开展期刊集群化建设，进一步提升期刊质量和出版影响力，从战略高度不断增强期刊的可持续发展能力。

“十二五”期间，中国科学院文献情报中心在国家和科学院层面积极发挥科技期刊政策研究中心作用，牵头参与中国科协的期刊政策咨询，完成中国科协委托的《改革、完善和优化学术评价工作》研究报告和提交五部委的《关于切实发挥科技期刊在学术评价中作用的若干意见》；连续牵头完成年度的《中国科协科技期刊发展报告》，组织出版《中国科协优秀国际期刊案例》和《中国科协精品科技期刊案例》，完成《中国科技期刊刊群建设动力机制研究报告》，参与组织完成国家新闻出版总署重大项目“国家重点学术期刊建设工程”的可行性研究工作，参与中国科学院科技期刊“十二五”发展规划、各级科技期刊“十三五”规划的制订研制工作。成功完成《智库理论与实践》《数据与情报科学学科》的改刊创刊工作。全馆 17 种期刊（其中 11 种为核心期刊）质量不断提高，多刊多次被评为“中国最具国际影响力学术期刊”“中国国际影响力优秀学术期刊”“RCCSE 中国核心学术期刊”等称号。

中国科学院上海生命科学信息中心开展期刊集群化建设，持续推进学术期刊改革试点，期刊国际化、集群化建设都取得了突破性进展，并且相继成功创办了开放获取期刊（以下简称 OA 刊）、启动建设英文期刊数字发布平台等一系列学术期刊创新业务发展。主要包括：主办的 *Cell Research*、*Molecular Plant* 和 *Journal of Molecular Cell Biology* 影响因子（IF）均处于 Q1 水平；主办的 *Acta Biochimica et Biophysica Sinica* 和 *Neuroscience Bulletin* 在同领域学术期刊中处于领先地位；新创办生命科学类 OA 刊 Cell Discovery；与《自然》出版集团（NPG）、爱思维尔（Elsevier）出版公司、牛津大学出版社（OUP）和斯普林格（Springer）出版社开展国际合作，借助国际知名出版平台，提升国际影响力。

第四节　未来展望

未来五年，专业图书馆将呈现出以下发展趋势：

一、优先发展基于文献信息的知识服务

各类知识服务机构（文献信息机构、出版机构、咨询机构等）正在跨越传统界线，重新定位自己，争取在服务于教学科研、科技进步、战略决策、科学发现的过程中重新找到自己的位置，众多竞争对手已经发力，希望在大数据和互联网技术的帮助下成为服务科学家群体和科研全过程的服务商，众多学术出版商和信息服务商正全面进入直接面对用户的知识服务阶段。

“十三五”期间，国家科技图书文献中心（NSTL）确立了优化科技信息资源建设，拓展基于科技文献信息的知识化服务；国家工程技术图书馆将继续做好各项公益服务的基础上，以市场为导向，向知识化服务转型，提高信息服务的附加值，满足文献信息多样性需求。中科院文献情中心明确提出了知识服务发展战略，按照嵌入科技创新全价值链的知识服务需求，部署分布式知识资源中心、知识服务平台，着力发展支持科技新的知识服务。

二、拓展决策信息服务、智库型服务、知识挖掘服务、科研数据服务等内涵

在信息与网络技术推动下，数据密集型科研、在线教育、开放获取、社交网络等发展进一步改变了信息服务机构生存环境。同时，创新型国家建设，要求文献情报服务工作在继续提供可靠的科技文献资源保障的同时，快速适应新的体制和机制，提供深入有针对性的服务。专业文献情报机构将面向科学研究、科研规划、战略决策、领域与区域经济发展，以及国家发展战略，建立从数据到信息、到情报、到解决方案的服务思想，提供资源发现、领域跟踪、竞争性评价、产业信息、产业政策以及上升到国家层面的竞争情报与思想库情报服务。情报机构积极参与新型智库建设已经成为发展趋势，围绕决策情报需求，组织智库型情报分析服务，也是专业图书馆机构创新发展的机遇。

“十三五”期间，国家工程技术图书馆将形成系列具有竞争力的信息产品，加强信息服务推广能力，形成“产品—推广—服务”的良性发展。中国科学院成都文献情报中心将重点发展各类专业科技服务和综合科技服务，特别

是科技咨询服务、知识产权服务和综合科技服务，开展前瞻性科技战略研究、储备性科技政策咨询研究、态势趋势分析型科技发展前沿动态监测与战略分析研究、区域与产业竞争发展战略与竞争战略管理研究与决策咨询服务，向专业型科技智库全面转型升级发展。中国科学院兰州文献情报中心将进一步加强支撑宏观决策的科技战略与政策研究、加强支撑区域发展的战略研究与决策咨询服务、深化产业技术与产业竞争情报服务、进一步推进智库型知识资源体系建设。中国科学院武汉文献情报中心将主动对接中国科学院各局和各研究所的科学决策、重大任务和研究课题的需求，积极开展战略情报研究决策咨询服务工作，持续构建包括重大产品、专报、快报等多层次的情报服务体系，扩大面向国家、科学院和区域的情报信息服务和社会影响力，同时围绕院地合作和区域发展需求，推进产业咨询高端服务。

三、建设开放知识基础设施，实现创新全价值链的学术信息服务

随着各国陆续出台强制性开放获取政策，将最大限度促进学术信息共享，推动开放知识基础设施建设。专业信息机构将进一步加强开放知识基础设施建设，实现多元信息的数字化集成，开展嵌入式、全价值链的学术信息服务。同时，开放获取资源正逐步发展为科技领域主流信息资源，支持研究知识传播、共享和重用。

“十三五”期间，各专业图书馆机构继续强化资源的分析评价和文献信息基础建设，适应数字时代资源建设变革的潮流，大力开展OA资源、网络资源、文献元数据等采集和揭示，探索图书馆资源发现服务的新模式和新方法。

四、原生态数字化文献向数据化、可计算化转变，为知识挖掘与发现奠定基础

越来越多的新型出版，如富媒体期刊、语义期刊、数据期刊等，使得出版内容突破单一静态文本限制，承载数据、视频资料、语义知识标引等内容，更好地支持科研成果验证、更直观生动地展现科研过程，更有效地帮助发现潜在的知识内容。

“十三五”期间，专业科技信息机构继续推进汉语主题词表建设，组织自然科学各学科领域的合作编表单位，构建自然科学领域专业词表，形成《汉语主题词表》(自然科学版)概念体系。探索汉语《汉语主题词表》在网络环境下应用服务方式，完善汉语主题词表网络服务系统的功能，加大推广宣传，大力

发展词表用户。

五、探索精准学术信息服务,实现学术信息服务集成

大数据以一种前所未有的方式,通过对海量数据进行分析,获得有巨大价值的产品、服务或洞见。利用大数据推动用户认知发展,提高对用户需求变化实时把握与预测能力。大数据时代的精准营销、精准推送获得长足发展,通过对用户行为数据的全方位把握,实现精准信息推送和情报提供已经发展成为一种通用的商业或服务模式。

“十三五”期间各专业图书馆将重点关注服务推广,深入把握用户的文献情报服务需求,嵌入创新全价值链,实现学术信息的精准服务。中国科学院兰州文献情报中心将进一步加强面向科研创新的学科情报研究与咨询服务,及时准确把握科研创新活动中参与者在各个环节的信息需求,组织开展针对性强、直接面向问题解决的学科知识咨询服务。国家农业图书馆将继续开展用户培训、专题服务、参考咨询等基础服务,同时全面开设信息检索利用课程,积极推进用户参与的信息素质能力开放发展,全力推进学科馆员制度,推进各类所级学科化服务能力建设项目。中国医学科学院图书馆将组建专业化服务团队,为医、教、研发展与创新提供深层次、知识化、数字化的信息服务支撑。

六、情报分析向数据化、工具化、智能化发展

数据化信息的不断丰富,使得情报分析向海量知识分析计算发展成为可能,促进情报分析向数据化、工具化、智能化方向发展,带来情报服务效率与效果的大幅度提升,产生新知识,开拓新领域,提升研究与验证基础,优化研究流程和质量。“十三五”期间,专业图书馆机构围绕知识服务的需求,部署了基于大数据、学术研究数据的信息管理工具、知识挖掘工具、情报分析工具开发,围绕创新价值链开展情报分析服务。国家科技图书文献中心,组织成员单位承担国家科技基础条件平台建设项目,建设科技信息知识组织系统工具与平台建设,围绕开放创新需求,开发知识服务工具。

七、大数据成为支撑知识服务的基础设施和关键能力

基于大数据的知识组织和基于大数据的知识挖掘分析成为文献情报知识服务的核心能力。设计部署分布式大数据知识资源体系,有效汇集、组织、

梳理、加工、开发对知识服务和产品建设有价值的大数据资源，形成方便用户利用和支撑深层次知识服务的大数据基础设施成为关键能力。

“十三五”时期，中国科学院文献情报中心整合现有分散独立的资源、数据、工具与服务平台，建设大资源、大情报、大服务的集成知识环境，集成定制有效支撑关联分析、计算挖掘、演化分析与可视化分析等先进方法的系统化知识服务平台。中国医学科学院图书馆将加强人口健康科学数据共享平台工程技术中心建设，深化数据规范管理与共享服务，加速推进平台资源和标准规范建设，研究科学数据与科学文献之间的关联发现等数据分析相关技术。

（执笔人：刘细文　赵树宜）

第七章　民办图书馆

第一节　发展综述

民办图书馆的发展是一个缓慢、渐进的过程。在古代,我国就有一些致力于开放藏书的私人藏书家辟出专室,供民众借阅图书。明清时期还出现一些专门向贫寒学子提供阅读的私人藏书楼,如徐𤊹的红雨楼、周永年的籍书园、国英的共读楼等。近代的民办图书馆中比较著名的有东方图书馆、上海《申报》流通图书馆、北京木斋图书馆、无锡大公图书馆、景堂图书馆、北碚图书馆等。中华人民共和国成立后,实行计划经济体制,由国家承担公共文化服务提供,一段时期内民办图书馆在我国销声匿迹。改革开放以后,社会上出现了大量非政府组织、社会团体、志愿者以及个人创办的图书馆。这些图书馆以单薄的力量,零散地分布大江南北,尤其在农村、边远山区等国家公共知识保障体系薄弱的地区,与公共图书馆一起担负起为人民提供文献与信息的任务。因此,本文所探讨的“民办图书馆”,其内涵有三点:一是办馆主体是非国家政府机关、非国有企事业单位;二是办馆经费是非国家财政性经费;三是面向社会开放,提供文献信息服务。从外延上看,包括非国家财政经费支持的一切图书馆、读书社、民间书坊等各种提供类似图书馆服务的机构。

“十二五”时期,党和政府高度重视公共文化服务体系建设,人民群众文化需求日益旺盛,国家经济实力增强为公共文化服务体系建设提供经济保障,科技创新和现代传播手段的发展为公共文化服务体系建设提供技术支撑,这四个方面的因素使得我国公共文化服务体系建设处于大有作为的重要战略机遇。这为作为公共文化服务主体的公共图书馆带来了历史性机遇,民办图书馆也迎来了发展的最好机遇。截至 2015 年 12 月 31 日,根据“文化火种寻找之旅"网站[①]统计，国内现有民办图书馆300多个；"十二五"时期新增民办图书馆90家。其中2011年新增14家，2012年新增27家，2013年新增25家，2014年新增17家，2015年新增7家。其在各省（直辖市、自治区）的分布详见表7-1。

表7-1　2011—2015年民办图书馆增加情况

省份＼年份	2011年	2012年	2013年	2014年	2015年
北京市	1	2	4		
天津市		1			
河北省	1	1			1
山西省	1		1		
内蒙古自治区				2	
辽宁省			1		
吉林省					
黑龙江省					
上海市	2	3	1		
江苏省		2	2	5	1
浙江省		2	3		
安徽省					
福建省		3		2	3
江西省	2		1		
山东省		6	1		1
河南省	2			1	
湖北省	1	1	1		
湖南省	1		2	1	

① "文化火种寻找之旅"网是由北京大学信息管理系王子舟教授及其课题组，联合中国图书馆学会、东莞图书馆创办的民间图书馆沟通交流平台，网站想要通过搜集、展示民间的这些公益性图书馆而达到鼓舞人心的目的，希望通过网站来扩大这些民间公益图书馆的影响，彰显这些动人的事迹，让这种奉献的精神和文化传承的力量被彰显和传承。

续表

年份 省份	2011 年	2012 年	2013 年	2014 年	2015 年
广东省		4	2	2	
海南省			1		
广西壮族自治区					
重庆市			1		
四川省			1	1	1
贵州省					
云南省					
西藏自治区					
陕西省	2		1	1	
甘肃省	1				
青海省					
宁夏回族自治区					
新疆维吾尔自治区		1	2	1	
香港特别行政区					
澳门特别行政区				1	
台湾省		1			
总计	14	27	25	17	7

第二节　基本统计数据

为全面掌握民办图书馆在“十二五”时期的发展，我们依据“文化火种寻找之旅”网站中记录的民办图书馆进行调查统计，统计内容包括建筑设备（馆舍、阅览座位）情况、文献总藏量（图书、期刊、报纸、非纸质资源）、经费投入、读者服务（服务对象、服务时间、注册读者数量、到馆读者数量、外借服务量、举办读者活动等）、信息化建设和从业人员等 7 个方面 15 个指标。2011 年回收57家民办图书馆的统计数据,2013年共回收49家民办图书馆的统计数据,2015年回收59家民办图书馆的统计数据。下边分别就三年的统计数据进行汇总分析:

一、建筑设备情况

2011年参与统计的57家民办图书馆中,有50家以家庭住房作为馆舍,4家使用租用馆舍,2家使用单位闲置房作为馆舍,1家由所在地文化局将村文化站址无偿提供馆舍(统计时计入闲置房)。57家民办图书馆现有建筑面积总计约为7440平方米,馆均约为130.5平方米。2013年参与统计的49家民办图书馆中,有36家为独立馆舍,8家为租用馆舍,3家为单位闲置房。49家民办图书馆的现有建筑面积总计约为7715平方米,馆均约为157.4平方米,馆舍面积300平方米以上的有8家。2015年参与统计的59家民办图书馆中,有32家使用家庭住房作为馆舍,22家为租用馆舍,5家为单位闲置房。59家民办图书馆的现有建筑面积总计约为9020平方米,馆均约为153平方米。由此可见,民办图书馆的馆舍面积没有明显改善,大部分仍是租用或借用,民办图书馆馆舍面积平均为147平方米。

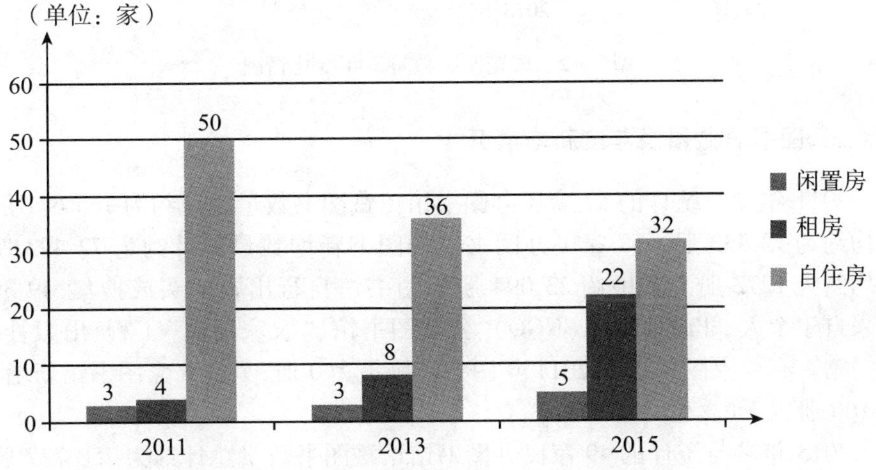

图7-1　“十二五”时期民办图书馆建筑设备情况

二、阅览座席数量

2011 年参与统计的 57 家民办图书馆现有阅览座席数量总计约为 1576 个，馆均约为 28 个。2013 年参与统计的 49 家民办图书馆现有阅览座席数量总计约为 1445 个，馆均约为 29 个。阅览座位 50 个以上的有 12 个，与 2011 年数据相同。2015 年参与统计的 59 家民办图书馆中有 27 个图书馆统计了现有阅览座席数量，总计约为 1119 个，馆均约为 41 个。详见图 7－2。

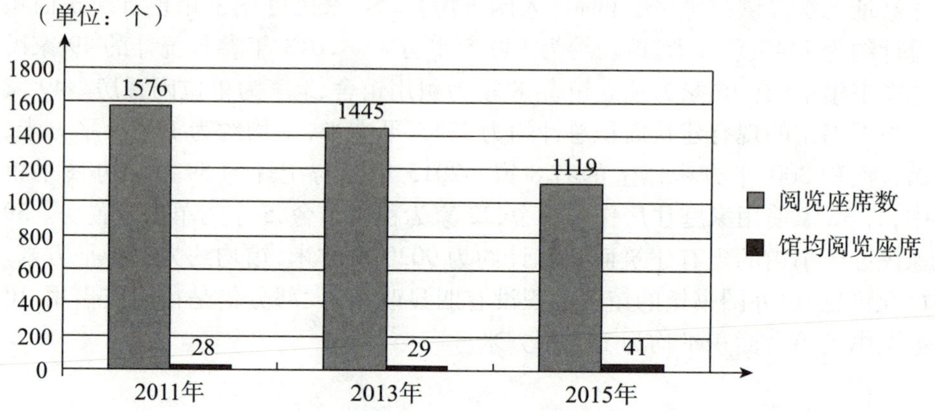

图 7－2　阅览座席数量三年变化情况

三、图书总藏量及年度新增情况

2011 年参与统计的 57 家民办图书馆馆藏图书数量总计约为 765 671 册，馆均约为 13 433 册。57 家民办图书馆的图书新增数量总计约为 72 492 册，馆均约为 1272 册。其中约 23 094 册为图书馆自行出资购买或搜集，49 398 册来自于个人、非政府组织（NGO）、公共图书馆、“农家书屋”工程、出版社等的捐赠。有 4 家图书馆在 2011 年图书新增量为 0 册，另有 6 家图书馆新增量在 100 册以下（含）。

2013 年参与统计的 49 家民办图书馆馆藏图书数量总计约为 750 722 册，馆均约为 15 320 册。49 家民办图书馆的图书新增数量总计约为 59 771 册，馆均约为 1219 册。在 2013 年的文献增长中，有 28 家图书馆是自己采购；有 26 家馆接受外来捐助。49 家图书馆接收外来捐助图书共计 32 148 册，其中个人捐赠 12 608 册。

2015 年参与统计的 59 家民办图书馆馆藏图书数量总计约为 1 008 734 册，馆均约为 17 100 册。北京市西城区北三环中路甲 29 号华尊大厦 2 层的"北京金彩艺术图书馆"馆藏图书 10 万多册；甘肃省兰州市城关区天水北路 196 号的"兰州绿云书庵"馆藏图书 10 万多册；海南省海口市定安县定城镇山椒社区多校村的"知海书屋"馆藏图书 6.5 万多册；湖南省长沙市宁乡县道林镇汤家塘村沈家巷组的"沈家巷图书文化室"馆藏图书 6 万多册；福建省龙岩市漳平市溪南镇上坂村的"陈启钦陈加鸿'普法读书社'"馆藏图书只有 700 多册；湖南株洲市天元区群丰镇长岭村的"霞光书屋"馆藏图书更少，只有 500 多册。这 59 家民营图书馆中，有 41 家图书馆是自己出资建立，另 18 家图书馆接受外来捐助。

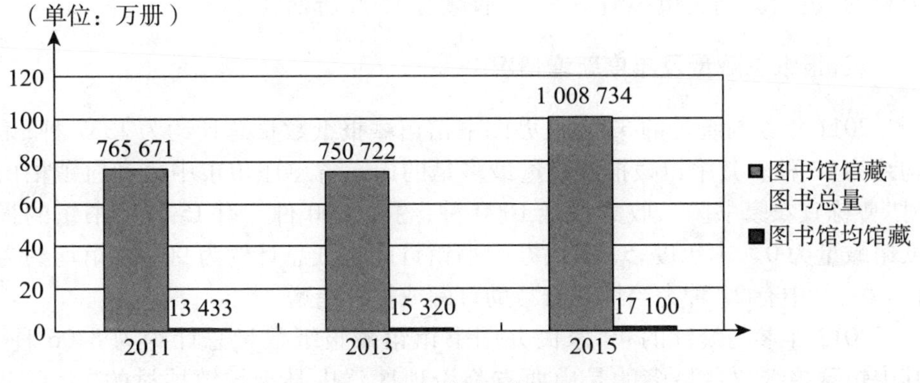

图 7－3　图书总藏量和均量三年变化

四、期刊总藏量及年度新增情况

2011 年参与统计的 57 家民办图书馆馆藏期刊数量总计约为 129 802 册，馆均约为 2277 册。有 7 家图书馆的期刊馆藏量为 0 册，另有 9 家图书馆总藏量在 100 册以下(含)。2011 年，57 家民办图书馆的期刊新增数量总计约为 4482 册，馆均约为 79 册。其中约 2784 册为图书馆自行出资购买或搜集，1698 册来自于个人、NGO、公共图书馆、"农家书屋"工程、期刊社等的捐赠。期刊新增量最多的为甘肃省靖远县东升乡柴辛村展寨柯"故乡书屋乡村公益图书馆"，约 1000 册，均来自于个人、NGO 捐赠。有 24 家图书馆在 2011 年期刊新增量为 0 册，另有 21 家图书馆新增量在 50 册以下(含)。

2013 年参与统计的 49 家民办图书馆馆藏期刊数量总计约为 66 136 册，馆均约 1350 册。本年度 49 家民办图书馆的期刊新增数量总计约为 12 761

册,馆均约为260册。其中约7654册为图书馆自行出资购买或搜集,5107册来自于个人、NGO、企业、政府等的捐赠。

2015年参与统计的59家民办图书馆中有21家图书馆有馆藏期刊。北京市西城区北三环中路甲29号华尊大厦2层的“北京金彩艺术图书馆”订阅期刊种类最多,为91种;其次是湖北省荆门市京山县孙桥镇陈集村一组的“汪开宏‘农家书屋’”订阅期刊50种;浙江省嘉兴市海宁市许村镇沿塘路的“红杏书屋”收藏有2200册期刊;山西省运城市盐湖区姚孟办事处岳坦村的“解新民图书室”收藏有6207册期刊;湖北省武汉市黄陂区武湖农场光明小区的“国强图书馆”收藏有2000册期刊;山东省临沂市沂南县湖头镇曹家小河村的“沂南县湖头镇小河图书馆”收藏有1500册期刊。

五、报纸总藏量及年度新增情况

2011年参与统计的57家民办图书馆馆藏报纸数量总计约为1337种,馆均约为23种。其中馆藏报纸数量最多是的山东省枣庄市市中区齐村镇柏山村“曹栋宜农家书屋”,收集报纸1000种,约20 000件。有15家图书馆的报纸馆藏量为0。本年度,57家民办图书馆订阅报纸总计约为90种,馆均约为1.6种,其中有22种为当地政府帮助订阅或报社捐赠。

2013年参与统计的49家民办图书馆馆藏报纸数量总计约为8406种。其中馆藏报纸数量最多的是山西省临汾地区浮山县天坛镇柏村的“大众书屋”,约3200种;广东省汕头市石炮台41号101的“汕头市金平区陶然图书馆”,约2000种;山东滨州地区邹平县魏桥镇崔八村的“傅延常书报馆”,约1500种。

2015年参与统计的59家民办图书馆馆藏报纸数量总计约为435种,馆均约为7种。其中馆藏报纸数量最多是的湖南省长沙市望城县靖港镇胜利村“应农图书馆”,常年订阅的报纸有80种;其次是广东省东莞市望牛墩镇望东村的“文林图书室”有30多种报纸;而浙江省嘉兴市海宁市许村镇沿塘路的“红杏书屋”收藏有1200份报纸。

六、非纸质资源总藏量及年度新增情况

2011年参与统计的57家民办图书馆馆藏光盘数量总计约为15 396张,馆均约为270张,主要为种植养殖、生活健康、艺术娱乐、进城务工实用技能培训等类别。其中总藏量最多的为浙江省衢州市衢江区云溪乡云溪村“百姓书

院”,约 6000 张。25 家图书馆的馆藏中无非纸质资源。本年度,57 家民办图书馆的光盘新增数量总计约为 1308 张,馆均约为 23 张。其中约 915 张为图书馆自行出资购买或搜集,393 张来自于个人、NGO、公共图书馆、“农家书屋”工程等的捐赠。光盘资源新增量最多的为河北省石家庄市赞皇县赞皇镇曲江村“赵东其图书馆”,约 320 张,其中有 120 张来自于他人捐赠。有 42 家图书馆光盘资源新增量为 0 张。此外,部分图书馆还有其他非纸质资源馆藏。例如山西省晋中市祁县昭馀镇丰泽村“权勇文化大院”保存着红色图片 2000 余张、红色电影海报 6000 余张、幻灯片 3000 余张、怀旧留声唱片 100 余张、16 毫米爱国主义电影拷贝 1600 余部,抗战、解放、“文革”时期历史遗物若干。

2013 年参与统计的 49 家民办图书馆的现有馆藏光盘数量总计约为 15 604张,馆均约为 318 张,主要为种植养殖、生活健康、艺术娱乐、进城务工实用技能培训等类别。有 17 家图书馆的馆藏中无非纸质资源。光盘新增数量总计约为 1967 张,馆均约为 40 张。

2015 年参与统计的 59 家民办图书馆光盘新增数量总计约为 3657 张,馆均约为 62 张。

七、民办图书馆开放时间

2011 年参与统计的 57 家民办图书馆的开放时间总计 143 265 小时,馆均约 6. 9 小时/天。其中有 37 家图书馆的年度开放天数在 300 天以上(含),有 25 家图书馆每次开放时间为 10 小时以上(含)。

2013 年参与统计的 49 家民办图书馆的开放时间总计为 12 647 天,全年馆均开放 258 天。49 家民办图书馆的全年开放时间总计约为 88 494 小时,馆均约 7. 0 小时/天。其中有 18 家图书馆的年度开放天数在 300 天以上(含),有 15 家图书馆每次开放时间为 10 小时以上(含)。

2015 年参与统计的 59 家民办图书馆中有 23 家民办图书馆注明了开馆时间,如图 7 – 4 所示,参与统计的图书馆的开馆时间都在 7 个小时以上,开馆超过 8 个小时的民办图书馆达到 71% ,开馆时间最多的达 14 个小时,是四川省成都市青白江区祥福镇日新乡东街康家渡社区的“小马哥农民书屋”,开馆时间是从早 8 点至晚 10 点。江苏省江阴市滨江开发区香山路 5 号的“香山书屋”、海南省海口市龙华区国贸玉沙路城中城 C 栋 404 的“黄葵图书馆”、江西省鹰潭市余江县春涛乡文化站的“春涛乡文化站”、河北省石家庄市赞皇县赞皇镇曲江村的“赵东其‘农村图书馆’”,这四个民办图书馆的开馆时间都是

13 小时。开馆时间最短的 7 小时,是江苏省苏州市沧浪区双塔街道二郎巷社区的“勇飞少年之家”,开馆时间是从下午 2 点至晚上 9 点。

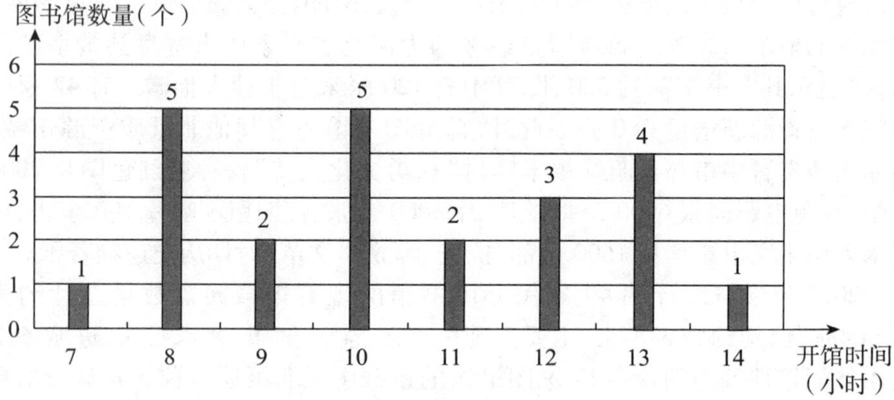

图 7-4　2015 年 23 家民办图书馆的开馆时间分布图

八、民办图书馆接待读者数量

2011 年参与统计的 57 家民办图书馆的到馆读者总量超过 18.75 万人次,馆均约 3290 人次。另外,有 4 家图书馆的年度到馆读者量在 100 人次以下(含)。2013 年参与统计的 49 家民办图书馆的到馆读者总量超过 8.85 万人次,馆均约 1806 人次。2015 年参与统计的 59 家民办图书馆中有 22 家图书馆明确回复了接待读者数量,具体数量详见表 7-2。

表 7-2　22 家民办图书馆接待读者数量一览

馆名	接待读者数量	馆名	接待读者数量
北京金彩艺术图书馆	9000 余人次	解新民图书室	年接待 4200 人次
兰州绿云书庵	13 600 余人次	赵良弼图书馆	接待近万人次
杏山书馆	10 万人次	知海书屋	940 多万人次
陶然图书馆	6000 人次	小马哥农民书屋	1 万多人次
新疆铭碑图书馆	最多时每天有 200 多人	沈家巷图书文化室	十二年共接待 10 万人次

续表

馆名	接待读者人数	馆名	接待读者人数
春涛乡文化站	每年上万人次	国强图书馆	约1.2万人次
李庆堂“农家书院”	3万人次	沂南县湖头镇小河图书馆	每年接待读者1000多人次
李常树“图书室”	2万多人次	郝发智农民书屋	6000人次
施超“阳光书屋”	300多万人次	通洲图书馆	每年接待3000多人次
陈立良“家庭图书室”	4万人次	爱乡图书室	近万人次
吴佩宗“家庭图书室”	1万多人次	云煜书室	8千人次

九、举办读者活动情况

2011年参与统计的57家民办图书馆举办读者活动共计319场，参与读者约1万余人次，馆均约183人次。有25家图书馆在2011年度未举办读者活动。

2013年参与统计的49家民办图书馆举办读者活动共计413场，参与读者约4.45万余人次，馆均约900人次。

2015年参与统计的59家民办图书馆有16家图书馆明确回复举办的活动情况，详细见表7－3。

表7－3　2015年16家图书馆开展活动类型

馆名	活动
临泉县艾博中心	绘画手工、阅读推广、节日联谊会等
北京金彩艺术图书馆	1. 民生活动。形式多样的适合不同年龄、不同文化层次的阅读会、座谈会、笔会、养生讲堂、展览、书画培训(30期)、书画展览(30期)、书画大赛、书画鉴赏会、评奖活动、慰问福利院、残疾人专场等，每年60—80余次。 2. 专业活动。组织全国专业画家在国内外采风、写生、展览、交流等活动，每年10余次

续表

馆名	活动
兰州绿云书庵	举办各种党政方针宣讲座谈、庆六一活动、大学生志愿者与优秀小读者表彰活动、甘肃省内外扶贫、助残、帮扶少数民族、各种物品和图书捐赠、定期读者交流活动,编印赠送《兰州绿云书庵爱心光荣榜》等活动
小鬼当家公益图书馆	乐想故事绘、乐听讲堂、乐读沙龙的“三乐”活动
杏山书馆	举办种植、养殖培训
陶然图书馆	开讲座、办分享会、茶话会,与小陶子等公益团队合作开办读诗会、读书会、连环画欣赏活动等
香山书屋	不定期的还有各类讲座,比如书法、摄影、围棋等
竹影书屋	科技、环境、安全、法制、才艺方面的知识和技能
吉夫图书馆	书法观摩、讲座等
2666 图书馆	读书沙龙、电影观摩会、小型音乐会等活动
春涛乡文化站	观看科教片的群众达 4 万人次
光照文化活动中心	做作业、下棋、打球
李庆堂“农家书院”	棋类、乒乓球
关情书苑	书法培训班组织孩子们节假日参观展览、观看文艺演出和墙报专栏
勇飞少年之家	“阅览室”“乒乓室”“棋类活动室”
小马哥农民书屋	象棋比赛

十、从业人员情况

2011 年参与统计的 57 家民办图书馆共有 55 位负责人(有 1 位创办了 3 个图书室),53 位是图书馆的创办者,2 位是继承人,多为兼职管理图书馆工作;其身份有农民(24 位,44%),乡镇干部、医生、教师等在职人员(16 名,29%)、退休人员(14 位,25%)、学生(1 位,2%)。57 家民办图书馆共有工作人员 112 人,馆均约 2 人,其中男性员工 63 人,女性员工 49 人;专职人员为 17 人;新增工作人员 8 人,其中男性员工 5 人,女性员工 3 人。

2013 年参与统计的 49 家民办图书馆有 25 家图书馆由农民创办,17 家图书馆由退休人员创办，5 家图书馆由在职人员创办，2 家馆情况不详。49 家民办图书馆共有工作人员 93 人，馆均约 1.5 人，其中男性员工 56 人，女性员工 37 人；新增工作人员 16 人，其中男性员工 8 人，女性员工 8 人。

2015 年参与统计的 59 家民营图书馆中以农民自发创办图书馆居多，其中有农民 28 位，老人 15 位，教育工作者 5 位，公司老板 4 位，作家、村干部、残疾人各 2 位，下岗职工 1 位。59 家民办图书馆共有工作人员 123 人，馆均约 2 人，其中男性员工 66 人，女性员工 57 人；新增工作人员 23 人，其中男性员工 14 人，女性员工 9 人。

第三节　主要工作及发展特点

一、关注阅读，尤其少儿阅读

“十二五”时期民办图书馆开展了不同程度、不同范围、不同层次的各种阅读活动。辽宁省鞍山市的“桑林镇农村家庭图书馆”多次举办青少年读书阅览竞赛活动，开展少儿演唱会活动。江西省赣州市宁都县“三优园图书馆”拥有几十位志愿者，平时都是志愿者自己排班开馆，各种阅读活动也由志愿者组织举行，许多志愿者已坚持十年左右，服务不辍。湖北省黄冈市浠水县洗马镇的“汪新民农家书屋”常年组织读书心得交流会和讲故事会，深受当地居民欢迎。在城市，更多的民办图书馆侧重阅读培训尤其是亲子阅读培训。北京“甲骨文 · 悦读空间”2016 年共举办五十多场社区读书会，让专家学者来到社区，亲自为居民提供读书和业务技能指导，从而提高了社区居民读书的积极性。北京金彩艺术图书馆是一座民间美术图书馆，读者对象包括老、中、青、幼等多个年龄段，定期举办各类艺术讲座、画展、笔会等活动。北京志愿者陈军在海淀区上庄镇上庄村创办的民间图书馆“新居民儿童中心”，开展“流动学前儿童经典诵读与家长共修”项目，每周举办儿童集体诵读活动 2 至 3 次，每次有十几个家庭参与。香山书屋鼓励借书的读者提交读书心得，目前已收到读书心得千余份；此外，书屋每周还有阅读与写作、书法、家庭读书交流、亲子班、中国象棋等固定的文化活动以及《走进江阴文明》等公益讲座。荆楚少儿图书馆经常组织知名作家、志愿者开展一系列读书活动，如小型讲座、亲子阅读、讲故事等来推动少儿阅读。

二、重视服务，延伸多元功能

民办图书馆除了借还书等基本公共文化服务之外，更多的是依托馆藏资源或馆藏空间开展延伸服务，大部分民办图书馆承担着当地公共文化空间的功能。2014 年 8 月成立的玉书之家每周邀请企业家或学者来与会员分享成功的经验、探讨学术；每月策划主题举行活动，让志同道合之人在此交流。此外，更多的民办图书馆还承担着本地区的书画展览、文艺演出、棋牌游戏、体育赛事、普法教育、纠纷调解、代销代购、小额贷款、款物捐赠、义工服务等多种服务功能。2015 年 1 月成立的国民公车书吧，一方面给公众提供阅读空间，并为各类公益活动免费提供场地，另一方面也为创业者提供展示平台，可以寄售各类物品，有需要者还可配钥匙随意出入。国民公车书吧的创办者还建立一个平台，以一次坐公交车的钱来做慈善帮助需要帮助的人。书吧内还可交易二手书籍和原创文章。2015 年 9 月成立的 lulu 公益微图书馆，在图书馆内设临时客栈，方便远距离读者午间驻馆临时小憩，并同时为远距离阅读爱好者免费提供邮政服务以及馒头、肉粽等点心。2015 年 12 月成立的嘤栖书院号召读书会的读者参加劳动，学习农夫翻地、播种，通过劳动换取食物并参与书会的辩论。广东的司徒氏图书馆、关族图书馆等是由海外华侨捐资建设、面向邻里开放的宗族图书馆，收藏了众多本宗族宝贵的书籍资料，作为民族文化交流的纽带发挥了重要的作用。正是这些延展的多元化服务功能使得民办图书馆贴近民众，成为民众文化生活不可或缺的组成部分。

三、强调培训，突出实用实效

“十二五”时期民办图书馆强化针对性的培训，尤其强调培训的实用与实效。大部分民办图书馆都把科技培训、三农服务专题培训、生产实用技术培训以及党的方针政策、法律知识学习等内容作为培训的重点。湖北省仙桃市通海口镇的“光照人口文化活动中心”2013 年组织“种植藕带培训会”和“种植莴苣培训班”两个有地方特色的技术培训，邀请华中农业大学教授为村科技带头人上课，还为农村老人开展健康知识讲座及身体检查。广西壮族自治区河池市的“徒将图书馆”在 2013 年五一节期间，组织返乡农民工学习《劳动合同法》《农民工进城务工指南》等书籍并观看央视的“3·15”晚会节目。河北省唐山市玉田县的“林南仓家庭文化馆”2013 年更是开展了四项有针对性的科技培训活动，主要是：“学科技　用科技　读书兴农　田间课堂示范户活动”“科技示范户田间送书下乡活动”“送一项技术、送一本书、送一粒种子”进农家活动以及“农家书屋送技术、新农具推广会”等活动，以促进全村农民的科技素养和能力。重庆市万州区的“金龙文化大院图书室”重视开展实用技术培训，紧紧围绕本地主导产业，着眼于农民群众所急需的文化科普需求，积极开展实用农业科技知识培训，帮助农民朋友增产增收；同时开展计算机操作应用与消防知识培训等，“十二五”时期共开展免费电脑知识培训6期，参训人员达800余人次；举办美术、舞蹈培训班12期，培训范围涉及周边4个镇乡，培训农民子女学员480余人次；文化大院农民艺术团自编自演歌颂新农村建设的文艺节目，在周边区县、乡镇、村落院坝共为农民演出850余场，观众达16万人次，还积极配合当地党委、政府中心工作，卓有成效地开展了计生、科技、环保、消防、社会治安等方面的宣传教育活动。2012年，文化大院创办人谭明海主动拿出80平方米的展览大厅，开办红岩联线展览厅，充分利用丰富的红岩文化资源，深入开展爱国主义教育和革命传统教育，让更多的人走进红岩，了解红岩，感受红岩，传播红岩。如今，金龙文化大院已经成为当地及周边农民群众经常光顾的好去处，文化大院成为名副其实的农村公共文化服务的“领头雁”。积极开展突出实效的培训，为民办图书馆人才培养和业务技能提升奠定基础。

四、打造队伍，加强学术交流

民办图书馆工作人员素质直接决定民办图书馆服务水平和可持续发展，“十二五”时期民办图书馆工作人员积极参与业内学术交流会议。2012年10月25日在北京召开的“2012年‘汇丰儿童悦读计划’深耕阅读秋季交流会”，该会议由中国儿童少年基金会、汇丰银行（中国）有限公司主办，天下溪公益图书平台、成都生命力咨询辅导中心承办，民间图书馆论坛筹备会推荐部分民间图书馆代表参加。2012年11月19日至20日，由美国青树教育基金会与杭州图书馆在杭州共同主办“图书馆作为社会教育中心：公共图书馆、学校图书馆、民间图书馆服务与社会教育国际学术研讨会”，民间图书馆的20名代表参加了该会议的第七分会场（主题是“服务农村社区”，主持人是天主教辅仁大学图书信息学系教授毛庆祯和北京大学信息管理系教授王子舟）和第十一分会场（主题是“青树小型项目”，主持人是美国金门大学数学名誉教授、青树基金会主席赵耀渝）。2013年11月，北京红丹丹文化教育交流中心的“心目图书馆”派出成员赴上海参加图书馆年会，并选派5名骨干成员到日本点字图书馆参观、访问和学习。2013 年 11 月 8 号,中国图书馆学会年会第二十九分会由北京市朝阳区图书馆主办,以“社会力量参与全民阅读推广的现状与未来”为主题,上海华夏社会发展研究院院长鲍宗豪、杭州市图书馆馆长褚树青、北京市朝阳区文化委员会主任黄晓伟、副主任马骏、悠贝亲子阅读学院院长孙莉莉、悠贝亲子图书馆创始人林丹、馆长龚小莉、小陶子流动儿童图书馆发起人安庆华以及各省市出席 2013 年会的代表参加了分会场会议,发言代表通过分享各自成果,共同就社会力量参与全民阅读展开广泛探讨。2014 年 10 月 27 日至 28 日青树教育基金会与湖南省图书馆在长沙共同举办的“第六届信息技术和教育国际会议:图书馆与口述历史及地方文化”,包括河北省赞皇县第一中学图书馆的代表李彦良、四川省遂宁市“刘图耻爱心图书室”的代表刘纳新、广西壮族自治区东兰县东兰镇“健将图书馆”的韩建相等十余名民间图书馆代表参加该会议,来自世界各地的专家在会议上详述口述历史的概念和重要性,为民间图书馆在口述历史的采集和收藏上开展工作打下基础。积极参与国际学术会议,有力地扩大了民办图书馆的影响,也为民办图书馆工作人员能力的提升打下基础。

五、加强合作,尝试寻求共赢

随着国家大政方针政策的调整和社会环境的变化以及民办图书馆数量的增多,过去仅关注自身发展的民办图书馆,开始意识到只有联合起来,才能增强行业的社会影响力,才能形成共赢。“十二五”时期民办图书馆开始加大合作和交流力度,打造信息共享平台,形成行业合力,广泛开展各种合作。“十二五”时期民办图书馆召开两次民间图书馆论坛,2011 年 6 月 4 日至 5 日首届民间图书馆论坛在北戴河举行,由心平公益基金会、美国青树教育基金会、北京大学信息管理系、爱辉图书馆等联合筹办,全国各地 70 多家公益性私人图书馆、20 家公益机构与组织、5 家专业期刊与媒体的代表参加了本次论坛,参会人数达到了 140 人。这是全国公益性私人图书馆代表们首次齐聚一堂,也是中国民间图书馆事业发展史上前所未有的事件。第二届民间图书馆论坛于 2015 年 7 月 11 日至 13 日在北京举办。这次论坛由中国小微企业家创新发展协会(筹)暨合万邦小微企业创新发展促进会、北京大学信息产业战略研究中心主办,美国青树教育基金会、心平公益基金会、美国加州健华社、民间图书馆协会筹备组等协办,参加论坛的有 110 家民间图书馆、12 家公益组织、50 家小微企业的代表,参会人数 190 人。这次论坛是迄今为止国内民间图书馆参与人数最多、各界代表类型最为丰富、会议规模最大并且完全由民间自主举办的盛会。

“十二五”时期民办图书馆除了通过网络联系外，也开始加大线下交互平台的构建，广泛开展各种合作。2011 年 7 月在北京“童立方亲子绘本馆”举行北京地区绘本馆经营与发展漫谈会第一次会议，北京地区 17 个绘本馆的负责人参加会议，会议主题是“绘本馆项目市场推广的难点与策略”，通过讨论谋求合作和业务拓展。此外，全国范围的私人绘本馆联盟，已经举行过五次会议，目的就是要增进各绘本馆之间的相互了解，加强经营与发展经验交流。2012 年 6 月 13 日，咕噜熊故事屋全国馆长会议在天津新安馆召开。

第四节　未来展望

一、民办图书馆将进一步加强跨界合作与交流

“十二五”时期民办图书馆的合作更多的是行业内的联合与合作，一定程度上起到了合作共赢的作用，扩大了民办图书馆的社会认知度。随着公共文化服务体系构建的深入，基层公共文化服务的普及和繁荣需要全民参与和共建，未来民办图书馆一定要积极推进与各个相关机构的配合与合作。主要合作形式将包括：

一是民办图书馆与公共图书馆合作。这种合作在“十二五”时期已经广泛开展，如北京市朝外街道文化服务中心、朝阳区图书馆与悠贝亲子图书馆三方于 2014 年正式签署了《社会力量参与朝外地区图书馆运营合作协议书》。北京市东城区图书馆与皮卡书屋 2014 年签署合作协议，由政府免费提供活动场地，承担水电费开销并为图书馆提供一定金额的启动资金，皮卡书屋负责图书馆的专业化运营和日常管理，以比市场更加优惠的价格为辖区居民提供服务，辖区内低保家庭则可享受免费服务。湖北省黄冈市浠水县洗马镇的“汪新民农家书屋”作为湖北省图书馆馆外图书流通点，每年定期更换书籍，指导村民阅读，并推出“农家书屋文化中心户”，目前已有 21 户申请成为“中心户”。随着国家大力推进公共文化服务体系建设，可以预见，在“十三五”时期，民办图书馆与公共图书馆之间的交流和合作将更加密切，范围将更加广泛。

二是民办图书馆与相关机构的合作。这种合作主要是指民办图书馆与

书店、咖啡店、幼儿园、社区组织、妇女儿童中心等机构展开合作。这些机构无论是服务对象还是功能作用,都与民办图书馆有很大重叠。如2011年武汉梧桐若语绘本馆与汉口一家幼儿园合作,幼儿园提供场地,绘本馆提供图书,减去了几千元的房租支出,一个月便开始有盈利,试运营成功。

民办图书馆未来的跨界合作能够实现双赢、共赢,达到最佳状态。2014年枣庄市区国税局为柏山村农民文化大院免费提供《中国税务报》《中国税收》等税务报刊及必要的阅读阅览设施,建立农民税收文化展厅,搭建税收宣传平台,一来可以为务工经商的农民提供涉税咨询,解决疑难问题,二来为村民宣传税法知识,着眼未来纳税人纳税意识的培养,有利于打牢税收宣传阵地的群众基础。同时市区国税局还将农民文化大院作为文化社会实践教育基地,不定期组织干部职工及国税青年志愿者到柏山村农民文化大院参观,进行社会实践,体验农村生活,参加社会公益活动,增强国税干部职工艰苦奋斗意识,提升为民服务意识。未来民办图书馆的跨界合作范围和对象都将进一步扩大。

二、民办图书馆将成为社区文化中心

社区距离读者最近,也是阅读需求最强烈的区域。在社区开展文化活动,是很多民办图书馆的基本定位,社区民众也是民办图书馆的基本服务对象。北京“甲骨文·悦读空间”,立足中老年阅读和社区亲子阅读,侧重生活服务和家教育儿,提供图书借阅、销售、咖啡饮品、会员服务等内容;同时利用其创办者主持人的职业优势,打出“有声书店”的概念,服务读者。店内有70平方米的儿童阅读空间,用来给孩子们讲故事、阅读分享。目前已经有海燕妈妈等育儿品牌入驻,让社区居民走出家门就可以享受到阅读之乐,参与文化活动中。

一些创办时间很长的民办图书馆,因其创办者热心公益,对乡村精神文明建设起到了引导作用。民办图书馆从事的事业承担着社区人员沟通、交流、阅读推广、技能培训等多项活动,成为事实上的地方公共文化服务平台。宁夏回族自治区海原县史店乡苍湾村农民李成林把自己的家庭图书馆发展为“成林文体大院”,从1987年的冬闲时节办农民篮球赛开始,到2015年一共办了13届农民运动会,比赛项目越来越丰富,场面越来越大,参与的民众也越来越多,成为当地方群众心目中事实上的文化活动中心。

目前,许多乡村农民自办的民间图书馆逐渐发展为文化大院,其功能从

单纯收藏图书、提供借阅的“一元”服务拓展为包括提供棋牌游戏、科普讲座、普法教育、电影放映、文艺演出等“多元”服务。吉林省东丰县南屯基镇北屯基村农民张崇安的“张家文化大院”多年来以大院为宣传平台，为农民宣讲党的农村富民政策，让农民了解党的方针政策。山东省枣庄市齐村镇柏山村曹栋宜是一名乡村医生，通过自筹资金创办的农民文化大院，设有报刊、民俗、农家书屋、农家影剧、报刊阅览等18个展厅，免费供村民和附近村庄的学生阅读，其藏报馆还被中国报协评为“三星级藏报馆”，他还组织村民、小学生和幼儿园等编演自办“村晚”文艺活动、纪念建党95周年暨红军长征胜利80周年文艺会演，真实生动地歌颂党的富民政策，反映了农村新生活，取得良好的社会效果。

更重要的是，依托这些社区文化大院，可以做到与农民零距离接触，能直接了解哪有上不起学的儿童，哪有身边无亲人的留守儿童，这为以后的精准扶贫等工作提供帮扶信息奠定了基础。

三、民办图书馆发展模式更趋多样化

未来民办图书馆发展规模将越来越大，模式越来越多。多样性将主要表现在创办主体、办馆模式、空间布局、馆藏内容、服务方式上。办馆主体的多样性体现在个人、非政府组织、基金会等都可以创办图书馆，个人创办的民办图书馆，如国家一级作家黄葵创办的黄葵图书馆（2013年1月）；非政府组织创办的民办图书馆，如信德公益组织创办的沂水县信德公益图书馆（2011年9月）、北京红丹丹文化教育交流中心创办的心目图书馆（2011年1月）等；基金会创办的民办图书馆大多与教育资助相连，如健华基金会创办的农村图书馆项目、爱华基金会创办的乡村图书馆项目等。本次调研共统计了参与图书馆建设的非政府组织42个。详见表7－4。

表7－4　参与图书馆建设和乡村阅读的非政府组织

序号	项目名称	资助团体组织名称	创办时间	网址
1	认助乡村学校图书室	美国科技教育协会	1980	http://www.esscare.org/en/programs/reading/arpl.aspx
2	图书阅读	滋根基金	1988	http://www.zigen.org.cn/Item/Show.asp? m=1&d=261

续表

序号	项目名称	资助团体组织名称	创办时间	网址
3	健华图书馆联盟	美国加州健华社	1989	http://blog.sina.com.cn/s/articlelist_1258611607_0_1.html
4	希望工程图书室	中国青少年发展基金会	1989	http://www.cydf.org.cn/
5	图书室	海外中国教育基金会	1992	http://china.ocef.org/articlelist-112.html
6	流动图书馆	山西永青咨询服务中心	1993	http://www.evergreenchina.net
7	红十字书库	中国红十字基金会	1994	http://new.crcf.org.cn/
8	青树乡村图书馆	青树基金会	2001	http://www.evergreeneducation.org/index.php
9	图书馆	美国明日中华教育基金会	2001	http://www.ctef.org
10	天下溪公益图书平台	北京天下溪教育咨询中心	2003	http://blog.sina.com.cn/qiulu119
11	微笑图书室	上海微笑青年公益服务中心	2003	http://www.smilinglibrary.org/
12	图书馆	NGO参考图书馆	2003	www.creative-initiatives.org
13	梦想行动	梦想国际	2004	http://www.dreamcorps.org/
14	育才图书室	中华文学基金会	2004	http://www.chinalf.org.cn/
15	少儿英文图书馆	美国明德基金会	2004	http://www.appletreelibrary.cn/
16	班班有个图书角	担当者行动	2004	http://www.dandang.org/
17	儿童阅读、图书馆	北京捐书助学网	2005	http://www.juanshu.org/

续表

序号	项目名称	资助团体组织名称	创办时间	网址
18	麦田图书项目	麦田教育基金会	2005	http://www.mtjy.org/main.shtml
19	图书馆	新华财经图书馆基金会	2005	http://blog.sina.com.cn/s/blog_516710ad01009tfc.html
20	图书角	同心希望家园	2005	http://blog.sina.com.cn/txxwjy
21	图书捐赠	乡村教育促进行动	2005	http://zh.ruralchina.org/
22	蒲公英乡村图书馆	爱心传递慈善基金会	2006	http://www.passlove.org/
23	爱心书库	我们的自由天空	2006	http://www.ourfreesky.org/
24	图书馆	北京市西部阳光农村发展基金会	2006	www.westsa.org
25	香江爱心图书室	香江社会救助基金会	2007	http://www.hkf.org.cn
26	图书馆	烛光图书馆	2007	http://www.douban.com/group/290913/
27	爱心图书室	浙江省新华爱心教育基金	2007	http://www.xhef.org/
28	乡村图书室项目	攀枝花公益网	2007	http://www.pzhgy.org
29	图书阅读、公益图书室	心平基金会	2008	http://xinpingstory.blog.163.com/blog/static/10494978520090134233724/
30	桂馨书屋	北京桂馨慈善基金会	2008	http://www.greenandshine.org/
31	梦想中心、梦想书屋	上海真爱梦想公益基金	2008	http://www.adream.org/index.php
32	图书馆	荒岛图书馆	2009	http://weibo.com/islibrary

续表

序号	项目名称	资助团体组织名称	创办时间	网址
33	图书银行	华益助弱服务中心	2009	http://huayicn.org/
34	苏州工友家园	香港乐施会	2009	http://suzhougongyou.blog.163.com/
35	图书馆	云南士恒教育基金会	2009	www.shiheng.org
36	乡村小学图书室	传递童年教育促进会	2009	http://blog.sina.com.cn/transmit-childhood
37	图书室	芥菜种公益	2010	http://blog.sina.com.cn/jiec-aizhongxiaozu
38	捐书	一公斤捐书网	2010	http://www.1kgbook.org/Project/project_list.aspx? state = 1
39	流动图书馆	木兰社区活动中心	2010	http://blog.sina.com.cn/mulanhua-kai201001
40	慈弘图书角项目	北京慈弘慈善基金会	2010	http://www.cihongcharity.org
41	公益图书馆、阅读推广	满天星青少年公益发展中心	2012	http://www.starscn.org/
42	苍梧县图书室计划	广州市千千树公益促进会	2012	http://weibo.com/ngoqianqianshu

办馆模式的多样性体现在既有连锁型的民办图书馆也有单体非连锁型的民办图书馆。连锁型的民办图书馆，如刘琼雄在广州发起成立的“荒岛图书馆”(2009年)一度在全国发展出几十家加盟连锁图书馆。2009年年初创办的悠贝亲子图书馆截至2015年9月已经有分馆236家，分布在全国31个省、自治区、直辖市。2011年8月创办的老约翰绘本馆截至2015年9月在全国共有分馆282个，分布在29个省、自治区、直辖市。单体非连锁图书馆，如文化火种寻找之旅网站收录经新闻媒体报道过的300多家公益性私人图书

馆,基本都是单体非连锁的个人民办图书馆。

创办模式既有实体民办图书馆也有虚拟民办图书馆。实体民办图书馆,如杭州师范学院音乐系副教授张铭创办的“张铭音乐图书馆”;虚拟民办图书馆,如深圳“青番茄图书馆”均属于网上图书馆。

馆藏内容多样性表现在馆藏内容方面既有专藏资源又有混藏资源。专藏资源是指这类民办图书馆专门收藏某一类文献资料。如杭州“张铭音乐图书馆”收藏了5000余张原版音乐CD和音乐类书籍;兰州“穆斯林图书馆”收藏了数十种中外伊斯兰教会、清真大寺印刷的非正式出版刊物、内部报纸等5万册有关穆斯林的各类文献;北京红丹丹文化教育交流中心的“心目图书馆”专藏盲文文献。混藏资源是指馆藏内容既有文献,也有文物、民俗物品和其他特藏物品。如山西省祁县昭余镇丰泽村权勇的“文化大院”不仅收藏了2万多册书,还藏有1600部电影拷贝、3000余张电影海报。山西省左权县麻田镇上麻田村张小宝的“心连心家庭图书馆”,一楼图书室有3万多册藏书,二楼民俗室有包括八路军兵工厂土制的手榴弹、八路军臂章、奖章等红色文物700件。

服务方式的多样性表现在既有流动服务也有固定服务,流动服务如“快乐小陶子流动儿童图书馆”(2010年)和北京国子监官书院胡同的“民间流动图书馆”(2010年),“民间流动图书馆”创办人徐大伟秉承“人人读书、人人传书、人人赠书、人人爱书”理念,图书馆的藏书不是“借”和“还”,而是“赠”和“传”。固定服务如黄葵图书馆每天免费对外开放。服务时间上也分定时开放和不定时开放或随时开放,如荆楚少儿图书馆每周一到周五下午2点至7点开放,周日则全天开放。不定时开放或随时开放采取“随叫随到”的开放模式,如湖北张光照创办的“光照人口文化活动中心”服务时间是不固定的,农闲和雨天时每天开放12小时,有需求可随时借还。江苏省连云港市东海县牛山街道白石岭村的“樊氏图书馆”,馆长樊振的老父亲就住在图书馆隔壁,不管是不是开放日,只要平时有读者上门,随叫随到开馆。

空间布局多样性表现在民办图书馆馆舍既有简陋的也有唯美的。简陋的如沧州市书香宝贝绘本馆的馆舍是由90多平方米的居民楼房屋改装;石家庄市六一绘本馆只有80多平方米的馆舍面积;北京志愿者陈军在海淀区上庄镇上庄村创办的民间图书馆“新居民儿童中心”,只有30平方米,既是一个图书室,也是一个活动室。唯美的如北京市怀柔区雁栖镇交界河村智慧谷中的“篱苑图书馆”(2011年)、河北省秦皇岛市昌黎县黄金海岸被称为“最孤独的图书馆”的“三联书店海边公益图书馆”（2015 年）、浙江省杭州市余杭区五常文创园区的“From 余杭融设计图书馆”（2015 年）、江苏省南京市栖霞区西岗街道桦墅村的“嘤栖书院”（2015 年），它们的出现成为我国基层或社区图书馆新形象的名片。

四、民办图书馆将成为政府购买公共文化服务的备选对象

“十二五”时期党和政府高度重视公共文化服务体系建设，为保证人民群众的基本文化权益，出台一系列的政策来保障民众的文化权益。2015 年 1 月，中共中央办公厅和国务院办公厅发布《关于加快构建现代公共文化服务体系的意见》，要求将适合由社会组织提供的公共文化服务事项交由社会组织承担。随后国家不断出台相关政策，如 2015 年 5 月国务院办公厅出台《关于在公共服务领域推广政府和社会资本合作模式的指导意见》提出充分激发社会资本活力，打造大众创业、万众创新和增加公共产品，明确在公共服务领域推广 PPP 模式。2015 年 10 月国务院办公厅印发《关于推进基层综合性文化服务中心建设的指导意见》，提出到 2020 年，全国范围的乡镇（街道）和村（社区）普遍建成集宣传文化、党员教育、科学普及、普法教育、体育健身等功能于一体，资源充足、设备齐全、服务规范、保障有力、群众满意度较高的基层综合性公共文化设施和场所，形成一套符合实际、运行良好的管理体制和运行机制，建立一支扎根基层、专兼职结合、综合素质高的基层文化队伍。

随着政府各项政策的密集出台，尤其是 2015 年 5 月国务院办公厅正式转发文化部、财政部、新闻出版广电总局、体育总局起草的《关于做好政府向社会力量购买公共文化服务工作的意见》，明确提出到 2020 年，在全国基本建立比较完善的政府向社会力量购买公共文化服务体系。政府购买服务包括公共图书馆（室）、文化馆（站）、村（社区）综合文化服务中心（含农家书屋）等运营和管理，民办图书馆、美术馆、博物馆等面向社会提供的免费或低收费服务，民办农村（社区）文化服务中心（含书屋）面向社会提供的免费或低收费服务，这些条款都为政府购买民办图书馆服务提供政策保障和购买依据。

目前的问题是，政府购买公共文化服务的条件是民办非企业，但现在很多民办图书馆都不具备这种身份，所以和基层综合性文化文化服务中心合作，成为合作伙伴或事实上的合作对象，并最终成为政府购买公共文化服务的对象是一条现实可行的途径。2014 年起，北京市西城区文化委员会通过政府购买服务的方式，构建、扶持出一批特色公共阅读空间，比如有图书交换空

间的“白云驿站”、主打亲子阅读的宣阳驿站“第二书房”、以艺术和戏剧为主题的繁星戏剧村书吧、展示老北京文化和非遗专题文献的皮影文化酒店等16家特色阅读空间陆续出现在北京西城区，为周边民众提供多样公共文化服务，成为解决政府惠民服务“最后一公里”的有效方式。它们和传统的公共文化服务场所相比，可以提供差异化产品，满足不同层次化需求，扩大文化服务覆盖面。

（执笔人：马艳霞）

参考文献：

[1] 徐静. 私人图书馆藏身中山大学：设会员制　入会需面试[N]. 广州日报，2014-09-02(A15).

[2] 柯竞，莫思予. 福州首个免费书吧爆红网络　部分网友疑其炒作[N]. 福州日报，2015-02-27(A4).

[3] 洪冰玲. 月圆邮人家：福建省泉州市邮政分公司　吴福裕　书香之家[N]. 中国邮政报，2016-09-14(6).

[4] 黄勇. 两所普通小平房“变身”书院　嘤栖书院免费开放[EB/OL]. [2017-12-25]. http://js.ifeng.com/humanity/detail_2015-12/07/4630121_0.shtml.

[5] 伍安平. 广东侨乡开平赤坎古镇上的图书馆“二重奏”[EB/OL]. [2017-12-25]. http://www.chinanews.com/qxcz/2012/09-26/4213866.shtml.

[6] 简希刚. 仙桃农民免费办文化活动中心[N]. 楚天都市报，2010-11-04(19).

[7] 王子舟，邱璐，戴靖. 壮族乡村文化的守护人——徒将图书馆田野调查手记[J]. 图书馆建设，2014(4)：94-96.

[8] 张国圣. “院长”谭明海的“乐此不疲”[N]. 光明日报，2013-04-16(1).

[9] 丁杨，李雪. “朝阳探索”新进展[N]. 中国文化报，2014-03-11(4).

[10] 张慧. “私人定制”社区图书馆诞生[N]. 中国文化报，2014-07-29(4).

[11] 曾革楠. 一个人的坚持全家人的守候——记湖北省黄冈市浠水县羊角桥村书屋管理员汪新民[N]. 中国新闻出版报，2012-02-06(8).

[12] 张亚伟. 全省首个农民税收文化大院落户枣庄市柏山村[EB/OL]. [2017-12-25]. http://zaozhuang.iqilu.com/zzminsheng/2014/0404/1939652.shtml.

[13] 王志艳. 北京最美社区书店“甲骨文 · 悦读空间”落户西城[EB/OL]. [2017-12-25]. http://news.xinhuanet.com/book/2016-01/25/c_128666707_4.htm.

[14] 赵倩. 办好真正属于农民的运动会[EB/OL]. [2017-12-25]. http://news.xinhuanet.com/zgjx/2015-02/26/c_134018774.htm.

[15] 王振全. 农民自办文艺汇演喜迎建党 95 周年[EB/OL]. [2017-12-25]. http://zaozhuang. sdnews. com. cn/xnc/201606/t20160628_2101094. htm.

[16] 张谦. 权勇和他的文化大院[EB/OL]. [2017-12-25]. http://news. ifeng. com/a/2014/030/42332279_0. shtml.

[17] 王子舟,邱璐,戴靖. 太行山里“种文化的能手”——心连心家庭图书馆田野调查手记[J]. 图书馆建设,2014(9):92-96.

[18] 王晓宇. 一家四代接力办图书馆,上了《新闻联播》[N]. 现代快报,2016-04-24(F5).

第八章　图书馆行业组织

第一节　图书馆行业组织发展概况

“十二五”时期是我国全面建设小康社会、深化改革、加快转变经济发展方式的攻坚时期，是推动社会主义文化大发展、大繁荣，提升国家文化软实力，加快构建现代公共文化服务体系的重要阶段。2015 年 1 月 14 日，中共中央办公厅、国务院办公厅印发的《关于加快构建现代公共文化服务体系的意见》指出：“我国公共文化建设投入稳步增长，覆盖城乡的公共文化服务设施网络基本建立，公共文化服务效能明显提高，人民群众精神文化生活不断改善，公共文化服务体系建设取得显著成效，呈现出整体推进、重点突破、全面提升的良好发展态势。”图书馆事业作为我国公共文化服务体系的重要组成部分，也进入了一个最好、最快的发展时期，并取得了令人瞩目的成就。

图书馆行业组织是图书馆事业发展的引领者、组织者、推动者。随着国家行政体制改革的深化、政府职能的转移、社会治理体系与治理能力建设的加速推进，以及图书馆事业的快速发展，图书馆行业组织也迎来了前所未有的发展机遇。各级图书馆学（协）会是图书馆行业组织的主力军，以中国图书馆学会（以下简称中图学会）为代表的全国图书馆学（协）会，密切关注国内外图书馆发展动态，抓住机遇，创新进取，以促进图书馆资源开放获取、优化知识服务和扩大社会化服务为契机，充分发挥其引领、组织与推动作用，对“十二五”时期我国图书馆事业的整体协调发展和提升图书馆社会影响力做出了重要贡献。概括来说，主要表现在以下几个方面：

第一，学术研究。中图学会开展学科发展研究和学科史研究项目，提升学术交流平台实效，形成以学会年会为核心，以青年学术论坛、百县馆长论坛和未成年人服务论坛等品牌学术活动为重点，汇聚我国图书馆界相关重要学术活动为一体的综合学术交流体系。各级图书馆学（协）会参与中图学会的各项品牌活动，并积极策划本学（协）会的学术年会、学术论坛、学术沙龙等，开展科研课题立项，提升会员学术研究能力。

第二,教育培训。各级图书馆学(协)会加强人才队伍建设,搭建继续教育体系,举办图书馆员进修型培训和在职专业培训,尝试开展图书馆员业务知识竞赛,提高图书馆员职业化水平,为图书馆事业发展提供人才保障和智力支持。

第三,决策支撑。中图学会积极承接文化部全国县级以上公共图书馆评估定级工作、全国公共文化巡讲、中国图书馆年会等政府转移职能,带动会员参与《公共图书馆法》《公共文化服务保障法》《网络安全法》等重要法律法规的制定工作,不断推进我国图书馆事业科学化、法治化和规范化进程。

第四,行业指导。中图学会参与数字图书馆推广工程、中华古籍保护计划、民国时期文献保护计划等国家重大文化工程,促进我国图书馆整体协作与发展,不断缩小城乡和地区差异,促进我国图书馆事业全面协调可持续发展。

第五,阅读推广。中图学会组织、协调、指导各级各类图书馆开展“全民阅读”活动,创新活动组织形式,开展“全国少年儿童阅读年”系列活动,举办演讲和摄影比赛、“书香家庭”评选、展览等,组织年度全民阅读奖评选、发布《书香城市(县级)、书香社区标准指标体系》、启动“阅读推广人”培育行动,促进阅读推广工作专业化、标准化、规范化,提高社会参与度。

第六,交流合作。中图学会为我国图书馆界专家学者参加国际图联大会、美国图书馆协会年会等重要国际交流活动提供咨询服务,扩大国际及港澳台地区交流,提升我国图书馆在国际图书馆界的影响力,使图书馆对外交流成为我国对外文化交流的重要阵地。同时,国内图书馆学(协)会间互动频繁,形成了许多长期活跃的交流合作平台。

第七,增强凝聚力,扩大影响力。各级图书馆学(协)会切实加强组织建设、内部机制建设和自身能力建设,完善荣誉体系,增强组织凝聚力。通过开展丰富多样的讲座、参观、展览、赠书等惠民活动,扩大其社会影响力;开展信息化平台建设,建立自己的官网,开通微信公众号,及时收集和发布相关信息。中图学会及其分支机构积极聚合各级各类图书馆力量,形成行业整体优势,与社会各界互补共享、互动共赢。

“十二五”时期,全国文献影像技术标准化技术委员会适应国家信息技术发展的需要,努力完成国家标准的制修订任务;积极参与国际标准化工作;宣传贯彻国家标准及标准化人员培训;配合国际标准化组织和国家标准化管理委员会开展标准化调查工作。中国文献影像技术协会着力开展学术研讨会、

“海峡两岸档案暨缩微学术交流会”和专业技术培训。全国图书馆标准化技术委员会加强图书馆标准化理论研究，逐步完善图书馆标准规范体系；确立图书馆标准化工作重点领域，制修订了一批图书馆事业发展标准；依托图书馆领域重大项目，推进标准成果的宣传与推广应用；加强国内外交流与合作，促进我国图书馆标准的国际化；构建图书馆标准化信息平台，提高标准工作的信息化水平。

中共中央办公厅、国务院办公厅印发的《关于加快构建现代公共文化服务体系的意见》明确提出，要“培育和规范文化类社会组织，鼓励各类公共文化服务机构成立行业协会，发挥其在行业自律、行业管理、行业交流等方面的重要作用”。2015 年 1 月 23 日，中国古籍保护协会在北京成立，成为图书馆古籍保护的一支重要力量，在探索社会合作，调动民间力量参与古籍保护事业，组织中华古籍普查志愿服务行动，推动《海峡两岸中华古籍保护论文论著索引》编纂等方面做出重要贡献。

此外，大城市图书馆、中小型图书馆、专业领域图书馆等各种图书馆联合会及图书馆联盟活动的广泛开展，也是图书馆界重要的交流平台。

第二节　全国性图书馆行业组织发展状况

全国性图书馆行业组织在行业领导、示范、统筹、协调等方面发挥着举足轻重的作用。“十二五”时期，已有全国性行业组织健康运转，履职尽责，稳步发展；同时也诞生了新的行业组织。

一、中国图书馆学会

“十二五”时期，中国图书馆学会在组织建设、承接政府转移职能、学术研究、教育培训、行业指导、阅读推广、交流合作与会员服务等方面都取得了突出的成绩。

1. 加强组织建设，保障事业持续发展

中图学会的组织机构是由全国会员代表大会选举产生理事会及常务理事会，由理事会领导各分支机构和秘书处、《中国图书馆学报》编辑部等展开工作。2015 年，第九届理事会成立后，中图学会共设立了 17 个分支机构，分别是：学术研究委员会、图书馆学教育委员会、阅读推广委员会、编译出版委员会、交流与合作委员会等5个委员会，公共图书馆分会、高等学校图书馆分会、专业图书馆分会、中央国家机关图书馆分会、医学图书馆分会、高职院校图书馆分会、中小学图书馆分会、军队院校图书馆分会、党校图书馆分会、团校图书馆分会、未成年人图书馆分会、工会图书馆分会等12个分会。其中，图书馆学教育委员会、中央国家机关图书馆分会、公共图书馆分会、高职院校图书馆分会、未成年人图书馆分会都是新设立的，体现出图书馆行业组织将专业人才培养和职业队伍建设提到了很高的位置，进一步加强学科教育和继续教育的力度；同时，也体现出对未成年人、职业教育领域的服务群体的关注，对现代公共文化服务体系背景下的全国公共图书馆资源与服务整合与规范的重视，以及对国家图书馆为党政军等国家重要部门的立法决策提供信息支撑与服务工作的强化。中图学会加强与以上各系统的联系，有利于进一步拓展图书馆服务领域，推动图书馆事业的全面发展。

“十二五”时期，中图学会每年召开理事会、常务理事会，召开秘书长联席会议，对年度工作进行规划、总结、审议等。各委员会、分支机构召开年度工作会议，加强工作交流谋划事业发展。

2015年4月9日，中图学会第九次全国会员代表大会在北京召开。大会审议通过了《继往开来　开拓创新　努力促进我国图书馆事业全面发展——中国图书馆学会第八届理事会工作报告》《中国图书馆学会第八届理事会财务收支情况报告》，修订了《中国图书馆学会章程》和《中国图书馆学会会员会费标准及管理办法》；选举产生了第九届理事会，国家图书馆馆长、党委书记韩永进当选理事长。各分支机构相继完成新一届组织机构的建设工作。

2. 提高自身能力，有序承接政府转移职能

“十二五”时期，特别是2013年至2015年间，为进一步深化体制改革，中央和地方出台一系列文件政策，加快推进政府职能转移、社会治理体系建立与治理能力提高和现代公共文化服务体系的构建。中图学会抓住拓展职能、做强自己的重要机遇，充分发挥行业引领、规范、协调的优势，提高自身能力，成为承接主体，取得了突破性进展。承担了县级以上公共图书馆评估定级、中国图书馆年会、全国公共文化巡讲、书香城市指标研究及推广、“中华古籍保护计划”宣传推广、公共文化机构法人治理研究、中国图书馆榜样人物和最美基层图书馆评选等多项转移职能工作，不但拓展了业务范围和活动空间，激发了创新能力，提高了自我发展能力和服务政府与社会的能

力,而且还扩大了图书馆的社会影响力,增强了行业组织的吸引力和凝聚力。

2011 年,中图学会在全国性学术类社会团体评估中荣获 4A 等级。2015 年,又成功获评中国科协学会创新和服务能力提升工程优秀科技社团项目三类建设单位,2015—2017 年度每年将获得中国科协奖建经费 100 万元,总额 300 万元。这些荣誉是对中图学会自身能力建设的肯定。

3. 学术交流体系,促进学术研究和学科建设

中图学会开展学术活动的宗旨是:开展学术交流,活跃学术思想,组织学术研究,促进学科发展。中图学会每年都会召开多个学术会议,会议主题涵盖图书馆学研究的各个领域,并已形成以学会年会为核心,以青年学术论坛、百县馆长论坛和未成年人服务论坛等品牌活动为重点,汇聚分支机构重要学术活动为一体的综合学术交流体系。

(1)中国图书馆年会

在每年举行的中国图书馆年会暨中国图书馆学会年会上,学术会议是整个年会的重要组成和依托。自 2012 年首创主题论坛以来,学术年会的组织模式逐步完善为“主题论坛 + 学术分会场”模式。根据业界需求和年会实际情况,2013 年和 2015 年,中国图书馆年会策划了“卫星会议”,以“会前会”和“会后会”的形式组织研讨会和图书馆实地考察,实现学术活动时空跨度的延展。近十年,年会的学术会议组织规模逐渐扩大,“十一五”“十二五”时期图书馆年会开展的学术活动情况如表 8 - 1 所示。

表 8 - 1　“十一五”“十二五”时期中国图书馆年会一览(2006—2015 年)

年会时间(举办地点)	年会主题	论文数量	学术活动数量	参会人数
2006 年 7 月(昆明)	图书馆发展与和谐社会构建	1196 篇	举办 15 场学术活动(3 场主旨报告、4 场大会发言、8 个主题分会场)	近 1000 人
2007 年 8 月(兰州)	图书馆:新环境、新变化、新发展	1092 篇	举办 19 场学术活动(3 场主旨报告、2 场大会发言、14 个主题分会场)	700 余人

续表

年会时间（举办地点）	年会主题	论文数量	学术活动数量	参会人数
2008年10月（重庆）	图书馆服务:全民共享	1314篇	举办13场学术活动(3场主旨报告、10个主题分会场)	800余人
2009年11月（南宁）	中国图书馆事业:科学·法治·合作	1363篇	举办17场学术活动(1场主旨报告、16个主题分会场)	800余人
2010年7月（长春）	提升能力与效益,促进学习与创造	1346篇	举办22场学术活动(2场大会发言、20个主题分会场)	900余人
2011年10月（贵阳）	公益·创新·发展:“十二五”时期的图书馆事业	1261篇	举办20场学术活动(1场主旨报告、2场专题发言、17个主题分会场)	近1500人
2012年11月（东莞）	文化强国——图书馆的责任和使命	1617篇	举办32场学术活动(1场学术报告、4场主题论坛、27个主题分会场)	近3000人
2013年11月（上海）	书香中国——阅读引领未来	1559篇	举办35场学术活动(1场学术报告、5场主题论坛、29个主题分会场、5场卫星会议)	近3000人
2014年10月（北京）	馆员的力量:改革　发展　进步	1611篇	举办27场学术活动(4场主题论坛、23个主题分会场)	近3000人
2015年12月（广州）	图书馆:社会进步的力量	1309篇	举办28场学术活动(4场主题论坛、21个主题分会场、3场卫星会议)	3000余人

对比“十一五”时期和“十二五”时期中国图书馆年会学术会议情况,可以看出在论文数量、学术活动数量和参会人数上,“十二五”时期都比“十一五”时期有了大幅增长。这说明年会在图书馆界的影响力逐渐增大,越来越多的图书馆人希望通过此平台发声,由图书馆管理理念和经费投入决定的参与能

力在持续提高。以 2011 年文化部将“中国图书馆年会”委托中图学会承担为节点，到 2012 年，连续两年人数增长一倍，也说明了政府职能转移带来的巨大效应。图 8 - 1、图 8 - 2、图 8 - 3 分别将历年来年会上论文发表数量、学术活动数量、参会人数单独列出，通过趋势图的方式可以更清晰地看出数量提升的趋势。

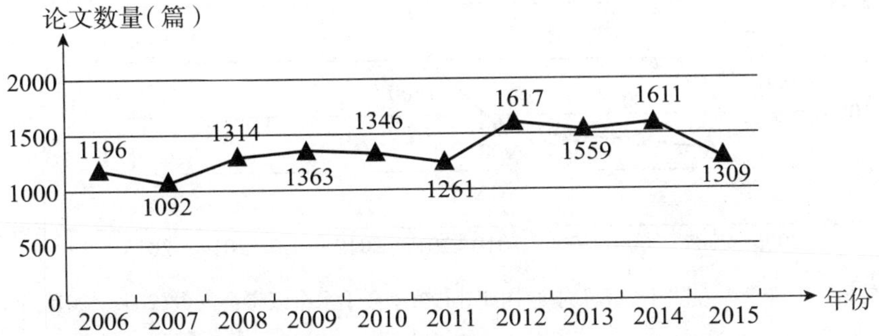

图 8 - 1　“十一五”“十二五”时期中国图书馆年会学术会议论文发表数量（2006—2015 年）

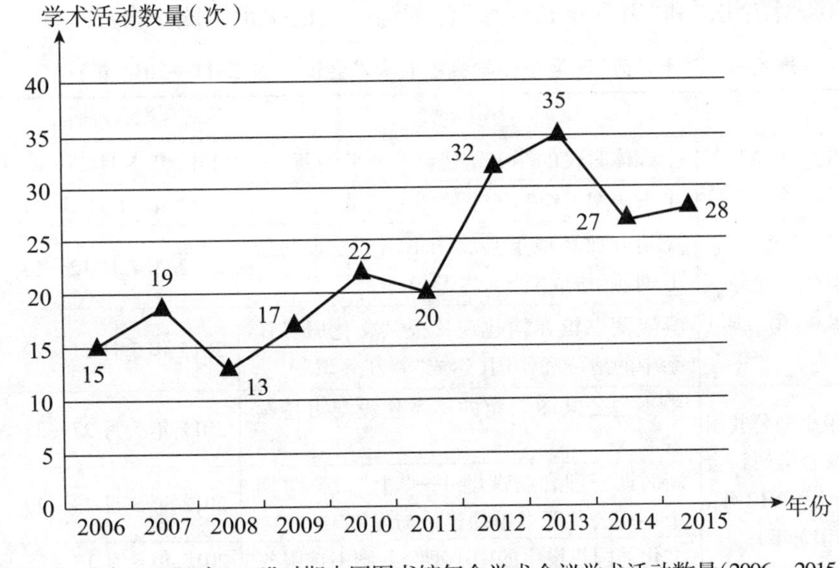

图 8 - 2　“十一五”“十二五”时期中国图书馆年会学术会议学术活动数量（2006—2015 年）

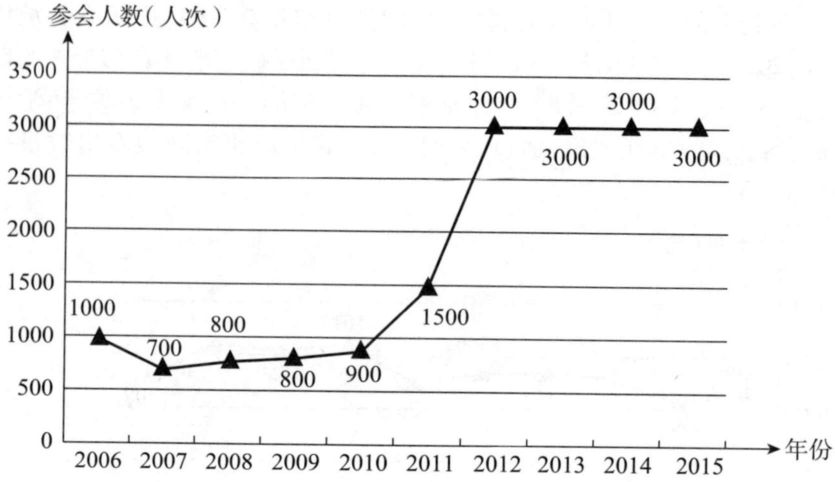

图 8-3 “十一五”“十二五”时期中国图书馆年会学术会议参会人数(2006—2015 年)

(2)学会主办的主要学术会议

“十二五”时期,中图学会主办的主要学术会议如表 8-2 所示。其中,“青年学术论坛”和“百县馆长论坛”已成为知名的学术交流平台。

表 8-2 “十二五”时期中图学会主要学术会议一览(2011—2015 年)①

学术会议	会议主题	会议时间
青年学术论坛(第五届、第六届)	全媒体时代的图书馆建设与服务创新	2011 年 5 月 25—28 日
	未来的图书馆和未来的图书馆员	2014 年 11 月 10—12 日
百县馆长论坛(第四届、第五届)	免费开放环境下县级图书馆的建设与服务创新(达成“神木共识”)	2012 年 7 月 12—13 日
	县级图书馆在构建现代公共文化服务体系中的地位和作用(达成“晋江共识”)	2015 年 5 月 21—22 日
全国中小型公共图书馆联合会研讨会(2011 年、2012 年、2013 年)	中小型公共图书馆的体系建设与可持续发展	2011 年 5 月 27—31 日
	新时期新理念新课题——“十二五”时期中小型公共图书馆的建设与发展	2012 年 5 月 28—29 日
	文化强国建设中的中小型公共图书馆服务	2013 年 6 月 17—18 日

① 表 8-2 内容来自中国图书馆学会官网“学术研究”栏目。

续表

学术会议	会议主题	会议时间
第一届全国图书馆未成年人服务论坛	阅读与圆梦	2013 年 8 月 14—15 日
全国十五城市公共图书馆工作研讨会(第 23、24、25、26、27 届)	图书馆创新服务的政策法规保障、图书馆服务公益性、基本性、均等性和便利性原则探讨	2011 年 9 月 5—8 日
	新技术时代城市图书馆服务与管理创新	2012 年 12 月 21—22 日
	城市公共图书馆服务模式创新及管理创新	2013 年 10 月 17—19 日
	公共图书馆服务体系建设与体制机制创新	2014 年 6 月 4—6 日
	现代公共文化服务体系建设进程中城市公共图书馆的创新发展与服务效能提升	2015 年 9 月 10—11 日

(3)学会的学术出版

学术出版方面,中图学会与国家图书馆联合主办图情领域专业学术期刊《中国图书馆学报》,编写反映我国图书馆事业发展状况的《中国图书馆年鉴》。在《中国人文社会科学期刊评价报告(2014 年)》中,《中国图书馆学报》被评为顶级期刊。“十二五”时期,中图学会还承担了中国科协“图书馆学学科发展研究”和“中国图书馆学学科史研究”项目,编纂出版了《中国图书馆学学科发展报告》(2011—2012)、《中国图书馆学学科发展报告》(2014—2015)、《中国图书馆学学科史》(2014 年)等书。

(4)学会分支机构的学术活动

在中图学会举办的各类学术论坛与学术会议上,都有中图学会各委员会或分支机构作为组织者、发声者的参与。此外,专业图书馆分会每年召开学术年会,2011—2015 年,专业图书馆分会围绕“知识服务”,分别以“面向‘十二五’文献情报机构知识服务能力构建”“挑战、变革和创新”“开放创新环境下专业图书馆的新角色”“新工具、新方法、新平台”“创新驱动 · 情报研究 · 决策咨询”为主题;2011—2015 年,专业图书馆分会联合中国图书进出口(集团）总公司、高等学校图书馆分会成功举办了第3—7届“中国图书馆馆长与国际出版社高层对话论坛”；专业图书馆分会还组织编纂出版《中国专业图书馆发展报告》。2011—2015年，高等学校图书馆分会分别以“新使命、新任务、新挑战：图书馆的可持续发展战略和实践”“数字图书馆信息技术的战略规划、技术实践与创新发展”“服务——时代旋律永恒主题”“数字资源——用数据量体为学科裁衣”“大学图书馆服务能力的提升与拓展”为主题举办一年一度的高校图书馆发展论坛。2011—2015年，医学图书馆分会召开了学术研讨会暨学术年会，并在2011—2012年度科研项目评审准予12项科研项目立项，在2015—2016年度科研项目评审准予14项科研项目立项。2012年、2014年，军队院校图书馆分会分别组织召开了第十三届、第十四届学术研讨会，共收到论文877篇。

4. 重点工程策划培训，提高行业继续教育水平

为提升图书馆员的职业素养及业务能力，拓展视野，中图学会每年都开展对会员和图书馆工作者的继续教育和职业培训工作。“十二五”时期，中图学会举办的培训班不仅限于图书馆基础业务工作，而且还紧跟业务发展，举办图书馆员进修型培训和在职专业培训，如在全国范围内开展“全国图书馆未成年人服务提升计划”，并相继开展了图书馆科学管理与服务创新、城市图书馆服务体系建设、全国图书馆员绘本讲读、移动数字图书馆建设与服务、新型城镇化与图书馆服务体系建设、现代图书馆与科技融合、构建现代公共图书馆服务体系等专题短期培训班。中图学会还针对数字图书馆推广、古籍保护和民国文献保护等国家重点文化工程的需求，策划开展继续教育和专业培训项目，如表8－3所示。除“志愿者行动”是延续性项目外，其他培训项目均为“十二五”时期首创。

表8－3 “十二五”时期中图学会教育培训重点活动（2011—2015年）①

活动时间	重点活动	活动内容（培训人数）
2011年	志愿者行动	四川省基层图书馆馆长培训班（170余人）、 广西公共图书馆科学管理与服务创新高级研修班（184人）
2012—2015年	未成年人服务提升计划	“全国图书馆未成年人服务提升计划”首轮巡讲 （天津、湖南、吉林、广西、安徽、海南、黑龙江，共计1400余人）

① 表8－3内容来自中国图书馆学会官网“继续教育”栏目。

续表

活动时间	重点活动	活动内容(培训人数)
2013—2015 年	数字图书馆建设与服务宣传推广	“网络书香・数字图书馆建设与服务”宣传推广项目 (江苏、安徽、四川、重庆、河南、宁夏、江西、浙江、吉林,共计 2000 余人)
2014 年、2015 年	古籍保护宣传推广	“中华古籍保护计划”成果宣传推广活动、 (安徽、广西、北京、山西、江苏、广东、福建、重庆、陕西、河北) “我与中华古籍”摄影大赛优秀获奖作品巡展活动 (注:由于展览、讲座等活动多面向公众,无具体人数统计)
2014 年、2015 年	民国文献保护宣传推广	“民国时期文献保护计划”宣传推广活动暨民国时期文献保护工作培训班 (安徽、四川、广东、江苏、贵州、广西,培训班共计 640 余人参加)
2014 年、2015 年	图书馆员进修型培训	图书馆员进修型培训(联合北京大学信息管理系,72 人)、图书馆员在职专业培训(186 人)
2015 年	“阅读推广人”培育行动	“阅读推广人”培育行动教材编写、 “少儿阅读推广人”培育行动(基础级,黑龙江,300 余人)

中图学会的分支机构方面,2011—2014 年,专业图书馆分会举办了 42 期培训班,共计 1800 余人次参加了培训。2011 年、2014 年军队院校图书馆分会两次组织全军院校图书馆开展“信息素质教育优质课观摩竞赛”。2014 年,中央国家机关图书馆分会组织 37 位会员赴全国人大图书馆进行培训、参观。

5. 完善图书馆标准规范,保障行业科学有序发展

行业指导是中图学会的重要职责。“十二五”时期,中图学会在行业指导方面完成了以下几项工作:

(1)标准规范的制定与推广

2012 年 1 月 20 日,国家质量监督检验检疫总局、国家标准化管理委员会批准发布《公共图书馆服务规范》(标准编号为 GB/T28220—2011),同年 5 月 1 日起正式实施。该标准规定了图书馆服务资源、服务效能、服务宣传、服务监督与反馈等内容,适用于县(市)级以上公共图书馆,街道、乡镇级公共图书馆以及社区、乡村和社会力量办的各类公共图书馆基层服务点可参照执行。

中图学会在苏州、烟台举办两次贯标培训班,介绍编制背景,宣讲意义特征,解读条文内涵。2015 年世界读书日期间,中图学会联合内蒙古图书馆学会、宁波市图书馆等多家单位,向全国图书馆界发布了“书香城市”(县级)、“书香社区”标准指标体系,包括《书香城市(县级)标准指标体系》《书香社区标准指标体系》《书香城市(县级)、书香社区标准体系指标说明》三个部分,主要指标有阅读设施、阅读资源、阅读活动、阅读服务、阅读环境、保障条件等。

(2)图书馆评估工作

“县以上公共图书馆评估定级”是中图学会承接政府职能转移开展的一项重要工作。为迎接文化部第五次公共图书馆评估,2013—2015 年间,中图学会举办“公共图书馆评估定级辅导班(西南区)”,召开评估定级工作研讨会、《公共图书馆评估标准(修订稿)》征求意见(浙江)座谈会和《公共图书馆评估标准》修订工作研讨会。

(3)数字图书馆联席会议

数字图书馆联席会议的办公室设在中图学会。“十二五”时期,中图学会积极参与第十二至十六次全国数字图书馆建设与服务联席会议,具体情况如表 8－4 所示。全国数字图书馆建设与服务联席会议自 2007 年成立以来,已取得了一系列重要成果,包括发布《数字图书馆服务政策指南》《数字图书馆资源建设指南》,起草《数字图书馆安全管理指南》《数字图书馆资源建设和服务中的知识产权保护政策指南》等,对于推进我国数字图书馆建设起到了积极作用。

表 8－4 “十二五”时期全国数字图书馆建设与服务联席会议一览(2011—2015 年)

会议届次	举办地点	时 间	主 题
第十二次	北京	2011 年 4 月 25—27 日	数字图书馆的普惠服务
第十三次	北京	2012 年 3 月 30—31 日	数字图书馆服务若干著作权热点问题及其权益管理
第十四次	大连	2013 年 6 月 20 日	数字图书馆的“中国梦”
第十五次	银川	2014 年 8 月 7 日	数字环境下图书馆信息安全
第十六次	上海	2015 年 6 月 17 日	数字图书馆“十三五”规划

(4)法人治理结构工作

法人治理结构试点工作是中图学会承接政府职能转移开展的另一项重

要工作。2014 年 9 月，文化部公布了 10 个国家公共文化机构法人治理结构试点单位。同年 11 月，中图学会受文化部公共文化司委托，召开公共文化机构法人治理结构工作研讨会，组织业界知名专家与学者对公共文化机构以理事会制度为核心的法人治理结构进行全面系统的调研，并以“公共图书馆法人治理：进展、问题与前瞻”为主题举办年会分会场，近 200 人参与交流探讨。

（5）图书馆法制建设

中图学会积极参与、推动《公共图书馆法》《著作权法》《全民阅读促进条例》等一批法律法规的制定和修订工作。2013 年，《公共图书馆法》被列入第十二届全国人大常委立法规划第一类项目。2011—2013 年，中图学会年会连续三年设立“图书馆法律与知识产权论坛”分会场，2015 年设立“公共图书馆法制建设”主题论坛，关注《广州市公共图书馆条例》《四川省公共图书馆条例》《山东省公共图书馆管理办法》等地方法规，《公共图书馆法》的立法进程、重点问题、修改意见等成为研讨的重点内容。2012 年和 2013 年，图书馆界在参与《著作权法》修订时重点关注的问题也成为年会分会场讨论的热点问题；同时，密切关注《中华人民共和国公共文化服务保障法》和《全民阅读促进条例》的制定并提出修改意见。

6. 开展阅读推广活动，坚守图书馆职业使命

“全民阅读”是中图学会和国家图书馆于 2004 年首倡，2006 年中宣部等 10 部委发出倡议，2012 年正式写入党的十八大报告，2014 年首次写入政府工作报告，成为党和政府建设学习型社会和创新型国家的一项重要战略举措。五年中，中图学会站在职业使命和社会责任的高度，加大宣传与推广力度，启动“阅读推广人”培育行动，促进阅读推广的社会化、专业化、标准化、规范化，彰显了中图学会和图书馆行业在倡导阅读、引导阅读和服务阅读中不可替代的重要地位和作用。

2015 年正值中图学会阅读推广委员会成立 10 周年，十年间，中图学会组织各省、自治区、直辖市图书馆学（协）会指导各级各类图书馆深入开展“全民阅读”活动，依托 2004 年设立的“全民阅读奖”，进一步完善表彰激励机制。图 8 - 4 和图 8 - 5 是“十一五”时期和“十二五”时期获奖单位数量及对比图。从数量上来看，参与“全民阅读”推广活动的单位呈逐年递增的趋势。与“十一五”时期相比，“十二五”时期参与此项活动的单位数量明显增多。

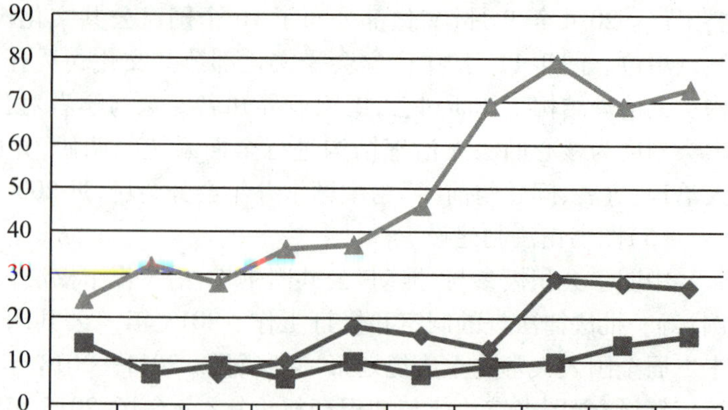

	2006	2007	2008	2009	2010	2011	2012	2013	2014	2015
全民阅读示范基地			7	10	18	16	13	29	28	27
全民阅读优秀组织奖	14	7	9	6	10	7	9	10	14	16
全民阅读先进单位奖	24	32	28	36	37	46	69	79	69	73

图 8－4　“十一五”时期、“十二五”时期全民阅读奖获奖单位数量(2006—2015 年)

图 8－5　“十一五”时期、“十二五”时期全民阅读奖获奖单位数量对比图(2006—2015 年)

中图学会十分重视针对未成年人群体的阅读推广。2013—2015 年,中图学会开展“全国少年儿童阅读年”系列活动,举办了摄影比赛、校园阅读季等活动;同时与国家图书馆少年儿童馆联合主办科技周活动,采用专家讲座、现场互动体验、展览等形式,向少年儿童推广科普阅读。2013 年 8 月,中图学会举办了第一届全国图书馆未成年人服务论坛。2015 年 11 月,作为全国图书馆未成年人服务提升计划的一部分,“少儿阅读推广人”培育行动(基础级)在黑龙江省成功举办。

此外,中图学会还举办"绿色阅读""全国读书漫画大赛""湿地中国行主题阅读""手牵手——农村青少年阅读行动""儿童阅读在德国"巡讲等创意活动,以及"全民阅读论坛""国家图书馆文津图书奖"宣传推广活动,编辑出版《今日阅读》杂志。

7. 深化交流与合作,提高中国图书馆国际与地区影响力

中图学会作为我国图书馆行业组织的先驱者,加强与国际及港澳台地区图书馆界的联系,不断提高中国图书馆的国际与地区影响力,为事业发展营造了良好的环境。2011 年和 2012 年,中图学会受文化部委托策划并承办"中美图书馆员专业交流项目",图书馆教育、图书馆技术和图书馆专业普及交流、针对美国读者的"中文信息共享试点平台"等子项目成功实施,项目覆盖了全国主要省(区、市)及美国多地。

"十二五"时期,中图学会与美国、加拿大、法国、俄罗斯、英国、韩国等国进行了交流合作,具体情况如表 8 - 5 所示。此外,中图学会还多次为出国交流访问的会员提供专业指导与服务,如参加国际图联大会、美国图书馆协会年会,2011 年赴新加坡、马来西亚参加图书馆儿童阅读推广研讨会,2014 年赴美国、加拿大参观交流等。

表 8 - 5　"十二五"时期中图学会国际交流合作具体情况(2011—2015 年)

时间	交流合作内容	备注
2011 年 8 月 14—17 日	中图学会承办在波多黎各召开的中国科协科技期刊展	出访
2011 年 9 月 26 日	美国图书馆与信息科学代表团一行 23 人访问中图学会	来访
2012 年 4 月 10—20 日	中国图书馆届代表团一行 35 人前往参加分别在新西兰和澳大利亚举办的"中国新西兰数字图书馆研讨会"和"中国澳大利亚数字图书馆研讨会"	出访
2013 年 7 月 17—25 日	中国图书馆代表团赴俄罗斯、英国进行交流访问,中图学会参与主办在俄罗斯圣彼得堡召开的"中俄信息环境下现代数字图书馆研讨会"	出访
2013 年 10 月 23—25 日	中图学会派 3 人代表团赴韩参加第 50 届韩国图书馆协会联合图书馆大会	出访

续表

时间	交流合作内容	备注
2014 年 8 月 17—20 日	中图学会承办在法国里昂召开的中国科协科技期刊展	出访
2014 年 11 月 6 日	韩国延世大学荣誉教授李炳穆先生访问中图学会	来访
2015 年 10 月 20—24 日	中图学会派 3 人代表团赴韩参加第 52 届韩国图书馆协会联合图书馆大会	出访

港澳台交流方面。2011 年 11 月 17—18 日，中图学会参与协办“第五届海峡两岸大学图书馆建筑学术研讨会”。同年 11 月 21—26 日，中图学会组织中国图书馆界 39 人对台湾各级公共图书馆进行考察和学习，参加“2011 海峡两岸公共图书馆服务研讨会”。

8. 改善会员服务，完善学会荣誉体系

2015 年“中国图书馆学会会员管理与服务平台”成功上线，标志着中图学会的个人会员和单位会员的组织发展工作再上新台阶。截至 2014 年年底，中图学会共计发展个人会员 13 580 个，单位会员 339 家。中图学会不断完善学会荣誉体系，开展先进学会、优秀会员和优秀学会工作者表彰，截至 2015 年，共授予 11 个单位“先进学会”，2 个单位“教育培训先进学会”，475 名会员“优秀会员”，47 位会员“优秀学会工作者”荣誉称号。开展韦棣华奖/助学金评审工作，培育在校学生对图书馆事业的职业追求，截至 2015 年，共有 179 名同学荣获韦棣华奖学金，共计 288 000 元人民币。设立“中国图书馆学会专项资金”，截至 2014 年，49 位图书馆员荣获“青年人才奖”。设立李炳穆交流合作奖，加强图书馆专业人才培养，增进中韩两国之间的图书馆交流和合作，已评出 3 位获奖者。学会网站还开设会员论坛，为会员提供工作研讨和建言献策的平台，评出 68 名图书馆员为“会员论坛之星”。开通中国图书馆学会微信公众号，及时收集、发布和传递行业信息资源，加强信息整合与分析，夯实基础网络平台。

二、全国文献影像技术标准化技术委员会

全国文献影像技术标准化技术委员会（简称全国文影标），受国家标准化管理委员会（简称国标委）直接领导，秘书处挂靠在国家图书馆，下设 5 个分会。会刊为《数字与缩微影像》，编辑部设在北京电影机械研究所。2010 年 4

月 26 日，全国文影标在江苏苏州召开第五次换届大会，国家图书馆副馆长魏大威任主任委员。全国文影标第五届委员会较之第四届委员会，人数有所增加，委员从 55 人增至 75 人，委员的知识层次、学历水平有所提高，副高以上职称的委员超过 75%。在人员结构方面，根据《全国专业标准化技术委员会管理规定》，各分技术委员会除秘书处所在单位外，其余委员来自图书馆、档案局（馆）、高等院校、科研单位、部队、企业等各系统的不同单位，保证了委员的广泛性、代表性。全国文影标第五届委员会任职时期与“十二五”时期在时间上基本重合。

“十二五”时期，全国文影标的工作成果主要表现在以下几方面：

1. 完成国家标准的制订和修订任务

2010—2014 年，全国文影标制订、修订、发布国家标准 12 项，待出版标准 1 项，占应完成国家标准总数的 100%，对标龄达到 5 年的国家标准、标龄达到 3 年的国家标准指导性技术文件复审 51 项，取得了突出成绩。截至 2014 年年底，全国文影标的现行标准已达到 78 项。2015 年，全国文影标又向国标委送交 2 项标准报批稿，完成 1 项标准送审稿的编制工作，12 项国家标准在复审中。2015 年国标委开通并启用新的工作系统，全国文影标秘书处及各分会完成了相应的培训。

2. 参与国际标准化工作

2010—2015 年，全国文影标完成国际标准提案、国际标准文件投票 159 项，参加了 ISO/TC171 的工作年会及所下属的多个分技术委员会（SC）和工作组（WG）的会议，全国文影标对国际标准的制修订过程、技术领域国际标准化工作发展趋势有了更多的了解，也使 ISO/TC171 进一步了解中国标准化的进程。

3. 宣传贯彻国家标准及标准化人员培训

第五届委员会重视标准化业务的培训，多次举办技术培训和标准宣贯活动。2010 年 7 月 26—28 日在河北省承德市举办 GB/T 1. 1—2009《标准化工作导则第 1 部分：标准的结构和编写规则》、GB/T 20000. 2—2009《标准化工作指南第 2 部分：采用国际标准》国家标准宣贯培训班。

各分会也比较重视培训与宣贯，一分会为分会委员宣讲国家标准制定工作程序，组织学习 GB/T 1. 1—2009《标准化工作导则第 1 部分：标准的结构和编写》、GB/T 20002. 1—2009《标准化工作指南第 2 部分：采用国际标准》和国标委文件《关于进一步加强国家标准制修订管理确保国家标准质量的意见》，还制定并实施了《一分会标准化工作规范》。为进一步提高标准的认知和应用,2014年,五分会协同中国文献影像技术协会教育培训工作委员会举办“电子文档归档及国际文档格式标准之PDF(Archival of Digital Documents & International Seminar on PDF File Format Standards)”研讨会,对推动国际标准与国家标准接轨方面起到很好的作用。2015年,中华人民共和国国家标准公告第25号正式颁布《文献管理可移植文档格式—第1部分:PDF1.7》为国家标准。该标准由五分会起草,历经3年,是全国文影标近年来完成的最大一部标准。此外,五分会在行业内外继续加大力度宣贯转化标准,举办各类研讨会议,为电子文件采集加工和长期有效的保存献智献策。

4. 配合国际标准化组织和国标委开展标准化调查工作

2011年11月,针对ISO/TC 171关于数字信息转换模拟信息情况的调查,组织各分会委员填写调查问卷,进行汇总并及时通报我国的有关情况。2013年7月,根据《国家标准委办公室关于开展全国专业标准化技术委员会及委员信息登记工作的通知》要求,组织各分会对本分会委员的情况进行了详细的统计,按时保质完成了分会和委员信息的填报、提交工作。2013年8月底至9月初,针对国家标准化管理委员会关于综合标准化工作的调查问卷,组织各分会针对自身情况提交反馈意见。

第五届委员会任期内,各项工作有序进展,取得了突出成绩,但各分会标准化工作的进度、深度参与国际标准制定能力、标准化培训、宣贯工作等方面有待进一步加强。

三、中国文献影像技术协会

中国文献影像技术协会(简称中国文影协),原系中国缩微摄影技术协会,是联系全国广大文献影像技术工作者的专业团体,主管单位是文化部,挂靠国家图书馆。该协会下设秘书处、组织宣传工作委员会、学术工作委员会、教育培训工作委员会、编辑出版委员会等5个机构。会刊为《数字与缩微影像》。2012年7月26—27日,中国文影协第五次全国会员代表大会在北京召开,审议通过《中国文献影像技术协会章程》,选举产生了第五届理事会,国家图书馆副馆长魏大威当选理事长。至2015年,中国文影协共有个人会员450余名,团体会员94个。

“十二五”时期,中国文影协的工作成果主要表现在以下几方面:

1. 举办海峡两岸档案暨缩微学术交流会

自1992年起,海峡两岸档案暨缩微学术交流会已延续20多年。该会议对增进两岸档案与缩微学术界互相了解,促进两岸档案与缩微学术共同发展,起到了积极推动作用。“十二五”时期,中国文影协与中国档案学会、中华档案暨资讯微缩管理学会按惯例继续由两岸每年轮流主办。“两岸三会”分别围绕“回顾与展望”“档案、文献的数字化与应用”“超越传统:档案文献收集与应用”“档案、文献的资讯化经验、发展与趋势”“档案、文献的信息化:经验、问题与方向”等5个主题进行学术交流,共收到学术论文103篇,参会人员近700人次。

2. 召开中国文影协年会

“十二五”时期,中国文影协分别在黑河、贵阳、北京、泉州等地召开年会暨学术研讨会,参会人员主要为各单位理事、会员代表。会议内容主要是总结当年工作,规划来年任务。

3. 召开学术研讨会

学术研讨会由中国文影协学术工作委员会承办,每年组织1到2次。配合年会、档案日活动的举办,优秀论文作者与各单位进行交流,为会员提供良好的学术交流平台。如2015年“国际档案日”,与中国档案学会影像技术委员会联合举办“创新与发展”最新档案科技成果交流与展示会。

4. 组织技术培训班

2011—2014年,中国文影协紧跟技术发展潮流,为理事及会员组织技术培训班。分别在成都、南宁、济南、青岛4地以“珍贵照片、古籍、历史档案数字化技术应用及电子文件(档案)长期安全保存相关技术培训班”“档案/图书文献电子化信息安全保密技术”“胶片长期保存保护”“大数据时代数字档案馆信息资源存储与检索”为主题,进行教育培训。

四、全国图书馆标准化技术委员会

全国图书馆标准化技术委员会(简称图标委)成立于2008年10月,其主管单位是国家标准化管理委员会,业务指导单位是文化部,秘书处设在国家图书馆。图标委第二届委员会于2015年5月20日成立,由来自全国各级各类图书馆、高等院校、政府组织、行业协学会的41名专家组成,国家图书馆馆长韩永进任主任委员。

图标委自成立以来,一直负责图书馆管理、服务,图书馆古籍善本的收藏、定级、维修、保护，图书馆环境等领域标准制定、修订、标准化科研等工作。“十二五”时期，在国家标准化管理委员会和文化部的领导与支持下，图标委积极与全国信息与文献标准化技术委员会、全国文献影像技术标准化技术委员会等有关标准化技术组织加强统筹，深化合作，积极推动图书馆领域标准化工作，取得了重要进展，促进了全国图书馆事业的专业化、现代化和科学化发展。

1. 标准化工作机制进一步健全

“十二五”时期，图标委的内部组织进一步健全，工作制度进一步完善，全国各级各类图书馆以及教学科研机构共同开展标准化研究与实践工作的开放合作机制建立起来，一个包含标准研究、标准制修订、标准宣贯、标准实施反馈等完整流程的标准化工作体系逐步形成，各类标准制修订和标准化科研项目的申报论证、中期检查、验收评估、经费审计等全流程管理逐步走向规范，标准化工作信息通过网站、简报等多种渠道实现公开共享。

2. 标准规范体系逐步完善

“十二五”时期，图标委共申请立项国家标准 23 项，文化行业标准 33 项，内容涵盖图书馆管理、服务、技术、业务等领域。图标委还围绕《全国图书馆标准化工作“十二五”规划纲要》确定的重点领域，在数字图书馆建设、基层图书馆建设、图书馆服务、古籍保护等重点领域，积极推动了一批亟须标准规范的制修订工作，包括以国家数字图书馆工程建设系列标准为基础研制的数字资源建设与管理系列标准，以《公共图书馆服务规范》为代表的服务系列标准，以《乡镇图书馆统计指南》为代表的基层图书馆建设与服务系列标准，以及以《图书馆古籍书库基本要求》为代表的古籍保护系列标准等。

3. 标准化研究工作深入开展

“十二五”时期，国家标准化管理委员会和文化部进一步加强了对标准化研究工作的支持和投入力度，共支持图标委申请国家级和部级标准化研究项目 11 项，涉及文化领域和图书馆行业标准规范体系、工作机制、特殊群体服务、新技术应用等多个重点领域，标准化研究工作成果为标准制修订的科学性奠定了基础。图标委还积极组织开展图书馆标准化工作研讨与学术交流活动。

4. 标准规范的推广应用水平显著提升

一是配合政府主管部门部署重要标准的全国性应用推广；二是通过标准文本出版、编制标准应用指南、举办标准成果研讨会、开展标准培训班、参与跨行业标准评奖、建立标准化组织网站等多种形式的活动，宣传推广标准化工作成果；三是依托文化共享工程、数字图书馆推广工程、公共电子阅览室建设计划、中华古籍保护计划、中国高等教育文献保障系统等各类重点文化教育工程项目，开展标准规范应用培训与试点工作；四是对各级各类图书馆的日常业务管理和评估考核活动加强标准应用的指导与支持。

5. 标准化工作队伍不断发展壮大

“十二五”时期，图标委通过建立标准开放研制机制，吸纳约 70 家单位、500 余人次参与图书馆标准化工作，通过组织专题培训、召开交流会议、联合开展标准化研究项目与标准制修订项目等方式，集中培养了一批兼具图书馆专业知识和标准化工作技能的人才队伍。

“十二五”时期，图标委还设立标准化科研项目，具体情况如表 8－6 所示。

表 8－6　“十二五”时期图标委标准化科研立项情况一览（2011—2015 年）

项目名称	负责单位	立项时间
乡镇图书馆业务统计与评估研究	陕西省图书馆牵头，国家图书馆、湖北省图书馆共同参与	2011 年
“十二五”时期文化行业标准化重点工作领域研究	国家图书馆、南开大学	2012 年
图书馆移动服务标准研究	国家图书馆	2012 年
ISO、IFLA 图书馆标准规范体系研究	北京大学信息管理系	2013 年
公共图书馆卓越绩效管理标准化研究	东莞图书馆	2013 年
图书馆总分馆服务和流动服务标准研究	首都图书馆	2013 年

五、中国古籍保护协会

2007 年，国务院办公厅颁布《关于进一步加强古籍保护工作的意见》（国办发〔2007〕6 号），正式启动国家级重要文化工程——“中华古籍保护计划”。2012 年，中共中央办公厅、国务院办公厅印发《国家“十二五”时期文化改革发展规划纲要》，将“中华古籍保护计划”列为国家重要文化遗产保护工程之一。为继承和弘扬优秀传统文化，完善全国古籍保护工作机制，推动古籍保护工作的顺利开展，有效解决人才短缺和社会资金参与古籍保护困难等问题，加强政府与收藏单位、民间组织、企业和古籍专家、爱好者之间的联络，自下而上、充分调动民间古籍收藏单位和个人、各界专家学者，以及造纸、出版、保护、修复、数字化等企业和社会团体参与古籍保护工作,2015 年 1 月 23 日,由国家图书馆(国家古籍保护中心)等单位发起,中国古籍保护协会(简称古保协会)在北京正式成立。

古保协会是由全国古籍收藏、保护修复、整理出版研究等有关企事业单位、社会团体和相关机构及个人自愿组成的全国性、行业性、非营利性社会组织。其业务主管单位为文化部,秘书处设于国家图书馆。在第一届会员代表大会和第一届理事会上,审议通过了《中国古籍保护协会章程》《中国古籍保护协会会费标准及管理办法》,选举产生了第一届理事会,国家图书馆副馆长刘惠平当选协会会长。截至 2015 年 12 月,协会已有集体会员 77 个,个人会员 47 人。协会秘书处编有《行业之声》,是会员和行业同仁交流古籍保护信息的一个平台。

自成立以来,协会主要开展了以下几个方面的工作:

1. 开展“中华古籍普查志愿服务行动”

开展此项活动的宗旨,在于推动中华古籍普查进程、培养古籍保护后备力量,发挥行业组织作用,探索调动社会力量参与文化建设的经验。这项活动从 2015 年 5 月招募志愿者,举办培训班,到 8 月普查结束,共有来自京津冀地区 10 所高校的 76 名高校学生志愿者利用暑期,帮助河北省 5 个单位清点登记古籍 1.5 万种、19 万册/件。

2. 编纂《海峡两岸中华古籍保护论文论著索引》

2015 年 4 月,应台湾古籍保护学会邀请,国家图书馆副馆长、中国古籍保护协会会长刘惠平率团赴台,参加了“第四届古籍保护与流传学术研讨会”和“第一届海峡两岸古籍高峰论坛”。此次会议就两岸共同编纂《海峡两岸中华古籍保护论文论著索引》达成共识。7 月,协会秘书处在国家图书馆组织召开了编纂工作专题研讨会,来自国家图书馆(国家古籍保护中心)、上海图书馆、复旦大学图书馆、天津图书馆和台湾古籍保护学会的专家学者,就编纂目的、收录范围、编纂体例等进行了充分研讨并确定了相关原则。协会秘书处牵头组织编纂工作,天津图书馆(古籍保护中心)承担具体实施。《海峡两岸中华古籍保护论文论著索引》(2011—2015)项目,于 2015 年年底完成了资料收集和初编工作。

3. 面向未来发展,探索社会化合作途径

2015 年 12 月,古保协会与松岭(上海)股权投资基金管理有限公司就在古籍保护领域开展战略合作,发挥各自优势,资源互补、合作共赢,达成基本共识,签署了战略合作框架协议书。

4. 协办活动

2015 年,古保协会配合国家古籍保护中心和中图学会,参与“册府千华——珍贵古籍雕版特展”“册府千华——民间珍贵典籍收藏展”“我与中华古籍——摄影大赛优秀作品巡展”“抗战时期古籍抢救保护史迹研讨会”“2015 中国图书馆年会”的协办工作,并列席了“全国古籍保护工作部际联席会议”。

六、全国中小型公共图书馆联合会

图书馆联合会,通常是由多个图书馆联合,定期召开会议或组成联合体,以实现资源共享,其功能与图书馆界行业组织颇为相似。全国中小型公共图书馆联合会是长期活跃、并具有代表性的全国性图书馆联合会。

全国中小型公共图书馆联合会成立于 1996 年,2003 年正式定名。全国中小型公共图书馆联合会最初是由十多位长期在基层图书馆工作的馆长自发组织而成,在 1997 年召开的第二次会议上制订了联合会章程并选举了组委会。“十二五”时期,郭斌、董海分别担任会长及秘书长。该会成立的宗旨是致力于团结与服务全国中小型图书馆,为中小型图书馆提供一个交流平台,每年召开一次研讨会。“十二五”时期举行的主要活动有:2011—2013 年与中图学会联合主办 3 次研讨会,2014 年和 2015 年与中国知网 · 中国知识资源总库编委会联合主办 2 次研讨会。其具体情况如表 8 – 7 所示。

表 8 – 7　“十二五”时期全国中小型公共图书馆联合会研讨会具体情况(2011—2015 年)

会议名称	会议主题	会议时间
全国中小型公共图书馆联合会研讨会(2011—2015 年)	中小型公共图书馆的体系建设与可持续发展	2011 年 5 月 27—31 日
	新时期新理念新课题——“十二五”时期中小型公共图书馆的建设与发展	2012 年 5 月 28—29 日
	文化强国建设中的中小型公共图书馆服务	2013 年 6 月 17—18 日
	注重服务提升效能——中小型图书馆的实践与探讨	2014 年 5 月 22—25 日
	新蓝图新发展——现代公共文化服务体系下的中小型公共图书馆	2015 年 6 月 20—23 日

除以上全国性行业组织外,还有中国高等教育文献保障系统(CALIS)、教育部高等学校图书情报工作指导委员会等其他全国性行业组织在“十二五”时期蓬勃发展,因其工作内容专指性较强,会在其他篇章介绍,兹不再赘述。

第三节　地方性图书馆行业组织发展状况

地方性图书馆行业组织包括某地区图书馆行业组织和地区间图书馆行业组织,其中,地方图书馆学(协)会是主要代表力量。“十二五”时期,地方性图书馆行业组织稳步发展,与中图学会构成纵向上的行业组织体系,与其他地区性行业组织构成横向上的行业组织体系。

一、地方图书馆学(协)会

地方图书馆学(协)会是地方性的行业组织,一方面独立运营,开展工作;另一方面,在工作上接受中图学会的指导,并作为实践者,积极配合中图学会,将各类活动深入到地方,形成全国一盘棋。全国学会及其分会与地方学会共同构成图书馆行业组织纵横交织的组织架构和工作体系。由于地方图书馆学(协)会数量较多,本部分内容仅选取“十二五”时期数据较全或具有代表性的学(协)会活动,以省、自治区、直辖市图书馆学(协)会为主,从组织建设、学术研究、教育培训、阅读推广、交流合作及社会影响力等方面展现地方图书馆学(协)会的发展状况。

1. 不断完善组织建设

地方图书馆学(协)会是具有独立法人资格的图书馆行业组织,挂靠单位通常为本地区公共图书馆,如省级图书馆学(协)会的挂靠单位为省级图书馆,市级图书馆学(协)会的挂靠单位为市级图书馆。与中图学会相同,地方图书馆学(协)会在召开的会员代表大会选举产生理事会及常务理事会,发布或修订学会章程、会员会费标准及管理办法。“十二五”时期,各地方图书馆学(协)会基本完成了新一届理事会的换届和选取工作。如2014年9月,浙江省图书馆学会在杭州召开第八次会员代表大会,选举产生了浙江省图书馆学会第八届理事会,修订了《浙江省图书馆学会章程》及《浙江省图书馆学会会费标准及管理办法》。广东图书馆学会每4年召开一次会员代表大会,2015年10月召开的第十二次会员代表大会选举产生了第十二届理事会。

“十二五”时期,各地图书馆学(协)会在稳定发展的同时,也成立了一些新的图书馆学会。2014 年 4 月 24 日,江西省宜春市图书馆学会成立,并在宜春市图书馆召开了第一次会员代表大会。参加学会成立大会的近百名代表讨论并表决通过了《宜春市图书馆学会章程》和宜春市图书馆学会组织机构名单;2014 年 12 月 27 日,江苏省张家港市图书馆学会成立并召开了第一次会员代表大会;2015 年 10 月 14 日,湖南省湘西土家族苗族自治州图书馆学会成立大会在湘西土家族苗族自治州图书馆召开,大会选举产生了湘西土家族苗族自治州图书馆学会第一届理事会。这些地级市、自治州甚至县级图书馆学会的成立,是县级图书馆事业蓬勃发展的重要标志之一,应运而生的学会组织不仅壮大了我国图书馆学会的队伍,也反映出我国地方性图书馆行业组织正呈快速发展之势。

由于工作扎实,许多图书馆学(协)会得到上级主管部门和社会各界的普遍认可。2014 年,中图学会对 2009—2013 年的“先进学会”进行表彰,共有安徽省图书馆学会、福建省图书馆学会、四川省图书馆学会等 10 个省级图书馆学会获奖。2006—2013 年上海市图书馆学会连续八年获全国省级“学会之星”、五次获“学术交流五十佳省级学会”称号殊荣。多个图书馆学(协)会获得地方科协、社联或挂靠单位“先进单位”“先进学会”“先进集体”“5A 级社会组织”“4A 级社会组织”“社会组织品牌建设基地”等荣誉称号,这都是对图书馆行业工作的认可。

2. 积极举办学术活动

地方图书馆学(协)会所开展的学术活动类型主要包括:①承办中图学会主办的学术会议,如陕西省图书馆学会、福建省图书馆学会分别是第四届、第五届“百县馆长论坛”承办方之一。②紧跟图书馆发展潮流,主办学术研讨会、专题研讨会、学术讲座、学术沙龙、学术征文等活动。如上海市图书馆学会每年都会举办“图书馆前沿技术论坛”,至 2015 年,已召开七次;2014 年起,广东图书馆学会结合省内优质讲座资源,邀请省内图书馆界名家,联合开发了在线视频讲座系统,当年推出的 3 场讲座有近 900 人次现场听讲,750 余人次通过网络平台同步收看,这也是开办学术讲座的又一新举。③部分地方图书馆学(协)会每年召开学术年会,如江西省图书馆学会、湖北省图书馆学会等,海南省图书馆协会也于 2014 年首次召开学术年会。④编辑出版各学会内部刊物,刊登学术论文或新闻动态。如上海市图书馆学会《图书馆杂志》、黑龙江省图书馆学会《图书馆建设》、甘肃省图书馆学会《图书与情报》等都已办成业界核心期刊，新疆维吾尔自治区图书馆学会主办《西域图书馆论坛》（汉文）、《图书论坛》（维吾尔文）两种刊物。值得一提的是，陕西省图书馆学会在全国率先构建了学术成果发布平台，能方便、实时地展示陕西省图书馆界的学术研究成果。

为鼓励图书馆员进行学术研究，自2005年起，浙江省图书馆学会、上海市图书馆学会、广东图书馆学会、湖南省图书馆学会、陕西省图书馆学会等地方图书馆学会还为本会会员提供资助，开展科研课题申报与立项工作，课题开展时间为半年至一年不等。“十二五”时期，黑龙江省图书馆学会、江苏省图书馆学会、河北省图书馆学会分别于2011年、2014年和2015年，首次开展学术课题立项研究工作。以浙江省图书馆学会为例，“十二五”时期，其立项课题数量如表8－8所示。

表8－8 “十二五”时期浙江省图书馆学会科研课题立项项目情况（2011—2015年）①

年份	2011年	2012年	2013年	2014年	2015年
立项资助课题数量	10	13	11	10	10
立项不资助课题数量	11	13	20	16	14
立项课题总数	21	26	31	26	28
申报项目总数	62	52	92	82	75
立项课题总数占申报项目总数比率	33.9%	50.0%	33.7%	31.7%	37.3%

3. 注重实施教育培训

地方图书馆学（协）会十分注重人才培养，创造机会为会员开展继续教育和业务培训。地方图书馆学（协）会开展教育培训的方式主要有以下几种：①承办中图学会策划的培训项目，并鼓励会员积极参与。如承办民国文献保护推广活动的6个省级图书馆学会，借此机会为省内公共、高校、科研等图书馆界的工作人员开展民国时期文献保护的相关培训（安徽60余人、四川200余人、广东近100人、江苏110人、贵州70余人、广西100余人），学习民国时期文献著录、标引规则等。②策划主办或承办培训班。结合本地区图书馆实际业务工作，举办不同内容的教育培训，这是地方图书馆学（协）会开展教育培训的主要方式。培训主题涉及“科研课题申报及论文写作”“图书馆新人专

① 表8－8数据来自浙江省图书馆学会官网“课题研究”栏目。

业培训”“《中图法》五版培训”“图书馆信息与参考咨询”“图书馆阅读推广的思考与实践”“古籍编目与保护”“数字图书馆建设与服务”等多种业务工作。2014 年，重庆市图书馆学会、陕西省图书馆学会获得中图学会颁发的“2009—2014 年度继续教育培训奖”。③尝试新的培训形式。2015 年年底，广东图书馆学会、吉林省图书馆学会、重庆市图书馆学会先后开展了“公共图书馆业务技能大赛”，比赛内容和形式涵盖图书馆学基础、图书馆管理、资源建设、文献检索、绘本讲读、情景模拟等方面，以竞赛的形式激发了图书馆从业人员爱岗敬业的热情，有效促进了业务素质和服务水平的提升。

4. 大力推广全民阅读

各地图书馆学(协)会是组织实施“全民阅读”活动的重要力量。每年，各地图书馆学(协)会都会组织一系列活动，如围绕“书”开展的摄影大赛、视频创作大赛、推荐书目、演讲比赛、“书香家庭”评选、讲座、展览等；还会针对青少年、家庭、老年人、农民工、残疾人等特殊人群举办阅读活动。

2013 年河北省图书馆学会的“燕赵少年读书系列活动”迎来了十周年。十年来，该活动通过举办推荐图书、主题征文、知识竞赛、书画摄影集故事大赛、手抄报书签制作等多种形式，吸引了河北省 40 余万名中小学生参与，得到了省内媒体高度关注，已成为河北省公共图书馆具有引领、示范作用的群众性读书活动。2013 年该活动荣获文化部“群星奖”这一国内公共文化服务的最高荣誉，是对活动效果的又一有力证明。北京市图书馆协会坚持组织会员单位开展讲座、展览、送书、诵读等阅读活动，面向读者推荐图书、引导阅读。在图书馆服务宣传周、世界读书日、科技周、社会科学普及周以及节假日期间，各会员单位广泛开展阅读体验活动，普及科学知识，2014 年累计举办各类阅读活动 4453 次，吸引 197 万人次参与。2015 年 5 月，广东图书馆学会联合多家单位举办首个“全国图书馆绘本创作研修班”；参与主办第五届“书香岭南 · 悦读生活”摄影及视频创作大赛，共收到 1152 份参赛作品，其中摄影作品 1125 幅，视频作品 27 件；配合“书香羊城——全民阅读系列活动”策划、组织开展以儿童与青少年为对象的阅读主题活动 282 个、607 场次，吸引近 8 万人次参加。厦门图书馆学会开展的读书月活动在社会上引起较大的反响。2012 年世界读书日，厦门市图书馆学会组织举办首届“全民科普阅读月”活动。其中，“厦门公共图书馆、高校图书馆免费一日游”“走进你身边的图书馆”“技术提升图书馆服务”等三场大型主题活动，将首届“全民科普阅读月”活动推向高潮，得到媒体及广大市民热切关注和积极参与。

5. 广泛开展交流合作

(1)国际及港澳台交流合作

“十二五”时期,多个地方图书馆学(协)会参与了2011—2012年“中美图书馆员专业交流项目”。中方邀请美方专家来华,同时也组织人员去美方参观交流,共有1300余人参与该项目的活动,具体情况如表8-9所示。

表8-9 “中美图书馆员专业交流项目”开展活动情况一览(2011—2012年)①

活动名称	举办地	参与单位	参加人数	活动时间
图书馆馆长高级研讨班	湖南长沙	中国图书馆学会、湖南省图书馆学会参与承办	240	2011年5月18—20日
	福建福州	中国图书馆学会、福建省图书馆学会参与承办	160	2011年5月24—26日
	湖北武汉	中国图书馆学会、武汉市图书馆学会参与承办	262	2011年10月31日—11月2日
	山西太原	中国图书馆学会、山西省图书馆学会参与承办	232	2011年11月7—9日
图书馆行业组织专题交流项目访美活动	美国伊利诺伊等多地	中国图书馆学会组织、筹备、保障,黑龙江等若干省级学会理事长、秘书长等	20	2011年6月8—28日、2012年6月6—25日
理论与实践研讨会	贵州贵阳	中国图书馆学会、贵州省图书馆学会参与承办	200	2011年10月28日
中文信息共享平台试点子项目	江苏苏州	中国图书馆学会、苏州市图书馆学会参与主办	132	2012年5月8日
	吉林长春	中国图书馆学会、吉林省图书馆联盟主办	100	2012年5月14日

与港澳台交流方面。2011年7月8日,应金门县文化局邀请,泉州市图书馆学会理事会一行19人到金门岛进行为期3天的两地图书馆界的学术交

① 表8-9内容来自中国图书馆学会官方网站“国际及港澳台交流”栏目。

流与参观访问。2015 年 11 月 6 日，河南省图书馆学会参与承办的“海峡两岸暨港澳图书馆学情报学期刊发展论坛”在河南省图书馆召开，来自港澳台及河南省业界近 80 人参加了该会议。

（2）国内交流合作

国内图书馆学（协）会的交流合作呈现地域性或跨地区、有组织、成传统的特点，省级图书馆学（协）会的交流合作频繁，其中持续时间较长或具有地域特点的合作有：东北地区，吉林、黑龙江、辽宁三省图书馆学会联合主办东北地区图书馆学科学讨论会，每年一次，2015 年是第 15 次召开会议；西北地区，陕西、甘肃、青海、宁夏、新疆五省（区）图书馆学（协）会联合主办西北五省（区）图书馆科学讨论会、西北五省（区）图书馆峰会，每年都有一次交流的机会，已持续 10 余年；东南地区，浙江省图书馆学会和福建省图书馆学会联合于 2015 年 10 月召开了首届“浙闽论坛”，探讨两省公共图书馆总分馆模式运作方式中的异同。此外，还有跨地区的交流合作。如：川吉冀桂苏五省（区）学术研讨会，由四川、吉林、河北、广西、江苏五省区学会联合主办，已持续 20 余年，2012 年、2014 年分别在江苏省常州市、广西壮族自治区南宁市举办。2012 年，山东、安徽、河南三地图书馆学会联合举办了“鲁皖豫三省图书馆学会学术交流研讨会”。2013 年，鲁豫皖赣新五省区联合召开图书馆学会学术年会，这也是首次采取东中西部五省区图书馆学会跨省合作的方式举办，发布了《四省图书馆界援疆倡议书》，号召山东、河南、安徽、江西 4 省图书馆界加大援疆力度；2015 年，海南省图书馆协会加入，同年在海南省图书馆召开了“鲁豫皖赣新琼图书馆学（协）会学术年会”。这些学会活动的开展，增强了不同地区的业界交流与合作。

6. 不断扩大社会影响力

“十二五”时期，图书馆学（协）会不仅广泛组织开展图书馆界的各项活动，同时也直接面向社会公众，举办摄影大赛、朗诵大赛、演讲比赛、展览宣传等活动。2011—2012 年，厦门市图书馆学会举办“鹭江讲堂”共计 25 场，吸引听众 3000 余人。2012 年 4 月 22 日，80 位市民参加了厦门市图书馆学会组织开展的“厦门公共图书馆、高校图书馆免费一日游”活动。2014 年，广东图书馆学会举办了“第四届图书馆杯全民英语口语大赛”“第三届英语电影配音大赛”“第四届全省英语口语大赛”“第三届广东省盲人诗歌朗诵比赛”，这 4 项活动有近 6000 多人参与。

此外，一些图书馆学（协）会还开展了惠民活动。2011 年，云南省图书馆学会开展送书下乡活动，为普洱市镇沅县勐大镇文化站送去612册农民实用科技书籍，推动当地“多读书、读好书”的良好舆论氛围和社会风尚的形成；2011年，云南省普洱市图书馆学会为三棵桩村小新寨村民小组建起了图书室，送去可长期使用图书206册，可交换图书204册，帮助农民解决看书难的问题；2012年6月，河北省邯郸市图书馆学会组织会员单位邯郸市图书馆、河北工程大学图书馆、武安市图书馆，在武安市活水乡常王庄村举办了“农业种植、养殖惠民科技讲座”，有100余村民参加了讲座；2012年6月，由四川省图书馆、四川省图书馆学会主办的“巴蜀讲坛进监狱”专题讲座在眉州监狱指挥中心举行，眉州监狱民警、服刑人员近500人聆听讲座，这也是“巴蜀讲坛”首次走进监狱举办国学专题讲座；贵州省图书馆学会每年组织会员参加全省“科技活动周”和“科技、文化、卫生三下乡”活动，参加省社会科学界联合会组织的贵州省“社科理论下基层”活动，先后到贵阳市、六盘水市、遵义市等9个地州市开展社科理论宣传普及活动，免费向当地群众发放科普资料和期刊，开展有奖知识答题等活动。类似的活动还有许多，可以看到，地方图书馆学（协）会作为一支非常活跃而重要的力量，积极践行图书馆职业使命，为广大基层群众推广阅读、传播知识。

二、中国西部公共图书馆联合会

中国西部公共图书馆联合会是2014年在原“西部地区市地州图书馆协作网”“中国西部少数民族地区图书情报网”和“川陕甘滇黔渝图书情报协作网”基础上整合而成。其成员单位遍布我国西部地区12省（区）和直辖市（内蒙古、广西、四川、云南、重庆、西藏、贵州、陕西、甘肃、青海、宁夏、新疆），旨在统筹、协调中国西部地区公共图书馆资源，促进区域内公共图书馆之间资源共享、协作联动、互补多赢。四川省图书馆副馆长徐建华担任联合会主席。2014年和2015年，中国西部公共图书馆联合会分别在西安和呼伦贝尔召开了以“融合、发展、创新——西部公共图书馆区域合作与职能拓展”“改革、发展、和谐——西部公共图书馆区域协作”为主题的年会暨学术讨论会，西安市图书馆学会和呼伦贝尔市图书馆学会参与承办。此外，2015年4月在深圳召开了由中国西部公共图书馆联合会主办、深圳众人会展公司承办、深圳海恒智能集团协办的馆长培训。

除以上地区性的行业组织外，还有地区高校图工委、地区高校文献保障体系，如北京地区高校图书馆文献资源保障体系（BALIS）、天津高等教育信息中心（TALIS）等其他地方性的行业组织，因其工作内容专指性较强，在其他篇章介绍，兹不再赘述。

第四节　未来展望

回顾“十二五”时期，在社会主义文化大发展大繁荣，国家文化软实力不断提升，现代公共文化服务体系逐步建立健全的良好环境下，我国图书馆事业经历了一个全面发展的五年，图书馆行业组织也积极进取，勇于实践，稳步发展。“十二五”时期图书馆行业组织积累的经验与存在的问题为“十三五”时期工作开展提供了借鉴，同时也提出了新的任务。

一、积累的经验

我国图书馆行业组织数量多、分布广、类型丰富，通过对各行业组织的梳理，我们可以总结出“十二五”时期图书馆行业组织发展的一些共同经验：①加强组织建设，提高自身能力建设是开展工作的根本保证。随着国家对社会组织管理的不断完善，各行业组织都会定期召开代表大会，换届选举，完善组织机构和运营机制；召开年度会议，总结经验，提高组织感召力和凝聚力。②大力开展学术研究与交流，是保证行业组织充满生机与活力的源泉。各级组织的各种形式的会议、论坛，加之以数十种专业期刊为阵地，聚合全国行业优质学术资源，构成一个动态的活跃的综合学术交流体系，释放着巨大的学术能量，为学科发展、事业进步提供智力支持。③行业相关法律法规和标准规范建设与实施是开展工作的法律保障。近年，我国文化领域、图书馆领域的相关法律法规、制度条例的制定与修订进行得如火如荼，各级行业组织深度参与了制修订和评估鉴定等工作，不仅推进了我国图书馆事业科学化、法治化和规范化进程，而且赢得了图书馆话语权，树立了行业自信。④承接政府职能转移是行业组织巩固自身地位，加速提升水平和能力的重要机遇。完成政府委托项目，不仅使行业组织跻身于国家重点工程建设，彰显专业实力，发挥独特作用，而且拓展了自身的职能和业务发展空间，造就了一批人才。⑤加强国际国内交流合作是推动行业发展的外部因素。密切关注国际发展动向，积极参与国际会议是提高行业组织影响力的有效行动；广泛开展国内合作，是平衡地区发展，形成行业整体优势，实现共同繁荣发展的有力举措。

⑥持续完善人才培养是行业组织发展的智力保障。为会员提供的继续教育、交流、参观机会,是提高会员专业技能的关键点,也可对行业组织的发展产生积极影响。⑦加强图书馆与社会合作力度是提高行业影响力的重要途径。图书馆以开放、包容、共享的姿态与社会各界和媒体开展合作,提供资源服务,营造出良好的公共关系,赢得了很高的社会认同感和公信度。

二、存在的问题

我国图书馆事业的快速发展和广大会员需求的不断增长对各行业组织的专业水平和服务能力提出了更高、更全面的要求。新的形势要求行业组织必须不断提高执行能力、运作水平和工作效率,充分发挥行业和专业优势,发挥引领与导向作用,不断提高行业影响力,推动我国图书馆事业整体发展。

回顾“十二五”时期行业组织的发展也存在一些不足和问题。诸如图书馆行业组织加强自身建设,提升服务能力的问题依然迫在眉睫。主要表现为:满足事业发展和广大会员需求方面的能力不够全面,存在着差距和薄弱环节;承接政府转移职能的准入资质和自身能力有待完善提高;引入社会力量参与公共文化、教育、科研建设的途径和办法相对狭窄单一;针对图书馆服务效能提高、阅读推广专业化等一些新要求、新服务的理论探讨与实践研究有待关注、亟待加强,等。

此外,我国图书馆领域标准化工作在组织管理、工作机制、标准规范制修订、标准化研究以及标准规范宣贯应用等方面都取得了成果,积累了经验,但仍然存在着标准化、规范化工作进度不一,一些重点领域亟须标准仍有待进一步完善;标准规范体系的动态构建机制尚未有效建立;标准制修订水平还有待进一步提高;标准的实施效果评价、标准化培训、宣贯工作相对滞后等问题。

地方图书馆学(协)会努力提高自身能力建设,完善会员服务,取得了显著的成效。但就地方图书馆学(协)会整体发展而言,经济发展不平衡、资金投入不平衡、人才构成不平衡、制度保障欠缺等诸多因素造成的地区发展不平衡仍是最大的问题,东中部地区发展迅速,成果颇丰,西部地区欠发达。如何用好国家文化扶贫政策,加强全国学会组织和地方图书馆学(协)会联络,调动政府、行业、社会多方资源,尽力缩小差距,是亟待解决的现实问题。

这些在图书馆事业和行业组织发展进程中出现的问题和遇到的困难,需要各级图书馆行业组织勇敢担当,积极应对,有组织、有计划、分步骤地通过深入调查研究,提出解决方案并规划出行动路线。

三、展望"十三五"

展望"十三五",将是统筹推进"五位一体"总体布局和协调推进"四个全面"战略布局的关键时期,也是加快构建现代公共文化服务体系、全面提升国家文化"软实力"的重要阶段。我国将坚持创新、协调、绿色、开放、共享的发展理念,推进文化创新,加快构建现代公共文化服务体系,传承和弘扬中华优秀传统文化,促进"全民阅读",建设学习型社会、创新型国家和社会主义文化强国。

特别值得关注的是,在2015年一年中国家出台了加强社会组织管理的若干文件。文化部办公厅发布了《关于进一步规范业务主管社会组织开展各类活动的通知》,对社会组织开展活动的名称、程序、责任等事宜进行详细规范;中共中央办公厅、国务院办公厅印发了《行业协会商会与行政机关脱钩总体方案》,指导行业协会商会脱钩任务、措施、配套政策及组织实施;中共中央办公厅、国务院办公厅印发《关于加强我国社会组织参与国际非政府组织活动协调管理工作的指导意见》,提出"拓宽社会组织走出去资金来源渠道。发挥国家对外援助和区域合作政府资金的作用,对社会组织可实施的项目,加大支持力度,做好统筹协调和规范管理。"这些新政策将在未来一个时期,对行业组织合理合规、健康有序的发展产生重要影响。

图书馆学(协)会组织是图书馆行业组织的主力军,针对"十三五"时期我国图书馆事业面临的新态势、新机遇、新问题,各全国性图书馆学(协)会及与图书馆相关的其他行业组织抓住机遇,趁势而为,积极谋划,相继推出了自己的"十三五"发展规划。中图学会"十三五"规划纲要明确发展目标是:适应经济发展新常态的需求,按照"四个全面"战略布局,主动参与国家科技创新、建设学习型社会和实现社会主义文化大发展大繁荣进程,着力发挥图书馆在构建现代公共文化服务体系中的作用,引领全民阅读和信息素养提升;着力发挥学会及会员的专业优势,实现理论研究与实践探索的融合;着力加强图书馆行业与社会合作的力度,努力拓展图书馆发展的活动空间;着力提升我国图书馆国际交流与合作的能力,在中国文化走出去战略中扮演重要角色;着力推进学会工作的创新和转型,打造网络信息化平台发挥会员主体作用。具体任务有八项:①促进学术繁荣,服务行业发展;②积极承接政府转移职能,提升决策咨询能力;③发挥行业协调作用,促进我国图书馆事业协调发展;

④倡导全民阅读,在学习型社会建设中发挥作用;⑤加强对外(对台港澳)交流与合作,增强话语权;⑥以服务会员为中心,提升服务自身发展能力;⑦加强公共关系建设,不断提升宣传推广能力;⑧加强人才队伍建设,为事业发展提供智力支持。

全国文献影像技术标准化技术委员会发布了“十三五”时期的工作规划,即跟踪国际数字影像技术、文献数字化技术和数字缩微技术发展趋势,继续转化适用国际标准,开发具有自主知识产权的文献影像技术国家标准;规范标准化工作程序,加强对各分会制修订国家标准工作程序规范性的监督;做好国家标准的复审和修订工作;积极开展国际标准化工作;加强标准化科研工作;开展本技术领域国家标准的宣贯工作;做好标准化工作人员的业务技术培训工作;在国家有关法律法规框架下,广开思路,多渠道筹集标准化工作经费。全国图书馆标准化技术委员会的“十三五”规划纲要提出,在国家标准化管理委员会和文化部的领导下,进一步深入推进全国图书馆标准化工作,切实发挥标准化工作对事业发展的规范、指导作用,积极促进图书馆事业的现代化、均等化、专业化发展。其主要工作任务是加强图书馆标准化研究,构建适应图书馆事业发展变化需要的标准规范体系;围绕事业发展关键和重点领域,着力推进图书馆标准制修订工作;重视标准成果的宣贯,切实提升各级图书馆标准化应用水平;建立健全标准化工作机制;加强标准化人才队伍培养。中国古籍保护协会“十三五”期间的重点任务是:深入开展全国古籍普查,培养一支古籍保护专业人才队伍,修复一批国家珍贵古籍,建设一批古籍保护实验室和研究机构,全面改善古籍存藏环境,开展古籍数字化和影印出版和促进海外中华珍贵典籍数字化回归。

“十三五”时期是中国经济适应新常态、改革开放的重要时期,是全面建成小康社会的最后决胜阶段,在中华民族的伟大复兴中占有关键的历史地位。我们相信,图书馆行业组织必将与全国图书馆界同仁一起,奋发有为,再创辉煌。

(执笔人:汤更生　李月婷　全根先)

参考文献:

[1] 韩永进. 中国图书馆年鉴 2014[M]. 北京:国家图书馆出版社,2015:289-316.
[2] 韩永进. 中国图书馆年鉴 2015[M]. 北京:国家图书馆出版社,2016:276-310.

[3] 詹福瑞. 中国图书馆年鉴 2012[M]. 北京:国家图书馆出版社,2013:341–374.
[4] 詹福瑞. 中国图书馆年鉴 2013[M]. 北京:国家图书馆出版社,2014:300–331.
[5] 周和平. 中国图书馆事业发展报告 2012[M]. 北京:国家图书馆出版社,2013:173–182.
[6] 高誉. 贵州省图书馆学会第七届理事会工作报告[J]. 贵图学刊,2013(4):4–6.
[7] 河南省图书馆学会秘书处. 鲁皖豫三省图书馆学会学术交流研讨会圆满结束[J]. 河南图书馆学刊,2012(5):142.
[8] 霍瑞娟. 中国图书馆学会年会创新发展路径探讨[J]. 中国图书馆学报,2012(6):121–126.
[9] 刘晓清. 浙江省图书馆学会第七届理事会工作报告[J]. 图书馆研究与工作,2014(4):5–8.
[10] 马骏. 对中国图书馆学会承接政府转移职能的思考[J]. 图书馆学刊,2015(8):31–33.
[11] 马骏. 政府购买服务背景下中国图书馆学会的业务探索[J]. 图书馆学刊,2015(7):4–7.
[12] 谢林. 积极进取,优化服务,不断开拓学会工作新局面——陕西省图书馆学会第六届理事会工作报告[J]. 当代图书馆,2012(2):6–8.
[13] 严真. 鲁豫皖赣新五省区图书馆学会学术年会暨四省图书馆援疆会议在上饶召开[J]. 河南图书馆学刊,2013(12):9.
[14] 赵树宜,揭玉斌. 创新驱动形势下科技情报发展趋势——中国图书馆学会专业图书馆分会 2015 年学术年会综述[J]. 图书情报工作,2015(15):144–147.
[15] 朱小燕. 一场学术"众筹"、思想分享的盛宴——记浙江省图书馆学会第十四次(2015)学术年会[J]. 图书馆研究与工作,2015(4):2–4.
[16]《新世纪图书馆》编辑部. 2011 年中国图书馆年会暨中国图书馆学会年会纪要[J]. 新世纪图书馆,2011(12):3–4.
[17] 重庆图书馆. 学会动态[EB/OL]. [2016–05–10]. http://www.cqlib.cn/tsgxh/xhdt/index.html.
[18] 广东图书馆学会. 广东图书馆学会官网[EB/OL]. [2016–04–06]. http://www.lsgd.org.cn/.
[19] 河北省图书馆学会. 河北省图书馆学会官网[EB/OL]. [2016–05–16]. http://jtxh.helib.net/.
[20] 湖南省图书馆学会. 湖南省图书馆学会官网[EB/OL]. [2016–04–07]. http://www.library.hn.cn/tsgxh/.
[21] 江苏省图书馆学会. 江苏省图书馆学会官网[EB/OL]. [2016–05–16]. http://www.jslib.org.cn/pub/njlib/njlib_zzjg/njlib_tsgxh/index.htm.
[22] 全国图书馆标准化技术委员会. 全国图书馆标准化技术委员会官网[EB/OL]. [2016–06–13]. http://www.nlc.gov.cn/tbw/index.htm.
[23] 山东省图书馆. 学会工作[EB/OL]. [2016–05–10]. http://www.sdlib.com/channels/xhgz/.

[24] 陕西省图书馆学会. 陕西省图书馆学会[EB/OL]. [2016-05-20]. http://www.sxlib.org.cn/xuehui/index.htm.

[25] 上海市图书馆学会. 上海市图书馆学会官网[EB/OL]. [2016-05-25]. http://www.libnet.sh.cn/tsgxh/.

[26] 浙江省图书馆学会. 浙江省图书馆学会官网[EB/OL]. [2016-04-06]. http://ztiii.zjlib.cn/index.aspx.

[27] 中国古籍保护协会. 中国古籍保护协会官网[EB/OL]. [2016-06-07]. http://www.chinaabp.cn/.

[28] 中国图书馆学会. 中国图书馆学会官网[EB/OL]. [2016-06-07]. http://www.lsc.org.cn/cn/indexhtml.

[29] 中国图书馆学会专业图书馆分会. 中国图书馆学会专业图书馆分会官网[EB/OL]. [2016-04-12]. http://www.csla.org.cn/index.jsp.

[30] 中共中央办公厅、国务院办公厅印发《关于加快构建现代公共文化服务体系的意见》(全文)[EB/OL]. [2016-06-20]. http://www.gov.cn/xinwen/2015-01/14/content_2804250.htm.

[31] 文化部办公厅关于开展县以上公共图书馆第五次评估定级工作的通知[EB/OL]. [2016-04-25]. http://zwgk.mcprc.gov.cn/auto255/201212/t20121221_29410.html.

地区实践报告

第九章　华北地区图书馆

第一节　发展综述

“十二五”时期是华北地区图书馆发展的重要阶段。在国家和各级地方政府对公共文化服务体系建设的高度重视下，公共文化服务体系不断完善，各级、各类图书馆公共文化服务能力和水平逐步提升，基础设施显著改善，多层次、宽领域的对外文化交流格局基本形成，图书馆发展成为华北地区文化繁荣的鲜明特色，为推动全国图书馆事业发展做出了重要贡献。

一、办馆条件全面改善

截至2015年，华北地区共有公共图书馆470个，其中省级图书馆6个，市级馆31个，县(区)级图书馆433个，独立建制少年儿童图书馆19个①。与2011年相比，公共图书馆总数增加9个，全部是县(区)级图书馆。统计数据还不包括华北地区各类农家书屋(图书室)，其中河北省农民自办2405个图书室，山西省建设农家书屋7100家(数据截至2014年年底)。“十二五”时期，华北地区各级公共图书馆实际使用房屋建筑面积、万人均建筑面积、电子阅览室终端数等均有大幅增长(见表9-2)。2015年，华北地区公共图书馆获财政拨款185 990万元，较2011年增长61.73%，从业人员7803人，较2011年增加201人②。基础设施与人、财、物等办馆条件稳步发展。

① 数据来源于《中国图书馆年鉴2016》。
② 数据来源于《中国图书馆年鉴2016》《中国图书馆年鉴2012》。

表9－1 华北地区2011年和2015年公共图书馆统计数比较

	省级图书馆		市级图书馆		县(区)级图书馆		合计		独立建制少儿图书馆	
	2011年	2015年	2011年	2015年	2011年	2015年	2011年	2015年	2011年	2015年
北京市	1	1	—	—	23	23	24	24	4	4
天津市	2	2	—	—	29	29	31	31	11	11
河北省	1	1	12	12	153	159	166	172	1	1
山西省	1	1	7	7	118	118	126	126	1	1
内蒙古自治区	1	1	12	12	101	104	114	117	2	2
共计	6	6	31	31	424	433	461	470	19	19

表9－2 华北地区2011年和2015年公共图书馆办馆条件比较

	实际使用房屋建筑面积（万平方米）			万人均建筑面积（平方米）			电子阅览室终端数（台）		
	2011年	2015年	增长率	2011年	2015年	增长率	2011年	2015年	增长率
北京市	16.71	24.66	47.58%	82.80	113.60	37.20%	1314	1920	46.12%
天津市	16.44	25.69	56.27%	121.40	169.38	39.52%	1434	1806	25.94%
河北省	30.36	48.22	58.82%	41.90	65.30	55.85%	2988	4473	49.70%
山西省	27.64	40.77	47.50%	76.90	111.77	45.34%	3083	4264	38.31%
内蒙古自治区	23.47	34.33	46.27%	94.60	137.04	44.86%	2639	4079	54.57%

“十二五”时期，华北地区图书馆基础建设迈上新台阶。首都图书馆新馆、天津市图书馆新馆、河北省图书馆新馆、内蒙古图书馆新馆、山西省图书馆新馆等全面开放。北京市所属区县图书馆全部完成升级改造，通州区图书馆、朝阳区图书馆新馆相继建成。另外，天津市武清区图书馆、河东区图书馆、宝坻区图书馆、蓟县图书馆，河北省沧州市图书馆、邯郸市图书馆、邢台市

图书馆、迁安市图书馆、唐山市丰南区图书馆，内蒙古自治区包头市图书馆、赤峰市图书馆等一批公共图书馆相继建成并投入使用。山西省7个市级图书馆、43个县（市、区）图书馆进行了新建和改扩建。一批具有时代特点、设施现代化程度较高的图书馆脱颖而出。

“十二五”时期，华北地区高校图书馆也有了较大发展。天津师范大学图书馆、南开大学图书馆新馆、河北经贸大学图书馆、河北科技大学图书馆、河北师范大学图书馆、承德技师学院新校区图书馆等一批院校图书馆相继建成并投入使用。华北地区目前共有300余所高校（含民办院校），除个别专科学校未设图书馆外，其他院校均设有一定规模的图书馆。

二、馆藏资源不断丰富

“十二五”时期，华北地区各图书馆十分重视文献资源建设，纸本资源建设与数字资源建设齐头并进，文献信息资源总量和新增藏量均有较大幅度提升。2015年度本地区图书馆总藏量为9383万册，较2011年增长26.40%；2015年新购藏量569万册/件，较2011年增长31.71%[①]。数字资源比重逐年增加，特色资源建设成果突出，文献编目质量有所提高。但华北地区文献资源建设的地区差异还很大。北京市与天津市人均藏量在全国排名第3位与第4位，而河北省仅排在第30位[②]。

三、服务体系进一步健全

“十二五”时期，华北地区各级图书馆结合地区特点，不断创新公共文化服务体系新模式，逐步实现市、县（区）、乡镇（街道）公共图书馆全覆盖。首都图书馆积极引领构建“首图—区图书馆—街乡分馆—社区（村）图书馆（室）”四级公共图书馆服务配送体系，协调有条件的网点加入图书“一卡通”服务体系，提高基层图书服务效能。公共文化服务体系建设工作突破原有模式，天津市采取市、区两级政府共同投入、统一管理、资源共享的指导方针，按照“统一系统平台、统一编目加工、统一业务规范、统一流通规则、统一物流配送、统一培训管理”的原则，实行完全意义上的“通借通还”。截至2015年年底，天

① 数据来源于《中国图书馆年鉴2016》《中国图书馆年鉴2012》。

② 数据来源于国家图书馆研究院编《中国公共图书馆事业发展基础数据概览2015》。

津市内6区及郊县4区共10家公共图书馆与天津图书馆开通了“通借通还”服务，读者持通借通还证可在其中任何一家图书馆办理图书的借出和归还手续，读者归还的图书不需要运回所属馆，在归还馆即可立刻参与流通。河北省各级公共图书馆巩固发展一批农村馆外服务点，并为乡（镇）农村图书馆（室）建设提供支持和指导，应用云计算技术，整合教育、科研和公共图书馆文献资源，建设全省图书文献联合服务平台，实现跨系统、跨区域无障碍资源共享。山西省通过推进文化信息资源共享、数字图书馆推广、公共电子阅览室建设、农村数字电影放映、农家书屋等重点文化工程，不断完善省市县乡村五级公共图书馆服务体系，到2015年年底基本实现农家书屋覆盖全省所有行政村，建立完善了农家书屋出版物更新配送系统，探索建立了以县为单位、以县图书馆为中心的农家书屋图书互换流转机制；实现了“市市有公共图书馆”等“五馆一院”目标，完成覆盖全省的公共图书馆数字图书馆虚拟网建、标准规范完备、数字资源丰富的数字图书馆服务平台，并与国家图书馆和各地公共图书馆实现资源与服务的全面共建共享。内蒙古自治区根据地区特点实施“3211”计划，使盟（市）“三馆”（图书馆、群艺馆、博物馆）和旗（县）“两馆”（图书馆、文化馆）全部达到国家三级以上标准，全部完成乡镇综合文化站基础建设和内容建设，建设嘎查（村/社区）文化室，把各级图书馆（室）建设放在首位；为图书馆配备多功能的流动服务车，开展政策宣传、展览、科普宣传、图书借阅等服务。

四、服务成效显著提升

“十二五”时期，华北地区公共图书馆读者服务实现新突破。2015年度总流通人次4960万人次，较2011增长73.73%；书刊文献外借册次3892万册次，较2011年增长72.67%；举办活动11 986个/次，活动参与651万人次，分别较2011年增长43.53%和170.12%①。

① 数据来源于《中国图书馆年鉴2016》《中国图书馆年鉴2012》。

表 9－3　华北地区 2011 年和 2015 年公共图书馆图书馆读者服务情况对比

	总流通人次（万人次）		人均年到馆（次）		书刊文献外借（万册次）		人均书刊外借（册次）		举办活动（次）		活动参与（万人次）	
	2011年	2015年	2011年	2015年	2011年	2015年	2011年	2015年	2011年	2015年	2011年	2015年
北京市	726	1264	0. 360	0. 582	749	940	0. 371	0. 433	2369	2759	52	134
天津市	572	789	0. 422	0. 510	601	859	0. 444	0. 555	990	1303	24	120
河北省	786	1428	0. 110	0. 192	504	972	0. 070	0. 131	2077	3609	40	169
山西省	398	830	0. 111	0. 227	343	547	0. 095	0. 149	2031	2683	91	178
内蒙古自治区	373	649	0. 150	0. 258	357	574	0. 144	0. 229	884	1632	34	50
小计	2855	4960	0. 171	0. 286	2254	3892	0. 135	0. 225	8351	11986	241	651

五、古籍普查与保护有序推进

“十二五”时期，华北地区各级公共图书馆全面、科学、规范地开展古籍保护工作，积极履行各省市古籍保护中心的工作职能，在古籍普查、古籍修复、古籍保护、宣传推广等方面取得重要成果。

古籍修复工作有序进行。天津图书馆、山西省图书馆被文化部正式命名为“国家级古籍修复中心”。作为区域性古籍修复中心和全省古籍修复人员实习基地，山西省图书馆注重对古籍保护和修复人才的培养，多次采取“走出去、请进来”的方式，组织技术人员培训，有效地提高了专业人员工作水平。

古籍整理出版与数字化建设取得阶段性成果。内蒙古图书馆历时十余年，影印出版蒙古文《大藏经》，完成《中国少数民族古籍总目提要》蒙古、达斡尔、鄂温克、鄂伦春等民族卷的编纂出版任务，编制《国外收藏蒙古文古籍联合目录》；南开大学图书馆参加 CALIS 三期“高校古文献资源库”扩大建设项目——“学苑汲古”高校古文献资源库建设；首都图书馆对馆藏珍稀善本进行扫描加工，开通试运行“首都图书馆藏古籍珍善本图像数据库”，搭建“首都图书馆历史图片数据库”，整理编辑老照片 5000 余张；河北省建立了以省图书馆为首的全省 11 家公共图书馆馆藏古籍善本联合书目数据库。

古籍保护宣传工作积极推进。在国家古籍保护中心指导和支持下，华北五省

(区)先后举办“我与中华古籍”摄影展、中华古籍保护计划成果展等专题活动,面向全社会展示古籍保护成果,宣传古籍保护理念,培育公众的古籍保护意识。

第二节 发展状况及特点

“十二五”期间,华北地区各级、各类图书馆,坚持以人民为中心的工作导向,强化基础,稳步发展,在区域图书馆服务体系建设、新技术应用与数字图书馆建设、全民阅读服务创新以及吸纳社会力量参与等方面积极探索,取得了新的成绩,各地出现了一批有特色、有影响力的典型案例。

一、融入京津冀协同发展大格局的区域图书馆服务体系建设

京津冀地缘相接、人缘相亲、地域一体、文化一脉、历史渊源深厚、交往半径相宜,是我国文化资源丰富、文化底蕴深厚、文化特色鲜明、文化发展最具活力的重要地区之一,具有广泛的合作前景。“十二五”时期,华北地区各级各类图书馆积极贯彻落实党中央关于京津冀协同发展的重大战略部署,通过组建跨系统、跨区域的图书馆协作联盟,积极推进区域图书馆服务体系实现新的跨越发展。

一是以首都图书馆联盟为代表的跨系统合作。首都图书馆联盟(Capital Library Alliance,缩写:CLA)于2012年3月12日成立,由位于北京市行政区域内的国家图书馆、党校系统图书馆、科研院所图书馆、高等院校图书馆以及医院、部队、中小学图书馆和北京市公共图书馆共110余家图书馆自愿联合发起成立。联盟在政府指导下发挥统筹资源、行业管理、提升服务的功能,旨在推动北京地区各类型图书馆实现横向联动,逐步搭建统筹宣传推广、服务管理的平台,促进各类型图书馆之间实现资源共享、协作联动、互补多赢的发展目标。其中,已有北京大学、清华大学等34所高校的图书馆承诺向社会免费开放。

二是以京津冀图书馆联盟为代表的跨区域合作。2015年11月19日,北京、天津、河北三地公共图书馆签订合作协议,成立京津冀图书馆联盟。联盟成立后,各成员馆通过资源整合、协作,突破时间与空间上的限制,为三地读者提供快捷、高质的参考咨询服务,促进了三地文化资源的交流共享,带动三地公共图书馆事业共同发展。

二、新技术应用与数字图书馆建设

“十二五”期间，随着互联网的发展，新技术、新媒体在华北地区图书馆创新发展中继续发挥积极作用。

一是实施公共数字文化惠民工程，推动图书馆服务向城乡基层广泛延伸。如河北省共建成文化共享工程各级中心（技术平台）和基层服务点44 000余个，包括1个省级分中心、11个市级支中心、135个县级支中心、1024个乡镇（街道）基层服务点、43 000多个村（社区）基层服务点，初步形成了省、市、县、乡镇（街道）、村（社区）的服务网络架构，整合、购买、自建数字化文化资源容量达到74.5TB，形成了包括图书期刊、舞台艺术等适合基层群众浏览的分布式文化信息资源库群，为数字图书馆建设奠定了基础。山西省完成覆盖全省的公共图书馆数字图书馆虚拟网建设，搭建了一个软硬件系统合格、标准规范完备、数字资源丰富的数字图书馆服务平台；同时，与国家图书馆及各地公共图书馆实现了资源与服务的全面共建共享。为解决许多乡村（嘎查）和偏远牧区在公共服务体系中的“最后一公里”难题，内蒙古自治区在巴林右旗、克什克腾旗、乌拉特中旗、苏尼特右旗、托克托县等地区开展“马背数字图书馆”试点工作，利用平板电脑和手机等终端设备，采用设备流动、资源流动的服务模式，为广大农牧民获取国家数字图书馆丰富的电子图书、文献资料、视频讲座等馆藏资源，提供实用的、持续的文化科技数字资源，使偏远牧区文化生活有了新内容，消除了公共文化服务盲区，有效促进了城区公共文化服务资源向基层的延伸，保障了广大群众基本文化权益，打通了公共文化服务的“最后一公里”，有效破解了基层尤其是偏远牧区数字文化资源受限的难题。

二是加强数字图书馆网络体系建设，推进区域协作共享。北京市以首都师范大学图书馆为龙头，20余所北京市属高校图书馆参与组成北京高校网络图书馆，充分利用北京地区高校图书馆丰富的馆藏资源，搭建北京地区高校文献资源共享服务体系平台，为北京地区高校教学科研提供服务。天津市于2001年启动天津市高校数字化图书馆，作为天津市教育信息化建设的重要组成部分，将全市所有高等院校图书馆纳入其中，利用数字化图书馆的公共数据、学科文献信息、学科文献数据库等，使天津市高等教育得到网络互通、资源高度共享、服务功能完备、服务效益明显的保障服务。河北省于2002年6月成立河北省高校图书馆联盟，覆盖全省40余家高校，逐步实现了全省高校电子资源的共建共享、信息交流，使数字图书馆的文献服务基本满足了省内高校教学和科研的需要。山西省建立条块结合模式的 CALIS 山西省文献信息服务中心，自 2006 年 5 月以来，与多家科研系统、高校合作，构建山西省高校文献资源保障系统，签订 CALIS 服务协议，启动服务运行。

三是积极应用现代信息技术，提升图书馆自动化、智能化服务水平。北京市朝阳区图书馆以“信息化”为特色，全馆实现无线网络覆盖，配置以“射频识别”技术为基础的读者自助服务系统，引进电子画板、移动阅读终端、体感投影等阅读体验设备，满足数字时代阅读需求，实现“科技”驱动。山西省建立完善农家书屋出版物更新配送系统，探索建立以县为单位、以县图书馆为中心的农家书屋图书互换流转机制。内蒙古图书馆和内蒙古蒙科立软件有限责任公司共同承担的“内蒙古图书馆蒙古文公益服务管理平台建设”项目，获自治区民委 2015 年蒙古语言文字信息化专项扶持，实现了蒙古文文献的综合利用和自动化管理，并与汉语在同一平台统一管理，使更多学习使用蒙文蒙语的读者、蒙古学研究者和爱好者，能更方便快捷地得到自己所需的蒙古文信息资源。

三、全民阅读服务创新

“十二五”期间，华北地区各级各类图书馆在推进全民阅读服务方面不断推陈出新，探索出许多别具特色的工作新方法和新思路。

一是结合地区特色，依托当地文化资源开展阅读推广活动。如北京市西城区第二图书馆积极发挥公共图书馆公益性公共文化场所功能，结合街道图书馆特色开展社区阅读活动，在服务区域内的广安门内街道公共图书馆“甲骨文·悦读”空间，开展了 40 场活动进入社区，邀请清史学专家阎崇年、文学评论家张颐武作为特邀嘉宾做主题演讲，受到百姓欢迎。东城区第一图书馆建立朗诵俱乐部，每周一举办诵读沙龙推广阅读，2015 年上半年共举办 18 场诵读沙龙，近 1000 位朗诵爱好者走进诵读沙龙现场。海淀区图书馆依托中关村国家自主创新示范区的区位优势和海淀高新技术产业的强大支撑，在全民阅读、自身建设、服务创新等方面快速发展，取得了一系列显著成绩。朝阳区图书馆新馆彰显“人文”特色，以“借阅一体”服务方式为主导，兼顾读者年龄、特色馆藏、服务拓展、文化交流等多方面需要，为读者提供最佳阅读环境。

二是面向用户需求，加强阅读资源建设的供需对接。如内蒙古图书馆于 2014 年 5 月推出“彩云服务——我阅读　你买单　我的图书馆我做主”创新实践活动，首创公共文化服务体系中读者、书店、图书馆集“借、采、藏”为一体的服务管理平台，凡持有内蒙古图书馆读者证的读者，根据内蒙古图书馆确定的馆藏发展政策、采购范围、借阅制度等参考标准，可在内蒙古新华书店任意挑选所需求的文献，选定后在新华书店直接办理借阅手续，书店再将读者的借阅记录导入内蒙古图书馆自动化借阅服务系统。目前，该项目已完成内蒙古新华书店总店、新华书店内蒙古图书馆分店、内蒙古博物院书店、北京西单图书大厦4个试点单位的建设，累计1万余名读者通过“彩云服务”购买1.2万册图书，内蒙古图书馆共支付购书经费40多万元。该项目不仅在国内引起热烈反响，同时也得到国际同行的高度认可，于2016年6月获得“美国图书馆协会主席创新奖”，获奖理由包括：针对图书馆图书流通率趋低的状况，采用高度创新、彰显读者决策采购的采访流程；与书店及读者社区建立战略合作关系，创多方共赢：增加书店的售书额，彻底改变图书馆服务模式，增强图书使用率，并最大限度地提高读者满意度；利用云服务和移动技术打造实体与虚拟共享空间，集成整合网络资源从而推动阅读及图书馆馆藏的使用；构建可仿效的服务模式为在全国营造以读者为主的阅读氛围做出贡献。

四、吸纳社会力量参与图书馆建设与服务

“十二五”期间，华北五省（区）深入推进文化体制机制改革，积极探索吸纳社会力量参与公共文化服务的多元实现路径。

一是大力推进政府向社会力量购买图书馆服务。2014年，北京市西城区文化委与北京正阳书局合作，利用国家级文物保护单位“万松老人塔”所在院落建立“砖读空间”，由区文化委提供资金支持，正阳书局提供图书、阅读空间、借阅服务等，将其打造了一个成为集图书馆、档案馆、博物馆三馆一体的公共阅读空间。朝阳区还率先试点民办公共图书馆，由街道提供设施与场地，社会力量参与街道图书馆运营，区图书馆配送图书资源，政府适当提供资金补贴，建立了一种全新的社会力量参与管理公共图书馆的模式。河北省则通过民办公助等政策措施，支持各种民办图书馆（室）等公益性文化机构发展。

二是积极开展志愿者服务。北京市文化志愿者服务中心首都图书馆分中心于2012年9月正式成立，并于2014年初设立文化志愿者之家，积极探索常态化、规范化、可持续化的文化志愿者服务和管理模式，以文化志愿服务培育和践行社会主义核心价值观，先后创建了“心阅书香”助盲阅读、“语阅书香”助听阅读、“童沐书香”讲故事、“法韵书香”法律专家咨询、“导阅书香”咨询导航、“互阅书香”图书交换、“展阅书香”宣传展览等特色文化志愿服务项

目，组建了专家、普通读者、青少年志愿者三类服务团队，拥有48支注册团队、4710名注册志愿者，已开展了88 490小时的志愿服务，服务对象涵盖各类人群，实现了阅读推广活动的常态化，并成功将项目复制、推广到各区图书馆，推动全民阅读活动的深入开展。首都图书馆文化志愿服务还充分利用馆内优势资源打造精品服务项目，其中法律专家咨询志愿服务就是依靠首都图书馆的法律主题馆，由专业律师志愿者为市民提供法律咨询、法律文献推荐服务，进行普法宣传、解决市民的各种法律问题①。

第三节　未来展望

综上所述，“十二五”时期华北地区图书馆事业在基础设施、资源共享、古籍保护、规范服务等方面都有了长足的发展，发展成就振奋人心。但还存在一些比较突出的问题和困难，如图书馆发展的环境还有待进一步改善，相关法律尚待健全；公共图书馆事业的发展还很不平衡，存在着较大的地域差别；图书馆人才队伍建设要亟待加强等。

“十三五”时期是中国图书馆事业发展的重要发展阶段。党的十八大提出了“扎实推进社会主义文化强国建设”的方针和任务，十八届三中全会通过的《中共中央关于全面深化改革若干重大问题的决定》明确地要求“构建现代公共文化服务体系”“建立公共文化服务体系建设协调机制，统筹服务设施网络建设，促进基本公共文化服务标准化、均等化”。党和国家关于“深化文化体制机制改革、加快构建现代公共文化服务体系”等一系列新政为公共图书馆事业提供了新的发展契机。在“文化大发展大繁荣”和公共文化服务建设背景下，华北地区图书馆基础建设进入快速发展阶段。要进一步加大公共财政对文化建设投入力度，扩大公共财政覆盖范围，完善公共服务配套资金的规划、投入、管理机制；进一步优化图书馆基础设施，推动文化与科技相融，使图书馆建设在文化强国战略中的作用更加凸显。

“十三五”时期也是华北地区图书馆事业的重要战略发展阶段，京津冀一

① 北京市文化志愿者服务中心首都图书馆分中心[EB/OL].(2016-11-03)[2017-08-03].http://www.wenming.cn/specials/zyfw/4g100_39622/zjzyfwzz/201611/t20161104_3864860.shtml.

体化上升为国家战略，公共文化服务纳入京津冀协同发展战略格局更加明确。“京津冀公共文化服务示范走廊”建设取得突出成效，“整合资源、交流合作、协同发展、突出特色”“共商、共建、共享”已成为华北地区图书馆发展的共识，资源整合与共享不断加强，京津冀三地文化资源优势互补、共同发展，充分发挥辐射带动作用，对内蒙古、山西等省区的文化建设将产生更加深远的影响，五省资源共建与服务协同将进一步向更高层次迈进。

“十三五”时期，华北地区图书馆要继续创新服务模式，提升服务效能。坚持文化创新发展，把文化创新放在文化体制改革发展的核心位置，激发文化创新创造活力，加速文化和科技深度融合，让文化插上科技的翅膀，使文化创新积极推动图书馆事业发展。进一步推进基本公共文化服务标准化、均等化，把城乡基本公共文化服务均等化纳入区域经济和区域发展总体规划及城乡规划；建立地域公共文化服务城乡联动机制，实现农村、城市社区公共文化服务资源整合和互联互通，引导公共文化资源向城乡基层倾斜，更好地满足人民群众文化需求。

（执笔人：郭斌　高建忠）

参考文献：

[1] 王林生. 北京公共文化服务网络化建设的现状与问题[J]. 北京劳动保障职业学院学报，2014，8(4)：27-33.

[2] 贾爱娟. 华北地区高校图书馆联盟开展阅读推广探析[J]. 农业图书情报学刊，2015，27(4)：103-105.

[3] 张蔷. 从信息角度看河北省公共文化服务体系建设[J]. 中小企业管理与科技，2014(11)：195-196.

[4] 张春雨. 河北省公共图书馆服务评价研究[J]. 企业导报，2014(3)：198.

[5] 郑瑞爽. 河北省公共图书馆文化建设研究[J]. 图书馆理论与实践，2012(4)：55-58.

[6] 王景文. 新常态下河北省公共数字文化服务体系建设[J]. 河北联合大学学报：社会科学版，2016，16(2)：47-52.

[7] 张凌云. 天津地区公共图书馆服务体系建设与研究[J]. 图书馆研究，2016，46(4)：45-48.

[8] 俞碧飏，徐建华. 省域“十二五”规划中的公共图书馆[J]. 中国图书馆学报，2013，39(1)：36-42.

[9] 李琥，李小强. 山西省数字图书馆推广工程的建设与实践[J]. 国家图书馆学刊，2012，21(5)：54-59.

[10] 杨三方. “互联网 +”下图书馆服务变革与创新探讨[J]. 晋图学刊，2016(1)：28-31.

第十章　东北地区图书馆

“十二五”时期是全面建设小康社会的关键时期,是深化改革开放、加快转变经济发展方式的攻坚时期,也是推动社会主义文化大发展大繁荣、增强国家文化软实力、进一步推进公共文化服务体系建设的重要战略机遇期。2011 年是中国图书馆学会制定并实施“十二五”规划的第一年,是我国公共图书馆全面迈入免费开放的第一年,也是我国图书馆事业实现大发展大繁荣的重要年份。因此,“十二五”以来,东北三省的图书馆事业在紧跟国家政策环境的步伐上,勇于创新,敢于探索,在发挥自身优势的同时,取得了长足的进步。

第一节　发展综述

一、基础设施建设不断加强

“十二五”期间东北地区,辽宁省、吉林省和黑龙江省的图书馆事业在基础设施的建设上不断加强、不断夯实。数量上,图书馆基础设施面积不断增加、图书馆藏书不断增加,为后期发展提供保证条件;质量上,图书馆基础设施不断优化,增强了图书馆事业的发展后劲。

图书馆场馆数量增加,提供了更多阅读场所。图书馆新馆、分馆不断建设,读者阅读席位不断增加,为市民提供了更多的阅读去处。截至 2015 年,辽宁省公共图书馆共有 129 个,吉林省公共图书馆共有 66 个,黑龙江省公共图书馆共有 107 个。场馆的增加为图书馆事业的优化提供了基础性的保障。同时,高校图书馆方面也新建了一大批现代化新馆,相关配套设施不断完善,数字化资源不断增加。“十二五”期间,经过多年建设,辽宁省高校图书馆的馆舍总面积为三省之首,超过 10 万平方米,增加了 1.08 倍,功能达到国际先进水平;吉林省高校图书馆场馆馆舍面积增幅最大,增加 1.45 倍;黑龙江省高校图书馆场馆面积增加 1.12 倍。高校图书馆十分注意网络资源的处理和使用,以满足学生学术活动的顺利开展。

图书馆藏书增加,提供了更多阅读选择。“十二五”期间东北三省的各大图书馆不断引进新图书，扩大其藏书量，以满足日益增长的读者需求。辽宁省图书馆藏书总量“十二五”期间增长了1.23倍；吉林省增长了1.26倍；黑龙江省增长了1.07倍，在数量规模上实现了突破。除了数量的保证，三省图书馆还十分关注图书的种类、内容。对所藏新图书的质量进行严格把关，同时突出图书的实用性，以满足读者需求。三省图书馆在“十二五”期间不断增加电子图书的藏书量，对纸质报刊的入藏进行调整，反映了东北地区图书馆从“藏”书到“用”书模式的转变。为了满足图书馆藏书量的不断增加，图书馆购书经费也不断增加，政府财政对图书馆建设提供了有效支持。“十二五”前期，三省高校图书馆纸质资源购置费通常高于电子资源购置费，购置资金分配更趋向于纸质资源；“十二五”后期开始，电子资源的购置费开始高于纸质资源购置费。

二、标准化建设不断加强

“十二五”期间东北地区图书馆关注图书馆建设的标准化，以优化图书馆基础建设。这主要体现在设施标准化、服务标准化和管理标准化。东北三省图书馆为了适应时代的发展，注重基础设施的一体建设，充分考虑到基础设施的标准化需求，在书架设置、书库储存、阅览室设施上都进行了规范，从藏书层面进行了设施标准化。服务标准化方面，东北三省图书馆不断改善服务系统，力求从多个方面为读者提供标准化的优质服务，并对延伸服务进行了提高。管理标准化方面，东北三省图书馆注重人力资源结构的优化调整，关注人才队伍、管理体制和运行机制的改革，从多方面实现了图书馆的管理标准化提升。三省各级各类型图书馆人员规模不断扩大，图书馆专业技术人才比例上升，图书馆志愿者的招募培训机制不断完善。高校图书馆中的东北师范大学图书馆，采用志愿者标准化程序，以学生志愿整理书籍并获得一定补助金，以前期志愿者培训新进志愿者，学习标准化图书整理规则进行整理，从而有效保证了学校图书馆书籍志愿整理活动的有序展开。

三、合作与协调不断深化

强合作、促发展，东北三省在提升图书馆事业方面还十分注意地区之间、馆际之间的互动合作，促进了各地区间的交流与发展。东北三省图书馆学会实现了长足的发展，注重各学会组织之间的交流协作，开展多次、长期的对话活动；同时注重与其他类型组织的合作，促进资源的有效结合、充分利用。“十二五”期间辽宁省图书馆学会曾与多个组织合作，联合举办公益讲座、文化科技下乡活动、学术年会、学术颁奖等,并向各基层图书流动站赠送、发放免费科技信息资源;吉林省图书馆学会也曾多次开展合作性的跨区域学术研讨会,组织全省多家图书馆参加省级社会科学普及周活动,实现了互动协作的图书馆发展局面;黑龙江省图书馆学会与中国图书馆学会、全国中小型公共图书馆联合会等组织合作,举办了多场有主题、有目的的文化工作会。同时,高校图书馆也存在很多馆际交流的合作活动。2015 年东北师范大学组织召开全国师范院校图书馆联盟常务理事会,加强成员馆的交流与沟通,凝聚成员馆力量,推动联盟发展。

四、体系建设不断完善

“十二五”期间东北地区的图书馆事业除了在服务、管理、藏书方面实现了体系建设的完善,还在公共文化服务体系建设和公共图书馆总分馆体系建设上取得了更多的成绩。公共文化服务体系建设上,主要是对基础设施中的服务项进行有效加强。“十二五”期间,东北三省图书馆突破了传统服务理念,加强了服务手段,注重网络功能,对服务人员的整体素质进行了提高,在公共文化服务体系建设中发挥了举足轻重的作用。东北三省图书馆十分注意延伸服务的改善和优化,开展了书刊流动服务,购置书刊流动图书馆车,并增加了分馆数量。公共图书馆总分馆体系方面,以重点大型图书馆为中心,在各社区、各乡镇广泛布局,从而形成了一个中心放射式的网状图书馆系统结构。“十二五”期间,黑龙江省的图书馆分馆数呈现出较为平缓的上升趋势;吉林省的图书馆分馆数量呈现出波动回升趋势;辽宁省的图书馆分馆数量则达到新的高峰,也呈现了一定的波动。东北三省高校图书馆还在校园内分布了多个还书箱,通过校内借还系统的优化,方便师生借还书籍,从而实现体系建设上的完善。“十二五”期间,东北三省图书馆不断优化体系建设,为图书馆事业的总建设提供保障。

第二节　发展状况及特点

“十二五”期间东北地区各类型图书馆开展了多项工作,一方面资源、服务、设施、组织管理、协作协调等图书馆基本业务工作取得了一定进展;另一方面,国家重点工程项目,如文化共享工程、电子阅览室计划、中华古籍保护计划等在东北三省继续建设。此外,在国家的大政策环境下东北三省也启动了相关制度建设,保障图书馆事业的长足发展。

一、资源建设

1. 藏书量稳中有升

“十二五”以来,东北三省各类型图书馆的藏书量均在逐年增加,见表10－1。其中,公共图书馆的总藏量逐年增加,辽宁省由2011年的2948万册,增长到2015年的3736万册,增长了1.23倍;吉林省由2011年的1399万册,增长到2015年的1768万册,增长了1.26倍;黑龙江省由2011年的1703万册,增长到2015年的1827万册,增长了1.07倍;相比较而言,辽宁省的总藏量增量是最多的,黑龙江省的总藏量增加相对最少。

表10－1　“十二五”期间东北三省公共图书馆藏书发展一览表①

省份	年份	总藏量(万册)	各地区人均拥有公共图书馆藏量(册)	新购图书册数(万册)
辽宁省	2011	2948	0.67	154
	2012	3185	0.73	297
	2013	3355	0.76	169
	2014	3563	0.81	194
	2015	3736	0.85	179
吉林省	2011	1399	0.51	198
	2012	1494	0.54	140
	2013	1597	0.58	95
	2014	1662	0.60	122
	2015	1768	0.64	97
黑龙江省	2011	1703	0.44	55
	2012	1751	0.46	67
	2013	1843	0.48	81
	2014	1721	0.45	135
	2015	1827	0.78	89

① 资料来源:国家统计局.年度数据[EB/OL].[2018－07－21].http://data.stats.gov.cn/search.htm.

各地区人均拥有公共图书馆藏量方面呈增长趋势。辽宁省由2011年的人均0.67册，增长到2015年的0.85册，增长了1.27倍；吉林省由2011年的0.51万册，增长到2015年的0.64万册，增长了1.25倍；黑龙江省由2011年的0.44万册，增长到2015年的0.78万册，增长1.77倍；相比较而言，辽宁省的人均拥有藏量最多，但黑龙江省资源人均拥有藏量增幅最大。

新购图书册数方面三个省份存在差异，其中辽宁省在2012年出现了一次新购图书册数的高潮，出现了一定的波动性。吉林省的新购图书册数呈现出下降的趋势，其中2013年下降最为严重，仅新购图书95万册，较2011年的198万册有不小差距；黑龙江省的新购图书册数是呈现逐年上升的趋势，2011年为55万册，至2015年增长至的89万册。

2. 图书种类丰富，收藏重点转移

“十二五”期间，东北三省的图书种类丰富，呈现稳步增长的趋势，见表10－2。辽宁省和吉林省图书总量稳步上升，辽宁省从2011年的2436万册增长到2015年的3005万册；吉林省从2011年的1145万册增长到2015年的1447万册；而黑龙江省呈现波动趋势，从2011年的1357万册，2012年、2013年分别增长58万册和155万册，增长至1502万册，但2014年下降到1420万册，古籍、善本、报刊、视听文献等随之减少，而少儿文献和电子图书依旧呈增加趋势。总体上看，辽宁省图书藏量最多，图书新增量也最多，吉林省和黑龙江省与其比较仍有差距。

2011年辽宁省和黑龙江省报刊藏量基本持平，分别为216万册和218万册；吉林省相对较少，只有149万册；截至2015年，辽宁省有270万册，黑龙江省有214万册，吉林省有166万册。东北三省的当年购入报刊种类在“十二五”期间都呈现先增后降的趋势，这和电子技术的冲击不无关系，人们获知最新消息的途径越来越多，对于报刊的需求逐渐减小；同时由于报刊质量良莠不齐，所以图书馆在订购时更加谨慎。

3. 购书经费投入不断增加

“十二五”期间，东北三省公共图书馆用于购书经费呈增长趋势，详见表10－3。辽宁省公共图书馆2012年新增藏量购置费为5032.50万元，同比2011年增加了312.50万元，而2013年新增藏量购置费为4864.50万元，是2012年较2011年增加的1.86倍，此后辽宁省公共图书馆购置费基本稳定在这一水平。吉林省2011年新增藏量购置费为1682.90万元，2012年加大投入，达到2482.20万元，2013年基本持平，2014年达到第二个购书高潮，新增

表 10－2　“十二五”期间东北三省公共图书馆图书种类发展一览表

省份	年份	图书（万册）	盲文图书（万册）	古籍（万册）	善本（万册）	报刊（万册）	视听文献（万册）	缩微制品（万册）	其他（万册）	开架书刊（万册）	少儿文献（万册）	电子图书（万册）	本年新增藏量（万册）	本年新增电子图书（万册）	当年购买报刊种类（种）
辽宁省	2011	2436.23	0.89	133.67	16.04	215.84	59.18	0.94	101.81	1296.29	102.08	144.93	154.25	—	47 334
	2012	2584.23	1.14	134.49	15.39	244.06	66.89	0.87	154.76	1452.51	253.78	285.30	296.60	—	48 948
	2013	2661.32	1.03	134.82	16.20	256.96	74.23	0.80	227.29	1695.49	323.50	923.21	168.99	149.30	57 677
	2014	2822.32	1.95	143.84	16.08	258.73	79.26	20.01	238.78	1842.29	355.01	1031.22	194.10	66.65	55 857
	2015	3004.95	2.09	135.34	16.08	270.18	82.62	20.03	223.16	1735.36	400.36	1070.68	178.56	93.99	52 590
吉林省	2011	1145.35	0.10	55.37	6.41	149.09	20.51	1.71	26.98	508.30	38.42	176.46	197.65	—	19 695
	2012	1230.08	0.14	44.33	6.52	152.94	22.52	2.78	41.08	521.91	47.14	215.83	140.05	—	24 234
	2013	1283.83	0.52	44.64	6.52	157.10	27.27	2.88	81.33	568.55	82.20	323.83	95.16	60.48	24 457
	2014	1363.87	0.70	44.80	6.52	159.52	27.52	2.88	63.62	552.82	86.93	2750.98	122.08	54.96	23 541
	2015	1447.17	1.16	44.80	6.52	165.62	30.31	2.89	77.23	583.79	106.06	2785.73	96.20	103.74	24 735
黑龙江省	2011	1356.77	0.33	45.62	2.23	218.04	31.31	19.93	31.70	777.78	40.94	67.07	54.78	—	22 896
	2012	1414.68	0.38	45.49	2.17	226.43	31.97	19.96	12.62	856.67	54.48	71.93	66.66	—	23 251
	2013	1501.77	0.58	45.49	2.17	210.75	33.90	23.90	27.68	895.66	73.43	354.84	80.77	25.05	23 606
	2014	1420.29	0.73	45.02	2.15	201.68	19.15	13.07	21.41	752.65	83.25	533.76	134.55	175.03	23 340
	2015	1509.56	0.81	44.85	2.15	214.24	26.08	19.15	13.38	823.21	95.07	818.48	87.88	235.11	26 099

藏量购置费达到2715.90万元,2015年为3443.10万元。黑龙江省2011年新增藏量购置费为1422.80万元,“十二五”期间投入相对稳定,2015年为1857.70万元。总体来讲,辽宁省新增藏量购置费投入力度最大,其次为吉林省,黑龙江省投入力度最小。

表10-3 “十二五”期间东北三省公共图书馆购书经费发展一览表

省份	年份	新增藏量购置费(万元)	人均购书费(元)	购书费支出占总支出比	购书专项经费(万元)	新增数字资源购置费(万元)
辽宁省	2011	4720.00	1.077	14.20%	4772.70	—
	2012	5032.50	1.147	13.40%	5781.20	—
	2013	4864.50	1.308	12.80%	4427.50	877.10
	2014	5242.00	1.310	12.60%	5698.60	512.00
	2015	4679.20	1.068	14.00%	6958.30	2122.00
吉林省	2011	1682.90	0.612	11.70%	1668.40	—
	2012	2482.20	0.903	12.70%	2983.70	—
	2013	2488.00	1.005	13.40%	2810.10	277.90
	2014	2715.90	1.112	11.40%	3025.50	345.30
	2015	3443.10	1.251	12.40%	3632.50	433.90
黑龙江省	2011	1422.80	0.371	9.70%	1331.00	—
	2012	1709.50	0.446	10.10%	1599.40	—
	2013	1672.10	0.495	10.10%	2095.20	224.90
	2014	1597.40	0.477	7.60%	1765.50	231.50
	2015	1857.70	0.487	6.50%	2053.30	578.60

辽宁省2012年高校图书馆电子资源购置费为28 781 143元,高校图书馆纸质资源购置费为49 459 946元,纸质资源购置费是电子资源购置费的1.72倍,2013年为1.64倍,高校图书馆文献资源购置费以纸质资源为主,而到2014年电子资源购置费高于纸质资源购置费,是其1.28倍。吉林省从2012年开始,电子资源和纸质资源购置费基本持平,到2014年,电子资源购置费达到9 675 733万元,是纸质资源购置费的1.70倍。详见表10-4。

表 10－4　“十二五”期间东三省高校图书馆购书经费发展一览表

省份	年份	高校图书馆文献资源购置费(元)	高校图书馆电子资源购置费(元)	高校图书馆纸质资源购置费(元)
辽宁省	2011	99 910 695	42 728 429	55 285 344
	2012	75 783 294	28 781 143	49 459 946
	2013	99 430 020	33 158 093	54 261 622
	2014	102 995 514	63 018 430	49 031 657
	2015	5043(生均文献资源购置费)	16 297 628	54 515 155
吉林省	2011	1 216 000	316 000	5 645 336
	2012	1 581 621	809 665	771 956
	2013	19 014 634	9 720 998	9 237 030
	2014	16 271 015	9 675 733	5 687 524
	2015	4999(生均文献资源购置费)	10 745 476	48 648 785
黑龙江省	2011	—	—	—
	2012	20 991 456	7 212 197	27 864 910
	2013	—	—	—
	2014	23 654 888	8 341 643	15 230 485
	2015	2106(生均文献资源购置费)	15 692 519	12 844 567

自 2013 年、2014 年起，东北三省高校图书馆逐渐开始重视图书馆数字资源的建设，辽宁省高校图书馆电子图书从 2012 年 285.30 万册到 2013 年 923.21 万册，增加了 3.23 倍，来源多数为外购，少数为从其他机构免费共享和本馆自建；吉林省从 2013 年 323.83 万册到 2014 年 2750.98 万册，提高了 8.49 倍，来源多数为外购，少数为从其他机构免费共享和本馆自建，；黑龙江省从 2012 年 71.93 万册到 2013 年 354.84 万册，增加了 4.93 倍，来源多数为从其他机构免费共享，少数为外购和本馆自建。详见表 10－5。

表 10－5 “十二五”期间东北三省高校图书馆数字资源发展一览表

省份	年份	电子图书（万册）	本馆自建（万册）	本馆外购（万册）	从其他机构免费共享（万册）
辽宁省	2011	144.93	—	—	—
	2012	285.30	—	—	—
	2013	923.21	13.79	732.78	176.65
	2014	1031.22	29.22	833.91	168.09
	2015	—	9191(GB)	—	—
吉林省	2011	176.46	—	—	—
	2012	215.83	—	—	—
	2013	323.83	0.79	252.88	70.16
	2014	2750.98	2.22	2689.85	58.90
	2015	—	1673(GB)	—	—
黑龙江省	2011	67.07	—	—	—
	2012	71.93	—	—	—
	2013	354.84	1.45	92.81	260.58
	2014	533.76	14.88	183.94	334.93
	2015	—	1449(GB)	—	—

二、服务

“十二五”期间，东北三省图书馆服务能力明显提升，保持了快速发展的态势。在党和政府的高度重视下以及大力支持下，东北三省图书馆的服务事业日益繁荣，突破了传统的服务理念，加强了服务手段，服务人员的素质显著提高，继续加大了社会效益，图书馆在公共文化服务体系建设中发挥举足轻重的作用。

1. 流通服务

流通服务是图书馆服务的重要窗口，是广大用户了解、认识图书馆的主要途径，为用户提供直接服务。“十二五”期间东北三省各个图书馆的流通服务在总流通人次、外借册次、有效借书证数等方面均有所发展，见表 10－6。“十二五”以来，东三省各类型图书馆的流通服务情况成效上呈现波动增长的趋势。其中,公共图书馆的总流通人次总体上呈现上涨的趋势,辽宁省由2011年的1553.23万人次,增长到2015年的2068.18万人次,增长至1.33倍;吉林省由2011年的610.53万人次,增长到2015年的732.49万人次,增长至1.2倍;黑龙江省由2011年的693.91万人次,增长到2015年的967.78万人次,增长了1.4倍;相比较而言,辽宁省的总流通人次最多,吉林省的总流通人次增加相对最少,黑龙江省的总流通人次增加速度最快。

表10-6　“十二五”期间东北三省公共图书馆流通服务情况表

省份	年份	总流通人次（万人次）	外借人次（万人次）	外借册次（万册次）	有效借书证数（万个）
辽宁省	2011	1553.23	648.79	1426.05	10.18
	2012	1939.33	732.79	1615.85	9.18
	2013	1939.38	772.61	1749.88	10.21
	2014	1891.78	723.53	1622.80	11.00
	2015	2068.18	751.45	1708.39	12.62
吉林省	2011	610.53	234.37	403.26	1.92
	2012	691.41	256.41	476.07	2.54
	2013	540.18	241.47	462.26	2.77
	2014	599.11	323.09	608.39	7.23
	2015	732.49	352.50	747.90	8.84
黑龙江省	2011	693.91	251.43	483.01	7.12
	2012	835.68	369.42	636.74	7.73
	2013	821.98	303.26	575.42	9.00
	2014	893.07	311.30	631.13	5.47
	2015	967.78	330.19	688.03	6.14

各地区公共图书馆外借册次总体呈现上涨趋势,辽宁省由2011年的1426.05万册次,增长到2015年的1708.39万册次,增长至1.2倍;吉林省由2011年的403.26万册次,增长到2015年的747.90万册,增长至1.85倍;黑龙江省由2011年的483.01万册次,增长到2015年的688.03万册次,增长至1.4倍;相比较而言,吉林省的外借册次增量是最多的,辽宁省的外借册次增

加相对最少。

三省图书馆在有效借书证数方面存在较大差异,其中辽宁省在2012年出现了一次有效借书证数下降,呈现了一定的波动。吉林省的有效借书证数呈现持续上升的趋势,2014年是上升最为突出的一年,有效借书证书7.23万个,相比2011年1.92万个而言有了明显的提升,此后一年保持较为稳定的上升趋势,2015年上升至8.84万个;黑龙江省的有效借书证数则呈现波动下降趋势,虽然2013年达到9.00万个,但是2014年的有效借书证数下降到5.47万个,尽管在2015年又提升至6.14万个,但相比于2011年的有效借书证数下落幅度仍较大。

2. 社会教育

图书馆所有的服务皆以读者为中心,以用户满意度为服务的基本指标与调整方向,最终实现图书馆“以人为本”的基本原则。“十二五”以来,东北三省各类型图书馆的读者服务情况呈现不同趋势,辽宁省、黑龙江总体呈现上涨趋势,吉林省则是总体上呈现下降的趋势,见表10-7。公共图书馆组织的各类讲座次数,辽宁省由2011年的1188次,增长到2015年的2321次,增长至1.95倍;吉林省由2011年的837次,上升到2015年的897次,增加至1.07倍;黑龙江省由2011年的750次,增长到2015年的886次,增长至1.18倍;相比较而言,辽宁省的举办讲座次数是最多的,增长量也是最多的,吉林省的举办讲座次数增量较少。

东北三省公共图书馆举办展览次数也呈现不同的趋势,辽宁省由2011年的503次,增长到2015年的774次,增长了1.54倍;吉林省由2011年的250次,降低到2015年的240次,总体上降低10次,基本保持平衡状态;黑龙江省由2011年的287次,增长到2015年的484次,增长至1.69倍;相比较而言,黑龙江省的公共图书馆举办展览数量增量最多,吉林省的公共图书馆举办展览数的增加相对最少。

东北三省图书馆举办培训班次数也存在差异,总体上呈现上涨的趋势,其中辽宁省在2012年出现了一次举办培训的高潮,之后总体呈现了一定的波动上涨态势。吉林省举办的培训班次数则呈现出上升的趋势,其中2012年是上升最为明显的一年,比2011年多举办85次培训;黑龙江省举办的培训班次数呈现波动上升的趋势,在2012年出现回落,2013年至2015年又保持上涨,最终达到780次。

表 10－7　“十二五”期间东北三省各个图书馆提供读者服务情况

省份	年份	组织各类讲座次数(次)		举办展览(个)		举办培训班(个)	
			参加人次（万人次）		参加人次（万人次）		培训人次（万人次）
辽宁省	2011	1188	21.85	503	93.04	1008	5.39
	2012	1820	38.09	519	145.96	1710	9.67
	2013	2099	34.60	635	178.20	1374	6.97
	2014	2343	35.36	732	226.69	1786	7.36
	2015	2321	26.42	774	181.07	1784	7.76
吉林省	2011	837	22.35	250	21.46	211	3.14
	2012	937	20.17	163	33.24	296	4.03
	2013	973	20.41	259	45.10	279	2.52
	2014	757	13.43	204	83.99	319	2.71
	2015	897	15.60	240	89.17	438	3.77
黑龙江省	2011	750	16.46	287	41.10	453	3.29
	2012	806	18.75	387	58.22	395	5.52
	2013	918	17.68	421	60.10	403	3.08
	2014	934	15.35	464	70.60	650	5.28
	2015	886	12.58	484	70.19	780	4.06

3. 延伸服务

图书馆延伸服务主要包括流动服务书刊，流动图书馆车书刊，分馆数量。“十二五”以来，东北三省各类型图书馆的藏书量均在逐年增加，详见表 10－8。其中，公共图书馆的流动服务书刊借阅人次在逐年增加，辽宁省由 2011 年的 78.64 万人次，增长到 2015 年的 242.81 万人次，增长至 3.1 倍；吉林省由 2011 年的 39.47 万人次，增长到 2015 年的 132.10 万人次，增长至 3.35 倍；黑龙江省由 2011 年的 68.95 万人次，增长到 2015 年的 128.41 万册，增长至 1.86 倍；相比较而言，吉林省的流动服务书刊借阅人次增量相对较多，黑龙江省的流动服务书刊借阅人次增量是最少的。

各地区公共图书馆流动图书馆车书刊借阅册次方面呈现出增长的趋势，辽宁省由 2011 年的 131.96 万册次，增长到 2015 年的 515.18 万册次，增长至

3.9倍；吉林省由2011年的57.47万册次，增长到2015年的206.18万册次，增长至3.79倍；黑龙江省由2011年的97.44万册次，增长到2015年的194.32万册次，增长至2.03倍；相比较而言，辽宁省的流动图书馆车书刊借阅册次增量是最多的，黑龙江省的流动图书馆车书刊借阅册次增加相对最少。

分馆数量方面三省存在一定差异。2012年辽宁省的图书馆分馆数量达到“十二五”期间的最高值，之后出现回落。吉林省的图书馆分馆数量则呈现出波动回升趋势，2013年的分馆数量仅210个，相比2011年493个而言有了不小差距；黑龙江省的图书馆分馆数则呈现较为平缓的上升趋势，由2011年的283个，增长至2015年的384个，相对辽宁省、吉林省，波动幅度不大，且总体呈上升趋势。

表10－8 “十二五”期间东北三省各个图书馆提供延伸服务情况

省份	年份	流动服务书刊借阅人次（万人次）	流动图书馆车书刊借阅册次（万册次）	分馆数量（个）
辽宁省	2011	78.64	131.96	1083
	2012	95.55	242.94	1226
	2013	127.92	291.00	662
	2014	169.83	380.14	676
	2015	242.81	515.18	1029
吉林省	2011	39.47	57.47	493
	2012	66.33	80.26	667
	2013	71.72	98.31	210
	2014	135.39	220.75	311
	2015	132.10	206.18	321
黑龙江省	2011	68.95	97.44	283
	2012	92.16	140.81	287
	2013	118.70	175.31	277
	2014	173.73	283.54	327
	2015	128.41	194.32	384

三、基础设施

“十二五”期间吉林省、辽宁省和黑龙江省的图书馆事业发展取得了长足的进步。在国家的高度重视和支持下，五年间，东北三省的图书馆事业在财政上投入不断增加，各类基础设施不断完善、图书资源不断增加、服务意识不断提升、从业人员技能和素质不断提高，社会效益明显增强。

截至2015年，辽宁省公共图书馆一共129个，吉林省66个，黑龙江省107个，从数量上看，吉林省和辽宁省，黑龙江省公共图书馆相比仍有一定差距。从各地区平均每万人公共图书馆建筑面积和阅览室座席数来说，辽宁省公共图书馆遥遥领先，详见表10－9。

表10－9　“十二五”期间东北三省公共图书馆基础设施建设基本情况

省份	年份	机构数	各地区平均每万人公共图书馆建筑面积（平方米）	阅览室座席数（个）
辽宁省	2011	128	103.4	3.0
	2012	129	108.4	3.2
	2013	129	103.4	3.1
	2014	129	112.6	3.1
	2015	129	126.7	3.5
吉林省	2011	65	61.5	1.5
	2012	66	67.9	1.6
	2013	66	70.6	1.6
	2014	66	89.6	1.9
	2015	66	98.9	1.9
黑龙江省	2011	107	67.5	2.0
	2012	106	70.3	2.1
	2013	107	72.3	2.2
	2014	107	75.7	2.3
	2015	107	76.6	2.3

在“十二五”期间，东北三省图书馆不断增加。由于新建了一批现代化新馆，相关配套设施不断完善，数字化资源不断增加，使图书馆不仅发挥着传统的藏书借书能力，也承担了更多新时代条件下图书馆新的职责和功能。其中，辽宁省图书馆等新馆建筑面积超过10万平方米，功能达到国际先进水平。详见表10－10。

表 10－10　“十二五”期间东三省高校图书馆馆舍建设基本情况

省份	年份	书架单层总长度（米）	实际使用公用房屋建筑面积（万平方米）	书库面积（万平方米）	阅览室面积（万平方米）	书刊阅览室面积（万平方米）	电子阅览室面积（万平方米）	实际拥有产权面积（万平方米）	阅览室座席数（个）	少儿阅览室座席数（个）	盲人阅览室座席数（个）
辽宁省	2011	568 865	45.32	7.96	10.13	6.74	1.34	12.61	30 312	7788	314
	2012	421 589	47.55	8.60	11.51	8.16	1.58	25.04	31 977	8166	627
	2013	399 767	45.40	7.93	11.31	7.82	1.80	24.68	30 523	8080	725
	2014	387 650	49.45	8.32	11.94	8.16	1.75	25.37	31 073	7918	716
	2015	444 925	55.52	9.51	15.08	10.89	2.15	21.59	35 125	7518	877
吉林省	2011	220 600	16.90	3.92	4.88	3.64	0.77	11.61	14 905	3759	137
	2012	196 185	18.68	3.91	5.26	4.04	0.81	13.00	15 863	3803	230
	2013	184 575	19.43	3.99	5.57	4.30	0.82	12.91	15 645	3878	277
	2014	255 498	24.65	4.48	7.74	6.31	0.91	13.37	18 953	3897	387
	2015	259 092	27.23	4.69	8.11	6.50	0.99	14.27	19 138	3736	441
黑龙江省	2011	208 775	25.89	5.04	7.10	4.90	1.48	5.94	19 688	4727	127
	2012	237 612	26.95	5.14	7.29	4.99	1.50	11.41	21 103	5371	223
	2013	252 938	27.72	5.58	7.66	5.25	1.53	11.36	21 952	5447	389
	2014	392 130	29.02	5.54	8.07	5.66	1.57	11.30	23 310	5791	427
	2015	397 119	29.21	5.65	8.12	5.62	1.58	11.46	23 324	6072	350

随着数字化、信息化的到来，作为文化保存、文化共享、文化服务的机构，东北三省图书馆为了适应时代的发展、满足人们新时期的文化需求，积极更新图书馆设备、建设馆藏特色数据库、设立创客空间、影音室等，不断开拓图书馆新的功能和意义，详见表 10－11。

表 10－11　“十二五”期间东北三省公共图书馆数字化设施情况

省份	年份	数字化设施		
		计算机（台）	电子阅览室终端数（个）	图书馆网站访问量（次）
辽宁省	2011	5787	2486	4 285 529
	2012	6294	2813	22 169 848
	2013	7032	3508	33 964 741
	2014	7367	3908	29 821 478
	2015	7703	4259	35 915 892
吉林省	2011	3269	1783	2 122 923
	2012	3968	2015	8 871 385
	2013	4335	2146	11 019 131
	2014	4718	2668	9 357 696
	2015	4791	2549	4 294 679
黑龙江省	2011	4875	3369	3 176 169
	2012	5161	3333	9 556 522
	2013	5649	3834	4 551 038
	2014	5824	3923	5 922 761
	2015	5990	3821	6 948 454

由表 10－11 所示，辽宁省图书馆对于数字化设施的建设最为重视，投入力度最大，最为完备，从图书馆网站访问量可以看出辽宁省图书馆网站访问量最多，黑龙江省最少。

四、组织管理

1. 资金管理

在国家的高度重视和支持下，在“十二五”期间，东北三省图书馆事业的财政投入不断增加，各项支出也逐年增加，图书馆对资金的管理比较合理，分配适当，详见表 10－12。

表 10－12 “十二五”期间东三省公共图书馆资金管理情况

省份	年份	年度收入合计（千元）	财政补贴收入（千元）	上级补助收入（千元）	事业收入（千元）	经营收入（千元）	附属单位上缴收入（千元）	其他收入（千元）	本年支出合计（千元）	基本支出（千元）	项目支出（千元）	经营支出（千元）
辽宁省	2011	165 402	165 342	328	652	0	0	1863	331 588	229 626	85 540	885
	2012	199 102	198 615	1970	2260	0	0	4873	374 980	248 596	102 848	0
	2013	151 769	148 978	3568	597	0	0	867	449 301	258 293	153 155	3
	2014	156 965	156 055	156 055	0	0	0	228	154 273	111 848	25 262	0
	2015	502 177	485 418	8262	2589	0	0	5908	495 769	344 383	151 247	139
	总计	1 175 415	1 154 408	170 183	6098	0	0	13 739	1 805 911	1 192 746	518 052	1027
吉林省	2011	92 273	88 503	1445	248	1171	0	3624	143 435	111 197	28 945	1171
	2012	92 706	92 223	1046	45	417	0	1741	195 591	136 966	53 726	417
	2013	77 888	75 250	1233	4318	0	167	1384	206 598	143 214	61 552	167
	2014	89 737	88 800	6895	515	4		418	83 148	64 067	19 081	0
	2015	294 360	287 317	2451	255	210	0	4127	293 895	183 102	110 583	210
	总计	646 964	632 093	13 070	5381	1802	167	11 294	922 667	638 546	273 887	1965
黑龙江省	2011	54 565	53 785	1137	104	0	0	1099	147 187	116 573	24 796	140
	2012	61 891	61 441	1833	121	0	0	242	169 860	118 851	40 150	200
	2013	80 141	80 141	1157	1484	20	0	311	187 667	139 828	36 184	586
	2014	85 284	79 263	4241	1473	0	20	287	82 758	70 042	11 788	698
	2015	293 942	287 844	4376	1194	0	0	528	313 184	189 700	123 294	190
	总计	575 823	562 474	12 744	4376	20	20	2467	900 656	634 994	236 212	1814

续表

省份	年份	工资福利支出（千元）	商品和服务支出（千元）	差旅费（千元）	劳务费（千元）	福利费（千元）	各种税金支出（千元）	对个人和家庭补助支出（千元）	抚恤金和生活补助（千元）	其他资本性支出（千元）	资产总计（千元）	固定资产原值（千元）
辽宁省	2011	126 987	62 874	1871	3290	693	484	53 310	855	63 063	974 079	870 640
	2012	145 922	80 585	2157	2567	1834	30	57 451	1560	63 467	1 052 289	916 706
	2013	152 040	114 023	1882	5875	339	135	60 718	7952	92 526	1 157 036	1 033 411
	2014	70 176	29 715	548	3998	58	5	23 126	1703	19 815	297 168	256 518
	2015	193 528	136 406	1848	5465	270	139	74 160	2205	92 324	1 414 063	1 251 547
	总计	688 653	423 603	8306	21 195	3194	793	268 765	14 275	331 195	4 894 635	4 328 822
吉林省	2011	56 453	29 004	851	658	134	84	31 723	998	23 967	417 479	288 048
	2012	68 945	37 652	1386	1302	219	23	39 856	799	43 530	434 776	311 238
	2013	76 414	41 992	1448	1185	122	216	36 426	677	46 597	490 242	358 679
	2014	28 558	12 710	440	538	9	0	16 456	1068	15 424	132 777	111 447
	2015	103 370	71 360	1211	4283	38	68	52 532	1328	63 423	641 748	540 176
	总计	333 740	192 718	5336	7966	522	391	176 993	4870	192 941	2 117 022	1 609 588
黑龙江省	2011	65 784	28 394	1033	1207	426	24	25 064	346	19 530	553 917	531 346
	2012	65 997	33 873	1335	1551	486	1	28 392	548	30 994	586 052	563 419
	2013	70 548	41 649	1445	1970	321	0	30 283	675	27 325	649 166	594 106
	2014	40 981	14 660	641	822	148	1	15 317	420	10 547	206 878	185 904
	2015	105 521	61 497	1808	2916	259	1	53 445	1692	92 621	822 662	752 183
	总计	348 831	180 073	6262	8466	1640	27	152 501	3681	181 017	2 818 675	2 626 958

2. 人力资源管理

当代图书馆最重要的资源和首要财富是优秀的图书馆员。除了需要掌握丰富的信息技术外,还需要熟悉图书馆的知识资源,并且能够有针对性地向读者推荐,从而提供深入有效的知识服务[1]。

“十二五”规划实施以来,东北三省各级各类型图书馆的人员有了很大调整。首先,人员规模不断扩大,图书馆专业技术人才比例上升;其次,人员素质不断提升,特别是在农村基层地区,建立了图书馆员培训机制,积极主动地提升基层图书馆从业人员的工作能力;最后,在图书馆志愿者的招募和培训机制上不断完善,提升了各级各类型图书馆的服务能力。详见表10-13。

表10-13 “十二五”期间东北三省公共图书馆人力资源管理情况 单位:个

省份	时间	人力资源				
		从业人员	专业技术人才	正高级职称	副高级职称	中级职称
辽宁省	2011	2922	2151	64	232	1263
	2012	2971	2142	60	235	1206
	2013	2892	2101	59	244	1199
	2014	2932	2172	58	258	1197
	2015	2805	2162	68	275	1190
	总计	14 522	10 728	309	1244	6055
吉林省	2011	1674	1319	42	231	671
	2012	1652	1363	42	237	665
	2013	1652	1380	38	237	658
	2014	1642	1355	38	250	635
	2015	1628	1334	42	258	626
	总计	8248	6751	202	1213	3255
黑龙江省	2011	1772	1338	78	248	805
	2012	1796	1344	96	281	779
	2013	1817	1381	86	299	764
	2014	1697	1396	70	313	719
	2015	1693	1386	77	306	702
	总计	8775	6845	407	1447	3769

五、协作协调

协作协调工作旨在促进各地区间的交流与合作,“十二五”期间,东北三省在协作协调方面取得了长足的进步。

东北三省的图书馆依托相关图书馆合作机构,为促进东北三省的图书馆学发展和图书馆实践起到了积极的作用。辽宁省主要以辽宁省图书馆学会为主;吉林省以吉林省图书馆学会为主体,又建设了吉林省图书馆联盟,并建设了云服务平台和数字阅读平台;黑龙江省主要以黑龙江省图书馆学会为主体。

图书馆联盟是图书馆联合的最新形式,是以实现资源共享、利益互惠为目的组织起来,受共同认可的协议和合同制约的图书馆联合体。它既可以理解为馆际合作,也可以理解为传统图书馆与数字或虚拟图书馆、纸型资源与电子资源的互补共存[2]。吉林省图书馆联盟由吉林省图书馆、吉林大学图书馆、东北师范大学图书馆、吉林省农业科学院图书馆等13所公共系统、高校系统、科研系统图书馆和吉林省科学技术信息研究所参与建设,目前共有成员单位39家,其中公共图书馆11家、高校图书馆25家、科研院所3家。

1.“十二五”期间辽宁省图书馆学会组织发展现状

2011年5月,辽宁省图书馆学会召开第七次会员代表大会,选举产生第七届理事会;与辽宁省社会科学界联合会共同举办“辽海讲坛”公益讲座52场;与有关单位联合举办文化科技下乡活动4次;向各基层图书流动站赠送书刊15 000余册,发放免费科技信息资源30余种、6000余份。5月24日至27日,辽宁省图书馆学会在辽宁工会大厦召开第七次暨2009—2010年度学术会。8月22日至25日,在营口市召开东北地区第十三次图书馆学科学讨论会[3]。

2012年,辽宁省图书馆学会成功举办2011—2012学术年会,组织举办各类研讨会5次,完成学会2012年度科研课题立项和自然科学成果报送工作;举行各类专题学术报告会、研讨会、讲座6次;举办第四期全国古籍普查管理人员培训班等各类教育培训5次;学会会刊《图书馆学刊》编辑出版12期,刊发论文646篇。2011年4月26日,辽宁省图书馆学会在省图书馆召开2012年秘书长工作会议;6月27—29日,辽宁省图书馆学会2011—2012年年会在朝阳市隆重召开[4]。

2013年4月15日,辽宁省图书馆学会在沈阳召开2013年秘书长工作会议;11 月 7—9 日,“2013 年中国图书馆年会——中国图书馆学会年会·中国图书馆展览会”在上海浦东新区举办,辽宁省图书馆学会获“征文组织奖”[5]。

2014 年,辽宁省图书馆学会组织会员参加各类学术会议 3 次,全年与辽宁省社会科学界联合共同举办“辽海讲坛”公益讲座 15 场,在中国协会员日开展科普讲座、慰问会员等一系列活动,与有关单位联合先后赴铁岭市新台子镇、本溪市南芬区举办文化科技下乡活动 6 次。4 月 14—15 日,辽宁省图书馆和辽宁省图书馆学会共同举办“构建现代公共文化服务体系——辽宁省市、县区图书馆馆长培训”;7 月 23—24 日,辽宁省医院图书馆信息化建设经验交流会在中国医科大学附属盛京医院沈本培训基地召开;9 月 18—19 日,由辽宁省图书馆学会主办、丹东市图书馆学会承办的辽东北五市第二十一届图书馆学会学术研讨会在丹东召开[6]。

2015 年辽宁省图书馆学会顺利通过财务审计和登记管理机关的年检并定期召开理事会和常务理事会,发展新会员 121 人。组织召开 2014 年学术年会、东北地区第十五次图书馆学科讨论会、辽东北五市第二十二届图书馆学术研讨会、辽南四市第十五届图书馆学学术研讨会;鼓励学术研究,报送省科协自然科学研究成果 27 项,其中 13 项被评一、二、三等奖;开展继续教育,重视业务培训,5 月 14—15 日,学会承办的“全省公共图书馆中文图书、音像电子资源著录培训班”召开,11 月 11—12 日举办了“辽宁省公共图书馆全民阅读推广工作培训班”;办好学术刊物,搭建交流平台;重视科普工作,搭建学术平台。2015 年辽宁省图书馆学会各项工作取得很多成绩,获得全国社科联“先进学会”、省社科联 2013—2014 年度“标兵社团”、中国科协会员日活动优秀组织单位、中国图书馆学会学术年会征文组织奖等称号[7]。

2.“十二五”期间吉林省图书馆学会组织发展现状

2011 年 1 月 7 日召开的吉林省第八届社会科学优秀成果颁奖大会上,吉林省图书馆学会荣获二等奖;4 月 15 日,吉林省图书馆联盟云服务平台试运行大会在长春隆重举行;5 月 27 日,吉林省文化厅在省图书馆召开图书馆学、情报与文献学 2008 年课题结题评审论证会;8 月 22—25 日,东北地区第十三次图书馆学科学讨论会在辽宁省营口市召开;12 月 21 日,吉林省图书馆联盟·学会工作会议在长春召开,总结了图书馆联盟在 2011 年的工作[8]。

2012 年 2—3 月,吉林省图书馆学会协助北京大学信息管理系“世界银行基层图书馆资助项目”前期调研;5 月 14 日,在中国图书馆学会的支持和协调下,吉林省图书馆联盟邀请伊利诺伊大学厄本那香槟校区图书馆的蒋树勇和贝茨·科儒阁做专题讲座；6—7 月按照吉林省社科联部署，省图书馆学会组织开展吉林省第九届社会科学优秀成果奖暨省社科联第四次优秀成果奖评奖申报工作；11 月 28 日，吉林省数字阅读平台启动仪式在省图书馆隆重举行[9]。

2013 年 5 月 7 日，吉林省图书馆学会在吉林省图书馆报告厅召开第八次会员代表大会暨联盟第二届理事会；2013 年，吉林省图书馆获得全民阅读示范基地荣誉，另有东北师范大学图书馆、敦化市图书馆、延吉市少年儿童图书馆同时获得全民阅读先进单位奖；吉林省图书馆学会历时半年完成全省县以上公共图书馆第五次评估定级工作。8 月 5—6 日，由国家图书馆、中国图书馆学会主办，吉林省图书馆学会、吉林省图书馆承办的 2013“全国图书馆未成年人服务提升计划”（吉林站）巡讲在吉林省长春市举行[10]。

2014 年，6 月 10—12 日，吉林省图书馆学会组织全省近 30 名代表到广西南宁参加“川吉苏冀桂五省（区）图书馆学会第十四届学术研讨会”；4 月 7 日，受吉林省文化厅委托，吉林省图书馆学会组织完成省文化厅 2012 年度科研课题的结项工作；按照吉林省社科联统一部署，省图书馆学会组织开展吉林省第十届社会科学优秀成果奖暨省社科联第五次优秀成果奖评审申报及初评工作；在 7 月召开的中国图书馆学会 2014 年秘书长联席会议上，吉林省图书馆学会荣获中图学会“2009—2013 年度先进学会”荣誉称号，7—9 月，组织全省 10 余家图书馆参加省级社科联 2014 年吉林省社会科学普及周活动[11]。

2015 年 3 月 13 日，吉林省图书馆学会八届三次常务理事（扩大）会议在吉林省图书馆召开，52 名常务理事、地区馆长和部分高校馆长参加了会议。2015 年 7 月 8 日至 10 日，由吉林、黑龙江、辽宁三省图书馆学会联合主办，吉林省图书馆学会和白城市图书馆共同承办的东北地区第十五次图书馆学科学讨论会在吉林省白城市成功举办，会议以“引领全民阅读，创新协作发展”为主题，共 150 余人参加此次会议。2015 年 10 月 29 日，由吉林省文化厅主办，吉林省图书馆学会和吉林省图书馆承办的全省公共图书馆业务知识竞赛（总决赛）在长春举行。此外，吉林省图书馆学会还积极参与全民阅读推广、图书馆法律法规和职业培训等方面的工作[12]。

3.“十二五”期间黑龙江省图书馆学会组织发展现状

2011 年，根据《全国“知识工程”活动领导小组办公室关于开展全国 2011 度图书馆服务宣传活动的通知》精神，组织全省公共图书馆围绕“庆祝中国共产党建党 90 周年，推进公共图书馆免费开放”这一主题，开展丰富多彩的宣传周系列活动。4 月 11 日，由中国图书馆学会、全国中小型公共图书馆联合会、黑龙江省图书馆学会与歌德学院（中国大区）联合举办，牡丹江市图书馆学会、牡丹江市图书馆承办的中德儿童阅读活动——“儿童阅读在德国”报告会和培训在牡丹江市图书馆报告厅举行；4 月 18 日—20 日，黑龙江省图书馆学会 2010 年会暨理事会、秘书长和市地图书馆辅导部主任工作会议在省图书馆报告厅召开；5 月 25 日“2009—2010 年图书馆学优秀科研成果评奖”的评审工作在省图书馆举行；7 月 1 日，省图书馆学会召开九届五次常务理事会，7 月 14—15 日，2011 年度全省图书馆学科科研课题项目立项评审工作在省图书馆举行；7 月 31 日，学会在伊春市图书馆组织召开全省市地图书馆馆长工作会[13]。

2012 年 4 月 27 日，2012 黑龙江省图书馆学会秘书长和市地图书馆辅导主任工作会议在哈尔滨市召开；4 月 30 日，学会开展第十五届图书馆学优秀科研成果评奖工作；10 月 10 日，美国华人图书馆协会副主席、美国伊利诺伊大学芝加哥校区图书馆副教授赵力沙女士应黑龙江省图书馆学会邀请，在省图书馆报告厅做题为《美国图书馆的用户服务》的专题学术报告[14]。

2013 年，1 月 27—28 日，由黑龙江省文化厅主办、省学会承办的全省公共图书馆第五次评估定级工作暨《公共图书馆服务规范》培训班在省馆报告厅举行；7 月 18—19 日在黑龙江省图书馆召开第十次会员代表大会；8 月 22—23 日在黑龙江省绥芬河市图书馆召开东北地区第十四次图书馆学科学讨论会[15]。

2014 年，黑龙江省图书馆学会被授予“2009—2013 年中国图书馆学会先进学会”，被黑龙江省科学技术协会评为 2013 年度“优秀学会”；4 月 25 日，黑龙江省图书馆学会开展第十六届图书馆学优秀科研成果评奖工作[16]。

2015 年 4 月 8—10 日黑龙江省图书馆学会理事长、省图书馆馆长高文华率代表团 11 人参加中国图书馆学会第九次全国代表大会。5 月 7—8 日黑龙江省图书馆学会阅读推广专项工作研讨会召开。5 月 12 日黑龙江省图书馆学会召开十届五次常务理事会，讨论和修改图书馆学会 2015 年工作计划。9 月 8 日召开“互联网 + 环境下黑龙江知识管理与知识服务创新研讨会”。11 月 10—12 日协办全国图书馆未成年人服务提升计划——黑龙江站暨“少儿阅读推广人”培育行动（基础级）培训班[17]。

六、国家重点文化工程在本地区的实施进展

1. 辽宁省文化工程推进工作

辽宁省在“十二五”期间开展多项工作推进文化工程。

(1)目标规划。辽宁省文化厅预计到“十二五”期末，80%以上的图书馆达到国家三级以上标准，新建8个市级图书馆，新建38个县级图书馆提升公共图书馆文献信息服务水平。建设全省公共图书馆文献服务合作网，一是以省图书馆为中心馆，对现有数字文献信息资源进行整合，实现全省图书馆数字文献信息资源服务“一网通”；二是以大连、鞍山为试点，在全省各市逐步实现以市图书馆为中心、县区图书馆为支撑的图书通借通还服务体系，实现市、县区图书馆间图书借阅“一卡通”。建设一体化公共文化服务平台。2012年全面启动全省公共电子阅览室建设，至2015年，省、市、县区、乡镇均建有一个集互联网信息查询、数字图书馆服务、现代信息技术培训、休闲娱乐等为一体的公共电子阅览室。计划到2015年，公共文化服务体系基本建立，建成具有辽宁特色的集公共图书馆文献服务合作网、公共电子阅览室、数字化图书馆等为一体的公共文化信息服务平台。人均拥有公共图书馆藏书达到0.7册。加快城乡文化一体化发展，按照扩大覆盖、消除盲点、提高标准、完善服务、改进管理的原则，大力推进重点文化惠民工程。

(2)进展状况。辽宁省“流动图书馆”文化惠民服务群众，在全省第二届群众艺术节上，就先后推出“图书馆嘉年华”惠民巡展、为了让未返乡的农民工能与家人共度节日，辽宁省图书馆在二楼电子阅览室开辟了“亲情视频”专区，免费为读者提供相关设备和服务，通过视频和语音远程通信技术，让农民工朋友们能在佳节之际实现与亲友“共聚一堂”的心愿。同时，图书馆还将在节假日为读者提供电影无间断播放、春节联欢会转播等文化服务。

2014年辽阳市文化广电新闻出版和体育局着重加强图书馆数字化建设，公共电子阅览系统已基本建成。建成10个乡镇公共电子阅览室和市图书馆电子阅览系统。实施图书馆二期工程，建设24小时自助图书馆，丰富市民业余文化生活。市图书馆馆舍建筑面积14 770平方米，设计馆藏容量75万册，阅览座席1200个。一期工程保证图书馆基本开馆要求，主要进行了读者服务及办公基础设备采购、网络架构及自动化建设体系搭建、馆藏图书回溯建库与整理及RFID系统转换、部分防盗系统建设等，2013年5月基本完工试运行，对外开放了自习、普通图书外借(局部)、报刊阅览(局部)、少儿图书外借

和阅览服务(局部)等10个基本服务区域。二期工程项目按照城市现代中心图书馆完整功能定位,即现代数字图书馆要求设计和安排的,主要包括24小时自助图书馆、主题馆及特色服务区、回廊展厅及展厅强弱电、语音教室、亲子乐园及购买书架6项内容。正在进行项目前期论证,形成可行性报告。工程拟于5月招投标,6月份全面启动。

到2015年6月,鞍山市全市共有9家市县(区)级图书馆、837家农家书屋、177家社区书屋。鞍山市做到图书馆、社区书屋、农家书屋“一卡通”通借通还资源共享,在全省率先实现农家书屋百分之百全覆盖。鞍山市图书馆获得了“全国全民阅读示范基地”称号。全市确定再建148家社区书屋,实现城乡书屋全覆盖,将建设公共电子阅览室、图书馆分馆和少儿图书馆分馆。

辽宁省图书馆建设中国政府公开信息整合服务平台,同时省图书馆举办第四届读书节暨全民读书月活动。国家级古籍修复技艺传习所在辽宁省图书馆设立。省图书馆举办全省首批县区及乡镇公共电子阅览室管理员培训班。除省馆外,其他市级馆也开展了多种文化惠民活动,如:大连市甘井子区图书馆举办图书置换大集、大连市西岗区图书馆举办市民读书节活动、丹东市图书馆推进公共文化流动服务、锦州市图书馆开发建立地方特色文献数据库、阜新市65家社区书屋建设达标等。

2. 吉林省文化工程推进工作

(1)目标规划。农村行政村建立农家书屋,图书不少于1500册,报刊20—30种,电子影像制品不少于100种(张),每年更新和补充藏量不低于存量的10%;城市和乡镇主要街道、大专院校、居民小区等人流密集地点设立公共阅报栏(屏),及时提供各类新闻和服务信息。要求基本实现行政村村村有农家书屋,新增城乡公共阅报栏(屏)500个,全省国民综合阅读率达到80%

(2)进展情况。为落实中共中央办公厅、国务院办公厅《关于加快构建现代公共文化服务体系的意见》要求,数字图书馆推广工程开展“基层图书馆数字资源提升活动”。为确保活动有效开展,吉林省图书馆于2015年12月9—10日举办“吉林省基层图书馆数字资源提升活动培训班”,来自全省基层公共图书馆代表100多人参加了现场培训。培训班通过专家授课方式,对此次活动进行具体解析,并对资源的安装部署和使用方法进行详细讲解,同时将4TB资源硬盘下发至全省市、县级图书馆。“基层图书馆数字资源提升活动”是国家数字图书馆推广工程在“十二五”期间的重要举措,它的实施将带动县级图书馆公共文化服务的发展,使其具备普遍开展数字图书馆服务的能力，以更好地满足基层群众日益增长的精神文化需求，丰富人民群众的文化生活。

“十二五”期间，全省共新建农家书屋3135个，为行政村农家书屋提供出版物更新资金2364.33万元，制作期刊11种，260万期；吉林省启动数字移动阅读联盟平台“吉林云图”、首期吉林省全民阅读论坛举办“让古籍活起来”系列活动。

3. 黑龙江省文化工程推进工作

2011年1月14日9时30分，“国家数字图书馆推广工程”黑龙江省全覆盖暨“中国国家数字图书馆黑龙江分馆”启动仪式在黑龙江省图书馆报告厅隆重举行。“国家数字图书馆推广工程”黑龙江省全覆盖暨“中国国家数字图书馆黑龙江分馆”正式启动，标志着黑龙江省成为“国家数字图书馆推广工程”“十二五”开局后在全国第一个实施全覆盖的省份。它将带动黑龙江省13个地市、128个县区级公共图书馆。

七、地方性图书馆立法和相关政策

“十二五”期间，辽宁、吉林、黑龙江三省的图书馆法制建设均处在一个发展时期，各地都相继开展了地方立法工作，并取得了一些成果。

东北三省在“十二五”期间均出台了一些有关图书馆的立法和政策。其中，从数量方面看，吉林省最多，辽宁省其次，黑龙江省最少。从类型方面看，立法内容涉及文化遗产保护、政府数据公开和弱势群体服务等多个方面。

1. 辽宁省图书馆立法和相关政策

“十二五”期间，辽宁省注重加强群众文化建设，建立健全公共文化服务体系，提高群众文化服务保障能力，图书馆事业发展也取得了很大的进步。通过推动市县图书馆、文化馆（艺术馆）规范化建设，实现乡（镇）有文化站、村（社区）有文化室的目标。加强文化遗产特别是少数民族文化遗产保护，加快推进牛河梁遗址、五女山山城、兴城古城等大遗址保护展示园区和国家考古遗址公园建设。加强非物质文化遗产保护与传承，推进文化典籍保护工作。加强重大文化设施建设，实施省博物馆、档案馆、图书馆、科技馆、广播电视台新建工程，加强市级图书馆、群众艺术馆、博物馆建设。与吉林省相比较，辽宁省注重残疾人的权利保护，出台了一系列政策保障残疾人享受公共文化服务的合法权利。加强科学技术知识普及工作，提高公众科学文化素质，促进经济社会发展。

表 10－14　2011—2015 年辽宁省图书馆立法和相关政策

标题	文号	发布与实施时间
辽宁省科学技术普及方法	辽宁省第十一届人民政府令第 259 号	2011 年 9 月 21 日发布
辽宁省实施《中华人民共和国残疾人保障法》办法	辽宁省第十一届人民代表大会常务委员会公告第 48 号	2011 年 11 月 24 日辽宁省第十一届人民代表大会常务委员会第二十六次会议通过
关于加快推进残疾人社会保障体系和服务体系建设的实施意见	辽政办发〔2011〕43 号	2011 年 8 月 23 日
辽宁省非物质文化遗产条例	辽宁省第十二届人民代表大会常务委员会公告第 25 号	2014 年 11 月 27 日发布，2015 年 2 月 1 日实施
辽宁省文化厅关于推进文化志愿服务制度化常态化的实施意见	辽文公共函〔2014〕8 号	2014 年 7 月 2 日发布并实施
辽宁省人民政府办公厅关于加强和改进学校美育工作的实施意见	辽政办发〔2015〕113 号	2015 年 12 月 30 日发布并实施
辽宁省人民政府办公厅关于加快告诉宽带网络建设推进网络提速降费的实施意见	辽政办发〔2015〕72 号	2015 年 8 月 16 日发布并实施

2. 吉林省图书馆立法和相关政策

在图书馆立法方面，吉林也取得了很多成就。吉林省关注残疾人和老年儿童事业的发展，建立残疾人社会保障体系和服务体系基本框架，保障水平和服务能力明显提高；同时，着力促进农民工社会融合，丰富农民工精神文化生活，充分利用图书馆、文化馆（站）、博物馆等公共文化设施，为农民工提供公益性服务。“十二五”时期，是吉林省全面振兴老工业基地和建设小康社会的关键时期，吉林省人民政府办公厅发布关于促进服务业跨越发展的实施意见,加快服务业发展,推动信息化和产业化改造,强化信息技术对产业的服务支撑,有利于提高社会信息化整体水平,促进信息服务业与其他产业互动融合。另外,鼓励和引导民间投资健康发展,积极引导民间投资以多种方式进入教育领域,促进教育事业发展。在服务业和教育事业发展的同时,加强文化遗产保护工作,积极引导文化遗产事业融入全省经济社会发展。

表 10－15　2011—2015 年吉林省图书馆立法和相关政策

条文名称	文号	发布与实施时间
吉林省残疾人事业“十二五”规划纲要	吉政发〔2011〕28 号	2011 年 7 月 20 日
吉林省儿童发展规划(2011—2020 年)	吉政发〔2011〕44 号	2011 年 10 月 26 日
吉林省国民经济和社会发展第十二个五年规划纲要	吉政发〔2011〕6 号	2011 年 2 月 28 日
吉林省服务业跨越发展计划(2011—2015 年)	吉政发〔2011〕20 号	2011 年 5 月 10 日
吉林省人民政府关于鼓励和引导民间投资健康发展的实施意见	吉政发〔2011〕25 号	2011 年 6 月 29 日
吉林省人民政府办公厅关于促进服务业跨越发展的实施意见	吉政办发〔2011 年〕19 号	2011 年 6 月 29 日
吉林省人民政府办公厅关于贯彻落实东北振兴“十二五”规划的实施意见	吉政办发〔2012〕66 号	2012 年 11 月 26 日发布并实施
吉林省残疾人保障条例	吉林省人大常委会公告第 3 号	2013 年 5 月 30 日发布,2013 年 8 月 1 日实施
吉林省人民政府关于加强文化遗产工作的意见	吉政发〔2013〕30 号	2013 年 12 月 20 日发布并实施
吉林省人民政府关于深入推进义务教育均衡发展的实施意见	吉政发〔2013〕32 号	2013 年 12 月 26 号发布并实施

续表

条文名称	文号	发布与实施时间
吉林省人民政府办公厅关于进一步加强政府信息公开回应社会关切提升政府公信力的实施意见	吉政办发〔2014〕16号	2014年4月29日发布并实施
吉林省人民政府办公厅关于落实“宽带中国”战略及实施方案的意见	吉政办发〔2014〕10号	2014年3月24日发布并实施
吉林省人民政府关于加强城市基础设施建设的实施意见	吉政发〔2014〕13号	2014年4月21日发布并实施
吉林省人民政府办公厅转发省文化厅等部门关于做好政府向社会力量购买公共文化服务工作实施意见的通知	吉政办发〔2015〕47号	2015年9月11日发布并实施
吉林省人民政府关于进一步做好为农民工服务工作的实施意见	吉政发〔2015〕29号	2015年7月23日发布并实施
吉林省人民政府关于加快推进全省残疾人小康进程的实施意见	吉政发〔2015〕34号	2015年8月6日发布并实施
吉林市人民政府关于进一步做好为农民工服务工作的实施意见	吉市政发〔2915〕15号	2015年11月23日发布并实施
吉林省人民政府关于促进互联网经济发展的指导意见	吉政发〔2015〕10号	2015年1月29日发布并实施
吉林省人民政府关于鼓励和支持社会资本投向农村建设若干政策的意见	吉政发〔2015〕45号	2015年10月9日发布并实施

3. 黑龙江省图书馆立法和相关政策

牢牢把握先进文化的前进方向，不断满足人民群众日益增长的精神文化需求，推进文化大发展大繁荣，是黑龙江省“十二五”规划文化方面的基本纲要。为大力发展图书馆事业，完善公共文化服务体系，黑龙江省发布了《关于进一步繁荣发展少数民族文化事业的若干意见》《黑龙江省全民科学素质行动计划纲要实施方案（2011—2015年）》等政策文件。大力弘扬少数民族文化，各民族文化兼容并蓄，相互交融，形成黑龙江省独特的民族文化品牌，丰富龙江文化的内涵。同时关注残疾人事业的发展，加快推进残疾人社会保障体系和服务体系建设，增强服务残疾人的能力，使残疾人事业发展环境不断优化。

表 10－16　2011—2015 年黑龙江省图书馆立法和相关政策

条文名称	文号	发布与实施时间
黑龙江省残疾人保障条例	黑龙江省第十一届人民代表大会常务委员会公告第 45 号	2011 年 8 月 12 日黑龙江省第十一届人民代表大会常务委员会第二十六次会议通过，2011 年 8 月 12 日黑龙江省第十一届人民代表大会常务委员会公告第 45 号公布，自 2011 年 10 月 1 日起实施
黑龙江省人民政府关于进一步繁荣发展少数民族文化事业的若干意见	黑政发〔2011〕28 号	2011 年 4 月 9 日
黑龙江省残疾人事业"十二五"发展纲要	黑政发〔2011〕110 号	2011 年 12 月 31 日
黑龙江省全民科学素质行动计划纲要实施方案(2011—2015 年)	黑政办发〔2011〕61 号	2011 年 12 月 3 日
黑龙江省国民经济和社会发展第十二个五年规划纲要	黑政发〔2011〕17 号	2011 年 3 月 23 日
黑龙江省地方志工作规定	黑龙江省人民政府令第 2 号	2014 年 9 月 17 日发布，2014 年 11 月 1 日实施

通过对上面数据分析可以看出，"十二五"期间，东北三省明确引入了读者权益保障的概念，更多的关注残疾人、老年人等弱势群体在图书馆活动中享有的权益。另外倡导志愿者参加图书馆服务工作，鼓励年轻人参与图书馆志愿者活动。同时更加注重对于古籍的保护，重视我国文化遗产的传承。

第三节　存在的问题

图书馆是开展素质教育的重要阵地。素质教育是一种全新的教育模式，是以提高人的整体素质为目标的全方位的社会性教育。图书馆的建设在实现素质教育的过程中发挥着重要的作用。东北三省图书馆事业的发展迅速，为本地区人民提供了更多优质的文化服务，但同时也还存在不少问题，主要表现在以下几个方面：

一、图书馆馆藏资源建设问题

我国东北地区各市县图书馆发展存在不均衡的现象，图书资源也存在分布不均的状况。例如，省级市级图书馆的发展良好，拥有先进的图书设备和丰富的图书资源，但县级以下的图书馆的发展还非常薄弱，图书设备老化，更新换代难。资源的不均衡在一定程度上阻碍了东北地区图书馆建设的发展。

“十二五”期间，东北地区对图书馆建设的十分重视，加大了资金的投入，发展图书馆资源建设。由于发展的速度和资金的投入远远不足，因此各图书馆的馆藏还是无法满足市民的需求，特别是与基层人民相关的农业、科普等图书资源严重不足。馆际之间共建和共享程度低，缺乏权威机构组织带动馆际互借等共享信息资源的活动的开展。缺乏信息资源共享的保障机制和科学合理的管理措施来推动馆际协作。

二、图书馆服务建设问题

纵观东北地区各类型图书馆在“十二五”期间服务事业的变化，辽宁省在很多方面皆领先于其他两省。图书馆服务事业发展的不平衡与政府的投入支持、图书馆自身服务体系建设、馆员的综合素质等方面有紧密的联系，应从根本问题出发，尽量缩小发展上的不平衡。

在“十二五”期间，各图书馆服务整体水平有明显提高，但是通过分析具体服务内容，可以看出读者的参与度并未达到理想状态。究其原因，许多公共图书馆为用户开展的服务活动形式较为单一且次数较少，品牌服务活动欠缺，未能完全结合读者兴趣，导致多数活动并未达到预期的服务用户人数。同时，高校图书馆在服务方面的统计数据未能全面收集，不能完整体现图书馆服务的整体面貌。

三、图书馆基础设施建设不足

东北地区图书馆的基础建设还有待完善,在设备设施建设方面各地发展很不均衡,有的省级图书馆现代化水平可以达到国际水平,但很多基层图书室甚至在十几年内没有明显的发展,因此加大资金投入并做好调研规划是高效改善各地现代化办馆条件的重要途径。此外,数字化图书馆的建设与发展对各地区来说都具有重大的现实意义,它是知识经济的重要载体,同时也是国家信息基础设施的重要组成部分,是未来图书馆发展的大方向,在图书馆信息化建设中具有举足轻重的作用。因此必须大力发展数字图书馆。而东北地区图书馆服务系统中数字资源的利用度不高,缺乏对现在数字化系统的科学有效地利用。

第四节　未来展望

图书馆事业发展的不平衡与政府的投入支持、图书馆自身服务体系建设、馆员的综合素质等方面有紧密的联系,应从根本问题出发,尽量缩小发展上的不平衡。因此,为促进东北地区图书馆事业健康发展,努力构建普遍均等、覆盖城乡的图书馆服务体系,满足人民群众日益增长的文化需求,提出以下几个方面的具体建议:

一、加强图书馆馆藏资源建设

信息资源是图书馆的重要组成部分,信息资源建设是衡量图书馆实力的重要指标。对于东北地区这种信息资源分配不均匀的现象,开展进一步的科学规划和指导,提高图书馆资源合理配置,提高图书馆利用率,切实发挥图书馆的作用。

图书馆应在馆藏内容的及时性、针对性、实用性等方面有所加强,可采取发放调查问卷、面对面访谈等形式了解用户对馆藏的需求,将用户需求作为构建馆藏的基本导向,从而显示图书馆存在的必要性与重要性。

二、加强图书馆服务建设

在我国现代信息化社会中,图书馆作为文化的承载者和传承者,也必须跟上时代发展的步伐,在提供传统的图书馆服务的同时,也必须改进图书馆服务的方式方法。东北地区图书馆在图书馆服务体系的建设中采用总体规划、总体领导、层层细化建设机制,以期建设成一个能够覆盖全地区的图书馆服务网络。在这个网络中,根据服务人口、面积等,不断调整网络分布,保障图书资源和服务能够合理调度,保障图书馆服务的高效实施。同时,政府及图书馆有关部门应认清图书馆的服务事业是动态的、连续性的建设过程这一事实,继续完善服务体系的构建,加强服务内容的新颖性,提高服务人员的整体素质水平,保持图书馆服务事业的有机蓬勃发展。

图书馆的服务质量评价还应该包括图书馆的工作人员的专业素质和服务态度。图书馆工作人员不仅需要有系统的图书馆专业知识,还需要对各个学科的信息资源建设有一定的认识,这是提高图书馆学科信息资源建设的重要因素。另外,工作人员的服务的理念和态度也是图书馆建设必须考虑的要素。图书馆应加强服务性能,开展更多的专题服务教育,加强馆员的服务技巧以及素养建设,以提高图书馆自身的服务质量。

三、加强图书馆的基础设施建设

随着现代信息技术在社会生活中的广泛应用,公共图书馆也面临着从传统图书馆向现代图书馆转型的挑战,为了满足当代人民对数字化、网络化、信息化的图书馆服务需求,图书馆现代化建设必不可少。只有跟上时代发展的脚步,才能使图书馆发挥更多更大的作用。“十二五”以来,东北地区图书馆仍处于集成化系统的初级阶段,尚未以网络化为龙头带动整个图书馆信息化建设,电子信息资源、可提供服务的虚拟资源仍十分不足,对现有馆藏数字化的比例不高,能够上网的资源大多还停留在馆藏书目的层面上,并且网上信息资源匮乏,大量文献资源有待开发。

因此,东北地区图书馆应加大对数字资源的关注度。网络技术等给图书馆的资源建设带来了革命性的改变。在网络环境下的图书馆不仅有印刷版图书,还增加了电子化的图书,引进了数据库等数字资源,这大大地提高了图书馆的馆藏能力和服务能力。电子文献具有信息存储量大、时效性强、内容丰富、形式多样、检索方便、易于复制、可被众多读者同时使用等特点。随着硬件设备和网络环境的改善，电子文献产品的不断丰富和快速增长，读者对电子文献的种类需求越来越强烈。图书馆应调整馆藏资源采购策略，加大电子文献的收藏比重。应侧重全文电子图书数据库、网络数据库、网络版光盘数据库和全文电子期刊及检索性二次文献的引进以满足读者的阅读需求。

四、完善图书馆的管理机制和规范

应推动图书馆相关法律尽早颁布、实施，以法律的形式对图书馆运行发展所涉及的各方面问题予以规范；在资金方面，应增加基层图书馆、图书室的投入，实际调查当地人民的图书需求，有针对性的建设当地图书资源，避免资源浪费；在人才建设方面，应招募更多有图书馆专业技能的馆员，优化图书馆人员结构，同时对现有馆员进行培训，进行能力提升；最后，在图书馆总体建设方面，要树立总体目标和阶段目标，有计划、有步骤地实施图书馆的转型升级，以期在未来，图书馆能够在满足人民精神文化的需求方面做得更好。

图书馆行业还应建立自己的标准规范体系，内容应该包括建设标准、服务标准、技术标准和评价标准，这对图书馆的现代化建设、规范化管理以及未来的发展都有重要的意义。在东北地区图书馆事业发展过程中，标准规范体系建设还没有得到足够的重视，但建立健全图书馆标准规范体系势在必行。

对组织的运作应进行重新思考和重新设计，可以按照一定的顺序进行改造，首先坚持以读者需求为导向的原则，其次坚持以流程为导向进行再造的原则，最后坚持“以人为本”的团队式管理原则。

进一步加强图书馆学会组织的发展，扩大图书馆学会组织活动的范围，将具体活动开展到基层地区，让各地区的百姓都能够积极参与活动，营造更好的读书环境与文化氛围。最后，还应进一步完善图书馆联盟，提高联盟效率，实现图书馆资源更高效地利用。

五、确定“以馆员为中心”的理念

首先，重视馆员的需求。图书馆管理者在实际工作管理中，要全面了解馆员的个体需求层次及实际满足程度，根据差异因势利导，充分发挥个体潜力，鼓励并帮助馆员完成生活及工作目标。其次，培育馆员的综合能力。图书馆有文献信息收集、采编、借阅阅览、参考咨询等各项工作，它们之间既有区别又都有密切的联系。因此，要在图书馆建设中培养馆员全面发展，并将其作为考核的内容。实行轮岗制，有利于馆员了解图书馆工作全貌，形成全局意识。

六、鼓励社会力量积极参与图书馆事业建设

图书馆事业的发展是全社会共同努力的结果。在东北地区图书馆的发展中,社会力量和社会资本的投入加速了图书馆的进步。我们要鼓励社会资本进入图书馆建设中,除了捐资捐物,赞助活动、提供设备等,还可以鼓励民办的文化单位等积极提供发展建议、完善内部管理机制等。积极鼓励民众参与东北地区的图书馆建设,为图书馆事业发展献言献策。

“十二五”期间,东北地区图书馆事业有了长足的进步,但同时也存在许多问题,在面向“十三五”未来的发展中,东北地区各级各类型图书馆要不断吸取其他省市的建设经验,不断完善和改进自身建设,以期为当地的人民提供更多质量更高的图书馆服务。

（执笔人:张文亮　张桐　付臬男）

参考文献:

[1] 王宁.重视图书馆人力资源开发,为振兴东北老工业基地服务[J].河南图书馆学刊,2013(2):35－36.

[2] 王红霞.长尾理论对推介数字资源深化读者服务的启示[J].农业图书情报学刊,2011(4):170－175.

[3] 中国图书馆学会,国家图书馆.中国图书馆年鉴 2012[M].北京:国家图书馆出版社,2013:352－353.

[4] 中国图书馆学会,国家图书馆.中国图书馆年鉴 2013[M].北京:国家图书馆出版社,2014:310.

[5] 中国图书馆学会,国家图书馆.中国图书馆年鉴 2014[M].北京:国家图书馆出版社,2015:298.

[6] 中国图书馆学会,国家图书馆.中国图书馆年鉴 2015[M].北京:国家图书馆出版社,2016:287－288.

[7] 中国图书馆学会,国家图书馆.中国图书馆年鉴 2016[M].北京:国家图书馆出版社,2017:283－284.

[8] 中国图书馆学会,国家图书馆.中国图书馆年鉴 2012[M].北京:国家图书馆出版社,2013:353－354.

[9] 中国图书馆学会,国家图书馆.中国图书馆年鉴 2013[M].北京:国家图书馆出版社,

2013:310－311.

[10] 中国图书馆学会,国家图书馆. 中国图书馆年鉴 2014[M]. 北京:国家图书馆出版社,2015:298－299.

[11] 中国图书馆学会,国家图书馆. 中国图书馆年鉴 2015[M]. 北京:国家图书馆出版社,2016:288－289.

[12] 吉林省图书馆学会. [EB/OL]. [2017－10－01]. http://www. jlplib. com. cn/tsgxh/xh-gk/.

[13] 中国图书馆学会,国家图书馆. 中国图书馆年鉴 2012[M]. 北京:国家图书馆出版社,2013:354－355.

[14] 中国图书馆学会,国家图书馆. 中国图书馆年鉴 2013[M]. 北京:国家图书馆出版社,2014:311－312.

[15] 中国图书馆学会,国家图书馆. 中国图书馆年鉴 2014[M]. 北京:国家图书馆出版社,2015:299.

[16] 中国图书馆学会,国家图书馆. 中国图书馆年鉴 2015[M]. 北京:国家图书馆出版社,2016:289.

[17] 中国图书馆学会,国家图书馆. 中国图书馆年鉴 2016[M]. 北京:国家图书馆出版社,2017:285－287.

第十一章　华东地区图书馆

第一节　发展综述

华东地区含上海市及江苏、浙江、安徽、福建、江西、山东六省，地处长江中下游及东南沿海地带，南伸闽越，北至齐鲁。地理位置优越、交通便捷，人口众多、城镇密集，物产丰富、经济发达，历史悠久、底蕴深厚，文化昌盛，各界名人辈出。华东地区文献资源丰富，图书馆行业基础雄厚，在全国图书馆事业发展中，发挥着举足轻重的作用。

“十二五”时期，在中央和各级地方政府对公共文化服务体系建设的高度重视下，华东地区图书馆事业进入了又一个快速发展时期。六省一市公共图书馆认真贯彻落实党的十七届六中全会《关于深化文化体制改革、推动社会文化大发展大繁荣若干重大问题的决定》和党的十八大，十八届三中、四中、五中全会精神，认真执行中办、国办《关于加快构建现代公共文化服务体系的意见》，按照《国家“十二五”时期文化改革发展规划纲要》及《全国公共图书馆事业发展“十二五”规划》提出的目标和要求，努力建设“覆盖城乡、结构合理”的公共图书馆服务体系，加大改革和创新力度，增强公共文化服务功能，有序推进各项工作。华东各地公共图书馆全面实现免费开放；公共图书馆服务体系基本实现城乡全覆盖，图书馆服务渠道进一步拓宽，服务效能稳步提升；图书馆设施条件不断改善，社会效益显著增强。上海市各级各类图书馆紧紧围绕《上海“十二五”时期文化发展规划》的要求，努力激发创新活力，积极推进转型发展，持续推进全市公共图情服务体系建设，为上海国际化大都市建设及创建智慧城市做出了积极贡献；江西省认真履行《江西省国民经济和社会发展第十二个五年规划纲要》，积极采取措施将“市级图书馆改扩建、县级图书馆维修与设备购置、农家书屋工程、基层文化设施建设工程、文化信息资源共享工程”等作为文化事业重点工程予以优先解决；温州市顺利实现了《温州市文化发展“十二五”规划》提出的“努力打造城市 15 分钟文化服务圈和农村 30 分钟文化服务圈”的目标。由于“十二五”时期的文化政策对公共图书馆发展给予的高度关注，对图书馆事业发展产生了深远影响，不仅提供了前所未有的政策支持和事业发展机遇，带动了社会对图书馆的需求，同时也对图书馆事业创新发展提出了新的要求。“十二五”时期，在华东各地图书馆界的共同努力下，图书馆事业发展取得了显著成效，收获了累累硕果。

在2013年文化部开展的全国第五次县以上公共图书馆的评估定级工作中，华东六省一市共有387家图书馆荣获“一级图书馆”称号，占全国一级馆总数859家的45.05%，接近一半，详见表11-1。2014年江苏省常熟市图书馆、张家港市图书馆，浙江省海宁市图书馆，安徽省繁昌县图书馆，福建省霞浦一中图书馆；2015年江苏省苏州市吴江区图书馆，浙江省德清县图书馆，分别荣获文化部全国最美基层图书馆的称号。福建省图书馆被中国科协评为“2013年度优秀全国科普教育基地”，这是全国省级公共图书馆中唯一获此殊荣的单位。2015年，江西省图书馆学会荣获全国社科联授予的“2015年全国社科联先进学会”称号。

表11-1　华东各地第四次、第五次全国公共图书馆评估定级一级馆数量对比

地区	第四次评估（2009年）			第五次评估（2013年）		
	县以上图书馆总数（个）	一级馆数量（个）	一级馆数量占比（%）	县以上图书馆总数（个）	一级馆数量（个）	一级馆数量占比（%）
上海市	29	28	97%	25	24	96%
江苏省	109	63	58%	113	99	88%
浙江省	96	47	49%	98	88	90%
安徽省	89	8	9%	107	34	32%
福建省	85	15	18%	91	26	29%
江西省	108	12	11%	114	40	35%
山东省	150	48	32%	153	76	50%
总计	666	221	33%	701	387	55%

一、公共图书馆全面推行免费开放

2011年1月，“十二五”开局伊始，文化部、财政部《关于推进全国美术馆、公共图书馆、文化馆（站）免费开放的意见》（以下简称为《意见》）发布后，华东各地各级文化行政部门和公共图书馆高度重视，积极响应，纷纷出台相关文件及实施方案、评估考核办法和经费保障管理办法，为建立免费开放的长效机制夯实制度基础，助推免费开放政策的全面贯彻落实。以免费开放为契机，改善办馆条件，提升服务水平。一些省、市、县出台规定，明确要求限期收回出租或挪作他用的公共文化设施场地，用于公共文化服务，同时加大宣传力度，有效提高免费开放的知晓度。江苏省文化厅制定“三馆一站”免费开放实施方案，出台了《江苏省公共文化设施免费开放绩效考核暂行办法》等文件，安徽省文化厅出台了《安徽省公共图书馆免费开放服务标准》等文件，江苏、山东、江西、福建等省安排了免费开放的专项资金。各地图书馆为免费开放做了大量的准备工作，完善各项规章制度、丰富馆藏、更新设施设备。上海、浙江、江苏等省市在全国率先实现了公共图书馆全面免费开放。2011 年 6 月 28 日，安徽省各级公共图书馆统一时间向社会免费开放；12 月 16 日，江西省全面启动各级公共图书馆免费开放。随着免费开放工作的顺利推进，华东六省一市公共图书馆办证数量急剧增长，不但实现了无障碍、零门槛进入，基本公共服务项目全免费，并且在服务总量、服务内容、服务形式、服务质量上不断进步，促进了图书馆服务的标准化、规范化，极大提升了公共图书馆的开放性和读者满意度，社会各界反响强烈，公共图书馆的社会认知度得到显著提升。

二、图书馆办馆条件不断改善

“十二五”以来，华东各地各级政府不断加大对公共图书馆事业的重视和支持，大力推进覆盖城乡的公共图书馆服务网络体系的建立，办馆条件得到进一步改善，服务保障能力日益提高。高校图书馆、科研专业图书馆等其他类型的图书馆也充分发挥自身资源优势，加大资金投入力度、完善基础设施建设、丰富馆藏资源，办馆条件和水平得到极大提高，有力地促进了图书馆事业整体健康发展。

1. 图书馆机构数稳定增长

“十二五”期间，华东地区公共文化基础设施建设稳步推进，公共图书馆数量逐年增加，公共图书馆设施网络进一步完善。截至 2015 年年底，华东地区县级以上独立建制的公共图书馆机构数为 719 个，其中省级图书馆 9 个，地市级图书馆 91 个，县区级图书馆 619 个，比“十一”期末共增加了 52 个，其中省级图书馆增加 1 个，为福建省少年儿童图书馆；地市级图书馆增加 9 个；县区级图书馆增加 42 个。2015 年华东地区独立建制的少儿图书馆共 33 个，比

2010 年增加 11 个，增长幅度为 50%。以安徽省为例，2010 年，全省有公共图书馆 88 个，2015 年增加到 122 个，五年间共增加 34 个，增长 38.64%，其中仅 2013 年就新增图书馆 5 个。“十二五”期末，华东各省（市）公共图书馆基本实现设施全覆盖。在 2013 年文化部开展的全国第五次县以上公共图书馆评估定级工作中，华东六省一市共计 626 家图书馆达到三级以上图书馆标准，占华东地区公共图书馆总数的 89%，远远高于《全国公共图书馆事业发展“十二五”规划》要求的 60% 的达标率。此外，华东地区中小学图书馆机构数不断提升，据不完全统计，截至 2012 年，华东各地中小学建馆率均达到 90% 以上，其中江苏省达到 99.03%，浙江省高达 99.23%。

2. 图书馆经费投入显著增加

“十二五”时期，随着华东各地财政实力的增强以及政府对公共文化事业重视程度的提高，财政对公共图书馆的投入大幅增加，公共图书馆的运行和管理经费、购书经费大幅度提升。2015 年，华东地区公共图书馆的财政拨款总额已达到 401 591 万元，比 2010 年增加约 109%；其中购书专项经费达到 70 137万元，比 2010 年增加约 61%。2015 年，华东地区公共图书馆馆均财政拨款 558.54 万元，比 2010 年的 287.60 万元增加了 94.2%；华东地区人均购书经费达到 1.665 元，比 2010 年增加近 0.5 元。“十二五”时期，华东地区各省（市）公共图书馆财政经费投入相比“十一五”时期均翻了一番，新增藏量购置费增长超过了 50%。2013 年，江苏省各级财政对公共图书馆业的经费投入占文化事业总投入的 12%，财政投入总量最多的是南京、苏州、常州三市，财政投入增长最快的是宿迁、南京、扬州三市。2014 年江西省图书馆的财政拨款达 6122.8 万元，比 2013 年度增加了 37%。2014 年，上海交通大学图书馆年度总经费达 4869 万元，位居当年全国各高校图书馆总经费榜首；复旦大学图书馆、浙江大学图书馆分别位列第三、第四位。

3. 图书馆馆舍面积不断扩大

在《全国公共图书馆事业发展“十二五”规划》指引下以及全国第五次县以上公共图书馆评估定级工作的推动下，为实现公共图书馆服务体系建设目标，华东各地加大公共图书馆设施建设力度，新馆建设如火如荼，馆舍面积不断增加。“十二五”末，华东地区县级以上公共图书馆房屋建筑面积达到 437 万平方米，比“十一五”末的 290 万平方米增长了 50%。2015 年，华东六省一市平均每家公共图书馆的房屋建筑面积为 6078 平方米，比 2010 年的 4348 平方米增加了 39.79%；每万人拥有的公共图书馆公共房屋建筑面积达到

108.40平方米，比2010年增加了41.79平方米。2015年华东地区各级公共图书馆阅览室面积达到116.18万平方米，比2010年增加43万平方米，增加了58.8%。平均每馆阅览室面积由2010年的1097平方米，提高到2015年的1616平方米。2015年，华东地区公共图书馆阅览室座席数为28.6万个，比2010年增长47.6%。平均每馆阅览室座席数由2010年的290个，增加到2015年的397个，增长36.9%。

4. 从业人员结构有所优化

“十二五”期间，华东地区图书馆从业人员数量有所增加，从业人员结构和整体素质逐步优化。“十二五”末，华东地区公共图书馆从业人数达15 858人，比“十一五”末的14 573人增长了8.82%。从人员结构来看，中高级职称人员占从业人员总数的比重逐年上升，公共图书馆从业人员的整体素质有一定提高。2015年，华东地区公共图书馆从业人员中，中级职称人数达到5012人，比2010年增加483人，增长了10.7%；高级职称人数达到1584人，比2010年增加232人，增长了17.2%。2015年中级职称人员占从业人数的比重为31.6%，高级职称人员所占比重为10%，仅比2010年分别提高了0.5和0.72个百分点。由此看出，华东地区公共图书馆在编人员的数量及专业技术人员的数量虽有一定的增长，但专业技术人员所占比重的增幅有限，与事业的快速发展并未同步。“十二五”时期，华东地区高校图书馆在编职工人数基本稳定，但工作人员的整体素质明显提高。例如，2010年浙江省高校图书馆在编人员中仅有博士18人，硕士302人，高级职称人数占职工总数的20%，而2015年则有博士39人、硕士660人，高级职称人数占职工总数的22%。

5. 文献资源日益丰富

“十二五”时期，随着各级财政对图书馆购书经费投入的增加，公共图书馆文献资源更加丰富，总藏量和新增藏量逐年增长。“十二五”末，华东地区公共图书馆文献总藏量为32 315万件(套)，比“十一五”末增长了9302万件(套)，增长40.4%；平均每馆总藏量44.9万件(套)，相比“十一五”末的34.5万件(套)，增加了30.1%。2015年，华东地区人均藏书为0.81册，比2010年的0.59册提高了约37.3%。据统计表明，华东地区各级公共图书馆在不断丰富文献资源总藏量的同时，更加注重馆藏文献资源的更新，新增藏量占总藏量的比重有较大提高。“十二五”时期五年间，华东各地公共图书馆新增藏量总数为10 350万件(套)，新增藏量占总藏量的比重从2010年的4.9%提高到2015年的6.5%，其中2012年新增藏量为2789万件(套)，为五年间新增藏量增长最多的年份。与此同时,电子图书总藏量急剧增长。2015 年,华东地区公共图书馆电子图书总藏量为 51 928. 1 万册,是 2011 年总藏量 1977. 9 万册的 26 倍。华东地区各级公共图书馆 2013 年新增电子图书10 970. 47万册,2014 年新增 3122. 84 万册,2015 年新增 26 514. 98 万册。2015 年,浙江地区公共图书馆电子图书藏量为 39 345. 178 万册,是 2011 年的 78. 5 倍。

6. 信息基础设施设备明显增强

"十二五"期间,华东地区图书馆信息化设施装备水平显著提升,计算机台数、电子阅览室终端数均大幅增加。2015 年,华东地区公共图书馆共有计算机 69 482 台,比 2010 年增加 25 851 台,增长 59. 2%;电子阅览室终端数 36 235个,比 2010 年增加 12 044 台,增长 49. 8%。几年来,公共图书馆电子阅览室建设步伐加快,电子阅览室占阅览室总面积的比重逐年增加。"十二五"末,华东地区公共图书馆电子阅览室面积为 11. 51 万平方米,比"十一五"末增加 4. 4 万平方米,增长 38. 2%。2011 年 9 月落成的福建省少年儿童图书馆使用云计算技术,成为国内使用智能化技术最多的少儿图书馆。

表 11 –2　华东各地公共图书馆 2011 年与 2015 年主要基础数据对照表

地区	2011 年				2015 年			
	馆均财政拨款(万元)	人均购书费(元)	每万人建筑面积(m^2)	人均馆藏量(册/件)	馆均财政拨款(万元)	人均购书费(元)	每万人建筑面积(m^2)	人均馆藏量(册/件)
上海	2371. 40	7. 653	158. 5	2. 94	3401. 10	9. 031	173. 2	3. 13
江苏	397. 09	1. 154	85. 5	0. 68	724. 19	1. 749	129. 3	0. 86
浙江	543. 72	2. 169	114. 6	0. 82	946. 26	2. 718	171. 7	1. 13
安徽	141. 25	0. 290	41. 1	0. 23	203. 17	0. 629	58. 5	0. 32
福建	222. 37	0. 828	114. 9	0. 55	389. 05	1. 268	99. 1	0. 73
江西	98. 22	0. 309	64. 9	0. 37	216. 32	0. 716	80. 1	0. 47
山东	187. 13	0. 455	73. 0	0. 40	356. 62	0. 744	83. 8	0. 48

三、图书馆服务效能显著增强

"十二五"时期,华东地区图书馆为满足民众的文献和知识需求,不断更新服务理念,拓展服务职能,延伸服务范围,创新服务手段。各图书馆在读者服务工作方面相互取长补短、学习借鉴、协同合作，持续发展和完善各种形式的创新服务和延伸服务，营造出图书馆行业竞争、交流、合作、共享的良好局面。加之办馆条件的极大改善，图书馆社会服务效益显著增强，持证读者数、总流通人次、书刊外借人次及册次都明显增加。“十二五”末，华东地区公共图书馆有效读者证总数为3532万个，是“十一五”末的近4倍。2015年，华东地区公共图书馆总流通达25 996万人次，比2010年增长106%；书刊文献外借11 149万人次，比2010年增长92.5%。2015年，书刊文献外借册次为26 784万册次，比2010年增长148.4%。“十二五”期间，华东地区公共图书馆为读者举办各类活动的次数明显增加。2015年，华东地区公共图书馆为读者举办各类公益讲座活动19 534次，讲座听众329.24万人次，比2010年分别增长87.5%和34.9%；举办公益展览7012个，观众达1616.34万人次，比2010年分别增长113.5%和131.5%；举办培训班12 136个，受训人数83.81万人次，比2010年分别增长81.2和96.7%。2014年，江苏省公共图书馆书刊文献外借3216.57万人次，书刊文献外借4481.44万册次，比上一年分别增长31.28%和12.1%。随着公共图书馆服务体系建设的蓬勃开展，延伸服务迅猛发展。2015年华东地区公共图书馆流动服务书刊借阅人次为945.36万人次，流动服务书刊借阅册次为1896.6万册次，分别是2010年的2倍和4倍；图书馆分馆数量为6676个，比2010年增加4233个，增长173%。由此可以看出，“十二五”期间华东地区公共图书馆对市民的吸引力明显加大，市民进入图书馆借阅图书和参与各类活动的热度明显增强。

四、信息技术在图书馆应用日益广泛

随着网络环境的变化和信息技术的发展，高新技术对当代图书馆管理与服务的影响越来越深入，并为图书馆事业发展开创了崭新的局面。

“十二五”时期，华东各地图书馆积极推进文化与科技的融合，国家及地方的信息化政策加速了图书馆技术现代化的进程。这一时期，图书馆技术应用主要体现在自动化系统、无线射频技术（RFID）和智能技术三个方面。图书馆自动化技术在“十一五”期间已经发展成熟，“十二五”时期随着图书馆体系建设等工作的进一步推进以及读者个性化需求的增长，对图书馆自动化系统提出了更高的要求。国内研发的ILAS系统、汇文系统、力博系统换代升级，仍然是华东地区图书馆自动化的主流。南京图书馆则将国外引进的自动化系统升级到Aleph 500。RFID技术在华东各类型图书馆得到逐步推广应用，促进了现代化图书馆从服务内容到服务方式的全面变革，对提高图书馆管理水平和服务能力是一次重大飞跃。RFID 技术不仅在外借阅览、藏书剔除工作中效果显著，而且对编目业务重组也有很大影响，除了排架、借阅的应用，还用于自助还书机、流动图书车。RFID 技术与图书馆服务的融合还体现在 24 小时自助图书馆的大量涌现。2011 年，上海图书馆成立“上海市中心图书馆 RFID 服务与技术小组”，全面提高上海公共图书馆系统 RFID 的应用和服务水平。“十二五”期间，智能技术在数字图书馆建设中的应用，主要包括数据挖掘技术、机器人技术、虚拟现实技术、数字资源整合技术、移动泛在网络技术等。数据挖掘技术在数字图书馆的个性化服务方面已经开始发挥作用；对于机器人技术、数字资源整合技术、虚拟现实技术和移动泛在网络技术方面，大多数图书馆的发展和应用还处在起步和试验阶段。云计算、大数据技术开始在图书馆数字资源建设中融合应用。2012 年福建省图书馆“基于云计算的公共数字文化服务技术支撑平台建设研究与应用”项目荣获文化部第四届创新奖，在全国率先构建了覆盖全省、全网共享、智能协作、开放互动、安全节能的公共数字文化服务云技术支撑平台。资源一站式检索和获取平台“知识资源发现平台”也逐步被华东地区的上海交通大学图书馆、东南大学图书馆等高校图书馆和上海图书馆等公共图书馆启用。由于新技术手段的应用，图书馆服务功能更加强大，服务方式更加人性化，信息传递技术更加多种多样，获取信息的方式可选择性更强、集成性更高。

五、公共图书馆服务网络建设初具规模

在中央和各级地方政府的高度重视和大力支持下，华东地区公共图书馆服务体系建设取得显著成效，走在了全国的前列。各地区努力实践，深入探索创新公共图书馆服务体系的总分馆制建设、流动图书馆建设、自助图书馆建设的模式。在积累经验的同时，把公共图书馆服务体系建设不断向前推进。

经过几年的努力，华东地区公共图书馆服务体系建设逐渐向成熟化、规范化方向发展，表现出基层网点不断增多、网点服务标准规范、服务效率逐年提高、服务效果突显等特点。截至“十二五”末，华东地区县级以上公共图书馆达 719 个，基本实现公共图书馆全覆盖。公共图书馆将服务延伸至基层，特别是乡镇和村，形成了覆盖城乡、设施较完备的图书馆服务网点，解决了公共图书馆服务网络覆盖全社会的重点和难点。2015 年，以省、市、县级图书馆为中心馆建立的乡镇、街道，村、社区，以及学校、部队、机关、企业等分馆总数已

达6676个,比2010年的2443个增长了近2倍。其中江苏省公共图书馆的分馆数量达2271个,为全国最多省份,是2010年的近7倍。截至2015年年底,浙江省共有省、市、县级公共图书馆98个,建成乡镇(街道)分馆388个,村图书室基本实现全覆盖。与此同时,华东各地还规划建设了一批流动图书馆、自助图书馆设施,推动服务体系向纵深发展。随着公共图书馆服务体系建设日趋成熟规范,推动图书馆服务的作用逐渐显现。江苏省苏州图书馆总分馆模式、镇江市推广“一馆一站一室”数字阅读模式、苏州市吴江区“四位一体”农村公共信息服务中心;浙江省嘉兴市城乡一体化公共图书馆服务体系、宁波市江东区30万居民共享十分钟“阅读圈”、温州市15分钟公共图书馆服务圈;山东省潍坊市64个街镇标准化图书馆建设等,都在全国产生了较大影响,成为典型。

六、数字图书馆建设取得实质性进展

“十二五”时期,华东各地图书馆不断加大数字图书馆建设力度,推广数字阅读,实现网络远程服务。经过几年的建设,华东地区数字图书馆在数字资源建设、软硬件平台建设、人才培养等方面取得了实质性进展。不仅注重标准规范建设与服务形式的多样化,更注重共建共享和协作协调。华东地区各省市级公共图书馆陆续通过虚拟专用网接入国家数字图书馆,内容丰富、技术先进、覆盖面广、传播快捷的公共数字文化服务网络初步建成。各省高等教育数字图书馆、科技情报系统数字图书馆、党校系统数字图书馆、军队院校系统数字图书馆等逐步建成并提供服务,区域性数字图书馆建设蓬勃发展。

“十二五”时期,华东地区高校图书馆数字图书馆建设全面普及,信息技术应用更加深入。2011年,江西省关于建设全省高校数字图书馆的提案获得省政府的全额拨款,极大地推动了江西省高校图情报事业的发展。2015年,江西省高校数字图书馆中心机房及软件平台建设成功后,继续完善制度建设,制定了《江西省高校数字图书馆章程》,明确了各层级成员馆的职责、权利和义务。五个区域各建分中心,开展各成员馆业务培训、规范数字资源采购建设,并进行广泛宣传,以此达到推动江西省高校数字图书馆建设项目持续发展的目的。2011年,浙江省高校数字图书馆(ZADL)服务平台实现了全省50多家成员馆全部可用资源的一站式揭示,以及文献资源检索与获取服务的无缝集成,有效弥补了单个成员馆馆藏资源的不足。ZADL门户的用户访问量和文献传递量逐年提高,2014年年访问量达906万次,文献传递量达18.5

万篇。ZADL资源成为浙江省高校师生不可或缺的信息资源。2012年，浙江省中小学建成覆盖全省的数字图书馆。该数字图书馆由管理及应用平台、数字图书资源、电子期刊三部分组成，全省中小学师生可通过数字图书馆开展各类阅读活动。

第二节　发展状况及特点

“十二五”期间华东地区各类型图书馆厚植根基，提升服务，加快图书馆建设步伐，满足各类人群对丰富知识、研究探索和提高文明素质的需求。在资源建设、图书馆服务、总分馆制建设、管理体制改革、图书馆法规建设、区域合作与馆际协作协调，以及公共数字文化建设、古籍保护等主要方面开展了大量的工作，也取得了一定的业绩。

一、资源建设

资源建设是图书馆服务的根基。“十二五”期间，随着文献资源购置费的显著增加，文献资源建设工作得到保障，加上各地对文献资源建设的重视，华东地区文献信息资源总量和新增藏量大幅度增长，数字资源比重逐年增加，特色资源建设成果突出，历史文献整理和数字化步伐加快，文献编目质量有所提高。在华东地区文献资源建设整体发展状况良好的同时，省市间也存在着明显的差异。

1. 文献资源购置费增长显著

“十二五”时期，华东各地图书馆文献资源购置费均有大幅增加，公共图书馆文献购置经费增量尤为显著。详见表11－3。

表11－3　华东各地公共图书馆2010年与2015年文献资源购置费对照表

地区	2010年文献购置费（万元）	2015年文献购置费（万元）	增幅
上海市	14 950	21 809	45.9%
江苏省	8279	13 953	68.5%
浙江省	10 908	15 048	38.0%
安徽省	1454	3865	165.8%

续表

地区	2010 年文献购置费(万元)	2015 年文献购置费(万元)	增幅
福建省	2801	4870	73.9%
江西省	1299	3267	151.5%
山东省	4000	7325	83.1%
总计	43 691 (占全国总数的 39.7%)	70 137 (占全国总数 39.8%)	60.5%

2015 年,华东地区公共图书馆文献资源购置费共计 70 137 万元,占全国公共图书馆文献资源购置费总数的近 40%,与 2010 年相比,文献资源购置费增加了 60.5%,增长幅度与全国总体情况保持同步。“十二五”期间,华东地区公共图书馆文献资源购置费总量虽有大幅度的增加,但各地公共图书馆文献购置费增幅有所差异,其中增加幅度最大的是基础相对薄弱的安徽、江西两地,经济基础较好的浙江、上海等地增幅相对较缓。

“十二五”时期,华东地区高校图书馆文献购置费亦有大幅增加。根据 2014 年全国各高校图书馆纸质资源购置费的统计排名,复旦大学图书馆以 2398 万元位于第一,此外,浙江大学图书馆、南京大学图书馆、华东师范大学图书馆、东南大学图书馆均位列前十;上海交通大学图书馆以 2623 万元电子资源购置费在全国各高校中排名第一,浙江大学图书馆名列第三。2015,福建省高校图书馆文献资源购置费约 2.5 亿元(其中电子资源购置费约 1 亿元),比 2010 年增加了约 1 亿元,增长约 67%;浙江省高校图书馆馆均文献资源购置费约 445 万元,比 2010 年增加了 110 万元,增长约 33%。

2. 文献资源总量增幅较大

“十二五”时期,随着各地文献资源购置费的显著增长,华东地区图书馆文献总藏量有较大幅度的增加。详见表 11-4。

表 11-4　华东各地公共图书馆 2010 年与 2015 年文献资源总藏量对照表

地区	2010 年		2015 年	
	文献总藏量(万册/件)	在全国排名	文献总藏量(万册/件)	在全国排名
上海市	6809	1	7568	1
江苏省	4370	3	6847	3

续表

地区	2010 年		2015 年	
	文献总藏量（万册/件）	在全国排名	文献总藏量（万册/件）	在全国排名
浙江省	3761	4	6250	4
安徽省	1236	19	1942	16
福建省	1682	13	2821	8
江西省	1520	16	2159	14
山东省	3636	5	4727	5
区域文献总藏量	23 014 万册/件		32 314 万册/件	
全国文献总藏量	61 726 万册/件		83 844 万册/件	
区域总量占全国百分比	37.28%		38.54%	

通过对表 11－4 中数据进行对比分析可以看出，“十二五”时期，华东地区公共图书馆文献资源总量比“十一五”时期有了较大幅度的增加，其中上海、江苏、浙江、山东四省（市）文献资源数量在全国各省排名稳居前五，保持不变；福建、江西、安徽三省文献资源总量在全国排位均有所上升。华东地区公共图书馆文献资源总量占全国文献资源的比例基本保持不变。

截至 2015 年年底，上海图书馆馆藏实体资源数量达 5512.6 万册/件，其中书刊 1950 万册。南京图书馆馆藏纸质书籍达到 1092 万册，“十二五”期间年均采购图书 20 万册，五年累计采购图书 100 万册。2015 年，江西省公共图书馆总藏书达 2200 多万册，较 2010 年增长了 46%，其中纸质图书年入藏数量 66 万种，报刊年入藏数量 2.6 万种，地方文献年入藏数量 3.5 万种。2013 年，江苏省公共图书馆文献总藏量为 9258.7 万册，比 2012 年的 6706 万册增长了 38%。2013 年，安徽省公共图书馆总藏量比上年增加 26.3%，其中纸质图书增加 28.7%；人均拥有公共图书馆藏量 0.29 册，比上年增加 26%。2015 年，福建省高校图书馆纸质文献总量达 6300 多万册，比 2010 年增加 2200 多万册，增加了 53.66%。上海地区人均藏书由 2010 年的 2.96 册提高到 2015 年的3.13册,始终遥遥领先于全国其他地区;浙江地区人均藏书由2010年的0.69册提高到2015年的1.13册,增长63.8%,为华东地区人均藏书增长幅度最大的省份。

在文献资源总量均有增加的同时,华东各地区发展仍然存在程度较大的不平衡。如2013年,上海市人均拥有公共图书馆藏量为3.00册,在全国排名第一;浙江省为0.94册,在全国各省(不含直辖市)中排名第一。而安徽省人均拥有公共图书馆藏量仅有0.29册,在全国排名第29位;江西、山东排名均在20名之后。

3. 高校图书馆纸质文献采购经费比例逐年下降

以“十二五”时期浙江、福建两省高校图书馆为例。

2011年,浙江省57所高校图书馆全年文献资源购置经费为2.14亿元,其中纸质文献购置经费为1.53亿元,占比71.50%;2013年,70所高校图书馆全年文献资源购置费为2.96元,其中纸质文献资源购置费约1.89亿元,占比63.85%;2014年,71所高校图书馆全年文献购置经费2.96亿元,其中纸质文献购置费为1.79亿元,占比60.47%;2015年,76所高校图书馆全年文献资源购置总经费为3.09亿元,其中纸质文献购置费为1.8亿元,占比58.25%。

2011年,福建省高校图书馆文献资源购置经费为1.6亿元,其中纸质文献资源购置经费1.12亿元,占比70.0%;2012年,全省高校图书馆文献资源购置经费为1.7亿元,其中纸质文献资源购置经费1.1亿元,占比64.71%;2013年,全省高校图书馆文献资源购置总经费为1.8亿元,其中纸质文献资源购置经费1.15亿元,占比63.89%;2014年,全省高校图书馆文献资源购置总经费为1.9亿元,其中纸质资源购置经费1.2亿元,占比63.16%;2015年,全省高校图书馆文献资源购置经费为2.5亿元,其中纸质资源购置经费1.5亿元,占比60.0%。

通过以上情况可以看出,从2011年至2015年,浙江、福建两省高校图书馆纸质文献资源采购比例呈逐年下降的态势。上海、江苏等地高校图书馆存在同样的情况。由此可见,随着纸质文献采购比例下降,电子资源建设越来越受到重视,电子文献资源的日益增多,必将会得到越来越广泛的使用。

4. 数字资源建设大步前进

“十二五”时期,华东地区数字资源采集比例逐年提高。上海图书馆2015年数字资源采购经费达4248.9万元,占总经费的比重达到30%;馆藏电子书总量超过200万种、电子期刊4万种、电子报纸500种。南京图书馆2015年电子书籍达到140万册,自建和外购数字资源达到78.2TB。福建省高校图书馆的电子文献资源购置经费从2011年的4800万元,逐年上升至2015年的1亿元。在各图书馆加大数字资源采购比例的同时,华东各地还开展了数字资源的协作共建。江苏省高校图书情报工作委员会以集中镜像的方式将所购资源为全省高校图书馆读者提供在线服务,同时还集中购买外文全文电子期刊数据库,以提高江苏高校图书馆的经费使用效益,提升文献资源建设的整体优势;并且通过成立文献联合采编中心,直接为各成员馆提供快捷、高效的书刊采购服务。在数字资源建设过程中,各图书馆还利用现代化设备及技术手段和馆藏资源优势加强自建数据库的开发和制作,尤其是地方特色数据库的建设。江苏省高等教育文献保障系统(JALIS)在数据库资源建设中,大力推进各高校图书馆根据自身学科特色,自建特色资源数据库以及学科导航数据库。历史文献数字化步伐也在加快。2011至2015年,上海图书馆每年制作馆藏家谱数字化图像30万幅,善本数字化20万页,民国期刊数字化200万页,自建“馆藏家谱”“馆藏善本”等文献数据库提供查阅。

5. 特色资源建设日趋受到重视

“十二五”时期,华东各地图书馆立足地方历史文化特点和经济发展需求,开展地方特色资源建设,全面采集保存地方志、家谱、民族记忆类资源,建设了一批高质量的地方专题数据库。此外,各地图书馆还积极拓展文献补藏渠道和方式,重点加强对海外珍贵古籍文献的数字化补藏。近几年,上海图书馆尤其重视近代历史人物资料的征集,其中包括徐世昌、傅增湘等人的手迹。2014年上海图书馆接收捐赠,建立“叶永烈专藏”,这是上海图书馆历年来数量最大的一次手稿文献入藏;2015年入藏具有深远影响的《翁同龢日记》稿本等珍贵文献。上海图书馆还大量征集现代版画作品,成为国内首家系统收藏版画的图书馆。浙江图书馆十分重视特色资源数字化建设,编制了《浙江图书馆特色馆藏资源数字化建设(2013—2015)计划》。山东省图书馆启动并实施了“海外儒学文献回归计划”“齐鲁珍贵地方文献回归计划”。南京图书馆多次通过拍卖的方式补充了一批较为珍贵的古籍文献,其中宋刻本《礼部韵略》成为新的镇馆之宝;2014年购入影印本《四库全书》并开放专藏室供读者研究阅览,受到社会广泛好评。

6. 文献编目水平有所提高

随着“十二五”时期馆藏文献总量和新增文献藏量的不断丰富,各地图书馆不断加快文献编目进度,提高书目质量,创新编目方法,努力满足数字化转型需要。上海图书馆以建立编目馆员制度为抓手,推动 RDA 在外文图书编目时间中的应用,探索数字资源编目,加强书目数据与数字全文文献整合。2013 年,上海图书馆开始向 OCLC 上传 RDA 数据,成为国内首家应用 RDA 技术的机构;2014 年制定 RDA 编目细则,正式启动 RDA 数据编目,数据质量得到 OCLC 总部认可,编目水平领先全国。为提高编目工作的社会化程度,江苏省高校图书情报工作委员会在加强集团采购的同时,提供共享的订购、编目数据,不断提升共建共享的服务能力。

二、服务

“十二五”时期,华东各地图书馆紧跟时代、更新观念,尽可能满足人民群众对文献知识的需求,千方百计地开展读者服务活动。在建立健全服务设施的基础上,借助新媒体和新技术,以需求为导向,不断延伸服务空间,探索创新服务模式,拓展服务的深度和广度,为读者提供全方位、轻松便捷的图书馆服务。在开展社会教育、为特殊人群服务、新技术新媒体运用等方面亮点频出,各类创新服务形式层出不穷,服务内容不断推陈出新。阅读推广服务发展迅猛,“真人图书馆”“真人图书借阅”“图书漂流”等新型阅读活动在各地竞相推出;为少儿、老人、残疾人服务更加贴心灵活;讲座展览的品牌效应和社会影响更加突显;“创客空间”“信息共享空间”更是受到青少年的喜爱。华东地区高校图书馆在服务方式、活动形式等方面积极创新,研发新系统、实践新创意,使出了浑身解数。高校图书馆已不再是单纯的借书、自习的地方,还有电子阅览区、音像视听区、多媒体研讨室等,可以经常举办讲座、学术交流、展览、阅读推广、校园招聘等活动,这些都是图书馆服务多元化的体现。信息共享空间作为集计算机技术、信息资源、参考咨询服务、信息素养教育和个性化与合作化学习空间于一体的新型服务模式,也在多所高校图书馆得以应用,成为高校师生在研究和学习中传递信息、检索信息、促进学术交流、创造合作机会、支持交叉研究的空间。

1. 服务受众人群急剧增长,书刊借阅量大幅增加

随着“十二五”时期公共文化机构免费开放政策的落实,公共图书馆经费投入的加大,以及馆舍条件的改善,越来越多的公众成为图书馆的读者。华东地区公共图书馆注册读者数量急剧增长,尤其是浙江和江苏两省公共图书馆注册读者量猛增,详见表 11 – 5。2014 年,杭州图书馆联合杭州市民卡公

司，免费开通市民卡图书借阅功能；2015 年，苏州图书馆开通市民卡 A 卡的借阅功能，两市的举措分别推动了两地公共图书馆注册读者量的大幅增长。2014 年，上海图书馆与上海市教委签署“中小学生电子学生证作为上图读者证”合作协议，并逐步推动此项工作，也使得上海市公共图书馆注册读者量急剧增长。

表 11－5　华东各地公共图书馆 2010 年与 2015 年注册读者量对照表

地区	2010 年有效读者证数(万个)	2015 年有效读者证数(万个)	增幅
上海市	108	305	182%
江苏省	207	1107	435%
浙江省	177	1639	826%
安徽省	25	97	288%
福建省	47	103	119%
江西省	51	93	82%
山东省	128	189	48%
总计	743	3533	376%

“十二五”时期，华东地区公共图书馆到馆人次比“十一五”时期明显增加，其中浙江、安徽两省到馆人次增长尤为显著，详见表 11－6。

表 11－6　华东各地公共图书馆 2010 年与 2015 年读者到馆人次对照表

地区	2010 年到馆人次(万人次)	2015 年到馆(万人次)	增幅
上海市	1853	3931	112%
江苏省	3006	6001	100%
浙江省	3454	7942	130%
安徽省	760	1739	129%
福建省	1193	2396	101%
江西省	639	1258	97%
山东省	1717	2729	59%
总计	12 622	25 996	106%

“十二五”时期，华东各地区公共图书馆书刊外借册次有较大幅度的增加，其中上海地区增幅巨大，详见表 11－7。这在一定程度上说明，随着公共

图书馆馆藏文献资源的日益丰富，可供读者借阅的文献书刊册数也在增加。

表 11－7　华东各地公共图书馆 2010 年与 2015 年书刊外借册次对照表

地区	2010 年书刊外借册次（万册次）	2015 年书刊外借册次（万册次）	增幅
上海市	1461	8681	494%
江苏省	2542	4980	96%
浙江省	2924	5727	96%
安徽省	683	1481	117%
福建省	1097	2465	125%
江西省	562	1119	99%
山东省	1514	2331	54%
总计	10 783	26 784	148%

在公共图书馆书刊外借量大幅增加的同时，一些高校图书馆的纸质书刊外借量却有明显下降。例如，2015 年，福建省高校图书馆书刊外借总量约 700 万册次，相比 2010 年减少了约 600 万册次。

在“十二五”时期华东地区公共图书馆注册读者量、读者到馆人次、书刊外借量等指标均有上涨的同时，我们也不得不承认，公共图书馆读者服务的效能仍然没有达到令人满意的水平。2015 年，华东地区公共图书馆持证读者数占地区总人口的比例不到 8.8%，读者人均年到馆不足 0.47 次，人均年书刊外借仅为 0.66 册次。

2. 图书馆服务功能进一步延伸

随着经济社会的发展，人民群众对精神文化生活的需求日益增长，对知识的获取方式和文化服务的层次与品质的要求不断提高。图书馆作为文献信息中心、文化活动中心的地位势必使其成为社会公众的精神家园。这就要求图书馆必须紧跟社会发展趋势，不断拓宽服务功能。近几年，除了传统的文献保存、文献传递、信息咨询等职能外，图书馆的社会教育、文化休闲职能得到了更广泛的延展，讲座、展览、培训、体验等活动成为当今图书馆重要的读者服务内容。“十二五”时期，华东各地公共图书馆纷纷开展了形式多样、内容丰富的延伸服务活动，与“十一五”时期相比，活动次数有明显增加，其中 2015 年福建省举办讲座、江西省举办展览的次数均为 2010 年的 3 倍多，详见表 11－8；与此同时，还产生了一批具有社会影响力的活动品牌。如上海图书馆的“上图讲座”“上图展览”，浙江图书馆的“文澜讲坛”，南京图书馆的“南图讲座”，山东省图书馆的“大众讲坛”等，品质与口碑并存，吸引了大量读者参与，产生了较大的社会影响。这充分说明，图书馆举办公益讲座既能得到专家的重视，也能得到社会的认可，是图书馆突出传统服务领域，拓展社会服务功能的重大成果。“上图讲座”起始于1978年，形成了共6大板块18个讲座系列，是上海图书馆的知名品牌。2011年以来，“上图讲座进百校·人文素养”“上图讲座光盘进高中”“上图讲座进百校·美丽中国梦”等系列讲座活动开展得有声有色，受到学校师生的热烈欢迎。上图讲座进百校活动以塑造健康向上的校园文化、提高当代学生的人文素养为宗旨，竭诚为青年人的全面发展提供帮助，同时也从师生们的热烈反响中获得了动力。山东、江西、浙江等省还成立了以省图书馆为中心的讲座、展览、数字阅读联盟，实现了各类型社会教育活动资源的共享。2012年，山东省成立了以省馆为中心的公共图书馆讲座联盟，2013年启动了百馆千场讲座活动，省馆每周组织1场讲座，市馆每两周举办1场，区县级馆每月举办1场，全省公共图书馆每年讲座达到1000场以上，优秀讲座在全省公共图书馆讲座联盟成员馆之间得到共享。“南图讲座”近五年共举办讲座651场，听众达25万多人次，先后3次被省委宣传部表彰为“江苏优秀讲坛”，2012年推出的“南图讲座基层行”活动，广受各地图书馆和读者欢迎。

表11－8　华东各地公共图书馆2010年与2015年举办延伸服务活动次数对照表

地区	举办讲座			举办展览		
	2010年(场)	2015年(场)	增幅	2010年(个)	2015年(个)	增幅
上海市	2450	2853	16%	320	398	24%
江苏省	2124	3007	42%	647	1127	74%
浙江省	1568	3633	132%	786	2030	158%
安徽省	679	2023	198%	262	603	130%
福建省	832	2891	247%	395	712	80%
江西省	740	1455	97%	304	1030	239%
山东省	2023	3672	82%	570	1112	95%
总计	10 416	19 534	88%	3284	7012	114%

3. 阅读推广活动蓬勃开展

“十二五”期间，在全民阅读快速发展的背景下，阅读推广服务成为图书馆最重要的服务内容之一。近年来，随着国家将推动全民阅读作为社会文化发展的基本战略，以及社会各界对国民阅读问题的空前关注，图书馆界对阅读推广活动倾注了极大的热情。阅读推广在全国各地各类型图书馆间迅猛发展，很快成为图书馆吸引社会力量参与图书馆服务、推动图书馆事业新一轮发展与变革的新动力，阅读推广活动逐渐走向常态化、品牌化。公共图书馆和高校图书馆成为图书馆阅读推广的两大前沿阵地。华东地区各级图书馆长期坚持开展各种形式的阅读推广系列活动，包括编制阅读推荐书目、开展阅读调查、举办读者沙龙、策划品牌阅读活动等。经过多年实践，各地树立起一批阅读服务品牌，培育了阅读服务组织，形成了由图书馆馆员和志愿者共同组成的阅读推广人队伍。为深入掌握社会阅读需求，有针对性地开展阅读活动，各地还组织了各种形式的阅读调查。比较有影响的阅读调查报告有上海图书馆推出的《上海市公共图书馆 2012 阅读报告》、苏州图书馆推出的《苏州图书馆数字资源使用情况读者调查分析报告》等。

华东地区以公共图书馆为先导，面向所有年龄层次和社会各阶层公民，有计划、有步骤、全方位地开展内容丰富多彩、形式多种多样的全民阅读推广活动。各地以培育阅读品牌活动为抓手，精心打造特色读书节。每年的 4·23 世界读书日、图书馆服务宣传周以及重大纪念日、节日等都是图书馆集中开展阅读宣传推广系列主题活动的重要时间节点。各地纷纷设立各种“读书节”“阅读节”“读书月”等阅读活动品牌，以品牌效应扩大社会影响，因地制宜围绕各种主题，组织策划和开展形式多样、内容丰富、各具特色的阅读推广活动。读书节中，经典诵读、书目推荐、文献展示、名家讲座、征文比赛、图书评奖、图书漂流等活动受到各类人群的喜爱。“苏州阅读节”自 2006 年创办至今，成为推动苏州全民阅读、建设书香城市的强大推手。2015 年，“苏州阅读节”被国家新闻出版广电总局评为“全国知名阅读品牌”。苏州图书馆少儿阅读活动丰富多彩，且不断向精细化方向发展。2011 年，苏州图书馆在“苏州阅读节”期间启动了“阅读宝贝计划”，向全市 1000 位 0—3 岁婴幼儿赠送阅读大礼包，之后逐渐成为阅读节的品牌活动。2013 年，苏州图书馆成为中国内地首家也是目前唯一一家参与英国发起的“阅读起跑线”活动的成员馆。南京图书馆自 2010 年起每年连续举办“南图阅读节”，“陶风图书奖”评选是其主要活动内容之一，这是国内首个由省级公共图书馆主办的图书评奖活动,每年由相关知名专家评选出 10 部江苏出版的优秀图书向大众进行推荐,活动受到多方关注,几年来社会影响力逐渐扩大。浙江图书馆连续多年举办“浙江省未成年人读书节”,每年持续一个月的读书节活动达数百场之多。

培育特色公益讲坛也是华东各地打造阅读品牌活动的着力点。“十二五”时期,各具特色的公益讲座如雨后春笋,在华东地区公共图书馆遍地开花,其中一些已形成了良好的品牌效应,常年开设,成为大众喜爱的讲座典范,除了上述中提到的“上图讲座”“文澜讲坛”“南图讲座”“大众讲坛”外,还有福建省图书馆的“闽图大学堂”、安徽省图书馆的“新安百姓讲堂”、江西省图书馆的“赣图大讲堂”、金陵图书馆的“名家讲座”等,深受大众欢迎。2013 年浙江图书馆的“文澜讲坛”实施读者阅读推广服务提升计划,推出“文澜朗读团”以及“文澜讲坛中外名著讲读活动”。2014 年“闽图大学堂”荣获全国“终身学习活动品牌”称号。

华东地区高校图书馆以文献优势、空间优势、人力优势,成为校园阅读推广活动的中心和领导者,与公共图书馆并驾齐驱开展阅读推广活动,并且活跃度越来越高,在活动的热度、规模、创新能力上表现优异。高校图书馆举办的校园阅读节成为高校开展阅读推广的主阵地和品牌活动。南京大学图书馆主办的“南京大学读书节”已是常态化,成为校园文化的重要标志和品牌,2012 年该项目荣获教育部“高校校园文化建设优秀成果”一等奖。一些高校图书馆陆续发布阅读报告和榜单,揭示高校师生年度阅读状况。2015 年,复旦大学图书馆发布“阅读琅琊榜”,借助“阅读琅琊榜”和“电子对账单”等生动表达,通过多个排行榜直观表现该校图书馆一年来的资源建设、读者借阅情况。为促进全民阅读,在公共图书馆免费开放的影响下,南京师范大学等一些高校图书馆也积极应对社会的热切关注,尝试面向社会公众免费开放校园图书馆。

阅读推广活动在华东地区还实现了跨区域、跨系统合作。2012 年世界读书日之际,由上海图书馆、浙江图书馆、安徽省图书馆、浙江传媒学院联合主办的“首届沪浙皖青少年读者经典诵读邀请大赛”在浙江图书馆举行,这是沪浙皖三地省级公共图书馆、高校图书馆首次携手开展阅读推广活动,开启了阅读推广跨系统跨地区合作的新模式。活动以丰富多彩的形式,激发孩子们学习经典的热情,提高传统文化的社会影响力。

真人图书馆(Living Library)是在特定的空间区域组织读者以一种面对面沟通的形式来完成“真人图书”阅读的活动,它的优势在于提供的真人书有丰富的生活经验。这项活动近年来颇受公共图书馆和高校图书馆读者的欢迎。2012 年以来,山东省济南市、青岛市、济宁市等和江苏省连云港市等多家市级图书馆,以及浙江大学、上海大学、南京师范大学、东南大学、扬州大学等多家高校图书馆等纷纷开办了真人图书馆和真人图书借阅活动。2015 年 10 月,临沂大学图书馆成功推出以创新创业为主题的“青年创业真人图书馆”活动,邀请在创业或者行业领域有一定丰富经验的创业青年作为“真人图书”到馆讲述自己的创业经历故事,在校学生以读者身份参与“真人图书”的“阅读”,分享他们成功励志经验。

除了传统的阅读推广活动方式,快速兴起的数字阅读成为图书馆开展多元化阅读推广的新趋势。图书馆依托科技手段,推广网络阅读、手机阅读、电子书阅读等多种载体的阅读方式,通过微信公众号等新媒体开展阅读推广工作,举办“在线阅读”“网上书友会”“微课堂”等活动,促进全民阅读活动的开展。

在中国图书馆学会一年一度的全民阅读活动表彰名单中,华东地区每年都有一批公共图书馆、高校图书馆、中学图书馆等因成绩突出获得表彰,其中 46 家单位被授予了“全民阅读示范基地”称号,详见表 11－9。

表 11－9　华东地区获中国图书馆学会全民阅读示范基地称号的图书馆

序号	地区	图书馆名称	获奖年份	序号	地区	图书馆名称	获奖年份
1	上海市	浦东图书馆	2012 年	10	江苏省	常熟市图书馆	2013 年
2	江苏省	苏州图书馆	2008 年	11	江苏省	张家港市图书馆	2013 年
3	江苏省	南京图书馆	2009 年	12	江苏省	太仓市图书馆	2013 年
4	江苏省	吴江市(现苏州市吴江区)图书馆	2011 年	13	江苏省	苏州工业园区独墅湖图书馆	
5	江苏省	江阴市图书馆	2011 年	14	江苏省	无锡市图书馆	2014 年
6	江苏省	南京师范大学图书馆	2011 年	15	江苏省	南京市溧水区儿童图书馆	2015 年
7	江苏省	盐城市图书馆	2012 年	16	浙江省	浙江图书馆	2010 年
8	江苏省	金陵图书馆	2013 年	17	浙江省	宁波市图书馆	2010 年
9	江苏省	东南大学图书馆	2013 年	18	浙江省	温州市图书馆	2012 年

续表

序号	地区	图书馆名称	获奖年份	序号	地区	图书馆名称	获奖年份
19	浙江省	绍兴图书馆	2013 年	33	福建省	晋江市图书馆	2014 年
20	浙江省	绍兴市柯桥区图书馆	2013 年	34	福建省	福建师范大学图书馆	2015 年
21	浙江省	台州市图书馆	2014 年	35	江西省	江西省图书馆	2012 年
22	浙江省	温州市少年儿童图书馆	2014 年	36	江西省	靖安县图书馆	2014 年
23	浙江省	杭州图书馆	2015 年	37	山东省	山东省图书馆	2008 年
24	浙江省	嘉兴市图书馆	2015 年	38	山东省	济南市图书馆	2010 年
25	浙江省	衢州市图书馆	2015 年	39	山东省	青岛市图书馆	2011 年
26	安徽省	安徽省图书馆	2010 年	40	山东省	济宁市图书馆	2011 年
27	安徽省	淮北师范大学图书馆	2010 年	41	山东省	泰安市图书馆	2012 年
28	安徽省	合肥市少年儿童图书馆	2012 年	42	山东省	潍坊市图书馆	2014 年
29	安徽省	淮南师范学院图书馆	2013 年	43	山东省	淄博市图书馆	2014 年
30	福建省	福建省图书馆	2009 年	44	山东省	青州市图书馆	2014 年
31	福建省	厦门市图书馆	2011 年	45	山东省	临沂市图书馆	2015 年
32	福建省	福州大学图书馆	2013 年	46	山东省	威海市图书馆	2015 年

4. 图书馆空间服务形态更加多元

近几年来，随着公众对休闲娱乐、自我提升、信息交流需求的增长，将图书馆作为知识共享、互动交流空间的愿望越来越迫切。在图书馆馆舍条件不断改善的情况下，各地区努力挖掘图书馆空间服务的功能，从信息共享空间到学习空间、知识空间、创客空间等，逐步将图书馆打造成服务形态更加多元的公共文化空间。创客空间服务是一项为用户提供材料、技术、工具和空间的服务，它作为一种新型的服务形式受到图书馆界的欢迎。2013 年 5 月 27

日，上海图书馆创客空间“创·新空间”正式对外开放，它是我国图书馆开展创客空间服务的首次大胆尝试。“创·新空间”由原来的800平方米的专利标准检索工具阅览室改造而成，集学习、创意、交流、展示为一体，提供智能化、全媒体专题信息服务，为创客及专业设计人员搭建主题服务的知识平台和体验艺术创意的智能空间。“创·新空间”由五大功能区域组成：阅读空间、IC共享空间、专利标准服务空间、创意设计展览空间、全媒体交流体验空间。上海图书馆创客空间在国内图书馆界率先引入3D打印机为读者提供打印服务，还不定期有“专家坐堂”，为读者提供展示、讲座、共享和交流。2015年5月上海市青浦区图书馆推出“创·梦空间”项目启动，面向青少年举办公开课，“创·梦空间”是青浦区图书馆推出的一个实体的阵地，也是一个创新项目，秉承在创作中寻求快乐的理念，力图培养年轻人与团队一同协作，寻找并实现梦想。信息共享空间是经过特别设计的一站式服务中心和协同阅读环境，是一个经过整合的学习空间，集各种形式的资源为一体，便于读者学习和信息获取。“十二五”时期，高校图书馆对信息共享空间的建设达到了高潮。创客空间作为信息共享空间中的动态空间，在高校图书馆的设立有其专业人才、空间环境、文献资源等特殊的优越性。上海交通大学图书馆等华东地区高校图书馆也已经开始尝试设立了创客空间。

空间形态多元的各类型主题图书馆在华东地区陆续建立，并受到人们的追捧和喜爱。2013年7月，全国首家生活主题图书馆——杭州图书馆生活主题分馆开馆，除了分享知识，该馆的最大亮点在于“体验”，通过举办各种体验型生活分享活动，为公众提供科学生活示范及实践服务，带给读者耳目一新的感觉。2015年，杭州图书馆又在全国公共中率先推出了“工具图书馆”，出借各种各样的工具、玩具和艺术品，创办“工具图书馆”的目的是希望能够为读者的学习研究和创意体验提供必要的器具，提高读者的学习效率和创新能力，还希望通过向读者展示新科技、新思维带来的新型阅读和体验的同时，让更多习惯于互联网、数字化生活的市民重新回到图书馆。2013年4月，“上海时尚产业主题图书馆”开馆，该馆由上海纺织(集团)有限公司与上海图书馆联合共建，为读者开设了国际数字资源阅览区、数字技术体验区等多个功能区域。该主题图书馆依托上海图书馆的丰富馆藏文献资源和上海纺织完整的时尚产业链，立足国际时尚产业发展前沿，把国内外最新最全的时尚资讯呈现给读者，为建设上海“时尚之都”做好文献信息资源建设和服务工作。2015年，江西省依托丰富的文化历史资源，先后建立了宜春市图书馆的禅宗主题、鹰潭市图书馆的道教文化主题、景德镇的陶瓷文献主题等26家主题图书馆，各主题图书馆将现场展示与体验活动有机结合，为公共图书馆服务的多样化、个性化、专业化发展提供了创新思路。

5. 新技术、新设备助推服务创新

信息技术的变革带来用户阅读需求和阅读行为的转变，图书馆只有敏锐跟踪用户需求的新特点，选择适用于图书馆的先进技术，改进服务工作环节，提高服务效率，才能更有效地满足用户个性化、精准化的服务需求。“十二五”时期，快速发展的数字技术、移动互联网技术、新媒体技术等对读者服务方式影响巨大，图书馆应用新技术的水平也在不断提升，通过新技术创新读者服务的手段日趋丰富。华东地区图书馆将新设备、新技术应用在读者服务领域，馆区无线网络服务基本实现全覆盖；自助借还书、自助办证等自助服务设备、电子触摸屏等新设备广泛采用；各种类型的App、微博、微信、短信、二维码应用等新媒体服务陆续开通；创客空间试验、3D打印、VR体验等用户新技术体验活动络绎不绝；大规模开放在线课程（MOOC），在线听讲座、参加培训受到越来越多的读者欢迎；手机读者证、二代身份证合并读者证给读者带来便利；24小时图书馆、电视图书馆、移动图书馆让读者切身感受到图书馆就在身边。新举措推出、新技术应用，不仅极大拓宽了图书馆自身的服务范围和能力，改善了读者的服务体验，也提升了图书馆的服务效能。

“十二五”时期，华东各地各类型图书馆依托移动互联网技术优势，开发出针对各类移动终端的信息服务系统与客户端，相继推出了以手机、手持阅读器、平板电脑移动终端为媒介的移动图书馆服务，向读者提供借阅信息查询、预约续借图书、到期通知、文字图像视频全媒体移动阅读；推送讲座展览活动预告、图书馆通知公告、新书推荐等信息，全方位拓展了读者服务的内容，实现了图书馆资源与服务的泛在化使用。2011年，复旦大学开通移动图书馆，这是国内首家引入移动图书馆2.0技术的机构，此后，同济大学等高校也推出了移动图书馆服务平台，开通“掌上图书馆”。2013年，上海图书馆开发移动服务支撑平台，贯通展览、读书活动、微博微信等内容，打造全市公共图书馆移动云平台，“云中上图”项目初现雏形。2015年上海图书馆微信支撑平台建成，实现了二维码手机读者证。2011年11月，上海普陀区图书馆开设全国首家青少年智能图书馆，利用RFID技术，实现自助办证、一站式精确三维导航、架位自动标引、自助借阅等功能。截至2014年年底，福建省有22家公共图书馆采用RFID技术实现图书自助借还。资源发现系统逐渐被一些大型图书馆采用。思源探索(Online Universal Resources Explore,OURExplore)系统是上海交通大学图书馆推出的一站式资源检索与获取平台,系统自推出以来受到广泛关注。上海交大图书馆不断创新和完善系统功能和使用体验,于2013年1月1日,正式推出V4.0版。2012年1月,东南大学图书馆开始使用整合全馆所有文献资源的发现系统——成贤搜索,并于两年后进行了更新升级。2014年,上海图书馆正式启用“上图发现”知识资源发现服务平台,整合外购全文学术数字资源、馆藏目录及电子书,实现了知识信息的统一检索和发现。上海图书馆、苏州图书馆少儿馆等相继引3D打印技术。2015年,浙江图书馆联合全省公共图书馆推出《开放融合,连接一切——浙江省公共图书馆“互联网+”行动计划》,率先在图书馆界开启了“互联网+”服务,以实现图书馆服务与支付宝技术平台的对接,在支付宝的图书馆服务中开通书目和活动信息查询、续借预约办理、在线办证、支付、借还书、数字阅读等一系列便民服务。

6. 特殊群体服务受到更多关注

未成年人、老年人等弱势群体、特殊群体的读者权益,一直是公共图书馆关注的重点。“十二五”时期,华东地区公共图书馆以少儿群体、视障人群体、老年群体、城市新居民(外来务工人员)群体为重点,深化对弱势群体开展精细化和专业化服务。加大少儿图书馆和盲人图书馆、阅览室的基础设施建设,将数字化、智能化的服务手段和服务理念引入未成年人及阅读障碍人士等弱势群体读者的服务当中。2011年福建省少儿图书馆落成开放,成为国内较早使用云计算技术、最多采用智能化技术的少儿图书馆。厦门市少年儿童图书馆关注弱势群体,在一些偏僻、交通不便、信息闭塞的中小学建立图书流通点,定期上门送书,举办夏令营培训活动。浙江省公共图书馆把为弱势群体服务作为读者服务的重点。2011年浙江图书馆创新视障读者服务项目,成立“浙江省视障信息无障碍服务中心”,并进一步与省内各市县公共图书馆开展广泛合作,通过合作建立分中心的方式,促成全省视障信息无障碍服务网络体系的建立,实现全省范围内视障信息的共建共享。温州市图书馆完善老年分馆“老有所乐”系列活动,每年开展老年活动近百次,其“以老服老”特色服务案例获得浙江省读者主导型文化活动案例比赛一等奖。绍兴图书馆推出“老年读者爱心卡”,为老人提供特殊服务。湖州图书馆开办“农民工文化之家”,开展助力春运火车票网购服务以及网络知识与技能公益培训。嘉兴市图书馆于2014年推出面向读写困难儿童服务的实践项目——“快乐读写直通车”学习体验营，运用多元化教学法和多感官教学法提高读写困难儿童的阅读能力和书写能力。2014 年 10 月，浙江图书馆举办国际盲人节系列活动，启动“我为盲人捐声”公益项目，面向社会大众呼吁把文字转换成声音，让盲人通过声音阅读。2011 年 12 月，上海无障碍数字图书馆开始试运行，2012 年初正式运行，为视障、听障人士，老年人等群体打造了一个无障碍的图书馆信息平台。2012 年起，金陵图书馆与南京新闻广播联手推出“朗读者”公益活动，此项活动以为弱势群体服务作为切入点，动员社会各界热心人士参与，由志愿者自行朗读录制音频文件，提交有声作品，金陵图书馆统一制作成光盘或移动硬盘，赠送给南京地区的盲人团体和盲校学生，满足视障人士的阅读需求。几年来，这项活动取得了较大的社会影响，获得社会各界人士的高度评价和肯定。2014 年山东省图书馆建设开通“光明之家”盲人数字图书馆，在全国首创“一站、一网、一库”的建设服务模式，截至 2015 年，全省共建设 59 个标准化视障数字阅览室基层服务点，初步构建起盲人数字资源库，配置盲文点显器、扩视软件、一键式智能阅读机、手持式电子助读器、读屏软件等设备，真正实现了无障碍阅读。福建省图书馆“面向特殊群体、弱势人群知识援助行动”被评为 2013 年文化部“文化志愿者基层服务年”示范项目。

三、设施建设

“十二五”时期，对图书馆馆舍的新建和改扩建，成为各级政府推动图书馆事业发展的一个重要抓手。从公共图书馆到高校图书馆再到其他各类型图书馆，大规模的新馆建设工程方兴未艾。一批省、市、县标志性文化设施纷纷落成或开工建设。在《全国公共图书馆事业发展“十二五”规划》指引下，为实现全覆盖的公共设施网络，华东各地加大公共图书馆设施建设，努力改善设施状况。根据《全国地市级公共图书馆文化设施建设规划》的要求，地市级公共图书馆将重点放在进一步提高建设标准上，而县级图书馆将重点放在了进一步改善设施条件上。经过努力，华东地区省市县公共图书馆的硬件设施、设备、场馆的升级和扩充达到了前所未有的水平。“十二五”末，华东地区县以上公共图书馆总面积占全国的三分之一，与“十一五”末相比，增加了一半，增幅与全国总水平持平，其中增长幅度更为显著的有安徽、山东等省，详见表 11 - 10。2015 年，江西省共有公共图书馆 112 个，其中有近三分之一的市级馆和超过 20% 的县级馆在“十二五”期间建成新馆并投入使用。安徽省 2011 年有 11 个公共图书馆新馆在建、完成改扩建或立项，2013 年全省公共图书馆使用面积增加了7万余平方米。2012年,山东省有9个市级图书馆、17个县级图书馆在进行新建或改扩建;福建省有9个图书馆新馆建成,7个图书馆新馆在建,18个图书馆进行改扩建。“十二五”时期,华东地区少儿图书馆设施建设成果突出。福建、浙江宁波等地一批新建少儿图书馆开馆。2011年9月,福建省少年儿童图书馆落成启用,建筑面积1.79万平方米,是当时国内新建单体面积最大的少儿图书馆。

表11-10　华东各地公共图书馆2010年与2015年馆舍建筑面积对照表

地区	2010年馆舍面积(万平方米)	2015年馆舍面积(万平方米)	增幅
上海市	37.034	41.827	12.9%
江苏省	65.371	103.122	57.8%
浙江省	58.079	95.083	63.7%
安徽省	21.990	39.928	81.6%
福建省	33.206	38.051	14.6%
江西省	27.240	36.551	34.2%
山东省	47.603	82.567	73.5%
总计	290.532 (占全国总数32.3%)	437.129 (占全国总数33.2%)	50.5%

华东地区各级图书馆在争取扩大馆舍面积的同时,努力推进馆舍功能的不断完善。新建及经过改扩建的图书馆大部分采用大开间设计,以实现“藏、借、阅、咨”一体化功能布局和全开架借阅服务,并设置少儿阅读区和残障人士阅览室等,满足不同人群的需求。图书馆经过改扩建后,还通过重塑馆舍空间,为社会公众休闲娱乐、自我提升、相互交流、创新创业,提供具有浓厚文化氛围和利用价值的场所。

各地在加快图书馆新馆建设、完善馆舍布局功能的同时,信息化、智能化设施设备的建设和应用也在加大,大多数图书馆配置了移动阅读终端、视听体验设备、智能楼宇管理系统等现代化设施。上海图书馆、浙江图书馆等开始了基于云存储、云服务和大数据的技术平台建设,提升了信息设施管理水平,为实现对各类型海量数据的有效管理、存储、分析和利用打下了坚实的基础。各级图书馆的业务管理系统得到更新,运行性能进一步提高,服务系统的访问速度进一步加快。数字图书馆建设中的用户统一管理平台、图书网络借阅平台建设也在不断加快。“十二五”期间，江西省各级政府加大资金投入，努力提升公共图书馆信息化水平，截至2015年，全省公共图书馆拥有计算机6893台，电子阅览室面积2万平方米，电子阅览室终端4500多个，较2010年增加了45%。“十二五”时期华东地区图书馆设施建设呈现以下特点。

1. 地市级公共图书馆设施建设不断提速，标准提高

“十二五”时期，依据《全国地市级公共文化设施建设规划》，华东各地重点推动地市级公共图书馆设施建设，多所地市级图书馆得到新建、扩建、改建地市级图书馆，成为设施达标、布局合理、功能完善的公共图书馆。其中新建成立的图书馆有安徽省的黄山市图书馆、亳州市图书馆、宿州市图书馆，山东省的菏泽市图书馆、临沂市图书馆，福建省的福州海峡图书馆等；重建新馆和改扩建的图书馆有：江苏省的泰州市、扬州市、盐城市、南通市图书馆新馆，浙江省的绍兴市、金华市、舟山市、丽水市图书馆新馆、金华市少年儿童图书馆新馆，安徽省的淮南市、宣城市、淮北市图书馆新馆，江西省的南昌市、吉安市、宜春市、九江市图书馆新馆等。“十二五”时期新建或经过改扩建后的公共图书馆布局更加合理完善，大都设有少儿服务区、盲人服务区、电子阅览区、休闲娱乐区、展示区等，集收藏、展示、交流、欣赏、培训、教育、研究、休闲等功能于一体。在馆舍功能逐渐完善的同时，现代信息技术设施建设也得到同步跟进，普遍设有电子触摸屏，自助办证机、自助借还书机、自助打印机等等，基本达到无线网络在馆区的全面覆盖。

2. 县区级公共图书馆设施条件极大改善

“十二五”期间，为解决县级图书馆设施设备落后等问题，中央财政对全国面积未达标的县级图书馆给予了修缮资金补助，在中央财政资金的带动下，华东各地政府纷纷加大投入，县区级图书馆的面貌得到了极大的改善。如浙江省新建立了温州瓯海区图书馆，重建新馆舍的有宁波市江北区图书馆新馆、义乌市图书馆新馆、龙泉市图书馆新馆、苍南县图书馆新馆、海盐县张元济图书馆新馆、湖州市南浔区图书馆新馆、临安市图书馆新馆等；安徽省新建立了首个区级图书馆合肥蜀山区图书馆、首个县级少儿图书馆歙县少年儿童图书馆，重建新馆舍的有当涂县图书馆新馆、繁昌县图书馆新馆、芜湖县图书馆新馆、凤阳县图书馆新馆；上海市重建新馆舍的有杨浦区图书馆新馆、宝山区图书馆新馆、嘉定区图书馆新馆、崇明县图书馆新馆；江苏省重建新馆舍的有南通如皋市图书馆新馆、启东市图书馆新馆，无锡市锡山区图书馆新馆，南京市建邺区图书馆新馆、鼓楼区图书馆新馆；福建省重建新馆舍的有宁德

市蕉城区图书馆新馆等。“十二五”时期,华东地区共有数十家新建或改扩建的县区级图书馆向市民开放,其中很多新馆地理位置优越,成为当地的标志性文化建筑。在改善县级馆馆舍设施条件的同时,信息化设施建设也同步进行,大多数图书馆均建有电子阅览室,配备一定数量、可接入互联网的电脑终端,江浙沪地区不少县级馆已使用 RFID 技术,启用了自助服务设备,开通了自助办证、自助借还书、自助打印、自助复印、多媒体试听等服务。

3. 高校图书馆图书馆设施环境普遍优化

“十二五”时期华东各地高校图书馆进一步加强基础建设,馆舍面积持续增加。2014 年上海高校图书馆馆舍总面积达 98.9 万平方米,阅览座位 9.7 万个;2015 年,有上海健康医学院、上海建桥学院、上海外国语大学贤达经济人文学院和上海师范大学天华学院 4 所高校图书馆新馆落成,馆舍总面积持续扩大。2015 年福建省高校图书馆(不含独立学院和院系资料室)馆舍总面积达到 135 万多平方米,比 2010 年增加了约 25 万平方米。浙江省高校图书馆馆舍面积保持稳定增长,2011 年高校图书馆馆均建筑面积为 2.08 万平方米,有 1 所高校新馆投入使用;2013 年有 2 所新馆投入使用;2014 年有 6 所投入使用;2015 年又有 2 所投入使用,同时有 10 所新馆在建。

“十二五”期间,华东各地高校图书馆不仅馆舍面积持续增加,信息化、网络化、数字化设施更是得到全面普及,图书馆环境普遍优化。2014 年,厦门大学图书馆新馆建成,新馆面积为 7.3 万平方米,在全国高校新建图书馆馆舍面积中处于领先水平,图书馆馆舍总面积达到 10.26 万平方米,在全国各高校图书馆馆舍面积排行中位居第二。除此之外,华东地区高校图书馆馆舍面积进入全国前十的还有浙江大学图书馆、苏州大学图书馆、扬州大学图书馆、安徽大学图书馆。2011 年,江苏省高校图书馆总建筑面积达 290 万平方米,拥有各类阅览座位近 30 万个,除馆舍面积、阅览座位外,图书馆网络设施、自助借还设备、电子阅读设备等各项设施设备都走在全国高校的前列。是年,浙江省高校图书馆网络交换机端口馆均 479 个,个人电脑馆均 232 台,服务器馆均 14.8 台。各项数据与“十一五”时期相比均有所增加。图书馆面积的增加,信息化、数字化设施的全面普及,使高校图书馆环境发生了巨大的变化,图书馆不仅宽敞、整洁、设施一新,还配有影院、咖啡馆等休闲娱乐区域,而开放式的管理、自助化的服务,也为读者提供了更为自由和人性化的空间。

“十二五”时期,华东地区在图书馆设施建设总体水平有较大幅度提高的同时,还存在地区发展、城乡发展的不平衡。华东地区除上海、江西外,其余 5

个省均有一些市、市辖区或县(含县级市)尚未建立独立建制的公共图书馆。如安徽省公共图书馆设施数量仍然不足,2013 年末,仍有 1 市(六安)、24 个县区未建公共图书馆。2013 年,安徽省每万人拥有公共图书馆建筑面积为 58.66 平方米,在全国各省中仅排名第 28 位。

四、组织管理

1. 人才队伍结构更加合理,专业化水平有所提高

图书馆员的素质决定了图书馆服务的质量,图书馆人才队伍建设是制约图书馆事业发展的关键因素。“十二五”时期,华东地区各级各类图书馆高度重视人才队伍建设,实施“人才兴馆”“人才强馆”战略,营造适宜人才成长的环境,提高馆员地位和待遇。通过进一步完善图书馆专业技术职称制度、对从业人员进行岗位培训和再教育、建立激励机制等方面措施,优化人力资源结构,使人才队伍的建设机制日益完善。图书馆的人力资源结构正在向高学历、多学科方向发展,图书馆员队伍稳步走向知识化、专业化。“十二五”时期,华东各地公共图书馆专业技术人员数量均有不同幅度的增长,其中江西、安徽、福建等省增长幅度较大,尤其是江西省增长幅度最大。“十二五”末,江西省公共图书馆高级职称人数比“十一五”末增加了 56.5%,中级职称人数增加了 38.7%,详见表 11－11。

表 11－11　华东各地公共图书馆 2010 年与 2015 年高级职称人数对照表

地区	高级职称人数(人)			中级职称人数(人)		
	2010 年	2015 年	增幅	2010 年	2015 年	增幅
上海市	175	179	2.3%	567	637	12.3%
江苏省	328	362	10.4%	895	1012	13.1%
浙江省	272	332	22.1%	986	993	0.7%
安徽省	82	99	20.7%	338	438	29.6%
福建省	74	97	31.1%	374	457	22.2%
江西省	69	108	56.5%	266	369	38.7%
山东省	352	407	15.6%	1103	1106	0.3%
总计	1352	1584	17.2%	4529	5012	10.7%

“十二五”时期,上海图书馆在创新人才培养模式,制定人才队伍建设计划,确定高端人才培养方案,成功申报博士后科研工作站。同时不断加大专业馆员培养力度,建立并实施了数据馆员、采访馆员等制度。2015 年,上海图书馆新进人员中研究生比例达到 35.7%,有效优化了人力资源结构。浙江省高校图书馆坚持“自我培养”与“人才引进”相结合,通过岗位聘任、分类培训等有效措施,培养出一支服务意识强、专业素质高的人才队伍。2012 年,为进一步加强浙江省高校图书馆人才队伍建设,加快业务骨干培养,浙江省教育厅下发了《关于建立浙江省高校图书馆馆员省内访学研修制度的通知》以及访学研究管理办法,批准浙江大学图书馆、浙江工业大学图书馆、浙江师范大学图书馆、宁波大学图书馆作为首批访学研究基地。为加快改革步伐,强化图书馆人才队伍建设,山东省文化厅在山东省图书馆等直属文化单位实施了“大师引进工程”,延聘许嘉璐为山东省图书馆名誉馆长,提升了图书馆的文献学术研究、对外文化交流和社会教育水平,为其他文化事业单位体制机制改革积累了经验。

此外,随着图书馆志愿者队伍的不断壮大,志愿者队伍建设与管理机制日趋完善。截至 2015 年,华东六省一市公共图书馆共有志愿者队伍 2321 个,志愿者服务人数 70 660 人。华东地区各级公共图书馆在志愿者队伍建设和管理方面积极探索,不仅志愿者规模不断扩大,制度不断健全,服务能力也不断得到提升。为促进志愿者服务活动的制度化、常态化,上海、浙江、江苏等地各级图书馆纷纷制定出台了专门的志愿者管理办法,对志愿者的招募、管理、培训、服务及表彰进行了规范化管理。

在华东地区图书馆人才队伍不断扩大、专业化水平不断提高的同时,我们也应看到,2015 年华东地区每 2.54 万常住人口才配有一名公共图书馆工作人员,配置比例过低,与发达国家每 2500 个服务人口配备一名工作人员相比,存在相当大的差距。

2. 体制改革步伐加快,法人治理结构逐步建立

建立公共图书馆法人治理结构是党的十八届三中全会提出的明确要求,也是公共图书馆深化改革,创新管理体制机制的重要途径之一。理事会制度是图书馆法人治理结构的重要组成部分,有利于社会力量参与到图书馆建设当中。近几年,华东地区公共图书馆在建立理事会制度方面做出了许多有益的尝试,法人治理结构改革正在有条不紊地进行。早在 2009 年 6 月,无锡市图书馆探索成立了理事会,成为华东地区公共图书馆建立理事会制度的先行

者。无锡市图书馆理事会虽属咨询型理事会，但为公共图书馆法人治理结构改革迈出了试探性的一步。党的十八届三中全会做出了全面深化改革的战略部署，推进国家治理体系和治理能力现代化。2014 年 4 月，文化部通过《2014 年文化系统体制改革工作要点》，明确提出推动图书馆组建理事会试点工作，吸纳有关方面代表、专业人士、各界群众参与管理，完善决策和监督机制，提高服务水平，提升使用效率。2015 年 1 月，中办、国办《关于加快构建现代公共文化服务体系的意见》再次强调要“建立事业单位法人治理结构”，推动公共图书馆组建理事会。在一系列相关政策的指引和推动下，江苏、浙江等地积极探索建立公共图书馆理事会制度，稳妥推进法人治理结构试点工作，取得了一些实质性成果。2014 年 9 月，经国家公共文化服务标准化工作专家组评审，文化部办公厅公布 10 家国家公共文化机构法人治理结构试点单位名单，其中 7 家是公共图书馆，包含了华东地区浙江图书馆、南京图书馆和温州市图书馆 3 家单位。自此开始，华东各地公共图书馆法人治理结构改革如雨后春笋般出现，理事会、监事会纷纷成立。截至 2015 年年底，华东地区共有 31 家图书馆成立理事会，施行法人治理结构建设，其中省级图书馆 3 家，地市级图书馆 9 家，其余为县区级图书馆，详见表 11－12。

浙江省文化厅 2014 年制定实施了《深化文化体制改革实施方案》和《浙江省文化厅深化文化体制改革主要措施、重点项目及工作分工》，2015 年印发《浙江图书馆法人治理结构试点工作方案》《温州市图书馆法人治理结构试点工作方案》，明确了两家单位的试点任务和要求，积极推进事业单位法人治理结构改革。2014 年 6 月 8 日，温州市图书馆理事会成立，理事会对温州市图书馆事物行使决策、管理与监督权，这是浙江省第一个成立理事会的公共图书馆；6 月底，湖州市图书馆理事会成立，顺利完成法人治理结构改革的初步工作。2015 年 1 月，萧山图书馆成立理事会；10 月，宁波市图书馆、宁波市北仑区图书馆分别成立理事会；12 月，舟山市图书馆及一批县区级公共图书馆相继成立理事会。浙江图书馆提出先立章程再组建理事会的工作思路，梳理完成图书馆业务清单、举办单位权利清单、理事会职权清单、管理层职权清单，起草制订了全国首个公共图书馆事业法人组织章程，面向社会公开招募理事会理事，为全国公共图书馆改革提供了样本。2015 年 12 月 21 日，浙江图书馆首届理事会成立，首届理事会中社会代表理事 9 名，占 70%，理事长也由社会理事担任。理事会作为浙江图书馆的决策机构与监督机构，浙江图书馆的重大人事、财务及发展规划、工作计划须经理事会研究确定。截至 2015

年年底，浙江省共有20家公共图书馆相继组建理事会。

2014年10月28日，上海图书馆（上海科学技术情报研究所）成立首届理事会，由13名理事组成，任期三年，著名文化学者余秋雨任理事长。根据理事会章程，理事会定位于决策咨询和监督管理机构，行使对上海图书馆发展战略、规划、重大发展事项和改革举措提出意见和建议等10项基本职权。2015年3月，上海市浦东图书馆理事会成立。

2014年11月28日，南京图书馆成立首届理事会、监事会，建立理事会决策、管理层执行、监事会监督、党委会保障“四位一体”的法人治理结构，南京图书馆同时被文化部和江苏省政府列为公共文化建设改革试点单位，其法人治理结构新模式获得了中共江苏省委宣传部“全省宣传思想文化工作”创新奖。2015年1月16日，镇江市图书馆理事会成立；同年2月5日，无锡市图书馆理事会召开换届大会，第二届理事会成立；4月，徐州市图书馆理事会成立。

2014年10月22日，合肥市图书馆作为安徽省公共文化机构法人治理结构试点单位成立首届理事会。

2015年1月6日，威海市图书馆首届理事会成立，理事会成员共13名，这是山东省首家成立的市级图书馆理事会；3月20日济南市图书馆理事会成立；10月30日烟台市图书馆理事会成立；11月27日济南市长清区图书馆理事会成立。

2015年6月29日，赣州市图书馆首届理事会成立，这是江西省首个成立理事会的公共图书馆。

表11－12　“十二五”时期华东地区已建立理事会的公共图书馆名单

序号	图书馆名称	建立时间
1	江苏省无锡市图书馆	2009年6月
2	浙江省温州市图书馆	2014年6月
3	浙江省湖州市图书馆	2014年6月
4	安徽省合肥市图书馆	2014年10月
5	上海图书馆	2014年10月
6	南京图书馆	2014年11月
7	浙江省温州泰顺县图书馆	2014年12月
8	浙江省金华义乌市图书馆	2014年12月

续表

序号	图书馆名称	建立时间
9	山东省威海市图书馆	2015 年 1 月
10	浙江省温州乐清市图书馆	2015 年 1 月
11	江苏省镇江市图书馆	2015 年 1 月
12	浙江省杭州萧山图书馆	2015 年 1 月
13	上海市浦东图书馆	2015 年 3 月
14	山东省济南市图书馆	2015 年 3 月
15	江苏省徐州市图书馆	2015 年 4 月
16	江西省赣州市图书馆	2015 年 6 月
17	浙江省湖州长兴县图书馆	2015 年 8 月
18	浙江省宁波市图书馆	2015 年 10 月
19	浙江省宁波北仑区图书馆	2015 年 10 月
20	山东省烟台市图书馆	2015 年 10 月
21	山东省济南长清区图书馆	2015 年 11 月
22	浙江省舟山市图书馆	2015 年 12 月
23	浙江省湖州德清县图书馆	2015 年 12 月
24	浙江省宁波江东区图书馆	2015 年 12 月
25	浙江省宁波鄞州区图书馆	2015 年 12 月
26	浙江省宁波宁海县图书馆	2015 年 12 月
27	浙江省宁波余姚市图书馆	2015 年 12 月
28	浙江图书馆	2015 年 12 月
29	浙江省宁波奉化市图书馆	2015 年 12 月
30	浙江省温州鹿城区图书馆	2015 年 12 月
31	浙江省嘉兴海宁市图书馆	2015 年 12 月

公共图书馆改革法人治理结构、实行理事会制度，从本质上说是管理体制和运行机制的变革，有利于提高图书馆的服务效能，切实满足人民群众的文化需求，激发图书馆的活力。图书馆法人治理结构试点工作开展以后，成

效开始显现。温州市图书馆法人治理机构改革一年多后，主要取得了三方面成效：一是争取了更多社会力量的帮助。温州市图书馆理事会成立后，充分利用社会力量，组织实施第三批国家公共文化服务体系示范项目——“城市书网”建设，通过众筹合作多方共建模式，建成了一批24小时开放、无人值守城市书房和“城市书站”，吸引了大量文化志愿者。同时积极探索成立“温州市图书馆发展”基金会，吸纳社会资本参与图书馆建设。二是实现供需对接，全面提升公共文化服务效益。实施法人治理结构改革之后，温州市图书馆更注重市民阅读需求，全力提升服务水平。2015年全年接待读者293.69万人次，比上一年增长10.87%；书刊外借272.60万册，较上一年增长6.08%。三是管理机制优化。在理事会的领导下，建立了以岗位管理、全员聘用、绩效考核三项制度为核心，以干部管理、绩效工资管理、岗位竞聘、日常工作管理四项机制为配套的事业单位综合管理体系，图书馆管理更加规范。在华东地区公共图书馆法人治理结构改革取得一定成效的同时，我们也应该清醒地看到存在的问题，以及尚未厘清的几个关系，如理事会与政府主管部门的关系、理事会与图书馆管理层的关系，配套制度尚不健全，缺乏相应的法律保障及专业支撑，等等。

五、协作协调

图书馆协作协调，既可以是图书馆间的合作与资源共建共享，也可以是图书馆与相关机构间的合作与资源共建共享。“十二五”时期，华东地区图书馆以更加开放的姿态走进联盟合作、互利共享的时代。图书馆间打破传统壁垒和行政区划的限制，协作共享活动呈现跨系统、跨地区、跨级别的特征，开启了许多全新的合作形式与合作内容。

1. 跨系统共享合作方兴未艾

图书馆突破障碍与相关机构建立跨系统合作关系，多以资源共享为主要目的。此类合作有利于发挥各自资源优势，实现各方优势互补，提高馆藏文献资源的利用率，增强图书馆服务供给能力。近几年，华东地区不同系统图书馆及相关机构间的合作共建活动越来越频繁，对事业发展起到了一定的促进作用。2011年起，上海图书馆逐步与中国高等教育文献保障系统（CALIS）、中国高校人文社会科学文献中心（CASHL）、北京地区高校图书馆文献资源保障体系（BALIS）等国内图书馆联盟开展馆际互借和文献传递服务。2011年11月，上海图书馆与CALIS管理中心签订合作协议，这是国内首个加入 CALIS 的公共图书馆，继与 118 家海内外机构建立合作关系之后，正式面向国内高校提供馆际互借原书外借服务，开启了全国性馆际外借服务的新篇章。2012 年 5 月，上海图书馆和中国高校人文社会科学文献中心（CASHL）管理中心、复旦大学图书馆在杭州签署了战略合作协议。2011 年 3 月，山东大学图书馆与国家图书馆、上海图书馆开通馆际互借服务。上海图书馆以“一卡通”书刊通借通还体系和主题图书馆建设为载体，推进馆际文献资源共建共享。2013 年 4 月上海图书馆与上海纺织（集团）有限公司联合共建了“上海时尚产业主题图书馆”，该主题图书馆依托上海图书馆的丰富馆藏文献资源和上海纺织完整的时尚产业链，为建设上海“时尚之都”开展文献信息资源建设和服务工作。2014 年 3 月，上海市图书馆行业协会与上海市书刊方形行业协会签署战略合作协议，共同打造全新的服务平台——书香上海“市民阅读联合体”，图书馆行业与书刊发行行业通过建立阅读推广志愿服务点、“读者联盟”等形式，全方位、多层次地为市民推荐更多好书，共同推进全民阅读。同年 8 月，上海图书馆与中国图书进出口（集团）总公司签署战略合作协议，旨在适应数字出版趋势和满足数字阅读需求，为上海市民搭建数字平台，推动全民阅读的重要活动。此外，上海图书馆还与上海都市型工业协会等建立了战略合作伙伴关系。2014 年 5 月，江苏省图书馆学会、南京图书馆与驻江苏军事院校图书馆合作共建签字仪式在南京政治学院教学指挥中心举行。南京图书馆、江苏省图书馆学会分别与南京政治学院、南京陆军指挥学院、南京海军指挥学院等 6 家军队院校图书馆签订合作共建协议，开展包括资源共建共享、人才交流、学术研究、举办讲座展览等内容的合作共建，较好地推动了军地图书馆融合发展。此外，南京图书馆与江苏省科技情报所签订合作协议，共建共享工程类文献资源；南京图书馆还与金陵科技学院合作，成立“文献保护所”；与莫愁中等职业学校合作办学，为两校提供师资力量，接受两校学生实践，推广古籍修复技术。2013 年 4 月，南京市江宁区图书馆与驻区 15 所高校签署了共建共享协作协议，力图在文献信息服务、数字图书馆及人员培训等方面开展广泛而深入的合作。

2. 跨区域联盟合作逐渐扩大

几年来，华东各地区图书馆开展了一系列跨省性合作。“十一五”时期建立的长江三角洲图书馆联盟在“十二五”期间影响不断扩大，公共图书馆讲座联盟和展览联盟队伍不断壮大，吸引了越来越多长三角地区市、县图书馆的加盟,更多的读者享受了更丰富的文化大餐。"长三角地区网上联合知识导航站"等项目持续开展合作与资源共享。2011 年 4 月,上海市教委、江苏省教育厅、浙江省教育厅共同签署了《关于建立长三角地区高校图书馆联盟的框架协议》等 7 项协议,更好地实现了长江三角洲地区高校信息资源的共建与共享。2012 年,长三角地区高校图书馆联盟网站开通,长三角地区高校图书馆联盟正式建立,有力推动了三地高校文献信息资源实现共知、共建、共享,提升了三地高校图书馆的信息服务能力。2013 年,皖赣湘鄂四省公共图书馆开启了"中三角"联盟之路,四省范围内公共图书馆间开展了多项业务合作,为长江中游城市集群的发展提供强有力的信息保障和文化支撑。联盟还就"十三五"期间整合四省优秀文化资源、合理规划建设特色馆藏、共建优秀服务品牌、加强行业交流协作、构建全媒体数字联盟服务体系等方面达成共识。

3. 区域系统内协作深入推进

华东各地公共图书馆深入推进系统内的馆际合作与共建共享,目的多为缩小区域范围内图书馆间的发展差异,提升区域系统的整体实力。浙江图书馆着力全省公共图书馆间的协作与发展,在全省公共图书馆范围内牵头组建了讲座、展览、信息、网络技术、视障服务等各项目联盟,组织实施浙江省公共图书馆通阅互借网络。面对"互联网+"时代的到来,浙江省各级公共图书馆积极探索,树立互联网思维,尝试用"互联网+"提升图书馆服务,创建适应移动互联网和用户行为习惯的新型服务模式;运用云计算大数据提升行业管理能力和资源共建共享能力,使条件相对落后的图书馆快速提升资源建设和服务能力,增强全省公共图书馆整体服务水平,提高整体服务效能,以开放的姿态,连接一切资源,打造公共文化服务的新型业态。2015 年 8 月,浙江图书馆联合全省 11 个市级公共图书馆联合发布了《浙江省公共图书馆"互联网+"行动计划》。2012 年山东省成立公共图书馆讲座联盟。2014 年 6 月,安徽省 107 家公共图书馆成立阅读推广联盟,推进全省公共图书馆资源整合、优势互补、上下联动、共建共享,提升全省公共文化服务水平。在资源整合共享、阅读项目推广、服务品牌打造和人员培训等方面发挥积极作用,自成立后一年半时间内,策划组织安徽各级公共图书馆开展各种阅读推广活动 2800 场次,联盟"以强扶弱、抱团取暖"的工作成效日益显现。

"十二五"时期,华东各地高校图书馆系统内的资源共建共享合作继续发展。2011 年 3 月,上海交通大学、同济大学、华东师范大学、上海大学等 10 所高校图书馆确定集团订购剑桥电子图书数据库,通过资源共建共享的方式降低各馆各自采购所需的经费,提高文献资源利用率。江苏省高校图书情报工作委员会以集中镜像的方式将所购资源为全省高校图书馆读者提供在线服务,同时还集中购买外文全文电子期刊数据库,以提高江苏高校图书馆的经费使用效益,提升文献资源建设的整体优势。在加强集团采购的同时,江苏省高校图工委还成立了文献联合采编中心,直接为各成员馆提供快捷、高效的书刊采购服务,提供共享的订购、编目数据,形成共建共享的服务能力,提高编目工作的社会化程度。山东省高校图书馆积极探索建立 CALIS 全省服务覆盖网,通过三级服务架构模式,推动山东地区高校文献资源保障和服务能力的不断提升。山东省签署 CALIS 服务协议的各类高校有 113 所,其中本科院校签约率达到 100%,开通 CALIS 共享版文献传递与馆际互借系统账号的高校有 80 余所,各校文献传递业务量稳定增长。山东省有 81 所高校与 CALIS 签署联合编目协议,其中一半以上提交馆藏书目数据,数据质量较高,提交书目数据总量和机构数均居全国首列。山东省高校图工委组织全省高校图书馆进行国外数据库集团采购,发挥团购优势,减低购置成本,得到全省各高校图书馆的用户和认可。浙江大学图书馆加强与院系资料室的合作,完成院系资料室书目回溯建库工作,建立以图书馆文献资源为主体,院系、研究团队资料室为补充的全校文献资源保障体系。

4. 国际合作日益丰富

"十二五"时期,华东地区图书馆进一步走向世界,与国际上各类图情机构的联系也日益密切。上海图书馆、杭州图书馆和南京图书馆积极加入国际图情组织,开通国际合作业务。上海图书馆与 OCLC(联机计算机图书馆中心)、德国文献服务系统(Subito)等境外 22 家文献机构建立馆际互借合作关系。2015 年上海图书馆在 OCLC 上的馆际互借完成量为中国内地公共图书馆之首(不含国家图书馆)。2015 年 1 月 12 日,都柏林核心元数据组织(DCMI)在其官方网站(http://dublincore.org/)宣布上海图书馆加入该组织,正式成为其机构会员。截至 2015 年 10 月,上海图书馆"上海之窗"项目合作伙伴已遍布六大洲 64 个国家和地区,共 129 家机构,累计送出图书 8 万多册。2015 年 3 月,杭州图书馆开通 OCLC(联机计算机图书馆中心)的 Worldshare ILL(全球共享馆际互借)平台,成功实现与全球 49 个国家 1 万家图书馆间的馆际互借和文献传递业务。这也是继国家图书馆、上海图书馆之后,我国第三个实现全球馆际互借的公共图书馆。杭州市民可通过杭州图书馆共享该平台成员馆提供的数亿条馆藏书目记录，各国读者也可以通过此平台了解到关于杭州最新最翔实的资料，成为宣传杭州形象，推进城市国际化建设的新渠道。2012 年 5 月，南京图书馆正式与 OCLC 签订战略合作协议，成为 OCLC 的使用馆，该馆可以通过 OCLC WorldCat 联机联合目录数据库，实现与全球 1 万多家图书馆的馆际互借和文献传递的申请服务，以及对全球近 2 万家图书馆馆藏文献的代检代查服务。

六、国家重点文化工程

“十二五”期间，在文化部、财政部和各级地方政府的大力支持下，华东地区公共图书馆继续推进文化信息资源共享工程、公共电子阅览室建设计划和中华古籍保护计划建设，统筹实施 2011 年启动的数字图书馆推广工程和民国时期文献保护计划，担负起更多的社会责任。

2011 年 11 月，文化部、财政部共同出台了《关于进一步加强公共数字文化建设的指导意见》，提出要重点实施文化共享工程、数字图书馆推广工程和公共电子阅览室建设计划三大公共数字文化惠民工程，这是国家战略层面上首次提出并积极推动全国公共数字文化服务体系的建设，是对继续进行数字图书馆建设顶层设计的探索。华东各地及时响应并积极推动。2012 年江苏省文化厅下发了《关于开展公共数字文化建设的实施方案》；次年，又制定下发了《江苏省公共数字文化系统建设标准》，全省各地根据标准要求，制定了本地区公共数字文化建设四年计划。

1. 文化信息资源共享工程建设稳步发展

“十二五”期间，文化信息资源共享工程经过数年的发展积累了丰富的资源，服务的深度、广度不断扩大。华东各地在文化共享工程服务网络、数字资源、技术平台、工作队伍、共建共享、服务成效等方面取得了丰硕的成果。继续新建基层服务点，发展完善覆盖城乡的服务网络；深入基层，广泛开展文化惠民服务；免费举办培训班，指导居民使用计算机上网查阅数字资源；深入贯彻《文化部关于开展全国基层文化队伍培训的意见》，提高文化共享工程人才队伍建设水平，各地开展了一系列文化共享工程业务培训。

2011 年，江苏省委、省政府下发的《关于加强新形势下城乡社区建设的意见》中，明确了“十二五”期间全面建成文化共享工程社区基层服务点的要求，有效保障了江苏全省文化共享工程在各级政府的主导下有序推进；江苏省财政落实文化共享工程奖励补助资金860万元,用于扶持经济薄弱地区和黄茅老区社区基层服务点建设;实施了江苏省文化共享工程"1+1"数字资源配送工程,在文化共享工程国家管理中心配送1TB数字资源的基础上,省中心自行追加整合了1TB的数字资源赠送给101个市、县支中心。

2012年,山东省图书馆与省广电网络部门合作,整合制作视频资源260GB,开通了山东省文化共享工程有线电视平台——"文化方舟",覆盖全省17个市数字电视用户1700余万户,实现了由"村村通"到进入千家万户的跨越。2013年,山东全省文化信息资源共享工程已建成157个市、县支中心,2447个乡镇(街道)基层服务点,7.8万多个村(社区)服务点,资源总量达到70TB;公共电子阅览室达到8000多个;数字图书馆推广工程已建成1个省级中心和11个市级中心,实现全省140个县级数字图书馆全覆盖。山东省图书馆组织文化志愿者赴西藏、黑龙江开展"春雨工程"支援边疆公共文化建设工作,受到文化部肯定,并在全国性会议上介绍经验;2013年山东省图书馆与国家公共文化发展中心、省武警总队合作,在全国率先实施了"万里海疆数字文化长廊建设工程",中央电视台晚间新闻给予了报道。2015年山东省实现全省五级公共数字文化网络全覆盖,成为全国唯一一个"全国文化信息资源共享工程示范省",全省挂牌建成公共电子阅览室9300余个,服务终端10余万台,3G网络终端4100个,年服务5000万人次,可监测服务人次居全国第一。2015年2月28日,"全国文化信息资源共享工程——中国驻利比里亚维和警察防暴队服务点"授牌仪式在山东省公安边防总队举行,这是我国首个驻外文化信息资源共享工程服务点。

浙江省文化共享工程建设得到较快发展,截至2015年年底,浙江省共建成1个文化共享工程省分中心、11个市支中心、83个县级支中心、44 886个基层服务点、1764个公共电子阅览室。基本建成覆盖全省各级公共图书馆分布式虚拟专网。

2. 公共电子阅览室计划建设取得重大进展

2012年2月,文化部、财政部联合印发关于《"公共电子阅览室建设计划"实施方案》的通知,决定于"十二五"期间在全国实施"公共电子阅览室建设计划"。几年来,华东地区稳步推进公共电子阅览室建设计划,乡镇、街道,村和社区基本实现了公共电子阅览室全覆盖,队伍建设和制度建设也取得了进展。

浙江省是公共电子阅览室建设的试点省份之一,浙江省文化厅下发《关于开展"公共电子阅览室建设计划"试点工作的通知》《关于加强公共电子阅览室建设的实施意见》等一系列文件，对试点工作进行全面部署，逐步推进全省公共电子阅览室建设计划。嘉兴市图书馆和桐庐县图书馆是浙江省公共电子阅览室试点单位，两地财政投入达2343.1万元，共建成65个标准配置的乡镇（街道）公共电子阅览室，覆盖率达100%；建成41个标准配置的行政村（社区）公共电子阅览室，所有电子阅览室实现免费开放。浙江省率先提出对公共电子阅览室试行备案制度管理，全省范围内所有公共电子阅览室必须进行备案，所有资料统一录入浙江省社会文化数据动态填报系统，并形成备案编号，进行统一管理，所有公共电子阅览室实现免费开放。截至2015年年底，浙江省依托各级公共图书馆、文化馆、文化共享工程分支中心和基层服务点，共建成1764个公共电子阅览室。

上海积极推进公共电子阅览室建设工作，不断完善公共电子阅览室配置，实现了市、区（县）和社区三个层级的全覆盖，初步实现了社区全覆盖、绿色普及化、内容整合化以及联网连锁的便民化。上海在完成公共电子阅览室、文化共享工程两个全覆盖后，一方面重点打造延伸服务，另一方面将工作重心放在资源建设与服务上，形成具有上海特色、覆盖城乡的数字文化服务体系，施行有效的运行管理模式，使广大市民的多样化文化需求得到进一步满足。在2014年《“公共电子阅览室建设计划”实施方案》全面完成阶段，上海各地加紧公共电子阅览室规范化、标准化建设，展示公共电子阅览室发展成果。2014年，上海市公共电子阅览室管理平台初步建成。由上海东方信息苑承担建设的上海街（镇）级公共图书馆电子阅览室管理平台基本实现与文化共享工程上海市分中心的数据对接。

山东省积极开展公共电子阅览室建设与服务“示范县”创建活动，2012年全省公共电子阅览室发展到5600多个，山东省被文化部命名表彰的“全国公共电子阅览室建设示范点”数量居全国第一位；2013年山东省公共电子阅览室发展到8000多个。在大力发展电子阅览室数量的同时，山东省努力探索创新，形成了公共电子阅览室“一站双网三平台全功能”服务模式。

安徽省图书馆制定了公共电子阅览室免费开放管理方案、服务规范、读者须知、设备配置标准等一系列规范、标准，确保公共电子阅览室持续高效运转。

至2015年，江苏全省96家市、县（区）公共图书馆电子阅览室完成系统安装。

3. 数字图书馆推广工程迅猛发展

2011 年 5 月正式启动的数字图书馆推广工程是继文化共享工程、公共电子阅览室建设计划之后，文化部、财政部在“十二五”时期启动并实施的又一项重大文化惠民工程。由国家图书馆牵头的“数字图书馆推广工程”，将国家数字图书馆建设成果推广到全国，重点带动全国公共图书馆系统的数字图书馆建设。截至“十二五”期末，华东地区各省级图书馆及大部分市级图书馆均已启动数字图书馆推广工程，并在服务网络建设、数字资源建设、读者服务和培训宣传等方面扎实推进，各地基本建成了覆盖各级公共图书馆的数字图书馆虚拟网；建设了分布式公共文化数字资源库群，有效扩充了各级公共图书馆的数字资源；建设了数字图书馆服务平台、文化资源展示平台和文化交流平台，借助计算机、智能手机、平板电脑等媒体终端提供数字化服务，借助借阅机、触摸屏等新媒体将数字图书馆服务延伸到了基层。通过网络书香过大年、网络书香・世界读书日、图书馆故事随手拍、网络书香・数字图书馆建设与服务、全国数字阅读推广活动、数字文化惠万户活动等对数字图书馆推广工程进行广泛宣传。内容丰富、技术先进、覆盖面广、传播快捷的公共数字文化服务网络初步建成。为推动数字图书馆推广工程的发展，各地加大对从业人员的培训力度，开展了包括数字资源建设、软件系统应用、活动宣传等一系列培训。

浙江省加快推进数字图书馆推广工程。2013 年完成了省、市和 60% 以上的县级数字图书馆虚拟网建设，并与国家数字图书馆虚拟网联通。2013 年 11 月，浙江省公共数字文化移动服务平台——浙江文化通上线运行，通过宣传屏、手机、iPad 等智能移动终端，为公众提供文化资讯和数字阅读、图书查询等公益服务，实现了信息服务、文化服务和用户群体间的互通互动，属全国首创。2015 年浙江省所有市级图书馆已联通虚拟网，县级图书馆接通率达 90%。2010 年年底，由杭州图书馆创新设计的杭州数字图书馆正式开通，成功推出网络、电视、手机三大服务终端，实现所有拥有杭州地区 IP 地址的用户（高校系统除外）不需要任何注册信息，都可以在网络平台上免费浏览、下载杭州数字图书馆的各种资源；所有杭州图书馆的注册用户，不论是否在杭州地区，都可通过手机平台使用数字图书馆服务；所有杭州有线电视用户，可在任何时间点击文澜在线电视图书馆的服务。杭州数字图书馆的开通，成功突破了传统图书馆在服务范围、服务方式、用户终端等方面的局限，扩大了数字文化服务的人群覆盖面。2012 年，杭州数字图书馆获文化部第四届创新奖。杭州数字图书馆是全国第一家实现全天候、无任何限制、非注册向全地区市民免费开放数字资源的图书馆，实现将服务送到家庭、送到桌面、送到身边，也是全国第一家通过社会各界协作，实现社会化大合作，融合多终端资源服务的数字图书馆。2012 年，上海图书馆开通无障碍数字图书馆。2013 年，厦门成为全国首个与国家图书馆实现专线网络连接的副省级城市。

4. 中华古籍保护计划建设扎实推进

“十二五”期间，华东各地认真贯彻落实《国务院办公厅关于进一步加强古籍保护工作的意见》和《文化部关于进一步加强古籍保护工作的通知》精神，大力推进中华古籍保护计划，在古籍普查、珍贵古籍名录评审、古籍修复、人才培养、典籍整理出版、珍贵古籍数字化、宣传推广等方面取得了一系列令人瞩目的成绩，使古籍保护工作朝着全面、系统、规范的方向推进。华东各地政府在制定古籍保护政策、加强古籍保护指导的同时，也加大了财政经费的支持。2011 年，江西全省各古籍收藏单位获得的古籍保护经费不少于 500 万元。各古籍收藏单位，通过改造古籍书库、添置古籍保护与普查设备，为古籍保护提供了良好的条件。山东省建立了集普查、修复、展示、研究“四位一体”的古籍保护工作模式。在国务院公布的前四批《国家珍贵古籍名录》中，上海成为列入《国家珍贵古籍名录》最多的省份，江苏入选数量占全国总量的 10.66%。在已经公布的前四批“全国古籍重点保护单位”中，华东地区共有 65 家，其中 50 家为各类型图书馆，详见表 11－13。

表 11－13　华东地区获得前四批“全国古籍重点保护单位”称号的图书馆名单

序号	地区	单位名称	批次
1	上海市	上海图书馆	第一批
2		复旦大学图书馆	第一批
3		上海师范大学图书馆	第二批
4		上海中医药大学图书信息中心	第二批
5		上海社会科学院图书馆	第三批
6		南京图书馆	第一批

续表

序号	地区	单位名称	批次
7	江苏省	苏州图书馆	第一批
8		南京大学图书馆	第一批
9		南京师范大学图书馆	第一批
10		苏州大学图书馆	第一批
11		常熟图书馆	第一批
12		南京中医药大学图书馆	第一批
13		镇江市图书馆	第二批
14		扬州大学图书馆	第二批
15		南通市图书馆	第二批
16		华东师范大学图书馆	第二批
17		无锡市图书馆	第二批
18		吴江市图书馆	第二批
19		徐州师范大学图书馆	第三批
20		常州市图书馆	第三批
21		金陵图书馆	第三批
22		徐州市图书馆	第三批
23		扬州市图书馆	第三批
24	浙江省	浙江图书馆	第一批
25		杭州图书馆	第二批
26		嘉兴市图书馆	第二批
27		温州市图书馆	第二批
28		浙江大学图书馆	第二批
29		绍兴图书馆	第二批
30	安徽省	安徽省图书馆	第一批
31		安徽师范大学图书馆	第二批
32		安徽大学图书馆	第二批
33		安徽中医学院图书馆	第三批

续表

序号	地区	单位名称	批次
34	福建省	福建省图书馆	第一批
35		福建师范大学图书馆	第二批
36		厦门大学图书馆	第二批
37	江西省	江西省图书馆	第二批
38		萍乡市图书馆	第二批
39		赣州市图书馆	第三批
40		庐山图书馆	第四批
41		乐平市图书馆	第四批
42	山东省	山东省图书馆	第一批
43		青岛市图书馆	第一批
44		烟台图书馆	第二批
45		山东师范大学图书馆	第二批
46		济南市图书馆	第二批
47		山东大学图书馆	第二批
48		文登市图书馆	第三批
49		淄博市图书馆	第三批
50		曲阜师范大学图书馆	第三批

“十二五”时期,华东地区图书馆在古籍保护方面主要做了以下工作。

一是古籍修复工作得到加强。各地充分发挥省级古籍修复中心的作用,开展珍贵古籍修复。2011 年,上海市古籍保护中心举办了第一届上海市古籍修复技能竞赛。2013 年,浙江省建成古籍修复中央材料库,完成《古籍修复纸谱》样本;2014 年,浙江省古籍保护中心开展了首批省级古籍修复中心和古籍修复站的评选工作。2011 年南京图书馆与金陵科技学院联合成立“文献保护研究所”,并签订“古籍修复专业”合作办学补充协议。江苏省是全国唯一开设从中专、大专、本科到研究生学历的古籍修复专业的省份。2015 年 5 月,国家古籍保护中心在复旦大学图书馆(中华古籍保护研究院)设立国家级古籍修复技艺传习中心复旦大学传习所。

二是古籍普查登记目录工作有序进行。全国古籍普查登记工作于 2012

年全面展开，截至“十二五”末，华东各省古籍普查登记工作取得了阶段性成果。2015 年年底，江苏省已完成古籍普查登记目录工作的单位数量及古籍数据总量，在全国均名列前茅。

三是古籍原生性保护与再生性保护齐头并进。古籍数字化及影印出版等再生性保护方式，有效缓解古籍保护与使用的矛盾。华东地区古籍保护研究工作有了新进展。上海图书馆在古籍保护方面采取新措施，为防止和减缓古籍虫害的发生和漫延，与上海昆虫研究所合作，经过多年探索和实践，于 2013 年 2 月研制成功第二代文献防蠹纸。

四是地方典籍整理与出版工作有序推进。华东各地图书馆积极参与当地政府牵头启动的地方典籍整理项目，一批有影响力地方性丛书陆续推出，如《浙江文丛》《山东文献集成》《金陵全书》《绍兴丛书》等。2013 年，山东省实施古籍发掘整理研究工程，同时开展传统经典辨析研究，2014 年编撰出版古籍保护成果 28 种 50 册，启动出版《山东儒学文献珍本丛刊》《孟子文献集成》《儒学与艺术学论丛》等一批文化典籍和学术专著。

五是加快古籍数字化进程。由于古籍的稀缺性和珍贵性，古籍数字化成为图书馆保护、利用古籍的首选。华东各地图书馆相继开展古籍数字化扫描工作。上海图书馆大力推进古籍数据库与全文数字化的建设与利用，已建成古籍善本数据库并投入使用；复旦大学图书馆启动了馆藏古籍抄稿本数字化平台制作与数字化加工项目；华东师范大学图书馆的古籍书目数据实现网络检索；上海交通大学医学院图书馆建成古籍资源管理和应用系统。南京图书馆完成古籍文献数字化约 50TB。

六是重视古籍保护人才的培养，加强古籍保护培训。2014 年，地处华东地区的上海图书馆、复旦大学图书馆、江苏省古籍保护中心、浙江图书馆、山东省图书馆 5 家单位成功入选首批“国家古籍保护中心人才培训基地”。复旦大学与国家图书馆签署了联合培养“古籍保护方向”图书情报专业硕士的协议。各省古籍保护中心在国家古籍保护中心的指导下开展了一系列的培训。

七是积极开展古籍保护宣传与推广活动。2014 年 6 月，中华古籍保护计划成果宣传推广活动在安徽省图书馆启动，安徽、江苏、福建等地陆续开展了本次宣传推广活动，在图书馆界和广大社会公众中宣传推广古籍保护理念。“册府千华”系列展览相继在山东、江苏、浙江展出了各地区的国家珍贵古籍，展示了各省古籍保护成果，有力地宣传了古籍保护工作。

“十二五”时期，华东地区高校图书馆随着购书经费的增加，更加重视对历史文献的搜集和保护，不断加大对古籍的购求。越来越多的高校图书馆成为古籍保护单位，有的甚至还成为国家级古籍修复中心。

自2012年“民国时期文献保护计划”项目启动以来，华东各地图书馆积极参与。在民国时期文献普查、海外民国时期文献征集及整理出版、民国时期文献保护人才培养等方面工作取得了重要成果。上海图书馆、南京图书馆等华东地区民国文献收藏单位向国家图书馆提交了馆藏书目数据。2013年起，上海交通大学与国家图书馆联合影印出版了英文版《远东国际军事法庭庭审记录》等对日战犯审判文献资料；南京图书馆陆续整理出版了《南京图书馆藏民国文献珍本图录》《南京图书馆藏民国画报汇编》《南京图书馆藏汪伪政府公报汇刊》等一批珍贵民国文献。江西、安徽、江苏等地先后举办了“民国时期文献普查工作培训班”，以及“民国时期文献保护计划”宣传推广系列活动。

七、法制化、制度化、标准化建设

图书馆是公众自由、平等获取各类信息的场所，图书馆的相关法律法规建设是保障图书馆实现这一目标的重要手段。图书馆事业发展，必须依靠法制的力量，采用制度化、标准化的管理手段，保障和实现公民享有的基本文化权利。“十一五”末“十二五”初期，华东各地图书馆参照文化部、地方政府“十二五”发展规划的要求，结合当地实际，制定规划文本，对图书馆工作进行科学布局和合理安排。上海图书馆、安徽省图书馆、江西省图书馆、福建省图书馆等省级图书馆十分重视本馆“十二五”规划制定，在指导思想、工作目标和任务措施上具有新颖而明确的思路；山东省图书馆、南京图书馆、浙江图书馆积极参与制定本地文化部门的发展规划，发挥了应有的作用。杭州图书馆、上海浦东图书馆等市县级图书馆认真制定“十二五”规划，确立未来发展方向和目标任务。东南大学图书馆、厦门大学图书馆等高校图书馆五年规划的制定体现了图书馆服务导向的新思路。“十二五”时期，国家密集出台了一系列文化政策，较完备的图书馆政策保障体系基本形成。同时，华东各地各级政府及文化主管部门加大对图书馆建设的政策扶持力度，各地区图书馆法律法规建设及行业标准规范建设取得显著成效，图书馆管理的科学化、规范化、法治化水平得到有效提高。

1. 地方性立法取得成果

2015 年 5 月 22 日，上海市人民政府再次发布了《上海市公共图书馆管理办法》，这是对 1996 年制定并发布的上述“管理办法”的第四次修正和重新发布，也是我国唯一一部不断修正的地方图书馆政府规章，它对促进上海地区公共图书馆事业发展起到了积极的保障作用，提升了图书馆的地位，扩大了图书馆的社会影响力。2012 年 11 月 21 日，上海市人大常委会审议通过了《上海市社区公共文化服务规定》，并于 2013 年 4 月起开始实施，这是全国首部社区层面的公共文化法规。2014 年 11 月 27 日，江苏省人大常委会审议通过《江苏省人大常委会关于促进全民阅读的决定》，并于 2015 年 1 月 1 日起正式实施。这是我国首部促进全面阅读的地方性法规。江苏省十二届人大常委会第十九次会议审议通过了《江苏省公共文化服务促进条例》，并于 2016 年 3 月 1 日起开始施行。条例围绕保障人民群众基本文化权益这一目标，主要规范了公共文化服务原则、责任主体、服务提供与管理、设施建设与利用、鼓励社会参与的途径与方式、保障机制与措施、法律责任等内容，涉及公共文化服务体系建设的各个方面，是十八大以来公共文化服务体系建设方面的全国首部地方立法。这些法规的颁布实施，不仅为当地公共文化和全民阅读提供了法律保障，也为华东地区乃至国家层面的公共文化和全民阅读立法提供了重要参考和借鉴。

2. 地方性政策保障日趋完善

为更好地推动公共图书馆服务体系建设的深入开展，华东各级地方政府制定并出台了一系列图书馆相关政策。2011 年 12 月，杭州市委、市政府颁布的《关于进一步加强杭州市公共图书馆服务体系建设的实施意见》，明确了杭州市公共图书馆服务体系的建设模式（即“中心馆—总分馆”制）、建设标准和建设要求等，开启了杭州公共图书馆服务体系建设发展新篇章。2012 年江苏省政府颁布《江苏农村公共文化服务管理办法》，为提升江苏基层图书馆服务质量提供了保障。自 2015 年 1 月 14 日，中共中央办公厅、国务院办公厅印发《关于加快构建现代公共文化服务体系的意见》及《国家基本公共文化服务指导标准》（2015—2020 年）后，华东各地结合本地区实际，先后出台省级实施意见和标准等相关政策文件，对本地区加快构建现代公共文化服务体系作全面部署，着力提升公共文化服务标准化、均等化水平。6 月 10 日，山东省在华东地区率先同步出台《山东省加快构建现代公共文化服务体系实施意见》和《山东省基本公共文化服务实施标准》，指出到 2020 年，要建成覆盖城乡、多元参与、充满活力的现代公共文化服务体系，定位“高于国家标准，兼顾区域平衡”，注重体现突出山东特色，融入山东元素，形成独有文化品牌；7月24日，浙江省出台《浙江省关于加快构建现代公共文化服务体系的实施意见》和《浙江省基本公共文化服务标准》，明确提出“到2020年，基本建成城乡一体化、区域均衡、人群均等的现代公共文化服务体系”的目标；7月28日，江苏省出台《关于加快构建现代公共文化服务体系建设的实施意见》和《江苏省基本公共文化服务保障标准》，明确提出“到2020年，全面建成覆盖城乡、便捷高效、保基本、促公平的现代公共文化服务体系”；8月7日，上海市出台《上海市贯彻〈关于加快构建现代公共文化服务体系的意见〉的实施意见》，强调公共文化服务的均衡发展，突出公共文化服务与科技的融合发展；12月24日，福建省发布《中共福建省委办公厅 福建省人民政府办公厅 关于加快构建现代公共文化服务体系的实施意见》和《福建省基本公共文化服务保障实施标准》，总结推广厦门、三明、福州创建国家公共文化服务体系示范区经验，促进城乡基本公共文化服务均等化；12月31日，安徽省印发《安徽省推进基层综合性文化服务中心建设实施方案》，指出到2020年，基层综合性公共文化服务中心要成为全省文化建设的重要阵地和提供公共服务的综合平台，成为党和政府联系群众的桥梁和纽带，成为基层党组织凝聚服务党员、群众的重要载体。2015年12月，江苏省政府办公厅转发了江苏省文化厅等部门制定出台的《关于做好政府向社会力量购买公共文化服务工作实施意见》。

3. 各地文化主管部门指导性文件不断出台

2011年9月，浙江省文化厅出台《关于推进全省城乡一体化公共图书馆服务体系建设的指导意见》《关于加强公共电子阅览室建设的实施意见》等文件，指导推动全省各地加强基层公共文化服务体系建设，“十二五”末，全省公共图书馆服务基本实现城乡全覆盖。2015年5月，安徽省文化厅下发《关于开展县级公共图书馆总分馆制建设的通知》，全面开展县级公共图书馆总分馆制建设，以县级公共图书馆为总馆、乡镇综合文化站为分馆、村农家书屋为服务点，统筹县域图书资源建设、流通、服务网络，实现农村公共图书服务一体化。2011年，江苏省文化厅与省财政厅联合下发《关于开展江苏省公共文化服务体系示范区创建工作的通知》，组织开展省级公共文化服务体系示范区创建工作。2012年江苏省文化厅出台《江苏省公共文化设施免费开放绩效考核暂行办法》，加强公共图书馆等公共文化场所免费开放的管理。2014年，江苏省文化厅制定并报省文化体制改革领导小组同意，出台《江苏省公共文化服务体系建设协调机制工作方案》。

4. 公共图书馆行业标准规范建设持续发展

图书馆制定标准化工作规范，有助于明确主体责任目标，促进资源有效配置，提升图书馆服务能力。华东各地公共图书馆坚持以标准化促进均等化。2015 年 1 月，文化部确定十个国家级基本公共文化服务标准化试点地区，华东地区的浙江省、江苏省苏州市、安徽省马鞍山市、福建省厦门市位列其中。

“十二五”期间上海制定并发布了《公共图书馆服务规范》《公共图书馆建设标准》等图书馆行业规范标准，结合上海公共图书馆管理运行中的实际，制定了“公共图书馆服务通用基础标准体系”“公共图书馆服务保障标准体系”“公共图书馆提供标准体系”3 个标准，为全市公共图书馆科学化管理打下了坚实基础。

2011 年 9 月，安徽省文化厅制定了《安徽省公共图书馆免费开放服务标准》及实施方案，以促进全省公共图书馆服务标准化、规范化，有序推进免费开放工作。2011 年江西省文化厅制定《关于进一步加强文化共享工程建设的通知》及《关于公共电子阅览室设备配套标准的通知》，对文化共享工程基层服务点及公共电子阅览室建设进行具体部署。由江西省文化厅组织制定、江西省质量技术监督局批准发布的《江西省公共图书馆服务规范》（DB36/T 7212013），从 2014 年 1 月起实施，江西省首次对公共图书馆服务标准予以规范。标准规定了图书馆服务的术语和定义、电子信息设备、人力资源、文献资源、服务效能、服务宣传、评估定级、服务监督与反馈等内容。服务规范的实施，对促进江西公共图书馆事业的持续发展和促进公共图书馆服务标准化、均等化，提供了新的制度保障。2013 年 8 月《江苏省公共图书馆服务规范》（试行草案）由江苏省文化厅颁布并施行。华东各地的公共图书馆服务规范有利于促进地方公共图书馆服务的标准化、均等化，为其提供了制度保障。

八、公共图书馆服务体系建设

“十二五”期间，随着我国经济社会发展水平的提高和免费开放政策的落实，作为现代公共文化服务体系的重要组成部分，公共图书馆事业迎来前所未有的机遇期。华东各省市因地制宜，以满足百姓基本公共文化需求为目的，努力探索公共图书馆服务体系建设，从部分先行试点发展到逐步规范完善；从单一模式发展到多种成熟模式；从重点打造网点建设发展到突出服务效能，不断创新和完善公共图书馆服务体系建设的体制机制，积累成功经验。“一卡通”通借通还、总分馆制、流动图书馆、自助图书馆等多种行之有效的建设模式，经过充分实践后日趋成熟，并在许多地区呈现综合发展的态势，公共图书馆网络体系建设不断完善，服务的覆盖面不断延展。江苏省扬州市图书馆结合数字图书馆推广工程建设，构建以市图书馆为中心的总分馆、流动图书馆、24 小时自助图书馆、掌上图书馆四位一体的公共图书馆服务体系，有效满足了大众的阅读需求。

1. 总分馆制是公共图书馆服务体系建设的主要形式

在普遍均等的公共文化服务体系建设的背景下，为实现公共图书馆服务覆盖全社会，华东各地因地制宜，探索和实践公共图书馆总分馆制建设的不同模式，将分馆建设延伸到了街道乡镇、社区农村，以及部队、学校、机关、企业等，形成覆盖城乡的网络设施，取得了一定的成效。

2011 年，苏州市启动了以基层图书馆建设主体上移为主要内容的公共图书馆制度创新，将乡镇图书馆的建设责任上移至县市级政府，运行责任交给县市级图书馆。苏州市政府颁布了《苏州市公共图书馆总分馆体系建设实施方案》，规定了以区（市）政府为总分馆的建设主体，同时明确了地方政府可以将总分馆委托给苏州图书馆管理，凡实行总分馆整体委托管理的区（市）可以享受市政府在购书经费上的补贴。方案既考虑了总分馆必须遵循统一管理等内在规律，又兼顾了一时无法完全突破的财政体制。此外，苏州市政府还批准了总分馆的布局规划，制定了图书馆资源建设、服务、技术、评估等一系列的标准，同时根据总分馆的发展情况增加苏州图书馆的人员编制、运行经费和购书经费。苏州地区图书馆总分馆体系建设同时也在“书香城市”建设和保障市民基本文化权益中发挥着越来越重要的作用。

浙江省嘉兴市较早开始试点公共图书馆总分馆制建设。嘉兴市图书馆总分馆制建设将村级图书馆纳入公共图书馆服务体系的组成部分，对其进行运行经费和专业化改造。2011 年嘉兴的县区、乡镇分馆设置率已达到 100%，之后又打破行政区划的限制，根据人口分布密度设置村级（社区）图书分馆和图书室，人口稠密的地区建立固定服务点，而人口较少的地区以流动服务点的形式保证供给。2012 年，嘉兴建成以嘉兴市图书馆为中心馆、以市（县）图书馆为总馆、以乡镇和村（社区）图书馆为分馆、以延伸服务和流动服务为补充的公共图书馆“中心馆—总分馆”服务体系，形成了固定网点和流动服务、实体和虚拟相结合，纵向到底、横向到面的无缝隙服务网络。村级分馆的设置及运行模式是该市乡镇分馆"多级投入"模式的延伸,设置及运行经费由市县乡镇分馆承担。市县图书馆对乡镇分馆进行统一管理,乡镇分馆管理村级分馆。村级图书馆的转型标志着公共图书馆服务体系嘉兴"总馆—乡镇分馆—村分馆"模式的建立。

2013 年 7 月,安徽省委宣传部、省文化厅、省新闻出版局联合出台文件规定,由政府主导并统筹规划整合资源,在安徽全省范围内建立以县级公共图书馆为总馆、乡镇综合文化站为分馆、村农家书屋为服务点的县域公共图书城乡一体化网络,真正形成全面覆盖、均等便捷、实用高效的公共图书馆服务体系。实行分级管理,县总馆(图书馆)负责全县图书的采购、编目、分类、标引、加工,并配送到乡镇分馆,同时指导和协调读者服务;乡镇分馆负责本乡镇各村之间的图书流转、交换,并做好分馆的日常管理和读者服务;村农家书屋负责做好书屋的日常管理维护和读者借阅服务。2015 年,安徽省文化厅下发《关于开展县级公共图书馆总分馆制建设的通知》,在全省 62 个县(市)全面开展县级公共图书馆总分馆制建设,建立以县级公共图书馆为总馆、乡镇综合文化站为分馆的县乡两级图书资源建设、流通、服务网络。总馆和分馆共同构成图书馆网络,书刊业务由总馆集中管理,通过管理平台督促乡镇分馆的开放借阅,组织开展全县图书借阅、阅读推广等活动。县级总馆牵头,定期组织图书配送。各县(市)范围内,读者借书卡一卡通用,通借通还。

苏州常熟市自 2009 年实行全市图书馆所有镇、街道总分馆制全覆盖,2011 年起实行各镇图书分馆统一开放时间、统一业务标准、统一服务平台、统一管理制度。2012 年,村级图书室全面安装了图书管理软件,与市图书馆联网,并对全市村级图书室藏书进行回溯建库,试行"城乡阅读一卡通"运行模式,2014 年又将农家书屋纳入县级公共图书馆总分馆制工作当中。

各地的分馆中有一些颇具特色:如江苏省镇江市图书馆在韩国益山设立的益山图书馆分馆;浙江图书馆在全省法院系统中建立的首家分馆杭州市西湖区人民法院分馆;福建省图书馆建立的温泉街道河东社区分馆等。分馆都配备有电脑终端设备,并接通互联网,纳入总馆的 VPN 网络管理系统。

2."一卡通"通借通还是公共图书馆服务体系建设的重要内容

"一卡通"通借通还是图书馆网络体系建设的重要内容,它在区域范围内实行统一的服务标准和服务规范,进行统一管理,可最大限度地满足公众对文献资源的需求,提高文献资源的利用率,实现资源共享。"十二五"期间,上海、浙江等省(市)图书馆在通借通还服务方面取得明显进展。"十二五"开局伊始,上海所有区县 23 家分馆,212 个街道(乡镇)图书馆全部开通中心图书馆“一卡通”服务,上海中心图书馆“一卡通”服务实现市、区县、街镇三级网络的全覆盖,提升了上海市公共图书馆的整体实力和资源共享能力,更加方便市民就近阅读和利用图书馆,有力地推进了图书馆业务建设与服务工作。与此同时,上海地区图书馆进一步完善运行管理新措施、新方法,大力推进全市公共图书馆服务资源、内容资源的充分整合、利用与共享,从广大市民的实际需求出发,拓展服务新领域,不断提高服务质量与水平。“一卡通”全覆盖后,上海图书馆又和 7 家区县级图书馆实现了外文原版图书“一卡通”通借通还,并重点推进少儿“一卡通”工作,开通了全市少儿图书馆“一卡通”外借服务。上海中心图书馆“一卡通”服务体系的建设充分体现了公益性、基本性、均等性、便利性的公共文化服务特点,发挥了“一卡通”向基层延伸的就近、便捷、高校的服务优越性和城乡一体化的同城整体效益。2015 年,浙江省嘉兴市完成了全国首创的市、镇、村三级图书馆网络服务体系构建,三级图书馆全面融合,实现一卡通行、通借通还、数字共享。

3. 流动图书馆有助于公共图书馆服务体系建设的延伸和拓展

近几年,华东各地为推动基本公共文化服务向基层纵深发展,规划建设了一批流动服务设施。截至“十二五”末,华东地区公共图书馆共有流动图书车 49 081 辆。流动图书车走向偏远地区和基层、社区、学校、军营等,成为灵活机动、方便群众的流动服务网点,有效地扩展了公共图书馆服务的覆盖面,取得了显著的社会效益。为使图书馆服务体系覆盖到福建的老、少、边区,以及经济欠发达地区,2011 年 5 月,福建省启动“流动图书馆工程”,以省图书馆为引导主体,以基层图书馆为基本构架,以流动图书车为载体的“总馆/分馆(流通点)”图书馆协作网络开始搭建。福建省图书馆提档升级汽车图书馆设备配置,内设图书借阅区和 MINI 公共电子阅览室服务区,配备笔记本电脑、iPad 平板电脑、LED 宣传机、无线局域网等设施设备,每辆车配有 3000 册图书,以及电子书刊、视频资源。经过几年努力,福建省总分馆模式日趋成熟,通过设立分馆与流通点相结合的方式基本建成全省公共图书馆服务网络体系。截至 2015 年年底,福建全省公共图书馆共建有分馆 617 个,流动图书车 17 辆,2015 年流动服务书刊借阅 154. 86 万人次,248. 77 万册次。山东省高度重视文化拥军工作,省、市、县(区)图书馆在军营建立了数十个流动图书服务点,常年坚持开展流动送书。此外,浙江温州汽车图书馆延长服务时间,开通晚班服务;宁波市图书馆“甬图巴士”爱心流动图书车开进了民工子弟学校；福建厦门市实现“汽车图书馆”办证借书全免费。

4. 各种创新模式成为公共图书馆服务体系建设的有效补充

华东地区不断创新建设公共图书馆服务体系新模式。24 小时自助图书馆、各类型“图书馆 +”、城市书房建设方兴未艾，各种新型主题图书馆不断涌现。山东省将“尼山书院”融入全省现代公共图书馆服务体系当中，创新推进了“图书馆 + 书院”模式。2014 年 5 月，山东省文化厅印发《关于在全省创新推进“图书馆 + 书院”模式建设“尼山书院”的决定》，成立山东省尼山书院理事会，在全省各级公共图书馆建设“尼山书院”。山东省图书馆率先建成“尼山书院”，开通山东省尼山书院网站。截至 2014 年年底，山东省所有市级以上图书馆及三分之二的县级图书馆启动了尼山书院建设，其中有 17 个市级图书馆和部分县（市、区）图书馆已建成尼山书院，并在乡镇综合文化站、农村文化大院、社区文化中心建设儒学课堂，基本形成覆盖全省、运转规范、服务有效的“尼山书院”服务网络体系，其做法得到文化部高度肯定并在全国范围内推广。江苏常熟市图书馆在实现公共图书馆网络体系全覆盖后，探索与社会力量结合，创新实践“图书馆 +”各种新模式，包括“图书馆 + 组织”模式、“图书馆 + 教育”模式、“图书馆 + 场所”模式等，作为公共图书馆服务体系建设总分馆模式的有效补充。扬州市图书馆选择在城市最繁华的地段建设了 24 小时免费开放、无人值守的全自助城市书房。2015 年 9 月第一家城市书房开放后，人气高涨，月均读者 10 万人次，办理借阅卡近 4 万张，借阅图书 38 万册，受到市民和媒体的普遍称赞，成为扬州的“精神地标”。2014 年 9 月，江苏苏州启用首座微型多媒体“轨道交通图书馆”，成为苏州市国家公共文化服务体系示范区后续建设管理工作的又一亮点。南京图书馆则以建立流通服务点的形式发挥省级图书馆在全省公共图书馆服务体系建设中的引领作用，至 2015 年，南京图书馆在江苏全省共建成开通 56 个“流通服务点”。

5. 公共文化示范区项目创建活动推动公共图书馆服务体系建设

2010 年年底，文化部和财政部联合发布了《关于开展国家公共文化服务体系示范区（项目）创建工作的通知》。华东地区各级政府高度重视，按照通知精神纷纷出台文件并部署示范区创建工作。苏州市等入选第一批创建国家公共文化服务示范区，浙江省嘉兴市“城乡一体化公共图书馆服务体系建设”等入选第一批创建国家公共文化服务示范项目。截至“十二五”期末，第一批国家公共文化示范体系示范区（项目）建设已经完成，第二批建设接近尾声，第三批创建资格已经确定。“十二五”期间，华东各地以创建公共文化服务示范区(项目)为契机,不断探索、完善公共图书馆服务体系建设。在政府的政策和资金支持下,公共图书馆积极加入到示范区(项目)建设中,积极推动图书馆服务的普遍均等化。2011 年,江苏省文化厅与省财政厅联合下发了《关于开展江苏省公共文化服务体系示范区创建工作的通知》,全省各地认真落实,经过努力,江苏省公共文化服务体系示范区创建工作走在了全国前列。苏州图书馆通过示范区创建活动,探索设计可供公共图书馆服务体系实现可持续发展的制度,使总分馆建设进入政府主导并成为制度。张家港市图书馆“网格化管理”的经验也得到了肯定和赞扬。苏州市以创建国家公共文化示范区为契机,全面推进服务体系化发展,以总分第一的成绩摘得第一批创建国家公共文化服务体系示范区评比的桂冠。常州市电视图书馆在第二批国家公共文化服务体系示范项目创建中也成为亮点。浙江省嘉兴市在全面形成公共图书馆服务体系的基础框架后,进一步与其他类型图书馆共同构建全民图书馆服务体系。苏州、嘉兴等地的公共文化服务示范区(项目)创建工作,不但改善了当地公共图书馆服务能力,提升了服务均等化水平,提高了服务绩效,更重要的是为其他地区构建公共图书馆服务体系积累了实际操作经验,形成了可供借鉴的模式,起到了良好的示范和推动作用。通过创建公共文化服务示范区(项目),公共图书馆界对构建现代服务体系的理念和模式基本形成共识,促进了华东各地公共图书馆服务体系建设的规范化和专业化发展。

综上所述,“十二五”期间,华东各地图书馆事业发展迅速,地方政府保障作用显著增强,基础设施建设不断完善,资源建设成效显著,服务水平明显提升,服务范围不断扩展,在全国各地区图书馆事业发展中处于相对领先水平。华东地区图书馆事业发展水平相对较高的上海、浙江、江苏继续领跑全国,而基础相对落后的安徽、江西等地在“十二五”期间跟进速度加快,发展更加迅猛。尽管如此,华东地区图书馆事业发展状况与国家和各级地方政府的要求,以及与发达国家图书馆事业发展程度相比,仍然存在差距与不足,主要表现在以下几个方面:一是各地区发展不平衡,皖、赣、苏中、苏北地区的人均事业经费仍低于全国平均水平,同时公共图书馆服务的城乡差距较大,县以下基层图书馆服务网络有待进一步健全;二是设施利用效率不高,供给与有效需求对接不够,服务手段仍比较传统,对新技术的创新应用不够充分,图书馆事业的投入产出比及图书馆服务的均衡性、有效性有待进一步提升;三是一些县级公共图书馆专职人员数量不足、队伍不稳定,服务水平参差不齐,管理运行机制有待完善；四是文献资源建设目标需进一步细化，资源与服务的关联有待进一步加强；五是图书馆战略管理水平与能力仍需进一步提高；六是图书馆硬件设施设备功能有待进一步提升，数字移动环境下的信息技术应用仍需深化；七是联盟合作需不断拓展广度与深度。此外，县以下基层图书馆仍是华东地区公共图书馆服务保障体系的薄弱环节，缺乏完善的设施设备条件、持续更新的馆藏资源、充足的人力资源配置和专业化队伍、信息化管理能力等。“十三五”期间，华东地区图书馆需要采取多种措施，促进事业进一步健康快速发展。

第三节 未来展望

“十三五”时期是我国全面建成小康社会的决胜阶段，是建设社会主义现代化文化强国的关键时期，也是公共文化服务体系基本建成的重要时期。展望“十三五”，华东地区图书馆界要紧紧把握发展机遇，积极应对时代挑战，以新理念、新路径谋划事业发展，以社会需求为导向，明确目标，攻坚克难，进一步推动华东地区图书馆事业发展。预计在未来一段时期内，华东地区图书馆事业发展将会呈现出以下主要态势。

一、公共图书馆服务体系建设将更加完善

2015 年中共中央办公厅、国务院办公厅颁布的《关于加快构建现代公共文化服务体系的意见》确立了图书馆在公共文化服务发展中的地位和作用，更赋予了图书馆新的历史使命。“十三五”时期，也是华东各地图书馆全面深化改革的转型关键期和建成现代公共文化服务体系的重要时期。华东各地图书馆将按照中央关于“十三五”规划建议的精神和各地政府关于“十三五”时期规划建议的总体要求，坚持以均等化为目的，以标准化为基础，以精准化为路径，努力健全和完善公共图书馆服务体系，建立健全覆盖城乡的公共图书馆设施网络，全面推进总分馆建设，在源头上建设好“起始一公里”，在终端上打通“最后一公里”，构建省、市、县（区）、街道（镇）、居委会（村）五级公共图书馆服务体系，按人口和服务半径均衡分布公共图书馆设施，力求覆盖点更准，服务人群更多。利用现代信息技术、互联网技术和通信技术，营造“无处不在”的公共图书馆空间，提供更加丰富的文献资源和服务内容，提高图书

馆服务能力和水平，提供以满足阅读需求为核心的图书馆服务。《江苏省文化厅“十三五”文化发展规划》提出，为实现2020年基本建成公共图书馆服务体系的目标，全省要推进公共图书馆总分馆制建设，加强省级图书馆的引领辐射功能，充分发挥市、县级图书馆龙头作用，以省辖市图书馆为龙头，基本实现城市主城区图书馆“一卡通”服务；将乡镇（街道）、村（社区）图书阅读纳入县（市、区）图书馆统一管理。同时要求全省县（市、区）以上公共图书馆建设全部达到国家东部地区等级标准。浙江省将在“十三五”时期重点完善公共图书馆服务项目与内容的标准化建设，要求全面落实《浙江省基本公共文化服务标准（2015—2020年）》，构建以省级标准为基础、行业标准为支撑、项目技术标准为补充的标准体系。

二、文献资源保障能力将得到进一步提高

继续加强馆藏资源建设，逐步形成特色馆藏体系。“十三五”时期，上海图书馆将结合东馆建设积极做好文献储备，切实保障文献资源需求。在兼顾大众阅读需求的基础上，加大科技与社科类专业外文文献资源的资金投入，保障地区科技、经济、文化、社会发展的文献需求。注重特色文献建设，继续加大对家谱、碑帖、年鉴、地方志、历史史料等地方文献建设的支持力度、加大对历史文献的保护和揭示力度。《浙江省文化发展“十三五”规划》提出，到2020年，浙江省县级公共图书馆人均藏书要达到1册，各馆文献总藏量要达到50万册的具体目标值。南京图书馆提出到2020年，实体文献总量将从2015年的1092万册增长到1260万册的具体目标。

进一步加强数字资源建设。上海图书馆提出“十三五”末，数字资源采购经费比例将达到35%以上的目标，同时开展各类主题图书馆的数字资源自建工作。江苏提出以省级图书馆为龙头和重点，加快公共文化设施馆藏资源数字化，建设分布式资源库群，开发特色数字文化产品，不断提高文化资源的供给能力。加大资源整合力度，统筹实施文化信息资源共享、公共电子阅览室和古籍整理、保护与阅读传播数字化工程。建设省级全域性“文化数字化服务管理平台”，将文化数字化服务管理从“局部”拓展到“全域”，建设覆盖城乡、高效便捷的公共数字文化服务体系。南京图书馆明确提出到2020年，数字资源采购经费占比将从2015年的18%提升至25%—30%，数字资源总量将从2015年的78.2TB增长到300TB的具体目标值；同时提出加强江苏地方网络资源采集工作，计划五年内共采集记录30—40万条。

三、信息技术应用将更加普遍，智慧图书馆建设成为趋势

事实表明，通信技术、互联网技术等的进步已经给图书馆带来了巨大的变化，未来还将发生更大的变化。以大数据、云计算、物联网、移动互联网和信息物理系统等为代表的新一代信息技术正在掀开人类信息化进程的新篇章，无所不在的信息社会正在到来，以互联、智能、高效、便捷为主要特征的图书馆智慧化进程已经开启。我们应持续关注和强化信息技术的应用，不仅要继续建设和完善数字图书馆，而且要重视以信息技术改造传统图书馆业务和服务领域，将信息技术与图书馆工作紧密结合，使用如基于人工智能技术的自动取书机械手自动分拣、精确传输、物联定位、安全防卫等技术，全方位提高图书馆服务的科技含量，提升图书馆服务的工作效率和读者对先进科技的体验感；重视大数据技术在公共图书馆服务体系中的应用，对读者多元化阅读需求进行动态分析，提供丰富的、个性化服务，使图书馆功能更加拓展、多元。在未来的一段时间，移动互联网、物联网、大数据技术、自动化技术的运用，云平台的支撑，以及各类新媒体系统的聚合服务，将为图书馆的智能化建设开辟出广阔的空间。

四、图书馆将成为多元化的公共文化空间和知识共享空间

随着社会的发展、新技术的冲击，公众对图书馆的需求发生变化，图书馆界正在探索如何利用空间再造不断强化图书馆的体验和互动功能。“十三五”期间，公共文化服务体系建设的不断深入，全民阅读活动的深度推广和“图书馆 +”创新战略的实施，图书馆作为公共文化空间和知识交流中心的存在价值越来越明显，民众可以在图书馆进行各类阅读活动和文化活动，各种新技术的应用将带给读者更好的阅读体验，并为读者的阅读需求提供个性化服务。图书馆将逐渐成为具有文化展示、传播和鼓励知识与思想交流功能的公共场所；成为具有深厚文化积淀，又能代表现代城市风貌的公共空间；成为提供工具、激励创意与创新，实现知识增值的共享空间。为此，上海图书馆、杭州图书馆等已尝试为读者提供文化与科技融合的体验服务，如工具提供、新技术展示、全媒体阅读体验、创新空间开设等，完善和提炼“创新空间”等空间再造新模式，为用户提供不同主题、便利化、全要素、开放式的“众创空间”，与社会合作举办创意展览、创意课堂，打造互联网环境中的创新创业服务平台。公共图书馆不仅要提供书籍、资讯和信息，也要提供创造的工具，激发他们的创意灵感,引发思维的变革,使图书馆真正成为一个学习、探索以及开拓思维的场所。

五、社会力量将越来越多地参与到图书馆建设当中

2015 年,国务院办公厅转发文化部的《关于做好政府向社会力量购买公共文化服务的意见》中提出,到 2020 年,在全国基本建立比较完善的政府向社会力量购买公共文化服务体系,并在所附《政府向社会力量购买公共文化服务指导性目录》中明确将公共图书馆的运营和管理纳入其中,为积极有序推进政府向社会购买公共文化服务创造了良好的政策环境。实际上,社会力量已经以多种形式逐渐参与图书馆领域的建设实践中,主要包括承接公共图书馆运营与管理、兴办图书馆并提供公益性服务、向图书馆提供款物捐助以及志愿者参与图书馆服务等。近年来,华东地区由个人或非政府组织兴办,向社会公众开放的公益性图书馆迅速发展,社会力量通过捐赠物资或图书,自助项目或赞助活动等形式参与图书馆建设已较为常见。2010 年,新加坡金鹰国际集团向山东日照图书馆捐赠 3000 万元,用于推动日照图书馆设施建设;2011 年 4 月,艾迪逊电子科技(无锡)有限公司承接了无锡市新区图书馆的整体服务与管理;2014 年 1 月,安徽儒林图书馆咨询服务有限责任公司承接了芜湖市镜湖区图书馆的整体服务。随着人们公民意识的不断觉醒,以志愿者身份参与公共图书馆、高校图书馆服务也成为更多人的选择。随着“十三五”时期公共图书馆服务体系建设的发展,公共文化体制机制的进一步改革,图书馆财政投入的增加等多方面条件的成熟,政府购买公共文化服务的力度将会大幅度增强,由此,将吸引和促进更多的社会力量参与到图书馆建设与服务当中。

六、图书馆设施建设热度仍将持续

“十三五”时期,华东地区仍将继续推进图书馆基础设施建设。苏州第二图书馆、宁波市图书馆新馆等一大批新馆舍将建成开放;上海图书馆东馆项目、福建省图书馆二期改扩建工程项目、浙江省之江文化中心(包括省博物馆新馆、省图书馆新馆、省非遗馆、省文学馆等)项目已经启动,浙江省图书馆储备书库、南京图书馆储备书库、福建省图书馆仓储库建设已列入计划;南京图书馆“国学馆”“馆史馆”“少儿馆”等馆中馆精品工程正在实施……图书馆设施建设热潮仍将持续,标志着华东地区图书馆事业发展又将迎来新的历史

时期。

（执笔人：杨岭雪）

参考文献：

[1] 王敏，徐宽. 美国图书馆创客空间实践对我国的借鉴研究[J]. 图书情报工作，2013(6)：97–100.

[2] 周和平. 中国图书馆事业发展报告 2012[M]. 北京：国家图书馆出版社，2013：66–78.

[3] 李国新. 现代公共文化服务体系建设与公共图书馆发展——《关于加快构建现代公共文化服务体系的意见》解析[J]. 中国图书馆学报，2015(5)：4–12.

[4] 中国图书馆学会，国家图书馆. 中国图书馆年鉴 2011[M]. 北京：国家图书馆出版社，2011：171–221，592–659.

[5] 中国图书馆学会，国家图书馆. 中国图书馆年鉴 2012[M]. 北京：国家图书馆出版社，2013：143–185，550–622.

[6] 中国图书馆学会，国家图书馆. 中国图书馆年鉴 2013[M]. 北京：国家图书馆出版社，2013：113–150，450–509.

[7] 中国图书馆学会，国家图书馆. 中国图书馆年鉴 2014[M]. 北京：国家图书馆出版社，2015：113–150，432–491.

[8] 中国图书馆学会，国家图书馆. 中国图书馆年鉴 2015[M]. 北京：国家图书馆出版社，2016：104–138，412–471.

第十二章 华中地区图书馆

第一节 发展综述

“十二五”时期，华中三省各级各类图书馆深入贯彻落实党的十八大、十八届三中、四中、五中、六中全会精神，立足于图书馆事业发展的新趋势，借助推动文化大发展大繁荣的政策背景，以满足群众的文化需求为主线，加强并提升公共文化设施建设、文献资源建设、组织建设，不断深化并完善公共文化服务体系建设，积极推进文化共享工程、数字图书馆推广工程、古籍保护工作的开展，大力倡导馆际合作与交流，在现代公共文化服务体系建设中的作用和地位日益彰显，各级各系统图书馆的服务能力持续增强，图书馆事业实现了跨越式发展。

一、免费开放全面推进，馆舍面积不断扩大

2011 年 1 月 26 日，文化部、财政部联合下发《关于推进全国美术馆、公共图书馆、文化馆（站）免费开放工作的意见》，要求到 2011 年年底，全国所有公共图书馆、文化馆（站）实现无障碍、零门槛进入，公共空间设施场地全部免费开放，所提供的基本服务项目全部免费。为实现这一目标，华中地区各级公共图书馆积极响应，从省级馆到市级馆，部分县级馆亦推行免费开放政策，实现了基本服务的全面免费开放。免费开放政策的出台，加快了图书馆事业发展的步伐，吸引了大量读者前来图书馆享受免费阅览服务。读者的增加进一步促进各地图书馆馆舍面积的扩大，如湖北省图书馆新建 10.3 万平方米的馆舍、河南省郑州市图书馆及湖南省长沙市图书馆新馆落成并相继投入使用。

二、公共文化服务体系建设不断完善

“十二五”期间，华中各地积极争创公共文化服务体系示范区，湖北省黄冈市、襄阳市、宜昌市，湖南省长沙市、岳阳市、株洲市，河南省洛阳市、济源市共 8 个市先后被列入国家公共文化服务体系示范区创建名单。湖北省十堰市

图书馆总分馆体系+建设、湖南省湘潭市少年儿童主题读书活动、信阳市平桥"关爱留守儿童:农村公共图书馆一体化建设"等18个项目分别列入第一批、第二批、第三批公共文化服务体系示范区项目。各公共图书馆以争创公共文化服务体系示范区为契机,不断完善服务体系建设,目前华中地区公共图书馆服务模式主要围绕总分馆、区域性服务网络展开,如湖南省长沙市建立的公共文化服务"长沙模式",以市图书馆为总馆、区县(市)图书馆为中心馆,乡镇(街道)图书馆和村(社区)图书馆为分馆的总分馆体系,实现馆际间资源共享、协同采编、统一检索并通过一卡通实现通借通还;湖北武汉、当阳、十堰、黄石等地推行"汽车流动图书馆",将图书馆单纯的阵地服务变为流动上门服务。

三、馆际之间的合作交流不断深化

为实现华中地区图书馆行业的集群、协同发展,提升图书馆行业的整体发展水平,华中地区图书馆进一步加强并深化馆际之间的交流与合作。湖南、湖北与华东地区的江西、安徽成立湘鄂赣皖四省公共图书馆联盟,实现资源、业务及人员之间的合作共享;湖北省公共图书馆成立讲座联盟;河南省公共图书馆启动"河南省公共图书馆信息共享联盟""河南省公共图书馆讲座联盟""河南省公共图书馆地方特色资源共建共享联盟"等三大联盟的建设。同时,华中地区图书馆间的联盟不仅仅局限在同一系统内,同时跨公共、高校、科研系统的联盟也呈蓬勃发展之势,如湖南省文献信息资源共建共享协作网、武汉城市圈图书馆联盟、江西省数字资源共建共享联盟。

四、新媒体、新技术应用广泛,自动化、智能化显著提高

"十二五"期间,随着移动互联网、智能手机、数字电视等新技术的涌现,与之相应的图书馆新媒体服务应运而生,华中各地图书馆积极探索新媒体服务,湖北、湖南、河南三省的省级公共图书馆,大部分市级图书馆、部分县级图书馆及诸多高校图书馆都开通微博、微信平台,并开展相应的服务。以手机、平板电脑、电子阅读器等为终端的移动阅读服务在各大公共及高校图书馆普遍开展。图书馆自动化、智能化的水平显著提高,自助还书机、自助图书馆、智能书屋成为各地图书馆发展的热点,株洲市图书馆、武汉图书馆扩大自助图书馆的建设规模;湖北省图书馆新馆、中南大学图书馆新馆、湖北汤湖图书馆等利用RFID技术全面实现自助借还。

五、阅读推广形式多样，活动品牌建设得到加强

在文化强省、推进全民阅读的战略指导下，通过公共、高校等各级图书馆同仁的共同努力，华中地区图书馆阅读推广活动已走上良性发展轨道，其阅读推广活动形式多样，丰富多彩，各省都陆续打造系列阅读推广活动品牌，如湖北省图书馆的“长江讲坛”、湖南图书馆的“湘图讲坛”、百姓课堂产生了很强的品牌效应；湖南省普通高校图书馆历年开展的“一校一书”阅读活动，以报告、座谈会、电影、诵读、书评、读书心得、书签设计、书展、图书漂流等多种形式开展，省内影响颇为广泛。

六、积极推动国家重点工程建设

通过文化共享工程、数字图书馆推广工程、古籍保护工程等重点文化工程，开展合作协调、学术交流、业务培训，带动行业的发展，提高区域图书馆的服务水平及馆员的整体素质。五年以来，华中三省已基本建成覆盖城乡的服务网络，各地以各级公共图书馆、乡镇文化站、村文化室为依托，建成省级、副省级、市(州)级、县(市)级等各级中心300余个。依托中华古籍保护计划，积极有序地开展古籍保护工作。

七、深入开展调研，助推图书馆事业的发展

自2005年7月由当时的北京大学信息传播研究所和湖南图书馆、衡阳市图书馆组织的衡阳调研开展以来，通过五年一回访，持续不断线，衡阳调研已成为我国图书馆领域“以小调研发现大问题”的典范。2010年的调研成果“人吃楼”为2011年出台的免费开放政策提供了依据。2015年由衡阳调研及四省联盟调研(湖南、湖北、江西、安徽四省公共图书馆)团队组成的调研组，对中部四省及衡阳调研进行了回访，调研发现了公共文化“中部洼地”现象，并已经通过全国人大常委会第二十一次专题讲座汇报给了国家最高立法决策机关，使调研报告真正发挥决策参考及政策支撑作用，助推图书馆事业的发展。

第二节　发展状况及特点

截至2015年年底，华中三省公共图书馆累计达407所，占全国公共图书馆机构数3139所的12.97%,其中一级馆131所,占全国一级馆总数859家的15.25%;三省财政拨款累计达110 818万元,占全国的8.72%;总藏量8030万册,占全国的9.58%;馆舍面积150万平方米,占全国公共图书馆总建筑面积的11.40%;从业人员7253人,占全国从业人员的12.85%;总流通人次5805万,占全国总流通人次的9.86%;持证读者344万人次,占全国的6.03%。

一、文献资源日益丰富,特色资源逐步凸显

1. 文献资源经费保障力度得到加强

"十二五"期间,华中三省公共图书馆财政拨款逐年增加,2015年三省财政拨款共计110 818万元,较2010年增长106.57%,具体见下图12－1。其中湖北、湖南、河南三省2015年公共图书馆财政拨款分别为47 629万元、29 914万元、33 275万元,较2010年分别增长62.89%、146.13%、171.59%。

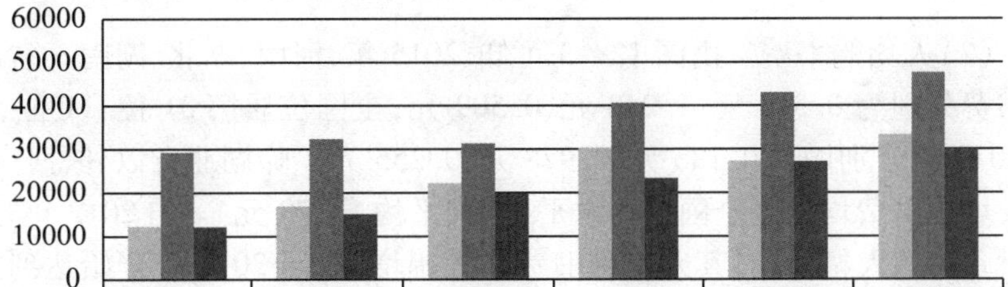

	2010	2011	2012	2013	2014	2015
■河南省	12 252	16 911	22 181	30 279	27 240	33 275
■湖北省	29 240	32 336	31 304	40 567	42 970	47 629
■湖南省	12 154	15 125	19 894	23 292	27 136	29 914

图12－1　2010—2015华中三省公共图书馆财政拨款一览(单位:万元)

(1)新增藏量购置费。2015年华中三省公共图书馆新增藏量购置费共计13 964万元,较2010年增长8997万元,增幅为181.11%。从新增藏量购置费占财政拨款的比重来看,除湖北外,河南、湖南均出现下滑。结合图可知,2010年河南省公共图书馆新增藏量购置费为1449万元,占公共图书馆财政拨款的11.82%,2015年为1760万元,增幅为121.51%,但占该省公共图书馆财政拨款的比重降至9.64%;2010年湖南省公共图书馆新增藏量购置费为1672万元,占该省公共图书馆财政拨款的13.75%,2015年较2010年增长1782万元,增幅为106.58%,但所占财政拨款比重降至11.54%;2010年湖北省公共

图书馆新增藏量购置费为1847万元,占该省公共图书馆财政拨款的6.32%,2015年较2010年增长5455万元,增幅为295.28%,居全国榜首,占该省公共图书馆财政拨款比重增至15.33%。

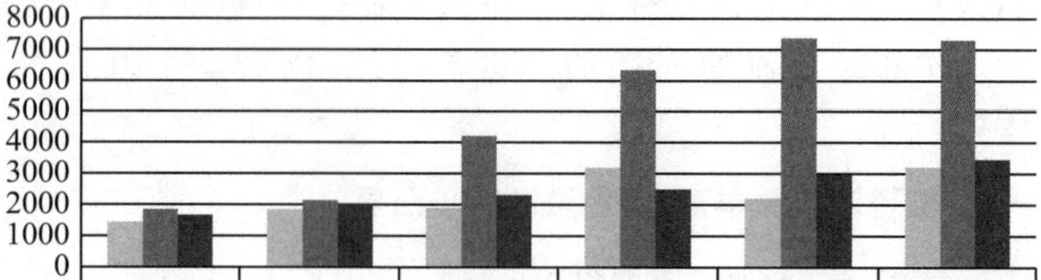

	2010	2011	2012	2013	2014	2015
■河南省	1449	1847	1892	3188	2212	3209
■湖北省	1847	2138	4210	6350	7366	7302
■湖南省	1672	2018	2316	2496	2978	3453

图12-2　2010—2015年华中三省公共图书馆新增藏量购置费(单位:万元)

(2)人均购书费。由图12-3可知,2015年,河南、湖北、湖南三省的人均购书费分别为0.339元、1.248元、0.509元,全国位居第31位、11位、29位,比2010年分别增长0.185元、0.928元、0.255元。除湖北省以外,河南、湖南的人均购书费均低于全国平均水平(全国平均1.178元)。自2012年开始,湖北财政拨款大幅增加,其人均购书费亦大幅增加,至2014年开始达到并超越全国平均水平。

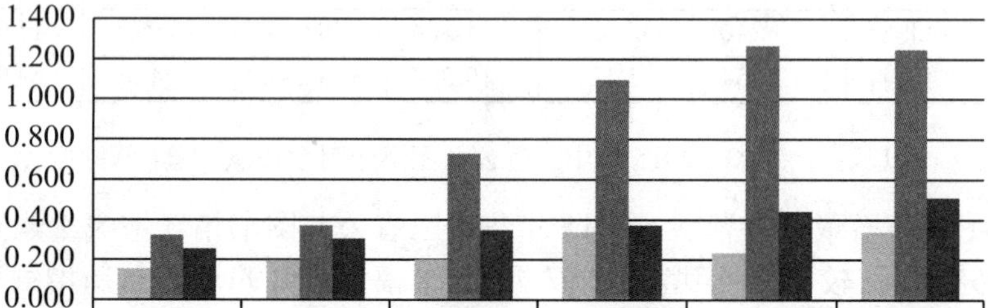

	2010	2011	2012	2013	2014	2015
■河南省	0.154	0.197	0.201	0.339	0.234	0.339
■湖北省	0.323	0.371	0.728	1.095	1.267	1.248
■湖南省	0.254	0.306	0.349	0.373	0.442	0.509

图12-3　2010—2015年华中三省人均购书费(单位:元)

2. 馆藏规模逐年增大

(1)馆藏规模逐年增大。“十二五”期间,河南、湖北、湖南三省文献资源藏量每年均有不同程度的增长。如图 12 –4 所示,截至 2015 年年底,河南省公共图书馆总藏量为 2472 万册,较 2010 年增长 635 万册,增幅为 34.57%;湖北省公共图书馆总藏量为 3003 万册,较 2010 年增长 641 万册,增幅为 27.17%;湖南省公共图书馆总藏量为 2555 万册,较 2010 年增长 594 万册,增幅为 30.28%。较 2010 年,三省公共图书馆总藏量累计增长 1870 万册,增幅为 30.37%。

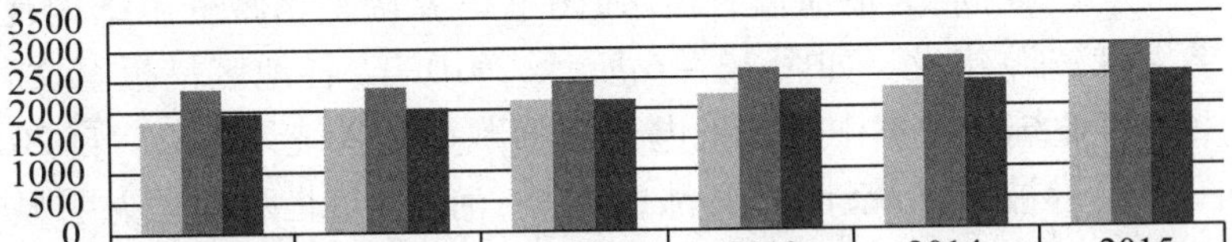

	2010	2011	2012	2013	2014	2015
河南省	1837	2045	2145	2218	2312	2472
湖北省	2361	2376	2460	2648	2822	3003
湖南省	1961	2031	2144	2282	2422	2555

图 12 –4　2010—2015 年华中三省公共图书馆总藏量一览(单位:万册)

(2)人均拥有公共图书馆藏书量持续低位发展。如图 12 –5 所示,2015 年河南、湖北、湖南人均拥有公共图书馆藏书量分别为 0.26 册、0.51 册、0.38 册,较 2010 年分别增长 30.00%、24.39%、26.67%,但其指标值均低于全国平均水平 0.61 册,在全国 31 省(直辖市、自治区)中排名亦比较靠后,分别为第 31 名、第 16 名、第 27 名。

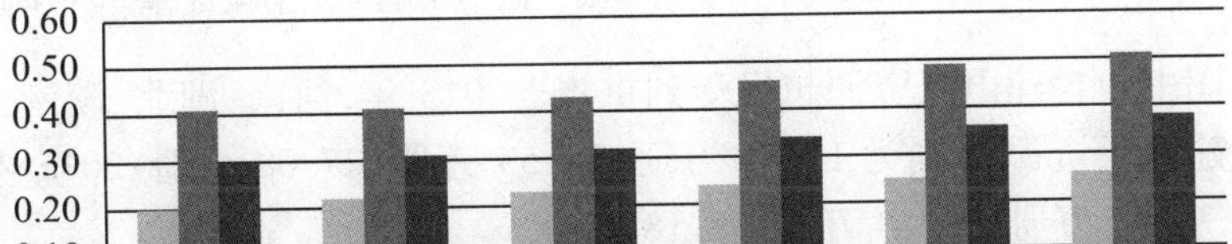

	2010	2011	2012	2013	2014	2015
河南省	0.20	0.22	0.23	0.24	0.25	0.26
湖北省	0.41	0.41	0.43	0.46	0.49	0.51
湖南省	0.30	0.31	0.32	0.34	0.36	0.38

图 12 –5　2010—2015 年华中三省人均拥有公共图书馆藏书量(单位:册)

高校图书馆方面，与2010年相比，2015年湖南省高校文献购置费总量净增4948万元，增幅为41.68%，生均文献购置费净增45.74元，增幅为28.40%；文献信息资源总量净增3321.33万册，“十二五”文献资源总量增幅40.16%，生均增幅为27.03%。其中印本文献增加993.05万册，增幅为20.62%；生均每年采购印本文献2.12册；数字资源（折合量）增加2366.11万册，增幅为76.43%。

3. 数字资源比例逐步扩大

“十二五”期间，为适应读者需求，图书馆界调整馆藏资源结构，注重并加强数字文献资源建设。如图12－6所示，2010年，各地区呈报至文化部的公共图书馆事业统计数据中并未把电子图书藏量纳入统计对象。自2011年始，电子图书藏量被单独统计，且其涨幅明显，河南、湖北两省尤为明显，2015年两省电子图书的藏量分别比2011年增长了15倍、49倍。

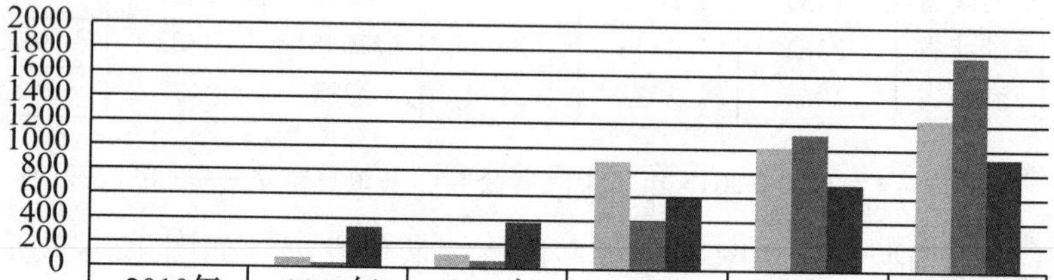

	2010年	2011年	2012年	2013年	2014年	2015年
■河南省	0	76.89	111.95	886.56	1015.88	1244.56
■湖北省	0	35.20	61.14	401.76	1119.57	1763.92
■湖南省	0	331.43	80.49	591.59	706.78	929.08

图12－6　2010—2015年华中三省公共图书馆电子图书藏量（单位：万册）

图书馆自建电子资源越发受到重视。2013年，河南、湖北、湖南公共图书馆自建电子资源分别为11.51万册、25.59万册、27.08万册；2015年分别增长为73.32万册、83.48万册、56.18万册。

高校图书馆数字资源建设发展更为迅速，诸多高校在“十二五”期间已基本建成印刷型文献和数字化文献相结合的文献保障服务体系，且其数字资源与纸质文献的比例越发接近1:1，甚至有超越的趋势。截至2015年年底，湖南大学图书馆文献信息资源总量658万册，其中数字资源馆藏324万册，占比49.24%，纸质资源和数字资源馆藏配比几乎达到了1:1。截至2013年年底，郑州大学图书馆馆藏文献资源总量770.10万册，其中电子图书311.90万册，占比41%。截至2015年年底,华中科技大学图书馆馆藏文献总量共计1002万册,其中纸本图书414.06万册、电子书刊494.20万册,电子文献的馆藏量超过纸质文献。

4. 特色资源建设稳步推进

“十二五”期间,河南、湖北、湖南三省公共图书馆加强民间原文献的征集工作,通过走访、电话、发函等多种途径进一步巩固和扩大各级地方文献采集网络系统,推进特色资源数据库的立项申报和建设工作,优化地方文献资源建设。

湖南推出了一系列具有湖湘地方特色的优秀民族民间文化资源。截至2014年年底,已建成了“湖南地方戏剧多媒体资源库”(第1—4期)、湖南红色记忆多媒体资源库、湖南古村镇古民居建筑多媒体资源库、湖南近代名人资源库(含曾国藩研究数据库)、湖南非物质文化遗产资源库等一批具有湖湘地方特色的文化信息资源库。韶山毛泽东数字图书馆也于2014年建成,另外,“湖南少数民族风情专题数据库”“湖南少数民族风情系列专题片之‘白族’、‘侗族’”“湖南地方戏剧多媒体资源库之湖南戏曲动漫”四个项目在2015年获得立项。

湖北省以荆楚地方特色文化为重点,逐步建成了湖北通志、荆楚揽胜、湖北旅游、荆楚名胜、归元禅寺志、湖北名小吃、辛亥革命等多个专题资源库,并通过引进和整合的方式,建立了数字资源服务平台。

河南省积极推进地方特色资源建设工作,成立了“河南省公共图书馆地方特色资源共建共享联盟”,截至2015年已建成“河南地方戏曲数据库”“河南非物质文化遗产”“河南抗战纪念馆”“红色信仰”“舞之河南”“‘河南曲艺’研究多媒体资源库”“河南文物考古建筑”系列专题片等多个地方特色资源库。

二、服务能力持续增强,服务模式不断创新

1. 基础服务稳步提升

(1)到馆人次、持证读者人数大幅增加。2015年华中三省公共图书馆累计到馆人次5805万,比2010年增长2236万人次,增幅为62.65%,其中河南、湖北、湖南分别增长1207万人次、439万人次、589万人次,增幅分别为117.60%、28.95%、57.30%,具体见图12－7。2015年,三省公共图书馆持证读者人次累计为3 449 877人,比2010年增长913 628人,增幅为26.02%。其中河南、湖北、湖南公共图书馆持证读者分别为942 572人、1 443 241人、

1 064 061 人，较 2010 年，分别增长 262 315 人、410 605 人、249 708 人，增幅分别为 38. 56%、38. 56%、30. 66%，具体见图 12－8。

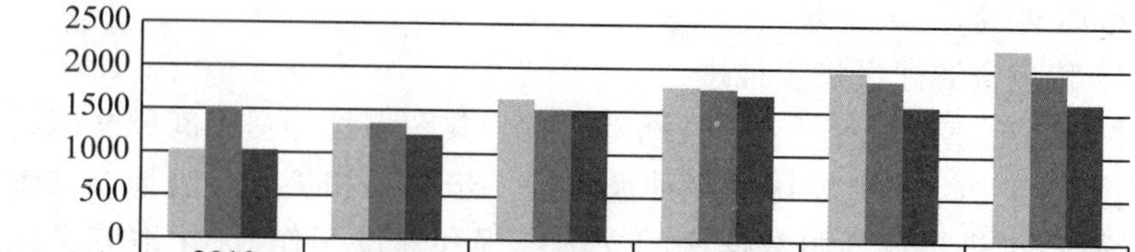

	2010	2011	2012	2013	2014	2015
河南省	1026	1334	1638	1785	1968	2233
湖北省	1516	1342	1516	1763	1868	1955
湖南省	1028	1215	1490	1694	1570	1617

图 12－7　2010—2014 年华中三省公共图书馆到馆人次（单位：万人次）

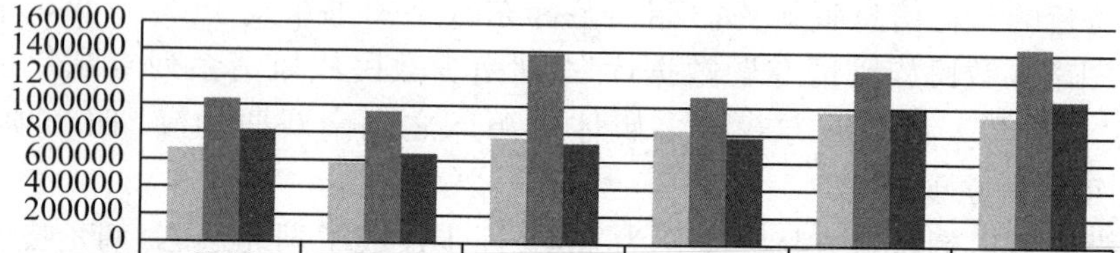

	2010	2011	2012	2013	2014	2015
河南省	680 260	580 346	765 966	828 449	973 648	942 575
湖北省	1 041 636	954 873	1 384 404	1 079 349	1 279 004	1 443 241
湖南省	814 353	650 277	731 996	782 474	989 838	1 064 061

图 12－8　2010—2015 年华中三省公共图书馆持证读者人数（单位：人）

（2）公共图书馆外借册次总体呈上涨趋势，高校图书馆外借册次平稳有降。2015 年三省公共图书馆外借册次累计为 5032 万册，比 2010 年增长 1213 万册，增幅为 31. 75%。其中河南、湖北、湖南 2015 年外借册次分别为 1676 万册、1816 万册、1540 万册。河南、湖南分别增长 761 万册、481 万册；湖北省 2015 年外借册次，较之于 2010 年反减无增，由图 12－9 可知，2011 年湖北省外借册次骤减 732 万册次，此后虽然每年都在递增，但截至 2015 年其外借规模仍未达到 2010 年的水平。“十二五”时期高校图书馆的累计外借册次及生均外借册次普遍呈下滑趋势，如 2015 年湖南 42 所高校图书馆外借册次累计 665. 72 万册，比 2010 年减少 442. 43 万册，增幅为－39. 92%，生均外借册次 8. 18 册，比 2010 年减少 6. 85 册，增幅为－45. 55%；2015 年武汉大学图书馆的外借册次由2010年的近100万册下降至50余万册。

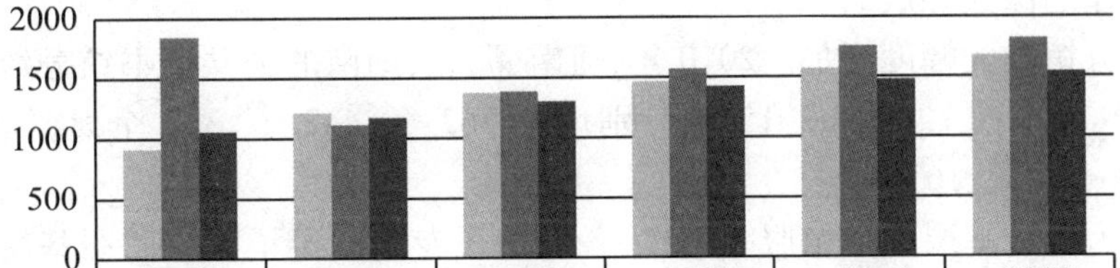

	2010	2011	2012	2013	2014	2015
■河南省	915	1214	1378	1465	1569	1676
■湖北省	1846	1114	1386	1570	1755	1816
■湖南省	1059	1173	1304	1424	1476	1540

图12－9　2010—2015年华中三省公共图书馆外借册次(单位:万册)

(3)服务成本。在忽略服务质量因素、不同地区必要成本投入及不同经济发展水平人力资源成本差异的前提下,依据各地财政拨款总额分别计算每一外借册次服务成本、每一到馆人次服务成本及每一持证读者的服务成本。2015年及2010年河南、湖北、湖南三省公共图书馆服务成本具体见表12－1。

表12－1　2010年、2015年华中三省公共图书馆服务成本(单位:元)

	2010年			2015年		
	外借册次服务成本	流通人次服务成本	持证读者服务成本	外借册次服务成本	流通人次服务成本	持证读者服务成本
湖北省	15.84	19.30	280.70	26.20	24.40	330.00
河南省	13.39	11.90	180.10	19.90	14.90	353.00
湖南省	11.48	11.80	149.20	19.40	18.50	281.10

由表12－1可知,较之于2010年,2015年三省的外借册次、流通人次、持证读者服务成本均出现不同程度的增长。“十二五”期间,随着国家对公共文化服务体系建设的进一步加强,各省对公共图书馆的投入相应增加,但由于受规模效应、服务配套、人员等多因素的影响,增加的投入并未产生相应规模的影响力,从而导致中部三省在2015年的服务成本比2010年增加。

2. 延伸服务丰富多样

“十二五”期间,各省在推进现代公共文化服务体系建设进程中,积极探索公共图书馆总分馆体系建设及流动图书馆、流动书车等模式,将阵地服务与网络服务相结合，注重探索分龄分众的个性化服务模式，不断推进读者服务工作的深入开展。

分馆数大幅度增加。2010 年，河南、湖北、湖南的公共图书馆分馆分别为 53 个、170 个、128 个，2015 年分别增至 262 个、442 个、337 个，增幅分别为 394%、160%、163%。

为推进基层图书馆服务工作，各省馆还专门制定了对口联系基层图书馆的工作制度，设有流通点、配有流动图书车。如湖北省图书馆设有 60 个流通点，配有多台流动图书车并设有 4 台 24 小时街区图书馆。湖南省长沙市图书馆实施总分馆制，建成分馆 68 家，自助图书馆 3 家，流动图书车 1 辆，流动服务点 22 个。各省建立的流动服务点服务效益显著。2015 年河南、湖北、湖南公共图书馆流动服务书刊借阅人次分别为 66.43 万人次、136.89 万人次、57.32 万人次，分别是 2010 年的 6.5 倍、2.2 倍、14.0 倍；流动图书书刊外借册次分别为 103.29 万册次、187.82 万册次、92.36 万册次，分别是 2010 年的 9.1 倍、1.9 倍、11.7 倍。

各地通过送书刊进校园、进机关、进社区、进部队、进农村、进工地等延伸服务开展得有声有色。如河南省宝灵市图书馆、栾川县图书馆、新乡市牧野区图书馆等多次开展送书下乡、科技下乡活动，为农民群众送去各种科技、热门图书，帮助群众解决生活、生产中碰到的问题；湖北省秭归县图书馆以流动图书车为载体，广泛开展送法律、科技、文化下乡和“六送六进家”等活动。

3. 参考咨询服务逐步深化

（1）立法决策服务。华中各地积极探索面向党政决策的信息服务模式。湖南图书馆开通为政协委员履职服务平台、党政机关信息服务平台、人大代表文献信息咨询平台，为党政机关用户提供一站式信息服务平台；并与福建、重庆、辽宁、广州等 11 个省市图书馆建立参考咨询联盟，在党政服务领域开展合作。各地图书馆积极跟踪党政机关开展的各项学习及会议活动，积极参与“两会”信息服务，湖南、湖北、河南三省省级图书馆及部分地市级图书馆皆参与当地的“两会”服务工作，如湖北省十堰市图书馆于 2015 年成立“两会”工作小组，编制“两会”专题信息、在“两会”委员和代表驻地设置“两会”信息服务点、提供“两会”信息快递。

（2）科技查新和定题服务。科技查新及定题服务主要集中在高校图书馆。华中三省多个高校图书馆，如郑州大学图书馆、河南大学图书馆、华中科技大学图书馆、湖南大学图书馆、中南大学图书馆、长沙理工大学图书馆等皆设有教育部科技查新工作站。武汉大学图书馆牵头组织 CALIS 三期建设的联合咨询、信息素养教育、高端课题服务、联合查新等多个子项目。中南大学图书馆近年来共完成科技查新课题近5000个，完成课题检索30 000余个。

（3）文献传递服务。高校图书馆主要利用 CALIS、CASHL、国家图书馆和上海图书馆、国家科技图书文献中心（NSTL）以及 SODI 系统为高校读者提供文献传递与馆际互借服务。“十二五”期间湖南省42所高校图书馆共传递文献227 387篇，比2010年增长179 950篇；2014年河南省高校图书馆利用 CALIS 及 CASHL 平台传递文献共2111条，免费资源信箱传递90余条，同时河南省各高校通过 E-mail 和电话进行文献传递宣传，通过学校和图书馆主页对校内读者进行文献传递宣传，并印发文献传递宣传资料及优惠活动通知发放给读者，尽最大可能让读者了解并使用文献传递服务，为全省师生及科研人员提供更多的信息资源。公共图书馆主要利用全国或各省自建的联合参考咨询服务平台为读者提供文献传递服务，如湖南省公共图书馆通过湖南省联合在线咨询平台，由湖南省图书馆牵头，联合湖南省科学技术信息研究所、湖南大学图书馆、国防科技大学图书馆、长沙市图书馆等12家成员单位为读者提供文献传递服务，年均咨询量万余人次。

4. 阅读推广活动

（1）活动总体规模。2015年，华中三省累计举办读者活动13 699场（次），比2010年增加7939场，增幅为137.82%，其中讲座7737场、展览2284场、培训班3678场。河南、湖北、湖南开展读者活动分别为5058场、3615场、5026场，读者参与人次分别为177万、163万、175万，具体见下表12－2及表12－3。

表12－2　2010—2015年华中三省公共图书馆举办读者活动一览

	河南省			湖北省			湖南省		
	组织讲座次数（次）	举办展览（个）	举办培训班（个）	组织讲座次数（次）	举办展览（个）	举办培训班（个）	组织讲座次数（次）	举办展览（个）	举办培训班（个）
2010年	1052	455	336	981	293	516	1058	271	656
2011年	1430	409	597	1243	329	686	1377	250	549
2012年	2080	509	634	1554	427	947	2133	410	1196

续表

	河南省			湖北省			湖南省	
	组织讲座次数（次）	举办展览（个）	举办培训班（个）	组织讲座次数（次）	举办展览（个）	举办培训班（个）	组织讲座次数（次）	举办展览（个）	举办培训班（个）
2013 年	2454	737	876	1682	487	1029	2347	545	1248
2014 年	2557	839	1333	1812	661	1025	2604	574	1355
2015 年	2640	997	1421	2048	734	833	3049	553	1424

表 12－3　2010—2015 年华中三省公共图书馆读者参与活动人次（单位：万人次）

	河南省			湖北省			湖南省		
	讲座参加人次	展览参加人次	培训人次	讲座参加人次	展览参加人次	培训人次	讲座参加人次	展览参加人次	培训人次
2010 年	24	36	5	27	69	9	23	156	5
2011 年	29	47	11	33	77	10	30	49	7
2012 年	43	50	9	43	72	12	41	66	10
2013 年	47	90	8	35	133	9	47	72	14
2014 年	49	97	12	40	125	9	52	93	15
2015 年	41	124	12	36	117	10	53	103	19

（2）活动形式多样。各省公共图书馆通过专门的项目组（部门）、结合节（假）日、馆藏资源及读者需求来设计读者活动。河南、湖北、湖南公共图书馆在办好图书馆服务宣传周、全民读书月、世界读书日等大型活动的基础上，继续推出内涵广泛、形式灵活的阅读推广活动。结合辛亥革命 100 周年、抗日战争胜利 70 周年等时事热点，湖南图书馆、湖北省图书馆、河南省图书馆举办红色经典图书展、辛亥革命百年专题等展览和相关公益讲座；株洲图书馆、孝感市图书馆、沅陵县图书馆、麻阳苗族自治县图书馆推出的“你读书，我买单”活动受读者好评；各地公共图书馆推出的“我做图书管理员”体验活动、“书香之家”评选活动、读书征文活动、“图书漂流活动”等各具特色，受到读者的欢迎。

（3）分龄分众、注重为特殊群体服务。针对不同的年龄群体、分龄分众开展个性化服务。湖南图书馆成立老年图书馆、女子图书馆等专题图书馆并推出相应主题活动,有针对性地开展个性化服务。三省各地图书馆亦注重为特殊群体服务,河南省图书馆设立盲聋哑学校阅览室,帮助盲聋哑学生阅读学习;信阳市图书馆建成阳光志愿助残服务站,在服务设施、服务项目、服务人员等方面充分满足残疾人需求;株洲市图书馆建立盲人阅览室对公众免费开放;长沙市图书馆与中南大学合作开办阳光周末公益课堂,为外来务工人员子女和留守儿童提供学习帮助;湖北秭归县图书馆开展"书香进高墙"服务。

5. 社会教育活动

在国家大力倡导构建学习型社会的大背景下,各公共图书馆进一步强化社会教育功能,推出系列社会教育活动,以助力大众终身学习并涌现出系列活动品牌。湖南图书馆推出的百姓课堂,截至 2015 年年底累计授课 270 余门,5400 多课时,培训近 7 万人次;株洲市图书馆自 2010 年开始策划"神农大讲坛",截至 2015 年已经举办 220 多期,累计参加读者达 5 万多人次。湖北省图书馆的"长江讲坛"自举办以来深受读者喜爱,形成了较强的品牌影响力;河南图书馆开展的"豫图讲坛",自 2011 年 5 月更名起,每周周日上午定期举办,截至 2015 年年底,已连续举办 200 余期,还组织专家开展"豫图讲坛下基层活动",扩大"豫图讲坛"的影响,鉴于"豫图讲坛"的社会影响力,河南省图书馆获"全国人文社会科学普及基地"和"河南省社会科学普及基地"的称号。高校图书馆掀起阅读推广活动高潮。湖南省高校开展的"一校一书——经典、精读、经世"阅读活动,覆盖全省 42 所高校,活动自 2013 年启动以来,湖南全省共开展各类读者活动千余场,吸引读者超过 30 万人次,活动组织的得力加之宣传的广泛性,"一校一书"已产生了行业的品牌效应。2014 年 5 月,"一校一书"活动荣获中国图书馆学会高校分会"全国高等学校图书馆读者服务创新案例三等奖";2014 年 10 月,"一校一书"活动获中国图书馆学会阅读推广委员会"2014 年高校阅读推广活动特等奖"。在 2015 年 12 月出版的《阅读推广人系列教材》,"'一校一书'阅读推广"被作为特别案例选入教材。湖北华中师范大学图书馆举办的"书香校园征文"、华中农业大学图书馆的"全民阅读,欢乐共享"、湖北职教院校图书馆协作委员会举办的"书香伴我行"等活动,皆倡导广大师生多读书,读好书。郑州大学图书馆通过开展图书交流会、"阅读与人生"学术报告、读书达人秀、漂流书等各种阅读推广活动激发全校师生的阅读兴趣。

6. 新技术驱动读者服务创新

在移动互联、数字技术等新技术的推动下，图书馆界不断开拓创新，优化并丰富读者服务工作。

服务手段上，图书馆继续发扬科技服务的理念，进一步推广、普及并发展移动图书馆、自助图书馆、电子阅读器等新型读者服务，越来越多的图书馆亦借此契机加大数字资源的推广和数字阅读服务工作。郑州、武汉、宜昌、长沙、株洲等地积极建设、开通24小时自助图书馆、街区自助图书馆服务机、自助借还机等。河南省图书馆、湖北省图书馆等多所图书馆将数字资源与移动技术联系起来，开通“数字资源移动服务”，读者可通过手机或移动阅读器下载阅读各种馆藏电子资源。武汉、长沙等地的部分图书馆推出二代身份证免费注册、免费借阅等措施，以方便读者。

新媒体应用。随着新媒体技术的广泛应用，移动图书馆及微博、微信等社交网络平台成为图书馆服务读者最为便捷有效的渠道之一。三省各级公共图书馆和高校图书馆纷纷开通微博、搭建微信平台，读者可随时随地查阅图书信息、关注图书馆讲座培训等活动动态，向馆员提出咨询，实现馆员和读者、图书馆和读者的实时双向沟通。如2015年，湖南省高校图书馆移动图书馆使用量达214 216 239人次，图书馆微信粉丝55 965人，利用图书馆微博的读者达10 276人次。部分图书馆利用新媒体创新并加强与读者之间的互动方式及内容，如武汉图书馆邀请市民“微博荐书”。

三、设施建设不断加强，现代化水平逐步提高

1. 图书馆规模及馆舍

2015年，河南、湖北、湖南区县级以上公共图书馆累计达407个，比2010年增加34个，增幅为9.12%，其中河南新增16个，增幅为11.27%；湖北新增5个，增幅为4.67%；湖南新增13个，增幅为10.48%。三省公共图书馆馆舍面积为150.09万平方米，比2010年增长48.77万平方米，较“十一五”末增长48.13%。馆舍面积增幅最大的是河南省，2015年，河南省公共图书馆馆舍面积为54.87万平方米，较2010年增长22.39万平方米，增长68.92%。湖北省公共图书馆馆舍面积2015年为53.79万平方米，较2010年增长21.00万平方米，增幅为64.03%。湖南省公共图书馆面积虽有增长，但幅度很小，较“十一五”末，2015年仅增长了5.38万平方米，增幅仅为14.93%。具体见图12－10。高校图书馆新馆建设亦进入快速发展期。“十二五”期间，湖南省高

校图书馆馆舍面积净增 12. 19 万平方米，增幅为 13. 64%，生均面积增幅为 3%。

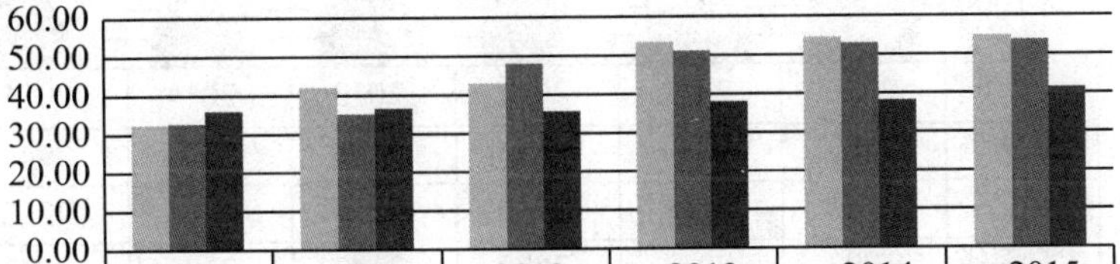

	2010	2011	2012	2013	2014	2015
河南省	32.48	42.11	43.00	53.45	54.56	54.87
湖北省	32.79	35.19	48.10	51.18	52.97	53.79
湖南省	36.05	36.67	35.70	38.06	38.23	41.43

图 12 - 10　2010—2015 年华中三省公共图书馆面积（单位：万平方米）

2. 功能布局多元化

单纯文献化的传统图书馆已成为缩影，并逐渐向功能多元化的现代图书馆转型。越来越多的图书馆在新馆建设及空间布局上兼顾学习、文化、休闲、娱乐于一体，河南郑州图书馆新馆于 2013 年对外开放，设有借阅区、阅览区、阅览室、学术会议区、教育培训区、文化产业休闲区等多种类功能区，集文献典藏、信息交流、学术研究、文化创意、教育培训、文化休闲等功能为一体。长沙图书馆新馆于 2015 年对外开放，除设置有各类阅览室，还设置了国学馆、高清影视室、多功能报告厅、多媒体教室、24 小时自助室、虚拟体验中心和动漫馆等，综合了读书看报、创作、听音乐、看电影、办展览、参加沙龙等多种文化休闲功能。

四、稳步推进人力资源建设，创新组织管理体系

1. 人才队伍

(1)人才规模。“十二五”末，华中三省公共图书馆从业人员累计达 3142 人，比“十一五”末增长 347 人，增幅为 5. 02%，其中河南、湖北、湖南分别增长 187 人、61 人、99 人，增幅分别为 6. 77%、2. 84%、4. 97%，具体见图 12 - 11。

(2)职称结构。2015 年三省公共图书馆高级职称占比为 7%，河南、湖北、湖南分别为 6%、9%、7%；三省中级职称占比为 34%，其中河南、湖北、湖南中级职称占比分别为 25%、43%、37%，具体见表 12 - 4。

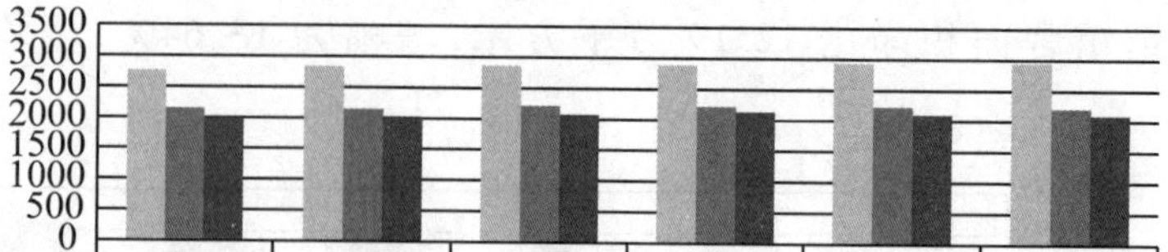

	2010	2011	2012	2013	2014	2015
河南省	2762	2839	2867	2889	2934	2949
湖北省	2151	2149	2219	2226	2231	2212
湖南省	1993	2032	2080	2143	2106	2092

图 12－11　2010—2015 年华中三省公共图书馆从业人员(单位:名)

表 12－4　2010—2015 年华中三省公共图书馆从业人员职称情况一览(单位:名)

	2010 年			2011 年			2012 年			2013 年			2014 年			2015 年		
	高级	中级	合计	高级	中级	合计	高级	中级	合计	高级	中级	合计	高级	中级	合计	高级	中级	合计
河南省	130	717	847	130	686	816	135	719	854	146	710	856	156	716	872	168	730	1066
湖北省	172	921	1093	224	898	1122	197	922	1119	189	973	1162	199	967	1166	209	968	1157
湖南省	139	724	863	126	702	828	129	763	892	169	735	904	153	739	892	154	765	919

2. 人才培训有序开展

华中三省各地图书馆皆注重馆员的培养与成长,每年推出各种业务交流及培训等多项活动,以促进员工的成长;鼓励员工积极参与各类学术征文及课题申报,参与各类学术研究,湖北、湖南、河南三省皆举办图书馆业务知识培训班、共享工程技术骨干培训班、公共图书馆馆长培训班等,如河南省图书馆在积极参与国家图书馆主办的各种培训班的同时,还按期组织各地市图书馆及相关人员参加“公共文化空中大课堂”学习,并面向地市级、县级等基层图书馆开展数字图书馆专题培训,如数字图书馆技术、数字资源建设等培训班。各地高校图书馆亦举办 CALIS 资源利用培训会议、数字资源建设与服务研讨会等。为鼓励员工积极开展学术研究,湖南图书馆启动“青年论坛”交流平台,确立“馆内课题申报”制度。

3. 管理体制和运行机制的变革

“十二五”期间,图书馆界通过深化内部改革、积极探索与社会力量合作的公共文化服务模式,以提高服务效能。湖南图书馆于 2015 年成立湖南省首个事业单位理事会——湖南图书馆理事会,是湖南省首家实现法人治理的事业单位;湖南韶山市图书馆实行公共财政保障和社会捐赠并行、建立法人治理结构;湖北汤湖图书馆尝试政府购买公共文化服务,湖南大学图书馆探索建立诚信阅览室,通过读者自治提升图书馆管理水平。

五、加大资源共建共享力度,广泛开展馆际联盟

“十二五”期间,河南、湖北、湖南三省各级公共图书馆开展了不同程度的馆际联盟,不断突破图书馆间的资源共建共享模式,打破传统壁垒和行政区划限制,逐步从同一城市扩展到不同省市,从同一系统扩展到不同系统。

同城图书馆打破层级限制,推动资源共建共享工作进一步加强。长沙、武汉等地在本市内各总分馆间开展通借通还,实现“一卡通”服务。长沙市以创建国家公共文化服务体系建设示范区为抓手,在主城区和城关镇、小城市和中心镇、边远乡,分别打造15分钟、30分钟和1小时文化圈,构建了以长沙图书馆为总中心馆,各区、县图书馆为中心馆,街道、社区图书馆为分馆,24小时街区自助图书馆、民办图书馆、图书流动车为补充,并有企业、学校等其他系统图书馆加入的地区图书馆网群,资源共享、协同采编、统一检索、凭“一卡通”实现各图书馆之间的“通借通还”。武汉市成立了武汉地区图书馆联盟,50多家图书馆结盟,建立通借通还工程,为读者提供在市、区图书馆“一馆办证、多馆通借,一馆借书、多馆通还”的服务。

区域性联盟稳步推进。河南省于2013年全面启动了公共图书馆三大联盟建设:“河南省公共图书馆信息共享联盟”“河南省公共图书馆讲座联盟”“河南省公共图书馆地方特色资源共建共享联盟”。湖北省建立“1+8武汉城市圈图书馆联盟”在区域内实现通阅,部分图书馆之间实现通借通还。湖南省于2015年成立了“湖南省公共图书馆讲座联盟”和“湖南省公共图书馆参考咨询联盟”,全省14个市(州)公共图书馆全部加入。

跨省域联盟合作逐渐深入发展。2012年,湖南、湖北和江西成立“湘鄂赣公共图书馆联盟”,2013年安徽省加入,原来的“湘鄂赣”三省公共图书馆联盟成为“中三角”(湘鄂赣皖)公共图书馆联盟,总服务人群达2.3亿,藏书总量达6500万册。联盟通过网络平台合作共建信息资源,建立了专门网站,设立了统一检索平台、联合参考咨询平台、联合目录查询平台,区域内任何读者通过网络即可获取所有联盟成员馆的数字资源和电子文献。联盟成员馆还通过采购协调,实行文献采购差异化,实现文献互补,最大限度充实联盟资源。除文献资源共建共享,联盟各成员馆之间还可根据设备空闲情况,实现硬件设备共享。此外,联盟每年定期开展学术交流、共同举办讲座、展览、开展联合调研等。同时,为扩大影响力,联盟馆还接受吸纳区域内高校、科研系统、企业集团等成员馆的加入,从而带动整个区域内更多图书馆的合作共建,更好地为区域读者服务。

高校图书馆资源的共建共享。①依托 CALIS 及 CASHL 等平台,实现文献信息资源的共建共享。截至 2015 年,河南、湖北、湖南三省已有 20 余所高校图书馆成为中国高等教育文献保障体系(CALIS)成员馆、50 余所高校馆成为中国高校人文社会科学文献中心(CASHL)成员馆,依托 CALIS 和 CASHL、数字化图书馆、馆际互借资源共享平台等,可实现广泛的文献信息资源共享。②电子资源的集团采购。“十二五”期间,湖南、湖北、河南各高校图书馆纷纷组织数字资源的集团采购,如 HALIS(河南高等教育文献保障系统)管理中心采取省教育厅下拨经费资助与学校自筹相结合,于 2014 年组织了超星电子书、维普科技期刊、中文社会科学引文索引、随书光盘系统、中国资讯行、网上报告厅、爱迪科森就业、超星学术搜索、起点就业培训、四库全书、中国年鉴、国道外文数据库、EBSCO、Springer、E 线图情、乐学、乐听、乐视等涉及面广、量大、使用效益高的 18 个中外文数据库的集团采购,累计购买中文电子图书 36 万余种、中文全文电子期刊 9500 余种,外文全文电子期刊 9700 余种。

六、国家重点文化工程建设有序推进

1. 文化共享工程

华中三省文化信息共享工程,自 2002 年建立至 2015 年,经过 10 余年的发展,已基本建成资源适用、技术合理、服务便捷、覆盖城乡的服务体系。

(1)覆盖城乡的服务网络基本形成。湖北、湖南、河南以各级公共图书馆、乡镇文化站、村文化室为依托,建成省级、副省级、市(州)级、县(市)级等各级中心,其中市级支中心分别为 13 个、14 个、15 个;县级中心分别为 105 个、123 个、159 个;村级基层服务点分别为 4.2 万余个、4.7 万余个、4.7 万余个,三省基本建成了覆盖城乡的服务网络。

(2)资源建设不断丰富。华中各省各级文化共享工程中心皆重视资源建设,不断扩大资源的搜集范围、提高资源的建设质量,以民众的文化需求为导向,兼顾地方特色文化,搭建了一批具有地方特色的文化信息资源库。如湖南省已建成《湖南地方戏剧多媒体资源库》(第 1—4 期)、湖南红色记忆多媒体资源库、湖南古村镇古民居建筑多媒体资源库、湖南近代名人资源库(含曾国藩研究数据库)、湖南非物质文化遗产资源库等一批具有湖湘地方特色的文化信息资源库;河南省已建成"风卷红旗——中原红色历史文化系列专题片·济源篇　'河防堡垒'杜八联""河南大调曲子艺术专题片""中国豫菜文化研究系列专题片""中原探索发现河南考古系列专题片(一)""风卷红旗——中原红色历史文化系列专题片·竹沟记忆""河南文物考古建筑系列专题片"等特色资源库。

(3)服务模式不断创新。为落实文化部全国公共文化发展中心《关于做好全国文化信息资源共享工程2014年"进村入户"专项资源建设工作的通知》文件要求,湖北省通过采购中国文化网络电视互动播出终端,普及网络电视机顶盒"进村入户",以"入站"模式将公共数字文化资源送入基层服务点。河南探索IPTV(宽带网络+机顶盒+电视机)的共享工程建设模式,实现电视屏、手机屏、电脑屏"三屏合一"及上互联网、上手机、上电视的目标。

(4)依托文化工程,大力开展人员培训。"十二五"期间,按照分级分配的原则,通过集中面授、网络远程互动、光盘教学、教材自学等多种方式大力开展人员培训。如湖南省针对"三区"基层图书馆管理者开展了"三区"人才支持计划公共图书馆馆长研修班;每年针对新入职的工作人员开展"基础业务培训班"。湖北、河南为适应新技术的变化,开展了图书馆业务自动化、数字图书馆建设与服务等专题培训。

2. 古籍保护工程

华中三省图书馆界全面、科学、规范地开展古籍保护,逐步形成了完善的古籍保护工作体系。湖南、河南积极开展古籍普查登记工作,湖南完成全省49家古籍收藏单位的实地普查工作、提交数据6万余条;河南已完成全省67家单位的古籍普查登记工作,另有12家单位基本完成普查登记,6家单位尚处于普查登记中,累计完成古籍普查登记数据约86 935条;湖北在"十二五"期间已建成全省古籍联合目录和古籍数字资源库,实现古籍分级保护,已发布第一批《省级珍贵古籍名录》,组织了"全国古籍重点保护单位"和国家珍贵古籍名录的申报。

七、学术交流广泛,科研成果颇丰

1. 科研立项

2011—2015年,在图书馆、情报与文献学领域,华中三省共有102项课题获得国家社科规划立项资助,占比16.67%,其中2011年15项、2012年21

项、2013年16项、2014年12项,2015年38项;重点项目15项、一般项目44项、青年项目43项,湖北、湖南、河南分别占据48项、25项目、29项。

2. 学术交流广泛

由湖南图书馆承办的第六届信息技术和教育国际会议(ITET2014:图书馆与口述历史及地方文化)在长沙召开,通过学术交流与探讨,提升图书馆在文化传承、社会教育等方面的专业水平与创新能力。中南六省高校图书馆2014年学术年会在湖北恩施召开,来自河南、湖南、广东、广西、海南、湖北六省(自治区)113所高等学校的220多位图书馆代表围绕“高校图书馆事业创新与发展”的会议主题,探讨了中南六省高校图书馆情报理论与实践的最新研究成果。湖北、湖南、河南各省高校图书馆每年都举办电子资源(服务)研讨会,以推进数字资源的利用与研究,如在郑州大学召开的EBSCO集团会议,数字出版和服务模式创新研讨会等。

3. 图书馆基地建设得到重视

2014年12月河南师范大学特色与应用研究培育基地“图书馆事业与文化发展研究中心”正式揭牌,其作为一个科研培育基地,不但承担着凝练图书馆学术发展方向的重任,而且对图书馆学专业硕士点申报起着直接的推动作用。

八、不断完善图书馆政策、法规建设

地方性配套法规与中央法规政策保持一致。“十二五”期间,河南、湖北、湖南三省积极配合文化部、财政部联合下发的《关于推进全国美术馆、公共图书馆、文化馆(站)免费开放工作的意见》及财政部下发的《关于加强美术馆 公共图书馆 文化馆(站)免费开放经费保障工作的通知》,纷纷出台配套性实施意见。为进一步推进免费开放工作的全面落实,三省还从绩效考核、资金保障等方面出台了一系列规章或办法,河南、湖北分别出台《河南省公共图书馆、文化馆(站)免费开放工作绩效考核办法(暂行)》《湖北省公共图书馆、文化馆(站)免费开放工作绩效考评暂行办法》,湖南出台《湖南省公共文化服务机构绩效考核办法(试行)》,部分县市如韶山市也出台公共文化服务机构考核办法。此外,湖北省还出台《湖北省美术馆公共图书馆群众艺术(文化)馆乡镇综合文化站免费开放专项资金管理暂行办法》。为推动中共中央办公厅、国务院办公厅《关于加快构建现代公共文化服务体系的意见》及《国家基本公共文化服务指导标准》的全面落地实施,湖南、河南结合本省情况,于

2015年分别推出《湖南省关于加快构建现代公共文化服务体系的实施意见》及《湖南省基本公共文化服务实施标准》《河南省关于加快构建现代公共文化服务体系的实施意见》及《河南省基本公共文化实施标准》。

地方性图书馆行业法规不断完善。2011年,湖南各县市图书馆自发订立《湖南省县(市、区)公共图书馆服务公约》,规范全省区县公共图书馆工作;2012年,河南出台了《河南省公共图书馆工作规范》,为本省公共图书馆工作考核提供了依据。2012年、2013年,湖北省和湖南省分别出台了《关于加强农家书屋管理的意见》《关于加强农家书屋工程建设管理工作的意见》,建立完善农家书屋长效运行机制,推进地方公共文化服务体系建设。

加强图书馆事业发展的规划。三省分别出台了《湖南省"十二五"文化发展规划》《湖北省文化发展"十二五"规划》《湖北省基本公共服务体系"十二五"规划》《河南省基本公共服务体系"十二五"规划》,为图书馆事业的进一步发展提供前瞻性指导意见。

第三节　未来展望

未来几年,华中三省图书馆将以邓小平理论、"三个代表"重要思想、科学发展观为指导,贯彻落实党的十八大和十八届三中、四中、五中全会精神,贯彻落实习近平总书记系列重要讲话精神,以满足人民群众的需求为出发点,完善保障设施,丰富文献资源,推进人才建设,创新服务模式,全面提升华中地区图书馆的服务能力、服务水平及服务效能。

一、完善保障措施,提升服务能力

硬件配置方面,诸多人均指标,华中三省皆低于全国平均水平,比如公共图书馆万人均建筑面积湖南、河南分别位列全国倒数第一、第二,人均藏量及年人均新增藏量三省皆低于全国平均水平。未来几年,华中三省要加大经费投入,建立明确的经费保障机制,确保人均财政拨款达到全国平均水平或以上;要加大资源建设力度,进一步优化藏书结构,建立适应读者多样需求的馆藏资源比例,要加大地方性、民族性数字资源的整理开发及研究力度,加强古籍(含民国文献)保护的普查工作;要加快基础设施建设,提升设施设备,提高图书馆的现代化水平;应加强业务培训、制定馆员长期培训计划,提高馆员整体素质。

二、加强精细化管理，提升服务效能

未来几年，华中三省图书馆将加强服务体系建设、加强精细化管理，以提升服务效能。服务体系建设方面，以健全建设普遍均等、科学布局、结构紧密的公共图书馆群；树立大文化观，将资源发掘与共享延伸至各行各业，以实现资源利用最大化。管理方面，将创新管理机制，加强精细化管理，探索并强化分龄分众的服务模式；要强化读者分析，着力增强与社会的黏合度及关联度，图书馆服务不仅要融入经济、文化发展之中，更要融入社区建设及社会发展之中。

三、以标准化、规范化建设为手段，推动图书馆事业均衡发展

目前，华中各省公共图书馆都存在发展水平不均衡，基层图书馆整体发展水平普遍滞后的现象。各省要以《国家基本公共文化服务指导标准》、各地制定的《关于加快构建现代公共文化服务体系的意见》及地方性实施标准为指导，大力推进图书馆服务的标准化与规范化，以标准化促进均等化。要推动基层尤其是贫困地区图书馆事业的跨越式发展，提高基层图书馆的服务水平；要关注农民工、未成年人、老年人、残障人士等特殊群体的文献信息需求，加强为特殊群体提供知识扶贫及知识援助，保障特殊群体的文化权益；要推进图书馆总分馆体系建设以整合信息资源实现区域文化共建共享。

四、加强阅读推广，强化品牌建设

响应国家关于开展全民阅读的号召，加强阅读推广，推动大众阅读，细化分众阅读，建立分主题、分对象，分社群，多层面的阅读推广体系，引导公众爱读书、读好书，促进公众阅读新生活，提升华中地区文化建设。

以湖南省普通高校图书馆开展的“一校一书”、湖北省图书馆开展的“长江讲坛”、湖南图书馆开展的“湘图讲坛”“百姓课堂”等活动品牌为示范，加强文化品牌的统一包装与塑造，整体宣传与策划，推进文化活动的系列化和专业化，提升文化服务的效益。

五、加强高校数字图书馆的规划建设

“十二五”期间，华中三省高校图书馆的数字服务井喷式发展。以湖南省

40 所普通高校图书馆为例,2015 年生均点击网站为 69.91 次,与“十一五”末相比增幅为 41.18%,其生均下载量与“十一五”末相比亦增加 41.18%。因此,“十三五”期间,要充分利用物联网技术、云计算技术、大数据技术等加强数字资源与印本文献的融合,加强数字资源的利用与推广、融入公共文化服务体系。

(执笔人:邹序明　刘小花　王昕晗)

参考文献:

[1] 关于推进全国美术馆公共图书馆文化馆(站)免费开放工作的意见[EB/OL].[2016-5-9]. http://www.gov.cn/zwgk/2011-02/14/content_1803021.htm.

[2] 李国新.“衡阳调研”的意义和价值[J].图书馆,2016(3):1.

[3] 中国图书馆学会高等学校图书馆分会.湖南省普通高等学校图书馆“十二五”发展简报.[R/OL].(2016-2-26)[2016-12-06]. http://www.sal.edu.cn/news_info.aspx?id=6770.

[4] 中国图书馆学会,国家图书馆.中国图书馆年鉴 2014[M].北京:国家图书馆出版社,2015:151-152.

[5] 刘小花,邹序明.回顾·展望·提升——中部地区公共图书馆事业的发展分析与思考[J]图书馆,2016(3):2-6,11.

[6] 陈有志,杨西美.从“十二五”发展到“十三五”规划——以湖南省普通高校图书馆为例[J].图书馆,2016(8):36-41.

第十三章　华南地区图书馆

第一节　发展综述

2015年是“十二五”收官之年，也是“十三五”规划之年、布局之年。自《中华人民共和国国民经济和社会发展第十二个五年规划纲要》发布以来，华南地区图书馆事业迎来了发展的机遇，同时也面临着新的挑战。

一、公共图书馆服务体系建设逐步完善并推进

“十二五”期间，全国公共图书馆的总分馆模式、中心馆带动县域总分馆建设模式及流动图书馆模式日益成熟。华南地区的实践取得显著成效，进一步推动华南地区公共图书馆服务效能整体提升，推进了华南地区公共图书馆服务体系普遍均等化、规范化、标准化，使华南地区公共图书馆服务体系建设得到进一步完善。

“一卡通”“一证通”在区域内的通借通还是公共图书馆服务体系建设的重要内容。广东、广西、海南三省（自治区）都进行了不同程度的有益尝试和推广。

深圳、佛山、东莞的总分馆体系不断完善成熟，走在全国前列；肇庆、汕头、惠州、韶关等地也启动了以地级市为中心馆、各县区为县域总馆、乡镇为分馆的地区总分馆体系建设，实行“一证通”；广东省立中山图书馆积极扶持广东欠发达地区的图书馆服务体系建设，“十二五”期间共扶持各县新建广东流动图书馆19家；广东省财政共投入2500万元，为广东流动图书馆各分馆购置图书约68万册；截至“十二五”期末，广东省立中山图书馆在全省欠发达地区市县公共图书馆建成广东流动图书馆分馆88家，为未来实现“县域总分馆体系”建设打下坚实基础[1]。

2014年3月，广西壮族自治区图书馆在自治区人大常委会设立该馆第一个区级机关分馆。南宁市图书馆率先在广西区内实现市内城乡一体化公共图书馆服务体系构建，全面实现全市14家公共图书馆文献通借通还联合服

务。桂林图书馆以图书馆集群建设为抓手,从 2012 年开始试点建设桂林图书馆集群网,目前已有 10 个县馆加入。现正建设桂北地区"区域图书馆集群",积极吸纳高校图书馆加入。

海南省图书馆在万宁市北大镇综合文化站西沙水警部队图书室等地,援建"边疆万里(数字)文化长廊示范点"11 个。

二、新馆建设持续升温,设施网络建设卓有成效

"十二五"期间,华南地区图书馆新馆建设以公共图书馆为主。2015 年末,华南地区县区级以上公共图书馆共 277 个,其中广东省 145 个,广西 111 个,海南省 21 个。"十二五"时期,广东省共有 21 个公共图书馆完成改扩建和新馆建设,如广州图书馆、肇庆市图书馆、茂名市图书馆、佛山市图书馆、深圳宝安区图书馆、盐田区图书馆、广州黄埔区图书馆、揭阳市图书馆等;广西壮族自治区完成新馆建设并开放的图书馆有贵港图书馆、梧州市图书馆、防城港市图书馆、百色市图书馆、来宾市图书馆等。高校方面,海南省琼州学院占地 3.2 万平方米的新图书馆落成开放,成为位于三亚校区中轴线上的地标性建筑。

三、各馆服务效能提升,服务创新能力不断提高

华南地区各省在建立和健全设施网络基础上,各图书馆大力开展阅读推广活动,人才队伍培训,新技术推广应用等,拓展服务的广度和深度,大幅提升整体服务效能。广东省有计划地推进基层图书馆人才队伍培训,实施"基层馆站服务效能提升计划""巡回指导计划"等,"十二五"期间共举办基层培训班 130 次;并组织专家组对 71 个县(市、区)级公共图书馆进行巡回指导,有针对性地提出整改方案,切实推进基层图书馆服务效能整体提升。广西壮族自治区各级公共图书馆则大力开展图书馆人员培训工作,提高图书馆队伍素质,通过举办馆长培训班、业务骨干培训班、高级研修班、"三区人才培训"等培训班、研修班等,邀请国内知名专家学者前来授课,更新图书馆服务理念,开阔视野,提升基层图书馆整体服务效能。海南省通过集中授课培训、考察交流学习和现场实践培训相结合的方式,积极开展培训工作,取得了良好的效果,为提高全省图书馆工作者的综合素质发挥了积极作用。海南省文化广电出版体育厅、省图书馆、文化共享工程省分中心、省图书馆协会共同举办了"《公共图书馆服务规范》培训班""海南省图书馆业务骨干培训班""2015

全国图书馆未成年人服务提升计划培训班”等一系列培训班10次，全省公共图书馆、中小学图书馆、高校图书馆、医院图书馆的馆长和业务骨干900多人参加培训；利用到全省公共图书馆、乡镇文化站图书室和村级农家书屋开展调研的机会，对基层图书馆（室）的工作人员100余人进行现场指导培训图书馆业务知识技能；组织市县公共馆参加中国艺术档案学会在乌鲁木齐举办的“公共文化服务体系建设培训班”。海南省图书馆协会还与海南省古籍保护中心联合举办2015年“我与中华古籍”摄影大赛及优秀摄影作品巡展暨系列活动，七家单位开展了“我与中华古籍”摄影大赛优秀摄影作品成果展、汉字记忆、修复体验、主题讲座等系列活动。全省有5万多人参加活动，通过全省联动的阅读推广活动，推动和提升图书馆服务能力和服务水平。

四、数字资源建设扎实推进，文化惠民深受欢迎

“十二五”期间，华南地区继续深入开展重大文化惠民工程，有序推进文化信息资源共享工程、数字图书馆推广工程、公共电子阅览室建设计划等，逐步建立标准化、规范化的公共数字文化服务网络。广东省各级公共图书馆高度重视数字资源建设工作，全省各地根据当地实际，建设完成并验收通过了一批反映广东特色民俗、历史文化、非物质文化遗产等多方面地方特色资源；广西壮族自治区各级公共图书馆利用文化信息资源共享工程建设的这一契机，建设了“桂林山水文化（二）”等一批广西地方特色的资源数据库；海南省图书馆在“十二五”期间也建立起包括15个电子图书类数据库、7个电子期刊类数据库、4个视频类数据库、10个其他类数据库等数字资源中心。

五、古籍保护稳步开展，社会效益显著

古籍保护和开发工作历来得到华南地区各省重视。“十二五”期间，华南地区各省针对本地实际情况，谋划并实施了具有岭南特色的古籍保护计划及项目，社会效益显著。广东省古籍保护中心三次组织《国家珍贵古籍名录》申报工作，启动“广东省基层图书馆古籍修复提升计划”，逐步建立以省馆为中心，覆盖全省基层馆的古籍文献修复网点。成功申报国家古籍保护中心人才培训基地，大力进行古籍整理和数字化工作，包括大型古旧文献影印项目和古籍地方文献缩微和数字化建设等，在全省范围内举办“书香古韵·中华古籍之魅力”等系列活动，并建成我国规模最大的古籍地方文献公益网站——省港澳古籍民国文献网上资源共享平台；海南省54部古籍入选第一批《海南

省珍贵古籍名录》;广西壮族自治区大力推进古籍推荐、普查、征集工作,加强古籍保护力度,并掌握自治区内古籍收藏的数量及保存状况,逐步采用现代化技术对古籍善本书加以妥善收藏修复保护,同时整理出版了《桂学丛书》《陆荣廷年谱》《八桂记忆》等反映广西地方特色的古籍文献。

六、法制保障日益健全,标准规范成果颇丰

“十二五”期间,华南地区在夯实各项业务的基础上,敢为人先,推进法制保障,成果颇丰。2011 年 9 月 29 日广东省政府颁布《广东省公共文化服务促进条例》;《广州市公共图书馆条例》于 2015 年 5 月 1 日施行;2016 年 4 月 1 日深圳颁布实施《深圳经济特区全民阅读促进条例》。此外,由广东图书馆界牵头并制定的《参考咨询服务规范》《社区图书馆服务规范》的行业标准于 2016 年颁布实施;国家标准《乡镇图书馆管理规范》也于 2013 年由广东省立中山图书馆牵头负责制定,参与单位有深圳市图书馆、深圳罗湖区图书馆、福田区图书馆等。

七、行业协作协调活跃,事业发展稳步推进

广东图书馆界加快推进各系统图书馆共建共享,促进资源有效整合和充分利用,形成区域发展合力,提升建设整体水平,积极发挥地理优势和资源优势,探索公共文化服务“联盟化”模式,为广大群众提供均等化的公共文化服务。广东省发挥毗邻港澳的优势,不断扩大和深化与香港、澳门特别行政区的合作。此外,还建立首个全国范围内跨省、跨系统的参考咨询服务平台——全国图书馆参考咨询联盟。广东图书馆学会致力统筹行业协作,促进事业发展,通过举办学术年会、学术活动,组织科研课题、各种类型专业性大赛,为推动业界学术观点的交流、碰撞提供了广阔平台,致力提升图书馆从业人员的业务能力和服务水平,全面推进全省图书馆人才队伍建设,促进广东省图书情报事业发展。

八、法人治理敢为人先,拓展管理新机制

华南地区公共图书馆法人治理结构的建立正经历着从探索性实践到逐步推广实施的过程。2007 年 8 月,中共深圳市委办公厅、深圳市人民政府办公厅发布了《建立和完善事业单位法人治理结构实施意见》,其中将深圳图书馆、深圳大学城图书馆、深圳少年儿童图书馆列入首批适合组建理事会的事

业单位名单，由此启动了公共图书馆法人治理的改革实践。广东省作为华南地区试点省，由当地编制部门在部分面向社会提供公益服务的事业单位先期开展试点工作。广州图书馆等作为公益性文化机构，相继被列入当地试点单位，启动了试点前期工作。到2013年年底，以组建理事会为标志，已建立起法人治理结构基本框架的公共图书馆有深圳图书馆、广州图书馆、深圳市宝安区图书馆等。2013年11月，中国共产党十八届三中全会提出要“明确不同文化事业单位功能定位，建立法人治理结构，完善绩效考核机制。推动公共图书馆、博物馆、文化馆、科技馆等组建理事会，吸纳有关方面代表、专业人士、各界群众参与管理”，为公共图书馆不断深化改革，解决自身发展问题提供了重大机遇，全国各地文化行政主管部门纷纷将公共图书馆法人治理结构建设纳入2014年度重点工作。到2014年年底，又有深圳市福田区图书馆、东莞图书馆及一部分县级图书馆等一批公共图书馆建立起理事会制度，公共图书馆法人治理的建设工作开始从局部摸索阶段进入到积极推广、全面实施阶段。

第二节　发展状况及特点

一、资源建设

资源是图书馆服务的基础。“十二五”时期，华南地区各图书馆高度重视文献资源建设，纸本资源建设与数字资源建设齐头并进，为图书馆服务打下坚实的基础，尤其在地方特色文献资源和古籍文献资源的开发整理方面，取得了一定的成绩。

1. 数据分析

(1)总藏量

截至“十二五”末期，华南地区各级公共图书馆图书总藏量11 746万册，比“十二五”初期(2011年)增长62%，详见图13－1[1—2]。其中广东省各级公共图书馆图书总藏量8979万册，比“十二五”初期(2011年)增长94%；广西壮族自治区各级公共图书馆图书总藏量2344万册，比“十二五”初期(2011年)增长13%；海南省各级公共图书馆图书总藏量1290万册，比“十二五”初期(2011年)增长150%。

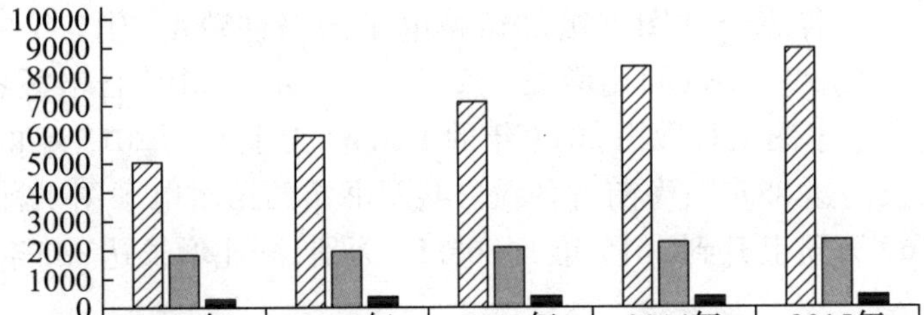

	2011年	2012年	2013年	2014年	2015年
广东省	5040	5965	7149	8340	8979
广西壮族自治区	1868	1974	2081	2263	2344
海南省	316	385	377	412	423

图 13－1　2011—2015 年华南地区公共图书馆图书总藏量一览表（单位：万册）

（2）新增藏量

“十二五”期间，华南地区各级公共图书馆新增藏量均有不同程度的增长。其中广东、海南两省的新增藏量分别由 2011 年的 409 万册和 36 万册增长到 2013 年的 604 万册和 49 万册[3]，2015 年开始由于受经济下行压力影响，新增藏量增长趋缓；广西的新增藏量在“十二五”期间每年以不低于 5% 的速度增长，由 2011 年的 62 万册增长到 2015 年的 150.8 万册，同比增长 143%。

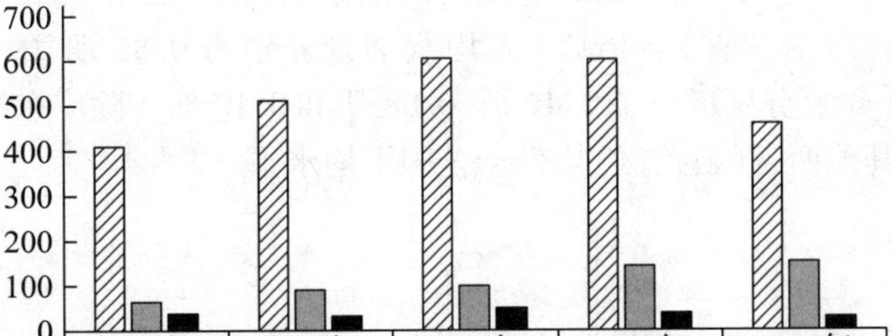

	2011年	2012年	2013年	2014年	2015年
广东省	409	513	604	601	459.0
广西壮族自治区	62	91	97	143	150.8
海南省	36	31	49	36	27.1

图 13－2　2011—2015 年华南地区公共图书馆当年图书新增藏量一览表（单位：万册）

（3）电子图书藏量

为适应互联网环境下读者阅读需求的多样性，“十二五”期间，华南地区各级公共图书馆在满足读者纸本图书阅读需求的情况下，纷纷加大电子图书的采购力度，由 2011 年的 1177.55 万册增长到 2015 年的 5079.26 万册。其中广东省各级公共图书馆的馆藏电子图书种数由 2011 年的 849 万上升到 2015 年的 2945 万,同比增长了 247%[1-2];广西壮族自治区各级公共图书馆的馆藏电子图书种数由 2011 年的 128.34 万上升到 2015 年的 1267.20 万,同比增长高达 887%;海南省各级公共图书馆的馆藏电子图书种数由 2011 年的 199.66 万册上升到 2015 年的 866.50 万册,同比增长达 333%。

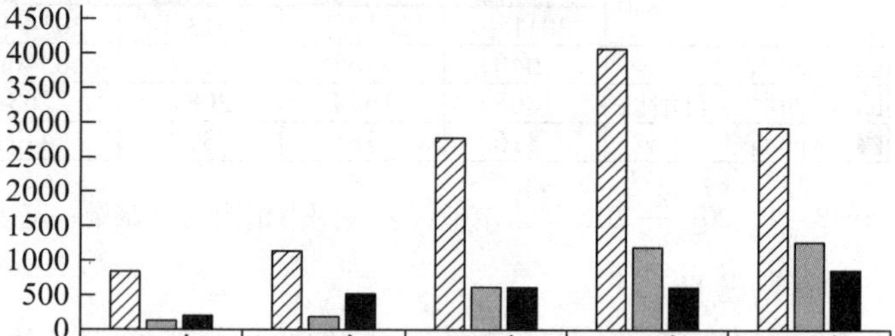

	2011年	2012年	2013年	2014年	2015年
广东省	849.55	1141.06	2794.07	4073.35	2945.56
广西壮族自治区	128.34	184.52	624.74	1200.80	1267.20
海南省	199.66	513.07	611.21	621.74	866.50

图 13-3　2011—2015 年华南地区公共图书馆电子文献藏量一览表(单位:万册)

(4)人均藏书量

除广东外,人均藏书量都在低位徘徊。“十二五”期末(2015 年),广东、广西、海南三省(自治区)人均藏书量分别为 0.86 册、0.48 册、0.46 册,和 2011 年比分别增长了 0.42 册、0.08 册和 0.10 册。除广东高于全国平均水平外,其他两省(自治区)均低于全国平均水平。

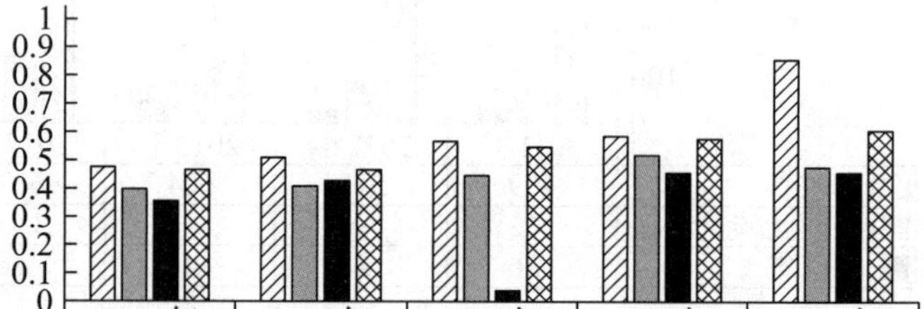

	2011年	2012年	2013年	2014年	2015年
广东省	0.48	0.51	0.57	0.59	0.86
广西壮族自治区	0.40	0.41	0.45	0.52	0.48
海南省	0.36	0.43	0.04	0.46	0.46
全国	0.47	0.47	0.55	0.58	0.61

图 13-4　2011—2015 年华南地区图书馆人均藏量一览表(单位:册)

2. 资源建设概况

华南地区图书馆界以实用、共建共享为原则，构建纸质资源与数字资源合理并存的信息资源体系，在文献资源的统一编目、特色地方文献资源的共建共享、古籍民国文献的整理开发等方面取得一定成果。

华南地区各级公共图书馆高度重视数字资源建设工作，各地根据当地实际，建设完成并验收通过一批反映华南特色民俗、历史文化、非物质文化遗产等方面的地方特色资源，成果显著。如广东省的"孙中山数据库""岭南印象系列文献库""佛山市图书馆家谱族谱数据库""珠海历史名人多媒体数据库""中山人著作数据库""华侨华人多媒体资源库""石狗文化数据库""冼夫人文化数据库""六祖惠能数据库""清远连南瑶族文化数据库""潮汕民俗网""玉器文化知识数据库——中国玉都·揭阳"特色数据库、"叶剑英全文数据库"等[1—5]；广西壮族自治区图书馆则组织建设了"广西戏剧专题多媒体资源库一期""广西惠农实用技术专题资源""广西戏剧""广西文坛""八桂讲坛""广西民国人物"；桂林图书馆与国家数字图书馆联合建设了"桂林石刻""桂林旧影""桂海讲坛""广西抗战文化""桂林山水文化(二)"等特色资源数据库；海南省图书馆数字资源主要包括 15 个电子图书类数据库、7 个电子期刊类数据库、4 个视频类数据库、10 个其他类数据库，总量 36.81TB，读者可以通过本地镜像、远程包库、文献传递等多种渠道对数字资源进行访问。除续订外，新购数据库有 e 线图情、库客数字音乐图书馆和少儿多媒体图书馆等数据库，并注重提高未成年人电子资源所占的比重。三省(自治区)共同构建了较具华南特色、有一定规模的特色数据库集群。

与此同时，在纸质资源建设方面，广东省依托图书馆积极开展大型古籍地方文献整理出版工作，先后整理出版《广州大典》《清代稿钞本》《杜定友文集》等二十余项大型丛书，成果丰硕。其中《广州大典》收录广州历代文献 4064 种，是目前规模最大的古籍地方文献整理出版项目，2013 年荣获首届南粤出版政府奖[5]。《清代稿钞本》为国家清史纂修工程文献整理类项目，收载清代稿本、抄本和存世较少的珍稀刻印本 800 余种，共 7 辑 350 册，2014 年荣获全国优秀古籍图书一等奖。海南省各级公共图书馆高度重视文献资源建设工作，海南省图书馆在 2014 年的图书采购中，着重提高少年儿童读物的比例，仅绘本一项占到了全部图书采购经费的 7.5%；全年采编中文图书 7.8 万多种 26 万多册，外文图书 910 种 910 册，港澳台文献 1149 种 1159 册；视听文献 888 种 888 张(盒)；接收社会赠书 1.55 万种 2.4 万册，呈缴本图书 1273 种

2498册；采编境内期刊3279种3742份，报纸322种368份，境外报刊35种；纸质文献总馆藏量达100万册/件。

二、图书馆服务

服务是图书馆理念与创新的载体。“十二五”期间，华南地区各图书馆积极创新服务理念和服务方式，以为广大读者提供优质的公共文化服务为目标，取得了很好的社会效益。

1. 基础服务稳步提升

2015年，广东、广西、海南三省(自治区)公共图书馆总流通人次9739万，比2011年增长30.6%；书刊文献外借册次5261万，比2011年增长55%。

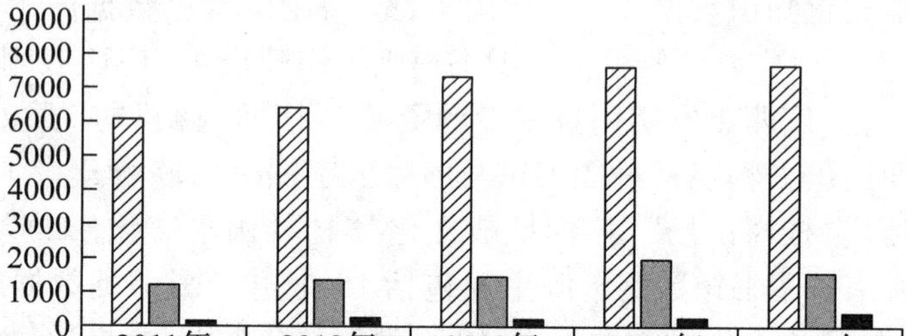

	2011年	2012年	2013年	2014年	2015年
广东省	6072	6418	7357	7657	7709
广西壮族自治区	1231	1366	1471	1998	1585
海南省	150	270	247	268	445

图13-5　2011—2015年华南地区公共图书馆总流通人次一览表(单位:万人次)

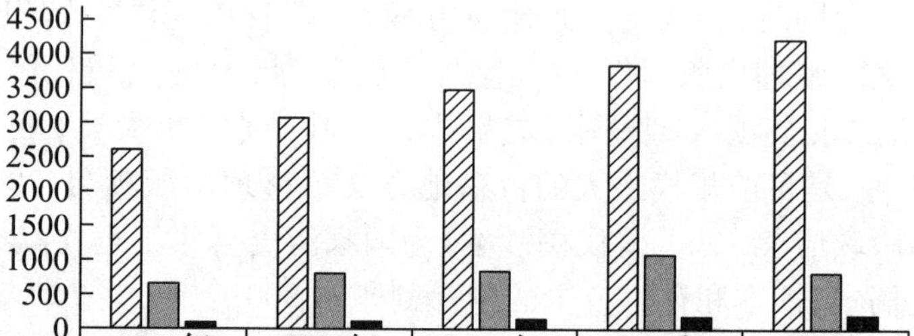

	2011年	2012年	2013年	2014年	2015年
广东省	2617	3070	3499	3848	4213
广西壮族自治区	668	806	854	1099	826
海南省	103	126	153	188	222

图13-6　2011—2015年华南地区公共图书馆图书外借册次一览表(单位:万册次)

2. 服务手段多样化

为贯彻落实“十二五”期间政府工作报告中关于“全民阅读”的文件精神，建设书香社会，华南地区各级公共图书馆为读者举办形式多样的读者活动。2015 年三省(自治区)共举办读者活动 26 406 次，比 2011 年增长 153%，活动参加人次 1560. 76 万，增长 108%。

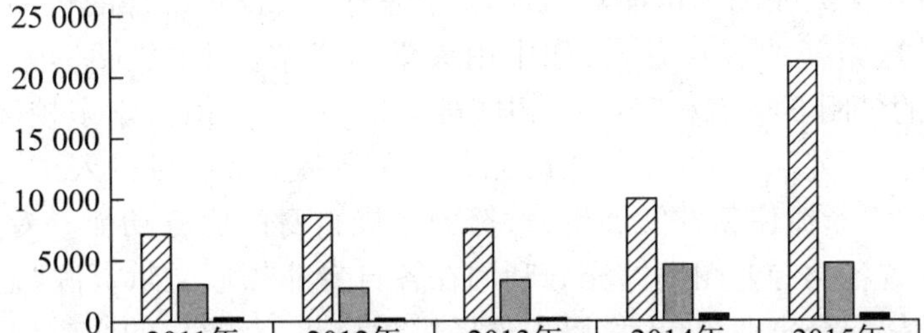

	2011年	2012年	2013年	2014年	2015年
广东省	7169	8660	7440	9906	21 225
广西壮族自治区	2985	2673	3328	4510	4676
海南省	254	217	123	463	505

图 13－7　2011—2015 年华南地区公共图书馆读者活动举办次数一览表(单位:次)

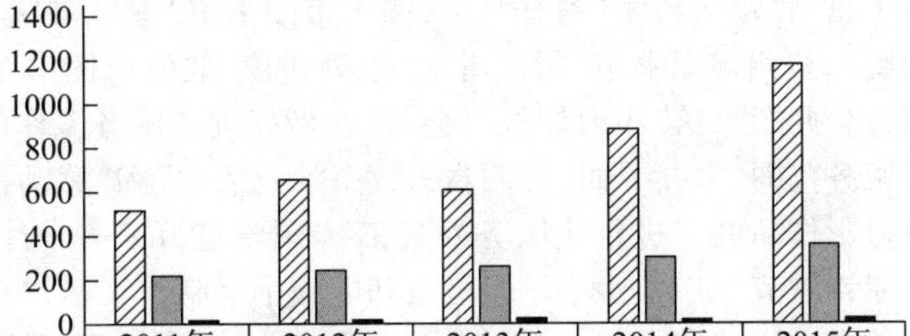

	2011年	2012年	2013年	2014年	2015年
广东省	518.65	655.96	607.55	886.21	1182.60
广西壮族自治区	219.40	245.90	258.90	301.80	358.00
海南省	13.15	16.73	22.79	17.35	20.16

图 13－8　2011—2015 年华南地区公共图书馆读者活动参加人次一览表(单位:万人次)

图书馆人敢为人先，努力增强公共文化服务活力，不断推出多种创新服务，如二代身份证免押金借阅、“你悦读我采购”、24 小时自助图书馆、移动图书馆服务、捐赠换书中心、“悠·图书馆”服务、电视图书馆、“真人图书”服务、自动分拣系统等服务创新方式，加大对少儿、视障、外来务工等弱势群体的阅读推广力度，打造了如“中山讲堂”“岭南文化大讲坛”“粤海听涛·绿悦读”

"禅宗文化大讲堂""南都思享汇""厚朴学堂""乐龄讲堂""公众史学讲堂"、羊城学堂、深圳记忆、"亲蓓蕾""簕杜鹃""红牡丹""喜阅 365——亲子共读计划"、南风讲坛、"少儿故事演出季"、蜂蜂故事会、儿童故事大王比赛、"中山市树精灵使者团"等服务品牌,建立起图书馆服务的"岭南模式",并借助新媒体技术如微博、微信宣传,形成在全国具有较大影响力的区域性服务网络。广东省各大高校图书馆面对新环境、新需求、新技术带来的机遇和挑战,也纷纷勇于探索新的服务方式,如中山大学图书馆推出的"阅读无止境,外借无限量"的借阅新举措和"导读'超能陆战队'——中山大学东校区图书分馆多类型导读系列"、广州大学城十校图书馆馆际互借项目投入试运行等新型服务方式,不断抓住新的发展机遇,努力拓展自身的服务功能。专业图书馆方面,广东省各类专业图书馆充分利用在各自专业领域文献资源"总库"的优势,不仅积极向企事业单位、科研人员提供学科化、专业化的文献信息保障服务,同时也积极向公众宣传专业图书馆服务,引导普通读者使用专业图书馆服务。

广西壮族自治区各级图书馆在"十二五"期间积极创新图书馆办馆理念和服务方式,深挖潜力,努力打造了一批影响力较大的文化品牌。广西壮族自治区图书馆"八桂讲坛"系列讲座、"广图展览""光影榭"周末电影沙龙,桂林图书馆"悦动·科学"科普活动,南宁市图书馆"绿城讲坛""绿城舞台""绿城展廊",梧州市图书馆"鸳江讲坛"系列讲座,北海市图书馆"珠城大讲坛",北海市少儿图书馆"小海螺故事会"。在做好读者服务工作的同时,联动各方拓展服务范围,举办了如"广西盲人读书沙龙活动"和"感动在身边"外来务工人员摄影作品展,"进企业服务外来工""国学进万家——首届贺州市图书馆黄金屋诗歌节"、广西中小学生网页和电脑小报制作大赛、"我阅读·我快乐"少儿故事比赛、"亲子'玩'阅读快乐过暑假""悦读 1 +1 残障儿童阅读推广""绿城书香韵悠长,快乐读书伴成长""朱槿花女子读书沙龙"少儿阅读活动等文化惠民活动,积极为少年儿童、视障读者、外来务工等弱势群体服务。同时积极拓展新途径,做好党政机关的信息服务工作,如广西壮族自治区图书馆在每年的"两会"期间,与自治区人大秘书处、自治区政协信息处共同组成信息服务中心,为出席"两会"的代表和委员提供专题资料汇编、信息咨询检索、数字资源浏览、图书借阅、办理借书证等服务,发放《参考·借鉴——广西图书馆"两会"专题信息汇编》《信息参考》《聚焦电动自行车管理》《聚焦大数据》《馆长推荐》《广西壮族自治区图书馆数字资源利用指南》等 2929 册,扩大了公共图书馆在领导决策层的影响。在做好以上服务工作的同时,广西各级图书馆积极借助新媒体技术宣传图书馆服务，为广大读者提供全方位的阅读体验，南宁、钦州、北海等地图书馆的自助图书馆服务纷纷在“十二五”期间建成并对读者开放；南宁、柳州、玉林、北海、钦州、防城港等地还纷纷开通微信服务平台，实现移动终端对本馆图书检索、续借及新书通报、开办市民卡借还书功能，成为名副其实的“微信图书馆”，以创新的方式突破传统的借阅习惯。为弥补图书馆工作人员数量上的不足，广西各级图书馆还广泛招募志愿者参与图书馆公益服务活动，取得成效。

海南图书馆事业尽管起步较晚，但在“十二五”期间，各级公共图书馆仍不忘自身的历史使命，积极做好各项读者服务工作。一是拓展新途径，做好信息服务，如海南省图书馆作为省级公共图书馆，积极为人大、政协等政府部门提供决策信息参考服务，在每年的“两会”期间，在会场和代表驻地设置信息服务中心，为与会代表、委员查找资料数据，提供信息服务，接受“两会”委员委托咨询。二是积极利用现代通信技术改善读者阅读体验，如海南省图书馆在 2011 年为持有有效借书证的移动用户，开通了手机短信服务，提供图书到期提醒、过期催还、查询借阅信息、续借图书以及挂失借阅证等服务。三是积极做好视障、少儿、贫困偏远地区等弱势群体的读者服务工作，建立盲文图书流动站，举办少儿兴趣班、亲子阅读活动等多种形式的阅读推广活动，在贫困偏远地区开展如“你捐书，我赠卡”等形式的活动，广泛向社会募集文献资源。四是积极招募热心读者加入文化志愿者服务行列。成立了如海南省图书馆的“妈妈志愿者团队”等文化志愿团体，增进图书馆和读者之间的交流，通过图书馆平台分享资源，增强凝聚力。

三、设施建设

设施是图书馆服务的必要硬件。“十二五”期间，华南各省（自治区）财政积极扶持欠发达地区基础公共文化设施建设，努力实现省、市、县、镇、村五级公共文化设施全覆盖。

2015 年，华南地区县以上公共图书馆达 272 个，比 2011 年增加 10 个；图书馆馆舍面积达 156.36 万平方米，同比 2011 年增长了 18.7%；阅览座席数 11.45 万个，同比 2011 年增长了 18%。三省（自治区）的基础设施建设如图 13 -9 至图 13 -12 所示。

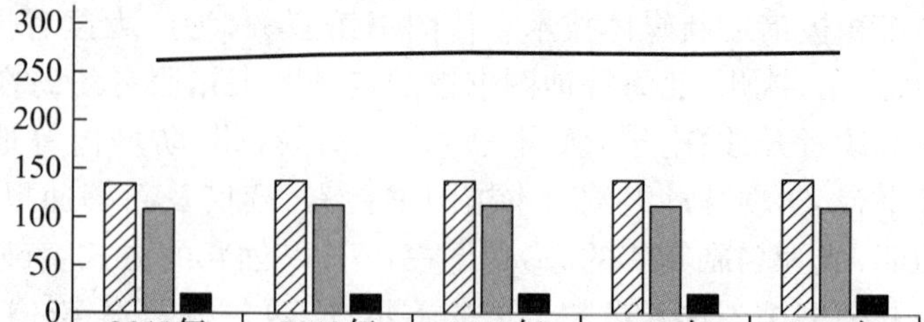

	2011年	2012年	2013年	2014年	2015年
广东省	134	137	137	138	140
广西壮族自治区	108	112	112	112	111
海南省	20	20	21	21	21
合计	262	269	270	271	272

图 13-9　2011—2015 年华南地区县以上公共图书馆个数

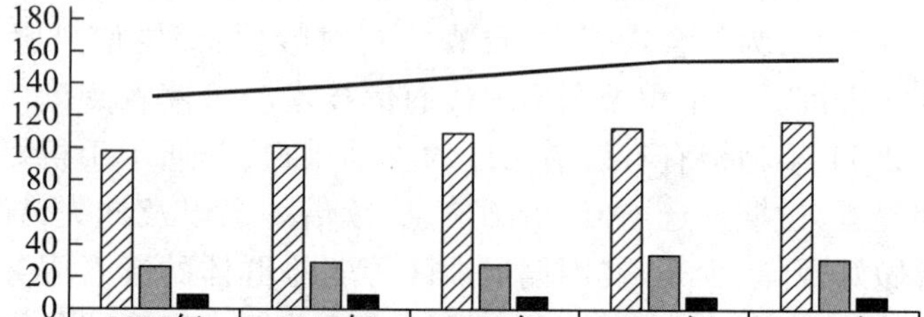

	2011年	2012年	2013年	2014年	2015年
广东省	97.5	101.29	109.37	112.77	117.20
广西壮族自治区	25.8	28.53	28.13	33.40	31.10
海南省	8.35	8.58	8.18	8.10	8.06
合计	131.65	138.40	145.68	154.27	156.36

图 13-10　2011—2015 年华南地区公共图书馆馆舍面积情况一览表(单位:万平方米)

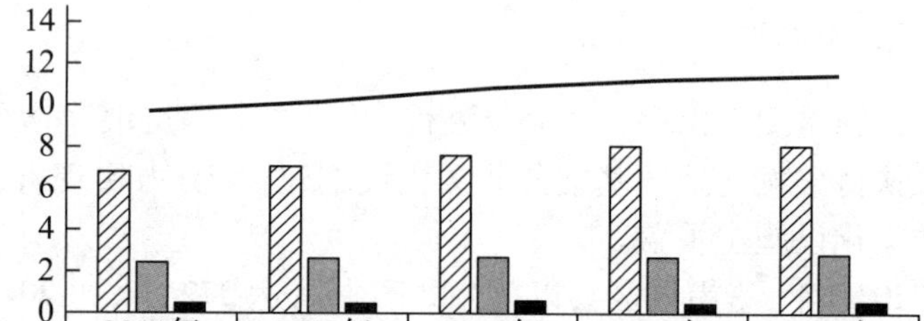

	2011年	2012年	2013年	2014年	2015年
广东省	6.8	7.1	7.6	8.1	8.10
广西壮族自治区	2.4	2.6	2.7	2.7	2.80
海南省	0.5	0.5	0.6	0.5	0.55
合计	9.7	10.2	10.9	11.3	11.45

图 13-11　2011—2015 年华南地区公共图书馆阅览座席数(单位:万个)

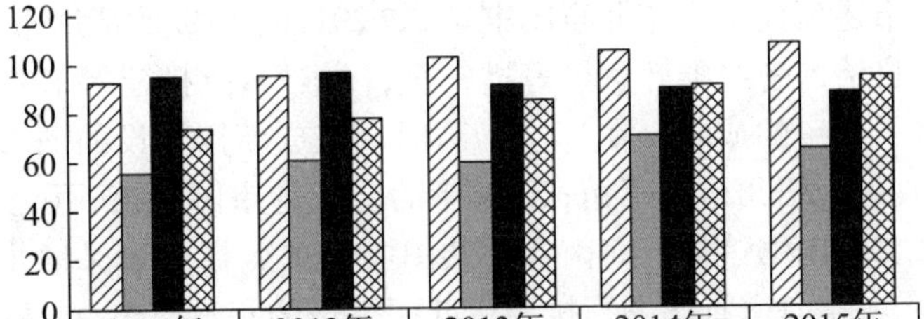

	2011年	2012年	2013年	2014年	2015年
▨ 广东省	92.8	95.6	102.8	105.2	108.0
■ 广西壮族自治区	55.5	60.9	59.6	70.3	64.8
■ 海南省	95.2	96.7	91.4	89.7	88.0
⊠ 全国	73.8	78.2	85.1	91.0	94.7

图 13－12　2011—2015 年华南地区公共图书馆每万人公共图书馆建筑面积(单位:平方米)

2011—2015 年间,各省(自治区)公共图书馆在机构个数、馆舍面积、阅览座席数和每万人建筑面积等方面都平稳增长。其中广东省由于财力较为充实,2015 年公共图书馆房屋面积达 117.2 万平方米,比 2011 年末增加了 19.7 万平方米,增长幅度为 20%,且馆舍面积每年均可实现 3% 以上的增长[5];其次是广西壮族自治区,2015 年公共图书馆房屋面积 31.1 万平方米,比 2011 年末增长了 5.3 万平方米,增长幅度也是 20%,但每年的增长稳定性不及广东;海南省在“十二五”期间基本没有增长。

“十二五”期间,广东省各级财政共投入 9 亿元,扶持欠发达地区基础公共文化设施建设,基本实现省、市、县、镇、村五级公共文化设施全覆盖。全省县级以上公共图书馆一级图书馆 66 家,二级图书馆 30 家,三级图书馆 27 家[3]。在“十二五”期间,共有 21 个公共图书馆完成改扩建和新馆建设,如投资 5 个亿的广东省立中山图书馆改扩建首期工程 2010 年年底竣工开馆,2011 年的茂名市图书馆、电白县图书馆、阳东县图书馆、英德市图书馆、韶关市曲江区图书馆、封开县图书馆、怀集县图书馆、揭西县图书馆、揭阳市揭东区图书馆[1];2012 年的广州图书馆、肇庆市图书馆、珠海金湾区图书馆、四会图书馆、化州市图书馆、陆丰市图书馆[2];2013 年的珠海市斗门区图书馆[3];2014 年的佛山市图书馆、深圳市宝安区图书馆、广州少年儿童图书馆[4];2015 年的阳山县图书馆、广州黄埔区图书馆等先后落成开放[5]。此外,一些在“十一五”时期没有图书馆建制的县(区)也在“十二五”期间新建了图书馆,如 2014 年建立的云浮市云城区图书馆,2015 年的湛江市霞山区图书馆、汕头市潮南区图书馆等。为积极在少年儿童中进行阅读推广,保护儿童文化权益,部分地级市还新建了少年儿童图书馆，如 2014 年建成的清远市少儿图书馆。广西壮族自治区各级财政积极筹措资金，以维修、改扩建等形式改善馆舍条件，并取得了一定的成绩。在“十二五”时期完成新馆建设的图书馆有 2012 年的贵港图书馆、梧州市图书馆；2014 年的防城港市图书馆、百色市图书馆；2016 年的来宾市图书馆等。海南省公共图书馆重点打造和保障儿童阅读服务设施。如 2014 年海南省图书馆按照少儿图书馆的基本要求，在原少儿部的基础上对空间功能进行拓展改造，拓展后的少儿部由原来的 793.16 平方米增至 1477.81 平方米，设置了低幼阅览室、中小学阅览室、少儿公共电子阅览室、少儿情景体验区、少儿科普活动教室、少儿艺术培训教室、少儿活动教室、绘本创作室等服务功能区。改造后的少儿部，增强了少儿活动空间，使之具备了少儿图书馆的功能雏形。在低幼阅览室和中小学阅览室采用 RFID 技术进行业务管理与服务，实现了少儿馆藏文献的自助借还。此外，还增配了绘本图书、儿童玩具、科普器械、平板电脑、一体机等。

四、组织管理与队伍建设

良好的组织管理是图书馆服务效益的保障。“十二五”期间，华南各省（自治区）各图书馆尝试从管理中求效益，出台政策保障，引入“绩效管理模式”，推动图书馆法人治理结构改革，服务绩效不断提高，队伍呈稳定建设态势。三省（自治区）从业人员情况如图 13－13 至图 13－17 所示：

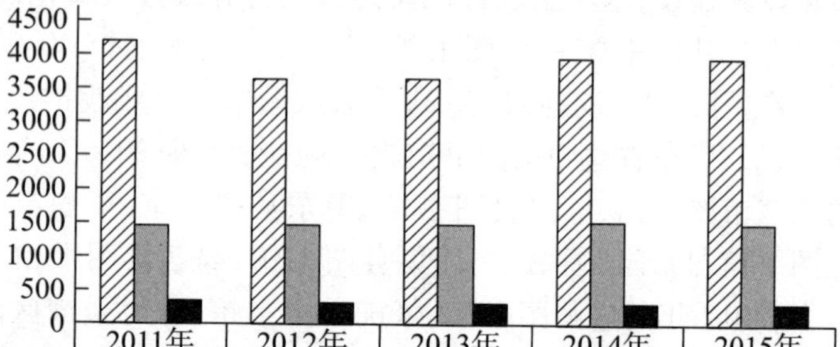

	2011年	2012年	2013年	2014年	2015年
广东省	4203	3645	3661	3965	3968
广西壮族自治区	1467	1475	1493	1534	1509
海南省	348	317	327	327	325

图 13－13　2011—2015 年华南地区公共图书馆从业人数一览

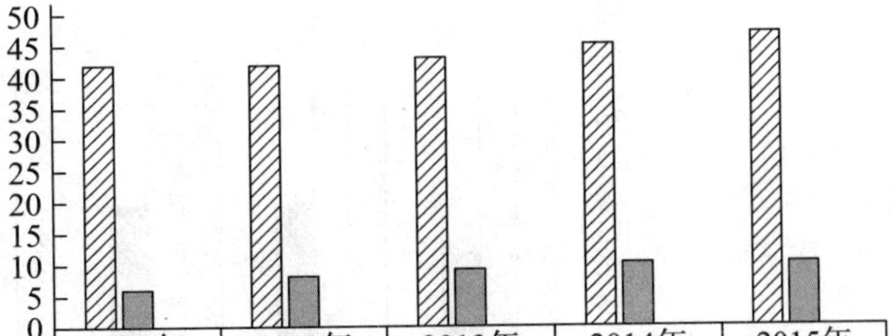

	2011年	2012年	2013年	2014年	2015年
广东省	42	42	43	45	47
广西壮族自治区	6	8	9	10	10
海南省	0	0	0	0	0

图 13－14　2011—2015 年华南地区公共图书馆正高职称人员人数一览

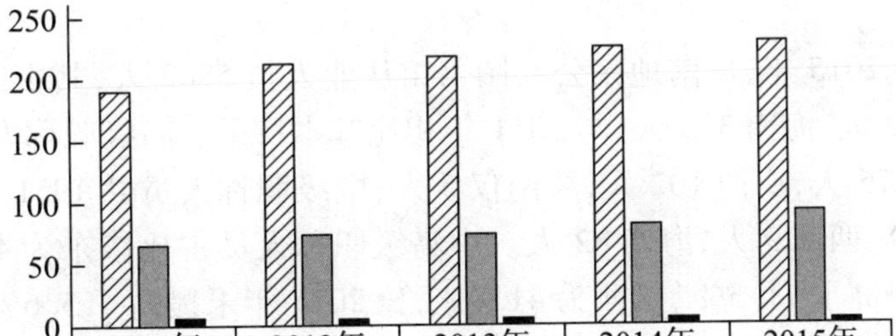

	2011年	2012年	2013年	2014年	2015年
广东省	191	212	218	225	229
广西壮族自治区	66	74	74	81	92
海南省	7	6	6	6	5

图 13－15　2011—2015 年华南地区公共图书馆副高级职称人员人数一览

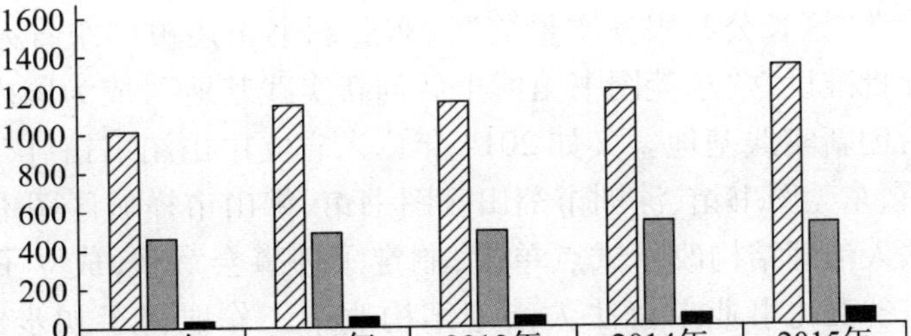

	2011年	2012年	2013年	2014年	2015年
广东省	1015	1144	1162	1218	1342
广西壮族自治区	459	488	497	539	529
海南省	36	56	57	65	82

图 13－16　2011—2015 年华南地区公共图书馆中级职称人员人数一览

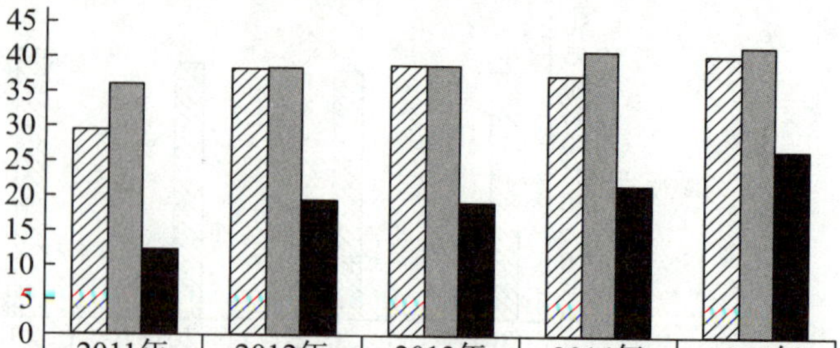

	2011年	2012年	2013年	2014年	2015年
广东省	29.6	38.4	38.9	37.5	40.5
广西壮族自治区	36.2	38.6	38.9	41.1	41.8
海南省	12.4	19.6	19.3	21.8	26.8

图 13－17　2011—2015 年华南地区公共图书馆中高级职称人员占从业人员比例一览(单位:%)

2015 年,华南地区公共图书馆从业人员 5802 人,其中广东 3968 人,广西 1509 人,海南 325 人,与 2011 年相比基本持平。高级职称人员 382 人,其中广东 275 人,广西 102 人,海南仅 5 人;中级职称人员共 1951 人,其中广东 1340 人,广西 529 人,海南 82 人。中高级职称人员占比广东为 40.9%,比 2011 年末提高了 11.3%,广西为 41.8%,比 2011 年末提高了 5.6%,海南为 26.7%,比 2011 年末提高了 14.4%[1—2]。

在组织管理创新上,广东省作为华南的试点地区,广东图书馆界积极探索图书馆管理模式,并取得了一定的成效。如东莞图书馆在全国率先于 2012 年引入绩效管理模式,并于同年获得“东莞市政府质量奖”,成为国内首个获得政府质量奖的公共图书馆。深圳市龙岗区图书馆也开展了卓越绩效管理,并荣获“区长公共服务质量奖”。东莞图书馆还被广东省人力资源与社会保障厅批准设立“东莞图书馆博士后创新实践基地”,成为国内图书馆界首个博士后创新实践基地。又如 2014 年广东省立中山图书馆、广州图书馆、深圳图书馆、东莞图书馆、深圳市福田区图书馆、佛山市禅城区图书馆等作为事业单位法人治理结构改革试点单位,制定了理事会章程,成立了理事会。标志着广东省文化事业单位法人治理结构改革工作取得了初步成效[5]。其后,江门、河源、茂名、中山等市图书馆也于 2015 年开展法人治理结构改革,分别成立第一届理事会。

在队伍建设上,华南地区各省(自治区)通过合作共享,多种形式开展图书馆人才队伍建设。如广东图书馆学会启动“粤图基层馆员轮训提升计划

(2011—2016年)”,自2011年开启公共文化“十二五”建设以来,广东省立中山图书馆、广东图书馆学会邀请国内、省内知名学者,图书馆界的专家,建立专家库,面向全省图书馆界同仁,举办各式各样的培训班、学术报告、技术研讨会等活动,旨在提高全省图书馆界同仁整体专业水平,不断了解图书馆发展方向及服务创新手段。六年来面向全省各系统图书馆从业人员共举办各类型讲座培训29场,总培训人次近9000人。结合广东省文化厅2014年的“基层馆站服务效能提升计划”,有针对性地开展基层馆人才队伍建设。“粤图基层馆员轮训提升计划”主要有以下特点:一是点单式课程服务。围绕文化部在全国开展馆员轮训计划要求,结合广东省的实际情况,以及每年图书馆发展的新要求和新趋势,设计课程、邀请专家、发布课程调查问卷由基层挑选建议,提供“点单式”服务,使图书馆馆员做到学有所得、学以致用,特别是对欠发达地区图书馆的馆员,能够及时了解当今图书馆的新理念、新技术、新要求。二是“走出去、请进来、走下去”。该计划组织基层馆长实地考察华东发达地区图书馆运营模式,现场点评和指导;并组织参加国内大型学术年会、业务培训等,更直观更有效启发基层馆长的思维和开阔视野;同时邀请国内外知名学者及图书馆界的专家来粤授课,开拓图书馆馆员眼界,提高图书馆馆员的专业水平;组织省内的专家及老师,走入基层图书馆,直接面对面的授课,更加有效、直接的解决基层图书馆面临的困难。三是创新服务手段,开放同步讲座。充分利用科技手段,通过同步视频直播,使讲座培训不受地域、空间的限制,让更多的基层馆员受益。2014年起,开发了网上同步讲座视频系统平台,由各地组织学员异地同步收看培训,将讲座培训资源更大范围的利用与传播,受训人数成倍数增长。

广西壮族自治区则利用“三区人才培训计划”专项经费,持续开展人才队伍培训工作,并跨省跨系统合作进行培训。如2014年广西壮族自治区图书馆与广东省立中山图书馆、武汉大学信息管理学院、中央文化干部管理学院等单位合作,举办综合素质提高班和研修班,加强对“三区”人才的培训。参与学员包括全区各市县中层以上干部和业务骨干超过200人;通过举办馆长培训班、业务骨干培训班、高级研修班、“三区人才培训”等,邀请国内知名专家学者前来授课,更新馆长及工作人员的服务理念,开阔视野,提高业务能力。网络培训共培训基层图书馆业务人员10 000多人次。2015年广西壮族自治区图书馆分别与武汉大学信息管理学院、南开大学商学院、湖南省图书馆学会、浙江省图书馆学会举办了四期“广西公共图书馆‘三区’人才高级研修班”。桂林图书馆与武汉大学举办一期“广西公共图书馆‘三区’人才高级研修班”，联合云南省图书馆举办“图书馆地方文献建设培训班”。崇左市、贵港市、北海市等图书馆都分别以各乡镇文化站图书馆管理员为对象，举办“三区人才支持计划”培训班。以上这些培训班、研修班通过聘请知名专家和学者授课、实地与同行进行交流等方式，吸取经验教训，扬长避短，增长见识，成效显著，为广西图书馆事业可持续发展提供智力支持。

五、协作协调

协作协调是图书馆服务的重要推动力。华南各省(自治区)图书馆积极整合现有资源，着力构建城乡一体、互联互通的公共图书馆服务网络。各省图书馆学会(协会)作为各省图书馆界的行业组织者，团结图书馆界同仁，群策群力，统筹协作，促进图书馆事业进步。

1. 服务体系建设

为提高效率，节约资源，为读者提供更方便快捷的服务，大力推广建设总分馆是中国图书馆发展的必由之路。在这方面，华南地区各级公共图书馆做了很多各具地方特色、适合本省省情的有益探索，并取得成效。

(1)广东流动图书馆

“十二五”期间，广东省立中山图书馆积极扶持广东欠发达地区的图书馆服务体系建设，共新建广东流动图书馆 19 家；广东省财政共投入 2500 万元，为广东流动图书馆各分馆购置图书约 68 万册；截至“十二五”期末，广东省立中山图书馆在全省欠发达地区市县公共图书馆建成广东流动图书馆分馆 88 家。广东省立中山图书馆借助广东流动图书馆这一平台，积极指导欠发达地区图书馆实施市级总分馆制、县域总分馆体系建设，在其中的 70 个分馆实行了馆内一卡通借阅，60 个分馆实行了二代身份证借阅，在此基础上协助广东省文化厅推进了“县级图书馆总分馆试点”项目，建设 10 个县级总分馆体系[1]。除此之外，广东省立中山图书馆自 2012 年起，每年分别在粤东、粤西和粤北分片举办业务培训班，邀请省内外知名图书馆学专家学者亲临授课，近 2000 人次基层图书馆馆员参加了培训；该馆还利用同步在线视频讲座系统，邀请国内外知名专家学者举办讲座，吸引数千名基层馆员同步收看学习。在“十二五”期间，广东省立中山图书馆还将剔旧下架的 13 万余册图书期刊分别赠送到 21 个基层图书馆和文化站，用于建立图书阅览室。另外，广东省立中山图书馆还制作展览并下发至各基层图书馆巡回展出。以上措施，有效改变了广东省粤东、西、北欠发达地区公共图书馆事业的落后面貌。

(2)广东“图书馆之城”建设

深圳、东莞、广州、佛山等地先后启动“图书馆之城”建设，从城市发展战略上推动图书馆事业全面提升。

“十二五”期间，深圳市深化“图书馆之城”服务体系建设，共布设“城市街区24小时自助图书馆”80个，62家公共图书馆加入深圳“图书馆之城”统一服务平台；截至“十二五”期末，共有234家公共图书馆及240个“城市街区24小时自助图书馆”加入到“图书馆之城”统一服务平台。此外，深圳图书馆还制定了《深圳市公共图书馆总分馆建设指导意见》《深圳市公共图书馆联盟章程(草稿)》《图书馆之城十二五规划》《深圳市图书馆之城建设报告》《公共图书馆统一服务技术平台应用规范》《公共图书馆RFID技术应用业务规范》《深圳市公共图书馆统一服务业务规范》，从制度上为深圳市公共图书馆总分馆服务体系建设保驾护航。由于“图书馆之城”创造了显著的社会效益，2013年深圳被联合国教科文组织授予“全球全民阅读典范城市”称号。

2004年，东莞市委、市政府先后下发了《东莞地区图书馆总分馆制实施方案》《东莞市建设图书馆之城实施方案》以及《关于贯彻落实〈东莞市建设图书馆之城实施方案〉的意见》等全市性文件，对东莞“图书馆之城”建设做出整体部署和具体安排。东莞全市按照总体要求，围绕设施、活动、机制三个环节，结合实际，抓紧落实，共同推进，地区图书馆事业长足发展，知识传播体系不断健全。“十二五”期间，东莞图书馆在全市已成功构建起市、镇、村三级文化设施网络体系，形成了含1个总馆、52个分馆、102个服务站、40台自助图书馆的地区图书馆网群，实现全市32个镇(街)24小时自助借阅服务全覆盖的服务体系，形成了“一馆办证，多馆借书；一馆借书，多馆还书”的服务模式。在东莞，总馆、镇(街)分馆、村(社区)分馆(服务点)、学校、企业分馆和图书流动车、24小时自助图书馆、新型公共电子阅览室共同构成日趋完善的图书馆服务网络体系；以全市图书馆协同机制为保障，强化业务统筹带动和指导培训，总分馆服务项目联动，依托图书流动车、东莞数字图书馆、东莞学习中心、新型公共阅览室等平台，实现整体体系的资源共享，让广大群众享受到更加充分、快捷、方便的图书馆服务，形成了新时期公共图书馆全面创新服务的新形态。

为积极贯彻落实《广州市加快公共文化服务体系建设实施意见》精神，在广州市委、市政府和广州市各级文广新局的大力支持下，广州图书馆在“十二五"期间务实推进广州"图书馆之城"公共图书馆服务体系建设工作。广州图书馆于 2010 年 9 月成功启动广州地区公共图书馆通借通还服务;2012 年与全市 13 家公共图书馆实现通借通还,同时制订"图书馆之城"建设规划;2013 年正式启动广州"图书馆之城"项目,并制订《广州图书馆分馆服务网络建设总体规划》《广州市通借通还图书物流处理办法(试行)》以及修订《广州地区公共图书馆通借通还服务规则》;在"十二五"期间,广州图书馆完成了馆外服务点/流动图书馆 41 个,服务网络覆盖 12 个区,并实现区域数字资源共享。为保障广州地区公共图书馆服务体系建设的顺利推进,广州图书馆与广州少年儿童图书馆共同配合,推动《广州市公共图书馆条例》的立法工作。《条例》经过大量的调研论证,进行多次的修改完善,于 2014 年年底由广州市人大颁布,并于 2015 年 5 月 1 日起正式施行。这是我国第一部为省会城市公共图书馆设定的条例。

佛山市图书馆早在 2004 年便提出了旨在"整合全市图书馆资源,搭建覆盖全城、服务全民的文献信息资源共享网络和服务体系,保障市民享受到更加充分和平等的文化权利"的《佛山市联合图书馆实施方案》。该方案以"政府指导,属地实施;政策扶持,各方联动;稳步推进,市民受益"的思路,通过打造"统一标识、统一平台、统一资源、分级建设、分级管理、分散服务"的联合图书馆体系,推动佛山地区图书馆资源的共建共享。"十二五"期间,佛山市图书馆稳妥推进佛山市联合图书馆服务体系建设,共新增成员馆 55 家;利用"汽车图书馆"穿行于禅城、南海、三水、高明四区及佛山新城等区域,服务点遍布大型企业事业单位、外来工社区、医院、学校、监狱等,共建立服务点 78 个,开展上门服务 626 次,行程达 4 万余公里,开通读者证 6 万余个,借还图书 15 万余册,服务人数超过 30 万人;修订联合图书馆准入、考核、建设以及物流等规范文件,为联合图书馆工作提供制度支持。

(3)广西特色服务体系建设

南宁市图书馆充分发挥全市城乡一体化联合图书馆中心馆的作用,新建了广西壮族自治区环保厅、同心源 2 个分馆以及南宁市财政局、南宁市政协、南宁市那龙民族中学、武警广西总队 4 个馆外流通点,形成了以南宁市图书馆为中心、12 个区县图书馆为分中心、53 家流通站为网点的公共图书馆服务网络,实现了数字资源共享、联合检索、信息互联;利用图创集群管理系统,实现南宁市图书馆及区域内其他 26 个公共图书馆和联网分馆、流通站的业务集群管理和文献通借通还;完善图书预约检索服务,以方便快捷的"e 键检索"打通公共图书馆服务读者的“最后一公里”。

桂林图书馆以图书馆集群建设为抓手，提升基层图书馆公共文化服务能力。自从2012年开始试点建设桂林图书馆集群网，目前已有10个县馆加入。现正在建设桂北地区“区域图书馆集群”，并吸纳高校图书馆加入。

(4)海南公共图书馆服务体系建设

在“十二五”公共文化服务体系的建设热潮中，海南省图书馆界不甘落后，做了一些富有成效的工作。如2013年海南省图书馆首个公共社区图书馆在海口市美兰区蓝天街道龙岐社区居委会举行揭牌仪式。馆内分阅览室和活动室，拥有电脑、投影仪、功放机、音箱、象棋等设备。海南省图书馆为该社区图书馆配备2000册图书，均为少年儿童喜爱的少儿图书，以绘本、儿童文学、历史等图书为主。龙岐社区图书馆的建成，填补了海南没有公共社区图书馆的空白，不仅丰富了基层群众的文化生活，更是省图书馆建设分馆的重要尝试，也是推进公共图书馆服务体系建设的重要举措。海南省图书馆于2014年与中国光大银行海口分行合作，共同建设第一家“海图社区书屋”，在光大银行海口分行国兴和风江岸社区银行正式向读者开放。这是海南省图书馆首次与银企合作共建社区图书馆的新模式，也是公共文化服务落实到基层群众身边的重要体现，旨在进一步加强公共服务与便民服务的有机融合，解决好老百姓看书“最后一公里”问题，服务社区居民。“海图社区书屋”合作共建运作，突破了网络、技术、系统整合、卡片兼容、管理标准等方面的难题，实现了银行系统与图书管理系统的对接。书屋目前有各类图书1000余册，开放时间和银行的营业时间同步，即从上午10点到晚上8点，由银行工作人员负责管理和借阅服务工作，读者可凭借省图书馆的借阅卡或光大银行海口分行专门印制的“社区I家卡”进行借阅。

2. 协作与共享

“十二五”期间，华南地区各图书馆通过整合资源、共建共享等手段，开展了形式多样的图书馆之间的协作协调工作。

(1)珠江三角洲数字图书馆联盟及全国图书馆参考咨询联盟

珠江三角洲数字图书馆联盟整合了广东省大部分图书馆的数字资源和馆藏书目数据，基本覆盖广东省三大系统主要图书馆。截至目前，平台可检索元数据总量为3.8亿篇(册)，可全天24小时接受网上检索和查询，并与全国图书馆参考咨询联盟实现无缝连接。全省图书馆全年提出馆际互借和文献传递请求387 038次，联盟门户网站成为提供资源共享和文献远程传递服务的重要平台。文献资源共享业务开展得比较好的4个加盟公共图书馆是广东省立中山图书馆、东莞图书馆、深圳图书馆、深圳市福田区图书馆,分别满足文献传递请求35 592篇、14 906篇、13 207篇、6454篇。2011年广东省中心图书馆委员会在广州、汕头、中山、东莞、湛江、韶关等六个片区举办“珠江三角洲数字图书馆联盟推广服务”师资培训班,先后派出专家到各地讲课。全省各系统的从业人员约1500人参加了培训。2011年9月,广东省立中山图书馆牵头建立的联合参考咨询与文献传递网升级为全国图书馆参考咨询联盟。新系统平台采用新一代的元数据仓储跨库检索技术,网上参考咨询与远程文献传递取得历史性突破,创历史最高水平。据统计,截至2011年12月22日,广东省全年网上参考咨询与文献传递网共解答咨询999 240例,远程传递文献1 086 034篇。2012年广东省立中山图书馆“全国图书馆参考咨询服务联盟平台建设与创新服务模式研究”项目通过验收,标志着我国首个全国图书馆参考咨询联盟平台搭建成功,真正实现了全国公共图书馆、高校图书馆和科研图书馆的跨系统合作和资源共享。借助该平台,2012年广东省立中山图书馆咨询员共计回复读者咨询超100万例,并成功举办了“第三届全国图书馆联合参考咨询经验交流会”和“我与网络文献服务”有奖征文活动。

(2)广东省文献编目中心

广东省文献编目中心在“十二五”期间正式上线全新的Aleph联编系统,继续保持对公共图书馆和高校图书馆的公益数据服务。2012年开始正式批量上传港台书目数据和粤版图书数据,全年上传新书目数据5042条,使广东省文献编目中心真正走了资源共享的道路。新建立“广东省文献编目中心群”,为用户解决实际问题。2014年广东省立中山图书馆在全省范围内成立了广东省书目中心,收集全省基层图书馆的馆藏数据,整合广东省地区各公共图书馆的书目资源,目前系统搭建工作基本完成。

(3)深圳科技文献信息服务平台及深圳文献港

深圳图书馆与深圳大学城图书馆、深圳大学图书馆联合签署了合作协议书,共同构建深圳科技文献信息服务平台,实现三馆读者统一认证。为促进“图书馆之城”向纵深发展,科技文献信息平台与CALIS(中国高等教育文献保障系统)签订了《深圳城市文献信息服务共享域建设合作协议》。三馆还共同推进“深圳文献港”Ⅱ期工程建设,先后开通了基于文献港平台的移动服务门户和Ⅱ期主网站,可检索深圳地区主要图书馆的数字资源和700多家图书馆的资源。深化深港合作,推进读者活动资源共享。

(4)广东其他地区协作与共享

2013 年珠海、中山、江门三市图书馆共同签订《珠中江三市图书馆协作共享框架协议》，建立“珠中江图书馆协作网”，制定了《“珠中江”三市图书馆之间项目协作共享实施办法》《珠中江协作网馆际互借实施办法》《珠中江图书馆协作网文献资源共建共享实施办法》《珠中江三地图书馆学会交流往来计划方案》等。5 月江门市图书馆学会正式成立。珠海、中山、江门三地图书馆共同举办“珠中江青少年书画大赛”，珠中江三地约 8 万青少年参与本次大赛，优秀作品除在三地巡回联展外，还制作成网上展览、活动特辑等在三地公共图书馆网站上向公众展示。

(5)粤港澳合作

广东省立中山图书馆与香港康乐及文化事务署联合主办“纸上风云：辛亥革命在广东”图片展；与香港中央图书馆互开网络端口，通过互联网络共享地方文献数字资源；举办图书馆学业务知识高级研讨班，邀请粤港地区三大系统图书馆专家教授为学员授课；与香港公共图书馆合作，在粤港两地共同举办了 2014 年世界阅读日“地球与我”粤港创作比赛、“阅读看世界——2015 年世界阅读日粤港创作大赛”，优秀作品在广东省立中山图书馆与香港中央图书馆巡展。与香港中央图书馆和澳门中央图书馆合作，初步开通省港澳古籍民国文献网上资源共享平台。

(6)广东高校图书馆间协作与共享

“十二五”期间，广东各大高校在广东省高校图工委的指导下，依靠 CALIS 和 CASHL 两个项目平台，积极推动高校图书馆资源的共建共享，并取得一定成绩。如深圳大学图书馆在“十二五”期间积极参与 CALIS 项目建设，包括资源与服务评估管理系统、新一代图书馆集成管理系统研究、e 读服务示范馆建设、外文期刊网服务示范馆建设等；由广东省教育厅牵头，华南理工大学、华南农业大学、南方医科大学等广东省内 6 所高校共同承建的广东省高等学校数字化文献资源共享服务体系建设项目也于 2013 年 10 月通过了广东省“211 工程”三期项目验收；中山大学图书馆作为 CASHL 华南区域的中心馆，联合广东工业大学、广东外语外贸大学、广州大学等广东省 CASHL 成员馆在 2015 年 10 月共同开展了“你身边的 CASHL——深入学科服务”宣传推广系列活动，以读者专题培训和交流会等形式大力宣传 CASHL 文献传递服务，深受高校读者的欢迎。

(7)海南省图书馆间的协作与共享

海南省各级图书馆在海南省图书馆协会的协调组织下,在“十二五”期间开展了丰富多彩的阅读活动。

①开展“书香童年”阅读活动。在2014—2015年连续两年暑假期间,组织全省公共图书馆开展“书香童年”阅读活动。活动形式有主旨演讲、经典诵读、读书征文等。来自全省近万名小学生参加活动。活动的开展进一步加强了实现中国梦的宣传教育,引导少年儿童健康阅读,形成“爱读书、读好书、善读书”的良好阅读风气,同时扩大了图书馆的知名度和社会影响力。

②海南省图书馆开展“传递快乐阅读,书香遍洒琼州”4·23世界读书日系列活动。内容有:“走近大师　享受阅读——王蒙文学生涯六十年”图片展、“书影相随　名家讲坛”资料片展播、经济学家高连奎的《中国大时局2014》读书报告会、“文明传递”期刊赠送、移动阅读体验等。

③海南省委党校图书馆举办“读书治学,读书圆梦”省委党校第三届读书演讲比赛活动。活动不仅给读者创造机会与名家作者面对面交流,同时融入了诗歌朗诵、歌曲联唱等节目。海南省高校图工委在2014年11月举办“海南省高校图书馆阅读推广优秀案例”评审,海南全省各高校都组织了团队参与评选,活动案例形式新颖,生动活泼,具有较高的示范性,极大的带动了全省高校图书馆阅读推广活动的开展。2015年5月12日,海南省高校图工委在海南医学院图书馆举行了一场别开生面的阅读推广案例大赛活动。本次活动受到了省内各高校图书馆的高度重视,共有来自省内8所高校图书馆报送的11份案例参与了本次评选。同时,活动还吸引了来自全省各高校图书馆近百人前来观摩。本次活动评选出了2个优胜奖案例和3个优秀奖案例,获奖案例选送教育部首届高校图书馆阅读推广创新案例大赛华南赛区参加复赛,海南大学图书馆的“阅读成就梦想”案例荣获首届高校图书馆阅读推广案例大赛总决赛二等奖。

④开展“走进图书馆‘椰岛悦读’活动”。海南省图书馆协会在2015年组织公共图书馆、中小学图书馆、高校图书馆等17家单位,开展“走进图书馆‘椰岛悦读’”活动,共有活动109项,参与人次达3万多。

⑤海南省图书馆协会与海南省古籍保护中心联合举办2015年“我与中华古籍”摄影大赛及优秀摄影作品巡展暨系列活动。组织了海南省图书馆、海南大学图书馆、文昌市图书馆、澄迈县图书馆、儋州市图书馆、五指山市图书馆、三亚市图书馆等7家单位开展了“我与中华古籍”摄影大赛优秀摄影作

品成果展、汉字记忆、修复体验、主题讲座等系列活动。全省有5万多人参加活动。

⑥开展“2015年春雨工程——文化共享志愿者边疆万里数字文化长廊行”活动，该活动自5月22日在黑龙江抚远县启动，兵分两路，一路沿西北、西南边疆而下，另一路沿华东、华北、华南、东南沿海而下，两路队伍于12月在海南省会师。海南省图书馆与海南省群艺馆的文化共享志愿者们为基层群众、边防官兵等送去了文艺演出、专题讲座、移动数字终端服务设备等一系列数字文化志愿服务，开展了“读道”“拆书帮”“读书会”“英语沙龙”“真人图书馆”“快乐小园艺师体验阅读”等阅读推广活动113场/期，公益小课堂766场，“群艺大舞台”巡演10余场，参加人数达29 600人次。同时，海南省图书馆还在万宁市北大镇综合文化站、五指山市水满乡综合文化站、澄迈县文儒镇综合文化站、临高县调楼镇综合文化站、昌江县十月田镇综合文化站、三沙市永兴社区图书馆（综合文化站）、琼中县黎母山镇综合文化站、海图光大和风江岸社区书屋、海口市龙华区文化馆图书室、西沙水警部队图书室等地，援建“边疆万里（数字）文化长廊示范点”11个。

⑦公共图书馆分会开展了“我的书屋，我的梦”“书香伴我行，读书圆我梦”“放飞童心，快乐阅读”“共浴书香，培育悦读新常态”“同心杯”“美丽阅读”等主题阅读活动202场次，服务人群10 745人次。高校图书馆分会开展了“美食与营养”主题书展活动、“读书丰富人生　创业成就梦想”活动、“2015读书季”系列活动、“中国红”阅读推广系列活动、“阅读推广案例大赛活动”等活动。

六、国家重点文化工程

“十二五”时期，华南各省图书馆高度重视国家重点文化工程建设，“中华古籍保护计划”“文化信息资源共享工程”“数字图书馆推广工程”“公共电子阅览室建设计划”取得了一定的成绩。

1. 中华古籍保护计划

“十二五”期间，华南地区各省依托省古籍保护中心做了大量富有成效的古籍保护工作。2012年广东省完成首批《广东省珍贵古籍名录》和广东省重点古籍保护单位申报、评审工作；2013年年底正式启动实施“广东省基层图书馆古籍修复提升计划”，援建基层图书馆建立古籍修复室，截至“十二五”期末（2015年末）已在广州等地建立8家古籍修复室；完成《广州大典》《清代稿钞本》等一大批古籍文献开发项目。广西壮族自治区大力推进古籍推荐、普查、征集工作，加强古籍保护力度，并掌握自治区内古籍收藏的数量及保存状况，逐步采用现代化技术对古籍善本书加以妥善收藏修复保护，同时整理出版了《桂学丛书》《陆荣廷年谱》《八桂记忆》等反映广西地方特色的古籍文献。海南省古籍保护工作也呈现出新气象，如2011年《中华古籍总目·海南卷》编纂工作正式启动；2013年海南省图书馆完成第一批《海南省珍贵古籍名录》和第一批海南省古籍重点保护单位的申报、审定和发布工作。海南全省54部古籍入选第一批《海南省珍贵古籍名录》，海南师范大学图书馆被评为第一批海南省古籍重点保护单位。

2. 文化信息资源共享工程

“十二五”时期，全国文化信息资源共享工作在华南地区得以完善和稳步推进，各省(自治区)投入经费为基层配备更新器材设备并下发安装，开展网络平台建设。2011年广东省财政投入600多万元经费，为19个县(区)图书馆配备了相关器材设备，完成了广东省最后19个文化共享工程县级支中心的建设工作，实现了文化共享工程县级支中心100%全覆盖的目标。2012年全国文化信息资源共享工程2011年度地方资源建设项目——“岭南文化系列”特色资源第一期和第二期成功立项申报。广西壮族自治区各级图书馆通过建设完善“共享工程”服务体系，提升数字信息服务，大大提高了服务能力。如广西壮族自治区图书馆2012年利用专项资金对馆内网络平台建设进行了升级换代，进一步加强网络平台建设；重点建设文化共享工程下达的资源建设项目，完成了资源建设项目评审，与自治区文化厅信息中心合作制作《八桂戏剧》资源库；积极与广西广电网络公司合作，在数字电视中开辟“亲子乐园”栏目，提交30个幼儿教育视频节目。桂林图书馆2012年9月正式被文化部确定为省级数字图书馆，10月实现了与国家数字图书馆的VPN连通和资源访问，为辅导区域的市、县、乡镇图书馆提供丰富的数字资源。海南省图书馆2012年依托海南省文化共享工程有线专网和联通3G网络，在全省19个市县(区)公共图书馆和204个乡镇综合文化站建立了全省数据专网，实现数字资源共建共享。2013年4月，海南省三沙市建立了文化共享工程暨边疆万里数字文化长廊南海第一站——文化共享工程三沙支中心，并向驻岛部队赠送了服务部队官兵开展数字文化服务的设备和数字资源等，其中为公共电子阅览室配备了10台电脑、1部服务器，还有网络设备、桌椅、机柜以及配套的资源导航平台、优秀数字文化资源、资源光盘箱等。为海军驻西沙某水警区的所在驻岛建起了文化共享工程基层服务点，并专门针对驻岛官兵的需求，安装了“放映大厅”“快乐生活”“群文资源”“经典剧场”“共享讲堂”“文化专题”“精品资源库”等优秀数字资源。结合海军驻西沙某水警区原有的网络资源，给部队接入‘政工网’的专用服务器预装了717GB的精品资源，使官兵通过联网的电脑终端就能访问到文化共享工程资源内容。

3. 数字图书馆推广工程

2013年起，全国数字图书馆推广工程在华南地区逐步开展。广东省立中山图书馆于2013年制定下发广东省地市级数字图书馆推广工作建设标准，推动数字图书馆推广工程VPN虚拟专网的互联互通，推动广东省各地数图工程开展。广州图书馆于2013年制定《广州数字图书馆建设基本框架》，为读者提供在线使用数图推广工程资源服务，并参与网络书香·全国数字阅读推广活动、“数字阅读进村进社区”活动。2014年广州图书馆制定《广州图书馆·广州数字图书馆实施（细化）方案》，为“广州数字图书馆”门户网站上线运行做好前期准备。2015年广州图书馆继续深化数字图书馆服务，推进新框架下的数字图书馆建设，移动图书馆试运行，广州市数字图书馆建设进入测试阶段。珠海、江门、茂名、清远、韶关、惠州、揭阳、汕头等地的数字图书馆建设也于“十二五”期间相继通过了检查验收并投入使用。南宁市图书馆在中央专项经费的支持下，数字图书馆推广工程工作完成设备更新和安装调试。北海市图书馆完善了数字图书馆硬件平台建设，顺利完成了数字图书馆工程建设工作，通过与广西壮族自治区图书馆VPN互联，在电子阅览室为读者提供更多更丰富的数字资源查阅服务。

4. 公共电子阅览室建设计划

2012年文化部、财政部印发了《“公共电子阅览室建设计划”实施方案》的通知。华南地区各省（自治区）为积极贯彻落实《关于加快构建现代公共文化服务体系的实施意见》，推进全省公共数字文化服务人才队伍建设，确保公共电子阅览室长效服务的开展，不断提升公共电子阅览室运行维护与服务水平，结合各省公共电子阅览室管理信息系统的建设进度，逐步开展工作。按照广东省文化厅的工作部署，2015年12月至2016年1月，佛山等14个地市文广新局陆续举办公共电子阅览室培训班，共有上千名县、区图书馆，乡镇、街道文化站的基层业务人员参与了培训。培训班课程内容包括广东省公共电子阅览室管理信息系统、公共电子阅览室管理与维护、信息化应用介绍等，其中重点课程广东省公共电子阅览室信息管理系统的注册和应用，介绍了公共电子阅览室建设计划的政策规划和工作部署，对电子阅览室信息管理系统的安装、注册、应用作了详细的讲解。培训班采取集中授课和现场电脑实际操作方式结合。学员在课后积极与讲师们交流，探讨电子阅览室管理信息系统运行部署等方面的问题。部分地区还在上机实操环节中，进行了“公共电子阅览室信息管理系统”注册登记和管理系统软件安装。广东省立中山图书馆根据课程要求，制定了相关培训教材，根据各地报送的方案确定培训日期，合理安排人员赴各地授课。广东省内市、县级公共图书馆基本完成了所属电子阅览室的注册工作。截至 2015 年 2 月 15 号，广东省共有 913 个阅览室站点完成了注册，2095 台电脑安装了客户端，初步形成全省公共电子阅览室管理信息系统网络体系，为下一步全面、准确地采集各级公共电子阅览室服务信息，给群众提供安全健康的公益性上网环境奠定了良好基础。广西壮族自治区、海南省也相应开展公共电子阅览室计划的培训工作。

七、地方性图书馆立法、图书馆相关政策

“十二五”期间，华南各省（自治区）在图书馆政策保障方面积极探索，出台了一系列保障图书馆事业正常发展的地方性法规、政策，为图书馆事业发展提供法律支持。广东省率先制定了一系列法律法规，引领和规范事业发展。

1.《广东省公共文化服务促进条例》

2011 年 9 月 29 日，广东省十一届人大常委会通过了《广东省公共文化服务促进条例》，这是全国第一部关于公共文化服务体系建设的综合性地方法规，广东的公共文化服务体系建设自此纳入了统一的法制化轨道。该《条例》于 2012 年 1 月 1 日起正式施行。

2.《广州市公共图书馆条例》

2013 年，《广州市公共图书馆条例（草案）》顺利通过广州市政府常务会议审议并报送市人大。《广州市公共图书馆条例》经广州市人大会议于 2014 年 10 月 29 日通过，自 2015 年 5 月 1 日起施行。

3.《深圳经济特区全民阅读促进条例》

为了给全民阅读工作提供法律保障，彰显“全球全民阅读典范城市”的典范作用，“十二五”期间，深圳启动了《深圳经济特区全民阅读促进条例》的立法工作，经过大量的调研、论证工作，历时两年，该《条例》于 2015 年年底经深圳市人大常委会通过，并于 2016 年 4 月 1 日颁布实施。

4. 标准规范

由广东图书馆界牵头并制定的《参考咨询服务规范》《社区图书馆服务规范》的部颁行业标准于 2016 年颁布实施；国家标准《乡镇图书馆管理规范》也于 2013 年由广东省立中山图书馆负责牵头制定，参与单位有深圳市图书馆、深圳罗湖区图书馆、福田区图书馆等，2016 年 11 月形成《乡镇图书馆管理规范（送审稿）》报全国图书馆标准化委员会秘书处；深圳图书馆主要参与制定的文化部行业标准《县级公共图书馆业务规范》也于 2016 年 11 月签订项目合同，进入标准审查阶段。

第三节　未来展望

“十三五”时期，华南地区各地方政府将继续贯彻落实中央文化工作精神和各省相关部署，着力提高文化软实力，推动图书馆事业较快发展。未来五年是我国基本建成现代公共文化服务体系的关键时期，也是图书馆事业大有可为的战略机遇期。预计华南地区“十三五”时期将基本建成覆盖城乡、便捷高效、保基本、保公平的现代公共文化服务体系。服务内容更加丰富，服务质量显著提升，人民群众基本文化权益得到更好保障，基本公共文化服务均等化水平稳步提高。

一、服务体系建设不断深入

华南各地将努力健全和完善公共图书馆服务体系，建立健全覆盖城乡的公共图书馆设施网络，体系化服务不断深入。广东省制定了《广东省建设文化强省规划纲要（2011—2020 年）》，将打造具有广东风格、全国领先的现代公共文化服务体系。到 2020 年，全省城市建成“十分钟文化圈”、农村建成“十里文化圈”，人民群众文化权益得到充分保障，成为全国公共文化建设示范区。

二、总分馆建设快速推进

华南地区图书馆将在“十三五”时期大力开展总分馆建设。在 2015 年启动县域图书馆总分馆试点的基础上，“十三五”时期，总分馆建设将在广东省全面铺开。广东省珠江三角洲地区总分馆建设将进一步优化，进入标准化、规范化、法制化发展阶段。《深圳经济特区全民阅读促进条例》于2016年施行。“十三五”期间将修订完善《深圳特区公共图书馆条例》，修订《深圳市基层图书馆（室）达标定级评估标准》，从制度层面为“图书馆之城”事业发展提供保障。佛山市联合图书馆成员馆到2020年达到200家，自助图书馆将超过150家，人均公共藏书不少于1.2册。东莞市图书馆服务点数量将增至400个，建设图书物流体系，延伸镇街分馆和社区图书馆服务，实施“图书馆服务到户工程”。东莞市将在2017年出台《东莞市公共图书馆事业管理办法》，促进图书馆依法规范管理，研究制定卓越绩效管理图书馆行业标准，对外推广卓越绩效管理经验与标准。

三、探索互联网+服务模式，开展智能服务

未来，云计算、大数据、移动互联网、物联网、人工智能、机器人、4D打印技术等颠覆性的新兴信息技术不断涌现，极大改变我们的生活、商业和全球经济，智能社会即将到来。这既是巨大的机遇，也是挑战。图书馆将继续紧跟新技术，提升读者体验，为读者提供更便利的服务。广东省以“平台+内容+应用+终端”为建设模式，形成具有岭南特色的图书馆互联网+发展路径，完善数字公共文化服务框架。推进数字图书馆建设，实现业务管理自动化、信息资源数字化、读者服务网络化的信息化体系；加快全省公共数字文化服务建设，建成以省馆为中心、其他图书馆共同参与的数字图书馆服务体系，形成资源丰富、服务快捷、技术先进、稳定可靠的分布式数字文化服务网络。

四、区域合作和共享不断深化

广东省建立全省图书馆讲座联盟、展览联盟和培训联盟，实现讲座、展览和培训资源共享。推动全省公共、高校和科研图情系统的合作，并与国内外图情系统建立友好合作关系。在泛珠三角区域合作框架内探索建立泛珠三角公共图书馆合作平台，在粤港澳合作等框架内强化与港澳的文化交流合作。粤桂在“三区”人才培训计划上进一步加强合作，华南三省将开展更为广泛的合作与交流活动。

五、文化基础设施进一步健全

“十三五”期间，随着国家在构建公共文化服务体系上的重视和投入程度增加，各省必将加大力度建设新的文化基础设施。广东省立中山图书馆改扩

建项目二期工程将在“十三五”时期竣工。在江门市建设广东全省贮存书库。深圳市图书馆调剂书库将建成并投入使用。东莞市将建设为全市图书馆体系服务的调剂书库。广东省河源、韶关、中山、东源等市县图书馆将建设新馆。深圳市将建成光明、龙华、坪山、大鹏新区图书馆。按国家标准新建、改扩建一批基层图书馆。江门市图书馆将进行改扩建。继续扶持欠发达地区图书馆事业发展,文化基础设施进一步健全。

六、学术交流频繁,学术气氛更加活跃

2016 年广东省将承办中国图书馆学会的多项大型学术会议和工作会议,如中国图书馆学会阅读推广委员会换届大会暨第十届“全民阅读论坛”“阅读推广人”培育行动第五期培训班——数字阅读推广专题、中国图书馆学会阅读推广委员会图书馆与社会阅读专业委员会第一次工作会议、“阅读推广青年论坛”暨“富媒体环境下的阅读推广创新研讨会”等都在东莞图书馆成功举办;中国图书馆学会阅读推广委员会图书馆讲坛与培训专业委员会工作会议在佛山市图书馆成功召开;中国图书馆学会《社区图书馆服务规范》培训班和《图书馆参考咨询服务规范》两个培训班在广东省立中山图书馆举行。为迎接 2017 年第六次公共图书馆评估定级,中国图书馆学会和广东图书馆学会举办相关培训班,邀请专家作专题报告。广州图书馆积极争取申办国际图联大会,扩大国际影响力。

七、图书馆事业发展进一步均等化,以珠江三角洲地区图书馆事业带动华南,辐射全国

广州市、深圳市作为国家中心城市,建成国际文化名城。珠三角文化发展一体化,建成国内一流水平的公共文化设施网络,图书馆事业发展处于全国先进水平。

广州市提出建设以人为中心、一流的国际大都市图书馆。预计广州图书馆编制将增加到 350 人,年财政拨款总额高达 22 415 万元;活跃读者数量达 150 万人,数字图书馆用户数达 200 万人,图书馆主页点击量 1500 万次,参加活动人次达 80 万人次。到 2020 年,广州市实现每 8 万人拥有一座公共图书馆和人均拥有 3 册馆藏书籍的发展目标,全市基本实现“图书馆之城”的建设目标。到 2020 年,深圳市将实现每 1.3 万人拥有 1 个基层图书馆或阅览空间,人均公共图书馆藏书藏量不低于 2.4 册。东莞图书馆将建设成为国内一

流、国际知名的现代化城市中心图书馆,实现人均藏书拥有量1.2册,年度新增电子图书3万册。佛山市创建国家公共文化服务体系示范区,将建成网络密布、硬件领先、效能优越的公共图书馆服务体系。

(执笔人:陈卫东)

参考文献:

[1] 2015年广东省公共图书馆事业发展报告[J].广东图书馆园地,2016(1):7-13.
[2] 2011年广东省公共图书馆事业发展报告[J].广东图书馆园地,2012(1):17-22.
[3] 2013年广东省公共图书馆事业发展报告[J].广东图书馆园地,2014(1):17-22.
[4] 2012年广东省公共图书馆事业发展报告[J].广东图书馆园地,2013(1):17-22.
[5] 2014年广东省公共图书馆事业发展报告[J].广东图书馆园地,2015(1):13-21.

第十四章　西南地区图书馆

第一节　发展综述

“十二五”时期,西南地区图书馆得益于国家发展大势。多年以来存在的公共图书馆不受重视,图书馆数量少,经费紧张,人才奇缺的状况有所转变。川、滇、黔、渝、藏五地公共图书馆的各项指标持续增长。

一、免费开放服务推进,图书馆基础设施不断完善

2011年1月26日,文化部、财政部联合下发《关于推进全国美术馆、公共图书馆、文化馆(站)免费开放工作的意见》,要求到2011年年底,全国所有公共图书馆、文化馆(站)实现无障碍、零门槛进入。西南地区图书馆积极响应政策,在十二五期间实现了免费开放。得益于免费开放专项经费的到位,西南地区图书馆事业出现了较强劲的发展势头,基础设施不断完善,具体表现为:图书馆数量增多,覆盖范围扩大;馆舍面积、书架长度、阅览室座席增加;图书藏量增长,从业人员数量增多。

2011年,西南五省(自治区、直辖市)共有公共图书馆462个(四川省169个、云南省152个、贵州省94个、重庆市43个、西藏自治区4个)。2015年,西南地区图书馆数量达到572个(四川省203个、云南省151个、贵州省96个、重庆市43个、西藏自治区79个),增加110个,增幅达23.8%,高于全国平均增幅。

截至2015年,四川省、重庆市、云南省三地完成了公共图书馆在行政区划内的全覆盖;贵州省97个行政区划,有图书馆96个,图书馆覆盖率为99.1%;西藏自治区80个行政区划,有图书馆79个,实现覆盖率98.6%;而截至2015年年末,全国(不含港澳台地区)共有3221个市州区县,公共图书馆达3129个,覆盖率为97.1%。可见,“十二五”规划结束,西南五省(自治区、直辖市)公共图书馆覆盖率已超全国平均水平。尤其是西藏自治区,在“十二五”规划期间,公共图书馆数量实现了近19倍的增长,增幅达到185%。

基础设施建设是公共图书馆服务的基础。馆舍面积、阅览室座席、书架单层总长、读者使用的电子阅览室终端数等构成了图书馆的硬件基础。

从统计数据看，我国2011年公共图书馆馆舍面积为994.42万平方米，其中西南五省（自治区、直辖市）2011年馆舍面积为114万平方米（四川省公共图书馆馆舍面积384 790平方米、云南省公共图书馆馆舍面积336 600平方米、贵州省公共图书馆馆舍面积169 260平方米、重庆市公共图书馆馆舍面积224 950平方米、西藏自治区公共图书馆馆舍面积24 400平方米），总计占全国馆舍面积百分比为11.46%。

2015年年末，全国公共图书馆馆舍面积为1232万平方米，相较于2011年，馆舍面积增幅达23.90%。西南五省（自治区、直辖市）馆舍面积增至1 425 818平方米（四川省499 800平方米、云南省356 340平方米、贵州省224 820平方米、重庆市294 268平方米、西藏自治区50 590平方米），相较2011年，增加了285 818平方米，增幅达25.07%，高于全国增幅。

2011年，西南五省（自治区、直辖市）公共图书馆阅览室总座席数为9万个（四川省3.2万个、云南省2.2万个、贵州省2.2万个、重庆市1.3万个、西藏自治区0.1万个）。2015年，西南五省（自治区、直辖市）公共图书馆阅览室总座席数增至116 482个（四川省45 739个、云南省26 255个、贵州省20 215个、重庆市21 363个、西藏自治区2900个），增加26 482个，增幅达29.4%。

2011年，西南五省（自治区、直辖市）公共图书馆总藏量为7234.86万册（四川省3135.62万册，云南省1713.47万册，贵州省1179.46万册，重庆市1148.74万册，西藏自治区57.57万册）。

2015年，西南五省公共图书馆总藏量为7957.94万册（四川省3327.257万册、云南省1944.215万册、贵州省1220.577万册、重庆市1303.800万册、西藏自治区162.091万册）。“十二五”期间，西南五省（自治区、直辖市）公共图书馆藏量增幅为9.99%。

2011年，西南五省（自治区、直辖市）人均拥有公共图书馆藏量分别为四川省0.39册、云南省0.37册、贵州省0.34册、重庆市0.39册、西藏自治区0.19册；2015年，西南五省（自治区、直辖市）人均拥有公共图书馆藏量四川省0.41册、云南省0.27册、贵州省0.35册、重庆市0.43册、西藏自治区0.50册。

西南五省（自治区、直辖市）“十二五”期间公共图书馆人均藏量有所增长，但仍低于全国同期平均水平（0.61册），与沿海发达地区差距则更大。如上海2011年公共图书馆藏量便达到2.89册，2015年年末，深圳市人均公共图书馆藏量也达 2.88 册。

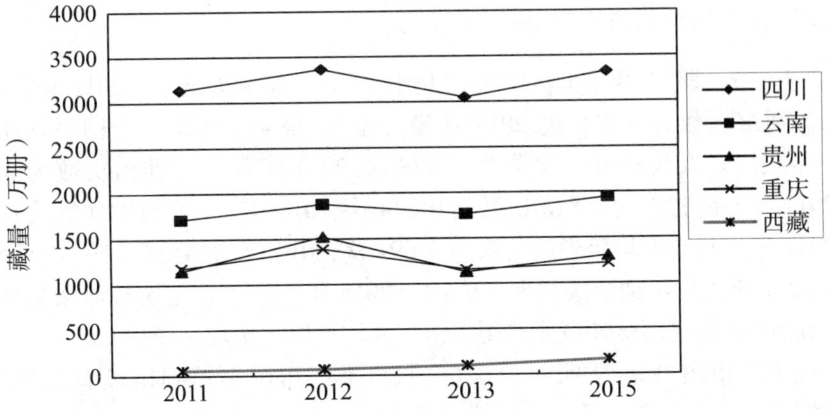

图 14－1　“十二五”期间西南五省（自治区、直辖市）公共图书馆图书总藏量比较①

就人均公共图书馆藏量的增长幅度来看，四川省增幅 5.13%，云南省则呈现了负增长，为－27.02%、贵州省 2.90%、重庆市 10.30%、西藏自治区 163.20%。西藏自治区发展最为迅猛，其余地区增幅均小于全国平均水平。

“十二五”期间，西南五省（自治区、直辖市）中，重庆市、贵州省、云南省、西藏自治区每年新购图书册数均呈增加态势，尤以西藏、重庆为最。西藏自治区 2013 年新购图书仅为 3 万册，2014 年涨了 10 倍，达到 32 万册。重庆市 2011 年新购图书 56 万册，2012 年攀升至 186 万册。2014 年新购图书为 118.71 万册，2015 年为 104.09 万册，均比 2011 年增加了近一倍。

2011 年，川、滇、黔、渝、藏公共图书馆从业人员数量为 5576 人（四川省 1984 人、云南省 1734 人、贵州省约 950 人、重庆市约 848 人、西藏自治区 60 人）。2015 年，西南五省（自治区、直辖市）公共图书馆从业人员共计 6195 人（四川省 2261 人、云南省 1826 人、贵州省 1046 人、重庆市 874 人、西藏自治区 187 人）。从业人员绝对数量增加 619 人。增幅达 11.1%，比全国增幅高 5.8 个百分点。

结合各省人口来看，2011 年，西南五省（自治区、直辖市）每万人拥有图书馆员之比从高到低排列分别是，四川省 0.25，云南省 0.37，贵州省 0.27，重庆市 0.29，西藏自治区 0.20；2015 年，西南五省（自治区、直辖市）每万人拥有图书馆员之比为四川省 0.28，云南省 0.39，贵州省 0.30，重庆市 0.29，西藏自治

① 缺 2014 年西南五省（自治区、直辖市）相关数据。

区0.58。除重庆市外，其余省(自治区)每万人拥有图书馆员之比均有提升。

二、图书馆影响力扩大，利用率提高

“十二五”期间，西南地区图书馆利用率增高，影响力增加。2011年重庆市人均年到馆次数为0.266次，2014年攀升至0.408次，已超过全国平均水平；2011年四川省人均年到馆次数为0.178次，2014年人均年到馆次数为0.229次；2011年云南省人均年到馆次数为0.214次，2014年人均年到馆次数为0.257次；2011年贵州省人均年到馆次数为0.091次，2014年增加至0.150次；西藏自治区2011年人均年到馆次数为0.091次，2014年人均年到馆次数增加至0.052次。五省(自治区、直辖市)公共图书馆年人均到馆人次均呈增加态势。

以重庆市图书馆为例，“十二五”期间重庆市图书馆到馆读者949万人次，较“十一五”翻了一番。办理读者证161 875个，是“十一五”期间的3倍，读者证发放量突破29万；书刊外借422万册次，是“十一五”期间的1.6倍；网站点击量971万人次。

三、图书馆品牌服务精彩纷呈，阅读活动蓬勃开展

“十二五”期间，西南地区图书馆传统服务方式与创新服务方式结合，注重树立服务品牌。传统的讲座服务已成为四川地区诸多公共图书馆标配，如绵阳市“绵州讲坛”、内江市“大千讲坛”、达州市“巴渠大讲坛”。同时，各地区图书馆注重品牌服务手段的创新。重庆市图书馆针对青少年群体建立的“重图微世界”，通过建立一个“文化活动超市”，为青少年提供展示平台，开展了如“模拟联合国”“中学生环保峰会”等系列活动。

西南地区多为少数民族聚集地。西南五省(自治区、直辖市)图书馆针对该特点，开展特色服务。西藏自治区图书馆自2014年8月9日，启动了以“阿佳讲故事”为名的少儿藏汉“双语”故事会，成为西藏图书馆常态化的一个品牌活动。云南省图书馆面向基层、面向边疆、面向少数民族地区开展文明共建、文化共享“结对子、种文化”系列活动，如与香格里拉县图书馆“结对子”实施了国内首个藏文古籍修复项目。

阅读推广活动形式多样，发展蓬勃。各图书馆注重对细分人群尤其是弱势群体的阅读推广服务。四川大学图书馆探索“深·身阅读”推广模式和“阅读推广人”团队建设，建立阅读推广服务品牌。贵州省图书馆开展了新布客书屋儿童阅读推广服务项目，整合社会资源联合共建公益儿童图书室，整合

文化志愿服务、儿童阅读推广与精准扶贫工作。

四、新技术、新媒体运用，服务手段日趋先进

五省（自治区、直辖市）图书馆加强新技术应用，实现从传统图书馆到现代图书馆的转型。通过开发掌上图书馆、网上图书馆，引进 24 小时自助图书馆、RFID 自助借还系统、二维码自助下载借书机等设备，方便群众以多元方式利用图书馆。通过开通微博、微信，加强与公众的互动。通过数字阅读活动，适应信息化时代趋势，推动实体阅读和虚拟阅读协同发展。2011 年 5 月，四川省首套图书自助借还系统亮相广安市邓小平图书馆。2011 年 10 月 28 日，贵州省首个“24 小时自助图书馆”在贵州省图书馆亮相。

五、图书馆合作交流加强，实现资源共享

为整合各地图书馆资源，实现资源优化配置，西南地区图书馆在“十二五”期间注重发展图书馆联盟，通过跨地区、跨系统、跨行业的合作，开展区域文化联动，整合图书馆资源。

通过馆际合作，搭建共享平台，提高了文献资源利用率。2012 年，云南省高校建立了图书馆联盟，云南民族大学、昆明理工大学、云南大学、大理学院等 41 所高校加入，联盟图书馆实现了图书馆互借、图书资源共享。四川省图书馆学会通过参与组织川、苏、冀、桂、吉五省区图书馆学术研讨会，实现西南地区图书馆与中东部地区图书馆之间的常态交流。

拓展信息服务领域，在图书馆之间，图书馆与其他机构之间，组成信息服务的联盟。云南省图书馆 2015 年全面启动了“政府公开信息整合服务平台”建设，共上传政务公开信息；建立了“云南公共图书馆信息服务联盟”，在临沧市图书馆、红河哈尼族彝族自治州图书馆设立了分中心。

六、公共文化服务体系建设日益完善

“十二五”时期是我国公共文化服务体系建设大有作为的重要战略机遇期。西南地区图书馆遵循公益性、基本性、均等性、便利性的要求，依循“保基本、强基层、建机制、重实效”的基本思路，构建并完善自身公共文化服务体系建设。

2015 年，四川省委办公厅、省政府办公厅正式印发《关于加快构建现代公共文化服务体系的实施意见》，意见强调基层图书馆加强统筹管理，推广图书“一卡通”服务模式，实现区域性“通借通还”，解决基层图书资源分散、图书利

用率低的问题；探索图书馆总分馆制建设，将阵地服务与流动服务、数字服务结合。2014 年年底，成都市 21 家县级以上公共图书馆建成了“通借通还”平台网络，标志成都市公共图书馆总分馆制正式建立。

2013 年西藏自治区图书馆在拉萨市 154 个便民警务站建成“便民书窗”服务点，为每个新建“便民书窗”配备书柜，无偿提供藏、汉文工具书和政治、经济、文学、科普等各类书籍 100 册，实现拉萨市区“便民书窗”全覆盖。

第二节　发展状况及特点

一、资源建设

1. 文献资源持续增长，采编工作有所加强

图书馆资源建设是图书馆最基本也是最重要的资源。“十二五”期间，西南五省（自治区、直辖市）致力于图书资源建设。公共图书馆总藏量，人均藏量均实现了一定程度增长。

“十二五”期间，西南地区图书馆以图书采编为业务重点。云南省公共图书馆“在 2004 年建立了以 16 个地市州公共图书馆为骨干，涵盖部分县级公共图书馆、学校图书馆和医学院图书馆的整体服务网络。截至 2014 年，云南省联编中心共发展成员馆 38 个”[1]。2012 年年底，云南省联编中心正式加入全国图书馆联合编目中心。

西藏自治区图书馆事业虽起步较晚，但文献编目工作基础牢固，在 2007 年便加入全国性联合编目中心，提高了工作效能。近来，西藏自治区图书馆引入了 ILAS Ⅲ图书馆自动化集成系统，实现了编目的自动化。西藏自治区各图书馆采取“区内求全，区外求精”的采购原则，探寻更多的文献征集途径保障文献资源体系建设，大幅增加文献入藏速度，合理分配馆藏文献的类型结构和知识结构。采购藏文文献资源来充实特色馆藏。

2. 适应信息时代读者需求，电子、纸质资源协调发展

据中国新闻出版研究院最新公布的第十三次全国国民阅读调查数据显示，2015 年我国成年国民数字化阅读方式（网络在线阅读、手机阅读、电子阅读器阅读、光盘阅读、Pad 阅读等）的接触率连续七年持续上升，达到 64.0%，较 2014 年的 58.1% 上升了 5.9 个百分点[2]。

数字化阅读已势不可挡。如何满足读者们对电子文献资源的需求，如何

使图书馆资源在移动终端上得以应用发展，是"十二五"期间图书馆事业发展的题中之意。西南五省（自治区、直辖市）公共图书馆在注重纸质文献的采访、编目数量与质量的同时，也兼顾电子图书资源的发展，以求实现文献资源结构的合理搭配。

西南地区图书馆数字资源建设以文化共享工程、数字图书馆推广工程、公共电子阅览室建设计划等重大项目为抓手。2011 年，西南五省（自治区、直辖市）电子图书藏量为 1046.86 万册（四川省 433.09 万册，贵州省 326.65 万册，云南省 126.48 万册，重庆市 162.55 万册，西藏自治区 1.09 万册），电子图书藏量与纸质文献藏量之比为 1∶6.94。2015 年年末，西南五省（自治区、直辖市）电子图书藏量达到 5811.304 万册（四川省 1858.480 万册，云南省 1697.969 万册，贵州省 918.494 万册，重庆市 1303.801 万册，西藏自治区 32.292 万册），纸质图书 7957.940 万册。两者之比为 1∶1.37。"十二五"期间，西南五省（自治区、直辖市）图书馆电子图书藏量增幅达 455.11%，而纸质文献藏量增幅仅为 9.99%。可见，"十二五"期间，西南地区图书馆电子资源发展势头迅猛。

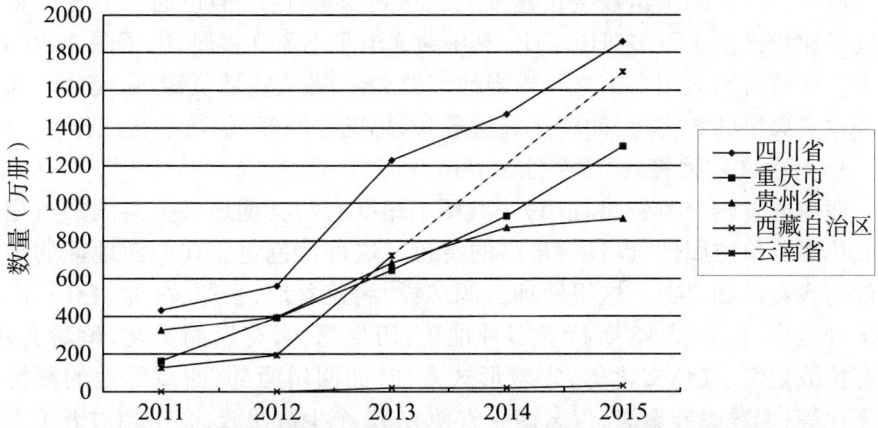

图 14－2　"十二五"期间西南五省（自治区、直辖市）电子图书藏量比较[①]

在电子文献资源的建设中，注重电子图书自建、外购、共享的比例分配。西南地区拥有丰富的少数民族文化资源、红色文化资源、非物质文化资源等，五省（自治区、直辖市）公共图书馆建立了颇具特色的地方特色数据库，丰富了电子馆藏。

① 缺云南省 2014 年数据。

截至2015年,四川省图书馆拥有各类数字资源达到124.65 TB,其中自建“红军长征四川记忆”“四川非物质文化遗产——川剧子库”等十二个地方特色数据库20.65 TB。

云南省图书馆立足于地方资源,建立了“云南独有少数民族多媒体资源库”“抗战中的云南多媒体资源库”“云南历代名人史料库”“明清云南进士名录”等数据库。

“十二五”期间,贵州省围绕民族文化资源优势,从国家级非物质文化遗产代表作名录入手,建立了如“安顺地戏多媒体数据库”“玉屏箫笛多媒体数据库”“台江反排木鼓舞多媒体数据库”“苗绣多媒体数据库”等22个多媒体数据库。截至2015年,贵州省数字图书馆的资源总量达80TB,自建数据库资源达30TB,拥有中文电子图书290万种、中文电子期刊近万种。

2015年,重庆图书馆数字资源总量达80 TB,外购数据库45个,馆藏特色日益凸显,建立了如“红色经典阅读”“陪都记忆”“巴渝名人”等特色数据库,传统文献与数字资源结合的馆藏体系基本形成。

西藏自治区图书馆数字化建设虽未达到国家标准,但也通过电子阅览室为读者免费提供4万多册电子书,其中藏文电子书300多册,电子图文300GB以上。西藏自治区图书馆立足于当地宗教文化、藏文古籍资源等,完成了6部中华珍贵典籍的数字化,如萨迦寺所藏“八思巴之经部”的数字化工作。

3. 特色文献搜集,构建个性馆藏体系

西南五省(自治区、直辖市)公共图书馆既有与其他地区公共图书馆相同的文化事业单位属性,也具有自己的特色。这种特色建立在西南地区的自然条件与人文基础之上。这里地理资源多样,涵盖盆地、平原、高原、丘陵、山地等多种地形,有溶洞、喀斯特等多种地貌;历史悠久,有巴渝文化、滇黔文化,更有抗战记忆、红色文化等;宗教形式多样,如四川西部、西藏等地的藏传佛教文化等;少数民族聚居,仅云南一省便有52个少数民族,其中超过五千人的民族达二十种以上。

对这些特色资源有所涉及和描述的文献,便构成了西南五省(自治区、直辖市)图书馆的特色馆藏。“十二五”期间,西南五省(自治区、直辖市)在整理以上所述文献资源中均有所建树。各地公共图书馆通过全国文化共享工程省级中心的建设,建立起具有省级地方特色的数据库资源。截至2014年,西南五省(自治区、直辖市)共享工程省级分中心共建立特色数据库资源33个。其所建数据库详情如表14－1所示。

表 14－1　2014 年西南五省(自治区、直辖市)共享工程省级分中心特色资源建设情况

省级分中心名称	特色资源
四川省图书馆	藏族唐卡数据库、四川文化名人库、绵竹年画数据库、馆藏古籍善本书(缩微品)目录、馆藏解放前报纸(缩微品)目录、馆藏解放前杂志(缩微品)目录、馆藏家谱族谱、四川旅游信息数据
云南文化信息资源网	云南青铜器、云南非物质文化遗产、云南独有少数民族多媒体数据库、云南重彩画、云南版画、云南花卉、云南旅游、云南普洱茶
贵州数字文化网	贵州地方特色文化、文化遗产、民族文化、旅游文化、历史文化
重庆数字文化网	光影三峡、重庆抗战史迹渝中篇、巴渝历史文化访谈录、重庆老照片、重庆老照片、重庆民间故事、重庆抗战文化、重庆优秀地方文艺、三峡文化与库区建设、重庆红岩精神、重庆非物质文化遗产、重庆美食
西藏分中心	西藏风情、文化遗产

从特色资源库的内容来看,主要包括以下几个方面:

(1)地方特色自然资源。如四川省的四川旅游信息数据,云南省的云南旅游、花卉、普洱茶等。这类数据库的建设为当地的生产、生活发展提供了良好的信息保障。云南省图书馆在 2014 年全面启动了“普洱茶文化特色图书馆”“玉文化特色图书馆”等的建设,共计查重书目信息 500 余条,补充缺藏书目 120 多条;完成“普洱茶”专题期刊、报纸及博硕论文目录并下载全文数据 1838 篇,整合特色图书 1100 多册;编制了《云南普洱茶论文篇目》《云南省图书馆地方文献部特色文献目录》《普洱茶的历史、现状与未来》等七期二、三次文献。特色文献资源的建设为图书馆的特色服务打下了基础。云南省图书馆还举办了“特色文献展”,为政府部门、机关单位、高等院校等机构提供了丰富的地方文献信息。

(2)地方特色文化资源。一个地方特有的民俗民风、宗教信仰、历史文化、地方人物等均构成了当地的人文财富。重庆、贵州、云南、西藏均建立了文化遗产或非物质文化遗产数据库。地方特色文化资源是特色资源数据库的重要组成部分。

(3)少数民族文化资源。作为我国少数民族文化聚集的重地,云南省建立了云南独有民族多媒体数据库,四川建立了藏族唐卡数据库等。

(4)地方文献。包括地方史志、年鉴、家谱、族谱、地方出版物等地方文献

资料。地方文献是地方历史进程的见证。四川省图书馆就建立了馆藏家谱族谱数据库。

(5)特殊年代文化资源。在特定的历史时期,在当地发生的重大事件,出现的重点人物。如重庆图书馆在馆藏抗战文献数字化资源的基础上,开发的“中国抗战大后方3D数字图书馆”。

除各省级图书馆外,西南五省(自治区、直辖市)有条件的各基层图书馆也积极响应数字化和特色化这两大馆藏建设主流。以云南省公共图书馆为例,已有13家图书馆建立了54个特色数据库。

表14-2　云南地区公共图书馆特色数据库统计

序号	图书馆名称	特色数据库数量	特色数据库名称
1	云南省图书馆	23	“云南独有少数民族资源库”等15个云南独有少数民族多媒体资源库特色数据库、云南省古籍保护中心、云南地方文献、云南省图书馆学习中心、馆藏经典、云南野生动物、云南蝴蝶、云南农文网培学校实用信息、电子剪报数据库
2	昆明市图书馆	2	昆明民俗、昆明方言
3	保山市图书馆	4	保山地方特色文化资源数据库、保山地方文献全文数据库、保山市图书馆地方视频数据库、保山市图书馆地方图片数据库
4	昭通市图书馆	1	昭通印象
5	德宏州图书馆	1	德宏古籍地方文献(德宏州图书馆翻译出版傣文古籍、德宏州傣文珍贵古籍介绍)
6	大理州图书馆	3	特色文献(经典馆藏、地方文献)、大理摄影、大理孔学
7	楚雄州图书馆	2	彝族文献、特色文献
8	红河州图书馆	2	红河文库、红河集邮

续表

序号	图书馆名称	特色数据库数量	特色数据库名称
9	文山州图书馆	10	“三七”专题文献、人民日报上的文山、铜鼓专题文献、文山崖画专题、文山人物、楚图南专题、柯仲平专题、《文山日报》文章辑录、地方文献书目(地方志书)、馆藏古籍书目
10	西双版纳州图书馆	2	地方文献、特色馆藏
11	芒市图书馆	1	地方文化
12	昆明市五华区图书馆	2	地方文献特色库、旅游文物博览(旅游景点和国家级、省市区级文物)
13	昆明少年儿童图书馆	1	地方文献

四川省绵阳市图书馆制作并完成具有自动推送、关键词聚合、多点检索、CAJ 格式全文的特色数据库《绵阳地震灾害文献馆》,成为西部公共图书馆与知名数据公司共同开发地方特色数据库的范例。

各地高校图书馆也不遗余力,依托院校自身特色,加大特色文献资源建设。昆明理工大学被国家有关部门确定为“西南地区有色金属专业文献信息中心”。云南财经大学图书馆建有“云南地方经济文献中心”,负责搜集东盟数据。云南师范大学呈贡校区图书馆开辟专门区域,收藏陈列西南联大师生的作品和西南联大研究文献,即“西南联大文库”,共有图书 5000 余册;该校图书馆还设立“国立西南联大图书特藏室”,共计收藏西南联大时期文献 6000 余册。

除特色资源数据库的建设外,西南地区各基层公共图书馆仍坚持做好纸质特色文献入藏工作。

在特色文献征集主题上,各图书馆均按照当地文化特色制定征集方案。有以本地历史文化特色为收藏主线的,如四川省广元市旺苍县图书馆收藏反映红军在旺苍县活动情况的书籍;有依据当地少数民族文化发展收集特色文献的,如四川省绵阳市北川县图书馆收集羌族文化的相关书籍;有以当地名人名家为主线收藏相关作品的,如四川省乐山市图书馆集中力量收藏嘉州画派代表画家的作品。贵州省六盘水市图书馆和大方县图书馆建有开普勒地方文献研究室,文献资源丰富;黔东南苗族侗族自治州图书馆以收藏当地少数民族文献著称;遵义市图书馆以整理地方文献而远近闻名。

在征集手段上,多措并举。重庆市荣昌县图书馆建立了以县图书馆为中心,乡镇图书馆为支柱,社区和流通站为服务点的三级农村图书馆服务网络,在馆内设置“地方文献收集服务中心”,在乡镇服务中心设立“地方文献收集服务站”,在村、社区图书室设立了“地方文献服务点”[3],从而建立起了完备的地方文献收藏体系。

以上种种工作方式,都为构建地方特色馆藏贡献了力量。

二、图书馆服务

伴随着图书馆硬件设施的改善,馆藏资源的增加,以及群众文化需求的日益增长,“十二五”期间,西南五省(自治区、直辖市)的到馆人次增加,图书流通册数增长,图书馆服务的手段内容日益丰富。

以重庆市图书馆为代表,“十二五”期间到馆读者949万人次,较“十一五”翻了一番。办理读者证161 875个,是“十一五”期间的3倍,读者证发放量突破29万;书刊外借422万册次,是“十一五”期间的1.6倍;网站点击量971万人次;年均各类媒体宣传报道量502篇。

1. 实施免费开放,提升图书馆效能

开展了免费开放服务。“十二五”期间,公共图书馆服务方面的最大变化,便是公共图书馆免费开放政策的实施。据《文化部　财政部关于推进全国美术馆公共图书馆文化馆(站)免费开放工作的意见》,2011年年底,全国公共图书馆全部免费开放,取消办证费、验证费等收费项目。西南地区各公共图书馆严格遵守了此项规定。

2011年,四川省161个公共图书馆实现免费开放。其中,泸州市图书馆最早于2005年10月起就取消了图书馆收费。

云南省图书馆实施了免费开放政策后,还于2013年建立健全云南省图书馆免费开放具体服务标准和考核指标、绩效评估体系,以免费开放为契机,促进自身发展。

2011年以来,贵州省各级公共图书馆逐步实行了免费开放。在免费开放经费补助、地方财政配套等各级资金保障下,贵州省各级公共图书馆的发展水平和服务效能得到了整体提升,特别是在公共图书馆设施与设备、经费与人员、免费开放服务、重点文化工程建设等方面实现跨越发展,推动贵州省公共图书馆事业发展跃上了新的台阶。

2011 年,重庆市各级公共图书馆实现了免费开放,极大地推动了图书馆事业的发展。据统计,当年,重庆市各级公共图书馆总流通人次达 776.8 万人,比上年增长 25%,有效借书证达 293 639 个,增长 13%,书刊外借人次 436.1 万,增长 36%。如此快速的增长,得益于广大市民对公共图书馆免费开放政策的认同和支持。

2. 做好延伸服务,创造社会效益

延伸服务是在传统服务基础上顺应读者需求,适应时代变化而出现的拓展服务。

(1)通过流动图书馆、流动图书车服务,扩大服务人群

延伸服务体现在“服务终端的延伸,表现为服务对象的扩大和服务人群的具体化”[4]。公共图书馆通过总分馆制建设、流动图书馆、流动图书车方式开展延伸服务。

云南省德宏傣族景颇族自治州图书馆成立了 20 个流动图书馆,与州委宣传部等单位共同在瑞丽打造“国门书社”,与陇川县图书馆共同在拉影文化中心组建“国门图书馆”,在一定程度上解决了边境各族群众的精神文化需求,在维护国家文化安全方面发挥了作用,特别是主动到缅甸雷基市华人小学建立流动图书室,促进了中缅文化交流。

重庆市图书馆开设图书流通点 50 个,通过流通点、流动图书车全年的循环服务,覆盖商圈、机关、学校、监狱、公租房小区、福利院、敬老院、社区街道等。服务人群扩大至不同群体。同时,流动图书车在各区县图书馆走村进户、文化赶场的基层活动中也成为必不可少的角色。

西藏自治区从建立图书馆总分馆制度及图书馆未来服务网点的战略出发,在拉萨 154 家警务便民站设立了“便民书窗”,为每个便民警务站提供了统一形式的书架和 100 册各类书籍,免费供警察和周围群众借阅。

(2)开展图书馆讲座、展览等服务,打造文化品牌

延伸服务还体现在服务内容的延伸,即服务内容的变化和服务领域的拓展,如讲座、展览等。

图书馆讲座是图书馆文化传播与社会教育职能的结合体,信息量大,交流性强,普及面广,深受社会各阶层的认同。

“十二五”期间,西南五省(自治区、直辖市)各公共图书馆致力于图书馆讲座业务的开展以及图书馆讲座品牌的构建,为创建学习型社会、提升城市文化氛围贡献力量,同时引文化下基层,向社区居民普及文化、科学知识,提

升居民文化素养而努力。

重庆市图书馆的“重图讲座”自开办以来，至2015年已累计举办1100余场。云南省图书馆则加强与省科协、省社科联、省演讲学会、省文联等部门的合作，办好“云南文化大讲堂”“云南科普大讲坛”“云南非物质文化遗产特色讲座”三大系列公益讲座，打造了三大讲座品牌。2007年四川省图书馆“巴蜀讲坛”在开办之初，就以阵地服务与流动服务结合方式，以月均1—2场的频次，与21个基层图书馆合作开办讲座。2013—2015年期间，“巴蜀讲坛”共举办讲座86场。通过流动讲座，四川省图书馆延伸了服务阵地，将专家请进基层，以实际行动践行公共文化服务的“均等性”原则。同时，四川省各基层图书馆也以建设品牌讲座活动为目标开展工作。不仅各市(州)图书馆建立了自己的讲座品牌，区县级图书馆也纷纷发力。四川省部分区县图书馆讲座品牌如表14-3所示。

表14-3 “十二五”期间四川省部分县级图书馆品牌讲座一览

开办时间	讲座名称	开办机构
2011年	竹海大讲坛	宜宾市长宁县图书馆
2012年	百姓大讲堂	广元市苍溪县图书馆
2013年	壁州讲坛	巴中市通江县图书馆
2013年	竹乡人文讲坛	乐山市沐川县图书馆
2014年	普州大讲堂	简阳市安岳县图书馆
2014年	安宁讲堂	攀枝花市米易县图书馆

在2011年发布《文化部　财政部关于推进全国美术馆公共图书馆文化馆(站)免费开放工作的意见》中，要求公共图书馆把公益展览作为基本文化服务项目免费项目向群众提供。

据统计，“十二五”期间，西南五省(自治区、直辖市)公共图书馆开办的展览次数、参观展览的人次均有增加。四川省2011年举办展览1435场，参观人次为22.15万人次；2015年举办展览3258场，参观人次为87.53万人。

西南五省(自治区、直辖市)也通过打造讲座展览联盟，提升服务效率。以重庆市、云南省为例，2013年5月重庆图书馆牵头成立重庆市公共图书馆讲座展览联盟，吸纳全市26个区县公共图书馆自愿参与。按照联盟协议，各成员馆每年至少向其他联盟成员馆义务推出1场有地方特色的讲座及展览服务，并上传作为联盟网络服务共享资源；而联盟负责每年为各成员馆免费提供3场讲座服务，并通过建立的联盟网络服务平台，随时为各成员馆在线提供丰富优质的讲座及展览资源。

表14－4　2011年、2015年西南五省（自治区、直辖市）展览场次、参观人次比较

地区	2011年展览场次（场）	2015年展览场次（场）	2011年展览参观人次（万次）	2015年展览参观人次（万次）
四川	1435	3258	87.53	197.929
云南	1113	2079	33.48	155.790
贵州	470	1606	16.94	35.900
重庆	580	1396	54.00	157.931
西藏	9	108	0.00	3.001

2015年，云南省也进一步发展壮大全省公共图书馆展览联盟，在联合省外图书馆、基层图书馆共同办展方面有新的突破；同时，积极举办网上展览，实现实体展览与虚拟展览的“双结合、双发展”。

3. 服务特殊人群，推进服务均等化

《全国公共图书馆第五次评估定级》把青少年、老年人、农民工这些特殊人群服务，列入公共图书馆的重点文化工程、重点服务人群之中。西南五省（自治区、直辖市）在十二五期间加强了对特殊人群的服务。

从少儿阅览室、盲人阅览室座席的增加就可见一斑。十二五期间，西南五省（自治区、直辖市）少儿阅览室座席数从22 140个增长至28 167个，增幅达27.2%。盲人阅览室座席数从2063个增长至3725个，增幅达44.6%。西藏自治区的盲人阅览室座席数在2013年实现了零的突破，增加至75个。

对特殊群体的服务进入了成体系、树品牌的阶段。重庆市图书馆针对农民工群体，策划组建“农民工服务联盟”，获文化部“群星奖”，并获全国文化系统唯一推荐冲刺“全国农民工工作先进集体”项目。针对重庆市乡村留守儿童学校缺乏纸质图书和电子资源，以及重庆市各级公共图书馆开展的关爱留守儿童的专题服务活动同质化严重、服务内容匮乏的状况。2013年6月，重庆图书馆联合各区县图书馆、与共青团、教育系统、妇联系统、志愿者组织开展联动合作，共同打造了面向农村留守儿童的集群化服务平台——“蒲公英梦想书屋项目”。通过开展“线上线下领取梦想公益活动”“流动亲情聊天室”

“E 路共享数字阅读平台”“相伴成长巡回讲堂”等活动,形成了覆盖全市农村留守儿童的公共文化服务网络。

三、图书馆设施建设

图书馆设施设备的齐全是图书馆工作开展的基础。馆舍建筑面积、阅览室面积、阅览室座席数、计算机数量、提供读者使用的计算机数量、读者服务无线网络覆盖等都构成了图书馆设施建设的考量标准。

1.“新馆潮”影响持续发酵,硬件设施条件整体改善

“十二五”期间,西南五省(自治区、直辖市)图书馆增加 110 个,增幅达到 23.8%,高于同期全国 13%的增幅。

“新馆潮”发酵,各省(自治区、直辖市)公共图书馆纷纷新建或改扩建旧有馆舍。2011 年西南地区公共图书馆馆舍总面积为 114 万平方米,2015 年增至 142.5818 万平方米,增幅达 25.07%,高于全国 23.9%的增幅。

2011 年,西南地区公共图书馆阅览室总座席数为 9 万个,2015 年增至 11.6482 万个,增幅达 29.4%。

以重庆市为例,随着重庆市行政区划的调整,区级公共图书馆数量增加且图书馆馆舍面积增幅最大。“十二五”期间,开放的阅览室面积增长率达 64.4%,而书库面积增长率仅为 14.3%,图书馆将更多空间让给读者做阅读之用,显示出基层公共图书馆将“服务至上、以用为本”的理念贯彻到馆舍规划中。

表 14-5 “十二五”时期重庆地区公共图书馆馆舍建设情况

指标		2010 年	2015 年
机构数(个)		43	43
覆盖率(%)		100	100
馆舍数量(个)	市级	2	2
	区级	20	24
	县级	21	17
馆舍面积(平方米)	市级	54 679	56 188
	区级	112 968	170 068
	县级	52 710	68 012

2015 年,在贵州省 78 个区(县)级图书馆中,图书馆建筑面积排名前五位的分别为:黔西南布依族苗族自治州晴隆县图书馆建筑面积为 11 610 平方米、贵阳市白云区 4500 平方米、六盘水市盘县 3880 平方米、黔西南布依族苗族自治州贞丰县 3530 平方米、黔南布依族苗族自治州瓮安县 3200 平方米,都超过了“第五次全国公共图书馆评估定级标准”中县级公共图书馆馆舍面积 3000 平方米的要求。

“新馆建设潮”在四川省也表现突出。尤其是“5·12”地震灾区图书馆在重建之时,大多扩大了馆舍,更新了设备,实现了跨越式发展,如广元市及下辖的苍溪县、旺苍县、青川县、剑阁县等 6 家公共图书馆。新建后,广元地区图书馆馆舍面积达 2.53 万平方米,6 家公共图书馆馆舍面积平均为 4217 平方米。

西藏自治区图书馆原有馆舍建筑面积为 1.1 万平方米,是全国最小的省级公共图书馆。2015 年,自治区政府将西藏自治区图书馆的改扩建工程纳入“十二五建设项目”,打破了以往的隔断,扩大了读者阅读的空间。

2. 引起先进设备,图书馆与科技接轨

信息化的发展要求图书馆设备的科技化。西南五省(自治区、直辖市)图书馆,在“十二五”期间引进了如电子书借阅机、电子读报栏、人机互动体感阅读机等阅读新载体。

2011 年,重庆市图书馆、昆明市图书馆就引进了自助图书借还机。2013 年,成都市及辖区图书馆共设有 9 台自助图书借还机,其中双流区 6 台,青羊区 1 台,锦江区 1 台,成都市图书馆 1 台。这些俗称的“图书 ATM 机”为市民借还图书提供了方便。

除省会城市、省会辖区外,其他有条件的市(州、区、县)公共图书馆也尝到了科技化的甜头。2014 年四川省泸州市,2015 年重庆市万州区,先后引进了 24 小时自助图书馆,为服务基层群众提供了新的途径。

四、图书馆组织管理

图书馆组织管理的水平直接影响图书馆的发展水平。以前,西南地区公共图书馆不受社会重视,经费缺乏,体制落后,人才匮乏,管理水平低下。“十二五”期间,伴随着文化的繁荣,西南地区各公共图书馆的组织管理水平有所提升。

1. 从业人员数量增加,人才结构优化

“十二五”期间,西南五省(自治区、直辖市)公共图书馆从业人员从5576人增长至6195人。2011年,西南五省(自治区、直辖市)中,每万人拥有图书馆比例最低的是西藏自治区,为0.20,比例最高的是云南省,为0.37;2015年,最低比例则为四川省的0.28,西藏自治区一跃成为每万人拥有图书馆比例最高的地区,为0.58。

图书馆人才队伍的平均学历水平有所提升。2013年,对云南省15个参与评估定级的州(市)图书馆进行调查时,发现15个州(市)图书馆馆长基本都具有大专以上学历或副研究馆员职称,并且受过系统的图书馆学专业培训。从本科学历人员占职工总人数的比率来看,15个参评馆的平均比率为53.9%,其中玉溪市图书馆拥有本科学历人员占职工总人数的比例最高,为82%。

专业技术人员占比略有提升。2011年,西南五省(自治区、直辖市)公共图书馆的5576位从业人员中,专业技术人员为3846人,两者之比为1.45:1;同期全国公共图书馆从业人员为54 475人,专业技术人员36 541人,两者之比为1.49:1。西南五省(自治区、直辖市)公共图书馆专业技术人员占比略高于全国平均水平。2015年西南五省(自治区、直辖市)公共图书馆从业人员6195人,专业技术人员4372人,两者之比为1.42:1,专业技术人员占比呈增长趋势。个别图书馆的高级职称人数比例接近发达地区水平,如云南省曲靖市图书馆2013年高级职称人数的占比便达84.3%。该馆职工总人数为32人,有中高级职称的有27人。

在人才队伍充实、人才结构优化的同时,西南地区公共图书馆的人才队伍建设仍存很多不足之处。

从业人员数量不足。免费开放实施后,图书馆工作人员工作量增加。2015年,重庆地区公共图书馆接待读者量比2010年增长了414.5万人次,而服务读者的从业人员仅增加了20人。重庆市璧山区图书馆馆舍面积15 533平方米,仅有馆员8人。“新馆潮”后如何维持图书馆的正常运转,真正发挥出新馆功能,将是“十三五”时期需要面对的重要问题。

高层次人才缺乏。“十二五”期间,专业人才结构有所优化,但与发达地区相比,差距甚远。以华东地区的嘉兴市图书馆、苏州市图书馆与西南地区成都市图书馆比较:

表 14－6　苏州市图书馆、嘉兴市图书馆、成都市图书馆人才结构比较

地区	在编人员	专业技术人员	专业技术人员/在编人员	馆员	副研究馆员	研究馆员
苏州市图书馆	81	75	93%	45	9	1
嘉兴市图书馆	43	41	95%	26	2	2
成都市图书馆	102	62	62%	33	4	1

高层次专业性人才的缺乏，制约着西南地区公共图书馆事业的发展。图书馆在与科技融合的过程中，网络及自动化管理人才缺口仍在扩大。全民阅读推广热潮下，策划营销人才缺乏的困境凸显。这些问题是公共图书馆亟待解决的难题。

2. 管理体制、运行模式迈出探索步伐

“十二五”时期是图书馆事业在机制转换方面大有作为的时期。按照全国公共图书馆事业的“十二五”规划，各地图书馆在宏观管理机制上，探讨公共图书馆法人治理结构的建立，如浙江省义乌市图书馆、上海市浦东图书馆。在公共图书馆服务体系制度设计研究上，探索公共图书馆总分馆制。以华南地区深圳市、广州市、佛山市、厦门市以及华东地区苏州市、杭州市、嘉兴市等地图书馆为先锋。在公共图书馆经费保障机制上，将公共图书馆人员开支、资源购置、基本服务提供、数字图书馆建设、设施设备购置与维护等日常运行经费纳入各级财政预算，建立免费开放经费保障机制，经费投入重点向中西部地区倾斜。探索建立公共文化多元化投入机制，拓宽经费来源渠道，大力吸引社会资金以多种方式投入到图书馆建设。

西南五省（自治区、直辖市）囿于自身发展水平，在管理体制、运行机制上落后于发达地区，但仍有部分公共图书馆对体制的创新做出了响应：

（1）宏观管理体制。云南省图书馆 2015 年完成法人治理结构建设相关筹备工作，完成了《云南省图书馆法人治理结构建设工作实施方案》《云南省图书馆章程》《首届云南省图书馆理事会理事人选建议名单》《云南省图书馆理事会成员招募公告》《云南省图书馆第一届理事会成立大会暨第一次理事会会议议程》等文件的起草任务。

（2）公共图书馆服务体系。2013 年，成都市龙泉驿区图书馆构建了以城乡联合共建为覆盖基础，以跨行协作共建为有效补充、以统筹直建为总领的多模式“总分馆制”。在西部，开启了建设主体、管理主体及人财物统一的真正意义的总分馆制建设探索之路。

（3）经费保障体系。成都市武侯区图书馆就正在探索“政府购买公共图书馆模式”。2015年4月，武侯区图书馆以每年280万元的服务费，引入艾迪迅电子科技（无锡）有限公司全面“接管”图书馆。探索多元化投入机制，借助社会力量助推图书馆发展。

五、协作协调

为了实现资源共享、利益互惠，一定区域内的图书馆自发地组织起来，遵循共同认可的协议、共享馆藏信息资源和服务，从而形成一个区域图书馆联合体的现象，在国际上十分普遍。近年来，我国一些地区公共图书馆之间的合作共建活动也越来越频繁，促进了图书馆事业的发展。在西南地区，由于资产归属、地区差异等因素制约，全域总分馆制度建设一时难以实现，但借助协作协调的思想，打破图书馆界存在的行业条块分割、地域隔阂，仍是可行的。

1. 立足现有条件，探索“通借通还”服务

在一个地区所辖公共图书馆之间解决读者和图书相关数据的互访问题，实现图书的通借通还，是“十二五”期间西南五省（自治区、直辖市）公共图书馆探索的方向。

2011年，重庆市主城九区11个公共图书馆开通“通借通还”一卡通服务，作为前期试点，探索覆盖城乡、符合重庆实际的总分馆制建设；到2015年，已有212.2万册图书在一卡通系统中流通，2015年全年借还图书305.4万册次，持证读者超过29万人。2014年，成都市实现了全域通借通还，读者凭借成都市任一区（市、县）图书馆的借书证就可以到本馆或其他图书馆借阅和归还图书，查阅各图书馆的馆藏信息和借阅信息。2013年，云南省昆明市区域内7家图书馆实现了通借通还服务。

西南五省（自治区、直辖市）部分市、县级公共图书馆工作人员也立足于现实条件，实现了通借通还功能。

云南省楚雄彝族自治州以总/分馆制建设为龙头，在不改变各参与分馆行政隶属、人事和财政关系的情况下以州图书馆为中心馆，通过Interlib图书馆集群自动化管理系统平台、数字图书馆管理平台和图书馆网站（三个平台），将总馆（中心馆）—分馆（各县、市公共图书馆）联合起来，组成区域性数字化、网络化的虚拟图书馆群。2014年10月，楚雄彝族自治州图书馆公共图书馆联盟中心建设系统的更新工作完成，新的图书管理软件可实现全州11个

公共图书馆、103 个文化站文献资源共享及通借通还工作。

2013 年,四川省绵阳市内八个公共图书馆由市图书馆牵头建立了本区域内的服务网络,实现了图书互助,资源共享;其中,4 个使用“智慧 200 管理系统”的公共图书馆实现了馆际互借。2013 年,绵阳市三台县图书馆使用集群化网络图书借阅管理系统,读者可以方便地查阅全县乡镇及社区图书目录。2013 年,四川省广元市旺苍县图书馆利用文化信息资源共享工程业务自动化管理平台在三个乡实行了一卡通的试点工作。

2. 推进区域、行业联盟,促进资源共建共享

推进区域性图书馆间的联盟,促进不同系统之间图书馆、图书馆与不同行业之间的协作协调,是发挥图书馆职能的优选途径。

“十二五”期间,西南五省(自治区、直辖市)在不同区域之间的图书馆、不同系统之间的图书馆、图书馆与其他行业的协作关系上做了一些探索。

(1)建立区域联盟,探索区域合作新机制

2014 年 12 月,重庆市合川、北碚、沙坪坝、永川、涪陵、荣昌、大渡口、潼南、铜梁、长寿、渝北等 12 个区(县)图书馆自发组建“重庆区域性公共图书馆联盟”,通过联合采编、馆际互借等方式促进区域性公共图书馆发展。

(2)建立业务联盟,实现部分协作

在联合采编、馆际互借、资源共享等业务尚无法实现时,西南地区公共图书馆探索了在其他业务方面的联盟。

云南省图书馆研发了拥有自主知识产权的虚拟参考咨询平台“云图咨询”,建立了“云南公共图书馆信息服务联盟”,在临沧市、红河哈尼族彝族自治州图书馆设立了分中心,实现了信息服务工作的联动。

重庆地区图书馆成立了农民工服务联盟,打造“春节购票我来帮”“中秋人月两团圆”等服务品牌。

(3)突破行业条块分割,实现不同系统、不同行业协作

图书馆的协作协调可以理解为馆际合作,也可以理解为对不同系统图书馆资源,对社会其他行业力量的整合。

“十二五”期间,四川省乐山市图书馆与一些院校图书馆合作开通“乐山市文献信息服务中心”网络平台,实现了乐山市各级公共图书馆、高校图书馆、科研图书馆、中小学图书馆、情报所以及企业图书馆信息资源协调采购、联机书目查询、馆际互借与通阅、文献传递、网上联合查询等功能。

六、国家重点文化工程

“十二五”期间，西南地区公共图书馆以国家重点文化工程为抓手，推进了图书馆事业建设，将文化惠民工作落到了实处。

1. 中华古籍保护工作成绩斐然

截至2015年年底，四川省图书馆基本完成1949年以前出版物的著录，进入影印本的著录阶段；完成《四川省现存古代科技资料目录》资料的审定，进入编纂程序；完成全省古籍子部数据库数据审校4000条，荣县图书馆上报数据审校200条；全省古籍普查平台新增数据1000条；完成孙桐生著作再造的前期准备工作。全省有236种古籍入选国家珍贵古籍名录，七家古籍收藏单位成为国家级古籍重点保护单位。2013年，四川省文化厅公布了首批四川省古籍重点保护单位和四川省古籍保护单位名单，其中自贡市图书馆、富顺县图书馆、安县图书馆、犍为县图书馆、雅安市图书馆、西南交通大学图书馆、成都中医药大学图书馆、西华师范大学图书馆、西南民族大学图书馆九个图书馆成为省级古籍重点保护单位；郫县图书馆、成都市温江区图书馆、成都市新都区图书馆、荣县图书馆、三台县图书馆、江油市图书馆、射洪县图书馆、广汉市图书馆、绵竹市图书馆、中江县图书馆、安岳县图书馆、乐山市图书馆成为省级古籍保护单位。

2015年，云南省图书馆分别在曲靖市麒麟区图书馆、昭通市昭阳区图书馆举办了云南省第一期、第六期古籍普查登记审核培训班，以训代干，完成了麒麟区图书馆、沾益县图书馆、曲靖市图书馆、昭阳区图书馆的古籍普查审核工作。其他四期古籍普查登记审核培训班在云南省图书馆举办，对馆藏历史文献进行了分编及普查平台著录，共完成文献分类1000余种，普查数据著录590条。发挥“国家级古籍修复中心”和“国家级古籍修复技艺传习中心云南传习所”的作用，通过“以师带徒”的形式举办四期古籍修复培训班，累计446个学时，共抢救重度破损古籍文献3册(240页)，装裱字画15幅，修复破损拓片12张，培养了21位古籍修复工作者。积极开展古籍研究和开发利用工作，与云南人民出版社合作完成了《云南省入选国家珍贵古籍名录》《护国运动文献资料丛编》及《云南抗战历史文献资料选编》的整理出版工作；与杭州富阳正大彩印有限公司合作影印500套《滇南草本》；与玉溪市图书馆、玉溪市博物馆等单位合作举办了“走近古籍”微论坛活动，这也是云南省首个有关古籍保护的微论坛；积极参加了云南省哲学社会科学规划重大项目“《云南通志馆征集各县资料》暨各县《地志资料》整理与研究”工作；配合国家古籍保护中心完成了《名家公开课 · 杨利群古籍修复课程》的拍摄制作工作。推进云南省图书馆的古籍数字化工作。对馆藏古籍善本进行数字化加工，完成了第一期数字化建设任务，共加工善本 537 册、76 736 叶。

2008 年 6 月，贵州省古籍保护中心正式揭牌成立。2013 年，贵州省全省古籍普查工作基本全部完成。截至 2014 年，共向国家古籍保护中心上传数据 35 778 条，完成审校数据 14 926 条。在国务院先后公布的四批《国家珍贵古籍名录》中，贵州省有 164 部古籍进入《国家珍贵古籍名录》；其中，在第二批《国家珍贵古籍名录》申报中，贵州的 4 部布依文古籍入选，由此成为《国家珍贵古籍名录》民族文字古籍的新增语种。2014 年，贵州省古籍保护中心与贵州民族大学图书馆联合申报的“国家古籍保护人才培训基地”获得文化部批准，成为国内 12 家“国家古籍保护人才培训基地”之一。

2014 年，重庆市基本完成全市古籍普查工作，出版了《重庆市古籍普查目录》。“十二五”期间，全市共有 254 部古籍入选《国家珍贵古籍名录》，4 个单位入选“全国古籍重点保护单位”。其中，重庆图书馆是首批“全国古籍重点保护单位”，有 208 部古籍入选《国家珍贵古籍名录》，并于 2014 年荣获文化部颁发的“全国古籍保护工作先进单位”。同时，全市完成三批《重庆市珍贵古籍名录》及“重点古籍保护单位”的评审。重庆图书馆在专家指导下，修复古籍、碑帖、殿试卷等多种重要文献，2015 年成功建成国家级古籍修复技艺传习所。另外，可移动文物普查工作启动，重庆图书馆 2015 年完成拓片、字画共 4300 条可移动文物普查数据的拍摄著录工作。

截至 2015 年，西藏自治区结束阿里地区的古籍普查工作，并制定了日喀则市古籍普查登记工作计划。西藏自治区图书馆派出专家协助那曲地区开展古籍查漏补缺工作，共查缺古籍 393 函。2015 年 9 月，完成对西藏图书馆 1912 函古籍的登记、拍摄工作；10 月，完成昌都市 70% 的古籍普查工作。在萨迦寺完成古籍 84 函（1500 条书目）的登记、拍摄工作。完成《那曲珍贵古籍图录》的编纂、修改、校对工作。2015 年 9 月，《西藏自治区图书馆古籍总目 · 文集篇》全四册正式出版。完成了 6 部古籍数字化工作，完成萨迦寺所藏《八思巴之经部》的数字化工作。完成西藏图书馆 2 函、西南藏医学院图书馆 4 函、布达拉宫 1 函、罗布林卡 3 函，一共 10 函的珍贵古籍数字化任务。

2. 文化共享工程、数字图书馆推广和公共电子阅览室计划有序推进

截至 2015 年，在全国文化共享工程四川省分中心的指导下，已有 17 个市

级支中心搭建了市级管理信息系统平台,38 个县级支中心搭建了县管理信息系统平台,并实现了县、市、省管理信息系统平台数据的对接;188 个基层服务点完成了公共电子阅览室管理信息系统和终端系统的安装、信息初始化和注册。目前,四川省图书馆共拥有各类数字资源 124.65 TB,其中自建地方特色数据库 20.65 TB。数字图书馆推广工程四川省分馆通过自建和外购方式整合拥有馆藏书目数据、人文期刊、学术论文、电子图书和电子报纸等数字资源 61.5 TB。2015 年完成了文化共享 2011、2012 年度藏语译制项目,2011 年度地方资源库结题工作,2011、2012 年度地方资源联建结题工作。文化共享 2013 年度藏语译制项目和地方资源库全面进入建设阶段。

“十二五”期间,云南省以文化信息资源共享工程建设为契机,建设农民素质教育网络培训学校,努力打造云南省文化共享工程服务品牌。完成了云南独有少数民族资源库等地方特色资源建设,通过文化部专家评审验收。加强文化共享工程基层人员培训,共培训基层人员 8000 余人次。截至 2015 年,实现了公共电子阅览室建设的全省乡镇全覆盖。制定了《云南省公共电子阅览室技术支持平台建设实施方案》等文件,完成了全省公共电子阅览室管理信息系统建设工作。数字图书馆推广工程方面,完成了数字支持平台相关软件及存储设备的采购。

贵州省建成各级“文化信息资源共享工程”服务点 19 377 个(其中省级分中心 1 个、地级分中心 2 个、县级分中心 88 个、乡镇服务点 1448 个、村级服务点 18 369 个、城镇社区服务点 533 个),“文化信息资源共享工程”服务网络基本形成,累计为群众开展服务为近 1500 万人次。全省已建成标准化的公共电子阅览室市级图书馆 2 个;乡镇综合文化站 824 个,实现乡镇全覆盖;街道综合文化站 78 个,社区文化室 475 个。完成 9 个市、州级支中心,88 个县级支中心公共电子阅览室监控平台的搭建,并实现对各支中心电子阅览室开放情况进行实时监控。2011 年 10 月 26 日,贵州省数字图书馆推广工程正式启动。同年,贵州省图书馆与国家图书馆完成了虚拟网的搭建,实现数字资源共享。2012 年至 2014 年,贵阳市图书馆、遵义市图书馆、黔南布依族苗族自治州图书馆、毕节市图书馆、黔西南布依族苗族自治州图书馆也相继完成了 VPN 虚拟网的建设,并已实现资源互通测试。2014 年贵州省图书馆完成了与国家图书馆的联通专网建设。

截至 2015 年,重庆市已建有文化共享工程市级分中心 1 个,市级分中心少儿部 1 个,区县支中心 41 个,乡镇(街道)基层服务点 996 个,村级基层服务点8575个,社区基层服务点1001个,合作共建基层服务点30个,配备专职人员5844人,兼职人员10 599人,并发动志愿者11 141人。“十二五”期间,重庆市文化信息资源共享工程成功申报“国家公共文化数字支撑平台”项目。设立有典型意义和影响力的共享工程服务点,如在长江航道黄金邮轮上设点、走进企业周君记等。重庆图书馆于2012年完成国家数字图书馆推广服务工程建设任务,2013年实现与国家图书馆虚拟网联通,软件平台安装完毕并投入使用。作为全国三个公共电子阅览室管理平台软件建设试点省份之一,重庆已完成市、县、乡镇三级平台软件部署工作。2015年,市级平台建设已完成,管理信息平台改造升级,指导区县图书馆软件平台安装,并确立绩效评估标准。

截至2015年,西藏自治区文化信息资源共享工程加快推进,已建成1个自治区分中心、4个地区支中心、74个县支中心、692个乡镇基层点和5300余个村基层点。

七、地方性图书馆立法

图书馆法律法规的建设是图书馆事业发展的保障。完善且具有可操作性的法律法规将有助于图书馆事业的发展。“十二五”期间,西南地区图书馆也在建立地方性图书馆法律法规方面做出了一些探索。

1. 地方配套性法规紧跟中央政策步伐

“十二五”期间,西南地区图书馆配合《文化部　财政部关于推进全国美术馆、公共图书馆、文化馆(站)免费开放工作的意见》及财政部下发的《关于加强美术馆　公共图书馆　文化馆(站)免费开放经费保障工作的通知》,配合出台地方政策。2011年,四川省文化厅、四川省财政厅发布《关于推进全省美术馆、公共图书馆、文化馆(站)免费开放工作的意见》(川文办发〔2011〕139号)。2013年,云南省出台《云南省公共图书馆免费开放管理办法(试行)》《云南省公共图书馆免费开放工作绩效考核暂行办法(试行)》《云南省公共图书馆免费开放工作考核标准(试行)》。2013年,贵州省颁发《贵州省公共图书馆、文化馆、乡镇综合文化站免费开放专项资金管理暂行办法》《贵州省公共图书馆、文化馆、乡镇综合文化站免费开放工作考评办法(试行)》(黔文发〔2013〕49号)。

为全面落实中共中央办公厅、国务院办公厅《关于加快构建现代公共文化服务体系的意见》《国家基本公共文化服务指导标准》,西南五省(自治区、直辖市)结合实际情况,出台了本省标准,或对图书馆标准做出了细化。2014

年，重庆市南岸区颁发《南岸区社区图书馆标准化服务项目实施方案》。2015年，贵州省出台《关于构建现代公共文化服务体系的实施意见》（黔党办发〔2015〕45号），同年重庆市颁发《重庆市主城区公共图书馆通借通还管理办法》，四川省出台《四川省基本公共文化服务保障标准（2015—2020年）》。

根据《贫困地区百县万村综合文化服务中心示范工程方案》（中宣发〔2015〕44号）要求，四川省制定《四川省基层综合性文化服务中心建设指导标准（试行）》。

为响应中央《关于加快构建现代公共文化服务体系的意见》，西南五省（自治区、直辖市）均根据当地实际情况制定了各自的《关于加快构建现代公共文化服务体系的实施意见》。

2. 地方性图书馆行业法规不断完善

“十二五”期间，西南各地地方性法规不断完善，为当地图书馆事业发展提供了依据。2012年，云南省人民政府颁发《云南省人民政府关于加强公共文化惠民服务体系建设的意见》。2013年10月1日，《四川省公共图书馆条例》施行。2015年，贵州省文化厅启动《贵州省全民阅读促进条例》《贵州省公共图书馆条例》立法研讨会，将其列入当年省政府立法研讨计划。

2011年，昆明市颁发《昆明市关于加快建设图书馆名城的实施意见》《昆明市关于加强社区文化建设的实施意见》。2012年，昆明市颁发《关于进一步加强基层公共文化服务运行机制建设的若干意见》。

第三节　未来展望

在西南地区图书馆取得长足进步的同时，也还存在着明显不足。弥补短处，才能更好地展望未来。

一、西南地区图书馆事业发展的不足

“十二五”期间，西南地区图书馆事业取得了长足进步，但仍存在显著的不足。

1. 与发达地区水平发展差距大

以珠三角、长三角为代表的东南沿海地区，经济发达，图书馆经费充足，基础设施、服务理念均走在全国前列。而西南地区作为欠发达地区，在图书

馆发展水平方面与发达地区有明显差距，在诸多基本指标上，落后于全国平均水平。

与华东地区的浙江省、华南地区的广东省作对比。可见在图书馆藏量、新购藏量、流通人次、外借册次等方面，西南地区图书馆与东部地区图书馆均有较大差距，尤其是文献资源量少，图书馆利用率低。

表 14－7　2014 年东部、西南地区七省（自治区、直辖市）公共图书馆基础业务数据对比

地区	公共图书馆个数（个）	总藏量（万册）	当年新购文献（万册）	总流通人次（万人次）	外借册次（万册）
全国	3117	79 592	4742	53 506	46 734
浙江省	98	5634	436	5480	4936
广东省	138	6367	601	7657	3848
四川省	198	3162	164	1867	1536
云南省	151	1864	95	1210	892
贵州省	95	1217	70	525	384
重庆市	43	1242	119	1221	990
西藏自治区	78	125	36	17	9

发展的不平衡与所在地区的经济状况相关联，与财政投入多少相关联。图书馆事业发展的不均衡是我国地区发展不平衡的表现之一。以七省（自治区、直辖市）2014 年公共财政收入、图书馆财政拨款、图书馆财政拨款与省财政收入的比例作对比，浙江、广东两省公共财政收入分别是四川省的 1. 35 倍、2. 64 倍，其公共图书馆财政拨款也分别是四川省公共图书馆财政拨款的 2. 94 倍、5. 36 倍，西南地区其他省份的差距就更大了。

表 14－8　2014 年东部、西南地区七省（自治区、直辖市）公共财政收入、公共图书馆财政拨款对比

地区	公共财政收入（亿）	公共图书馆财政拨款（亿）	公共图书馆财政拨款/公共财政收入（‰）
浙江省	4121. 17	0. 5480	1. 33‰
广东省	8060. 06	0. 7657	0. 95‰
四川省	3058. 50	0. 1867	0. 61‰

续表

地区	公共财政收入(亿)	公共图书馆财政拨款(亿)	公共图书馆财政拨款/公共财政收入(‰)
云南省	1697.79	0.1210	0.71‰
贵州省	1366.42	0.0525	0.38‰
重庆市	1921.90	0.1221	0.64‰
西藏自治区	124.00	0.0017	0.14‰

2. 西南五省(自治区、直辖市)间发展不均衡

西南五省(自治区、直辖市)之间,也存在较大的地区差异。以人均购书经费、人均外借册次、人均公共图书馆藏量做对比。

就人均到馆次数来看,2014年重庆市发展水平高于全国,人均年到馆次数排全国第10位,云南省排第16位,四川省排第24位,贵州省排第30位,西藏自治区排第31位,分别处于全国水平的上、中、下游。

就人均购书经费来看,五省(自治区、直辖市)之间也有差距。人均购书经费最低地区为贵州省0.401元,人均购书经费最高地区为重庆市,人均0.941元,两者差距达2.35倍。总体而言,2014年西南五省(自治区、直辖市)人均购书经费低于全国平均水平(1.440元)。除重庆市外,其余四省(自治区)均低于西部地区平均购书经费水平(0.724元)。不仅落后于东部、中部地区,也落后于同属西部地区的西北五省(自治区)——陕西省(人均购书经费0.771元,排第18位)、甘肃省(1.359元,排第9位)、青海省(0.885元,排第17位)、宁夏回族自治区(1.154元,排第12位)、新疆维吾尔自治区(0.899元,排第16位)。

就人均公共图书馆藏量来看,2015年年末,五省(自治区、直辖市)中人均公共图书馆藏量最少的为云南省,为0.27册,最多的为西藏自治区,0.50册,两者差距达1.85倍。

表14-9　2015年西南五省(自治区、直辖市)人均公共图书馆藏量比较

2014年	人均到馆次数(次)	到馆次数全国排位	人均购书经费(元)	购书经费全国排位
四川省	0.229	24	0.538	26
云南省	0.257	16	0.560	23

续表

2014 年	人均到馆次数(次)	到馆次数全国排位	人均购书经费(元)	购书经费全国排位
贵州省	0.150	30	0.401	30
重庆市	0.408	10	0.941	15
西藏自治区	0.052	31	0.555	24

3. 省内发展不平衡，城乡差异大

从城乡情况看，农村一直是我国文化发展的薄弱环节，尽管近些年来国家加大了对农村文化的投入力度，相继实施了乡镇综合文化建设工程、文化信息资源共享等一系列文化工程，城乡文化发展差距有所缩小，但从整体上看，城乡文化发展不平衡的态势尚无根本改观。

二、西南地区图书馆发展展望

“十三五”时期，现代公共文化服务体系的战略部署进一步明确。以大数据、云计算、物联网、移动互联网等为代表的新兴信息技术快速发展，这些重要发展理念、发展战略和发展环境为我国图书馆事业发展提供了重要的战略机遇。西南地区图书馆面临着这样的机遇，也意味着多重挑战。

1. 完善馆藏资源体系，加快资源数字化转型

馆藏资源是图书馆最宝贵的财富。未来的发展中，西南地区图书馆将着重完善自身馆藏体系，调整纸质资源与数字资源比例，加快资源数字化进程。

加强特色资源建设。注重民族文献、古籍、地方文献等的收集，构建富有地域特色的资源体系。

2. 推进公共文化服务体系进一步发展

西南地区各省(自治区、直辖市)将遵循“协调”发展理念，推进城乡一体化发展。推进“通借通还”服务，探索图书馆总分馆制建设，促进公共图书馆资源均衡配置；拓展图书馆服务范围，以解决城乡文化资源发展不平衡为目标，构建覆盖城乡的公共图书馆服务体系；推进公共阅读服务均衡发展，公共阅读资源配置重点向贫困地区、民族地区、革命老区倾斜，着力解决农村留守儿童、家庭经济困难儿童、福利院儿童、外来务工人员流动人口随居儿女等未成年人在阅读方面存在的特殊困难；加强对老年、少儿、残障等弱势群体的服务，创新服务手段。

3. 建立健全图书馆服务标准体系

西南地区图书馆事业发展不均衡现象普遍。各省(自治区、直辖市)以《国家基本公共文化服务指导标准》为依据,以《关于加快构建现代公共文化服务体系的意见》为指导,加快地方性实施标准的制定,以期更好更快地推进图书馆服务的标准化与规范化。以《公共图书馆建设标准》为参照,完善图书馆基础设施建设。通过收集读者意见,探索建立以群众为导向的服务机制和读者评价反馈机制,促进图书馆服务的体系化、标准化。

4. 加强阅读推广,强化品牌建设

深入推广全民阅读,建立多层次、多主体的阅读推广体系。立足于构建全民阅读推广品牌。细分阅读推广受众人群。丰富阅读推广活动主体。创新阅读推广活动内容。规范拓展阅读推广内容。

四川省提出到2020年,实现国民综合阅读率达到90%,国民数字化阅读率达到80%;年人均图书阅读量8册,年人均电子书阅读量6册;布局公共阅读场所,形成城市社区15分钟便捷阅读文化圈、农村10里阅读文化圈。

云南省提出着力促进少年儿童阅读。加强中小学书香校园建设,开展学龄前儿童绘本阅读活动。突出保障农村留守儿童、城市流动儿童、贫困家庭儿童的基本阅读需求。

5. 以“创新”理念提升图书馆服务效能

注重机制创新,通过图书馆法人治理等机制改革的探索,盘活图书馆体制;探索“社会化发展”模式,建立健全图书馆向社会力量购买公共文化服务机制,鼓励和支持社会力量参与公共文化服务体系建设。

坚持读者服务创新。适应互联网时代发展特点,以“互联网+图书馆”模式,建设数字图书馆、移动图书馆等,构建适应读者新阅读习惯的服务方式。以微博、微信等手段,加强与读者互动,增加用户黏性。引入网络直播模式,对图书馆的热门讲座、热门活动进行直播,使图书馆的资源由固定的流动起来,扩大传播范围,提升传播效能。

(执笔人:熊文　李秋雨)

参考文献:

[1] 贺德显. 对云南省图书馆联合编目中心发展的思考[J]. 学园,2014(3):193-194.
[2] 中国新闻出版研究院. 第十三次全国国民阅读调查数据在京发布[EB/OL]. [2016-04-

19]. http://cips. chinapublish. com. cn/kybm/cbyjs/cgzs/201604/t20160419_173544. html.
[3] 杨毅,李相君. 论县级图书馆地方文献的征集与利用[J]. 重庆图情研究,2012(4):36–38.
[4] 谢彦君. 从延伸服务的发展谈图书馆服务创新[J]. 黑龙江科技信息,2012(32):175,110.

第十五章 西北地区图书馆

第一节 发展综述

“十二五”时期,在党的十七届六中全会精神和中央公共文化相关政策的正确指引下,在国家重点文化工程的组织实施下,西北五省(自治区)各级图书馆以国家“十二五”规划纲要所确定的文化发展大计为契机,积极争取地方各级政府的政策保障和财力支持,强化自身管理,锐意推进改革,扎实做好文献资源建设和读者服务工作,积极按照公共文化服务体系建设“公益性、基本性、均等性、便利性”原则,在尽力拓展自身服务职能的基础上,通过建立图书馆联盟及跨类型、跨区域的图书馆协作,着力构建能够满足辖区民众文献知识信息需求的公共图书馆服务体系,推进图书馆事业向前发展,从而取得了较好的发展效果。

依据文化部提供的全国公共图书馆基本统计数据,至“十二五”末,西北地区公共图书馆的办馆条件得到较大幅度改善,公共图书馆机构数量由2010年的373个发展至2015年的395个,增加22个;公共图书馆从业人员总数由2010年的5213人发展至2015年的5616人,增加403人;公共图书馆馆舍建筑总面积由2010年的66.80万平方米发展至2015年的86.91万平方米,增长30.10%;每万人拥有公共图书馆面积由2010年的82.30平方米发展至2015年的102.78平方米,增长24.88%;公共图书馆的阅览座席由2010年的50 203个发展至2015年的74 475个,增加48.35%,其中少儿阅览座席由2010年的11 992个发展至2015年的18 894个,增加57.56%;地方各级财政拨付公共图书馆的总经费由2010年的37 447万元增加至2015年的92 486万元,增长146.98%;其中购书经费由2010年的4304.20万元增加至2015年的7305.50万元,增长69.73%;人均购书费由2010年的0.472元增加至2015年的1.154元。

表 15－1 2010 年西北地区公共图书馆的办馆条件一览

地区	机构数（个）	从业人员总数（个）	馆舍建筑总面积（万平方米）	每万人拥有公共图书馆面积（平方米）	阅览座席（个）	少儿阅览座席（个）	级财政拨总经费（万元）	购书经费（万元）	人均购书费（元）	文献总藏量（万册）	人均藏书量（册）
陕西省	112	1988	19. 9	53. 5	14 355	2859	11 547	1498. 8	0. 409	1127	0. 30
甘肃省	94	1306	16. 2	63. 2	13 352	3352	9648	1256. 5	0. 460	1042	0. 41
青海省	44	398	4. 4	78. 9	3108	644	3096	146. 9	0. 271	358	0. 64
宁夏回族自治区	20	543	8. 4	133. 9	5201	1208	5067	486. 0	0. 796	462	0. 73
新疆维吾尔自治区	103	978	17. 9	82. 0	14 187	3929	8089	916. 0	0. 424	1113	0. 51
合计	373	5213	66. 8	82. 3	50 203	11 992	37 447	4304. 2	0. 472	4102	0. 52

表 15－2 2015 年西北地区公共图书馆的办馆条件一览

地区	机构数（个）	从业人员总数（个）	馆舍建筑总面积（万平方米）	每万人拥有公共图书馆面积（平方米）	阅览座席（个）	少儿阅览座席（个）	级财政拨总经费（万元）	购书经费（万元）	人均购书费（元）	文献总藏量（万册）	人均藏书量（册）
陕西省	110	2121	24. 43	64. 42	20 015	9427	25 922	3022. 4	0. 862	1506	0. 397
甘肃省	103	1443	21. 91	84. 28	18 873	5189	22 858	1735. 1	0. 916	1340	0. 515

续表

地区	机构数（个）	从业人员总数（个）	馆舍建筑总面积（万平方米）	每万人拥有公共图书馆面积（平方米）	阅览座席（个）	少儿阅览座席（个）	级财政拨总经费（万元）	购书经费（万元）	人均购书费（元）	文献总藏量（万册）	人均藏书量（册）
青海省	49	411	6.23	105.92	3962		9340	445.3	1.334	415	0.705
宁夏回族自治区	26	558	10.61	158.83	8568		12 731	777.4	2.029	706	1.057
新疆维吾尔自治区	107	1083	23.73	100.56	23 057		21 635	1325.3	0.627	1303	0.552
合计	395	5616	86.91	102.80	74 475	18 894	92 486	7305.5	1.154	5270	0.645

办馆条件的改善，促进了图书馆事业的发展。这一时期，西北地区公共图书馆的馆藏文献总量由2010年的4102万册/件发展至2015年的5270万册/件，增长28.47%；人均拥有公共图书馆藏书由2010年的0.518册发展至2015年的0.645册。公共图书馆面向读者组织举办的各类讲座由2010年的2160次发展至2015年的4032次，增长86.67%；讲座受众由2010年的35.41万人次发展至2015年的62.26万人次，增长76.84%。举办的各类展览活动由2010年的1049次发展至2015年的1980次，增长88.75%；参观人次由2010年的87.60万人次发展至2015年的250.21万人次，增长185.63%。举办的各类培训班由2010年的1335个发展至2015年的2466个，增长84.72%；培训人次由2010年的9.93万人次发展至2015年的19.77万人次，增长99.10%。各类活动的举办，不仅满足了广大服务受众对文化的多元化需求，也在一定程度上促进了读者到馆率、文献借阅率的提升。公共图书馆的总流通人次由2010年的1590.66万人次发展至2015年的2528万人次，增长58.93%；其中图书外借册次由2010年的1191.27万册次发展至2015年的

2102.01 万册次，增长 76.45%。

表 15－3　2010 年西北地区公共图书馆的读者服务情况一览

地区	总流通人数（万人次）	外借册次（万册次）	组织各类讲座		举办展览		举办培训	
			场次（次）	人次（万万次）	场次（次）	人次（万万次）	班次（次）	人次（万万次）
陕西省	519.34	305.50	631	10.72	238	20.01	630	4.90
甘肃省	468.30	345.00	887	13.20	254	28.87	279	2.40
青海省	89.48	42.28	88	1.40	36	1.92	46	0.21
宁夏回族自治区	163.10	181.75	115	2.45	55	12.10	51	0.74
新疆维吾尔自治区	350.44	316.74	439	7.64	466	24.70	329	1.68
合计	1590.66	1191.27	2160	35.41	1049	87.60	1335	9.93

表 15－4　2015 年西北地区公共图书馆读者服务情况一览

地区	总流通人数（万人次）	外借册次（万册次）	组织各类讲座		举办展览		举办培训	
			场次（次）	人次（万万次）	场次（次）	人次（万万次）	班次（次）	人次（万万次）
陕西省	982	680.74	1574	18.88	703	120.51	1029	6.76
甘肃省	678	588.48	1013	19.38	427	49.39	352	2.68
青海省	112	91.39	190	2.16	62	4.16	149	0.91
宁夏回族自治区	282	301.71	295	5.87	62	6.46	150	1.17
新疆维吾尔自治区	474	439.69	960	15.97	726	69.69	786	8.25
合计	2528	2102.01	4032	62.26	1980	250.21	2466	19.77

2013 年文化部组织进行了第五次全国公共图书馆评估定级工作，与 2009 年第四次全国公共图书馆评估定级结果比较，西北五省（自治区）一级图书馆数量由 4 年前的 13 家增加至 31 家，增长 138.46%；二级图书馆数量由 28 家增加

至57家,增长103.57%;三级图书馆数量稳定在137家。尽管在上等级图书馆数量、公共图书馆软硬件条件、管理与服务水平及体系化程度等方面,西北地区与东中部地区乃至西南地区的公共图书馆还存在着相当大的差距,但就总体发展水平而言,西北地区公共图书馆无疑已站在一个新的发展起点之上。

这一时期,西北五省(自治区)普通高等院校(不含成人高等学校和民办其他高等教育机构)200家,其中陕西92家,甘肃42家,青海9家,宁夏16家,新疆41家[1]。“十二五”时期,西北五省(自治区)高校图书馆的馆均经费、馆均文献资源购置费、馆均电子资源购置费均有不同程度增加,馆均纸质资源购置费则呈持续减少之势。根据教育部高校图工委2010年、2015年两年“高校图书馆基本数据排行榜”统计,截取进入排名前100名的西北五省(自治区)高校图书馆,对“馆舍总面积”“年度总经费”“文献资源购置费”“纸质资源购置费”及“电子资源购置费”等基础指标进行对比可以看出,“十二五”期间,西北五省(自治区)高校图书馆的馆舍面积持续扩大;人才队伍素质进一步提升,减员增效充满活力;数字化设施全面普及,信息技术应用更加深入,资源共建共享活动走向拓展和深入。

2015年,西北五省(自治区)进入“全国高校图书馆年度总经费排行”前100名的高校图书馆计有9家,馆均年度总经费为17 019 146.26元。

表15-5　2015年西北五省(自治区)部分高校图书馆年度总经费

	全国排名	机构名称	年度经费情况(元)
1	17	西安交通大学图书馆	28 837 545.20
2	26	西北工业大学图书馆	23 186 742.00
3	42	宁夏大学图书馆	18 952 830.10
4	59	兰州大学图书馆	16 074 565.00
5	60	西北农林科技大学图书馆	15 894 526.60
6	71	陕西师范法学图书馆	14 018 724.90
7	79	长安大学图书馆	13 001 987.50
8	83	西安电子科技大学图书馆	12 508 667.00
9	100	西北民族大学	10 696 728.00

第二节　发展状况及特点

“十二五”期间，西北五省（自治区）各级各类图书馆密切追踪公共文化事业改革新趋势，不断适应全国及当地经济、社会发展的新变化，充分发挥图书馆的应有作用，尽力拓展服务范围，提高服务效能，在自身建设和服务方面取得了一定的成绩。

一、基础设施建设迈上新台阶，建设理念逐步跟进时代节拍

基础设施建设，是检验公共图书馆发挥水平的重要标志之一。“十二五”期间，由于各地对公共文化服务体系建设的重视，西北地区公共图书馆的基础设施建设逐渐步入快车道，并呈现出以下三个特点：

一是领导重视，措施得力。不少地方政府部门均将加强基础设施建设作为改善图书馆办馆条件，提高服务效能的重要手段，并将其列入为民办实事的重要内容。陕西省文化厅于2013年12月在户县专门组织召开全省公共图书馆新馆建设现场会，总结推广户县等图书馆的新馆建设工作经验。截至“十二五”期末，西北五省（自治区）公共图书馆机构数量由2010年的373个发展至2015年的395个，增加22个；2015年，中央下拨宁夏图书馆项目建设资金1000万元，用于提升宁夏图书馆综合服务能力，该项目的建成将大大提升宁夏图书馆的综合服务能力。

二是辅导有方，建设规范。与此前重藏轻用的图书馆建设理念形成对比的是，由于有上级业务辅导单位的适时介入，这一时期图书馆的新馆建设更多考虑的是服务功能的充分发挥，多数图书馆能够遵循《公共图书馆建设标准》（建标108—2008）的相关规定，在功能设计和空间布局方面更加趋向于“同层高、同柱网、同荷载”和“大开间、大开架、大开放”，因而其空间利用率大为提高。

三是各地图书馆新馆建设方兴未艾，馆舍条件大幅改善。建筑面积12 400平方米的陕西省铜川图书馆和12 000平方米的神木县图书馆（西北地区单体建筑面积最大的县级公共图书馆）分别于2010年第4季度正式开馆，历经一年使用，两馆因其良好的使用效果成为陕西省今后新馆建设的样板。2011年11月，建筑面积5213平方米的宁夏回族自治区中卫市图书馆新馆投

入使用。2012 年 5 月，总投资 4471 万元，建筑面积 12 426 平方米的甘肃省临夏回族自治州图书馆文化馆综合楼项目开工建设。2013 年 12 月，甘肃省图书馆在现有图书馆主楼西侧规划的 25 000 平方米馆舍扩建项目立项并组织实施，项目完成后，甘肃省图书馆的馆舍面积将由现在的 39 240 平方米增加至 64 240 平方米。2013 年 1 月，总投资 300 万元，利用原市图书馆馆舍改建而成的 2500 平方米的嘉峪关市少年儿童图书馆投入使用。同年 9 月，总投资 2800 万元，建筑面积 8179 平方米的甘肃省甘南藏族自治州图书馆综合业务楼正式封顶。2014 年 4 月 23 日，建筑面积 8000 平方米的陕西省蓝田县图书馆新馆正式开馆试运行。同月 26 日，总建筑面积 2. 61 万平方米的新疆维吾尔自治区克拉玛依市图书馆新馆建成开放。2015 年，建筑面积 1 万平方米的陕西省彬县图书馆新馆开馆。同年，建筑面积 12 000 平方米的青海省图书馆二期扩建工程主体竣工，项目完成后，青海省图书馆的馆舍面积将由现在的 14 300 平方米增加至 26 300 平方米。建筑面积 7761 平方米的新疆维吾尔自治区伊犁哈萨克自治州图书馆主体完工，进入内部装修阶段。2015 年 8 月 15 日，陕西省图书馆 81 900 平方米的高新馆区异地扩建工程正式开工建设，项目建成后，将与目前的长安路馆区和西大街馆区形成一馆三址、总占地面积 111 540 平方米，总建筑面积 131 200 平方米的超大型省级公共图书馆。

这一时期，西北五省（自治区）高校图书馆基础设施建设也有了长足的发展。从“全国高校图书馆馆舍总面积排行”情况来看，“十一五”期末，西北五省（自治区）高校图书馆进入此排行榜前 100 名的仅有 8 家，馆均面积为 50 630. 75平方米；而“十二五”末期，进入此排行榜前 100 名的西北高校图书馆则增加至 12 家，馆均面积也增加到 51 327. 27 平方米。

表 15－6　2010、2015 年西北五省（自治区）高校图书馆馆舍面积对比

2010 年			2015 年		
排名	机构名称	馆舍总面积（平方米）	排名	机构名称	馆舍总面积（平方米）
13	西安电子科技大学图书馆	61 140	29	西安电子科技大学图书馆	59 700
18	兰州大学图书馆	59 000	32	兰州大学图书馆	59 000
24	陕西师范大学图书馆	57 579	37	陕西师范大学图书馆	57 578

续表

2010 年			2015 年		
排名	机构名称	馆舍总面积（平方米）	排名	机构名称	馆舍总面积（平方米）
30	兰州交通大学图书馆	51 798	43	长安大学图书馆	54 372
41	西安工业大学图书馆	47 672	48	西北大学图书馆	52 661
54	西安外国语大学图书馆	42 000	52	西安石油大学图书馆	51 980
78	西安交通大学图书馆	36 394	60	兰州商学院图书馆	49 933
91	西安工程大学图书馆	49 463	61	西北民族大学图书馆	49 808
			63	兰州交通大学图书馆	49 463
			75	西北工业大学图书馆	46 167
			88	西安工业大学图书馆	43 265
			99	西安外国语大学图书馆	42 000

二、文献资源建设不断加强，资源类型多元化发展

“十二五”时期，西北五省（自治区）图书馆在文献资源建设方面呈现如下特点：

一是地方各级政府拨付图书馆的文献购置经费较往年有较大增长，从而在一定程度上促进了馆藏建设的发展。这一时期，西北地区公共图书馆新增藏量购置费总额由 2010 年 4282.1 万元，发展至 2015 年 9272 万元，增加 116.53%。新增藏量总量由 2010 年 137.02 万册发展至 2015 年 279 万册，增加 103.62%。纸质文献总量由 2010 年的 4102 万册/件发展至 2015 年的 5270 万册/件，增长 28.47%。

表 15－7　“十一五”期末与“十二五”期末西北五省（自治区）公共图书馆文献建设情况比较

地区	新增藏量购置费（万元）		新增藏量（万册）		纸质文献总藏量（万册）	
	2010 年	2015 年	2010 年	2015 年	2010 年	2015 年
陕西省	1526.9	3270	42.49	79	1127	1506
甘肃省	1176.8	2382	25.96	55	1042	1340
青海省	152.5	785	5.58	19	358	415

续表

地区	新增藏量购置费(万元)		新增藏量(万册)		纸质文献总藏量(万册)	
	2010 年	2015 年	2010 年	2015 年	2010 年	2015 年
宁夏回族自治区	501.3	1355	30.68	33	462	706
新疆维吾尔自治区	924.6	1480	32.31	93	1113	1303
合计	4282.1	9272	137.02	279	4102	5270

二是多数图书馆能够遵循本馆的文献建设原则,注重发挥本馆文献资源建设委员会的作用。陕西省图书馆早在2007年就成立了由全馆相关部门业务骨干组成的文献资源建设委员会,每年定期开会议定全年的文献建设计划,其组成人员亦按照专业分工直接参与单位的文献采购行为。甘肃省图书馆也于2014年成立了文献资源建设委员会,并在其指导下合理安排各类型文献的入藏比例,保证重点需求,兼顾不同层次文献资源的入藏。新疆维吾尔自治区图书馆于2013年重新修订了本馆的《文献资源采访方针》等文献资源建设制度,重点补充试听文献、数字资源,全年采购图书1.5万余种5万册,文献资源建设力度因此而得以不断加强。

三是在文献资源建设类型上注重多元化发展的同时,十分重视地方特色资源的建设。在地方文献收集和整理方面。“十二五”期间,西北五省(自治区)各馆通过上门征集、接受捐赠等多种形式不断丰富地方文献的入藏种类,同时持续加大省情文献全文数据库和特色文献专题数据库的建设力度。陕西省相继完成了“陕西佛教祖庭文化资源宝库”“秦腔秦韵(续建库)”“陕甘宁边区红色记忆多媒体资源库”之“人物库”和“历史事件库”等资源的入库工作;立项、启动“陕甘宁边区红色记忆多媒体资源库”之“纪念旧址库”和“研究文献库”及“丝绸之路”之“文物古迹篇”和“文化科技篇”等陕西特色文献专题数据库的建设工作。甘肃省图书馆于2011年接受中国图书馆学会地方文献研究专业委员会委托,组织开展并完成西北地区地方文献研究与工作者情况调查工作;相继完成了“西北地方文献图片数据库”“甘肃地方文献联合目录”“西北地方文献资源数据库·书目提要库”及国家社科基金项目“四库全书研究资源数据库建设”,完成了“《兰州往事》专题资源库”“甘肃电影专题资源库”“甘肃陇剧专题资源库”“甘肃石窟艺术专题资源库”“兰州碑林篆刻艺术专题资源库”“文溯阁《四库全书》在甘肃专题资源库”等地方特色数据库建设工作。青海省图书馆强化地方文献资源的保护收集工作，积极整合青海省少数民族文献资源库，重点挖掘地方特色文献资源，不断争取和创造条件建立具有地域民族特色的资源数据库。2012 年，启动“三江源”文化资源库建设。2013 年，建立“青海黄南同仁唐卡艺术图片数据库”。新疆维吾尔自治区图书馆在一般性文献资源建设的同时，重点补充试听文献、数字资源，加大与基层图书馆的协作采访及少数民族文献的建设，建设“新疆少数民族风情提要”和“新疆考古文献提要”等特色数据库。

“十二五”时期，西北五省（自治区）高校图书馆文献购置费有所增加，其中电子文献购置费增幅比例明显加大。“十一五”期末，西北地区高校图书馆进入“全国高校图书馆文献资源购置费排行”前 100 名的有 6 家，馆均年度文献购置费为 1114. 90 万元；进入“全国高校图书馆纸质文献资源购置费排行”前 100 名的有 6 家，馆均年度纸质文献购置费为 567. 30 万元；进入“全国高校图书馆电子文献资源购置费排行”前 100 名的有 8 家，馆均年度电子文献资源购置费为 525. 79 万元；而“十二五”期末，西北地区高校图书馆进入三项排名前 100 名的分别增加至 9 家、8 家、10 家，馆均年度文献购置费、纸质文献购置费、电子文献购置费分别为 1482. 04 万元（增加 32. 93%）、698. 91 万元（增加 21. 20%）、833. 09 万元（增加 58. 45%）。至“十二五”末期，西北五省（自治区）高校图书馆电子资源采购量首次超越纸质文献购置量，达到 56. 21%。

表 15－8　2010、2015 年西北五省（自治区）高校图书馆文献资源购置费比较

2010 年			2015 年		
排名	机构名称	年度经费情况（元）	排名	机构名称	年度经费情况（元）
13	西安交通大学图书馆	17 658 966. 7	13	西安交通大学图书馆	26 523 903. 9
27	兰州大学图书馆	12 840 636. 7	23	西北工业大学图书馆	20 687 766. 0
45	西北农林科技大学图书馆	9 791 649. 0	46	宁夏大学图书馆	15 342 830. 1
46	西北工业大学图书馆	9 727 988. 0	49	西北农林科技大学图书馆	14 786 026. 6

续表

2010年			2015年		
排名	机构名称	年度经费情况(元)	排名	机构名称	年度经费情况(元)
57	西安电子科技大学图书馆	8 522 226.0	62	陕西师范大学图书馆	12 657 902.4
60	陕西师范大学图书馆	8 352 655.0	63	兰州大学图书馆	12 625 150.0
			68	西安电子科技大学图书馆	11 998 566.7
			93	长安大学图书馆	9 634 671.3
			100	陕西科技大学图书馆	9 126 655.7

表15－9　2010、2015年西北五省(自治区)高校图书馆年纸质资源购置费

2010年			2015年		
排名	机构名称	年度经费情况(元)	排名	机构名称	年度经费情况(元)
15	西安交通大学图书馆	10 518 104.7	15	西安交通大学图书馆	11 666 316.5
42	西北工业大学图书馆	6 136 254.0	24	宁夏大学图书馆	8 591 715.1
58	兰州大学图书馆	5 035 028.5	26	西北工业大学图书馆	8 130 260.0
70	西北农林科技大学图书馆	4 386 629.0	55	兰州大学图书馆	5 859 340.0
78	陕西师范大学图书馆	4 164 328.25	62	长安大学图书馆	5 671 092.7
92	西北民族大学图书馆	3 797 551.5	63	西北农林科技大学图书馆	5 526 462.3
			70	西安科技大学图书馆	5 297 783.6
			75	陕西师范大学图书馆	5 169 733.5

表 15－10　2015 年西北五省(自治区)高校图书馆年电子资源购置费

排名	机构名称	年度经费情况(元)	排名	机构名称	年度经费情况(元)
20	兰州大学图书馆	7 805 608.0	15	西安交通大学图书馆	14 857 587.5
23	西安交通大学图书馆	7 107 861.0	23	西北工业大学图书馆	12 557 506.0
30	西北农林科技大学图书馆	5 404 720.0	46	西北农林科技大学图书馆	9 259 564.3
33	西安电子科技大学图书馆	5 130 699.5	56	西安电子科技大学图书馆	8 385 229.0
46	陕西师范大学图书馆	4 183 126.8	59	陕西师范大学图书馆	7 480 756.0
57	西北工业大学图书馆	3 591 434.0	68	宁夏大学图书馆	6 751 115.0
82	西安理工大学图书馆	2 364 591.0	69	兰州大学图书馆	6 725 835.0
97	长安大学图书馆	6 475 201.7	71	陕西科技大学图书馆	6 475 201.7
			78	西北大学图书馆	5 555 398.0
			87	西北民族大学图书馆	5 260 952.0

“十二五”时期,西北五省(自治区)高校图书馆特色馆藏建设不断发展。2014 年建成并对外开放的兰州大学伊斯兰文献中心,旨在建设我国高校最大集纸质书籍和电子版本于一体的伊斯兰文献资料平台,推进并支撑我国伊斯兰文化研究深入展开。该中心目前已收藏伊斯兰文献资料 7000 余册,涉及《古兰经》、古兰学、圣训、圣训学、宗教学、哲学、历史、艺术、科技等多学科领域,其中收藏的不同语言、不同版本的《古兰经》有 300 余种。西北工业大学图书馆根据本校的办学特色,合理配置馆藏文献信息资源,基本形成了以航空、航天、航海和国防为特色,以计算机、电子电讯、自动控制、机械、材料等高新技术学科为重点,兼顾基础学科,工、理、管、文、经、法相结合的多学科藏书体系[2]。新疆大学图书馆历经多年发展,馆藏文献中现代版新疆少数民族文种(维吾尔文、哈萨克文、柯尔克孜文、乌孜别克文、蒙古文等)文献达 15 000 余种 16 万余册;古籍文献 25 万册,其中明、清善本书 14 000 册;民国书刊 4 万余册;新疆地方文献 1 万余册;此外尚有波斯文、阿拉伯文、察合台文、回纥文、蒙古文等古代少数民族文种手抄本,形成能够适应本馆教学、科研需要的特

色馆藏体系。

三、免费开放服务效能提升，服务结构实现重心转移

“十二五”期间，西北五省（自治区）图书馆的发展始终跟进我国公共文化发展的节拍，践行着先进的公共文化服务基本理念。以免费开放服务为例，这一地区公共图书馆在推行过程中具有如下特点：

其一，部分图书馆理念相对超前，服务切实有效。早在2009年9月，陕西省图书馆在迎来百年馆庆、完成馆舍改造重新开馆后，即宣布取消本馆基本服务收费项目，大幅降低文献复印等相关费用，正式宣布对外实现免费开放。2011年2月，财政部、文化部下发《关于推进全国美术馆、公共图书馆、文化馆（站）免费开放工作的意见》后，西北五省（自治区）图书馆行动迅捷。3月1日，甘肃省图书馆宣布向读者全面免费开放；4月1日，青海省图书馆向读者全面免费开放；7月1日，陕西省112家公共图书馆借陕西省首届“阅读文化节”向全省宣布面向社会免费开放。当年，西北五省（自治区）各级公共图书馆的书刊借阅、电子阅览、读者办证等基本服务都实现了免费的目标。2013年，宁夏图书馆在免费开放基础上延时开放与服务。

其二，主动服务意识增强，服务触角不断延伸。在推进免费开放服务的进程中，西北五省（自治区）各级公共图书馆坚持以社会需求为导向，以健全和增强服务项目、服务能力为重点，着眼于发挥公共图书馆的基本职能作用，增强服务意识，拓展服务范围，优化服务结构，服务效能不断得以提升。以分馆建设为例，“十二五”期间，陕西省各级图书馆分馆建设的数量由2010年的77个发展至2015年的274个，馆外流动服务人次由5年前的4.25万人次增加至30.52万人次，馆外流动服务书刊外借册次由5年前的6.93万册次增加至50.92万册次。2013年，宁夏回族自治区银川市金凤区图书馆为丰富解放军官兵文化生活，为解放军某部基层官兵提供“菜单式”文献服务。2011年11月1日，由中国残联华夏文化集团捐赠的华夏书屋在海西蒙古族藏族自治州图书馆揭牌仪式并向读者开放。2012年8月，“甘肃省流动儿童阅读中心”“农民工之家”揭牌正式开放。

其三，服务内容有所调整，结构实现重心转移。在服务效能提升的同时，西北五省（自治区）不少图书馆加大了高端信息服务工作的力度，开展决策参考、课题咨询、“两会”服务、政府信息公开服务等工作。2011年7月，甘肃省图书馆正式加入“全国图书馆参考咨询联盟”，在馆内划分了报刊、地方文献、阅览、数据库检索四个咨询板块面向读者开展联合咨询服务；同年12月，为适应陕西公共图书馆服务联盟参考咨询工作的需要，陕西省图书馆专门购置了联盟参考咨询工作平台，并与陕图网站、联盟网站主页及共享工程网站链接，开展参考咨询信息员培训，指导市、县基层公共图书馆工作者广泛开展联合服务，全省参考咨询服务工作方兴未艾。宁夏图书馆大胆创新，在“两会”服务中开展了 My Library 信息推送服务预约、编印发放“两会”专刊《资政参考》、赠送自编宁夏地方文献及回伊文献研究成果三项工作。

其四，重视阅读推广，成为各馆工作的新常态。随着先进服务理念在图书馆的普及，各级各类图书馆开始尝试用各种行之有效的阅读推广方法在读者中传播先进阅读理念，教授科学阅读方法，开展全民阅读活动。陕西省图书馆除搞好自身阅读推广品牌活动之外，充分利用联盟平台开展阅读推广活动。“十二五”时期，联盟策划并在全省组织开展了春节文化惠民、“科技之春”宣传月、4·23 全民阅读、陕西省阅读文化节等大型主题阅读推广活动。各成员馆亦通过展览、讲座、培训，征文、读书会等活动载体自主策划具有地方特色的阅读推广活动，在阅读推广活动中，陕西省各图书馆相继打造了“陕图讲坛”“天禄讲坛”“司马大讲堂”“石渠巡回讲坛”“陕图展览”“学在陕图”公益课堂及各类绘本故事屋、读书会等阅读推广活动。每年组织策划的阅读推广原创品牌活动近千场次，参与人数百万余人次。创办了《陕图读览》《天禄集英》等刊物，创建了微博、微信等网络公众平台，有力促进了辐射全省全民阅读活动的开展，实现了业务工作重心的转移。为此，中国图书馆学会授予陕西公共图书馆服务联盟“2014 年全民阅读优秀组织奖”。青海省图书馆分别与上海图书馆、山西省图书馆联合举办“西部畅想曲·宁夏篇”“纪念澳门回归摄影展”“中国四大名园摄影展”“山西古戏台摄影展”等展览活动。成功策划实施了“青海藏传佛教绘画艺术（唐卡）展”，并应邀赴山西省图书馆、新疆维吾尔自治区图书馆、武汉市图书馆、海南省图书馆、广西壮族自治区图书馆、贵州省图书馆开展巡展活动，加强了馆际间的交流、沟通与合作，获得到广大读者的好评。

“十二五”时期，西北五省（自治区）高校图书馆亦通过开展资源培训、人文讲座等阅读推广系列活动，充分发挥图书馆在提高大学生人文素养，培养创新能力，建设先进校园文化等方面的重要支撑作用。西安交通大学图书馆遵循资源共享原则，除为校内外读者提供书刊借阅、参考咨询服务外，还提供科技查新、查收查引、课题检索、馆际互借、文献传递、读者培训、专题讲座等多类型、多层次的服务，同时还为本科生、研究生开设“信息检索与利用”课程。西安电子科技大学、兰州大学等校图书馆近年来相继举办了“4·23世界读书日相约图书馆主题文化周”“图书馆一小时讲座”“书香兰大”“信息素养大赛”等，已成为品牌活动[3]。2014年，兰州大学图书馆荣获中国图书馆学会“全民阅读示范基地”称号。同一时期，西北地区高校图书馆发展不平衡的状况也客观存在，部分地区高校图书馆馆藏较少、管理模式落后、发展经费偏低等因素决定了其在读者服务，尤其是读者活动的开展方面有很大局限性；而一些馆藏资源较丰富的大学图书馆未能顺应时代变革，呈现出读者活动开展频率较低、无特色、活动宣传工作不到位等特点，致使参与的师生较少，没有完全地发挥图书馆引导、教育、培养作用[4]。

四、重点文化工程建设持续推进，项目成效逐步显现

在文化信息共享工程建设方面，按照《全国文化信息资源共享工程“十二五”规划》的安排，西北五省（自治区）省级分中心精心安排，市（县）支中心积极参与，文化信息共享工程在资源建设、服务活动等诸多方面均取得了长足的发展。陕西省建成省级分中心1个，市级支中心7个，县级支中心101个，乡镇（街道）基层服务点1981个，村（社区）基层服务点2.9万多个，基本达到了全省市县乡村公共电子阅览室建设的全覆盖。作为国家文化创新项目的“陕西文化微播平台”研发完成。甘肃省图书馆完成共享工程6个资源库建设任务，完成《甘肃专家讲座专题资源库》《兰州往事》专题片拍摄并由共享工程国家中心在网上发布，已建的各类数据库多达20多个；2011年，青海省“县级数字图书馆推广计划”已实现了全省覆盖。“十二五”期间，宁夏回族自治区按照《国家“十二五”时期文化改革发展规划纲要》和《全国文化信息资源共享工程“十二五”规划纲要》要求，全国文化信息资源共享工程在“十二五”期间入户率达到50%。依托优秀的数字文化资源，在开展多种形式的服务宣传活动的基础上，甘肃省分中心、新疆维吾尔自治区分中心和新疆建设兵团分中心圆满完成边疆万里数字文化长廊建设任务，并与文化共享工程内蒙古自治区分中心联手开展了“文化共享志愿者边疆万里数字文化长廊行活动”，活动受到了广大受众的热烈欢迎。2013年1月，由文化部全国文化信息资源建设管理中心（文化部全国公共文化发展中心）支援甘肃省建设的两个文化共享工程村级公共电子阅览室示范点在定西市安定区青岚乡大坪村、陇南市宕昌县阿坞乡麻界村建成。新疆、陕西等省（自治区）分中心联合市县支中心举办的“小画笔，画世界”少儿图文创作征集等大型主题文化活动也达到了经常化。同时通过“公共文化一体机”“中国文化网络电视”等项目的实施，使文化共享工程资源进村、入户、到人，实现优秀数字文化产品与服务的标准化、均等化。

在古籍保护工作方面，“十二五”期间，西北五省（自治区）相继完成了五批国家珍贵古籍名录及国家重点古籍保护单位申报，开展了辖区古籍普查登记工作，举办了“中国古代书籍史”展览，完成了《中华古籍总目》地方志分册的编纂工作。陕西省编辑出版了第一、二批《陕西省珍贵古籍名录图录》《陕西省图书馆古籍普查登记目录》等，成立了“国家级古籍修复技艺传习中心——陕西传习所”，成功举办了“陕西省古籍保护成果展”“丝绸之路——西北五省区珍贵典籍展”“中华古籍保护计划实施成果展”等。新疆维吾尔自治区图书馆在北京举办了“西域遗珍——新疆历史文献暨古籍保护成果展”；为在社会公众中宣传古籍保护工作进行了有益的尝试。在古籍保护宣传出版方面，甘肃省配合甘肃电视台“中国西北角”栏目拍摄了“妙手回春补古籍”电视宣传片，对甘肃省古籍修复中心的修复工作做了详细的介绍；编纂了《甘肃省珍贵古籍名录图录及提要》，配合国家古籍保护中心举办了“全国古籍修复技术培训提高班”“古籍普查与《中华古籍总目·分省卷》编纂研修班”“第三期古籍普查与《中华古籍总目·分省卷》编纂研修班”和“第一期全国古籍普查平台系统维护人员培训班”。2015 年，宁夏图书馆的《宁夏珍贵古籍图录》交付出版。

根据《2015 年全国高校图书馆古籍工作情况调查报告》，西北地区高校图书馆虽然古籍馆藏量较少，绝大多数少于 10 万册，但保护与管理的意识较强，各项古籍保护工作开展较好[5]。“十二五”期间，兰州大学图书馆按照国家和甘肃省古籍保护中心部署，积极做好古籍普查登记等古籍保护工作。陕西师范大学图书馆遵循古籍保护与开发利用并举的原则，采用现代扫描技术将部分利用率高的古籍文献进行数字化处理，并加工建成“西北地方志特色数据库”；该馆现藏 20 世纪 60 年代以来从民间收集及部分地方贤达人士捐赠的各类古籍文献 24 万余册，其中善本古籍 700 余部 9000 余册，馆内 14 种善本图书已入选《国家珍贵古籍名录》。西北大学图书馆的 16 万册线装古籍的收藏在西北地区独具特色，具有很高的文物价值和学术研究价值，被国务院命名为全国重点古籍保护单位。宁夏大学图书馆藏有历代古籍和再造善本古籍近 5 万册，其中 2 种善本先后入选《国家珍贵古籍名录》。

在数字图书馆推广工程建设方面，西北五省（自治区）列入首批建设的项目单位基本完成工程硬件平台搭建和虚拟网络调试工作，进入项目应用实施阶段。各地公共图书馆积极参加了“网络书香过大年”“我与数字图书馆有奖征文”等活动。陕西省图书馆因此荣获2013年“数字图书馆推广工程优秀宣传单位”称号。资源联合建设方面，陕西省图书馆向国家图书馆先后提供《陕西老照片》《民国陕西报刊》《陕西地方志》等图片、视频资源及相关元数据。2013年，甘肃省图书馆参照文化部相关标准、规范，采购了服务器、存储、网络交换及安全设备等，初步完成了省图书馆和兰州、白银、天水、金昌、嘉峪关等五个试点市级图书馆的硬件基础建设，实现了甘肃省图书馆与国家图书馆的虚拟网连通，9月25日，国家图书馆与甘肃省文化厅签署了“数字图书馆推广工程”战略合作框架协议，并举行了数字阅读推广启动仪式。

五、协作协调不断出新，体系化发展成效显著

在协作协调和体系化建设上，西北五省（自治区）公共图书馆充分发挥辖区中心图书馆的业务辅导与协作协调职能，努力构建不同层级的公共图书馆服务体系，以满足社会公众多元化的文献信息需求。

为充分发挥省级图书馆的行业龙头作用，解决本省公共图书馆事业发展不平衡的问题，陕西省图书馆借助文化共享工程网络，搭建了统一的计算机管理平台，于2010年12月1日组建了陕西公共图书馆服务联盟。联盟组建以来，先后组织各类业务培训32期，培训业务骨干1485人次；联盟成员馆数量由最初的6家发展至107家，联编成员馆发展至95家，二者在全省现有公共图书馆中的占比分别达到97.27%和86.36%，已基本涵盖了全省各级公共图书馆；开通联盟外借的成员馆累计达79家，在全省公共图书馆中的占比达到71.82%；成员馆数据入库累计362万册/件（不含省馆），在数字资源共建共享、地方文献联合征集、地方特色数据库联合建设、联合参考咨询、联盟讲座、展览与阅读推广服务等方面均呈现出良好的发展态势，使全省绝大部分基层图书馆告别了手工操作，实现了信息化管理，有效促进了该省基层公共图书馆在文献资源建设、服务理念更新、服务成效方面的提升，对构建均等化的公共文化服务体系起到了有力的推动作用。与此同时，依托本省共享工程VPN虚拟专网及联盟工作平台，铜川市顺利完成了国家公共文化服务体系示范项目“公共图书馆服务一体化建设”任务，成为我国公共图书馆总分馆建设的典范。

这一时期,陕西省西安市、宝鸡市、咸阳市、铜川市、渭南市、商洛市、杨凌农业高新示范区和甘肃省天水市等市、县公共图书馆专门组建了“关中—天水经济区公共图书馆联盟”,通过工作交流、地方文献交换、馆际互借等形式在推动所在区域公共图书馆事业的发展发挥了应有的作用。甘肃省图书馆牵头成立了“中国知网”甘肃县(区)图书馆共享联盟,吸纳全省30个公共图书馆成为第一批联盟成员馆,借力知网为本省民众提供知识信息服务。

陕西、甘肃、宁夏、青海、新疆五省(自治区)图书馆还依托省图书馆学会、省中心图书馆委员会、省四库全书研究会等学术团体,通过组织举办“西北五省(区)图书馆峰会”“西北五省(区)图书馆科学讨论会”等形式,广泛开展学术交流、协作协调,推动学术交流与研究健康发展。

“十二五”期间,西北地区高校图书馆积极开展共享活动,基本上都成为CALIS成员馆,西安交通大学图书馆作为CALIS西北地区中心,承担着西北地区高等院校文献资源共享建设和协调的重任。西北地区CALIS各省中心,正在将地方建设纳入CALIS体系,通过少量投资,加强了CALIS服务的整体性以及面向地区内的辐射作用。西北五省(自治区)高校图书馆参加了各种形式的全国或区域性的共享活动,例如:“985”和“211”工程的高校参与了CASHL、CADAL、NTSL等多个联盟[6]。除此之外,教育部高校图工委及各地高校图工委在高校图书馆各项业务建设、协作协调工作中起到了非常重要的作用。2011年8月,由教育部高等学校图书情报工作指导委员会文献资源建设工作组主办、青海师范大学图书馆承办的第八届全国高等学校文献资源建设工作研讨会在西宁市举行,全国18个省(区、市)32所图书馆的70名代表参会。2012年,宁夏大学建设的CALIS宁夏回族自治区文献信息服务中心,以优秀的成绩正式获得了国家中心的验收评估。2013年,由甘肃省高校图工委主办的“甘肃第七届甘、青、宁新书看样现采订货会”在兰州大学图书馆举办,吸引了甘肃、宁夏、青海65所高校的图书馆参加此次订货会。

六、运行机制规范化调整,人才队伍建设得以加强

西北五省(自治区)图书馆在当地政府及文化主管部门的大力支持和正确领导下,继续深化体制改革、完善内部管理,提高办馆效益。宁夏图书馆根据本馆特点制定了《宁夏图书馆行风建设管理办法(试行)》《宁夏图书馆行风建设服务规范(试行)》,使服务标准化、管理常态化。陕西省图书馆坚持每3年一次的岗位公开招聘工作,并在此基础上细化了岗位设置与岗位聘任日常

管理，调整了绩效工资实施办法及其相关标准，进一步细化了职称评审办法，对全馆规章制度进行了全面梳理，初步完成了工作流程、工作规范的制定工作，完善了质量评估管理的指标设计和考核办法。西北五省（自治区）其他图书馆也在人事管理、职工继续教育、职称评聘、年度考核等方面完善内部管理，为业务工作的有效开展做好运行机制保障工作，促进了图书馆事业规范化发展。

在人才队伍建设方面，陕西省的人才培训工作得到了政府及文化主管部门的大力支持，省文化厅、财政厅每年为省图书馆拨付专项培训经费30万元，为省馆开展面向基层图书馆的业务培训工作奠定了坚实的经济基础。陕西省图书馆在切实做好本馆职工继续教育培训的基础上，依托“三区”人才专项培训计划及陕西公共图书馆服务联盟搭建的基层图书馆人才培训机制，五年来先后举办馆长岗位培训、图书馆新人培训及联盟的联合编目、地方文献征集、联盟借阅服务、参考咨询服务、阅读推广服务、数字图书馆推广工程专题片及视频拍摄等各类免费培训活动达30余次，为全省基层图书馆培训各类紧缺的业务骨干2500余人次。该馆于2013年组织举办“陕西省图书馆业务知识技能大赛”，通过10个地市的预赛和全省的决赛，吸引了全省近百家图书馆的2000余名馆员参加。持续不断的培训活动大大提高了基层公共图书馆工作人员的业务技能，缓解了基层缺乏专业人才的工作压力；改变了参训人员的服务理念，提高了基层图书馆业务人员素质，同时这种三位一体的联盟培训模式，畅通的业务咨询及辅导渠道，大大节省了基层公共图书馆人才培养成本，缓解了基层图书馆师资力量不足的困难，促进了全省人才培养的科学化、规范化进程，为推进全省公共图书馆发展提供了有力的人才保障和智力支持。这一时期，西北五省（自治区）图书馆在文化共享工程、古籍整理等重点文化工程方面的培训工作亦取得丰硕成果，进一步强化了馆员的业务知识，提高了业务技能。

2015年，青海省图书馆借新馆建设及旧馆改造之机，积极展开职工培训工作，把业务培训与“三基建设”紧密结合起来；与苏州市图书馆联姻，签订“友好图书馆”协议，达成馆员培训、互派馆员、馆际交流等合作意向，共派遣包括全省州（县）图书馆在内的六批160多人前往苏州市图书馆等8个区（市）级先进图书馆交流学习，达到了“转观念”“换脑筋”的目的，为新馆开馆奠定了良好的思想和素质基础，对大力提升全省各级公共图书馆馆员技能发挥了重要作用。

“十二五”期间，在人才队伍建设方面，西北五省（自治区）越来越多的高校图书馆开始重视图书管理人才的培养和引进，高校图书馆人才队伍数量和结构有了较大改变，人才队伍建设取得了一定成果。尽管各个高校的办学规模和层次差异较大，但都把图书管理人才作为高校人才建设的一个方面给予了重视。在职称方面，中高级职称在馆员职称中的占比均有了一定比例的提升，从而为教学、科研服务职能的发挥提供了有力的保证。

七、地方图书馆立法工作有序进行，图书馆相关政策频频出台

在地方图书馆立法工作方面，“十二五”时期也得了西北五省（自治区）文化行政主管部门及当地图书馆的应有重视，并呈现出以下方面取得一定进步：

一是为切实推进公共文化服务体系建设，西北五省（自治区）相继启动了《公共文化服务保障条例》的立法程序，陕西省《公共文化服务保障条例》目前已由省政府法制办征求相关厅（局、委、办）意见，即将交付省人大常委会审议；该省《公共图书馆条例（初拟稿）》也已于2014年起草完成，即将进入地方立法调研阶段。

二是为做好省级文化先进县验收工作，各省（自治区）均制订了各自的省级文化先进县《复查验收标准》或《评选评分细则》，其中不乏图书馆办馆条件所必需的相关指标。如2013年版的《陕西省文化先进县复查验收标准》中明确规定，省级文化先进县的县图书馆必须达到三级馆标准，县财政拨付图书馆的购书费必须达到辖区人口人均1元的标准。《宁夏回族自治区文化建设先进县（市、区）评选评分细则》亦明确规定，“图书馆达到国家二级馆以上标准”，县财政拨付图书馆的购书费按照辖区人口人均0.3—0.5元的标准下拨。这些标准为当地公共文化事业的发展提供了良好的政策保障和经费支持，为图书馆的发展创造了良好的工作环境。

三是为落实2011年财政部、文化部《关于推进全国美术馆、公共图书馆、文化馆（站）免费开放工作的意见》以及2015年中共中央办公厅、国务院办公厅《关于加快构建现代公共文化服务体系意见》的文件精神，各省（自治区）党委、政府及相关部门均制订了本省（自治区）的《实施意见》或相关标准，这些意见或标准对于强化政府公共文化建设的主体责任，规范公共图书馆的建设与服务，保障公民基本文化权利起到了良好的政策引领作用。

第三节　发展展望

历经五年发展，西北五省(自治区)图书馆已经走出了一条适合自身发展的道路，尽管与东中部及西南地区比较，西北地区图书馆在发展速度与水平上还存在一定差距，但在国家政策扶持、重点文化工程助力和自身努力下，西北地区图书馆在未来一定时期内，预计将会呈如下发展趋势。

在资源建设方式上，将更加注重服务对象的需求。2015 年，陕西省宝鸡市图书馆学习借鉴内蒙古图书馆“彩云服务”经验，和宝鸡市新华书店合作举办了“书韵飘香古陈仓——你阅读我买单”服务活动，全馆办证人数因此而明显增加，陕西公共图书馆服务联盟为此专门在全省总结推广这一服务经验。类似这种读者直接参与图书馆资源建设甚至馆办活动的个案会越来越多。

在法人治理结构改革上，以公共图书馆理事会、监事会为代表的法人治理结构改革将普遍推广；政府购买公共文化服务将突破卫生保洁、保安等物业管理领域而更多地进入图书馆服务工作领域。各级图书馆学(协)会将受政府相关部门委托在公共图书馆建设与管理中扮演越来越重要的角色；高校图书馆社会化服务也将更多地融入当地公共文化服务体系建设中去。

在服务体系建设上，类似陕西公共图书馆服务联盟的图书馆协作机构将在构建辖区公共图书馆服务体系中发挥重要作用，总分馆制将成为西北地区县域公共图书馆服务体系建设上的主要形式。2016 年 4 月，陕西省文化厅选择富平县、旬邑县、定边县、汉中市汉台区 4 个县(区)启动实施县域公共图书馆总分馆制建设试点工作，目前项目进展顺利；同年，西安图书馆申报的“西安市公共图书馆集群信息化管理平台”正式列入第三批国家公共文化服务体系示范项目并启动实施，项目完成后将形成以西安图书馆为中心馆，以区(县)图书馆为总馆，以镇(办)、村(社区)、机关、学校图书馆为分馆(流通点)的完整的市级总分馆制服务系统。

在图书馆运作形式上，随着本区域许多新建图书馆的落成及图书馆经费条件的改善，类似于温州市图书馆“城市书房”、张家港市“图书馆驿站”、江阴市“三味书咖”以及以 24 小时自助借还书机、24 小时无人值守自助图书馆、创客空间等为代表的服务理念新、建设规格高、技术手段先进的服务方式及设施进入图书馆，公共图书馆的服务触角将延伸至城乡各地，政府购买公共文化服务、高校图书馆社会化服务亦将更多地介入图书馆服务的诸多领域，这将进一步丰富西北五省（自治区）图书馆的建设内容，并将为西北地区广大读者提供更加温馨、更为周到的均等化服务。

（执笔人：万行明　王阳　辛娜）

参考文献：

[1] 高等教育学校（机构）数[EB/OL].[2016-12-12]. http://www.moe.gov.cn/s78/A03/moe_560/s8492/s8494/201412/t20141216_181729.html.

[2] 刘圆圆，刘莎. 高校图书馆特色馆藏建设的实践与思考——以西北工业大学图书馆为例[J]. 大学图书情报学刊，2011(3):42-45，72.

[3] 王静，黄小强，郭宝龙. 高校图书馆读者活动模式探讨——以西安电子科技大学图书馆读者活动为例[G]//陕西省图书馆学会. 西北地区图书馆事业的创新与发展. 西安：三秦出版社，2012:359-363.

[4] 关芳. 西北地区高校图书馆的品牌读者活动研究[G]//陕西省图书馆学会. 西北地区图书馆事业的创新与发展. 西安：三秦出版社，2012:366-370.

[5] 谢琳，严峰，眭骏. 2015 年全国高校图书馆古籍工作情况调查报告[J]. 大学图书馆学报，2016(5):51-58.

[6] 王明慧. 我国西北地区图书馆的共享机制建设[J]. 图书馆学刊，2013(10):44-47.

图书馆学教育与研究

第十六章　图书馆学教育发展报告

教育部《国家中长期教育改革和发展规划纲要》(2010—2020)(以下简称:《纲要》)指出,要把改革创新作为教育发展的强大动力,要创新人才培养体制、办学体制、教育管理体制等,提高教学质量,把促进人的全面发展、适应社会需要作为衡量教育质量的根本标准。根据《纲要》的要求,“十二五”(2011—2015 年)期间,我国图书馆学教育事业在改革中发展,在教育体系、招生与就业、教育教学、学科建设、国际交流与合作等方面均取得了一些新的进展。

第一节　国内外图书馆学教育发展概况

一、图书馆学教育标准与质量认证标准日趋健全

国际图书馆协会联合会(IFLA)早在 1976 年便发布了针对图书馆学校的教育标准,并于 2000 年对这一标准进行了重大修订;2012 年 8 月 IFLA 再次对《专业图书馆/信息教育规划指南》(*Guidelines for Professional Library/Information Educational Programs*)进行了修订,以更好地适应互联网和数字技术等给图书馆带来的变化。该指南确立了图书馆与信息科学(LIS)教育的总体框架,包括课程设置、教职人员、学生、教育体系支持以及教学资源与设施等要素,为世界各地的 LIS 教育提供了实践指导和相关标准或政策基础,被翻译成阿拉伯语、法语、德语、日语、俄语等多种语言版本①。

此外,美国图书馆协会(ALA)、英国图书馆与信息专业学会(CILIP)、英国高等教育质量保证署(QAA)、澳大利亚图书馆与信息协会(ALIA)、俄罗斯教育与科学部等也制定或修订了针对图书馆与信息科学教育的国家标准或

---

① Smith K, Hallam G, Ghosh S B. Guidelines for Professional Library/Information Educational Programs - 2012 [EB/OL]. [2016-03-05]. http://www.ifla.org/publications/guidelines-for-professional-libraryinformation-educational-programs-2012? og = 8708.

质量认证标准。

2013 年,我国教育部高等学校图书馆学学科教学指导委员会制定了《图书馆学本科教学质量国家标准》(2013 年版),并于 2014 年和 2015 年分别进行了修订和完善。

二、图书馆学教育目标面向更广泛的信息职业

从学科建设、教学体系、培养模式、课程设置直到招生就业,图书馆学教育从未停止改革的脚步。图书馆学教育与情报学进一步融合,具有更广泛的信息科学的含义,面向更广泛的信息职业。在本科招生与人才培养方面,国内主要图书馆学教育院系武汉大学信息管理学院、南京大学信息管理学院、北京大学信息管理系、南开大学信息资源管理系、中山大学资讯管理学院等均不再直接按“图书馆学”专业招生,而是采取“大类招生、专业分流”的方式,即按“信息管理类”“图书情报与档案管理类”等大类招生,同时配套进行了培养方案、课程设置等方面的改革。在硕士研究生培养方面,增设了“图书情报专业硕士”,并对学术型硕士和专业学位硕士进行区分。

国外图书馆学教育相关院系也越来越重视入学申请者的实践经历和综合素质,如美国伊利诺伊大学招生项目重在考查申请者的表达能力和信息环境下定量分析问题的能力;北卡罗来纳大学招生项目重视申请者对信息在社会中所扮演的角色的实质思考,寻求多学科背景的生源。

在泛信息化的社会环境下,国内外的图书馆学院系都更加重视计算机技术和网络技术的教学,重视学生信息能力的培养。

三、MOOC 开始进入图书馆学教育

在信息技术的推动下,MOOC 在世界范围内迅速兴起,也使高等教育受到了影响,包括教育的理念、目标、内容、形式等,为此《纽约时报》将 2012 年定义为“MOOC 元年”。在图书馆学教育方面,国内外不同的 MOOC 平台上也出现了信息素养、信息检索、信息可视化、数据分析、元数据等图书馆学课程,如北卡罗来纳大学教堂山分校开设了《元数据:组织和发现信息》、伊利诺伊大学香槟分校开设了《数据可视化》、武汉大学开设了《信息检索》等图书馆学的 MOOC。

四、iSchool 运动持续升温

iSchool 是成立于 2004 年的全球信息学院联盟，由最初 19 所学校的图书馆学情报学教育学院联盟发展为至今已有 65 个成员院系的组织。iSchool 以“跨学科性”为主要特征，以信息、技术和人的关系为教学与研究的中心，面向更为宽广的信息职业培养人才，引发了图书情报教育领域的深刻变革，iSchool 的影响力和持续升温使得加入 iSchool 具有某种程度上的教育质量认证的意义。目前，我国武汉大学信息管理学院、南京大学信息管理学院、中山大学资讯管理学院已经成为 iSchool 成员。

受 iSchool 运动的影响，亚太地区图书情报和信息学相关院校于 2008 年成立亚太地区 iSchool 联盟 CiSAP(Consortium of iSchools Asia Pacific)①，目前 CiSAP 已由成立之初的 11 个国家或地区的 24 个成员发展为拥有 34 个国家或地区的超过 300 个成员的地区性图书馆学情报学教育联盟②。

但是，我国图书馆学教育在取得进步的同时，也仍然存在着一些问题需要解决。首先，图书馆学教育仍未被提升到重要的战略地位，相应的资源和配套设施难以得到有效保障；其次，为适应信息环境的变化，图书馆学相关院系进行了改革的探索，但改革方向尚不明确，改革仍有较大的阻力和不确定性；再次，图书馆学毕业生核心竞争力不明显，图书馆职业方面的认同度较低，影响了图书馆学毕业生在图书馆就业。

第二节　图书馆学专业教育规模

2011 年 4 月教育部发布《学位授予和人才培养学科目录》，将一级学科“图书馆、情报与档案管理”改为“图书情报与档案管理”，图书馆学与情报学、档案学等同属该一级学科。

---

① CiSAP[EB/OL].[2016-03-05]. http://www.cisap.asia/.

② 亚太地区 iSchool 联盟 CiSAP 成员[EB/OL].[2016-03-05]. http://www.cisap.asia/schools/.

一、图书馆学本科教育

“十二五”期间,我国图书馆学本科教育在改革中缓慢前行,办学规模有所扩大。据统计①,2011—2015 年,我国开设图书馆学本科专业的学校有 30 所,分别为北京大学、云南大学、西北大学、武汉大学、河北经贸大学、南开大学、郑州大学、安徽大学、新疆大学、天津中医药大学、四川大学、中山大学、南京大学、苏州大学、山东大学、东北师范大学、鞍山师范学院、辽宁师范大学、陕西理工学院、长春大学、湘潭大学、长春师范大学、黑龙江大学、福建师范大学、郑州航空工业管理学院、内蒙古科技大学包头师范学院、贵州师范大学、贵州大学、辽宁师范大学海华学院、河北大学②。

根据我国教育部公布的 2011 年至 2015 年普通高等学校本科专业设置备案和审批结果可知,2012 年河北大学工商学院的图书馆学本科专业获得教育部备案,2015 年贵州民族大学的图书馆学成为教育部新增备案本科专业。另外,“信息资源管理”是与图书馆学密切相关甚至高度相似的专业,2012 年中国人民大学和华中师范大学的信息资源管理专业获得教育部备案;2013 年南开大学滨海学院、河北建筑工程学院、徐州医学院、湖北汽车工业学院、广东医学院、中山大学新华学院等 6 所高校的信息资源管理专业成为教育部新增备案专业;2014 年东北师范大学、天津财经大学的信息资源管理专业成为教育部新增本科专业;2015 年吉林化工学院、湖北医药学院的信息资源管理专

---

① 周和平. 中国图书馆事业发展报告 2012[R]. 北京:国家图书馆出版社,2013:472.

② 新疆大学经济管理学院招收“信息管理与信息系统”专业,管理学学位,但是没有相关资料说明是大类招生或有图书馆学专业方向;2011 年招生计划 28 人(省外 6 + 省内 22);2012 年招生计划 29 人(省外 6 + 省内 23);2013 年招生计划省外 6 人,省内数据缺失;2014 年招生计划数据缺失;2015 年招生计划省外 12 人,省内数据缺失。天津中医药大学:根据该校 2013—2015 年的招生数据,事实证明:天津中医药大学没有图书馆学专业,也不招生。四川大学:2011、2014、2015 年招生计划数据缺失,2012 年“信息资源管理”专业招生计划 39 人,2013 年“信息资源管理”专业招生计划 43 人;本科不招“图书馆学”专业,硕士有图书馆学。长春大学:从该校官网本科专业设置看,没有图书馆学本科专业;2011、2012 年招生数据缺失;从 2013—2015 年招生计划数据看,该校也没有图书馆学本科招生。贵州师范大学:经济与管理学院招收“信息管理与信息系统”,但不是大类招生,也没有相关材料说明包含图书馆学方向。贵州大学:先后在管理学院、大数据与信息工程学院招收“信息管理与信息系统”专业。

业成为教育部新增备案本科专业。

二、图书馆学硕士研究生教育

五年中,我国图书馆学硕士研究生教育整体发展态势良好,专业学位硕士教育发展迅速。

(1)"图书情报与档案管理"一级学科内的专业更加丰富,增设了"信息资源管理""信息分析""民族文化遗产保护与开发"等二级学科的硕士专业。目前"图书情报与档案管理"一级学科下共有图书馆学、情报学、档案学、信息资源管理、出版发行学等8个硕士专业代码,见表16-1。

表16-1　"图书情报与档案管理"一级学科下的二级学科硕士专业

专业代码	专业名称	主要开设院校举例	备注
120500	图书情报与档案管理	中山大学	
120501	图书馆学	北京大学	
120502	情报学	武汉大学	
120503	档案学	中国人民大学	
120520	图书情报与档案管理(编辑出版学)	北京大学	
1205Z1	出版发行学/信息资源管理	武汉大学/中国人民大学	院校自设
1205Z2	信息资源管理/信息分析	武汉大学/中国人民大学	院校自设
1205Z3	民族文化遗产保护与开发	广西民族大学	院校自设

(2)图书馆学硕士教育面向职业的重要改革举措是"学术型硕士"和"专业学位硕士"的区分。图书情报专业硕士(MLIS)于2010年正式设立,18所高校获准成为首批图书情报专业硕士学位授权点并于2011年陆续开始招生。通常,图书馆学学术型硕士(专业代码120501)以研究为导向,以培养图书馆学的综合性研究型人才为主要目标;而图书情报专业硕士(专业代码125500)以就业为导向,以培养面向图书馆职业的应用型人才为主要目标。

(3)图书馆、信息中心等信息服务机构成为图书馆学教育新的阵地,其中高校图书馆或信息中心增设图书情报硕士点的情况较多,如复旦大学文献信息中心、景德镇陶瓷学院知识产权信息中心等单位增设了图书情报硕士点,也增加了古籍保护与修复、陶瓷知识产权保护等面向研究与工作实践的研究方向。

根据中国研究生招生信息网提供的信息①，截至2015年年底，我国共有73个招生单位拥有“图书情报与档案管理”一级学科下的至少一个二级学科硕士点，其中有34个图书馆学学术型硕士（专业代码120501）招生单位，有12个图书情报与档案管理（专业代码120500）一级学科招生单位；另有29个图书情报专业硕士招生单位，培养方向呈现多样化，如医药卫生信息管理、古籍修复、专利检索、文秘与公文处理等。

尤其需要指出的是，随着我国经济发展水平的提高和综合实力的进一步增强，国家对教育、文化事业也投入了更多支持，针对国内古籍损坏较严重和古籍修复人才紧缺的现状，“十二五”期间部分高校设置了古籍保护与修复相关专业或专业方向，成为图书馆、博物馆等行业专业教育的重要组成部分。

在本科教育层次，金陵科技学院与南京图书馆合作开设全国首家培养古籍修复人才的本科专业，该专业主干课程包括“目录学、版本学、古籍修复、古籍装帧、古籍保护、民国文献保护、书法篆刻、书画装裱、古籍数字化、文献复制技术、古代要籍解题”等；该校在2011—2015年期间以“古典文献学”的招生专业名称招收“文献保护”“古籍修复”本科专业或专业方向，该专业2011招收古典文献专业古籍修复方向40人、文献保护方向40人，2012年招收古典文献专业古籍修复方向42人、文献保护方向42人，2013、2014、2015年分别招收古典文献专业古籍修复方向40、35、35人。在硕士研究生教育层次，复旦大学文献信息中心（挂靠图书馆）于2014年成为图书情报专业硕士授予点，2015年开始招收图书情报专业学位硕士研究生（22人），并且设置了古籍保护与修复专业方向。

三、图书馆学博士研究生教育

五年来，我国图书馆学博士研究生教育发展速度较为平稳，整体规模逐渐扩大。2002年，我国仅有北京大学、武汉大学和中国科学院文献情报中心有图书馆学博士学位授权点，2003年和2005年增加南京大学、南京政治学院上海分院、南开大学、中山大学、吉林大学和中国人民大学等6家招生单位。至2015年，图书馆学博士研究生招生单位增至9家。其中，图书情报与档案管理一级学科博士点有北京大学、武汉大学、中国科学院文献情报中心、中国

① 2016年硕士专业目录查询[EB/OL].[2016-03-06].http://yz.chsi.com.cn/zsml/zyfx_search.jsp.

人民大学、南京大学、吉林大学、南京政治学院等 7 家。

四、图书馆学其他形式的教育

在本科、硕士、博士等正规教育之外，图书馆学也有高级研修班、社会培训班、本科函授班等业余教育形式。如北京大学开设的图书馆学专业研究生课程进修班和高级人才研修班，通过一至二年的学习，考试合格后颁发相应结业证书。武汉大学也举办了多种图书馆学教育课程，一方面是各种社会培训班，如公共图书馆馆长高级研修班、图书馆业务培训班等；另一方面是面向地区招生的图书情报硕士（MLIS）专业学位双证（在职）班，如武汉大学图书情报专业硕士西南班、广东班等；另有大专起点的本科函授班，如 2013 年武汉大学在广东省举办图书馆学专业大专起点本科函授班等。不过近年来图书馆学继续教育以函授班形式开设的较少，大多以各类培训项目和研修班的形式进行。

第三节　招生与就业

一、图书馆学专业招生情况

1. 本科招生情况

查询各高校官方网站的历年招生计划以及教育部阳关高考信息平台（http://gaokao.chsi.com.cn），可以看到各高校图书馆学本科招生情况。根据表 16－2 可知，图书馆学专业在许多高校隶属于信息管理学院（系），但也有相当一部分隶属于管理学院或公共管理学院。而“图书情报与档案管理”一级学科下二级学科不齐全的高校，其图书馆学专业归属的院（系）较为多样，包括历史类、社会学类、计算机与信息科学类、商学类、政法类等相关院（系）。从 2011—2015 年的具体招生情况看，各高校的招生计划数趋于平稳，增加或减少的幅度较小；图书馆学本科专业主要招收文史类考生或者文理兼收，仅招收理工类考生的高校较少；采取“大类招生，专业分流”的招生方式和以“图书馆学”专业名称招生的院校各占一半，如武汉大学在 2011、2012 年仍按“图书馆学”专业招生，但自 2013 年开始便以“图书情报与档案管理类”（含图书馆学、档案学、编辑出版学）招生，并在入学一年后进行专业分流；而黑龙江大学、福建师范大学等 12 所高校仍按“图书馆学”专业进行本科招生。但可以看出，大类招生已经是近年来较为流行的趋势。

表16－2　全国高校2011—2015年图书馆学专业本科招生情况①

序号	学校	所属院系	2011年招生数	2012年招生数	2013年招生数	2014年招生数	2015年招生数	文史/理工	招生专业名称	专业方向	备注
1	北京大学	信息管理系	19	24	29	30	26	兼收	信息管理与信息系统	信息管理与信息系统、图书馆学	未包括不分省招生计划数
2	云南大学	公共管理学院	未招生	未招生	41	38	36	兼收	信息管理与信息系统	信息管理与信息系统、图书馆学	
3	西北大学	公共管理学院	55	58	57	58	51	文史	图书情报与档案管理类	图书馆学、档案学	
4	武汉大学	信息管理学院	66	52	52	50	141	文史	图书情报与档案管理类	图书馆学、档案学、编辑出版学	2013年开始大类招生
5	河北经贸大学	公共管理学院	未招生	未知	未知	62	166	兼收	公共管理类	图书馆学、行政管理、劳动与社会保障、公共事业管理、农村区域发展	2015年开始大类招生
6	南开大学	商学院/信息资源管理系	29	16	31	30	16	文史	图书情报与档案管理类	图书馆学、档案学	档案学隔年招生
7	郑州大学	信息管理学院	28	未知	未知	40	40	文史	图书馆学	图书馆学	

① （1）表中数据未包括不分省招生计划数：“不分省招生计划数”一般是指保送生、小语种、自主选拔录取、艺术类专业等招生的计划数。

（2）实际招生数与招生计划数可能稍有出入。

（3）经查找学校专业设置、招生计划等信息，确认新疆大学、天津中医药大学、四川大学、长春大学、贵州师范大学、贵州大学等6所大学没有图书馆学本科专业或该本科专业不招生。

续表

序号	学校	所属院系	2011年招生数	2012年招生数	2013年招生数	2014年招生数	2015年招生数	文史/理工	招生专业名称	专业方向	备注
8	安徽大学	管理学院	90	70	70	70	70	文史	图书档案学类/图书情报与档案管理类	图书馆学、档案学	大类招生
9	中山大学	资讯管理学院	60	未知	未知	97	97	兼收	图书情报与档案管理类	图书馆学、档案学	大类招生
10	南京大学	信息管理学院	未知	未知	未知	62	78	兼收	信息管理与信息系统	信息管理与信息系统、图书馆学、档案学、编辑出版学	大类招生
11	山东大学	管理学院	未知	未知	未知	未知	264	兼收	工商管理类	工商管理、市场营销、会计学、人力资源管理、国际商务、电子商务、图书馆学	2015 开始大类招生
12	东北师范大学	计算机科学与信息技术学院	15	未知	未知	19	25	兼收	图书情报与档案管理类	图书馆学、档案学	未包括不分省招生计划数；2015 年开始大类招生
13	鞍山师范学院	商学院	35	未知	35	35	28	文史	图书馆学	图书馆学	
14	辽宁师范大学	管理学院	35	35	35	30	25	理工	图书馆学	图书馆学	
15	陕西理工学院	历史文化与旅游学院	42	50	54	60	35	兼收	图书馆学	图书馆学	
16	湘潭大学	公共管理学院	35	31	32	32	35	兼收	图书馆学	图书馆学	

续表

序号	学校	所属院系	2011年招生数	2012年招生数	2013年招生数	2014年招生数	2015年招生数	文史/理工	招生专业名称	专业方向	备注
17	长春师范大学	政法学院	未知	30	30	30	50	兼收	图书馆学	图书馆学	
18	黑龙江大学	信息管理学院	26	未知	未知	31	32	兼收	图书馆学	图书馆学	
19	福建师范大学	社会历史学院	35	未知	35	35	40	兼收	图书馆学	图书馆学	
20	郑州航空工业管理学院	信息科学学院	48	46	40	40	40	理工	图书馆学	图书馆学	
21	辽宁师范大学海华学院	管理系	未知	未知	未知	36	31	文史	图书馆学	图书馆学	
22	包头师范学院	历史文化学院	39	未知	未知	50	50	文史	图书馆学	图书馆学	
23	河北大学	管理学院	80	未知	未知	80	80	兼收	图书情报与档案管理类	图书馆学、档案学	大类招生
24	苏州大学	社会学院	未知	未知	30	未招生	28	兼收	图书馆学	图书馆学	隔年招生；仅面向江苏省招生

整体而言，图书馆学本科招生情况并不乐观，表现在：

(1)高考志愿填报时少有主动选择图书馆学的考生，而相当一部分是接受志愿调剂。产生的结果是，学生入校后转专业的比例较高，加上辅修双学位等情况，最终导致图书馆学本科生流向其他专业领域。

(2)实行大类招生后，入学的学生在一年后选择专业，选择图书馆学专业的学生比例很低。

(3)许多高校图书馆学科的归属和发展方向不明确。如山东大学的图书馆学专业隶属于管理学院，按“工商管理类”招生；而该校的档案学专业隶属于历史学院，按“历史学类”招生。2013、2015 年苏州大学的图书馆学专业面向省内招生的同时，档案学、信息资源管理专业则以“图书情报与档案管理类”面向全国大部分省市招生。图书馆学专业在高校院系归属中出现的混乱，很容易造成学生对该专业认知的模糊和不自信。

(4)部分高校图书馆学专业本科招生时断时续，如河北经贸大学、苏州大学等，难以保证图书馆学人才培养的连续性和稳定性。

(5)信息资源管理专业对图书馆学专业的取代，如四川大学、浙江大学等高校将图书馆学专业改为信息资源管理专业；同时也有部分原本无图书馆学专业的高校开设新的信息资源管理专业，分流了图书馆学专业的学生。

2. 硕士研究生招生情况

从各高校、研究机构官方网站的硕士研究生招生专业目录和中国研究生招生信息网，可以看到我国图书馆学情报学硕士研究生招生的情况，见表 16 - 3。

表 16 - 3　我国图书馆学、情报学硕士研究生招生情况

序号	招生单位	具体培养单位	招收学术型硕士	招收专业硕士
1	北京大学	信息管理系	√	
2	中国人民大学	信息资源管理学院	√	√
3	中国农业大学	图书馆	√	
4	北京师范大学	政府管理学院	√	
5	中国科学院大学	文献情报中心	√	
6	中国科学技术信息研究所	中国科学技术信息研究所	√	
7	南开大学	商学院	√	√

续表

序号	招生单位	具体培养单位	招收学术型硕士	招收专业硕士
8	天津工业大学	图书馆	√	
9	天津师范大学	管理学院	√	√
10	河北大学	管理学院	√	√
11	山西大学	经济与管理学院	√	√
12	辽宁大学	历史学院	√	√
13	吉林大学	管理学院	√	√
14	东北师范大学	计算机科学与信息技术学院	√	√
15	黑龙江大学	信息管理学院	√	√
16	上海大学	图情档系	√	√
17	南京大学	信息管理学院	√	√
18	南京理工大学	经济管理学院	√	√
19	南京农业大学	信息科学技术学院	√	√
20	福建师范大学	社会历史学院	√	√
21	曲阜师范大学	传媒学院	√	
22	郑州大学	信息管理学院	√	√
23	河南科技大学	管理学院	√	
24	郑州航空工业管理学院	信息科学学院	√	
25	武汉大学	信息管理学院	√	√
26	华中师范大学	信息管理学院	√	√
27	华南师范大学	经济与管理学院	√	
28	广西民族大学	管理学院	√	
29	西南大学	计算机与信息科学学院	√	
30	四川大学	公共管理学院	√	√
31	云南大学	公共管理学院	√	√
32	西北大学	公共管理学院	√	
33	西安交通大学	公共政策与管理学院	√	

续表

序号	招生单位	具体培养单位	招收学术型硕士	招收专业硕士
34	西安电子科技大学	经济与管理学院	√	
35	北京理工大学	计算机学院+图书馆	√	
36	辽宁师范大学	管理学院	√	
37	苏州大学	社会学院	√	
38	东南大学	经济管理学院	√	
39	江苏大学	科技信息研究所	√	
40	解放军南京政治学院	军事信息管理系	√	
41	安徽大学	管理学院	√	√
42	南昌大学	管理学院	√	
43	湘潭大学	公共管理学院	√	√
44	中南大学	信息安全与大数据研究院	√	√
45	中山大学	资讯管理学院	√	√
46	重庆大学	经济与工商管理学院	√	
47	山西医科大学	管理学院		√
48	复旦大学	文献信息中心		√
49	华东师范大学	商学院		√
50	景德镇陶瓷学院	知识产权信息中心		√
51	山东大学	管理学院		√
52	华中科技大学	医药卫生管理学院		√

图书馆学情报学硕士研究生培养单位数量呈上升趋势，尤其是图书情报专业硕士的招生单位增加较多。随着图书情报专业硕士点和招生单位的增加，招生数量也有较大增加。据表 16－3 可知，全国共有 52 个图书馆学情报学硕士招生单位，其中以“图书馆学”专业名称招生的 34 个，以“图书情报与档案管理”专业名称招生的有 18 个；其中有 23 个招生单位同时招收学术型硕士和专业硕士，23 个单位仅招收学术型硕士，6 个单位仅招收专业硕士。

3. 博士研究生招生情况

图书馆学博士研究生招生趋于平稳，由于所在院校博士招生政策的调整或改革,图书馆学博士招生也有了新的变化。部分院校一改以往的考试制度,开始部分或全部采用申请考核制招收博士研究生,如武汉大学、北京大学等;部分院校除硕士起点的普通招考以外,还招收本科起点的硕博连读或直接攻读博士学位,如南京大学、中山大学等。

二、就业情况

一般而言,高校毕业生的毕业去向主要为国内升学、出国深造、签约就业、灵活就业等,图书馆学专业的毕业生也不例外。以拥有图书馆学本科、硕士、博士专业教育体系的北京大学、武汉大学、南京大学、南开大学、中国人民大学、中山大学等6所高校为例,根据各院校发布的毕业生就业质量年度报告(2014—2015年),图书馆学专业毕业生就业情况见表16-4。

表16-4 6所代表性高校图书馆学就业情况报告(2014—2015年)①

学校	图书馆学本科就业				全校本科总就业率(%)	
	毕业人数		就业率(%)			
	2014年	2015年	2014年	2015年	2014年	2015年
北京大学	36*	26*	94.44	100.00	95.96	97.61
武汉大学	63	47	100.00	76.60	95.31	95.88
南京大学	—	99*	—	97.98	98.58	98.60
中国人民大学	—	—	—	—	96.44	96.45
南开大学	—	—	—	—	96.46	95.82
中山大学	58	33	89.66	84.85	94.26	90.29
学校	图书馆学硕士就业(含专硕)				全校硕士总就业率(%)	
	毕业人数		就业率(%)			
	2014年	2015年	2014年	2015年	2014年	2015年
北京大学	28*	31*	100.00	100.00	97.86	98.68
武汉大学	34*	50*	97.06	96.00	96.12	96.50
南京大学	—	99*	—	98.99	98.56	98.11
中国人民大学	—	—	100.00	100.00	99.15	99.09
南开大学	—	—	—	—	95.73	97.40
中山大学	41*	65*	92.68	98.46	93.45	93.91

① 表中符号*表示该院系所当年该类教育总毕业生人数。

续表

学校	图书馆学博士就业				全校博士总就业率(%)	
	毕业人数		就业率(%)			
	2014年	2015年	2014年	2015年	2014年	2015年
北京大学	10*	4*	90	100	96.97	99.08
武汉大学	33*	3	100	100	97.86	97.57
南京大学	—	15*	—	100	99.07	98.11
中国人民大学	—	—	—	—	98.92	99.12
南开大学	—	—	—	—	95.73	97.40
中山大学	3	3	100	100	95.77	91.84

根据表16－4并结合各校毕业生就业质量年度报告的其他内容可知,整体而言,图书馆学专业总体就业形势较好,就业率较高,但不同年份、不同学校的就业情况有所差别;本科、硕士和博士毕业生就业特点分明,本科毕业生继续深造的比例较高,硕士毕业生协议就业的比例最高,而博士毕业生则基本全部就业。具体而言,图书馆学乃至整个图书情报与档案管理类专业的本科升学率较高,协议就业主要是企业单位,除了整个就业环境的影响之外,高校图书馆、大部分公共图书馆的入职要求硕士及以上学历,成为图书馆学本科毕业生从事图书馆职业的门槛;图书馆学硕士毕业生成为图书馆学毕业生协议就业的主力军,就业单位包括图书馆、高等教育单位及其他事业单位、国有企业、民营企业等多个行业;图书馆学博士毕业生大部分选择高等教育单位或者高校图书馆,侧重于从事教学科研工作。与此同时,根据各高校的就业报告,毕业生的个人综合素质和求职表现是影响就业最重要、最普遍的因素,团队合作能力、组织协调能力、沟通表达能力、时间管理能力等也是用人单位非常看重的素质。

另外,爱拼网(http://www.ipin.com/)是基于人才大数据和人工智能的个性化职场服务网站,根据爱拼网对2015年中国大学本科专业就业大数据的统计分析,图书馆学专业本科毕业生的行业分布情况见图16－1,岗位分布情况见图16－2,地区分布情况见图16－3。

根据图16－1可知,图书馆学专业本科毕业生的就业行业较多,广泛分布于各个行业;根据图16－2可知,接近五分之一的图书馆学本科毕业生分布在行政、文秘等岗位,超过一半的人分布在其他各个行业的各类岗位。一方面说明图书馆学专业教育培养了毕业生较好的职业能力和适应性,另一方面也说明图书馆学本科毕业生在就业中"专业对口"的情况较少,在职业方面缺乏明显的核心竞争力。

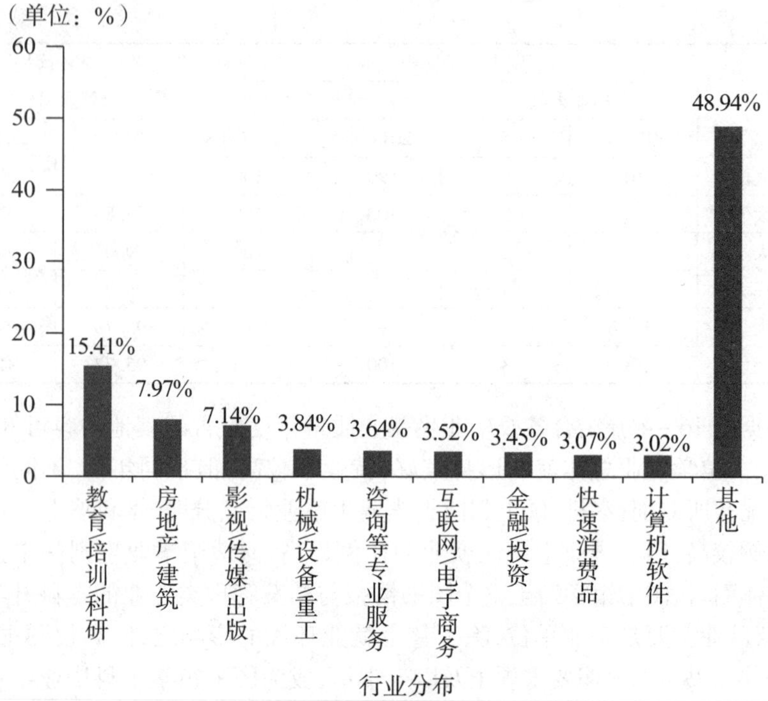

图16－1　图书馆学本科毕业生就业行业分布

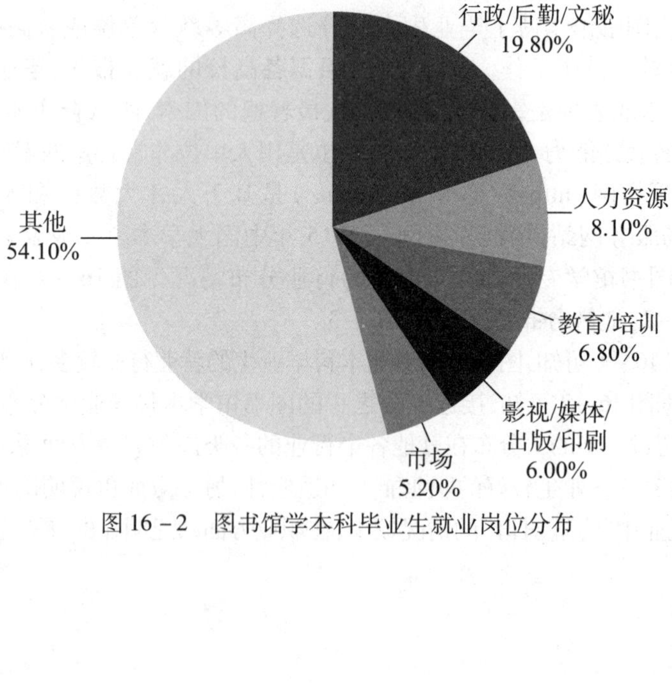

图16－2　图书馆学本科毕业生就业岗位分布

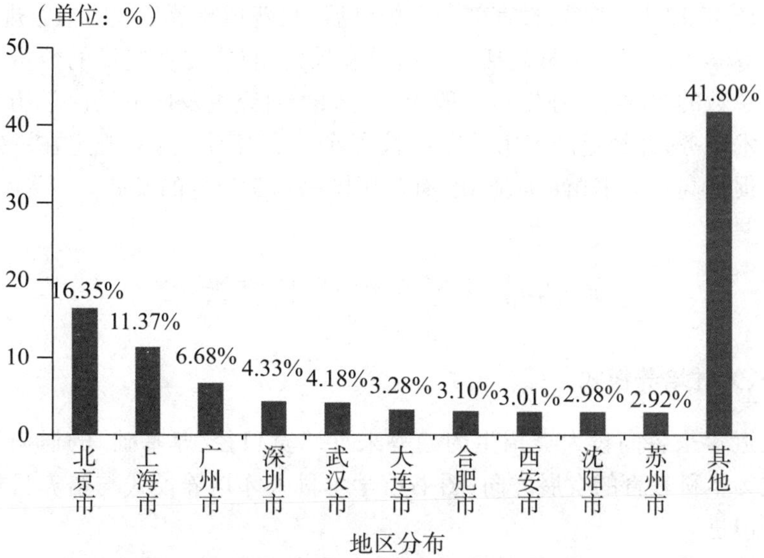

图 16－3　图书馆学本科毕业生就业地区分布

根据图 16－3 可知，北京、上海、广州、深圳等国内一线城市成为图书馆学专业本科毕业生的首选就业地，其次武汉、合肥、西安、苏州、大连等省会城市或省内重要城市也表现出了对本专业毕业生的较大吸引力，这与城市本身的经济、政治、文化等发展水平较高相适应。

三、图书馆学教育与图书馆员职业化

近年来，在图书馆学教育与图书馆职业发展的关系中出现了"图书馆员职业化"与"图书馆员去职业化"的讨论，"图书馆员职业化"的支持者们认为，内在的图书馆职业信念和图书馆工作的专业性都要求图书馆员的职业化，甚至还主张学习欧美国家的图书馆职业资格制度；而"图书馆员去职业化"则表现为图书馆员非专业化、图书馆业务外包、图书馆员无职业标准和资格认证等。图书馆员去职业化不仅将使图书馆核心竞争力逐渐丧失，削弱图书馆员队伍的专业性，导致图书馆职业被淡化，也会损害图书馆学教育的健康发展①。

① 陈传夫，王云娣，盛钊，等．图书馆员去职业化问题、原因及对策研究[J]．中国图书馆学报，2011(1)：4－18.

2015 年 12 月 31 日，教育部印发修订后的《普通高等学校图书馆规程》①，指出高等学校图书馆馆员包括专业馆员和辅助馆员，专业馆员的数量应不低于馆员总数的 50%；专业馆员一般应具有硕士研究生及以上层次学历或高级专业技术职务，并经过图书馆学专业教育或系统培训。这一规定在一定程度上能够促进高校图书馆员职业化，有利于图书馆学教育的发展。

第四节　图书馆学教育改革

一、人才培养模式

从近年来各高校大类招生的趋势来看，“宽口径、厚基础”的通识教育越来越成为本科教育的发展方向，图书馆学本科人才培养模式与培养目标也不断与时俱进。

在培养目标方面，越来越注重复合型和实践应用型人才培养，如武汉大学信息管理学院以“培养适应经济和社会发展需要的厚基础、宽口径、高素质、强能力的创造、创新、创业型复合人才”为目标，突出“数字图书馆与信息资源组织、检索、开发、利用与管理能力的人才培养特色与优势”②；黑龙江大学采用“分类培养 + 学业导师”的培养模式，培养“适合在图书馆、信息服务机构和各类企事业单位从事信息服务及管理工作的高级应用型人才”③。

在培养方案方面，为适应我国教育环境的变化、教育模式的改革，图书馆学本科教育也表现出了新的特点：一是用通识教育方式提高学生基础知识储备的广度，从而让学生更容易发现自身志趣所在。如北京大学提供数百门各种学科类型的全校通识课程供学生选择，二是实践教学比重明显增加，包括对图书馆等文化信息机构的参观学习、实习实践和对统计分析、编程语言等技能的实验。如武汉大学在 2012 年以前图书馆学本科专业的学分要求中，全

① 教育部关于印发《普通高等学校图书馆规程》的通知[EB/OL].[2016-03-19]. http://www.moe.gov.cn/srcsite/A08/moe_736/s3886/201601/t20160120_228487.html.

② 武汉大学信息管理学院. 图书馆学专业本科人才培养方案[EB/OL].[2016-03-23]. http://sim.whu.edu.cn/index.php/index-view-aid-165.html.

③ 黑龙江大学信息管理学院. 2015 图书馆学专业培养方案[EB/OL].[2016-03-23]. http://xxgl.hlju.edu.cn/info/1999/1263.htm.

校通识教育选修课为12学分，毕业实习为6周；而为了配合2013年开始大类招生改革而新设置的培养方案，全校通识教育选修课调整为25学分，增加社会实践4学分，毕业实习时间增至8周。

在课程设置方面，首先，信息技术的发展及应用给图书馆事业和图书馆学教育带来明显的影响，包括大数据、云计算、虚拟现实技术等在图书馆研究与实践中的讨论；其次，图书馆工作实践中产生了新的内容，包括阅读推广、数字出版、科研数据管理等，因此我国图书馆学核心课程和选修课程设置也相应产生明显变化。主要表现为三方面：一是计算机与信息科学相关的课程增多，如数据库原理与应用、高级语言程序设计、网络编程基础、数据挖掘、数据分析等，为培养面向更广泛的信息职业人才打下基础；二是实验与操作类课程的增多，如信息描述实验、统计分析系统SPSS实验、网站设计与开发实验、信息检索实验等，注重培养学生动手解决实际问题的能力；三是根据图书馆事业发展的需要，开设数据素养、古籍整理与保护、知识产权保护、中外图书情报事业等课程，以适应未来图书馆发展的需要。

二、师资建设

五年来，各高校图书馆学专业都将师资队伍建设作为一项重要的工作。目前，图书馆学专业师资新进人才主要来源有：国内外博士毕业生招聘、国内外专家学者招聘等，其中面向海内外公开招聘高水平学者的人才引进方式尤为突出。如2014年武汉大学图书馆学系聘请具有计算机学科背景的学者来教授《数据库原理与应用》《数据结构》《数据管理》等课程①，中山大学聘任原就职于英国谢菲尔德大学信息学院的龙乐思(Miguel Nunes)教授为资讯管理学院院长等②。

为配合实施《国家中长期教育改革和发展规划纲要(2010—2020年)》和《国家中长期人才发展规划纲要(2010—2020年)》，教育部从2011年起实施新的“长江学者奖励计划”。2011—2015年，我国图书情报与档案管理一级学科已经是或新入选该奖励计划的教师共有10人，其中图书馆学领域入选该奖

① 武汉大学信息管理学院. 师资[EB/OL]. [2016-03-27]. http://sim.whu.edu.cn/index.php/index-view-aid-211.html.

② 中山大学资讯管理学院. 学校党委宣布龙乐思任资讯管理学院院长[EB/OL]. [2016-03-27]. http://im.sysu.edu.cn/ShowContent.asp? ObjID=3778.

励计划教师有3人。长江学者奖励计划对于鼓励教师更好地进行教学、科研工作具有重要的促进作用，入选者在一定程度上也代表了该学科师资力量的水平。

三、精品课程建设

1. 国家精品开放课程

随着信息技术的发展，图书馆学精品课程的形式也有了新的变化。“十二五”期间，由教育部和财政部启动实施的“爱课程”网(http://www.icourses.cn/home/)是“高等学校本科教学质量与教学改革工程”支持建设的高等教育课程资源共享平台。目前成为图书馆学资源共享课程的有：山东理工大学开设的《信息检索与利用》，西南交通大学开设的《信息检索》，武汉大学开设的《信息用户与服务》《目录学概论》《信息检索》和《信息资源建设》，中山大学开设的《信息资源共享》[①]等。这些精品开放课程均为我国图书馆学核心课程，对我国图书馆学精品课程建设具有重要的示范作用。

2. 中国大学MOOC

除传统精品课程和精品开放课程外，2012年以来，MOOC(大规模在线开放课程)在我国逐渐增多，通过对国内爱课程网、学堂在线(http://www.xuetangx.com/)等主要MOOC平台进行调查，我国图书馆学相关的MOOC课程有：中国科学技术大学开设的《文献管理与信息分析》，武汉大学开设的《信息检索》。其中《信息检索》自2015年9月1日开课以来，吸引了超过10000名在线学习者，表现出该课程的适应性、实用性等特点。

但整体上看，我国图书馆学精品开放课程和MOOC课程较少，影响力还不够，未来还需不断加强图书馆学在线教育课程的建设。

四、“十二五”国家级规划教材

通过普通高等教育教材网[②]所列我国“十二五”国家级规划教材名单，其中与图书馆学相关的教材见表16-5。

---

① 爱课网. 图书情报与档案管理类资源共享课[EB/OL]. [2016-03-27]. http://www.icourses.cn/jpk/searchCoursesbyMulti.action.

② 普通高等教育教材网. “十二五”普通高等教育本科国家级规划教材[EB/OL]. [2016-03-23]. http://www.tbook.com.cn/.

表16－5　图书馆学相关"十二五"国家级规划教材

序号	教材名称	主要作者	第一作者单位	出版社
1	信息管理学(第三版)	李兴国	合肥工业大学	高等教育出版社
2	管理信息学(第二版)	杨善林、胡笑旋	合肥工业大学	高等教育出版社
3	信息检索(第二版)	黄如花	武汉大学	武汉大学出版社
4	信息分析与决策(第二版)	王延飞、秦铁辉	北京大学	北京大学出版社
5	知识管理学概论	邱均平	武汉大学	高等教育出版社
6	文献保护与修复	林明、周旖、张靖	中山大学	中山大学出版社
7	网络信息检索	董守斌、袁华	华南理工大学	西安电子科技大学出版社
8	信息法原论——信息法的产生与体系化	齐爱民	广西民族大学	武汉大学出版社
9	信息化教育概论(第2版)	南国农	西北师范大学	高等教育出版社
10	图书馆学概论(修订二版)	吴慰慈、董焱	北京大学	国家图书馆出版社
11	信息分析	沙勇忠、牛春华	兰州大学	科学出版社
12	信息服务与用户(第三版)	胡昌平	武汉大学	武汉大学出版社
13	信息组织(第二版)	戴维民	解放军南京政治学院	高等教育出版社
14	信息计量学	邱均平	武汉大学	武汉大学出版社
15	信息资源管理	马费成、赖茂生	武汉大学	高等教育出版社

五、教学指导委员会

1. 图书馆学学科教学指导委员会

2002年，教育部决定成立高等学校图书馆学学科教学指导委员会，并且先后组建了2002—2006年、2007—2011年和2013—2017年三届图书馆学教指委。教育部图书馆学学科教学指导委员会的职责是开展图书馆学本科教学的研究、咨询、指导、评估、服务等工作，推动图书馆学学科建设、专业规范和质量标准的制定等。图书馆学教指委成立以来，每年召开一次会议，先后在图书馆学课程体系、培养目标、教材编写、教育评估等诸多方面进行了探讨和实践。2002—2015 年的会议主题及承办单位见表 16－6。教育部图书馆学学科教学指导委员会的成立不仅有利于提高图书馆学教育的整体质量和水平，也在一定程度上提高了图书馆学的学科地位。

表 16－6　2002—2015 年图书馆学专业教学指导委员会会议

年份	会议主题内容	会议地点	承办单位	备注
2002	全面布置工作	天津	南开大学	第一届成立
2003	图书馆学本科专业核心课程建设	湘潭	湘潭大学	
2004	图书馆学精品课程建设	上海	解放军南京政治学院上海分院	
2005	图书馆学课程的立体化建设	广州	中山大学	
2006	图书馆学优质教学资源的配置与建设	合肥	安徽大学	第一届结束
2007	本届教学指导委员会工作计划（本科专业设置规范；本科教育发展战略；教师交流培训；本科专业课程体系）	福州	福建师范大学	第二届成立
2008	讨论确定《高等学校图书馆学本科指导性专业规范》主要内容	太原	山西大学	
2009	《中国图书馆学教育发展战略报告》《高等学校图书馆学本科指导性专业规范》	西安	西北大学	
2010	图书馆学专业教育的改革与发展	广州	中山大学	
2011	教育部新的学科名称与专业目录讨论、图书馆学素质教育与专业教育教材编写	成都	四川大学	第二届结束
2013	本届教学指导委员会工作计划、本科图书馆学教学质量国家标准(2013 年版)	兰州	兰州大学	第三届成立

续表

年份	会议主题内容	会议地点	承办单位	备注
2014	本科图书馆学教学质量国家标准(2014年版)	昆明	云南大学	
2015	教学质量和教材建设	哈尔滨	黑龙江大学	

2. 图书情报专业学位研究生教育指导委员会

2011 年 3 月,全国图书情报专业学位研究生教育指导委员会成立并召开首次工作会议,研究制订了《图书情报专业学位研究生指导性培养方案》,讨论了图书情报专业硕士培养目标、培养模式等相关方面的问题。2012—2015 年,该委员会分别在武汉大学、华东师范大学、中山大学等校召开了年会暨专业硕士培养单位联席会议。通过对图书情报专门人才培养问题进行讨论,探讨图书情报专业硕士培养模式的改革,提高图书情报专业硕士教育的质量和水平。

六、专业教学设施与设备

教学设施是图书馆学教育不可或缺的教学资源,也是图书馆学整体教学条件的表现。"十二五"期间,我国高校图书馆学专业在教学设施与设备方面有了很大改善,如武汉大学信息管理学院设有图书情报实验教学中心,该实验中心同时也是湖北省实验教学示范中心,配备有 4 个基础实验室、5 个专业实验室、1 个实验图书馆、1 个面向全校文科本科生的信息素养开放实验室和"万方数字资源研究与利用校企联合实验室"等;北京大学信息管理系设有数字图书馆实验室和大学生创新创业孵化基地;南京大学信息管理学院设有江苏省数据工程与知识服务重点实验室;南开大学商学院设有管理学实验教学中心。这些教学设施与设备为图书馆学实践和实验教学提供了有力的保障条件。

第五节　图书馆学学科建设

一、学科发展规划

1. 图书馆学博士点和硕士点的覆盖面

我国图书馆学博士点和硕士点在各省(直辖市、自治区)的覆盖情况见表 16－7。

表 16－7　我国图书馆学博硕士点覆盖情况①

序号	学校	一级学科博士后流动站	一级学科博士点	二级学科博士点	一级学科硕士点	二级学科硕士点	备注
1	北京大学	√	√	√	√	√	
2	吉林大学		√	√	√	√	2011 新增
3	南京大学	√	√	√	√	√	
4	南京政治学院		√	√	√	√	2011 新增
5	南开大学	√		√	√	√	
6	武汉大学	√	√	√	√	√	
7	中国科学院文献情报中心		√	√	√	√	2011 新增
8	中国人民大学	√	√	√	√	√	
9	中山大学	√		√	√	√	
10	安徽大学				√	√	2011 新增
11	北京理工大学				√	√	2011 新增
12	北京师范大学				√	√	2011 新增
13	第二军医大学				√	√	
14	东北师范大学				√	√	2011 新增
15	东南大学				√	√	2011 新增
16	福建师范大学				√	√	2011 新增
17	复旦大学				√	√	2011 新增
18	广西民族大学				√	√	2011 新增
19	河北大学				√	√	2011 新增
20	黑龙江大学				√	√	
21	华东师范大学				√	√	

① 图书馆学国家重点学科/博士点/硕士点[EB/OL].[2016－03－26]. http://blog.sciencenet.cn/blog-540233-612833.html.

续表

序号	学校	一级学科博士后流动站	一级学科博士点	二级学科博士点	一级学科硕士点	二级学科硕士点	备注
22	华南师范大学				√	√	2011 新增
23	华中科技大学				√	√	2011 新增
24	华中师范大学				√	√	2011 新增
25	江苏大学				√	√	2011 新增
26	辽宁大学				√	√	2011 新增
27	辽宁师范大学				√	√	2011 新增
28	南昌大学				√	√	2011 新增
29	南京理工大学				√	√	
30	南京农业大学				√	√	2011 新增
31	北京协和医学院				√	√	2011 新增
32	山东大学				√	√	2011 新增
33	山西大学				√	√	
34	上海大学				√	√	
35	上海交通大学				√	√	
36	四川大学				√	√	
37	苏州大学				√	√	2011 新增
38	西北大学				√	√	2011 新增
39	湘潭大学				√	√	2011 新增
40	云南大学				√	√	
41	浙江大学				√	√	
42	郑州大学				√	√	
43	中国科学技术信息所				√	√	
44	中国农业大学				√	√	2011 新增
45	中国中医科学院				√	√	2011 新增

续表

序号	学校	一级学科博士后流动站	一级学科博士点	二级学科博士点	一级学科硕士点	二级学科硕士点	备注
46	中南大学				√	√	2011 新增
47	重庆大学				√	√	
48	第四军医大学					√	
49	河南科技大学					√	
50	曲阜师范大学					√	
51	天津工业大学					√	
52	天津师范大学					√	
53	西安电子科技大学					√	
54	西安交通大学					√	
55	西南大学					√	
总计		6	7	9	47	55	/

其中，吉林大学、南京政治学院、中国科学院文献情报中心的一级学科博士点为2011年新增，安徽大学、北京理工大学、北京师范大学等27所院校或研究所的一级学科硕士点为2011年新增。

2. 图书情报与档案管理学科建设

《国家中长期教育改革和发展规划纲要（2010—2020）》指引着十年间国家教育改革和发展的大方向，而高校哲学社会科学是关乎国家和社会发展的理论与现实问题的重要领域，教育部于2010年组织研制面向“十二五”规划的《高校哲学社会科学战略规划研究报告》，该报告对于管理学部门类及其下属学科“图书情报与档案管理”的建设具有指导意义。2011年《高校哲学社会科学管理学部图书情报与档案管理学科战略规划研究报告（修改稿）》①完成，

① 叶继元. 图书情报与档案管理学科未来五年重点研究领域与选题——《高校哲学社会科学管理学部图书情报与档案管理学科战略规划研究报告》解读[J]. 中国图书馆学报，2012(1)：105－112.

《报告》共分为五个部分，分别是形势、任务与总体目标，指导思想与原则，重点研究领域，重点研究选题，政策与条件。整体而言，《报告》对图书情报与档案管理学科的建设与发展有了较为清晰和可执行的规划，有利于学科的发展进步。

“十二五”开局以来，部分省市也同时进行了图书情报与档案管理重点学科建设的相关工作座谈与研讨，如 2013 年 5 月，湖南省“十二五”重点学科图书情报与档案管理一级学科建设工作座谈会在湘潭大学举行，来自中国社会科学院、武汉大学、湖南省档案局、中南大学、湖南省科技情报所等单位的专家学者参加了讨论①。

3. 全国图书馆学博士生学术论坛

至 2015 年，全国图书馆学博士生学术论坛已经成功举办了九届，其中 2011—2015 年的第五届至第九届论坛均由北京大学信息管理系举办，会议主题分别为“新技术环境下图书馆学研究的新视野”“知识服务与城市发展”“图书馆与阅读推广”“公共图书馆与社会进步”“图书馆与书香社会建设”，各年主题均与当时我国图书馆学研究热点、图书馆工作实践重点等密切相关。全国性的图书馆学博士生学术论坛为全国高校的图书馆学博士生、教师、图书馆工作者提供了学术讨论和交流的平台，有利于图书馆学博士研究生教育和图书馆学术研究的发展。

二、学科评估

学科评估是对图书馆学教育质量进行的评价，它不仅与图书馆学院系的排名有关，还体现了政府和公众对图书馆学教育的要求，与院系的招生、学生的知识能力培养及用人单位的人才需求、毕业生的就业等都密切相关。我国图书馆学教育已经有了多次来自不同评估机构进行的评估。

根据教育部学位与研究教育发展中心公布的 2012 年全国高校学科评估结果②，此次图书情报与档案管理一级学科中，具有“博士一级”授权的高校共 6 所，本次有 5 所参评；还有部分具有“博士二级”授权和硕士授权的高校参加

① 刘建湘. 图书情报与档案管理一级学科建设工作座谈会举行[EB/OL]. [2016-03-26]. http://news.xtu.edu.cn/index.jsp? ac=view&cd=news&id=6045.

② 教育部学位与研究生教育发展中心 2012 年学科评估结果公布[EB/OL]. [2016-03-20]. http://www.cdgdc.edu.cn/xwyyjsjyxx/xxsbdxz/.

了评估,参评高校共计28所,见表16-8,其中武汉大学和北京大学的图书馆学为国家重点学科。

表16-8 2012年全国高校图书情报与档案管理学科评估结果

序号	学校	学科整体水平得分	备注①
1	武汉大学	96	一级学科为国家重点学科
2	南京大学	86	情报学为国家重点学科
3	中国人民大学	85	档案学为国家重点学科
4	北京大学	79	图书馆学为国家重点学科
5	华中师范大学	76	
6	中山大学	76	
7	南开大学	74	
8	吉林大学	74	
9	华东师范大学	70	
10	上海大学	70	
11	四川大学	70	
12	北京师范大学	69	
13	复旦大学	69	
14	南京农业大学	69	
15	郑州大学	69	
16	河北大学	67	
17	东北师范大学	67	
18	苏州大学	67	
19	西南大学	67	
20	北京协和医学院	66	
21	天津师范大学	66	
22	华东理工大学	66	

① 国家重点学科名单结果[EB/OL].[2016-03-20]. http://www.cdgdc.edu.cn/xwyyjsjyxx/zlpj/zdxkps/zdxk/.

续表

序号	学校	学科整体水平得分	备注
23	西安电子科技大学	66	
24	兰州大学	66	
25	辽宁大学	65	
26	福州大学	65	
27	山东大学	65	
28	辽宁师范大学	63	

三、省级重点学科

根据各省市最新公布的高等学校省级重点学科或一流学科名单，整理出2011—2015年期间已有或增列的图书馆学作为省级重点学科的院校信息见表16－9。

表16－9　图书馆学省级重点学科名单

学校	所在省/市	一级学科重点学科	二级学科重点学科	备注
苏州大学	江苏省	图书情报与档案管理	图书馆学	
郑州大学	河南省	图书情报与档案管理	图书馆学	
郑州航空工业管理学院	河南省	图书情报与档案管理	图书馆学	
河南大学	河南省	/	图书馆学	
中山大学	广东省	图书情报与档案管理	图书馆学	优势重点学科
中国人民大学	北京市	图书情报与档案管理	图书馆学	
湘潭大学	湖南省	图书情报与档案管理	图书馆学	
吉林大学	吉林省	图书情报与档案管理	图书馆学	重点建设学科

根据表16－9可知，五年来，一些省市将图书馆学作为重点学科加以建设，说明图书馆事业得到了更多重视，图书馆学在省市、高校范围的整体学科建设中取得了一定的成绩，学科地位有所提高。

四、一流学科建设

2015 年 10 月 24 日,国务院印发了《统筹推进世界一流大学和一流学科建设总体方案》①。根据方案要建设世界一流大学和一流学科,需要建设一流师资队伍、培养拔尖创新人才、提升科学研究水平、传承创新优秀文化并推进科学成果转化,一流学科建设也将获得专项资金支持和其他相关配套设施,有力地保障学科建设的顺利推进。

图书情报与档案管理作为我国相对小众的学科,更应该举全国相关院校之力,在综合实力较强或具有图书情报与档案管理重点学科的院校中率先实现一级学科及图书馆学、情报学、档案学的二级学科一流建设,如北京大学、武汉大学、中国人民大学、南京大学、中山大学、南开大学等,进一步将我国图书情报与档案管理学科建设成为具有国际化特点的高水平学科。

第六节　图书馆学教育交流与合作

一、海峡两岸交流与合作

中华图书资讯学教育学会与大陆图书馆学情报学院系和图书馆界自 20 世纪 90 年代就开始酝酿和共同发起“海峡两岸图书资讯学学术研讨会”,以促进海峡两岸图书情报学界的交流与合作。自 1993 年起,海峡两岸图书资讯学学术研讨会已举办十二届,其中 2012 年第十一届研讨会在台湾淡江大学举行,会议主题为“开创两岸图书资讯学与图书馆事业新纪元”,这也是该研讨会发起以来首次在台湾举行;2014 年第十二届研讨会在南开大学举行,会议主题为“大数据与云环境下的多维图书资讯学”。“海峡两岸图书资讯学学术研讨会”不仅是大陆和台湾图书资讯学教育与研究思想碰撞的平台,同时也是维系海峡两岸图书资讯学学术交流的纽带。

二、国际交流与合作

近五年,我国图书馆学教育与研讨国际化进程加快并取得了一定的成

① 国务院关于印发统筹推进世界一流大学和一流学科建设总体方案的通知[EB/OL].[2016-12-30]. http://www.gov.cn/zhengce/content/2015-11/05/content_10269.htm.

绩，不仅学校、院系层面的合作交流增多，师生层面的交流、交换项目也不断增加。

在院校层面，继武汉大学和南京大学之后，2015 年中山大学资讯管理学院也加入 iSchool；与此同时，我国加入亚太地区 iSchool 联盟 CiSAP 的图书馆学相关院系和图书馆大幅增加，如北京大学成为 CiSAP 的中国成员。

在师生交流层面，武汉大学信息管理学院 2011 年与丹麦哥本哈根大学签署全日制硕士研究生交流协议；2012 年与丹麦皇家图书情报学院、德国洪堡大学柏林图书情报学院签署合作协议，合作涉及教师互访、合作研究、本硕博在校生的交换、共同举办专业会议和信息交流等议题；并且与英国谢菲尔德大学、美国匹兹堡大学等国外高校合作开设本科起点的“3 + 2”模式的本硕联合培养项目。

目前，我国图书馆学院系都比较重视邀请国外专家前来讲学，特别是邀请美国、英国、日本、德国、韩国等国家的图书情报领域专家来校进行访问交流。总体来看，在图书馆学教育国际交流与合作方面，武汉大学信息管理学院走在国内的前列。2015 年 2 月，武汉大学信息管理学院获得 2017 年 iSchool 年会——iConference2017 的主办权，这次会议由武汉大学与韩国成均馆大学联合在武汉举办，同时也是 iConference 会议首次在亚洲举办。2015 年 10 月 24 日，第二届 iConference 亚太地区分会(The Second Asian Pacific iConference)在武汉大学召开，会议由武汉大学信息管理学院主办，南京大学信息管理学院和中山大学资讯管理学院联合承办，会议主题为“大数据背景下亚太地区图书情报学教育的发展与变革”，会议同时举办了图书情报学博士生论坛。2015 年 10 月 25—28 日，武汉大学、加州大学伯克利分校和上海交通大学联合主办第四届中美数字时代图书馆学情报学教育国际研讨会，会议主题为“大数据时代图书情报学理论与教育发展对策”。

第七节 图书馆学教育特点分析与未来展望

通过对“十二五”期间我国图书馆学专业教育体系、招生就业、教育教学、学科建设、对外交流与合作等情况的梳理和分析，可以总结出我国图书馆学教育的特点和存在的问题，在此基础上也可以对我国图书馆学教育的未来发展提出建议。

一、图书馆学教育的特点

1. 改革成为新常态

不管是在本科招生方式、培养目标、培养模式、课程体系建设方面，还是在学术型与专业型硕士研究生培养或博士生招生考核方面，无论是来自外界的压力还是源自内在的动力，图书馆学教育一直在不断进行着改革，改革已经成为我国图书馆学教育发展的新常态。

2. 硕士研究生教育逐渐成为图书馆学教育主流

较之于开设图书馆学本科专业的院校数量减少和图书馆学本科招生数量减少的现状和博士学位点、博士研究生招生数量的平稳发展，硕士研究生教育成为我国图书馆学教育的主流。主要表现为：开设图书馆学学术型硕士和专业型硕士的院校、研究机构、图书馆逐年增多，相应的招生数量也逐渐增加；图书馆学专业硕士毕业生在就业方面具有本科毕业生和博士毕业生所不具备的优势，如本科毕业生面临着高校图书馆和部分公共图书馆要求的“硕士及以上学历”的门槛，而博士研究生主要就业领域为教学科研单位和党政机关、事业单位等，因此图书馆学硕士毕业生就业可选择的领域和范围更大，从而成为相对最不受限且最具竞争力的学历层次。

3. 国际交流与合作增多

不论是 iSchool 运动的持续升温，交流访问的日益频繁，还是师生互换的“礼尚往来”或联合培养的合作共赢，我国图书馆学教育领域的国际交流与合作活动明显增多，主要表现为本科生/硕士生的“交换”和博士生的“联合培养”模式更加成熟；短期的访问学者项目和校际交流越来越多；在积极参加国际学术会议的同时，开始主办大规模的国际学术会议，从国际交流的参加者变为了组织者。

二、图书馆学教育存在的问题

1. 改革方向仍不够明确

虽然近年来我国图书馆学教育不断改革，但整体而言改革效果还不明显，改革方向仍不够明确。表现在，第一，各院校在图书馆学招生、培养等方面的改革主要依据院校自身的发展目标、学科规划等实际情况，极具个性化和主观性；第二，尚无超越院校层面的相对统一的改革模式和建设标准，各院校目前进行着多样化的尝试和探索性的改革，这也在很大程度上导致图书馆学教育整体呈现“混乱”的局面；第三，改革越来越成为共识，但“怎么改”尚未有明确的方向。

2. 本科教育存在潜在危机

目前我国图书馆学本科教育存在着潜在的危机。一是本科招生数量的下滑，一方面主动选择图书馆学的学生少、而被动调剂的学生多，图书馆学本科教育较难吸引真正有兴趣的学习者；另一方面部分院校隔年招生甚至停止招生，也减少了图书馆学本科生的培养规模。二是本科毕业生就业竞争力不强且在图书馆就业门槛上受限；三是信息资源资源管理专业与图书馆学专业界限不清，一定程度上有替代图书馆学专业的倾向。

3. “学硕”和“专硕”各自的差异化优势不明显

图书馆学学术型硕士（“学硕”）和图书情报专业硕士（“专硕”）两者的差别在于：从专业设置初衷来看，两者有着不同的培养方向，前者为研究型人才培养，后者为应用型人才培养；从各院校招生情况来看，“学硕”招生规模逐渐小于“专硕”招生规模；从学制来看，“学硕”以三年制居多，而“专硕”通常为两年制。

从各院校图书馆学毕业生就业情况来看，“学硕”和“专硕”并无明显差别，具体体现在：图书馆学“学硕”和“专硕”均以“协议就业”为主要就业方向，绝大部分的学术型硕士并未继续进入图书馆学更高阶段的学习研究，未充分体现出学术型硕士培养的目标；比较而言，图书情报专业硕士在培养过程中对学术成果等的要求相对较低，但也可通过公开招聘等方式进入学术型图书馆工作。同时“专硕”也可通过博士考试的方式继续进入更高阶段的学习研究，仅在部分情况下受到限制（如不能硕博连读等）。因此，三年制的“学硕”和两年制的“专硕”并无明显的差异化优势，未来还需不断探索图书馆学学术型硕士和图书情报专业硕士培养方面的改革创新，使得两种培养方式各有所长、互为补充。

三、图书馆学教育未来展望

回首过去是为了更好地展望未来。“十二五”已经成为历史，随之而来的是崭新的“十三五”时期。

2015 年 5 月，我国图书情报领域知名专家学者齐聚武汉大学信息管理学院，共同探讨“十三五”时期我国图书情报与档案管理的学科建设与发展规划[①]，讨论涉及学科建设重点、专业调整、学科拓展、学生培养、人才引进、国际合作与发展等多个角度和层面，也为图书馆学教育的发展提供了有价值的参考。

整体而言，未来三至五年甚至更长时期内，我国图书馆学教育仍将以高质量人才培养为核心，立足信息化、网络化、数字化的发展环境，将着重处理好传统与现代、坚守与拓展、理论与实践、国际化与本土化的关系，明确改革方向、创新改革模式，促进学科新的增长点，不断优化学科以提升学科的社会影响力，使图书馆学教育朝着更加具有生命力和持续性的方向发展。

在招生方面而言，在我国高等教育发展与改革的大环境下，图书馆学本科教育将全面推行“大类招生”，在一级学科、院系、学部等范围内实现更大平台的招生，给学生更大的自主选择专业的空间，充分体现“厚基础、宽口径”的通识教育和以人为本的现代教育理念。当然，大平台招生的初衷是打破专业之间的壁垒，实现教育的融会贯通，但这也往往会成为学生扎堆流向所谓“热门专业”的捷径，图书馆学专业如何吸引学生、留住学生，图书馆学教育工作者需要拿出措施。

在教学方面，为配合大平台招生的方向，图书馆学教学将进行内容和形式方面的双重改革，在内容上以公共性、通识性课程为基础，以核心专业课程为重点，同时也将不断借鉴和吸收计算机科学、信息科学、数据科学等的新内容，适当拓展学科的范围、淡化与其他相关学科之间的边界，寻找学科新的增长点以增强学科的生命力；在形式上将探索差异化授课、小班教学、个性化辅导等模式，注重教学过程的参与和互动，另外也将充分利用 MOOC、SPOC（小规模私播课程）、多样化翻转课堂等新技术条件带给教育的便利，提升教学的质量和效果。

在师资建设方面，在高等学校人事制度改革的背景下，向国内外招聘高水平的教师将会成为趋势，图书馆学教育也将引进越来越多高水平的海内外专业人才，以满足学科高水平、国际化发展的需要。同时，这也将加剧我国本土培养的专业人才与海外人才的竞争，但这种竞争客观上有利于促进师资水平的提高。

---

① 图情领域知名专家珞珈共论“十三五”学科建设与发展规划[EB/OL].[2016-03-28].http://sim.whu.edu.cn/index.php/index-view-aid-802.html.

在国际交流方面,我国图书馆学教育将以更加积极主动的态度融入图书馆学教育的国际环境中,不仅把海外的专家学者"请进来",进行图书馆学教育与研究的交流,同时也将有更多的师生以更加自信、开放的心态"走出去",展示我国图书馆学教育的水平和风采。

总之,未来我国的图书馆学教育充满机遇、也充满挑战,我国图书馆学教育的高水平发展之路任重而道远!

（执笔人:刘兹恒　涂志芳）

参考文献:

[1] Smith K,Hallam G,Ghosh S B. Guidelines for Professional Library/Information Educational-Programs-2012[EB/OL]. [2016-03-05]. http://www. ifla. org/publications/guidelines-for-professional-libraryinformation-educational-programs-2012? og = 8708.

[2] 周和平. 中国图书馆事业发展报告 2012[R]. 北京:国家图书馆出版社,2013:472.

[3] 2016 年硕士专业目录查询[EB/OL]. [2016-03-06]. http://yz. chsi. com. cn/zsml/zyfx_search. jsp.

[4] 陈传夫,王云娣,盛钊,等. 图书馆员去职业化问题、原因及对策研究[J]. 中国图书馆学报,2011(1):4-18.

[5] 教育部关于印发《普通高等学校图书馆规程》的通知[EB/OL]. [2016-03-19]. http://www. moe. gov. cn/srcsite/A08/moe_736/s3886/201601/t20160120_228487. html.

[6] 图书情报与档案管理类资源共享课[EB/OL]. [2016-03-27]. http://www. icourses. cn/jpk/searchCoursesbyMulti. action.

[7] "十二五"普通高等教育本科国家级规划教材[EB/OL]. [2016-03-23]. http://www. tbook. com. cn/.

[8] 叶继元. 图书情报与档案管理学科未来五年重点研究领域与选题——《高校哲学社会科学管理学部图书情报与档案管理学科战略规划研究报告》解读[J]. 中国图书馆学报,2012(1):105-112.

第十七章　我国图书馆学研究

“十二五”时期，我国图书馆学研究成果异彩纷呈，创新性研究成果层出不穷。丰富的研究成果也从一个侧面表明我国图书馆事业的发展水平，是对图书馆发展创新的一种深度诠释，客观上推动了图书馆实践的创新发展。根据中国知网（CNKI）统计，收录的2011—2015年“图书情报与数字图书馆”方面的研究成果共108 608项。根据《全国新书目》中的“中国版本图书馆月度CIP数据选摘”统计，2011—2015年共出版“图书馆学、图书馆事业”相关著作1022部（不完全统计）。

为定量反映“十二五”期间我国图书馆学研究的进展，本章对CNKI数据库收录的28 642篇核心期刊论文进行了汇总分析。图17－1反映了图书馆学在整个“十二五”期间的研究热点，图17－2至图17－6反映了2011—2015每年的图书馆学研究热点。从图中可以看出，“十二五”期间，我国图书馆学的研究重点主要集中在资源和服务两方面。此外，图书馆基础理论研究、图书馆管理、图书馆新技术应用、图书馆联盟和图书馆法律等也得到了普遍关注。其中，资源建设方面，数字资源成为图书馆信息资源的重要组成部分，有关数字资源的采集、组织、整合、共建共享等研究日益增多，科研数据和机构知识库蓬勃发展。图书馆服务方面，强调根据用户的信息需求和信息行为提供个性化的信息服务与知识服务，不断拓宽服务模式，实现服务创新，主要服务包括学科服务、阅读推广、移动服务、公共文化服务、参考咨询服务、竞争情报服务、信息素养教育、信息共享空间等。基础理论研究侧重于图书馆职业与图书馆员、图书馆权利、研究方法等。图书馆管理包括图书馆战略规划、管理体制、管理理论（知识管理、学术交流等）。图书馆的新技术应用包括云计算、可视化技术、知识图谱等。本文将从基础理论、信息资源建设、信息组织、图书馆管理、图书馆服务、新技术应用、知识产权与图书馆法、图书馆联盟等几个方面对主要研究成果进行阐述和分析。

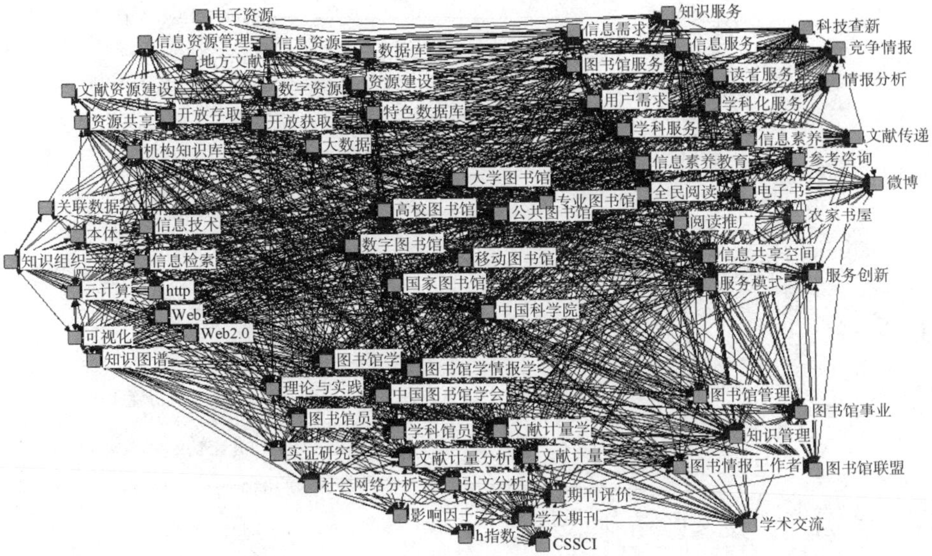

图 17－1　2011—2015 年图书馆学研究热点

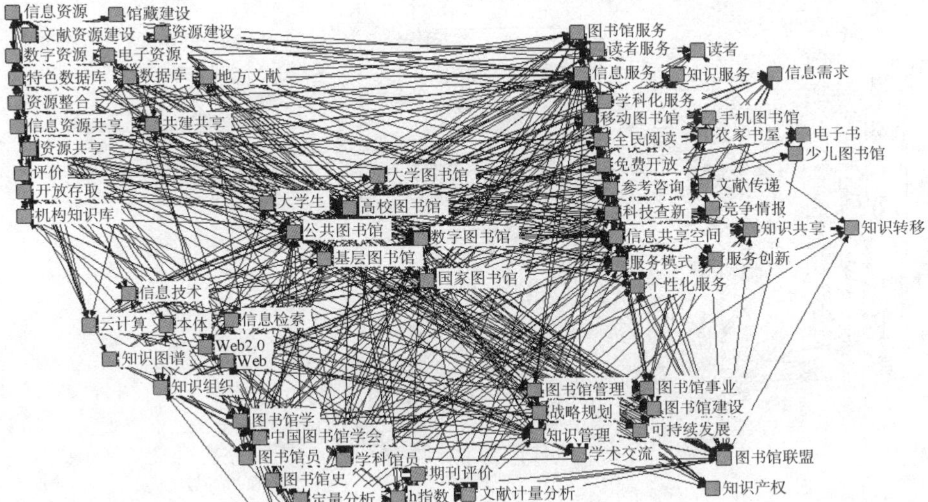

图 17－2　2011 年图书馆学研究热点

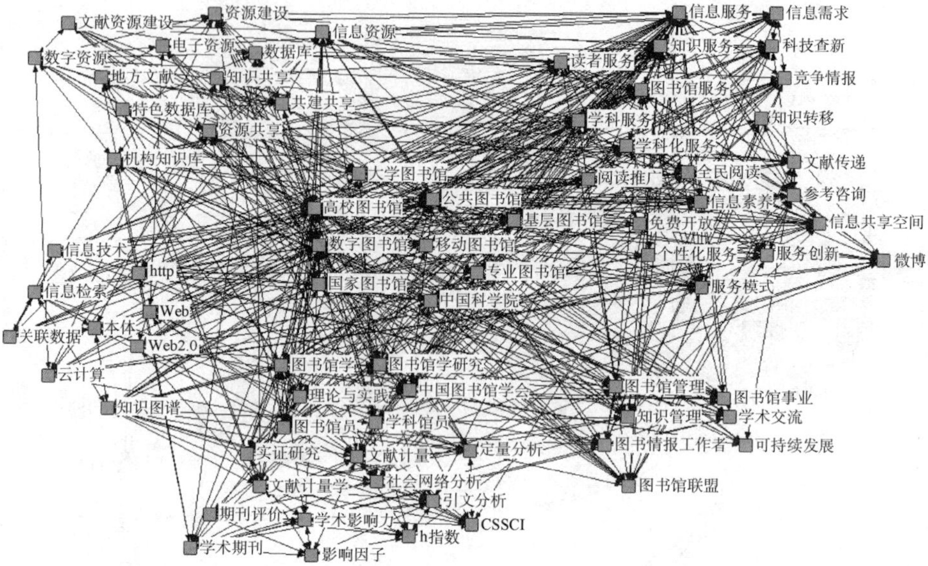

图 17－3　2012 年图书馆学研究热点

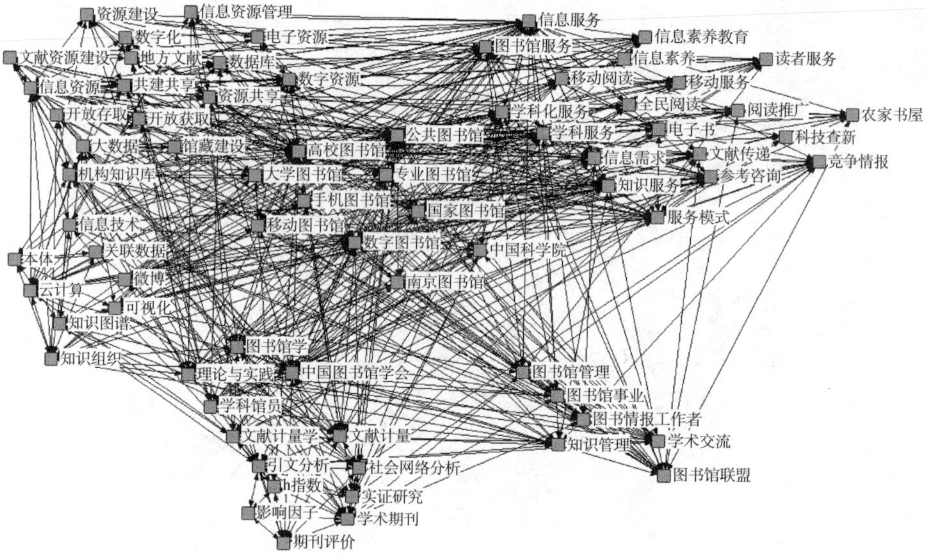

图 17－4　2013 年图书馆学研究热点

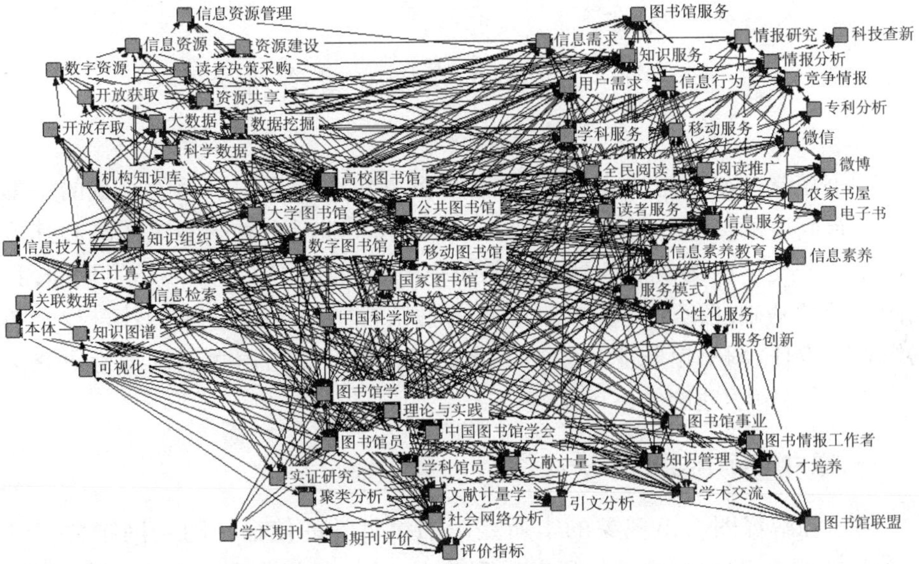

图 17－5　2014 年图书馆学研究热点

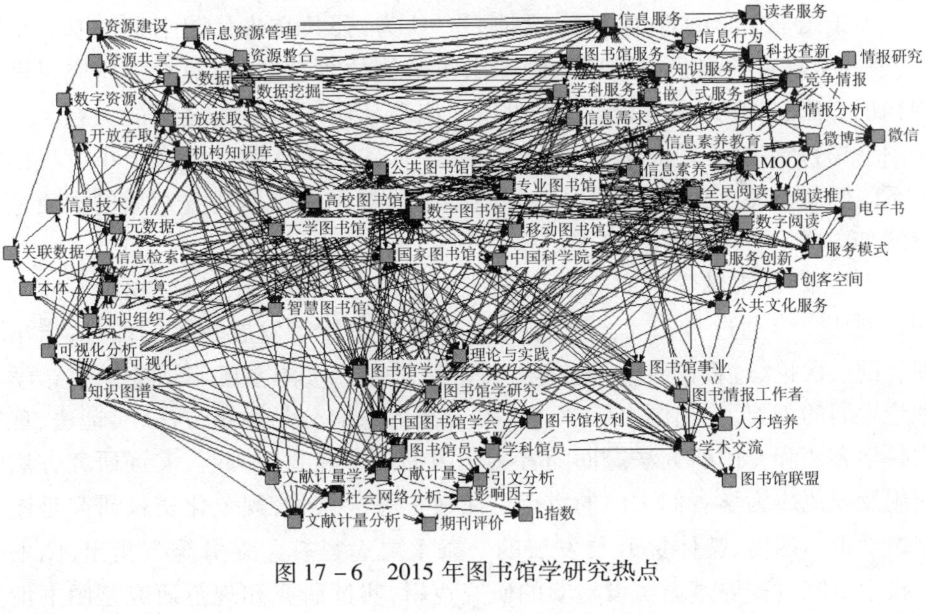

图 17－6　2015 年图书馆学研究热点

第一节 图书馆学基础理论研究

图书馆学基础理论研究的使命,是对图书馆实践和图书馆学领域的基本问题进行高度的分析、概括和总结。图书馆学基础理论对图书馆实践和其他图书馆学分支学科的发展起到了重要而积极的指导作用。“十二五”期间,我国图书馆学基础理论研究主要集中于图书馆哲学与方法论、图书馆权利、图书馆社会责任、图书馆职业和图书馆学史等方面。图书馆学基础理论研究不断深入,图书馆学理论体系逐步健全。

一、图书馆哲学与方法论

揭示和解释图书馆现象的本质是图书馆哲学的使命。随着网络数字时代的到来,我国图书馆哲学的研究受到冲击,虽然近年来研究略有回稳,但研究仍较为零散。

关于图书馆学的哲学基础,梁灿兴[1]认为,公共交流是图书馆的基本属性,公共交流系统是图书馆现象和图书馆价值的哲学基础,他着重研究了客观知识交流、公开知识交流、公共知识交流和私域知识交流之间的关系。关于图书馆哲学的研究对象,徐跃权[2]提出,研究图书馆学人与这个小世界的关系问题就是图书馆哲学的研究对象,他认为对图书馆学研究对象的本质追求就是图书馆哲学的本体追求。

近年来,图书馆学研究方法逐渐从一元化走向多元化,研究视野不断开阔。刘伟[3][4]通过对21世纪图书馆学研究方法体系发展轨迹的梳理,指出现有的层次论、过程论、三维论等图书馆学研究方法体系已不适应图书馆学理论发展的需要,提出图书馆学的研究方法体系应分为思维方法、实证法、现代科学方法和专门研究法。而随着实证图书馆学在我国兴起,实证研究方法使用及规范成为学者们关注的重点。徐建华等[5]认为,规范化实证研究是图书馆学走出困境、整体提升与发展的一条重要途径。金胜勇等[6]指出,图书情报学研究过程要遵循假设检验的研究逻辑,实证研究和规范研究是图书情报学研究的重要类型,图书情报学研究的具体方法分为搜集资料的方法和分析资料的方法。

二、图书馆权利

21世纪以来,我国图书馆界掀起了“图书馆权利”的大讨论,凸显出“走向权利时代”的趋向。经过十年的发展,图书馆权利的研究成果不断增多,研究内容不断深化。2011年,程焕文、潘艳桃、张靖共同完成的专著《图书馆权利研究》出版,成为“我国研究图书馆权利的第一部理论专著”。该书着重从读者公平、自由利用图书馆资源的角度对图书馆权利进行了深入的分析。2012年,燕辉和常安发表《图书馆自由与图书馆权利之辨》等系列文章,引发了对作为积极权利的图书馆权利和作为消极权利的图书馆自由的相关思考。2013年,范并思[7]将现代图书馆学对于图书馆权利的基本观点总结为:图书馆权利是一种人权,主要是公众的所有者权利,也是图书馆管理者的职业权利;沈光亮的《弱势群体图书馆权利保护及其限度》、何瑜的《弱势群体图书馆权利的法律保护》将研究视角转向弱势群体的图书馆权利保护问题。2015年,刁霄宇和高波[8]通过实证调研,得出“图书馆权利”应是用户、馆员、图书馆三种权利的统一,用户权利是三种权利的基础和核心。在此期间,程焕文发表的《公共图书馆免费服务:政府尽责了吗》、李国新发表的《公共图书馆“免费开放”的内容、范围与边界》等文章,也都引发了公共图书馆免费开放的理论探讨。

时代的发展对图书馆权利提出了新的要求。一方面,信息技术和网络社会的发展,使图书馆权利由物理空间扩展到网络空间,网络空间的图书馆权利问题亟待解决。另一方面,随着公共文化服务体系的不断发展,图书馆权利的保障范围需要不断扩大,即从注重个体、城市的图书馆权利的实现延伸到注重整体、城乡一体化的图书馆权利的实现;从一般性读者权利的实现延伸到弱势群体权利的实现。

三、图书馆社会责任

自2010年中国图书馆学会年会将“图书馆社会责任”作为分会场的主题以来,关于该主题的讨论备受关注。然而,目前图书馆社会责任的定义及内容尚无统一定论,研究者们试图从不同角度阐释图书馆社会责任的定义及内容。白君礼[9]指出,图书馆社会责任的研究内容主要包括图书馆社会责任的内涵、与图书馆社会责任相关的内容、图书馆社会责任的实现、图书馆社会责任的研究方法四个方面,它们共同构成完整的图书馆社会责任理论体系。蒋永福等[10]分析了责任与义务、责任与权利等诸多概念之间的区别，把图书馆社会责任归纳为法律责任、伦理责任和纯义务性责任，指出图书馆社会责任属于有限责任，应遵循“职责优先原则”和“量力而行原则”。洪伟达等[11]根据德鲁克提出的“组织”概念和目标管理理论，提出图书馆社会责任有广义与狭义之分，包含“分内”责任与“分外”责任、积极责任和消极责任，图书馆应在履行自身基本职能的基础上，有条件、有选择地承担社会责任。

关于图书馆社会责任的实现策略，郭海明[12]在分析了图书馆承担社会责任的动力和影响因素的基础上，站在实践层面从理念变革、规制保障、责任实践、外部监督等四方面探讨了图书馆承担社会责任的相关策略问题。李秀莲[13]认为，图书馆社会责任实践的路径包括：理解图书馆的社会责任，将社会责任的实践融入图书馆的整个管理运营过程中，提高图书馆社会责任实践的透明度和可信度，建立图书馆社会责任实践绩效评价体系。

四、图书馆职业

作为21世纪图书馆学理论体系创新的重要内容，关于图书馆职业的研究一直是近几年学者们比较关注的问题，研究重点主要包括图书馆职业伦理、职业道德与职业素养、图书馆学职业教育、图书馆员去职业化和刻板印象等内容。

研究职业伦理、职业道德、职业素养的文献众多。杨萍[14]认为图书馆职业道德不能完全等同于一般社会道德，它既具有社会性，又具有专业性和时代性。其中，专业性才是图书馆职业道德的实质和核心所在。沈光亮[15][16]指出，我国图书馆职业伦理建设存在着职业伦理功能定位不准、职业伦理建设主体不明、伦理建设制度安排不足等问题，提出应从贯彻职业理念、推进职业专业化、规范职业行为、树立行业形象和加强社会合作等方面加强图书馆员职业道德建设。吴志鸿等[17]提出，要从建立图书馆职业资格认证制度、成立多种类型的图书馆协会、加强中国图书馆学会的职责和功能角度来培养图书馆员职业素养。

在图书馆学职业教育方面，刘兹恒[18]强调面向职业的图书馆学教育，认为图书馆学专业知识和专业技能仍然是今天图书馆员职业竞争力的核心因素，提出应改革教育目标、整合学科内容、保持学科特色，以增强学生的职业竞争力为导向设置图书馆学专业课程和进行图书馆学专业教学内容的改革。

图书馆职业资格认证制度的研究侧重于国外制度介绍和实现路径探索。

王冬阳等[19]阐述了自上而下和自下而上两种实现我国图书馆员职业资格制度的路径,并指出当前的实现路径:利用体制机制改革提供的图书馆自主权限,推行岗位管理体系,促进专业化发展,通过呈现成熟的岗位管理模式和行业组织模式,积极影响立法。

陈传夫等[20]针对近年出现的图书馆员去职业化的理论思潮,阐述了去职业化的概念、原因以及英国、美国、日本和中国的图书馆员去职业化现象,指出图书馆员去职业化虽能提高图书馆的工作效率,但同时会带来图书馆核心竞争力丧失、图书馆员职业被淡化等问题,主张从建立职业资格认证制度、营造图书馆员终身学习环境、慎重对待核心业务外包、变革图书馆学专业教育等方面防止图书馆员去职业化问题。

在图书馆员刻板印象的研究方面,俞碧飏等[21]采用实证方法,从职业刻板印象的分析视角对公众心中的图书馆员形象进行了分析,指出图书馆员总体形象与新时期服务型馆员期许仍有很大差距;徐建华等[22]调查了专业教育(学历、本科教育、硕士教育)对即将入职图书馆员刻板印象的影响程度,指出专业教育对图书馆员刻板印象的影响特点可能部分来源于教育描绘的理想图景与现实水平的差距;随后,徐建华对图书馆员刻板印象的表现、原因及解决对策做了进一步的探讨。

五、图书馆学史

学科发展史是了解学科重要发展阶段、学科代表人物和主要思想的最重要的工具,是学科基础理论研究的起点[23]。周文俊和王红元编写的《中国图书馆学史稿》,从理论、方法、历史等几个维度记述了从 1949 年 10 月至 1979 年 12 月中华人民共和国成立 30 年间图书馆学研究和发展的成就。索传军按照古代、近代、现当代的时间顺序和学科孕育、萌芽、建立和发展的逻辑顺序,研究了图书馆学科的发生、发展、变化、社会文化作用以及现代学科制度在社会、文化背景中发生、发展的过程。

学科思想史是引领图书馆学向纵深方向发展的重要途径。李刚在《制度与范式:中国图书馆学的历史考察》一书中,以学科制度演变为研究对象,系统考察了 20 世纪我国图书馆学学科制度的概念、内容、变迁、动力与机制。刘亮等[24]从开架式服务、特色服务、平等免费服务和普遍均等服务四个方面对我国近代图书馆服务思想和实践的流变进行了梳理。荣红涛[25]从宏观与微观、横向与纵向、理论与实践、时代性与本土化、价值与局限等五个方面对民国图书馆学思想研究进行了评价。此外,对国内外图书馆学家及其学术思想史的研究仍然是近年来图书馆学思想史研究的重点,研究的图书馆学人主要包括刘国钧、俞爽迷、杨昭悊、戴志骞、杜定友等。

第二节　信息资源建设

信息资源建设是图书馆开展各项工作的基础。“十二五”期间,随着信息技术的迅速发展和用户需求的日益多元,图书馆的馆藏结构发生了巨大变化,数字资源成为图书馆信息资源的重要组成部分,有关数字资源的采购、整合、共建共享、资源评价等研究日益增多。数字资源建设的研究不断深入,专门领域的数字资源建设受到普遍关注,如地方文献、政府信息资源和古籍资源的数字化建设。同时,新兴的计算机技术、云技术等改变了图书馆原有资源建设的方法和流程,带来了新的服务理念,促进了开放存取、数据管理和长期保存等实践的开展。

一、信息资源采集

伴随数字资源的迅速发展,数字资源的需求日益增加,数字资源的采集成为图书馆资源建设的重点。目前,图书馆信息资源的采购已经从传统印刷型文献的“购买—拥有”模式迅速转化为数字资源的“许可—使用”模式,并向着“许可—永久使用/长期备份”模式发展。

在数字资源的学科和类型方面,人文社科类数据库的采集成为新的增长点,且随着数据库、电子期刊等资源建设的日益完善,电子图书的采集正在成为图书馆馆藏建设的重要组成部分。

采购模式上,以读者为中心的资源建设模式备受关注。读者决策采购(Patron-Driven Acquisition,PDA),成为国外许多大学图书馆购买电子书的主要模式。PDA产生于图书馆经费紧缩、馆藏文献利用率低、馆际互借成本高、电子书阅读与销售模式创新、信息时代读者需求和阅读行为变化的背景下[26],其彻底改变了传统的购书流程,使读者首次从信息资源建设的接受者和终端转变为发起者与首端,成为信息资源建设的决策者[27]。目前,PDA的运作模式包括图书馆联机目录(OPAC)触发型、馆际互借触发型、网络书店触发型[28]等三种类型。当然,作为一种新型的采购模式,PDA还存在着许多争议,如读者的选书能力、购书经费、馆藏结构和馆藏合理性、馆员角色定位及职业前景、读者滥用选书权等。各图书馆要积极加强与供应商的合作,通过制定严格的采购标准、选择合适的书商、设定科学的选购环节、进行及时的跟踪与评价等途径建立和完善 PDA 的运行。

随着我国高校图书馆数字资源采购联盟(DRAA)的成立,集团采购逐渐进入成熟阶段,朝着规模化、规范化、科学化方向发展,且价格方案趋向精细化。吴进琼[29]将国外图书馆联盟电子资源联合采购的模式总结为平摊的采购模式、按实际使用次数的采购模式、按经费的采购模式、按成员类型的采购模式、按成员用户规模的采购模式、集中资金采购模式六大模式;肖珑等人[30]将数据库的价格成本模式归纳为多重价格模式、歧视性价格模式、捆绑价格模式和多元化价格模式。

目前,我国图书馆数字资源建设的问题主要包括数据无法长期保存、采购程序不规范、数字资源垄断、资源配置不合理、集团采购效益降低、资源购后评价缺失、知识产权纠纷等[31]。图书馆要通过跟踪用户需求、健全采购管理规章制度、优化集团采购组织形式、完善采购综合评价机制、应用采购管理系统平台等方式加以完善,提高图书馆数字资源的采购质量和效益。

二、信息资源共享

随着纸质文献的大幅涨价、数字资源的指数级增长和图书馆经费的相对不足,合作共建、资源共享已成为图书馆进行资源建设的重要手段。

图书馆联盟是实现资源共建共享的重要途径。近年来,图书馆联盟已从重视文献资源建设转向重视数字图书馆建设,从重视信息资源建设转向重视为用户提供服务和提高信息资源的利用率。高校图书馆联盟、公共图书馆联盟成为重点研究对象,跨系统的图书馆合作也受到普遍关注。随着移动网络技术的日益成熟与普及,移动图书馆联盟将成为未来高校图书馆信息资源共享的发展方向与理想模式[32]。

信息资源共建共享存在的问题及解决对策依然是学者们关注的焦点。存在的问题包括缺乏可持续投入机制、合作程度较低、利用率不高、标准缺失、开放力度不够、区域发展不平衡、资源重复建设严重、共享和服务层次较低、人才短缺、缺乏利益平衡、缺乏监督保障和政策保障机制等[33]。提出的完善措施包括引入市场机制、重视人才建设、拓宽合作范围、加强标准化建设、建设特色数据库、开展知识服务、加大宣传推广力度、建立利益平衡机制、完善共享监督机制和政策保障机制、加强联盟绩效评估、加强图书馆与博物馆和档案馆的资源共享等[34]。

随着信息资源共享系统的建立和完善，信息资源共享系统的评估模型及评价指标的研究也引起了学者的关注。其中，肖希明的《信息资源共享系统绩效评估研究》成为该领域具有代表性的著作。该书提出了面向整个信息资源共享系统流程和结果的绩效评估综合模型，从资源、成员、服务和利用、投入和产出、管理和流程、整体效益六个方面构建了完整的绩效评估指标体系，并进行了科学严谨的实证研究和颇具新意的运行机制绩效评估研究。

三、信息资源评价

随着数字资源投入的持续增加，如何提高数字资源的服务质量和用户满意度，成为图书馆迫切需要解决的问题，有关图书馆数字资源的质量评价、数字资源的服务评价、数字资源的绩效评价等研究不断增多。数字资源的质量评价是对数字资源采购或其价值的评价，主要通过用户满意度[35]、用户使用数据[36]进行测评，评价维度包括资源内容、系统平台、使用价值、服务环境、服务效果等。数字资源的服务评价是对数字资源服务能力进行评价，评价指标包括数字资源的咨询服务、检索服务、挖掘服务、重组服务和共享服务等[37]。数字资源的绩效评价是对数字资源投入与效益关系的评价，评价指标包括数字资源内容、数字资源检索系统、数字资源利用情况、数字资源成本评价、数字资源提供商服务等[38]。评价方法包括层次分析法、网络分析法、数据包络分析方法、模糊综合评价法、灰色系统评价法、主成分分析法、因子分析法以及 BP 神经网络法[39]等。

四、信息资源开放存取

开放存取（Open Access，OA）作为一种学术信息共享的自由理念和出版模式，已引起了国内学者的广泛关注。关于开放存取的研究呈现以下特点：一是机构知识库的研究热度增高，有关机构知识库的资源建设、管理政策、系统与平台构建、版权等的研究不断增多，机构知识库建设朝着知识化、网络化、合作化方向发展；二是 OA 资源的质量控制及其评价进一步加强；三是 OA 资源类型不断丰富，开放教育资源、开放数据、开放图书、开放视频等逐渐得到重视和发展；四是研究从 OA 自身形态转向 OA 受众研究，研究范围进一步扩展。

机构知识库是在开放存取环境下产生的一种以学术机构为轴心的数字资源集合,内容建设是机构知识库构建的核心。目前,我国机构知识库内容建设还存在资源数量匮乏、资源类型单一、资源更新缓慢、资源全文获取率较低、资源质量不高等问题。万文娟、吴高[40]认为,应从重视宣传推广、完善存缴政策、规范版权协议、加强质量控制、发挥高校作用等方面推动我国机构知识库的内容建设。

机构知识库的政策构建包含国家或政府层、高层组织层(高校或科研机构)、机构层(图书馆)三个层次[41]。张耀坤等[42]提出,我国应制定国家层面的受公共资助研究成果的开放存取政策和强制性的以自存档为主导的开放存取政策;张晓林[43]从受资助者范围、可支持期刊范围、受资助论文的权益要求、经费资助方式、论文处理费控制、履行政策的检查机制六个方面对国外典型资助机构和典型科研教育机构的开放出版支持政策进行分析;而尚新丽等[44]将北京大学、清华大学、厦门大学机构库的开放存取政策归纳为九个方面,即开放存取政策显示方式、相关机构的开放存取政策、内容政策、提交政策、使用政策、格式和版本要求、法律依据、退出政策和隐私政策。获得资源版权持有者的授权许可是机构知识库对资源进行网络传播、长期保存的首要前提。解决机构知识库版权问题的对策包括制定强制性开放存取政策、采用“合理使用”原则、制定知识共享许可协议、寻求出版商对机构的集体授权、机构知识库自身资源管理行为的严格规范、机构知识库用户资源使用行为的约束限制等。

OA 资源特别是自存储资源的质量控制与评价成为研究的前沿问题。针对 OA 期刊的质量评价,顾立平等[45]从期刊质量与影响水平、期刊开放程度和期刊服务能力等方面构建了 OA 期刊的评价与遴选指标框架。针对 OA 仓储的质量评价,刘海霞等[46]从管理与政策、内容、系统与网络、用户指标四个维度构建了机构仓储可持续发展的综合评价指标体系;陈铭等[47]将“全评价”体系运用于 OA 仓储的评价中,通过研究 OA 仓储的评价主体、评价客体、评价目的、评价标准、评价指标、评价方法和评价制度,构建了包含 OA 仓储的形式评价、内容评价和效用评价在内的评价体系。

五、科研数据管理

伴随着 e-Science 浪潮的兴起,科学研究正在向数据密集型的研究转变,科研数据的管理与共享在科学发现与社会经济发展中的作用日益凸显。科研数据管理涉及科研数据的创建、存储、管理、共享等完整的生命周期,包括数据管理计划、数据组织、数据存储、数据共享、数据再利用、数据引用、数据分析(可视化)、数据出版等内容[48]。

e-Science 情境下,建立科研数据的存储获取管理机制和服务模式,实现科研数据的全面开放存取管理,是图书馆服务发展的重要机遇和挑战。图书馆要积极探索在数据管理中的角色,从建设数据知识库向建设网络基础设施和 e-Science 演变,从数据生命周期的下游(出版后)向上游(出版前)拓展和延伸[49],实现文献服务向知识服务的提升。

我国图书馆数据管理的研究不断深入,已经从引进介绍国外数据管理案例和政策、经验总结与启示等理论研究向数据管理平台建设、数据管理教育和数据素养、数据馆员培养、元数据建设等实践性研究过渡,并取得了一定成果。如武汉大学图书馆构建了“高校科学数据共享平台”,复旦大学建立了“社会科学数据管理服务平台”等。今后图书馆数据管理工作的重点包括完善科学数据管理与共享政策、重视不同领域科学数据的管理与利用、探索科学数据管理与共享的新技术与方法、加强标准规范和平台建设、加强数据管理教育与培训、开展数据素养教育、重视数据管理评价、加强合作或建立数据管理联盟、深化数据管理服务、开展数据出版服务、加强数据安全等,以确保数据管理的有序性、完整性、可用性和安全性。

六、数字资源长期保存

数字资源的长期保存指对数字形态的资源进行有效保存,是保证数字资源长期存储和长期获取的必要管理活动。近年来,不同类型数字资源的长期保存成为人们关注的重点,科研数据资源、古籍文献资源、政府信息资源、社会化媒体资源、网络信息资源、开放学术资源、非文本资源、私有数字资源、口述文献资源等数字资源长期保存的专门研究不断涌现,研究视角主要集中于数字资源长期保存的技术、管理、法律和经济等方面。

技术方面的研究主要集中于数字资源的存储技术和安全技术。存储技术涉及数字资源的载体寿命、技术格式与更新问题,主要包括仿真技术、迁移技术、标准化技术、风干保存策略等。同时,面对数字资源急剧增加和存储技术固有的老化过时风险,按需迁移保存、云存储技术、过时风险管理系统等新技术的研究也在增加。

管理方面强调要建立以国家为主导、多方参与的合作保存机制。郝晓燕[50]提出要建立以国家图书馆为主导，公共图书馆、科研图书馆、高校图书馆等共同参与的国家合作保存体系；钟源等[51]提出了图书馆和出版社数字资源长期保存合作模式。

法律问题主要涉及数字资源长期保存与利用过程中的版权管理、隐私保护和呈缴制度。其中，版权包括数字资源长期保存的保存权、复制权、使用权。王爱霞等[52]提出，明确界定"合理使用"、细化"复制权"、重构法定许可和强制许可制度来改善我国《著作权法》在数字资源长期保存方面的缺失；刘可静等[53]在介绍美国图书馆数字资源长期保存利用中的隐私政策和措施的基础上，呼吁我国图书馆要积极制定隐私政策和隐私保护措施以保障数字资源长期保存与长效利用的顺利开展。

对数字资源长期保存的评估主要表现在数字资源的内容选择、数字资源长期保存的可行性和可持续性等方面，通过建立评价标准和评价模型以保障数字资源长期保存的有效性和高质量。

第三节　信息组织

语义网技术的发展对图书馆的信息组织提出了更高的要求。"十二五"期间，如何利用语义网技术进行数字图书馆资源的描述、组织和检索等问题备受关注。传统的 MARC 编目格式已远远滞后于语义网技术的要求，从 FRBR、RDA 到 BIBFRAME 以及 OCLC 基于 Schema. org 的关联数据模型，图书馆界正在积极寻找新的书目关联数据模型替代 MARC。图书馆的元数据、书目等都在"RDF 化"，逐渐融入语义网环境之中。图书馆正加速促进各种规范词表和分类法的关联数据化，并通过它们实现图书馆界内部资源及外部资源的互联。同时，基于社会化标签的网络信息资源组织不断发展，图书馆界对其进行了广泛探讨并将其引入图书馆资源组织中，以体现用户为中心的服务理念。图书馆信息资源组织呈现出知识化、关联化、语义化和开放化的趋势，不断向细粒度精细组织、语义深度组织和依据用户需求的动态组织发展。

一、元数据

元数据已经成为各类信息资源描述的主要手段，在资源组织、管理及资源发现、检索、获取、长期保存、共享和开放存取中扮演着重要角色。目前图书馆界元数据的相关研究主要集中于不同领域元数据标准的构建和元数据的互操作。

不同研究领域、不同组织机构在介绍和研究其他领域元数据标准或国际标准的基础上,纷纷依据自身的特点制定相应元数据标准,以科学数据为例,相关学者对科学元数据的功能需求、标准建设、元数据在科学数据管理和共享中的应用、本体技术在科学元数据领域的应用、数据引用元数据规范等进行了研究[54][55]。

元数据互操作是实现各类型资源统一检索的有效途径,是信息资源整合的基础。随着元数据的广泛应用,元数据格式逐渐增多,元数据标准之间缺乏关联,碎片化特点加剧,元数据间的互操作问题日益凸显。为此,不同领域的元数据互操作技术成为研究的热点。宋琳琳等[56]将元数据互操作划分为模式级、记录级和仓储级三个层次,并总结归纳了元数据互操作的七种方式,即元数据映射、注册、转换、复用与集成、协议、API、关联数据。未来要综合应用多种方式,特别是注重本体和关联数据等语义网技术的应用,以实现元数据的 RDF 化和语义化;细化元数据粒度,向用户更好地提供信息服务和知识服务,实现馆藏资源的深度聚合与开放共享。此外,利用元数据实现信息资源整合的研究也不断增多,特别是基于元数据仓储的资源整合成为该领域研究的热点,如张宏伟和许慧设计了一个基于 DC 元数据仓储的一站式检索系统构建模型[57]。

关于元数据质量管理的研究初露端倪。如程颖[58]分析了元数据的质量问题(数据有误、数据遗漏、数据失效、数据重复),构建了包含数字资源元数据生命周期、影响数据质量的基本要素及数据质量维度的元数据质量管理模型;黄莺[59]归纳了元数据质量评估的四个主要维度:完整性、准确性、一致性和期望满足程度。未来要加强元数据的质量管理,构建元数据质量评估方法和工具,以提升元数据标准的科学性、规范性以及元数据内容的准确性、完整性。

二、FRBR、RDA

FRBR 书目模型的发布革新了人们对书目的认知。目前,FRBR 模型已经在文献信息资源的描述中得到实际应用,包括图书馆书目记录的 FRBR 化研究、基于 FRBR 的编目规则 RDA 的发布与应用等。

图书馆书目记录的 FRBR 化是转化现有书目记录以符合 FRBR 需求的过

程[60]，包括前组聚类和后组聚类两种方式。高红和靖翠峥[61]介绍了图书馆OPAC进行FRBR组织的必要性、实现途径与面临的问题，分析了RDA在强调书目关系、充实规范控制以及解决多载体文献揭示等方面的主要变化，进而从提高用户检索准确性、增强OPAC导航能力以及确立元数据的组织模型、结构、关系方面探索了RDA对图书馆OPAC可能产生的积极影响和变革。

刘炜等[62]将关联数据引入RDA，指出RDA是传统图书馆书目控制理论与方法向语义网时代过渡的一个里程碑。姜化林等[63]介绍和分析了RDA Toolkit工具包的结构、内容、优点和使用中遇到的问题。

随着RDA研究的不断深入，RDA在编目实践中的应用研究也逐渐增多。一方面，RDA被应用到各类型文献的具体著录中，如普通图书、电子资源、连续出版物、西文资料、古籍版本资料、影像资料、乐谱资料等文献的著录，为编目工作提供了实践上的指引和参考；另一方面，学者们也进行了RDA与其他文献著录规则的比较分析，如庄蕾波和胡小菁[64][65]对比分析了《中国文献编目规则》和RDA有关电子资源著录方面的异同，探讨了RDA对中文电子资源著录的适用性。

三、本体

随着本体在图书馆的广泛应用，本体研究呈现出相关理论更加深入，并向实践层面发展的趋势，呈现出以下三个特点：一是基于本体的信息检索、知识检索的研究热度降低；二是数字图书馆领域本体的构建、本体与语义网研究、知识组织系统研究、知识服务、可视化、本体映射、社会化标签等研究继续深入；三是基于本体的信息资源的关联数据发布、信息资源整合研究等新型研究领域开始出现。

基于本体的信息资源关联数据发布是指，对应用书目本体、知识组织系统本体的书目数据、知识组织系统数据（分类法、主题词表等）的关联数据发布及其互操作。基于本体的信息资源整合研究包括图书馆信息资源的语义整合方法及其互操作研究。欧石燕等[66]提出了一个本体与关联数据驱动的图书馆信息资源语义整合框架，包括基于本体的文献资源整合、基于关联数据的图书馆信息资源整合、与外界资源的链接与集成三个层次，并将其与传统资源整合方式CALIS OPAC和CNKI进行了对比分析；肖希明等[67]构建了基于本体的公共数字文化资源整合语义互操作模型，包括元数据采集、元数据本体构建和语义检索三个层次。

四、关联数据

关联数据是一种轻量级的语义网实现技术,其价值在于通过 RDF 数据模型,将网络上的非结构化数据和采用不同标准的结构化数据转换成遵循统一标准的结构化数据,以便机器理解,实现文档网络向数据网络的转变。随着关联数据研究从如何生产数据向如何消费数据方向转变,关联数据的可视化技术和实现方法成为该领域研究的新热点[68]。

关联数据的发布模式包括静态发布、批量存储、调用时生成、事后转换(D2R),发布工具包括 VoID 词表、前端转换工具、OWL 及 SKOS 相关工具、Web services、Web 应用框架、CMS 内容管理系统、RDFa 等[69]。图书馆采用关联数据形式发布最多的是词表、分类法等知识组织系统。知识组织系统的语义化、关联化大多采用将原有数据 SKOS 化的模式。研究内容涉及词表资源关联化、知识组织规范研究、术语服务、知识序化等方面。贾君枝、黄华军、鲜国建等[70][71][72]分别对 DDC、《中国分类主题词表》、农业科学叙词表进行了关联数据的构建研究与实验。欧石燕[73]在充分调研国外术语注册和术语服务的基础上,提出我国应该采用新兴的语义网和关联数据技术开发兼具术语注册与术语服务功能的完整系统,提供人与机器对注册词表元数据和词表内容的访问,采用 RESTful Web 构建术语服务,支持以关联数据方式发布词表内容。戎军涛[74]分析了基于关联数据的知识组织语义序化机制,并以机构知识库关联数据的构建发布为例说明了语义序化机制的具体实现路径。

书目数据关联数据化的核心问题是如何将书目记录分解为书目数据,研究主要集中于对书目数据关联化、书目数据发布、编目规则 RDA 和 FRBR 应用等方面。游毅[75]依据关联数据基本原则与聚合机制,将图书馆 MARC 书目数据进行 RDF 格式转换与 URI 资源命名,以实现馆藏元数据的关联数据化,进而借助指向外部数据源的 RDF 链接构建与面向关联数据网络的开放发布,实现书目数据的语义转换与网络关联。

关联数据的聚合机制能够实现多元异构馆藏资源的语义化描述与知识化关联。相关研究主要集中于关联数据在图书馆馆藏信息资源聚合中的作用及应用、基于关联数据的馆藏资源聚合模式、基于关联数据的图书馆、档案馆和博物馆数字资源整合研究等方面。基于关联数据的馆藏资源聚合模式包括图书馆关联数据的发布与语义关联管理两大部分[76]。丁楠和潘有能[77]从数据层、聚合层和应用层三个层次构建了基于关联数据的图书馆信息资源聚合模型；郑燃等[78]构建了基于关联数据的图书馆、档案馆和博物馆数字资源整合模式，包括数据发布层、数据关联层和数据集成应用层三个层次。

随着关联数据在图书馆应用的深入，数据的封闭性、关联数据的安全性、隐私保护、链接维护、用户交互、版权问题、资源整合问题等日益突出，成为阻碍图书馆关联数据进一步应用的障碍。图书馆要更新观念，吸引更多的资源提供者参与到数据网络建设中来，共同解决关联数据发展的难题。

五、社会化标签

社会化标签(Folksonomy)是一种交互式 Web2.0 应用，能够实现对网络信息资源的有效分类和组织。社会化标签系统构建了“用户—资源—标签”之间的三元关系。相关研究主要集中于用户标注行为、Folksonomy 应用及其优化等方面。

用户标注行为的研究包括标注行为动机、认知特征、用户偏好及其转移、用户标注行为比较研究、用户关系对标注的影响等。通过这些研究可以预测用户的标注行为，并为标注系统、检索系统的改进提供理论支持。许小梅和吴丹[79]通过问卷调查，分析了大学生对图书标注结果的关注度、在网络上的图书标注行为、在图书分享网站和图书馆中标注行为产生的原因，以及用户对图书馆实施标注服务的期望；张云中等[80]提出了基于 FCA 的 Folksonomy 用户偏好挖掘模型，通过构建 Folksonomy 多值背景及单值背景，在概念格可视化基础上分析 Folksonomy 用户行为、用户偏好及其转移。

Folksonomy 在图书馆信息资源组织中的应用备受关注，相关研究主要集中于图书馆 OPAC(Folksonomy 嵌入图书馆 OPAC、图书馆 OPAC 链接社会性标注网站)、学科信息门户或馆藏资源建设、图书馆博客等方面，主要关注 Folksonomy 在这些资源组织中的适用性以及实际应用方法。王雯霞[81]探讨了社会化标签与 MARC 书目的关联性，提出了利用社会化标签数据对 MARC 书目数据进行扩展的方法。

除应用于资源组织外，Folksonomy 的应用也拓展到信息服务的推送。推送的内容包括两个维度，一是向用户推荐标签，用以标引网络信息资源；二是通过用户使用的标签向其推送相关网络信息资源。信息推送的方法包括基于矩阵的方法、基于聚类的算法、基于图论的算法三大类。其中，基于聚类的算法又包括用户聚类、资源聚类和标签聚类。目前，标签聚类、基于图论算法中的社会网络分析法是学者们关注的重点。吴江[82]通过凝聚子群分析，将自由分类标签类聚成网状分类地图；孙中秋等[83]研究了基于社会网络分析的社会化标签系统标签资源聚合，探讨了社会网络分析实现标签资源聚合的优势。针对单个推荐方法的不足，有学者提出了基于组合策略的个性化知识推荐系统架构[84]。

为提高 Folksonomy 在资源浏览、检索和推荐中的作用，解决 Folksonomy 规范性差、缺乏语义关联及无法深入揭示资源的深层次语义等缺陷，对其进行规范化处理和组织成为研究的焦点。Folksonomy 的优化策略主要包括引入规范控制或与传统知识组织系统融合、标签聚类、本体和语义挖掘标签关联关系、构建标签库、为用户推荐可添加的标签等。如吴丹和王艳妮[85]通过用户学术论文标注与学术论文数据库标引的对比实验，发现社会标签与受控主题词重合率不高的问题，提出对学术论文标注进行规范控制的建议；张云中[86]在剖析了本体与 Folksonomy 异同及互补性的基础上，提出了二者融合的4条机理。熊回香和王学东[87]在对豆瓣读书上的标签数据进行层次聚类的基础上，以中文语义词典“知网”为语料资源，探讨了标签概念空间与领域本体间的映射机制，从而实现对标签的语义组织，为用户提供更好的标签导航和搜索机制。

标签质量评价包括人工评价和自动评价两类。目前研究主要侧重于自动评价，包括依据规范词汇进行隐含的质量评价，依据标签和主题词的比较进行评价，基于用户、资源和标签三者关系的评价等。但目前的研究仅是基于标签本身，尚未出现针对不同应用场合、不同标签类型、不同标注对象类型、不同用户标注动机等情况的研究。未来要从用户标注动机层面、标签自身层面、多媒体信息资源的标签质量评价、标记系统设计层面来提高评估质量[88]。

第四节　图书馆管理

为应对信息技术和数字技术飞速发展给图书馆带来的挑战，抓住时代机遇，“十二五”期间，各图书馆纷纷加强了图书馆管理的相关建设，以期保证图书馆沿着正确的道路向前发展。首先，图书馆战略规划为图书馆发展提供了宏观视角，明确了未来发展方向，得到广泛关注。为促进我国公共图书馆的迅速发展和公共文化服务体系的不断深化，有关图书馆法人治理、总分馆制等的体制建设得到持续研究和发展。此外,现代图书馆管理理论的研究不断深化,知识管理与服务、人本管理和危机管理等逐渐深入图书馆学研究。与此相对应,针对图书馆人力资源、业务流程再造、服务管理等的实践工作也得到深入探讨。

一、图书馆战略规划

图书馆战略规划研究在"十二五"期间成为研究者们关注的焦点,研究主要集中在:图书馆战略规划理论分析、图书馆战略规划的作用、不同类型图书馆战略规划的制定、国外图书馆战略规划及其对国内的启示等方面。

柯平等[89]指出,战略规划组织模型对于图书馆战略规划的制定和实施具有重要意义。他们通过引入相关管理理论,考察国外图书馆战略规划实践,分析规划文本和利用实证研究进行了模型构建。他们认为,战略规划组织模型主要由专职机构设置、组织结构、人员组成及职能四方面构成。赵益民[90][91]通过网络调查、专家调查、实证分析、内容分析等方式,调研了国内外图书馆战略规划的现状,对我国图书馆战略规划提出了预期,并对图书馆战略规划流程进行设计。还有些学者将其他研究领域的基本理论应用到图书馆战略规划研究中,形成新的研究视角,以丰富图书馆战略规划的理论研究,如基于危机管理理论的图书馆战略规划、基于新公共服务理论的图书馆战略规划,以及基于协同理论的图书馆战略规划等。多元化、多视角的图书馆战略规划理论研究,为图书馆战略规划的制定奠定了一定的理论基础。

也有学者对我国图书馆战略规划制定中存在的问题进行了研究,指出目前我国图书馆战略规划存在着规划制定缺乏现状分析、战略目标选择不切实际、战略规划内容繁多而且琐碎、战略规划措施不到位等问题[92]。

二、图书馆管理体制

1. 图书馆法人治理

"法人治理结构"一词最早于20世纪70年代初由美国经济理论界提出,国内通常译成"公司治理结构""公司法人治理结构"等。公共图书馆建立法人治理结构就是要根据决策权力机构、决策执行机构、监督约束机构相互分离、相互制衡和精干高效原则,建立图书馆的理事会、执行层、职工大会和社会监督机构分权制衡的组织架构,协调图书馆利益相关者的权利、义务和责任,构建以公益目标为导向、内部激励机制完善、外部监管制度健全的规范合理的治理结构和运行机制[93]。公共图书馆法人治理结构由外部治理结构和内部治理结构两方面整合而成,其中外部治理结构是指由政府部门、图书馆行业协会组织、社会监督部门与图书馆之间相互协调与相互制衡关系构成的宏观及中观管理体制,而内部治理结构则是在特定的图书馆管理事务中由决策层、执行层和监督层三方面相互协调与相互制衡关系构成的微观管理体制[94]。屈华[95]认为目前我国公共图书馆法人治理制度具有以坚持党的领导为保障、以管办分离为变革关键、以维护公益为价值取向、以多元投资为建设机制等较为明确的特征。

肖容梅等[96]提出,目前我国公共图书馆法人治理结构呈现出组织结构以单层制的理事会为主、理事会定位呈多元模式、外部理事占大多数、制度建设先行等特点,但是也面临政事不分的体制障碍难以祛除、公共图书馆改革内在动力不足、治理文化与社会荣誉机制缺失等阻力。刘兹恒、顾晓光[97]认为,我国图书馆实行法人治理结构存在着一些难点,例如如何定位法人治理结构、如何保障和制衡权力、如何发挥理事会的作用、如何解决文化的惯性等问题。

李国新[98]针对公共图书馆法人治理面临的问题,提出了相关的对策:在总体战略方面,需要按照十八届三中全会确定的总体设计、统筹协调、整体推进原则,加强关联制度配套衔接的顶层设计;在相关领域推进与法人治理结构相适应的改革,在法治建设方面国家应制定图书馆法等相关法律,但在当前还不完全具备立法条件的情况下,应采取法规政策先行的办法,积极争取较高层级的法制保障。在治理文化方面,应积极培育非营利组织的发展,建立制度化的国家和地方荣誉表彰体系等社会核心价值,鼓励和支持社会力量参与社会治理和公共服务。

2. 图书馆总分馆制度

“总分馆制”是起源于西方公共图书馆的一种管理制度,它是由同一个建设主体出资,同一个主管机构管理的图书馆群,其中一个处于核心地位的图书馆作为总馆,其他图书馆作为总馆的从属,从而实行人员、经费、资源的统一管理[99]。总分馆制以其服务场馆布局合理、资源统一分配、服务标准统一、运行高效等优点成为欧美国家及港澳台地区普遍采取的公共图书馆服务组织制度。

在普遍均等的公共图书馆服务体系建设背景下,我国公共图书馆也开展了总分馆体系建设的实践,形成了多种形式的总分馆模式,包括“多元投入、协同管理”的松散型总分馆模式、“多级投入、集中管理”的集约型总分馆模式、“单一投入、统一管理”的统一型总分馆模式。倪晓建等[100]认为，总分馆制的兴起对公共图书馆是发展机遇与挑战并存，从机遇角度来看，总分馆制具备的统一采购、统一编目、统一配送、统一服务的特征，提升了公共图书馆整合资源、共享资源的效能，为公共图书馆服务普遍均等提供了重要保证；从挑战角度看，传统公共图书馆的经营理念和发展模式仍然局限于有限的政府投入和增长缓慢的馆藏资源，与数字信息时代日新月异的技术创新和日趋多元化的用户需求形成强烈反差，图书馆的组织结构、运行管理、服务能力、技术手段等方面尚不足以适应总分馆模式的发展需要。马岩和郑建明[101]指出，政府的政策与资金支持、合理的管理模式、先进的技术设备、多元化的资金渠道、塑造总分馆品牌效应等皆是图书馆总分馆制度得以发展的有效保证。

三、图书馆管理理论

1. 图书馆知识管理

广义的知识管理是对图书馆内与知识的生产、获取、组织、存储、交流、传播和应用有关的一切活动及其规律的管理与研究，包括图书馆知识运营过程的管理和图书馆知识资本的管理。狭义的图书馆知识管理是对图书馆内知识本身的管理，包括对知识的生产、获取、组织、交流、传播和应用的管理，从而提高图书馆的服务能力、竞争能力和创造能力，最大化实现图书馆的功能。杨子臣、黄长伟[102]认为，图书馆知识管理首先应该强调的是从原有的注重知识的组织、整理的信息资源管理理念过渡到重视知识的共享、创新的知识管理理念上来，搭建起一个知识与知识、知识与人、知识与组织的桥梁，形成一个庞大的图书馆知识网络，由此开展组织机构调整、人力资源管理、共享和创新能力培养等实践活动；其次是重视知识服务，将图书馆从文献保存机构转变为知识服务机构。

早期对图书馆知识管理的研究是从图书馆知识管理的基本理论开始的，后面的研究多是对前面的补充，主要包括图书馆知识管理的内涵、特征、作用、职能、目标和原则等[103]。目前知识管理理论研究的热点有：图书馆知识服务、图书馆知识创新、图书馆隐性知识与显性知识、图书馆知识管理体系的构建、不同类型图书馆的知识管理研究等。还有学者对云环境下图书馆的知识管理进行探究，指出在云环境下数字图书馆的知识管理应该是在充分发挥云计算资源、云存储资源、云基础设施资源等资源优势的基础上，借助云计算的相关技术对数字馆藏资源展开一种集成管理[104]。

2. 图书馆危机管理

危机频发的社会环境和图书馆自身的现实困境,要求我国图书馆行业重视危机和危机管理,在这种背景下,我国图书馆危机管理研究开始受到学者的重视。

目前我国图书馆界对图书馆危机管理的研究主要集中在:图书馆危机管理理论研究、国外图书馆危机管理及对中国实践的启示、图书馆危机管理对策研究、图书馆危机管理预防机制构建等。一些学者从“混沌理论”“项目管理理论”的视角出发,针对图书馆面临的经费、人才、服务、管理、形象、安全等方面危机提出了图书馆应提升危机意识、查明危机原因、适时调整策略以灵活应对等相关策略[105][106]。赵封华[107]认为,要通过加强社会环境、用户使用方式和需求、图书馆管理、图书馆员队伍建设等因素的危机管理,建立公共图书馆危机管理的长效机制,逐级纵深化推进公共图书馆科学化、制度化、规范化管理工作,正确处理和化解公共图书馆的危机,提高公共图书馆在公众和社会中的形象。同时,针对古籍善本的保护、自然灾害后图书馆重建,从图书馆用户角度完善沟通机制解决图书馆危机、经济欠发达地区的图书馆危机管理等,也是图书馆危机管理研究中的热点[108][109][110]。

3. 图书馆人本管理

人本管理在图书馆中的应用有两种形式,一种是以馆员为本,是图书馆进行人本管理的初衷;另一种是以读者为本,以读者为核心开展图书馆的一切活动,充分体现图书馆的人本管理思想。图书馆人本管理在我国图书馆界发展较为成熟,管理上的“馆员第一”,服务上的“读者第一”的思想仍是图书馆管理理论的根基。如何将图书馆人本管理与人力资源管理、图书馆职业管理相结合,是图书馆管理理论研究需要解决的重要问题[111]。

黎金凤[112]认为,制度管理是人本管理的基础与保障,构建图书馆制度文化是落实人本管理的必然要求。图书馆制度文化可以说是图书馆管理的杠杆,特别是充满人文关怀的图书馆各种规章制度,体现着图书馆的办馆思想和办馆理念,联系着领导与馆员、馆员与读者之间共同的情感与价值认同,其本身就蕴含着丰富的人本思想,能充分保障图书馆各项管理工作顺利进行。叶玲[113]指出,在高校图书馆的管理中,首先要把人的因素当作管理中的首要因素和本质因素,即首先确立人在管理中的主导地位,继而围绕调动馆员的积极性,主动性和创造性,提高馆员的人文意识;第二,通过以人为本的高校图书馆管理活动，锻炼馆员的脑力、智力和体力，使之获得更为全面的自由发展，这是人本管理思想的哲学含义和最高目标。鲁红霞[114]提出，在基层图书馆，加强激励制度的应用，同时辅以道德规范，也应该是人本管理的重要体现。

四、图书馆微观管理

1. 图书馆人力资源管理

对图书馆人力资源管理的研究主要集中在应用人力资源管理理论指导图书馆工作实践、构建人力资源管理模式的探究。王丽霞等[115]结合"心理资本理论"，给出了提高图书馆人力资源管理效率的方法；韩玺、顾萍[116]针对知识服务环境下人员紧缺的中小型图书馆如何去完成各种创新任务、临时任务以及实现定岗定编条件下图书馆人力资源的合理流动和培养，提出了任务小组法的管理理念，并从任务小组法的内涵、原因和优缺点、应用前提以及在南方医科大学图书馆的实践等方面，介绍了任务小组法在中小型图书馆的应用；刘淑银等[117]提出，高校图书馆需要通过优化人员结构、引入人才激励制度、重视思想引导、建立多元化人才培养机制等，改善图书馆人力资源的状况。

2. 图书馆服务质量管理

图书馆是公益性社会服务机构，服务是其永恒的主题；讲求服务效益、以有限的投入获得最大化的服务产出，始终是图书馆不懈的追求。因此，图书馆服务质量管理是图书馆学研究的热点问题。祝红艺等[118]提出，服务生产力是用来反映投入与产出关系问题的重要理论，如果图书馆能以较少的资源"生产"不变的或者更高的服务质量，或者以其他更有效地投入方式促进组织整体服务能力的提升，那么这种新的研究视角就值得引进。他们对图书馆服务生产力构成及影响因素进行了分析，阐述了图书馆服务生产力与服务质量以及服务效率之间的关系，对提升图书馆服务生产力提出了相应的建议。

3. 图书馆业务流程再造

图书馆业务流程再造是"企业再造理论"在图书馆的实践和应用，该理论认为图书馆应抛弃传统的业务流程，利用现代信息技术并在良好组织文化的基础上建立起新的业务流程，减少人力物力的浪费，从根本上提升读者服务的质量，满足人民群众日益增长的文化生活需要。郑卫光[119]认为，业务再造理论不仅为图书馆学研究提供了新的视角，也为图书馆管理带来了新的理念和有效的改革工具，它用战略的眼光审视图书馆的发展，改变办馆理念，包括办馆思想和馆员价值观，对传统图书馆工作方式进行改革，提升了图书馆利用现代信息技术的能力，调动了工作人员的积极性和能动性，提高了读者服务的质量，增强了图书馆的整体效能。于风程等[120]也从价值链理论的视角，分析了图书馆价值链的构成，并从图书馆的竞争优势和用户需求两个维度，阐述了图书馆价值链上的“战略环节”及图书馆的业务流程再造，为提高图书馆核心竞争力提出了建议。

第五节　图书馆服务

用户和服务研究是图书馆学研究的永恒主题。随着Web2.0理念的不断发展，以用户为中心的图书馆服务理念日益深入人心。“十二五”期间，图书馆界更加注重研究用户的信息需求和行为特征，不断创新服务模式，主要表现为图书馆的学科服务、嵌入式服务、移动服务、阅读推广、公共文化服务、社会化服务等异彩纷呈，信息共享空间、社交媒体等成为图书馆服务的新载体。同时，移动技术、大数据技术、云计算技术等为图书馆服务提供了更为广阔的发展空间，图书馆服务正朝着个性化、知识化和开放化的方向发展。

一、学科服务

学科服务自诞生起，已由1.0过渡到2.0，并向3.0发展。服务深度上，不再局限于传统的信息服务，而朝着主动式、开放式、互动式、个性化、知识密集型的学科化知识服务发展。资源建设上，除传统文献信息资源外，重点学科特色资源数据库、OA期刊和机构知识库、科研数据等资源成为图书馆学科服务的重点建设资源，促进了学科馆员新角色的诞生，如学术出版与传播者、科研数据管理者等。

服务模式方面，嵌入式学科服务成为学科服务发展的新趋势。《图书馆嵌入式学科服务的理论与方法》成为该领域具有代表性的著作。该书从理论和实践两方面深入剖析了图书馆开展嵌入式学科服务需要面对和解决的关键问题，系统阐述了图书馆嵌入式学科服务的基本概念、基本理论、基本方法、主要模式、难点与重点、发展方向等，对于促进图书馆深入开展学科服务、推动图书馆转型变革具有重要的理论与实践意义。

服务平台方面，侧重平台的建设模式、平台建设现状、问题及对策研究。目前，学科服务平台建设模式包括基于LibGuides的学科服务平台、基于

Web2.0 的学科服务平台、以门户网站为依托的学科服务平台、第三方机构提供的服务平台等，尤以对前两者的研究为重点。如秦奋等[121]从资源导航模块、学科资源检索模块、信息素质教学模块以及参考咨询模块等角度对中外16 所高校图书馆的化工科 LibGuides 平台进行了汇总分析。学科博客、微信平台、社交网站是基于 Web2.0 学科服务平台研究的重点。

学科服务评价研究继续受到关注。金洁琴[122]从专业学科资源采访、机构知识库建设、相关特色数据库建设、网络原生数字资源整合、OA 资源整合、学科导航系统、研究资料管理、联盟资源共建共享等方面对高校数字图书馆重点学科的文献保障能力进行了评估；楚存坤等[123]建立了基于层次分析法的高校图书馆学科服务评价模式，从人才、资源、环境、制度、资金和服务 6 个方面评价图书馆的学科服务能力。夏明春等[124]剖析了图书馆学科服务用户接受的心理和使用的过程，将学科服务用户接受的过程分为知识、决策和使用三个阶段，构建了学科用户接受学科服务的过程模型。

随着学科馆员实践的不断拓展，嵌入式学科馆员的研究成为关注的重点，学科馆员嵌入到信息素养教育、课题研究、资源建构等的研究不断增多。梅群[125]详细阐释了嵌入式学科馆员在课题论证和申报、课题进行、课题结题、申请专利和成果转化中的作用，并对其在支持科研中需要注意的问题进行了探讨。郭晶等[126]依据我国学科馆员的业务实践与能力要求，提出一套"中国高校图书馆学科馆员能力标准体系"，并构建了与之相适应的资质认证规范；郝慧[127]指出学科馆员选拔不规范、与用户互动不足、欠缺奖惩机制、欠缺考核机制等是阻碍国内高校图书馆学科服务发展的主要原因，强调学科馆员要提高素质和能力建设，参与用户科研过程，并完善奖惩措施；闫现洋等[128]则从投入和产出角度出发构建了基于数据包络分析方法（Data Envelopment Analysis，DEA）的高校图书馆学科馆员服务绩效评价指标。

二、移动服务

图书馆的移动服务是在无线通信网络环境下对数字图书馆服务功能的进一步延伸。随着 3G、4G 网络的不断发展，智能手机用户日益增多，以手机为代表的移动图书馆建设及其服务成为研究的热点。

服务内容上，魏群义等[129]将国内外移动图书馆开展的移动服务归纳为信息通报、业务与查询、移动阅读与服务、个性化定制等四大类。随着移动互联网技术的不断发展，学者们开始关注移动服务的内容体系，如刘金玲[130]提出建立基于移动互联网的移动搜索服务、移动阅读服务、移动自助服务、个人移动空间、移动学习社区和移动身份认证及移动支付服务等图书馆移动服务体系。

服务模式上，除SMS、WAP网站模式外，基于App的移动服务模式备受关注，其中又以微信、移动图书馆App为研究重点。随着新技术的不断出现，二维码（Quick Response，QR）、简易信息聚合（Really Simple Syndication，RSS）、基于位置服务（Location Based Service，LBS）、增强实境（Augmented Reality，AR）等移动技术、云计算技术、HTML5和CSS3技术等不断整合进图书馆的移动服务中，创新了图书馆移动服务的新模式。以微信平台为例，通过新技术的融入，基于位置的增强现实服务、基于身份特征的学科服务、基于实时交互的参考咨询服务、基于社群的图书馆活动推广服务等不断出现，为用户创造了全新的信息服务体验。此外，基于各服务模式的平台构建不断开展。如郑成铭、詹庆东[131]从移动服务和社区服务两方面提出了移动图书馆服务平台的构建设想；秦晓珠等[132]通过分析移动云计算环境下数字图书馆的云服务模式，提出了一种基于应用融合的MaaS服务模型。

有关移动服务的质量评价和用户研究也取得了较多成果。赵杨[133]从服务环境、服务交互性、信息控制、服务效果角度构建了数字图书馆移动服务质量评价模型。余世英和明均仁[134]以技术接受模型理论为基础，通过引入相关性、系统帮助、可访问性、领域知识、自我效能、社会影响、感知愉悦性和感知成本8个外部变量，对影响用户接受移动图书馆服务的影响因素进行了实证分析。此外，也有学者对移动服务的版权管理、区域联盟移动图书馆、移动服务微营销、数据库出版商的移动服务等进行了研究。

三、阅读推广

“十二五”期间，随着国家对全民阅读的高度重视，图书馆积极投入到了阅读推广的实践中，尤以公共图书馆和高校图书馆的阅读推广为代表。数字阅读推广正成为图书馆服务的重要内容，新型数字阅读推广模式也得到普遍重视。如谢蓉[135]总结了数字阅读推广的三种常见模式：社会化媒体推广模式、电子阅读器借阅模式和移动图书馆推广模式。

公共图书馆是全民阅读推广的主力军，呈现出阅读推广活动日常化、开展阅读推广的地区差距缩小、图书馆阅读推广部门边界消失、信息技术广泛应用于阅读推广等趋势[136]。面向对象上，针对儿童、未成年人、农民工、老年人等弱势群体的阅读推广得到重视，数字化阅读推广得到普遍关注。如李怡梅等[137]分析了国内公共图书馆以"网络书香"为代表的数字阅读推广活动现状与案例，从技术、宣传、用户群体等方面对开展数字阅读与推广活动的策略进行了思考；马林山等[138]探讨了云环境下区域公共图书馆联盟数字阅读的推广理念和策略。

公共图书馆是儿童阅读服务的主力军，在儿童阅读推广中承担着阅读资源提供者与阅读教育实施者的双重功能与角色。公共图书馆的儿童阅读推广逐渐细化，面向农村留守儿童、残障儿童、婴幼儿的阅读推广逐渐增多。阅读推广以绘本内容为主，并逐渐过渡到对经典阅读的推广。面对数字化阅读环境的迅速发展，针对儿童的数字化阅读推广也得到了关注。如徐小丽[139]以沈阳市少年儿童图书馆数字化阅读推广实践为例，从数字资源建设、数字化阅读服务平台、数字化阅读行为和习惯等方面探讨了少儿图书馆的数字化阅读推广策略。在阅读方式上，儿童分级阅读和亲子阅读受到了研究者的关注。蔡晓丹[140]指出，分级阅读能有效解决不同年龄阶段、不同阅读水平儿童的阅读内容问题，在介绍国际流行分级阅读标准的基础上，从馆藏结构、阅读推广角度等方面探讨了少年儿童图书馆开展分级阅读的做法；曹桂平[141]针对我国公共图书馆开展亲子阅读活动时存在的理念缺失、发展不平衡和志愿者参与不足等问题，提出要从营造舒适亲子阅览环境、注重亲子阅读活动整体规划、加强与志愿机构合作和尝试服务外包等方面加以改善。此外，针对儿童阅读推广效果的评估也开始受到关注，如王素芳等[142]从图书馆、用户感知和社会影响三个维度构建了儿童阅读推广活动综合评估指标体系，涵盖了图书馆投入—产出和结果—影响多维度指标。

当前我国高校图书馆阅读推广呈现出传统文化活动占据主导、新型媒介推广崭露头角，重视经典阅读推广，普及数字阅读推广等特点，阅读推广活动逐渐走向全面化、网络化和数字化。近年来，高校图书馆阅读推广的现状、问题及对策成为学者关注的焦点。有关高校图书馆阅读推广的评价也得到了重视，如卢苗苗和方向明[143]从活动保障程度、活动实施质量、参与者满意度、参与者收益度、活动绩效 5 个层面构建了高校图书馆阅读推广活动的绩效评估指标体系。

我国图书馆阅读推广还存在着重实践轻理论建设、内容和形式单一、欠缺评估和长效机制、缺少专业人员、缺乏整体配合、数字资源阅读推广不足等问题。图书馆要健全阅读推广组织机构，不断加强理论建设，创新阅读推广的内容和形式,加强评价和长效机制研究,优化数字阅读推广环境,构建阅读服务平台,加强合作,积极推进纸本阅读与数字化阅读、传统推广模式与新媒体技术推广模式的不断融合与发展。

四、高校图书馆社会化服务

随着信息共享理念的普及与公众对信息需求的不断提升,高校图书馆社会服务成为图书馆界热议的话题。尽管目前很多高校图书馆都实行对外开放,但服务内容与对象单一,发展良莠不齐,实质性进展不大。

高校图书馆是否应提供社会化服务和如何提供社会化服务是学者们关注的重点。李龙[144]通过德尔菲法对高校图书馆对外开放的可行性进行调查,得出高校图书馆对外开放的利大于弊,对外开放的最佳形式是与公共图书馆实现资源共建共享,开放过程中可能遇到的最大障碍是思想观念的束缚,高校图书馆自身实力的强大是对外开放最重要的条件,完善的规章制度是高校图书馆对外开放的有力保障。而吴瑾和刘偲偲[145]认为,高校图书馆在进行社会化服务时,必须正确处理好校内资源与开放服务、校外用户与校内读者、有偿服务与无偿服务、信息资源共享与知识产权保护、普泛性服务和特定性服务以及社会效益与经济效益等的关系。

高校图书馆开展社会化服务的模式多种多样。刘桂锋[146]通过梳理国内高校图书馆面向社会服务的实践,从运行主体上将社会化服务划分为自主自建模式和共建共享模式(包括校地共建、馆企联合、图书馆联盟、协会合作),从服务内容的层次上将社会化服务划分为初级层次的借阅服务模式、中级层次的信息服务模式和高级层次的知识服务模式。何小红等[147]则将高校图书馆社会化服务模式划分为面向社会公众的开放式借阅服务模式、面向研发团队的嵌入式定题服务模式、面向城市社区的流动式延伸服务模式和面向组织机构的分馆式多元服务模式。

高校图书馆社会化服务中的法律问题、著作权问题、体制问题、经费保障机制、利益平衡机制、社会驱动机制等也是研究的主题。高校图书馆在保障为本校教学科研服务的同时,要增强社会化服务意识,结合自身优势找准切入点,以保证社会化服务的正常进行。

五、公共文化服务

以普遍均等为目标,覆盖全社会的公共图书馆服务是新时期公共图书馆的发展目标。周月莲等[148]认为,公共图书馆是公共文化服务体系建设的重要组成部分,承担着信息服务、咨询指导、社会先进文化建设、社会教育等功能,是公共文化服务体系的中坚力量和重要基础设施。

“十二五”期间,专门针对公共文化服务性质和特征的研究较多,研究主要集中于公共文化服务均等化、标准化和免费开放的内涵、表现、问题及实现途径。柯平[149]将基本公共文化服务体系划分为基本公共文化保障体系、组织管理体系和评价体系三部分,并提出了公共文化服务体系的标准,其中基本标准包括服务种类、最低保障、场地设施、资源配置、服务半径、保障单位、人员编制、经费投入和责任监管 9 个部分。李国新[150]认为,公共图书馆免费开放的含义指基本服务免费提供,非基本服务降低收费标准,不以营利为目的,其核心是合理界定基本服务,他着重探讨了公共图书馆落实免费开放政策的主要问题及突破。肖希明等[151]在分析我国基本公共文化服务均等化进展及存在问题的基础上,提出公共数字文化资源整合是促进基本公共文化服务均等化的必然选择,而政策、管理、资金、人才是以公共数字文化资源整合促进基本公共文化服务均等化的保障条件。

社会力量是参与公共文化服务建设的重要力量。马艳霞[152]通过调研现有民间力量参与图书馆、博物馆等公共文化服务机构的实践,指出目前民间力量的参与主体主要是公民个人、社会团体、非政府组织和企业,主要方式是兴办实体、资助项目、赞助活动和提供设施等,主要参与内容是公共文化产品的生产和运营,公共文化服务政策的制定、执行和考评,公共文化活动的举办、文化成果的创造以及公共文化基础设施的建设和维护等。此外,对于政府购买图书馆公共服务的研究也逐渐引起了学者的关注。

高校图书馆、图书馆联盟参与公共文化服务体系构建、农家书屋的可持续发展问题继续得到关注。高校图书馆参与公共文化服务体系建设的优势主要包括丰富且专业化的文献资源、高素质人才资源和优良的设备资源。为此,赵晶莹[153]将高校图书馆定位于实现公共文化服务体系的专业化知识服务。许子媛[154][155]阐述了图书馆联盟的文化储备、共建共享及公益服务功能,论述了其在公共文化服务体系中的社会定位、服务定位、实力定位和组织定位,探讨了图书馆联盟与公共文化服务体系的服务共建,包括建立统一的管理机构、划分服务共建对象、构建服务共建模式(共享模式、引导支撑、项目合作模式)。针对农家书屋效率低下及与农村公共图书馆重复建设造成资源浪费等问题,金武刚[156]提出将农家书屋纳入农村公共图书馆服务体系,实现建设主体合一、经费统筹使用、设施统一管理、服务统一规范、人员统一培训，通过两者融合发展提高农村公共文化服务效能。

目前公共文化建设还存在很多问题，特别是基层图书馆、社区图书馆的研究还有待进一步深入。公共图书馆应以创新手段推进公共阅读的均衡发展，以需求为导向提高服务效能，引入竞争机制增强发展动力，应用先进科技创新服务方式，建立法人治理结构，努力实现中国公共图书馆的转型升级和跨越发展[157]。

六、参考咨询服务

当前数字参考咨询服务呈现出以下特点：一是咨询模式多样，实时参考咨询、联合数字参考咨询、移动参考咨询等模式成为目前数字参考咨询的主要发展趋势；二是参考馆员和用户同时扮演着信息查询、信息接收甚至是信息生成的不同角色，二者之间的互动、合作不断加深；三是Web2.0、Web3.0、泛在技术、移动技术、云计算技术、大数据等广泛应用，数字参考咨询的服务内容和形式更加完善；四是服务内容逐渐由文献咨询、信息咨询向知识咨询转变，知识服务成为数字参考咨询的发展方向。

伴随着用户对嵌入式学科服务需求的持续深化，以“嵌入用户科研信息环境、融入用户信息利用过程”为特征的嵌入式参考咨询服务日益得到图书馆同行的认同。李玲[158]分析了嵌入式参考咨询在服务理念、服务机制、服务内容和服务模式等方面的特点及创新发展，指出了嵌入式参考咨询服务存在的问题，对智能咨询、用户流程驱动咨询和云计算环境下参考咨询进行了展望。胡娴洁和陈明[159]则从参考咨询用户、参考咨询人员和参考咨询活动本身三个方面分析了信息共享空间给参考咨询带来的新特点，并从参考咨询人员、参考咨询的服务内容和形式以及信息共享空间整体设计三个方面提出了改进高校图书馆参考咨询服务的措施。

数字参考咨询的构建指参考咨询系统和平台的设计，在具体应用研究中，全国图书馆信息咨询协作网、国家科学数字图书馆参考咨询台、CALIS分布式联合虚拟参考咨询系统、网上联合知识导航站等合作数字参考咨询建设得到广泛关注。王磊、马金林等[160][161]分别就新媒体环境下全国参考咨询协作网的构建、基于Android的移动参考咨询系统设计与实现进行了研究。

而数字参考咨询质量和评价研究则集中于数字参考咨询的服务能力评价和馆员绩效评价。肖卫飞等[162]应用平衡计分法从财务、专业服务、内部管理以及团队发展 4 个维度，提出了我国公共图书馆参考咨询服务绩效管理体系以及绩效评估的关键指标体系。

随着信息环境和用户信息行为的改变，图书馆参考咨询要积极变革，逐步实现参考咨询向知识咨询、参考馆员向知识顾问的转变，努力创新参考咨询方式，大力开展虚拟、实时、联合数字参考咨询，实现参考咨询的自助化、差异化和一站式咨询，以满足用户不断变化的信息需求。

七、信息共享空间

信息共享空间是 E-science 和 E-learning 环境下图书馆创新服务的重要模式。随着 Web2. 0、Web3. 0、大数据技术、云计算技术的普遍应用，信息共享空间的服务和模式不断发展，逐渐从以现有资源为主的服务模式转变成以读者需求为主的服务形式，朝着智能化和个性化的方向发展。

高校图书馆信息共享空间在提供信息服务、参考咨询服务、媒体服务等的基础上，逐渐向知识服务、学科化服务、个性化服务等方向发展，努力实现服务模式的创新。其中，学科化服务和学科信息共享空间的构建受到广泛关注。如罗秀娟[163]在对高校图书馆信息共享空间和学科化服务相结合的必要性和可行性分析下，提出了利用 Web2. 0 技术构建学科信息共享空间 2. 0，并从交流互动、资源建设、学科化服务、支持体系等方面构建了学科信息共享空间 2. 0 服务模式。

近年来，信息共享空间发展出了许多新模式，学习共享空间、研究共享空间、知识共享空间、全球共享空间、IC^2、创客空间等概念相继出现。在我国，有关学习共享空间的建设和研究逐渐增多。如范艳芬[164]在介绍学习共享空间概念、目标和理念的基础上，从建设专业学习、特色学习区域等方面对高校图书馆的服务功能进行改造。作为信息共享空间发展的新模式，学习共享空间强调通过各种服务满足读者协作式学习的要求，提高读者的信息素养和科研能力。

信息共享空间的构建包括理论构建、物理空间和虚拟空间的构建。王蔚[165]指出高校图书馆学习共享空间应当构建布局更加人性化、倡导绿色生态、注重营造趣味性、具有灵活性与可持续发展的空间环境。此外，信息共享空间的用户行为研究、公共图书馆的信息共享空间、主题信息共享空间的构建逐渐得到关注。如胡昌平和胡媛[166]对高校图书馆信息共享空间中用户交互学习行为的影响因素进行了分析，指出感知有用性、感知易用性和感知激励是影响用户交互学习行为的直接因素;苏海燕[167]从实体层、虚拟层和支持层三个方面构建了基于读者发展的主题信息共享空间的建设模式。

第六节　图书馆新技术应用

随着现代科学技术的发展,尤其是随着数字技术和网络技术的发展,我们所处的社会正朝着信息化、网络化的方向发展。“十二五”期间,新技术的应用也为图书馆带来了巨大的变化,云计算技术、RFID、物联网技术使图书馆朝着泛在化和智慧化方向发展,泛在图书馆、智慧图书馆等概念相继出现。此外,图书馆积极尝试应用开源软件和开发可视化技术,不断提高图书馆工作和服务的效能。如何利用各种新技术对图书馆工作进行创新,是图书馆学必须加以关注并应持续进行研究的内容。

一、云计算

2011年,“云计算”作为现代图书馆的十大技术之一被图书馆界所关注[168]。五年来,我国图书馆界对云计算在图书馆领域的应用展开了深入的研究。黄丹瑜、胡新平[169]通过对国外图书馆云计算应用的调研及分析,总结出图书馆应用云计算具有高效节能、扩展性强、节约成本等优势。余正祥、胡云[170]认为,利用SaaS为图书馆提供服务、利用PaaS和IaaS为图书馆提供服务以及利用SaaS、PaaS和IaaS综合为图书馆提供服务等将是图书馆应用云计算的方向,云计算为图书馆的资源共享提供了机遇。王红[171]从OCLC云计算图书馆的战略布局及云应用、云服务角度出发,对图书馆云计算的未来展开设想,提出图书馆将从传统数据中心架构过渡到云计算架构、信息资源将趋于具有高度可扩展性和虚拟化、基于云端的外包服务渐趋统一等。

云计算服务评估体系、数字化资源应用、数据管理、云计算平台基础设施建设以及数字图书馆在云计算环境下的语义服务研究是云计算在数字图书馆中应用的具体内容。马晓亭、陈臣[172]提出了如何建立数字图书馆云计算平台效能评估指标体系,其中包括具体标准及构建方法。张继东[173]就利用云计算技术、语义服务技术来解决数字图书馆的资源重复建设问题和互操作问题,提出了云计算环境下数字图书馆语义服务的框架模型并给出了解决方案。

赵研科[174]认为,我国图书馆应用云计算存在数据空间不足、法律法规欠完善、数据安全等问题。对"云计算"环境下图书馆应该采取的策略,耿丽丽等[175]提出了针对用户、技术、图书馆联盟、政府、服务商等的具体建议。

二、图书馆开源软件

开源软件有着成本低廉、开放自由的特点,目前图书馆已经有许多开源软件的应用,涵盖了从数字资源永久保存、馆际互借、个性化信息服务等在内的各个领域。

图书馆采用开源软件主要分为三类:第一类是通用型开源软件:Linux、MySQL、PHP、Apache、Perl、Openoffice、OpenVPN 等,此类软件并非专为图书馆开发但可为图书馆所使用;第二类是图书馆业务管理平台软件,如:Koha、OpenBiblio、Emilda 等;第三类是数字图书馆建设平台软件,如 Greenstone、Fedora、DSpace、DLXS、LOCKSS 等[176]。

邓君、陈丽君[177]指出,构建开源社区,加强对开源软件可靠性的监管,应用开放源码门户软件实现无缝链接,对图书馆电子资源进行聚合、可视化展示、传输和以用户为中心的个性化、知识化服务及采用开源软件的形式推动开放数据和开放服务,将越来越成为图书馆学研究的热点,也将成为图书馆开源软件重要的发展方向。

三、RFID、物联网技术

"智慧图书馆"(Smart Library)是不受空间限制且可被感知的移动图书馆。2011 年以来,我国图书馆学界也从多个角度对"智慧图书馆"进行了研究,认为"智慧图书馆"是继复合图书馆、数字图书馆之后图书馆发展的一个更高级阶段[178],智慧图书馆具有网络智能化、节能环保、高效便捷的特点,拥有深入立体的感知能力[179][180]。

新技术的应用促进了智慧图书馆的成长,例如智慧图书馆利用物联网技术,在图书上设置带传感能力的电子标签,就能够解决图书馆中图书和图书信息管理系统之间缺乏桥梁的问题[181],使"智慧图书馆"不仅可以提供物理馆藏的定位管理和无人值守的自助式服务,还能够根据读者在社会性网络活动中的偏好,结合地理位置和情境信息,提供即时的个性化服务[182]。陈嘉懿[183]提出,图书馆应充分挖掘 RFID 技术在构建智慧图书馆中的潜力,包括数据的合理抓取与应用挖掘机制;要研究非接触移动支付智能手机技术[184]、可穿戴技术[185]等技术在智慧图书馆中的应用。

针对图书馆构建智慧图书馆的案例研究也比较多,如上海大学图书馆通过统一规划,在技术实现的三个层次上展开了一系列有针对性的实践。本着“先易后难、采用成熟技术、使用和实践一代、规划和预研一代”的原则,在智慧图书馆的感知层和交互层进行了实践,并在计算层上做了相关规划。通过感知层面的RFID书籍识别和自动借还书系统,交互层面的移动图书馆、RSS智能信息推送和智能座位预订系统的实践,结合未来私有云计算中心的规划,初步具备了智慧图书馆的服务能力[186]。西南政法大学也于2014年将RFID系统与该馆移动图书馆系统整合,不但实现了防盗、自助借还、书架管理等传统功能,并且实现了App借阅、微信借阅、手机定位和手机借还书等创新服务功能[187]。

四、图书馆可视化技术

如何将馆藏资源进行有效的组织进而实现馆藏资源组织知识化,并通过馆藏资源深度聚合和可视化手段提供面向各类用户的知识服务具有重要的现实意义。我国图书馆馆藏资源可视化的五个研究热点是:基于本体技术的信息检索可视化和可视化数据挖掘、基于GIS和RFID技术的图书馆可视化信息系统、信息可视化技术在数字图书馆的应用、基于元数据和知识地图的图书馆可视化知识服务、图书馆OPAC系统可视化交互设计。

利用可视化技术进行馆藏资源聚合结果的可视化展示,可发现海量馆藏资源中的潜在隐性知识,揭示聚合结果的深层次内涵,并提高聚合结果的可理解性和可认知性,强化馆藏资源的有效利用与共享。吕红、邱均平等[188]通过对国内馆藏资源可视化研究进展的科学分析发现,我国馆藏资源可视化研究主要从面向用户提供知识服务的检索视角展开,涉及资源分布的可视化、检索过程的可视化、检索结果的可视化和可视化效果评价。为更加有效地可视化揭示馆藏资源及其关联,需要解决馆藏资源的语义化与语义化馆藏资源的关联聚合这两个问题,即在语义层面上强化馆藏资源的知识组织,并深化馆藏资源的知识聚合。对馆藏资源从语义层面进行深度聚合后,通过可视化手段展示其深度聚合结果,使信息语义形象化,可提高信息的可理解和信息的可认知性。基于领域本体的馆藏资源语义化和基于元数据的馆藏资源语义化给馆藏资源语义化提供了实现路径。馆藏资源语义化和聚合问题对于馆藏资源可视化展示具有重要作用，馆藏资源语义化、聚合和可视化作为一个有机的整体，共同目的都是为更有效地提高图书馆利用馆藏资源开展知识服务的能力。

第七节　知识产权与图书馆法

法律法规是图书馆开展相关业务和提供优质服务的必要保障。“十二五”期间，随着数字图书馆进程的加快，有关数字图书馆建设过程中的知识产权、标准化等问题日益突出，各项数字化建设标准如《数字图书馆建设中标准规范应用指南》《基本元数据规范》《唯一标识符应用规范》等相继出台。此外，随着公共文化服务体系的深入开展，及加快我国《公共图书馆法》的出台，各学者围绕《公共图书馆法》的性质、要素、属性、适用范围等问题展开了系列研究。

一、数字图书馆知识产权

随着数字图书馆的发展，知识产权问题也日益增多。阎贵平[189]认为，数字图书馆面临的知识产权问题主要集中在两个方面：一方面，现有的知识产权保护模式无法给予著作权人以有效的保护，使其利益受损；另一方面，如果无限扩大著作权人的权利，运用技术保护措施去严格控制信息资源利用，会损害大多数用户的利益，造成知识产权保护与图书馆发展之间的激烈碰撞。

申晓娟等[190]以国家数字图书馆建设中采取的知识产权策略为例，对数字图书馆在现有法律框架下可行的知识产权解决方案进行分析。她们指出，充分利用现有法律法规开展数字资源服务、开发公有领域资源、开发不受保护的资源，重视利用开放存取资源、开展版权获取方式创新、多途径获取合法数字版权、建立完善的知识产权管理制度等，是解决数字图书馆知识产权问题的有效途径。张文德[191]以信息安全风险模型为基础，从影响数字图书馆知识产权风险的安全资产、威胁、薄弱点、安全措施入手，构建了数字图书馆的知识产权风险评估体系，在评估准则的指导下，运用基于集值统计的模糊综合评价法对知识产权风险进行评估，为数字图书馆知识产权风险管理提供了有益的参考。还有学者在“德勤企业风险智能管理”概念的基础上构造了由核心层、基础层、保障层和威胁层组成的数字图书馆知识产权风险智能管理框架，作为数字图书馆开展风险智能管理的指导性框架，然后进一步构建可以揭示风险智能能力与数字图书馆持续发展关系的风险智能模型，全面详尽地展示了一套完善的数字图书馆知识产权。

二、图书馆立法

目前，世界上已有80多个国家或地区发布了210多部与图书馆相关的法律，我国不少省（直辖市、自治区）也制定了相关的图书馆法规，而国家层面的《公共图书馆法》也在制定中。但图书馆法治建设绝不仅仅是制订一部“图书馆法”，而是要构建图书馆事业发展的法律保障体系，营造图书馆事业发展的法治环境[192]。

为了配合我国《公共图书馆法》的立法，一些学者分别对日本[193]、英国[194]、美国[195]等国家的公共图书馆立法进行了研究，并结合我国国情，提出了针对我国图书馆立法的建议。裴成发[196][197]从公共图书馆法的法理角度，对我国公共图书馆立法进行思考，对公共图书馆法的要素、属性及原则、法律关系以及法律责任与法的适用等进行研究，重点就公共图书馆法客体要素中的物、人、精神以及行为结果等进行阐释，以求促进我国公共图书馆法的立法进程，提升公共图书馆对其法律客体问题的认知和判断，从而促进我国公共图书馆事业的可持续发展。刘亮[198]对我国地方性公共图书馆立法的成就、效果与问题进行梳理和总结指出受地方性立法的局限，我国公共图书馆事业尚存在一些未能解决的普遍性问题，有待于制订全国性的公共图书馆法予以解决。孙瑞英、马海群[199]则应用“非零和博弈”理论分析建立图书馆法的决策过程，建立图书馆法运行的博弈模型，指出图书馆立法过程中互利多赢的必要性与可能性。

三、图书馆标准化研究

标准化是各个行业获得健康发展的一项重要举措，一个国家或一个机构如果在某个行业的标准化工作方面取得领先的地位，那这个国家或机构也将在这个行业获得绝对的发展优势。对于图书馆这类知识服务的行业来说，标准化工作不仅能提高个体图书馆的建设和服务水平，更有助于图书馆实现其信息交流和信息共享的服务理想。“十二五”期间，我国图书馆标准规范体系建设取得了一些成绩，尤其是数字图书馆相关标准建设进展较快，如制定了

《数字图书馆建设中标准规范应用指南》《基本元数据规范》《元数据扩展规划》《专门元数据规范》《唯一标识符应用规范》等。

为了全面了解国际标准化组织(ISO)和国际图联(IFLA)图书馆标准规范的研制情况,由刘兹恒主持的《ISO、IFLA图书馆标准规范体系研究》,发表了一系列研究成果[200][201][202][203]。该研究系统总结ISO和IFLA制(修)订的图书馆标准规范体系结构,明确其涉及的重点领域及相关的工作机制,为我国图书馆标准化工作的体系化、制度化建设提供了参考借鉴。该研究还从我国图书馆标准规范体系和图书馆标准化工作机制两方面与ISO和IFLA进行了对比,分析了我国图书馆标准化工作中存在的问题,为未来的图书馆标准化工作实践提出了针对性的建议。

张琳、宋文[204]根据我国标准规范的分类、性质和作用,综合国内外数字图书馆标准规范建设成果,从我国数字图书馆信息组织领域标准规范的层级结构、发布时间、标龄、采标程度和内容5个方面分析了我国数字图书馆信息组织领域内标准规范建设存在的问题,包括标准格式不规范、层级结构分布不均、标龄长、采标程度混乱、标准规范内容陈旧等。针对这些问题,他们提出了借鉴国外标准的先进管理经验,建立相应的管理机构,在掌握该领域全部标准的基础上,加大对标准的审批、发布和维护的流程控制等建议。

第八节　图书馆联盟

图书馆联盟是实现资源共建共享的重要途径。"十二五"期间,我国图书馆联盟已从重视文献资源建设转向重视数字图书馆建设,从重视信息资源建设转向重视为用户提供服务和提高信息资源的利用率,图书馆联盟的管理模式与风险评估也得到普遍关注。图书馆联盟的类型中,高校图书馆联盟、公共图书馆联盟成为重点研究对象,跨系统的图书馆合作也受到普遍关注。随着移动网络技术的日益成熟与普及,移动图书馆联盟将成为未来高校图书馆信息资源共享的发展方向与理想模式。

一、图书馆联盟建设

"十二五"期间我国图书馆学界对图书馆联盟建设的研究主要集中在以下四个方面:通过对国外图书馆联盟建设的研究探寻对我国图书馆联盟建设

的借鉴;数字图书馆联盟建设研究;区域图书馆联盟、中小城市图书馆联盟建设研究;高校图书馆和专业图书馆联盟建设研究。

马志杰[205]对我国14个省域高校数字图书馆联盟现状进行了调查,发现目前自动化集成管理系统不统一、共享效果不佳等问题,并从多渠道筹集经费、加强对不发达地区的支持力度、争取政府的大力支持、采用统一的自动化管理系统、加强特色数据库的建设和共享、建立利益平衡机制等方面提出了建议。戴磊等[206]则从经济学的角度分析了数字图书馆联盟建设背景及目标,运用系统论对数字图书馆联盟的成本效益进行全面分析,在充分发挥其社会效益的基础上,使数字图书馆联盟的投入产出最大化,实现数字图书馆联盟的可持续发展。李硕等[207]把项目管理方法应用到数字图书馆联盟建设中,结合天津高校数字图书馆联盟建设项目这一实际案例,着重论述了项目管理在联盟建设中的运用,提出了项目管理在数字图书馆联盟建设中的应用前景。李文文等[208]将经济学中的知识溢出理论引入我国高校数字图书馆联盟建设,把产业集群知识溢出机制应用到区域高校数字图书馆联盟建设机制中,提出了我国高校数字图书馆联盟的发展策略。刘颖等[209]对我国中小城市区域图书馆联盟建设进行了研究,指出中小城市图书馆具备了建立联盟的外部条件、内在基础和可借鉴的成功经验,建立区域性图书馆联盟具有可持续发展的可行性。赵益民[210]通过分析国内外图书馆联盟建设现状,论述了构建面向南亚、东南亚开放的跨境图书馆联盟的意义与作用,提出了我国面向南亚、东南亚开放的跨境图书馆联盟建设的基本框架。这些研究都表明了图书馆联盟的建设是有机的、可持续发展的,图书馆联盟的建设需要因地制宜、与时俱进。

二、图书馆联盟管理模式

从整体上看,我国已有的图书馆联盟大部分在组织形式上为松散型的虚拟组织,并没有强制性的、规范的管理体制和运行机制,所以在图书馆联盟的运营上不可避免地出现了一系列问题。借此,一些学者就我国图书馆联盟在发展中存在的诸如著作权、联盟核心竞争力、经费管理、合作交流等问题进行了研究,提出图书馆联盟在管理模式上需要进行改进,应设置专职的管理人员,建立规范制度,以确保联盟运行的可执行性和延续性[211]。王静[212]也从图书馆知识管理的角度,对网络环境下加强图书馆联盟管理进行了研究,提出了提高图书馆联盟生存能力的举措。另有学者分别对湖南省高校数字图书馆联盟、吉林省图书馆联盟、台湾地区跨系统图书馆联盟等进行了分析，意在对图书馆联盟管理模式进行归纳与总结[213][214][215]。任岩等[216]指出，移动图书馆联盟信息服务平台的发展也为具有明确而具体信息需求的用户提供了新的信息服务方式，移动图书馆联盟将成为图书馆联盟的一种新模式。

三、图书馆联盟风险与评估

刘颖[217]按照生命周期理论把图书馆联盟分为选择期、形成期、运行期和解体期四个阶段，分析了图书馆联盟中风险产生的原因和图书馆联盟生命周期各个阶段中出现的风险类型，并对各阶段的风险提出了不同的防范方法与应对策略。郑伟青[218]认为，图书馆联盟知识网络的风险具有传导性、复杂性、放大性、博弈性等特点，这些风险可划分为可控与不可控两种。他通过对图书馆联盟风险形成规律和途径进行探讨，构建了图书馆联盟知识网络风险防范机制，给出了具体的图书馆联盟知识网络风险防范步骤。

结合现阶段我国图书馆联盟管理模式，许子媛[219]在分析图书馆联盟信息共享内容及障碍的基础上，总结出联盟信息共享模式的表现形式有：集中式、顺序式和互惠式，并对不同信息共享模式的信息传递效率进行了比较。运用信息时效熵和质量熵理论对图书馆联盟信息共享模式进行了评价分析，计算出集中式信息共享模式信息时效熵值和质量熵值最小，与其他两种信息共享模式相比具有总体优越性。张利敏[220]等指出，目前区域图书馆联盟评价主要集中在运作绩效及指标设定、服务及质量、投资决策等联盟本身，很少考虑其社会影响和社会风险等社会性问题，所以对区域图书馆联盟的社会评价，可促使区域图书馆联盟评价更趋科学化、合理化、人性化。范亚芳[221]等从资源、服务、技术、管理、人力五方面探讨图书馆联盟的构成要素，从输入、产出、效果三方面分 10 种因素架构了图书馆联盟的绩效评估指标体系，完善了联盟共享体系结构，为规范和调控共享行为提供了依据。孟凡静[222]对组织知识联盟的相关理论进行了梳理，建立了以知识为基础的组织联盟螺旋发展模式，从而设计出图书馆联盟绩效评估指标体系，并通过模糊 Borda 数分析法确定各级指标权重，采用德尔菲法与模糊评估相结合的方法对具体实例进行了综合评估，证明了其可行性。

第九节　国家社科基金“图书馆、情报与文献学”项目统计

根据国家社会科学基金项目数据库统计，2011—2015年“图书馆、情报与文献学”一级学科共获得707项不同类型的国家社科基金项目资助，项目汇总情况如表17－1所示（详细内容见附录一）。从项目立项时间上，2011—2015年总体上呈上升趋势，2013年立项数量最多，为155项；2014和2015年有所降低，但基本上保持平稳。从项目类型上，一般项目最多，共计335项，占项目总数的47.38%；青年项目次之，共计229项，占项目总数的32.39%；重大项目共有12项，平均每年有2个重大项目。

表17－1　图书馆、情报与文献学国家社科基金项目表

年份	重大项目	重点项目	一般项目	青年项目	西部项目	后期资助项目	成果文库	总计
2011	0	9	49	41	14	3	2	118
2012	3	6	60	49	15	0	2	135
2013	4	10	68	53	14	6	0	155
2014	5	11	75	47	7	4	0	149
2015	0	9	83	39	11	8	0	150
总计	12	45	335	229	61	21	4	707

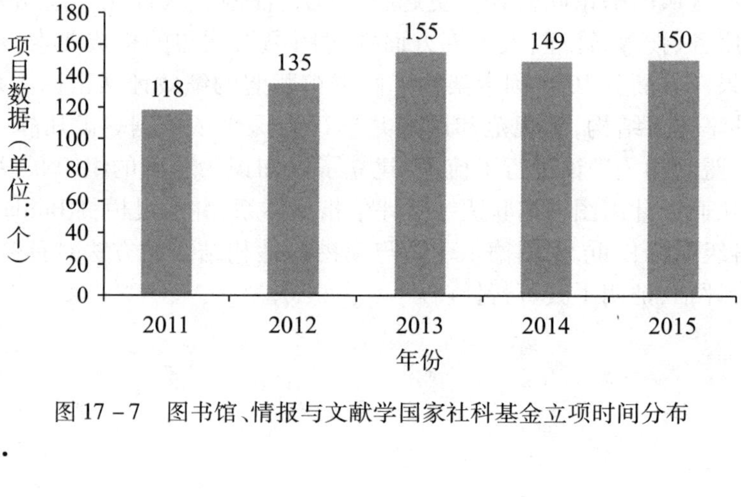

图17－7　图书馆、情报与文献学国家社科基金立项时间分布

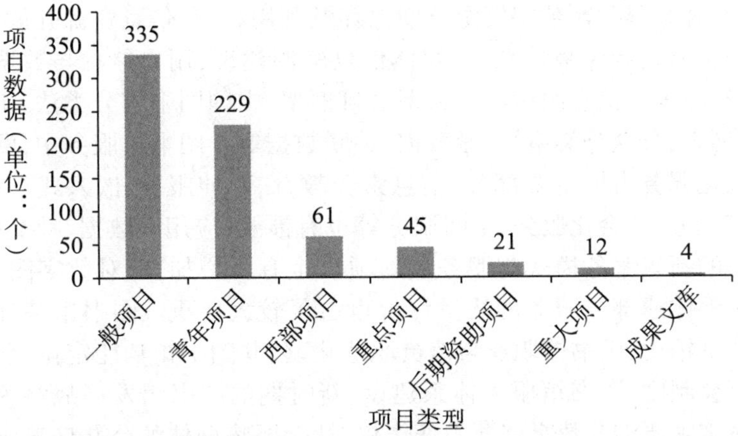

图 17－8　图书馆、情报与文献学国家社科基金项目类型分布

根据教育部人文社会科学基金项目的数据统计，2011—2015 年“图书馆、情报与文献学”一级学科共获得 307 项不同类型的教育部人文社科基金项目资助，项目汇总情况如表 17－2 所示（详细内容见附录二）。从项目立项时间上，2011—2015 年总体上呈下降趋势。从项目类型上，一般项目最多，共计 293 项，占项目总数的 95.44%，其中规划基金项目和青年基金项目各占 120 和 173 项；西藏和边疆地区项目、西藏项目的数量很少。

表 17－2　图书馆、情报与文献学教育部人文社科基金项目表

	一般项目		西藏和边疆地区项目		西藏项目		
年份	规划基金	青年基金	规划基金	青年基金	规划基金	青年基金	总计
2011	34	42	1	2	0	1	80
2012	31	37	0	2	0	0	70
2013	23	34	1	1	0	1	60
2014	14	29	2	1	0	1	47
2015	18	31	0	0	1	0	50
总计	120	173	4	6	1	3	307

从两类基金资助的主题分布来看，图书馆学二级学科的立项项目中，研究重点主要集中于图书馆的信息资源建设、信息组织、图书馆服务、图书馆基础理论研究、图书馆法律法规建设等方面。其中，信息资源建设涉及数字资

源的整合与深度聚合、数字资源长期保存及利用状况、信息资源开放获取、信息共享与文献资源保障体系、多媒体信息资源建设、用户信息与数据的资源化、数据资源等。信息组织涉及新型书目框架、中国图书馆分类法、机构规范文档、叙词表、分众分类系统、元数据、关联数据等。图书馆服务中,阅读推广和公共文化服务占据主要部分;信息素养教育、延伸服务、嵌入式学科服务、参考咨询服务、社会化服务、空间服务等也有涉及;应用大数据、社交媒体、用户资源等的新兴服务模式与服务创新项目也有所增加;针对数字图书馆、移动图书馆整体或部分服务的质量评价也占了较大比重。图书馆基础理论研究包括图书馆史、图书馆职业与馆员职业化、公共图书馆功能定位、公共图书馆的理事会制度、图书馆服务体系建设、新时期的图书馆发展战略等。图书馆法律法规主要涉及数字资源的著作权、社会弱势群体的公共信息服务保障权、数字资源长期保存的法律保障体系等。

情报学二级学科的立项项目中,围绕云计算、语义化、大数据等环境开展的知识组织、知识管理、知识发现、知识服务、知识共享、协同知识创新、个性化知识推荐等主题占了很大比重。研究重点具体集中于网络舆情研究、用户信息行为与服务研究、文献计量学、情报分析方法与技术、信息安全等方面。其中,网络舆情研究包括基于社交媒体的网络舆情主题发现研究、大数据环境下的舆情分析与治理研究、突发事件舆情传播规律和应对策略等。用户信息行为与服务研究包括面向西部地区农民的信息需求分析、面向科研人员的协同合作信息行为研究、面向低收入者及老年人等的信息查询或搜索行为、健康行为、使用行为研究、用户阅读行为研究等。文献计量学从多角度探索学术及学术期刊的综合影响力问题。情报分析方法与技术涉及引文分析、关联数据、本体、可视化、知识图谱等内容。信息安全包括云环境或大数据环境下的个人信息安全保护、国家数字学术资源信息安全保障体系、用户隐私保护、开放数据与数据安全等。此外,有关竞争情报、政府信息公开和政府信息资源管理、整合与共享、网络信息生态建设、网络信息资源的深度聚合与服务、信息资源的协同建设、大数据环境下的科研数据管理与利用研究等均有涉及。

文献学二级学科的立项项目中,主要集中于专门文献资料的整理及数字化研究,涉及目录、版本、校勘等多个方面,强调古籍文献的保护、开发与利用,如藏文藏经的目录编制、少数民族医药文献的整理与保护、敦煌资料整理、抗战时期文献整理、传统古籍文献资源的整理与保护、地方志等;古籍文献资源、碑刻资源、非物质文化遗产等的数据库建设和利用。此外，古籍修复技术、藏书研究、家谱研究等也均有涉及。

档案学二级学科的立项项目中，主要涉及各类型历史档案的整理与维护、数字时代档案信息资源整合与档案服务、电子文件管理、数字档案馆的建设、档案安全与保护、个人档案服务、档案社会化服务与开放利用、档案信息生态管理、档案价值研究、档案发展史等内容。

“十二五”期间我国图书馆学研究发展稳步前行，时有亮点。随着改革的深化、网络信息技术的进步，图书馆学研究的外延在不断扩大，研究内容更加多元化，整体研究水平不断提高。图书馆学研究在总体上能够做到实事求是、与时俱进，面对机遇与挑战并存的发展现状，图书馆学界体现出了十足的信心。

通过对“十二五”期间图书馆学主要研究成果的梳理和总结，可以发现图书馆学研究在基础理论方面依然发挥着积极指导实践的作用，理论研究不断深入，从而推动了图书馆学理论体系的逐步健全；技术的革新、图书馆用户需求的变化，让图书馆馆藏结构发生改变，尤其是数字资源的激增，促使关于图书馆数字资源建设的相关研究成果数量不断攀升，与此同时，图书馆信息资源建设方式、内容等的变化也潜移默化地影响着图书馆的用户；图书馆界从未停止对新兴技术与图书馆工作实践相结合的思考，对推动社会发展，促进产业升级的新型网络信息化技术，图书馆学界一直抱有热忱；现代化的管理方法被不断应用到图书馆管理的研究和实践中，促使图书馆管理理念不断进步，为打造现代化的图书馆服务，推动图书馆管理研究形成助力；对用户和服务的研究是图书馆研究的永恒主题，“十二五”期间图书馆学界对用户的关注度日益提升，对用户需求体察的敏感度不断加强，并在行业内深化了“服务至上”的理念，服务模式有所创新；对知识产权、图书馆立法问题的愈发重视也体现了行业对捍卫公平、正义的自觉性和对保护图书馆、图书馆用户权利的追求；图书馆空间再造、图书馆功能创新和图书馆联盟化的深入研究也充分说明了“十二五”期间图书馆学研究内容的变化和图书馆事业转型发展的趋势。

综上所述，我们捕捉到了两个可以概述图书馆事业发展趋势的关键词：转型和升级。畅想未来，在2016—2020年全面建成小康社会的决胜阶段，在图书馆事业发展的下一个重要历史进程，在面临着机遇、风险与挑战并存的特殊时期，“转型和升级”将成为我国图书馆事业的主要特征。因此，中国图书馆学应当适时调整研究策略,科学确定研究方向,主动将图书馆学研究融入国民经济与社会发展的主流,并积极推动将图书馆学研究纳入国家科学发展的大视野。

(执笔人:刘兹恒　苗美娟　梁宵萌)

参考文献:

[1] 梁灿兴. 寻找图书馆学的哲学基础[J]. 图书馆,2012(2):1-3.

[2] 徐跃权. 关于图书馆学的研究对象问题的哲学探索[J]. 图书馆学研究,2014(1):2-5,24.

[3] 刘伟,王颖,杜云祥,等. 21 世纪图书馆学研究方法体系评述[J]. 图书馆工作与研究,2011(1):22-27.

[4] 刘伟,王传清. 21 世纪我国图书情报学方法论研究综述[J]. 图书馆,2011(3):68-73.

[5] 徐建华,俞碧飏. 规范化实证研究——图书馆学研究整体提升与发展的重要路径[J]. 高校图书馆工作,2012(1):28-32.

[6] 金胜勇,王彦芝. 图书情报学研究方法概念体系概说[J]. 图书与情报,2013(4):39-43,144.

[7] 范并思. 权利、读者权利和图书馆权利[J]. 图书馆,2013(2):1-4.

[8] 刁霄宇,高波. 我国图书馆权利实证研究[J]. 图书情报工作,2015(8):25-31.

[9] 白君礼. 论图书馆社会责任的研究内容[J]. 中国图书馆学报,2012(3):117-127.

[10] 蒋永福,佟馨. 图书馆社会责任研究[J]. 情报资料工作,2011(4):36-40.

[11] 洪伟达,王政. 图书馆社会责任内涵及其限度研究——对德鲁克社会责任思想的思考[J]. 国家图书馆学刊,2011(2):51-56.

[12] 郭海明. 图书馆社会责任承担的动因与对策研究[J]. 国家图书馆学刊,2013(4):9-15.

[13] 李秀莲. 图书馆社会责任实践路径探讨[J]. 图书馆工作与研究,2013(10):4-7.

[14] 杨萍. 试论图书馆职业道德的三个层面[J]. 图书馆论坛,2011(2):163-165.

[15] 沈光亮. 我国图书馆职业伦理建设反思[J]. 图书馆,2011(2):20-21,29.

[16] 沈光亮. 图书馆职业的道德维护[J]. 图书馆,2011(4):1-3.

[17] 吴志鸿. 比较视野下图书馆员职业素养及相关问题的探讨[J]. 图书馆建设,2011(11):75-79.

[18] 刘兹恒,曹海霞. 图书馆学教育改革的目标——面向更广泛的信息职业[J]. 国家图书馆学刊,2011(1):3-5,11.

[19] 王冬阳,蔡箐,冯佳,等. 我国图书馆职业资格制度实现路径分析[J]. 图书馆杂志,2015(2):63-67.

[20] 陈传夫,王云娣,盛钊,等. 图书馆员去职业化问题、原因及对策研究[J]. 中国图书馆

学报,2011(1):4-18.
[21] 俞碧飏,徐建华,卢正明. 当今图书馆员刻板印象实证分析[J]. 图书馆理论与实践,2012(12):8-13.
[22] 徐建华,王伟,俞碧飏. 专业教育对未来职业者图书馆员刻板印象的影响分析[J]. 图书与情报,2013(2):53-57.
[23] 黄筱玲. 沉寂与永续:2014 年国内图书馆学基础理论研究一瞥[J]. 图书馆,2015(11):74-79.
[24] 刘亮,谢明诠. 近代以来中国图书馆服务思想和实践的流变[J]. 图书馆建设,2014(1):48-53,63.
[25] 荣红涛. 20 世纪 80 年代以来民国图书馆学思想研究述评[J]. 图书馆,2014(1):44-48.
[26] 王彩. 浅析现代图书馆电子图书采购方式的转变[J]. 图书馆工作与研究,2014(1):35-39.
[27] 刘华. 以读者为主导的文献资源建设——美国学术图书馆读者决策采购(PDA)研究[J]. 图书情报工作,2012(5):89-93,127.
[28] 唐吉深. 我国读者决策采购(PDA)研究述评[J]. 图书馆学研究,2015(2):22-28.
[29] 吴进琼. 国外图书馆联盟电子资源联合采购模式解析[J]. 图书馆学研究,2013(12):76-78.
[30] 肖珑,章琳. 引进数据库的发展趋势与价格成本策略[J]. 大学图书馆学报,2015(1):5-13,20.
[31] 吴高,韦楠华. 我国图书馆数字资源采购问题与对策研究[J]. 图书馆建设,2012(12):20-24.
[32] 梁欣. 移动图书馆联盟:高校图书馆信息资源共享未来的发展趋势[J]. 情报资料工作,2012(2):65-69.
[33] 张新鹤,肖希明. 我国图书馆信息资源共享机制现状调查与分析[J]. 中国图书馆学报,2011(3):66-78.
[34] 官凤婷,高波. 我国高校图书馆信息资源共享现状研究[J]. 图书情报知识,2012(3):55-61.
[35] 赵俊颜. 图书馆数字资源用户满意度的测评研究[J]. 情报理论与实践,2012(3):91-94.
[36] 王丹丹. 基于使用数据的馆藏电子资源评价方法与系统分析[J]. 情报杂志,2014(2):166-170,200.
[37] 李迎迎,王娟,郑春厚. 高校图书馆数字资源服务评价指标体系构建[J]. 情报杂志,2014(3):192-197,142.
[38] 梁冬莹,周庆梅,王克奇. 基于层次分析法的数字资源服务绩效评价体系构建[J]. 情报科学,2013(1):78-81,128.

[39] 蒲筱哥,胡亚敏.图书馆电子资源绩效多指标综合评价方法评析[J].图书情报工作,2013(7):139-143,146.

[40] 万文娟,吴高.我国机构知识库内容建设问题与策略分析[J].图书馆,2013(1):110-113.

[41] 李明鑫,田丹.我国机构知识库建设中的政策因素分析[J].图书馆,2013(1):107-109.

[42] 张耀坤,李倩,郑雅青.基于循证政策方法的我国公共资助研究成果开放存取政策制定[J].中国图书馆学报,2014(3):90-99.

[43] 张晓林,李麟,李姝影.国外教育科研机构支持作者发表开放出版论文的政策研究[J].图书情报工作,2013(1):32-36,42.

[44] 尚新丽,马云飞.国内三大高校机构知识库开放存取政策调查研究[J].图书馆,2015(1):41-44.

[45] 顾立平,张晓林,初景利,等.开放获取期刊的评价与遴选:质量水平、开放程度和服务能力[J].图书情报工作,2013(1):49-54.

[46] 刘海霞,陈文洁,胡德华,等.机构仓储可持续发展综合评价指标体系研究[J].中国图书馆学报,2014(2):67-77.

[47] 陈铭,叶继元.基于“全评价”分析框架的开放存取仓储评价体系研究[J].图书馆论坛,2014(8):40-47.

[48] 刘桂锋,卢章平,阮炼.美国高校图书馆研究数据管理服务内容研究[J].图书馆论坛,2015(8):137-144.

[49] 崔宇红.E-Science 环境中研究图书馆的新角色:科学数据管理[J].图书馆杂志,2012(10):20-23.

[50] 郝晓燕.基于 OAIS 功能模型的数字资源长期保存责任体系构建[J].图书馆学刊,2012(6):124-126.

[51] 钟源,吴振寰,刘灿姣.数字资源长期保存馆社合作模式调查分析[J].图书情报工作,2014(2):91-95.

[52] 王爱霞,王鸿信,王慧莹.试论在数字信息资源长期保存中《著作权法》的缺失与完善对策[J].情报理论与实践,2014(11):30-33.

[53] 刘可静,孙铮.美国图书馆数字资源长期保存利用中的隐私政策与实施措施及启示[J].图书馆,2011(6):92-94,113.

[54] 黄如花,邱春艳.国内外科学数据元数据研究进展[J].图书与情报,2014(6):102-108.

[55] 张静蓓,田野,吕俊生.科学数据引用规范研究进展[J].图书与情报,2014(5):100-104.

[56] 宋琳琳,李海涛.大型文献数字化项目元数据互操作调查与启示[J].中国图书馆学报,2012(5):27-38.

[57] 张宏伟,许慧.基于 DC 元数据仓储的数字资源整合研究[J].图书馆学刊.2014(6):32-34.

[58] 程颖.数字资源元数据质量管理的研究与探索[J].图书馆,2015(7):66-69,104.

[59] 黄莺. 元数据质量的定量评估方法综述[J]. 图书情报工作,2013(4):143-148.
[60] 编目精灵. FRBR 化:在我国实施的难点[EB/OL]. [2011-08-06]. http://catwizard.boke.com/2361272.html.
[61] 高红,靖翠峥. 图书馆 OPAC 的 FRBR 实践及相关思考——来自 RDA 标准的启示[J]. 国家图书馆学刊,2011(2):21-27.
[62] 刘炜,胡小菁,钱国富,等. RDA 与关联数据[J]. 中国图书馆学报,2012(1):34-42.
[63] 姜化林. RDA Toolkit 使用的利弊分析[J]. 图书馆杂志,2012(12):24-26,33.
[64] 庄蕾波,胡小菁.《中国文献编目规则》和 RDA 对电子资源著录的异同分析[J]. 图书馆建设,2012(11):33-38,41.
[65] 庄蕾波,胡小菁. RDA 中文电子资源著录实务[J]. 图书馆论坛,2013(2):130-136,163.
[66] 欧石燕,胡珊,张帅. 本体与关联数据驱动的图书馆信息资源语义整合方法及其测评[J]. 图书情报工作,2014(2):5-13.
[67] 肖希明,完颜邓邓. 基于本体的公共数字文化资源整合语义互操作研究[J]. 国家图书馆学刊,2015(3):43-49.
[68] 陈涛,夏翠娟,刘炜,等. 关联数据的可视化技术研究与实现[J]. 图书情报工作,2015(17):113-119.
[69] 夏翠娟,刘炜,赵亮,等. 关联数据发布技术及其实现——以 Drupal 为例[J]. 中国图书馆学报,2012(1):49-57.
[70] 贾君枝,赵洁. DDC 关联数据实现研究[J]. 中国图书馆学报,2014(4):76-82.
[71] 黄华军,曾新红,林伟明. OTCSS 关联数据服务的研究与实现[J]. 现代图书情报技术,2012(Z1):40-47.
[72] 鲜国建,赵瑞雪,寇远涛,等. 农业科学叙词表关联数据构建研究与实践[J]. 现代图书情报技术,2013(11):8-14.
[73] 欧石燕. 国外术语注册与术语服务综述[J]. 中国图书馆学报,2014(5):110-126.
[74] 戎军涛. 基于关联数据的知识组织深度序化机制研究[J]. 图书情报工作,2015(13):134-141.
[75] 游毅. 面向馆藏聚合的书目关联数据实现[J]. 情报理论与实践,2014(8):105-110.
[76] 游毅,成全. 试论基于关联数据的馆藏资源聚合模式[J]. 情报理论与实践,2013(1):109-114.
[77] 丁楠,潘有能. 基于关联数据的图书馆信息聚合研究[J]. 图书与情报,2011(6):50-53.
[78] 郑燃,唐义,戴艳清. 基于关联数据的图书馆、档案馆和博物馆数字资源整合研究[J]. 图书与情报,2012(1):71-76.
[79] 许小梅,吴丹. 大学生的图书标注行为研究——基于武汉大学图书馆读者的问卷调查[J]. 图书馆论坛,2013(4):42-46.

[80] 张云中,杨萌,徐宝祥. 基于FCA的Folksonomy用户偏好挖掘研究[J]. 现代图书情报技术,2011(6):72-78.
[81] 王雯霞. 基于社会化标签的MARC书目数据扩展研究[D]. 长春:东北师范大学,2014.
[82] 吴江. 自由分类标签类聚成网状分类结构研究与实现[J]. 图书情报知识,2011(1):75-81.
[83] 孙中秋,陈晓美,周姗姗. 基于SNA的社会化标注系统标签资源聚合研究[J]. 图书馆学研究,2014(13):53-61,94.
[84] 易明,邓卫华,徐佳. 社会化标签系统中基于组合策略的个性化知识推荐研究[J]. 情报科学,2011(7):1093-1097.
[85] 吴丹,王艳妮. 社会标签的规范性研究——学术论文标注[J]. 图书馆,2012(1):85-88.
[86] 张云中. 本体与自由分类法的融合机理研究[J]. 情报理论与实践,2012(2):35-40.
[87] 熊回香,王学东. 大众分类体系中标签与本体的映射研究[J]. 情报科学,2014(3):121-126.
[88] 李蕾,章成志. 社会化标签质量评估研究综述[J]. 现代图书情报技术,2013(11):22-29.
[89] 贾东琴,肖雪,柯平,等. 图书馆战略规划组织结构模型的构建[J]. 图书情报知识,2011(4):11-18.
[90] 赵益民. 基于网络调查的国内外图书馆战略规划现状研究[J]. 图书与情报,2011(1):31-36.
[91] 赵益民. 基于专家调查的我国图书馆战略规划理想预期[J]. 图书馆工作与研究,2011(5):9-13,18.
[92] 刘勐,杨正,胡文静. 图书馆战略规划制定存在的问题及其对策[J]. 图书馆工作与研究,2011(12):4-7.
[93] 肖容梅,吴晞,汤旭岩,等. 公共图书馆管理体制研究[J]. 中国图书馆学报,2010(3):4-11.
[94] 蒋永福. 论公共图书馆法人治理结构[J]. 图书馆学研究,2011(1):40-45.
[95] 屈华. 现代图书馆的法治化管理制度——我国公共图书馆法人治理结构的发展脉络、特征与主要内容[J]. 图书馆工作与研究,2015(12):15-18.
[96] 肖容梅. 我国公共图书馆法人治理结构建设现状与分析[J]. 国家图书馆学刊,2014(3):22-28.
[97] 顾晓光,刘兹恒. 图书馆实行法人治理结构的难点[J]. 图书馆杂志,2015(9):28-32,112.
[98] 李国新. 公共图书馆法人治理:结构·现状·问题·前瞻[J]. 图书与情报,2014(2):

1-6,9.
[99] 贺文蕾. 公共图书馆总分馆制现状及建设可行性[J]. 才智,2013(26):287-288.
[100] 倪晓建,高莹,虞敏. 公共图书馆总分馆资源整合模式研究[J]. 图书馆,2014(6):53-56.
[101] 马岩,郑建明. 图书馆总分馆制建设的模式、特色与思考[J]. 图书馆工作与研究,2015(7):42-45.
[102] 杨子臣,黄长伟. 图书馆的知识管理与发展策略[J]. 情报资料工作,2011(3):106-108.
[103] 储节旺,孙晓宁. 国内图书馆知识管理研究现状的文献计量分析[J]. 图书馆理论与实践,2012(9):21-26.
[104] 王忠义,夏立新,王伟军. 云环境下数字图书馆知识管理研究[J]. 情报科学,2015(3):13-17.
[105] 谢艳. 基于混沌理论的现代图书馆危机管理研究[J]. 兰台世界,2011(18):49-50.
[106] 杨延铮. 基于PM的图书馆危机管理[J]. 图书情报工作. 2011(2):76-79.
[107] 赵封华. 浅议公共图书馆危机管理[J]. 图书馆工作与研究,2013(11):64-66.
[108] 韩双梅. 完善图书馆危机沟通机制路径分析[J]. 图书馆工作与研究. 2013(7):63-65.
[109] 张海政,武巍泓. 古籍调包事件引发的图书馆危机管理思考[J]. 图书馆工作与研究. 2011(11):52-54.
[110] 郑昭辉. 关于灾后重建图书馆的几点感知[J]. 图书馆工作与研究. 2013(11):70-72.
[111] 柯平,张文亮. 当代图书馆管理学理论体系的发展[J]. 图书馆论坛,2011(6):73-79,87.
[112] 黎金凤. 构建图书馆制度文化　实现图书馆人本管理[J]. 图书情报工作,2012(S2):45-47.
[113] 叶玲. 高校图书馆人本管理探微[J]. 学校党建与思想教育,2012(14):68-69.
[114] 鲁红霞. 浅议基层公共图书馆的人本管理[J]. 图书馆理论与实践,2012(12):127-128.
[115] 王丽霞,张静. 基于心理资本理论的图书馆人力资源管理[J]. 图书馆,2011(4):133-134,132.
[116] 韩玺,顾萍. 任务小组法在中小型图书馆人力资源管理中的应用实践[J]. 图书馆学研究,2012(8):27-29,33.
[117] 刘淑银,彭雪红. 高校图书馆人力资源管理现状探析[J]. 图书情报工作,2014(S1):213-214.
[118] 祝红艺,李其圣. 图书馆服务生产力的基本概念与提升策略[J]. 图书馆建设,2012(11):8-11.
[119] 郑卫光. 试论图书馆业务流程再造的现实意义[J]. 图书馆工作与研究,2011(10):30-33.
[120] 于风程,王晓兵. 基于价值链理论的图书馆业务流程再造[J]. 图书馆工作与研究,

2013(1):23-26.
[121] 秦奋,高健,覃雪,等.基于 LibGuides 平台的国内外高校图书馆学科服务分析与探讨[J].现代情报,2013(7):75-79.
[122] 金洁琴.基于重点学科服务的高校数字图书馆建设评估研究[J].现代情报,2014(4):108-111.
[123] 楚存坤,孙思琴,韩丰谈.基于层次分析法的高校图书馆学科服务评价模式[J].大学图书馆学报,2014(6):86-90.
[124] 夏明春,黄晓斌.试论高校图书馆学科服务的用户接受[J].图书馆学研究,2015(19):89-94.
[125] 梅群.刍议嵌入式学科馆员与高校科研[J].情报理论与实践,2013(2):80-82.
[126] 郭晶,兰小媛,宋海艳,等.高校图书馆学科馆员能力标准与资质认证规范研究[J].图书情报工作,2014(11):48-53.
[127] 郝慧.国内外高校图书馆学科馆员服务现状之比较[J].现代情报,2011(4):155-158.
[128] 闫现洋,余小萍.基于 DEA 方法的高校图书馆学科馆员服务绩效评价研究——基于西南大学图书馆学科馆员的实证分析[J].情报理论与实践,2011(2):88-92.
[129] 魏群义,侯桂楠,霍然.移动图书馆理论研究与实践应用综述[J].图书情报知识,2012(1):80-85.
[130] 刘金玲.基于移动互联网的图书馆移动服务体系构想[J].现代情报,2012(8):12-15.
[131] 郑成铭,詹庆东.移动图书馆服务平台构建设想——以福州大学为例[J].图书馆学研究,2011(4):30-34.
[132] 秦晓珠,张兴旺,李晨晖.移动云计算环境下的数字图书馆云服务模式构建研究[J].情报理论与实践,2012(5):90-93,72.
[133] 赵杨.基于多维度多层次法的数字图书馆移动服务质量评价模型构建[J].情报理论与实践,2014(4):86-91.
[134] 余世英,明均仁.移动图书馆的用户接受模型实证研究[J].图书馆建设,2014(1):21-27,32.
[135] 谢蓉.数字时代图书馆阅读推广模式研究[J].图书馆论坛,2012(3):23-27.
[136] 范并思.公共图书馆阅读推广的发展趋势[J].图书馆杂志,2015(4):11-15.
[137] 李怡梅,肖雨滋,钟春华.我国公共图书馆数字阅读推广现状及思考[J].图书馆,2015(6):32-36.
[138] 马林山,汪讯宝,何燕.云环境下区域公共图书馆联盟数字阅读推广研究[J].图书馆工作与研究,2014(4):109-112.
[139] 徐小丽.少年儿童图书馆数字化阅读推广服务策略探析[J].图书馆工作与研究,2012(4):109-111.
[140] 蔡晓丹.少年儿童图书馆分级阅读的实践与思考[J].图书馆论坛,2011(4):27-30.

[141] 曹桂平. 我国公共图书馆"亲子阅读"实证分析与研究[J]. 图书馆工作与研究,2014(2):90-94.

[142] 王素芳,孙云倩,王波. 图书馆儿童阅读推广活动评估指标体系构建研究[J]. 中国图书馆学报,2013(6):41-52.

[143] 卢苗苗,方向明. 高校图书馆阅读推广活动绩效评估指标体系构建研究[J]. 图书馆建设,2015(11):34-37.

[144] 李龙. 高校图书馆对外开放的可行性研究——基于德尔菲法的调查报告[J]. 图书馆建设,2011(6):63-66.

[145] 吴瑾,刘偲偲. 高校图书馆向社会开放须处理好几大关系[J]. 图书情报工作,2013(14):18-22.

[146] 刘桂锋. 多种模式共存的高校图书馆社会服务的实践研究[J]. 图书馆学研究,2012(10):62-67.

[147] 何小红,贾筱筱,丁鹏. 高校图书馆社会化信息服务模式研究[J]. 图书与情报,2015(3):77-82.

[148] 周月莲,魏闻潇,李波,等. 公共文化服务体系建设中图书馆创新发展策略探讨[J]. 图书馆工作与研究,2011(5):28-31.

[149] 柯平,朱明,何颖芳. 构建我国基本公共文化服务体系研究[J]. 国家图书馆学刊,2015(2):24-29.

[150] 李国新. 公共图书馆"免费开放"的内容、范围与边界[J]. 图书馆,2011(6):59-61.

[151] 肖希明,完颜邓邓. 以公共数字文化资源整合促进基本公共文化服务均等化[J]. 图书馆,2015(11):22-25,31.

[152] 马艳霞. 公共文化服务体系构建中民间参与的主体、方式和内容[J]. 图书情报工作,2015(12):5-11.

[153] 赵晶莹. 论大学图书馆在公共文化服务体系中的定位[J]. 图书与情报,2011(3):61-65.

[154] 许子媛. 论图书馆联盟在公共文化服务体系中的定位[J]. 情报理论与实践,2012(5):44-47.

[155] 许子媛. 图书馆联盟与公共文化服务体系服务共建研究[J]. 图书馆,2013(4):31-33,41.

[156] 金武刚. 农家书屋与农村公共图书馆服务体系融合发展探析[J]. 中国图书馆学报,2014(1):84-92.

[157] 巫志南,冯佳. 现代公共文化服务体系中的公共图书馆[J]. 中国图书馆学报,2015(3):34-41.

[158] 李玲. 嵌入式参考咨询服务:特点、模式与展望[J]. 图书情报工作,2013(22):18-22.

[159] 胡娴洁,陈明. 高校图书馆信息共享空间参考咨询服务研究[J]. 图书馆理论与实

践,2015(2):85-88.
[160] 王磊.新媒体环境下的图书馆参考咨询服务——以国家图书馆为例[J].国家图书馆学刊,2012(5):96-101.
[161] 马金林,马自萍.基于 Android 的移动参考咨询服务系统设计与实现[J].图书馆论坛,2013(1):82-85,99.
[162] 肖卫飞,潘瑛瑛,刘娟.论基于 KPI 的公共图书馆参考咨询服务绩效管理体系的构建——以新加坡李光前参考图书馆为例[J].图书情报工作,2013(8):46-50.
[163] 罗秀娟.学科信息共享空间 2.0 服务模式的构建[J].图书与情报,2013(3):94-97.
[164] 范艳芬.学习共享空间与我国大学图书馆服务创新研究[J].图书与情报,2011(2):65-68.
[165] 王蔚.高校图书馆学习共享空间设计的新趋势[J].图书馆建设,2013(7):66-69.
[166] 胡昌平,胡媛.高校图书馆信息共享空间用户交互学习行为分析[J].中国图书馆学报,2014(4):16-29.
[167] 苏海燕.基于读者发展的主题信息共享空间构建模式[J].情报资料工作,2012(3):80-83.
[168] Keven.图书馆技术十大热点[J].大学图书馆学报,2011(2):37.
[169] 黄丹俞,胡新平.国外图书馆云计算应用调查与分析[J].图书情报工作,2012(13):109-113.
[170] 余正祥,胡云.云计算在图书馆中的应用研究[J].图书情报工作,2014(S1):254-256.
[171] 王红.从 OCLC 看图书馆云计算的未来[J].图书馆论坛,2011(5):148-150,156.
[172] 马晓亭,陈臣.数字图书馆云计算平台效能评估指标体系研究[J].图书馆理论与实践,2012(12):18-22.
[173] 张继东.云计算环境下的数字图书馆语义服务架构研究[J].图书情报工作,2013(16):130-134.
[174] 赵研科.我国图书馆“云计算”应用存在的问题及应对策略研究[J].图书馆,2015(6):107-111.
[175] 耿丽丽,周鹏,宋晓丹.云计算环境下的图书馆发展战略研究[J].图书馆,2012(6):42-46.
[176] 廖佳杰.图书馆开源软件的应用价值[J].图书馆理论与实践,2011(1):9-11.
[177] 邓君,陈丽君.国内外图书馆开源软件研究现状及展望[J].图书情报工作,2015(14):135-142.
[178] 乌恩.智慧图书馆及其服务模式的构建[J].情报资料工作,2012(5):102-104.
[179] 王世伟.论智慧图书馆的三大特点[J].中国图书馆学报,2012(6):22-28.
[180] 储节旺,李安.智慧图书馆的建设及其对技术和馆员的要求[J].图书情报工作,2015(15):27-34.

[181] 黄力. 基于物联网技术的图书馆服务模式与内容的研究[J]. 图书馆学研究,2011(6):51-55.
[182] 谢蓉,刘炜. SoLoMo 与智慧图书馆[J]. 大学图书馆学报,2012(3):5-10,79.
[183] 陈嘉懿. 智慧图书馆的构建之道——浅谈高校图书馆 RFID 技术应用新思路[J]. 大学图书馆学报,2013(1):54-58.
[184] 康思本. 非接触移动支付智能手机在智慧图书馆的应用[J]. 图书馆学研究,2013(6):39-43,25.
[185] 刘喜球,王灿荣. 可穿戴技术:构建智慧图书馆的助推器[J]. 图书馆论坛,2015(6):105-108.
[186] 康晓丹. 构建第三代图书馆的技术思考——以上海大学图书馆为例[J]. 大学图书馆学报,2014(1):78-82.
[187] 苏建华. 图书馆 RFID 建设的新思路——以西南政法大学图书馆为例[J]. 图书馆学研究. 2015(15):41-43.
[188] 吕红,邱均平,李小涛,等. 国内馆藏资源可视化研究进展分析[J]. 情报资料工作,2014(1):20-26.
[189] 阎贵平. 数字图书馆知识产权问题之现状探析[J]. 图书情报工作,2012(S1):287-288.
[190] 申晓娟,胡洁. 数字图书馆知识产权策略探讨[J]. 图书馆,2012(2):35-38.
[191] 张文德,袁圆. 数字图书馆知识产权风险评估[J]. 情报理论与实践,2012(5):28-32.
[192] 李国新. 中国图书馆法治建设:现状与问题[J]. 图书馆建设,2007(6):10-14,18.
[193] 李国新. 日本公共图书馆立法[J]. 中国图书馆学报,2011(2):75-82.
[194] 卢海燕,李嘉. 英国议会图书馆立法决策服务解析与思考[J]. 国家图书馆学刊,2011(1):12-17.
[195] 孙冰,张丽. 美国联邦公共图书馆立法[J]. 中国图书馆学报,2011(2):83-89.
[196] 裴成发. 我国公共图书馆立法思考(上)——公共图书馆法的法理问题[J]. 情报理论与实践,2012(4):11-14.
[197] 裴成发. 我国公共图书馆立法思考(下)——公共图书馆法的客体问题[J]. 情报理论与实践,2012(5):21-24.
[198] 刘亮. 我国地方性公共图书馆立法成就、效果与问题[J]. 图书馆建设,2011(4):5-8.
[199] 孙瑞英,马海群. 基于"非零和博弈"视角的公共图书馆立法与运行研究[J]. 图书馆,2011(2):49-52.
[200] 郑丹丹,黄佩. ISO 图书馆标准规范内容体系研究[J]. 图书情报研究,2015(1):20-25.
[201] 巫倩,孟晨霞. IFLA 图书馆标准规范内容体系研究[J]. 图书情报研究,2015(1):26-33,19.
[202] 刘兹恒,黄佩. ISO 和 IFLA 标准化工作机制研究[J]. 图书情报研究,2015(1):12-19.

[203] 刘兹恒,孟晨霞. ISO 和 IFLA 的图书馆标准规范体系对我国图书馆标准化工作的启示[J]. 图书情报研究,2015(1):4-11.
[204] 张琳,宋文. 我国数字图书馆信息组织领域标准规范现状与分析[J]. 情报杂志,2012(12):121-125,114.
[205] 马志杰. 我国省域高校数字图书馆联盟建设现状调查与分析[J]. 图书馆建设,2012(11):73-78.
[206] 戴磊,宋微,史琳. 数字图书馆联盟建设的成本效益分析[J]. 情报科学,2012(11):1677-1680.
[207] 李硕,李秋实. 基于项目管理的数字图书馆联盟建设研究[J]. 图书馆工作与研究,2012(8):43-45.
[208] 李文文,陈雅. 知识溢出机制与我国高校数字图书馆联盟建设[J]. 图书馆杂志,2011(7):40-42.
[209] 刘颖,梅群. 中小型城市区域图书馆联盟建设与可持续发展研究[J]. 图书馆建设,2012(7):58-61.
[210] 赵益民,陈志亭. 跨境图书馆联盟建设的创新路径与理论视角[J]. 图书馆理论与实践,2015(6):31-35.
[211] 杜杏叶,李亚峰,李贺,等. 我国图书馆联盟管理与运行机制现状调查研究[J]. 图书情报工作,2014(9):37-45.
[212] 王静. 网络环境下的图书馆联盟管理[J]. 兰台世界,2013(11):108-109.
[213] 鄢朝晖,李湘. 区域高校数字图书馆联盟管理机制探析——以湖南省高校数字图书馆为例[J]. 图书馆,2013(5):132-134.
[214] 吴爱云. 吉林省图书馆联盟管理机制探析[J]. 图书馆学研究,2011(14):92-95.
[215] 武克涵. 台湾地区跨系统图书馆联盟管理及运作模式探析——以 NDDS 和 ConCERT 为例[J]. 图书馆理论与实践,2015(11):77-81.
[216] 任岩,徐瑶,尹爽. 基于移动网络的图书馆联盟服务模式构建[J]. 情报科学,2011(8):1183-1185.
[217] 刘颖. 基于生命周期理论的图书馆联盟风险防范与对策研究[J]. 图书馆工作与研究,2013(3):15-17,65.
[218] 郑伟青. 图书馆联盟知识网络风险及其防范[J]. 图书馆,2014(5):36-38.
[219] 许子媛. 图书馆联盟信息共享:内容、模式与评价[J]. 情报理论与实践,2013(9):48-52.
[220] 张利敏,孙成江. 区域图书馆联盟社会评价简析[J]. 图书馆学研究,2013(7):95-97,94.
[221] 范亚芳,王传卫. 我国信息资源共享绩效评估要素与体系研究[J]. 情报科学,2012(4):501-506.
[222] 孟凡静. 图书馆联盟绩效的知识视角评价[J]. 情报科学,2014(11):96-101.

附　　录

附录一 2011—2015年图书馆相关法律法规政策文件目录

标题	文号	发布时间	实施时间
法律法规规章			
中华人民共和国非物质文化遗产法	—	第十一届全国人民代表大会常务委员会第十九次会议通过,2011年2月25日发布	2011年6月1日实施
音像制品进口管理办法(2011)	新闻出版总署 海关总署 令第53号	2011年4月6日发布	2011年4月6日实施
广东省公共文化服务促进条例	—	广东省第十一届人民代表大会常务委员会通过,2011年9月29日发布	2012年1月1日实施
中华人民共和国营业税暂行条例实施细则	财政部国家税务总局令第52号	2008年12月18日发布,2011年修订	2009年1月1日实施
信息网络传播权保护条例(2013修订)	国务院令第634号	2013年1月30日发布	2013年3月1日实施
娱乐场所管理办法	文化部令第55号	2013年2月4日发布	2013年3月11日实施
四川省公共图书馆条例	四川省第十二届人大常委会公告第3号	2013年7月26日发布	2013年10月1日实施
江苏省公共图书馆服务规范	—	2013年9月2日发布	2013年9月2日实施

续表

标题	文号	发布时间	实施时间
新疆维吾尔自治区财政厅关于印发《新疆维吾尔自治区美术馆、公共图书馆、文化馆(站)免费开放专项资金管理暂行办法》的通知	—	2013 年 7 月 23 日发布	2013 年 7 月 23 日实施
国务院学位委员会、教育部关于印发《博士硕士学位论文抽检办法》的通知	学位〔2014〕5 号	2014 年 1 月 29 日发布	2014 年 1 月 29 日实施
全国古籍整理出版规划领导小组关于印发《国家古籍整理出版专项经费资助项目管理办法(试行)》的通知	古组发〔2014〕1 号	2014 年 1 月 29 日发布	2014 年 1 月 29 日实施
关于印发《江西省公共图书馆服务规范》的通知	赣文社字〔2014〕7 号	2014 年 3 月 12 日发布	2014 年 1 月实施
国家文物局关于发布《可移动文物修复管理办法》的通知	文物博发〔2014〕25 号	2014 年 7 月 29 日发布	2014 年 8 月 1 日实施
江苏省人大常委会关于促进全民阅读的决定	江苏省人大常委会公告第 17 号	2014 年 11 月 27 日发布	2015 年 1 月 1 日实施
湖北省全民阅读促进办法	政令第 376 号	2014 年 11 月 24 日发布	2015 年 3 月 1 日实施
广州市公共图书馆条例	广州市第十四届人民代表大会常务委员会公告第 59 号	2015 年 1 月 22 日发布	2015 年 5 月 1 日实施
辽宁省人民代表大会常务委员会关于促进全民阅读的决定	—	辽宁省十二届人大常委会第十六次会议通过,2015 年 3 月 1 日发布	2015 年 3 月 1 日实施
中华人民共和国文物保护法(2017 修正)	—	1982 年 11 月 19 通过,2017 年 11 月 4 日第五次修正	发布之日起实施

续表

标题	文号	发布时间	实施时间
上海市公共图书馆管理办法(2015修正)	上海市人民政府令第30号	1996年11月28日发布,2015年修正	1997年1月1日实施
文化部办公厅关于印发《文化部公共数字文化工程管理办法》的通知	办公共发〔2015〕16号	2015年6月18日发布	2015年6月18日实施
关于发布行业标准《图书馆建筑设计规范》的公告	住房和城乡建设部公告第907号	2015年8月28日发布	2016年5月1日实施
江苏省公共文化服务促进条例	—	江苏省第十二届人民代表大会常务委员会第十九次会议通过,2015年12月4日发布	2016年3月1日实施
慈善捐赠物资免征进口税收暂行办法	财政部、海关总署、国家税务总局公告2015年第102号	2015年12月23日发布	2016年4月1日实施
深圳经济特区全民阅读促进条例	深圳市第六届人民代表大会常务委员会公告第11号	2015年12月24日发布	2016年4月1日实施
中华人民共和国教育法(2015修正)	主席令第39号	2015年12月27日发布	1995年9月1日实施
教育部关于印发《普通高等学校图书馆规程》的通知(2015修订)	教高〔2015〕14号	2015年12月31日发布	2015年12月31日实施
全国性政策文件			
中华人民共和国国民经济和社会发展第十二个五年规划纲要	—	2011年3月14日发布	2011年3月14日实施
中共中央、国务院关于分类推进事业单位改革的指导意见	中发〔2011〕5号	2011年3月23日发布	2011年3月23日实施

续表

标题	文号	发布时间	实施时间
国务院关于批转中国残疾人事业“十二五”发展纲要的通知	—	2011 年 5 月 16 日发布	2011 年 5 月 16 日实施
国务院关于印发中国妇女发展纲要和中国儿童发展纲要的通知	国发〔2011〕24 号	2011 年 7 月 30 日发布	2011 年 7 月 30 日实施
中共中央关于深化文化体制改革推动社会主义文化大发展大繁荣若干重大问题的决定	—	2011 年 10 月 18 日发布	2011 年 10 月 18 日实施
中共中央办公厅、国务院办公厅关于印发《国家“十二五”时期文化改革发展规划纲要》的通知	—	2011 年 12 月 29 日发布	2011 年 12 月 29 日实施
国务院办公厅关于印发国务院 2012 年立法工作计划的通知	国办发〔2012〕12 号	2012 年 2 月 1 日发布	2012 年 2 月 1 日实施
国务院关于印发国家基本公共服务体系“十二五”规划的通知	国发〔2012〕29 号	2012 年 7 月 11 日发布	2012 年 7 月 11 日实施
国务院办公厅关于印发少数民族事业“十二五”规划的通知	国办发〔2012〕38 号	2012 年 7 月 12 日发布	2012 年 7 月 12 日实施
国务院关于深化文化体制改革推动社会主义文化大发展大繁荣工作情况的报告	—	2012 年 10 月 24 日发布	2012 年 10 月 24 日实施
国务院关于印发“十二五”国家自主创新能力建设规划的通知	国发〔2013〕4 号	2013 年 1 月 15 日发布	2013 年 1 月 15 日实施
国务院关于公布第四批国家珍贵古籍名录和第四批全国古籍重点保护单位名单的通知	国发〔2013〕12 号	2013 年 3 月 8 日发布	2013 年 3 月 8 日实施
国务院关于印发芦山地震灾后恢复重建总体规划的通知	国发〔2013〕26 号	2013 年 7 月 6 日发布	2013 年 7 月 6 日实施

续表

标题	文号	发布时间	实施时间
国务院办公厅转发教育部等部门关于实施教育扶贫工程意见的通知	国办发〔2013〕86 号	2013 年 7 月 29 日发布	2013 年 7 月 29 日实施
国务院关于印发“宽带中国”战略及实施方案的通知	国发〔2013〕31 号	2013 年 8 月 1 日发布	2013 年 8 月 1 日实施
国务院关于进一步做好为农民工服务工作的意见	国发〔2014〕40 号	2014 年 9 月 12 日发布	2014 年 9 月 12 日实施
国务院关于加快科技服务业发展的若干意见	国发〔2014〕49 号	2014 年 10 月 9 日发布	2014 年 10 月 9 日实施
国务院农民工工作领导小组办公室关于印发国务院关于进一步做好为农民工服务工作的意见宣传提纲的通知	国农工办〔2014〕3 号	2014 年 10 月 14 日发布	2014 年 10 月 14 日实施
国务院关于推进新农村建设工作情况的报告	—	2014 年 12 月 23 日发布	2014 年 12 月 23 日实施
中共中央办公厅、国务院办公厅印发《关于加快构建现代公共文化服务体系的意见》	—	2015 年 1 月 14 日发布	2015 年 1 月 14 日实施
国务院关于加快推进残疾人小康进程的意见	国发〔2015〕7 号	2015 年 1 月 20 日发布	2015 年 1 月 20 日实施
国务院办公厅转发文化部等部门关于做好政府向社会力量购买公共文化服务工作意见的通知	国办发〔2015〕37 号	2015 年 5 月 5 日发布	2015 年 5 月 5 日实施
国务院办公厅关于印发全国地方志事业发展规划纲要（2015—2020 年）的通知	国办发〔2015〕64 号	2015 年 8 月 25 日发布	2015 年 8 月 25 日实施

续表

标题	文号	发布时间	实施时间
国务院关于印发促进大数据发展行动纲要的通知	国发〔2015〕50 号	2015 年 8 月 31 日发布	2015 年 8 月 31 日实施
国务院办公厅关于推进基层综合性文化服务中心建设的指导意见	国办发〔2015〕74 号	2015 年 10 月 2 日发布	2015 年 10 月 2 日实施
国务院办公厅关于印发国家标准化体系建设发展规划（2016—2020 年）的通知	国办发〔2015〕89 号	2015 年 12 月 17 日发布	2015 年 12 月 17 日实施
新闻出版总署关于印发《2010—2011 年农家书屋重点出版物推荐目录》的通知	新出字〔2011〕6 号	2011 年 1 月 7 日发布	2011 年 1 月 7 日实施
文化部、财政部关于推进全国美术馆公共图书馆文化馆（站）免费开放工作的意见	文财务发〔2011〕5 号	2011 年 1 月 16 日发布	2011 年 1 月 16 日实施
新闻出版总署现行有效规范性文件目录	新闻出版总署公告 2011 年第 1 号	2011 年 3 月 1 日发布	2011 年 3 月 1 日实施
财政部关于加强美术馆、公共图书馆、文化馆（站）免费开放经费保障工作的通知	财教〔2011〕31 号	2011 年 3 月 7 日发布	2011 年 3 月 7 日实施
文化部关于做好 2011 年中央补助地方文化事业专项资金申报工作的通知	文财务函〔2011〕286 号	2011 年 3 月 15 日发布	2011 年 3 月 15 日实施
文化部关于进一步加强古籍保护工作的通知	文社发〔2011〕12 号	2011 年 3 月 28 日发布	2011 年 3 月 28 日实施
文化部政府信息公开工作 2010 年度报告	—	2011 年 4 月 1 日发布	

续表

标题	文号	发布时间	实施时间
新闻出版总署关于实施“十二五”时期(2011—2015年)国家重点图书、音像、电子出版物出版规划的通知	新出字〔2011〕93号	2011年4月13日发布	2011年4月13日实施
新闻出版业“十二五”时期发展规划	—	2011年4月20日发布	2011年4月20日实施
交通运输部关于印发公路水路交通运输信息化“十二五”发展规划的通知	交科技发〔2011〕234号	2011年4月27日发布	2011年4月27日实施
文化部、财政部关于公布第一批创建国家公共文化服务体系示范区(项目)名单的通知	文社发〔2011〕26号	2011年5月28日发布	2011年5月28日实施
文化部关于印发2011年度“文化部科技创新项目”立项名单的通知	文科技函〔2011〕820号	2011年6月3日发布	2011年6月3日实施
文化部关于2011年度“国家文化科技提升计划”项目立项的通知	文科技函〔2011〕821号	2011年6月7日发布	2011年6月7日实施
国家减灾委员会关于加强城乡社区综合减灾工作的指导意见	国减发〔2011〕3号	2011年6月15日发布	2011年6月15日实施
国家民委、国家发展改革委、财政部等关于印发扶持人口较少民族发展规划2011—2015年的通知	民委发〔2011〕161号	2011年6月20日发布	2011年6月20日实施
科学技术部关于印发国家十二五科学和技术发展规划的通知	国科发计〔2011〕270号	2011年7月4日发布	2011年7月4日实施
文化部关于公布现行有效规范性文件目录的公告	—	2011年8月10日发布	2011年8月10日实施

续表

标题	文号	发布时间	实施时间
国家体育总局、教育部关于印发《中等体育运动学校设置标准》的通知	体青字〔2011〕88号	2011年9月2日发布	2011年9月2日实施
文化部办公厅关于印发“数字图书馆推广工程”省级、市级数字图书馆硬件配置标准的通知	办社文发〔2011〕28号	2011年9月7日发布	2011年9月7日实施
国家中医药管理局关于印发《中医医院信息化建设基本规范》和《中医医院信息系统基本功能规范》的通知	国中医药办发〔2011〕46号	2011年10月12日发布	2011年10月12日实施
国家安全监管总局关于印发安全文化建设“十二五”规划的通知	安监总政法〔2011〕172号	2011年11月10日发布	2011年11月10日实施
文化部、财政部关于进一步加强公共数字文化建设的指导意见	文社文发〔2011〕54号	2011年11月15日发布	2011年11月15日实施
文化部办公厅关于印发《创建国家公共文化服务体系示范区（项目）过程管理几项规定》（暂行）的通知	办社文发〔2011〕40号	2011年11月19日发布	2011年11月19日实施
新闻出版总署、全国古籍整理出版规划领导小组关于申报2012年度国家古籍整理出版资助项目的通知	新出联〔2011〕19号	2011年11月21日发布	2011年11月21日实施
文化部办公厅关于印发《全国艺术科学研究“十二五”（2011—2015年）规划》等文件暨开展2012年度国家社会科学基金艺术学项目申报工作的通知	办科技函〔2011〕537号	2011年12月27日发布	2011年12月27日实施

续表

标题	文号	发布时间	实施时间
国家中医药管理局关于印发中医药事业发展“十二五”规划的通知	国中医药规财发〔2011〕49 号	2011 年 12 月 28 日发布	2011 年 12 月 28 日实施
中原经济区规划(2012—2020 年)	—	2012 年 2 月发布	2012 年 2 月实施
西部大开发“十二五”规划	—	2012 年 2 月发布	2012 年 2 月实施
文化部、财政部关于印发《“公共电子阅览室建设计划”实施方案》的通知	文社发〔2012〕5 号	2012 年 2 月 3 日发布	2012 年 2 月 3 日实施
科学技术部关于印发科研条件发展“十二五”专项规划的通知	国科发计〔2012〕89 号	2012 年 2 月 7 日发布	2012 年 2 月 7 日实施
文化部关于全国文化信息资源共享工程暨公共电子阅览室建设试点工作督导情况的通报	文社发〔2012〕6 号	2012 年 2 月 13 日发布	2012 年 2 月 13 日实施
教育部关于全面提高高等教育质量的若干意见	教高〔2012〕4 号	2012 年 3 月 16 日发布	2012 年 3 月 16 日实施
民政部关于“十二五”期间深入开展万家社区图书室援建和万家社区读书活动的通知	民函〔2012〕88 号	2012 年 3 月 16 日发布	2012 年 3 月 16 日实施
国家发展改革委关于印发东北振兴“十二五”规划的通知	发改西部〔2012〕781 号	2012 年 3 月 18 日发布	2012 年 3 月 18 日实施
文化部关于做好 2012 年中央补助地方文化事业专项资金申报工作的通知	文财务函〔2012〕373 号	2012 年 3 月 20 日发布	2012 年 3 月 20 日实施
教育部关于印发《高等教育专题规划》的通知	教高〔2012〕5 号	2012 年 3 月 21 日发布	2012 年 3 月 21 日实施

续表

标题	文号	发布时间	实施时间
国家发展和改革委员会关于印发陕甘宁革命老区振兴规划的通知	发改西部〔2012〕781号	2012年3月25日发布	2012年3月25日实施
财政部关于贯彻落实十七届六中全会精神做好财政支持文化改革发展工作的通知	财教〔2012〕33号	2012年4月24日发布	2012年4月24日实施
教育部关于加快推进职业教育信息化发展的意见	教职成〔2012〕5号	2012年5月4日发布	2012年5月4日实施
文化部关于印发《文化部“十二五”时期文化改革发展规划》的通知	文政法发〔2012〕13号	2012年5月7日发布	2012年5月7日实施
国家税务总局关于进一步贯彻落实税收政策促进民间投资健康发展的意见	国税发〔2012〕53号	2012年5月29日发布	2012年5月29日实施
教育部关于印发《国家教育事业发展第十二个五年规划》的通知	教发〔2012〕9号	2012年6月14日发布	2012年6月14日实施
文化部关于公布第四届文化部创新奖获奖项目名单的通知	文科技发〔2012〕16号	2012年6月25日发布	2012年6月25日实施
科技部、中宣部、财政部等关于印发《国家文化科技创新工程纲要》的通知	国科发高〔2012〕759号	2012年6月27日发布	2012年6月27日实施
文化部关于鼓励和引导民间资本进入文化领域的实施意见	文产发〔2012〕17号	2012年6月28日发布	2012年6月28日实施
国家公共文化服务体系示范区(项目)创建工作领导小组关于第一批创建国家公共文化服务体系示范区督查情况的通报	—	2012年7月3日发布	2012年7月3日实施

续表

标题	文号	发布时间	实施时间
新闻出版总署、全国古籍整理出版规划领导小组关于印发实施《2011—2020年国家古籍整理出版规划》的通知	—	2012年7月3日发布	2012年7月3日实施
国家标准化管理委员会、国家发展和改革委员会、教育部等关于印发《社会管理和公共服务标准化工作“十二五”行动纲要》的通知	国标委服务〔2012〕47号	2012年8月2日发布	2012年8月2日实施
文化部办公厅关于做好2012年度全国文化信息资源共享工程地方资源建设工作的通知	办公共函〔2012〕443号	2012年8月24日发布	2012年8月24日实施
文化部、中央文明办关于广泛开展基层文化志愿服务活动的意见	文公共发〔2012〕31号	2012年9月12日发布	2012年9月12日实施
文化部办公厅关于印发《文化部“十二五”文化科技发展规划》的通知	办科技发〔2012〕18号	2012年9月12日发布	2012年9月12日实施
文化部关于加快实施数字图书馆推广工程的意见	文公共发〔2012〕33号	2012年9月21日发布	2012年9月21日实施
文化部关于三馆一站免费开放督查工作情况的通报	文财发〔2012〕37号	2012年9月27日发布	2012年9月27日实施
民政部关于印发《志愿服务记录办法》的通知	民函〔2012〕340号	2012年10月23日发布	2012年10月23日实施
文化部关于做好《公共图书馆服务规范》宣传贯彻工作的通知	文公共函〔2012〕2266号	2012年11月16日发布	2012年11月16日实施
文化部办公厅关于开展县以上公共图书馆第五次评估定级工作的通知	办公共函〔2012〕523号	2012年11月16日发布	2012年11月16日实施

续表

标题	文号	发布时间	实施时间
文化部关于表扬全国文化志愿服务组织工作成绩突出单位、全国基层文化志愿服务活动优秀项目和2012年“春雨工程”——全国文化志愿者边疆行示范项目的通报	文公共发〔2012〕46号	2012年11月30日发布	2012年11月30日实施
文化部办公厅关于印发《全国文化信息资源共享工程2013年度地方资源建设方案》的通知	办公共发〔2012〕28号	2012年12月6日发布	2012年12月6日实施
文化部关于公布第四批国家级非物质文化遗产项目代表性传承人的通知	文非遗发〔2012〕51号	2012年12月20日发布	2012年12月20日实施
财政部、文化部关于印发《文化事业单位财务制度》的通知(2012修订)	财教〔2012〕503号	2012年12月28日发布	2013年1月1日实施
文化部关于印发《文化部“十二五”时期公共文化服务体系建设实施纲要》的通知	文公共发〔2013〕3号	2013年1月14日发布	2013年1月14日实施
人力资源和社会保障部关于做好国家级重点技工院校评估工作的通知	人社部发〔2013〕9号	2013年1月28日发布	2013年1月28日实施
文化部关于印发《全国文化信息资源共享工程“十二五”规划纲要》的通知	文公共发〔2013〕7号	2013年1月30日发布	2013年1月30日实施
文化部关于印发《全国公共图书馆事业发展“十二五”规划》的通知	文公共发〔2013〕8号	2013年1月30日发布	2013年1月30日实施

续表

标题	文号	发布时间	实施时间
教育部、国家发展改革委、财政部关于印发《中西部高等教育振兴计划（2012—2020年）》的通知	教高〔2013〕2号	2013年2月20日发布	2013年2月20日实施
新闻出版总署关于开展2013年全民阅读活动的通知	新出字〔2013〕103号	2013年3月15日发布	2013年3月15日实施
文化部关于贯彻《娱乐场所管理办法》的通知	文市发〔2013〕12号	2013年3月15日发布	2013年3月15日实施
国家发展和改革委员会关于印发全国老工业基地调整改造规划（2013—2022年）的通知	发改东北〔2013〕543号	2013年3月18日发布	2013年3月18日实施
文化部办公厅关于开展第一次全国乡镇综合文化站评估定级工作的通知	办公共函〔2013〕107号	2013年4月1日发布	2013年4月1日实施
全国"知识工程"领导小组办公室关于在全国开展2013年图书馆服务宣传周活动的通知	—	2013年4月8日发布	2013年4月8日实施
教育部关于成立2013—2017年教育部高等学校教学指导委员会的通知	教高函〔2013〕4号	2013年4月9日发布	2013年4月9日实施
文化部关于做好2013年中央补助地方文化事业专项资金申报工作的通知	文财务函〔2013〕567号	2013年4月22日发布	2013年4月22日实施
文化部关于印发2013年度国家文化创新工程项目立项名单的通知	文科技函〔2013〕565号	2013年4月23日发布	2013年4月23日实施
文化部、中央文明办关于开展"文化志愿者基层服务年"系列活动的通知	文公共函〔2013〕688号	2013年5月2日发布	2013年5月2日实施

续表

标题	文号	发布时间	实施时间
文化部关于印发2013年度文化部科技创新项目立项名单的通知	文科技函〔2013〕720号	2013年5月16日发布	2013年5月16日实施
文化部关于2013年度“国家文化科技提升计划”项目立项的通知	文科技函〔2013〕718号	2013年5月17日发布	2013年5月17日实施
教育部关于成立第四届教育部高等学校图书情报工作指导委员会的通知	教高函〔2013〕7号	2013年5月30日发布	2013年5月30日实施
财政部、文化部关于印发《中央补助地方美术馆、公共图书馆、文化馆(站)免费开放专项资金管理暂行办法》的通知	财教〔2013〕98号	2013年6月7日发布	2013年6月7日实施
国家新闻出版广电总局、全国古籍整理出版规划领导小组关于调整《2011—2020年国家古籍整理出版规划》的通知	新出联〔2013〕号	2013年7月17日发布	2013年7月17日实施
文化部关于印发《文化部信息化发展纲要》的通知	文信息发〔2013〕44号	2013年9月10日发布	2013年9月10日实施
工业和信息化部关于印发《信息化发展规划》的通知	工信部规〔2013〕362号	2013年9月29日发布	2013年9月29日实施
国家公共文化服务体系示范区(项目)创建工作领导小组关于公布第二批申报创建国家公共文化服务体系示范区(项目)名单的通知	—	2013年10月31日发布	2013年10月31日实施
国家公共文化服务体系示范区(项目)创建工作领导小组关于公布第一批国家公共文化服务体系示范区(项目)名单的通知	—	2013年10月31日发布	2013年10月31日实施

续表

标题	文号	发布时间	实施时间
文化部关于公布第五次公共图书馆评估定级上等级图书馆名单的通知	文公共发〔2013〕52 号	2013 年 10 月 31 日发布	2013 年 10 月 31 日实施
全国老龄工作委员会办公室、最高人民法院、中共中央宣传部等关于进一步加强老年人优待工作的意见	全国老龄办〔2013〕97 号	2013 年 12 月 30 日发布	2013 年 12 月 30 日实施
国家新闻出版广电总局关于开展 2014 年全民阅读活动的通知	新广出发〔2014〕34 号	2014 年 3 月 10 日发布	2014 年 3 月 10 日实施
文化部关于贯彻落实《国务院关于推进文化创意和设计服务与相关产业融合发展的若干意见》的实施意见	文产发〔2014〕15 号	2014 年 3 月 20 日发布	2014 年 3 月 20 日实施
教育部关于印发《完善中华优秀传统文化教育指导纲要》的通知	教社科〔2014〕3 号	2014 年 3 月 26 日发布	2014 年 3 月 26 日实施
教育部关于培育和践行社会主义核心价值观进一步加强中小学德育工作的意见	教基一〔2014〕4 号	2014 年 4 月 1 日发布	2014 年 4 月 1 日实施
关于贯彻落实《2014 年文化系统体制改革工作要点》及其《分工实施方案》的通知	—	2014 年 4 月 4 日发布	2014 年 4 月 4 日实施
教育部办公厅、国家发展改革委办公厅、财政部办公厅关于制定全面改善贫困地区义务教育薄弱学校基本办学条件实施方案的通知	教基一厅函〔2014〕26	2014 年 4 月 23 日发布	2014 年 4 月 23 日实施
民政部关于中国古籍保护协会筹备成立的批复	民函〔2014〕115 号	2014 年 5 月 4 日发布	2014 年 5 月 4 日实施

续表

标题	文号	发布时间	实施时间
文化部关于印发2014年度文化部科技创新项目立项名单的通知	文科技函〔2014〕330号	2014年5月5日发布	2014年5月5日实施
文化部关于2014年度国家文化科技提升计划项目立项的通知	文科技函〔2014〕351号	2014年5月9日发布	2014年5月9日实施
文化部关于加强流动文化服务工作的意见	文公共发〔2014〕21号	2014年5月20日发布	2014年5月20日实施
财政部、国家发展改革委、国土资源部等关于支持电影发展若干经济政策的通知	财教〔2014〕56号	2014年5月31日发布	2014年5月31日实施
文化部办公厅关于开展公共文化服务标准化等试点工作的通知	办公共函〔2014〕318号	2014年7月23日发布	2014年7月23日实施
国家新闻出版广电总局、全国古籍整理出版规划领导小组关于调整《2011—2020年国家古籍整理出版规划》的通知(2014)	新广出发〔2014〕84号	2014年7月29日发布	2014年7月29日实施
教育部关于印发《义务教育学校管理标准(试行)》的通知	教基一〔2014〕10号	2014年8月2日发布	2014年8月2日实施
教育部、中央文明办、国家发展和改革委员会等七部门关于推进学习型城市建设的意见	教职成〔2014〕10号	2014年8月11日发布	2014年8月11日实施
国家发展和改革委员会、工业和信息化部、科学技术部等八部门关于印发促进智慧城市健康发展的指导意见的通知	发改高技〔2014〕1770号	2014年8月27日发布	2014年8月27日实施
教育部办公厅关于开展打非治违专项行动做好学校安全工作的通知	教发厅〔2014〕2号	2014年9月1日发布	2014年9月1日实施

续表

标题	文号	发布时间	实施时间
关于公布国家公共文化服务标准化试点地区等名单的通知	办公共发〔2014〕21号	2014年9月26日发布	2014年9月26日实施
教育部办公厅关于印发《教育行业信息系统安全等级保护定级工作指南(试行)》的通知	教技厅函〔2014〕74号	2014年10月27日发布	2014年10月27日实施
文化部关于公布首批文化部重点实验室名单的通知	文科技函〔2014〕1140号	2014年11月4日发布	2014年11月4日实施
教育部关于贯彻落实《国务院关于进一步加强新时期爱国卫生工作的意见》的通知	教体艺〔2015〕1号	2015年2月11日发布	2015年2月11日实施
国家新闻出版广电总局关于开展2015年全民阅读工作的通知	新广出发〔2015〕10号	2015年2月25日发布	2015年2月25日实施
文化部、中央文明办关于开展2015年文化志愿服务工作的通知	文公共发〔2015〕2号	2015年1月8日发布	2015年1月8日实施
文化部办公厅关于印发《全国文化信息资源共享工程2015年度地方资源项目建设工作方案》的通知	办公共发〔2015〕8号	2015年3月30日发布	2015年3月30日实施
文化部办公厅、国家文物局办公室关于开展2015年文化遗产日活动的通知	办文物函〔2015〕117号	2015年5月14日发布	2015年5月14日实施
教育部、文化部、国家新闻出版广电总局关于加强新时期中小学图书馆建设与应用工作的意见	教基一〔2015〕2号	2015年5月20日发布	2015年5月20日实施
中国残联办公厅关于贯彻落实中办、国办《关于加快构建现代公共文化服务体系的意见》的通知	残联厅函〔2015〕172号	2015年6月29日发布	2015年6月29日实施

续表

标题	文号	发布时间	实施时间
国家文物局关于“高层次文博行业人才提升计划”的通知	办人函〔2015〕1177号	2015年8月17日发布	2015年8月17日实施
文化部文化市场司关于印发《互联网上网服务行业转型升级工作指引》的函	市函〔2015〕87号	2015年8月27日发布	2015年8月27日实施
国家税务总局关于印发《“互联网+税务”行动计划》的通知	税总发〔2015〕113号	2015年9月28日发布	2015年9月28日实施
文化部办公厅关于公布第二批全国基层文化队伍培训教材立项选题名单的通知	办公共函〔2015〕522号	2015年9月29日发布	2015年9月29日实施
中国残疾人联合会、教育部、国家语委、国家新闻出版广电总局关于印发《国家手语和盲文规范化行动计划(2015—2020年)》的通知	残联发〔2015〕47号	2015年10月13日发布	2015年10月13日实施
民政部办公厅关于支持中国村民自治展示中心开展史料征集工作的通知	民办函〔2015〕447号	2015年12月11日发布	2015年12月11日实施
国家新闻出版广电总局关于公布首届向全国推荐中华优秀传统文化普及图书名单的通知	新广出发〔2015〕88号	2015年12月15日发布	2015年12月15日实施
财政部关于印发《中央补助地方公共文化服务体系建设专项资金管理暂行办法》的通知	财教〔2015〕527号	2015年12月24日发布	2016年1月1日实施

附录二 2011—2015 年中国图书馆大事记

2011 年

1 月

1 月 16 日,国家数字图书馆落户北极军营活动在黑龙江省漠河县正式启动,成为国家数字图书馆推广工程在军营建立的第一个示范点。

1 月 26 日,"西域遗珍——新疆历史文献暨古籍保护成果展"在国家图书馆展览中心开幕。展览展出全国 23 家收藏单位 320 余件展品,包括汉文和 20 余种民族文字的木简、文书、古籍、舆图、拓片,展品时间跨度从先秦至明清。

1 月 26 日,财政部、文化部联合下发《关于推进全国美术馆、公共图书馆、文化馆(站)免费开放工作的意见》,要求到 2011 年年底全国所有公共图书馆、文化馆(站)基本服务项目全部免费。

2 月

2 月 22 日,湖北省非物质文化遗产保护、文化信息资源共享工程和古籍保护工作部门联席会议在湖北省文化厅召开。会议原则通过了第一批湖北省古籍保护重点单位、第一批湖北省珍贵古籍名录推荐名单、《中华古籍总目 · 湖北卷》编纂方案。

3 月

3 月 5 日,"中华寻根网"开通仪式在国家图书馆举行,此举标志着"中华寻根网"项目正式向海内外华人提供服务。"中华寻根网"是建立在广泛合作基础上的全球华人家谱数字化服务、教育和研究项目,是国家图书馆与澳门基金会开展的第一个文化合作项目。

3 月 14 日,西北五省区首个虚拟图书馆群系统在青海省西宁市正式运行。目前,西宁市四区三县 15 家社区图书流动站、学校图书馆已加入这一图书资源共享系统。

4 月

4 月 8—10 日,"图书馆阅读的影响因素"学术研讨会在山东省泰安市召开。研讨会旨在进一步推进全民阅读,研究图书馆与阅读的关系,探讨图书馆开展全民阅读的思路和方法。

4 月 15 日,吉林省图书馆联盟进行服务升级,试运行云服务平台,今后图书馆联盟可为公众提供个人数字化图书馆等个性化服务。

4 月 14 日,国家图书馆召开专题片《任继愈》座谈会,纪念我国著名哲学家、宗教学家、历史学家、国家图书馆原馆长、名誉馆长任继愈先生 95 周年诞辰。

4 月 15 日,国家科技图书文献中心(以下简称“中心”)二届理事会八次会议在京召开。会议审议通过《国家科技图书文献中心“十二五”发展规划》。

4 月 17 日,“全国音乐院校图书馆馆长工作会议”在上海音乐学院召开。会议就即将召开的“全国音乐学院音乐文献编目标准研讨会”的相关议题、各馆联合采购编目、跨地域文献传递、特种文献藏书建设等问题进行讨论。

4 月 23 日,“全国残疾人阅读指导委员会”成立大会暨“牵手残疾人,走进图书馆”活动在国家图书馆举行。中国残联和中国国家图书馆联合成立全国残疾人阅读指导委员会,中国残疾人数字图书馆网站也正式开通。

4 月 25—26 日,“中国出版界和欧美东亚图书馆座谈会”在北京市怀柔区举行。受邀参加座谈的有美国哈佛大学哈佛燕京图书馆,哥伦比亚大学、普林斯顿大学、斯坦福大学的东亚图书馆,加拿大多伦多大学东亚图书馆,德国柏林国立图书馆东亚馆等 11 家欧美东亚图书馆负责人。

4 月 28 日,帅氏宗亲联谊会在国家图书馆举行《中华帅氏宗谱》捐赠仪式,将全套《中华帅氏宗谱》38 卷捐赠给国家图书馆收藏,约 1100 万字,提供宗谱资料的地区涵盖 100 多个县(市)。

4 月 28—29 日,首都图书馆、天津图书馆、上海图书馆、重庆图书馆联合主办的“全国直辖市公共图书馆 2011 高峰论坛”在重庆图书馆举行。论坛主题是“沟通 合作 交流”。

5 月

5 月 8 日,中国图书馆学会未成年人图书馆服务专业委员会工作会议暨《中国图书馆图书分类法(未成年人图书馆版)》第三届编辑委员会成立大会在安徽省合肥市召开。会议商讨并部署今后一段时期内全国未成年人图书馆服务工作规划。

5 月 14—16 日,中国图书馆学会阅读推广委员会 2011 年工作会议暨第五届“全民阅读论坛”在浙江省永康市举行。会议主题是“藏书益智 读书增慧”。

5 月 18 日,“中华珍贵医药典籍展”在国家图书馆开幕,共展出 90 余种中医药善本古籍、60 余件药具实物及多种药物标本。

5 月 25—28 日,中国图书馆学会第五届青年学术论坛在苏州独墅湖图书馆召开。论坛的主题是“全媒体时代的图书馆建设与服务创新”。

5 月 31 日,文化部在山东省青岛市召开数字图书馆推广工程工作会议。会上文化部、财政部联合下发《关于实施“数字图书馆推广工程”的通知》,全面部署数字图书馆推广工程建设和相关工作。

6 月

6 月 2 日,第一届专业图书馆馆长沙龙在全国人大办公楼召开。沙龙主题是“图书馆发展的战略规划”。

6 月 8 日,“册府琳琅 根脉相承——中华典籍与非物质文化遗产特展”在国家图书馆古籍馆开幕,主要展示了近二百种记载着有关非物质文化遗产内容的珍贵历史文献。

6 月 21—23 日,全国古籍普查工作会议暨古籍保护技术交流会在江苏省南京市召开。会议主要议题是全国古籍普查工作和《中华古籍总目》(分省卷)的编纂工作。

6 月 22 日,“2011 年高校图书馆发展论坛暨数字图书馆前沿问题高级研讨班”会议在四川省成都市召开。会议主题是“新使命、新任务、新挑战:图书馆的可持续发展战略和实践”。

6 月 24 日,中共中央政治局委员、国务委员刘延东在国家图书馆参观了“艰难与辉煌——纪念中国共产党成立九十周年馆藏珍贵历史文献展(1921—1949)”。展览以中国共产党发展历程的时间脉络为主线,分“东方欲晓”“开天辟地”“风起云涌”“星火燎原”“中流砥柱”“天翻地覆”等 6 个篇章。

6 月 28 日,中国盲文图书馆在北京建成开馆,馆藏盲文书籍达 25 万册,为 1600 多万盲人提供平等共享公共文化服务。

7 月

7 月 5 日,“大众篆刻——李岚清篆刻书法艺术展”在国家图书馆古籍馆隆重开幕。李岚清同志做题为“李岚清篆刻书法艺术”的专题讲座,并亲自为来宾讲解展览。

7 月 18 日,2011 年全国古籍评审工作会议在北京市召开,标志第四批《国家珍贵古籍名录》和“全国古籍重点保护单位”评审工作正式启动。

7 月 25 日,菲律宾华侨庄万里“两塗轩”藏书捐赠国家图书馆仪式在国家图书馆举行。仪式上,庄氏家族的代表庄长江将其父亲庄万里“两塗轩”藏书,共计25部4148册捐赠给国家图书馆永久保存。

7月26日,第二届“中华大家园”关爱行动夏令营首次走进国家图书馆少年儿童馆。“文津少儿讲坛”同日开讲,主讲嘉宾中国载人航天工程办公室副主任、航天英雄杨利伟将军作“飞天之路”主题励志报告。

7月27—28日,教育部高等学校图书情报工作指导委员会(以下简称“图工委”)三届三次工作会议在云南师范大学召开。会议主题是“十二五期间高校图书馆发展展望”。

8月

8月2—3日,文化部社会文化司在北京组织召开《古籍保护条例》暨古籍保护人才培养工作座谈会。

8月3—6日,中国图书馆学会专业图书馆分会、中国科学院图书馆主办的以“知识服务2011:面向‘十二五’的文献情报机构知识服务能力构建”为主题2011年学术年会在新疆维吾尔自治区乌鲁木齐市召开。

8月8—12日,“中美图书馆服务研讨会”在美国纽约召开,79位中国代表与会。会议主题为“全球少儿图书馆的未来发展与服务”。

8月13—18日,“2011年世界图书馆与信息大会:第77届国际图联大会暨理事会”在波多黎各圣胡安召开,其中中国(包括港澳台地区)参会代表人数约为100余名。会议主题为“图书馆的自我超越——整合、创新与信息服务”。

8月16日下午,首届“中国书业馆配年会暨图书馆高层论坛”在上海图书馆举行。论坛主题为“图书馆数字资源整理与服务”以及“图书馆团购及其理论的探讨”。

8月17日,西北五省(区)图书馆第二次峰会暨图书馆馆长、学会理事长、秘书长联席会议在青海省图书馆召开。会议主题为“共同建设,合作发展”。

8月20日,《中华古籍总目·山东卷》编纂暨宋刻本《文选》装帧形式专家论证会在山东省图书馆召开。

8月22—25日,东北地区第十三次图书馆学科学讨论会在辽宁省营口市召开。会议主题是“公益、创新、繁荣、发展”。

8月22—31日,中国图书馆学会以通讯的方式召开了八届八次常务理事会,34名常务理事参加会议。会议通过了《2009—2011年中国图书馆学会优秀会员和优秀学会工作者推荐名单及报告》《中国图书馆学会“十二五”规划纲要》。

8月29日,2011年中文数字出版与数字图书馆国际研讨会在北京举行,

460 多位中外出版界、图书情报界专家学者就“云时代”如何加强数字出版与数字图书馆合作等问题进行探讨。

8 月 29 日，第三届“中国图书馆馆长与国际出版社高层对话论坛”在北京举行。论坛主题是数字出版与数字资源长期保存，侧重聚焦电子图书与工具书的发展、数字化科学数据服务。

8 月 29—9 月 2 日，“全国图书馆学期刊编辑出版专业委员会委员工作会议”在湖北省宜昌市召开。会议主要讨论全国图书馆学优秀期刊评比办法，为 2012 年全国图书馆学期刊评比做好前期准备工作。

9 月

9 月 5—8 日，第 23 届全国十五城市公共图书馆工作研讨会在江苏省南京市召开。会议主题为“图书馆创新服务的政策法规保障”和“图书馆服务公益性、基本性、均等性和便利性原则探讨”。

9 月 8 日，文化部在北京召开数字图书馆推广工程工作会议。会议要求落实中央领导关于数字图书馆推广工程的重要批示精神，组织部署实施工程。

9 月 9 日，“卓越联盟”九校第一届图书馆馆长联席会议在同济大学召开，各校馆长签署了“卓越联盟”高校图书馆共享合作框架协议。

9 月 14—15 日，华北地区高等学校图书馆协作委员会（以下简称“华北地区高校图协”）第二十五届学术年会在天津召开。年会主题是“复合型图书馆建设与复合型人才培养”。

9 月 15 日，首届全国数字图书馆服务模式转变研讨班在安徽省合肥市举办。研讨班围绕“知识组织、集成检索、科技查新、国内外资源保障、高校学科馆员建设、信息服务商的数据产品规划”展开讨论。

9 月 15 日，“东方的觉醒——纪念辛亥革命一百周年馆藏珍贵历史文献展”在国家图书馆开幕。展览以近代中国人民的抗争探索为主线，以辛亥革命为核心，共分为“探索之路”“革命风潮”“武昌起义”“创立民国”“保卫共和”五大单元。

9 月 16 日，“白山黑水铸忠魂——纪念九一八事变八十周年馆藏东北抗日联军珍贵文献暨冯仲云手稿展”在国家图书馆古籍馆开幕。展览以冯仲云所著的《东北抗日联军十四年苦斗简史》为线索，共分为“东北硝烟”“联军抗日”“雪冷血热”“光复东北”四个部分。

9 月 19—21 日，2011 年中国索引学会年会暨成立 20 周年庆典大会在山东师范大学举行。会议主题为“信息化浪潮中的中国索引与数据库事业——

祝贺中国索引学会成立二十周年”。

9月21日,中国图书馆学会未成年人图书馆学术研讨会在深圳市少年儿童图书馆召开。研讨会讨论了现代少儿图书馆的事业与发展、数字化信息服务、特殊群体服务、阅读推广与服务、教育职能延伸等服务创新。

10月

10月12—14日,由CASHL管理中心、北美中国研究图书馆员学会和厦门大学主办的“第一届中美高校图书馆合作发展论坛”在厦门大学举行。论坛主题是“区域研究与大学图书馆”。

10月18—20日,第十二届“三北”地区少年儿童图书馆学术暨工作研讨会在天津市举行。会议主题是“发展服务阅读共享”。

10月24—25日,“2011全国高校图书馆云计算技术与应用研讨会”在西安交通大学举行。会议主题为“高校图书馆云计算技术与应用实践”。

10月25日,全国农业图书馆学科建设与管理服务创新研讨会在湖南省长沙市举行。会议就图书馆馆际信息资源共享、科教合作、学术交流和人才培养等方面进行深入研讨和广泛交流。

10月26—27日,2011年中国图书馆年会暨中国图书馆学会年会在贵州省贵阳市开幕。年会以“公益·创新·发展:‘十二五’时期的图书馆事业”为主题,与会代表围绕国家文化事业全局、公共文化服务体系建设和图书馆事业发展等主题展开讨论。

10月27日,由国家图书馆联合省市图书馆共建的“中国政府公开信息整合服务平台”上线。该平台收录中央政府机构、部分省、自治区、直辖市政府网站上“政府信息公开栏目”中的信息;收录国务院公报、国务院组成部委公报、部分省、市人民政府公报,公报提供目次及原文,并有期数列表供浏览选择。

10月28—30日,“海峡两岸图书馆讲座研讨会”在福建省厦门市举行。研讨会以“图书馆公益讲座的创新与发展”为主题。

11月

11月1日,全国政协办公厅、国家图书馆合作协议签署暨国家图书馆分馆揭牌仪式在全国政协礼堂举行。“国家图书馆立法决策服务平台——全国政协机关平台”也一并开通。

11月1日,国家图书馆民政部分馆内网平台开通仪式在民政部举行。该平台以民政文献信息需求为基本服务内容,增加了国家图书馆的珍贵馆藏、讲座展览和民政专题文献和学术论文等内容，包括民政文献、国图知识库、国图撷英和学习园地四大板块。

11 月 3 日，以“协作与交流　服务与发展”为主题的中国西部少数民族地区图书信息协作网、川陕甘滇黔渝图书情报协作网第十一届年会暨云南省大理州图书馆学会第十七届学术研讨会在云南省大理市召开。

11 月 3 日，“中文文献资源共建共享合作会议”理事会第五次会议在台湾省台北市召开。会议听取了国家图书馆关于拟开展《民国时期（1911—1949）文献的保护、开发整理与利用项目》的工作汇报，讨论通过了台湾方面提出的新立项目《中文学术机构典藏联合共享平台建构计划》《华人音乐文献集藏计划》。

11 月 5 日，“全国图书馆阅读疗法经验交流会暨中国图书馆学会阅读推广委员会阅读与心理健康分委员会 2011 年工作会议”在山东省泰安市泰山医学院召开。泰山医学院图书馆因在阅读疗法实践方面的率先探索、方法科学、成效显著而享誉学界。

11 月 6 日，全国首家青少年智能图书馆体验活动在上海市普陀区图书馆举行。该智能图书馆由智能书架系统、自助图书馆和 RFID 技术三大部分组成。

11 月 8—13 日，2011 中南六省（区）高校图书馆学术年会在湖南大学举行。年会主题是“新世纪图书馆：回顾与展望”。

11 月 10 日，上海图书馆与 CALIS 管理中心签订合作协议，正式面向国内高校提供馆际互借（原书外借）服务。

11 月 13—15 日，“2011 年全国公共图书馆讲座联盟省级成员馆工作会议”在山西省图书召开。本次会议是全国公共图书馆讲座联盟正式成立后举行的第一次工作会议，主题为“讲座联盟的工作机制及经验交流”。

11 月 16—18 日，“第三届全国馆际互借与文献传递研讨会”在云南省昆明市召开。会议的主题是“馆际互借与文献传递的创新与发展”。

11 月 18—19 日，“第十三届全国省、自治区、直辖市、较大城市图书馆馆长联席会议”在广西壮族自治区南宁市召开。会议主题是“学习贯彻十七届六中全会精神，创新工作思路，推动图书馆事业大发展”。

11 月 28 日，“国家图书馆文津读书沙龙”与北京京港地铁有限公司联合举办的“同享阅读快乐”特别活动在北京地铁 4 号线国家图书馆站推出。活动以图书漂流为主题，倡导读者和乘客共同享受阅读的快乐。

11 月 29 日,“2011 年长三角地区网上联合知识导航站年会”在江苏省江阴市图书馆举行。同日,“江阴市图书馆知识在线导航站”正式成立。

12 月

12 月 8 日,“国家图书馆善本特藏展”在香港中央图书馆开幕,展出了国家图书馆的善本古籍、碑帖拓本、古旧舆图、少数民族文字古籍 42 件。

12 月 9 日,厦门、漳州、泉州三地公共图书馆馆长齐聚厦门市图书馆,共同签订“闽南地区图书馆文献交换协议”,旨在构建闽南地区图书馆文献交换保障体系,推动文献资源共建共享在图书馆间的有效实施。

12 月 15 日,2011 年教育部高校图工委信息技术应用年会在重庆市开幕。年会主题是“数字图书馆创新实践——技术与未来”。

12 月 16—17 日,第六次全国图书馆学基础理论研讨会在深圳图书馆举行。研讨会围绕“图书馆学理论的使命与担当”主题展开讨论。

12 月 27 日,“中国之窗”年度工作会议在国家图书馆召开。“中国之窗”赠书项目是国务院新闻办公室主导的对外文化宣传项目,由国家图书馆等多家项目单位向海外上百家图书馆赠送我国出版的各类中外文图书。

12 月 27 日,中国女性图书馆挂牌仪式在中华女子学院举行。该馆致力于收集、保留、传承和展示中国妇女研究成果,促进研究交流,宣传我国男女平等基本国策,推动社会性别主流化,为广大国内外研究者提供丰富的中国妇女研究文献资料及高质量的信息服务。

12 月 29 日,《明渤海孙氏积善堂题赞手卷》捐赠仪式在国家图书馆举行。该手卷为绢本,系明代文史研究、中国古代家族文化研究的重要实物与文献。

2012 年

1 月

1 月 5 日,陕西省高等学校图书情报工作委员会成立 30 周年庆祝大会暨陕西省高等学校图书馆先进集体先进个人表彰大会在陕西师范大学召开。

1 月 11 日,“海源遗珍”暨“《文选》蝶变”大展在山东省图书馆“册府琳琅”展厅亮相展出。此次展出的藏品以中国晚清时期四大藏书楼之一的聊城杨氏海源阁旧藏为主。

2 月

2 月 3 日,文化部、财政部印发《关于印发〈“公共电子阅览室建设计划”实施方案〉的通知》(文社文发〔2012〕5 号),决定于“十二五”期间在全国实施

“公共电子阅览室建设计划”。

2 月 9 日，由全国高校图工委文献资源建设工作组、中国高校人文社会科学文献中心（CASHL）全国管理中心、云南省高校图工委主办，云南师范大学图书馆承办的“新形势下高校图书馆资源建设与服务座谈会”在云南省昆明市召开。

2 月 23—24 日，“全国省级公共图书馆馆长座谈会”在北京召开。会议围绕策划和实施全国古籍普查登记工作、数字图书馆推广工程、民国时期文献保护计划、“领导干部讲座共享平台”“中国记忆”等多个全国性的重大项目通报情况，征求业界意见。

2 月，国家图书馆在“全国省级公共图书馆馆长座谈会”上正式启动“民国时期文献保护计划”。该计划将针对民国文献的特点建立工作机制，制定业务标准规范，开展试点工作，在全国范围内开展民国时期文献普查工作，还要积极策划民国时期专题文献的选题、整理和出版工作。

2 月 29—3 月 2 日，国家古籍保护中心在北京举办第一期“全国古籍普查管理人员培训班”，部署 2012 年全国古籍普查登记工作任务，对全国古籍普查管理人员进行业务培训。

3 月

3 月 9 日，首都高职院校图书馆联盟在北京吉利大学图书馆召开研讨会。研讨会就首都高职院校文献资源共享体系“高职院校图书馆联盟”网站（http://www.sdgz.superlib.net）开通运行后的使用及沟通、协调等问题进行讨论。

3 月 12 日，首都图书馆联盟成立，由位于北京市行政区域内的国家图书馆、党校系统图书馆、科研院所图书馆、高等院校图书馆以及医院部队、中小学图书馆和北京市公共图书馆共 110 余家图书馆，自愿联合发起成立，整合北京地区文化信息资源，共同开展文化惠民服务。

3 月 15 日，全国古籍保护部际联席会议在文化部召开。会议审议通过了第四批《国家珍贵古籍名录》和“全国古籍重点保护单位”名单。

3 月 19—28 日，“中华文化云数字图书馆平台建设研讨会”在台湾召开。两岸专家学者针对“中华文化云数字图书馆平台”的建设目标、内容、服务功能、运行模式等进行讨论；同时就云出版、云数字图书馆的理论和实践展开学术研讨。

3 月 23 日，中华人民共和国住房和城乡建设部和国家发展和改革委员会联合发布《乡镇综合文化站建设标准》,这是我国首个基层图书馆建设标准。

3月29日,碑帖拓本类古籍普查登记工作专家研讨会在国家图书馆召开。研讨会围绕如何加快碑帖拓本普查登记制度、编辑整理碑拓本类全国古籍普查登记目录等工作进行。

3月30—31日,全国数字图书馆建设与服务联席会议第十三次会议在北京举行。会议主题为“数字图书馆服务若干著作权热点问题及其权益管理”。

4月

4月,国家图书馆正式启动“中国记忆”项目。该项目是收集、整合、保存、传播有关中华民族重要事件和重要人物的集体和个体记忆资源,传承文明血脉,弘扬民族文化,建设中华民族精神家园的全国性文化工程。项目初期将以建设专题记忆资源为主要内容。

4月5日,全国古籍整理出版规划领导小组在京召开古籍整理出版专题工作会议,柳斌杰强调,要深入贯彻十七届六中全会精神,树立精品意识,发挥规划的引领作用,开创古籍整理出版工作新局面。

4月11—14日,推动图书馆向知识服务转型——2012年学科馆员服务学术研讨会在武汉召开。会议主题为“学科馆员服务:战略、模式和最佳实践”。

4月15日,武汉地区武汉大学、华中科技大学、华中师范大学、湖北大学、江汉大学发起“图书馆联盟”,倡议共同推动各级各类图书馆向社会开放。

4月16—18日,中国图书馆学会“图书馆科学管理与服务创新研讨班”在河南省郑州市举办,主题是图书馆的科学管理和服务创新。

4月18—20日,华东地区少年儿童图书馆工作协作委员会(简称华东少图协)主任馆会议在安徽省铜陵市召开。会议围绕“公益·均等·便利:免费开放形势下少儿图书馆服务的创新与挑战”主题展开讨论。

4月18—22日,“图书馆科学管理与服务创新研讨班”在杭州图书馆举办。研讨内容包括图书馆的绩效评价、图书馆客户(读者)管理及服务创新、如何当好图书馆馆长、图书馆宣传推介与全民阅读、《公共图书馆服务规范》(2012年5月1日颁布实施)解读等。

4月24—25日,国家科技图书文献中心(NSTL)在四川省成都市召开了用户服务工作交流会。会议针对内网科研单位用户和高校及科研院所用户的特点组织了“专题服务工作交流会”和“成都地区高校、科研院所用户座谈会”。

4月25—26日第四届全国文献采访工作研讨会在陕西省西安市召开。研讨会主题为“数字时代的文献资源建设”。

4 月 26 日,《续修四库全书总目提要》编纂出版工作会议在上海古籍出版社召开。

5 月

5 月 1 日,《公共图书馆服务规范》正式实施,该标准规定了图书馆服务资源、服务效能、服务宣传、服务监督与反馈等内容,适用于县(市)级以上公共图书馆,各类公共图书馆基层服务点可参照执行。

5 月 9—18 日,2012 年海峡两岸档案暨缩微学术交流会在台湾省台北市举办,会议主题为"档案文献的数位化与应用"。

5 月 14—18 日,由文化部人事司主办、文化部文化艺术人才中心承办的第三期全国文化行业高技能人才培训班(文献修复专业)在北京举行。

5 月 22—23 日,古籍数字化建设与服务工作研讨会在北京召开,会议就全国古籍数字化合作服务机制、国内外古籍数字化保护利用、古籍数字化成果共享方式和古籍数字化标准规范等问题进行了充分讨论。

5 月 22—26 日,全国首届"地方文献研究与工作业务骨干研讨班"在河南大学图书馆举办。研讨班旨在更好地开展地方文献工作,提升地方文献理论研究者和业务队伍的能力。

5 月 24 日,由清华大学出版社(微博)发起,联合北京大学出版社(微博)、天津高雷图书公司、江苏知识书店、香港大学易新科技有限公司共同举办的首届全国图书馆(津、苏地区)馆长清华、北大人文培训及智能化图书馆建设论坛在清华大学落幕。

5 月 25 日,"中央国家机关单位古籍普查登记工作座谈会"在北京召开。会议介绍全国古籍普查登记工作的安排,对中央国家机关单位的普查登记工作做出具体部署。

5 月 28 日上午,四川省图书馆"百年馆庆"系列活动正式启动。"百年馆庆"系列活动将包括书画展、巴蜀文化系列讲座,以及"百年珍藏文献展"等。国家数字图书馆四川分馆平台升级的开通仪式也同时举行。

5 月 28—29 日,全国中小型公共图书馆联合会 2012 年研讨会在温州市图书馆召开,以"新时期 新理念 新课题——十二五时期中小型公共图书馆的建设与发展"为主题。

6 月

6 月 11—13 日,2012 中国高校图书馆发展论坛暨数字图书馆前沿问题高级研讨班在江苏省苏州市举办。论坛的主题是"数字图书馆信息技术的战略规划、技术实践与创新发展”。

6月15—17日，中国图书馆学会阅读推广委员会2012年工作会议暨第六届全民阅读论坛在江苏省太仓市举行。论坛主题为“珍护地方文献，弘扬乡土文化”。

6月17—19日，中国图书馆学会推荐书目委员会和图书评论委员会2012年工作会议在江苏省吴江市召开，本次会议是阅读推广委员会下属专委会首次联合开展工作会议。

6月19—21日，由国家图书馆主办的“中美民国时期文献保护工作研讨会”在北京召开。研讨会围绕“民国时期保护计划介绍”“海外民国时期文献存藏现状”“民国时期文献保护、整理与开发”“民国时期文献学术研究”等重要问题进行了交流。

6月25—26日，“数字图书馆推广工程馆长培训班”在北京举行。培训班旨在通过培训传递数字图书馆先进建设理念、管理方法、实施战略等，从宏观层面加强全国数字图书馆建设的智力保障。

6月28—29日，“图书馆文献服务体系专家讲座”课程在澳门科技大学图书馆开展。主题是“图书馆新技术之应用和发展趋势”“RDA编目前沿问题”“CALIS的最新服务模式”。

7月

7月6日，云南民族大学承办的第五届“中美图书馆实务论坛”在云南省昆明市举行，围绕“多元文化背景下的图书馆建设与发展”主题展开讨论。

7月9—11日，《资源描述与检索》(RDA)理论与实践培训班暨RDA在中国的实践和挑战研讨会在国家图书馆举行。会议邀请国际编目界最知名专家芭芭拉·B.蒂利特博士(Dr. Barbara B. Tillett)主讲RDA的相关知识、研究成果及未来走向。

7月11日，国务院印发《国家基本公共服务体系“十二五”规划》，明确基本公共服务范围包括保障基本民生需求文化体育等领域的公共服务，标志着国家自此将文化纳入国家基本公共服务范畴。

7月12—13日，中国图书馆学会第四届百县馆长论坛在陕西省神木县召开。论坛的主题是“免费开放环境下县级图书馆的建设与服务创新”。

7月18—20日，“2012中国数字出版年会”在北京国际会议中心举办。年会主题是“数字出版:新发展、新举措、新期待”。

7月31日，广州图书馆理事会成立，由15名理事组成，首届理事长为市文化局副局长，馆长为副理事长，还设监事1名。

7月31—8月1日，“数字图书馆推广工程”西部地区馆长培训班在青海省西宁市举办，围绕西部地区数字图书馆建设中的经费落实、运行机制、软硬件平台、数字资源建设与标准规范、服务、宣传、专业技术人才等问题进行讨论。

8月

8月8日，国家图书馆在北京组织召开了“文津搜索系统”项目专家论证会。来自北京、天津、辽宁、江苏、山东、广西和贵州的省馆相关馆领导参加了会议。

8月21日，文化共享工程2012年度全国技术交流会在四川省成都市召开，旨在加快推进公共电子阅览室建设计划，分析、探讨计划实施过程中的技术问题和解决方法。

8月25日，全国古籍保护工作会议在北京召开。会议就全国古籍普查登记示范单位评审、建立全国古籍人才培训基地及国家珍贵古籍数字化项目等重点工作进行了研究部署。

8月31—9月15日，中国图书馆学会以通讯的方式召开了八届十二次常务理事会。会议通过了《关于设立“李炳穆交流合作奖”的申请》。此奖项由中国图书馆学会交流合作委员会实施。

9月

9月5日下午，国家图书馆召开“开馆百年服务工作座谈会”，全面回顾了国家图书馆服务工作的百年历程。

9月10—14日，2012“中国—东盟文化论坛”在广西举办。此次论坛针对“数字图书馆的建设与合作”“文献资源的共建与共享”进行分组讨论，并讨论由中国国家图书馆与新加坡国家图书馆发起的《东亚图书馆南宁倡议》。

9月12—15日，“2012全国图书馆媒体与阅读年会”在浙江省宁波市鄞州区（宁波大学园区）图书馆举行。本次会议的主题是“阅读推广——图书馆服务永恒的主题”。

9月15日，华北地区高校图协第二十六届学术年会在位于内蒙古自治区通辽市举行。年会主题为“现代高校图书馆开放与共享”。

9月17日，国家图书馆在北京举行“馆藏钓鱼岛有关文献情况介绍会”，向媒体公开了反映中国最早发现、命名并利用钓鱼岛的文献以及反映中国对钓鱼岛进行了长期管辖的文献等重要的历史资料。

9月24日,文化部“数字图书馆推广工程工作会议”在江苏省张家港市召开。会议印发了《文化部关于加快实施数字图书馆推广工程的通知》。

9月24—25日,“第九次中文文献资源共建共享合作会议”在甘肃省兰州市召开。会议主题是“数字图书馆建设合作与馆藏特色资源数字化”。

9月25日,第十一届中国社区乡镇图书馆发展战略研讨会在福建省武夷山市召开。研讨会主题是“图书馆:文化传承、阅读、服务——新时期社区乡镇图书馆建设与发展”。

9月25日,全国省级公共图书馆馆长座谈会在江苏省张家港市召开。会议重点探讨如何通过策划项目,引领图书馆事业发展。

10月

10月11日,全国第二十一届西部公共图书馆协作网年会在宁夏回族自治区银川市召开。年会主题是“增进西部地区图书馆工作的互助共享、协作发展与创新”。

10月17—18日,川桂吉苏冀五省(区)图书馆学会第十三届学术研讨会在江苏省常州市江苏技术师范学院举行,以“文化大发展背景下的图书馆事业创新”为主题。

10月20—23日,由山东省图书馆学会、安徽省图书馆学会、河南省图书馆学会联合主办的“鲁皖豫三省图书馆学会学术交流研讨会”在山东省烟台市举办。会议主题是“十二五”期间图书馆事业的和谐与发展。

10月26日,华东地区教育部直属高校图书馆馆长年会在中国海洋大学图书馆召开,年会主要研讨交流了数字图书馆环境下的知识服务、用户服务等问题。

10月29日,首届全球高校东亚图书馆国际论坛在南京大学举行,围绕“数字时代高校东亚图书馆文献资源的合作与共享”的主题展开讨论。

10月29—30日,竞争情报国际会议(2012)在北京大学召开。会议主题是“全球化、大竞争、强情报”。

11月

11月2日,清华大学图书馆百年馆庆庆典在清华大学蒙民伟音乐厅举行。

11月4日,“北京大学图书馆建馆110周年庆典”暨“变革与走向:重新定义大学图书馆的未来”国际会议开幕式在北京大学秋林报告厅举行。

11月20日,第二期全国西文文献修复技术提高研修班于在中山大学图书馆举行了开班仪式。研修班旨在搭建西文修复的学习与交流平台,提高我国文献修复从业员西方文献修复技巧。

11 月 20—23 日,“2012 年 CALIS 全国农学文献信息中心业务交流暨学术报告会”在海南大学图书馆举办。会议主题是“走进读者,服务读者”。

11 月 23 日,文化部在广东省东莞市召开全国图书馆工作会议。会议进一步明确当前和今后一个时期公共图书馆事业发展的目标、任务。

11 月 25—26 日,“国际视野下的图书馆管理与服务”研修班在广州图书馆举行。研修班主题是“国际视野下的图书馆管理与服务。”

11 月 26—29 日,第十七届西南地区高校图工委联席会议在重庆市万州区召开。会议主题是“三省一市图工委工作交流”“区域文献资源共建共享模式探讨”“高校图书馆的管理、服务与创新”。

11 月 28 日,“全国科学院联盟共享文献情报服务联席会议”在北京召开,就全国科学院联盟文献情报共享联盟分会成立的相关事宜展开讨论。

11 月 30 日,浙江省高校图书情报工作委员会成立 30 周年庆祝大会在浙江传媒学院举行。

12 月

12 月 5 日,以“图书馆服务创新与发展”为主题的 2012 年东南十一省(市)省属师范大学图书馆馆长协作会在南京师范大学仙林校区敬文图书馆举行。

12 月 5—9 日,“第十二次全国民族地区图书馆学术研讨会”在广西壮族自治区南宁市举行。会议主题是“文化多样性与民族地区图书馆事业的发展”。

12 月 17—20 日,在广东省广州市召开“第二届粤港澳地区图书馆建设与创新服务高峰论坛”。会议专家介绍了近年来粤港澳三地图书馆在建设与服务方面的创新举措及经验。

12 月 20 日,由国家古籍保护中心举办的“第一期全国珍贵古籍数字化培训班”在国家图书馆举行了开班仪式,安排了国家珍贵古籍数字化工作介绍、珍贵古籍数字化技术及标准、古籍数字化业务流程、古籍缩微文献数字化介绍、如何利用数码相机翻拍文献等课程。

12 月 21—22 日,第 24 届全国十五城市公共图书馆工作研讨会在深圳图书馆举行。研讨会以“新技术时代城市图书馆服务与管理创新”为主题,设“城市图书馆服务一体化”“城市图书馆与阅读推广”和“城市图书馆公共关系”三项分议题。

2013 年

1 月

1 月 9 日,中国图书馆学会 2013 新年峰会在国家图书馆召开。峰会围绕“新形势下中国图书馆学会功能定位和工作重点”“中国图书馆学会年会主题”“图书馆免费开放现状调查和示范案例推荐”和“全国图书馆未成年人服务提升计划项目”等四个议题进行研讨。

1 月 29 日,中国记忆项目系列展览之“年画中的记忆——国家图书馆藏年画精品暨国家级非物质文化遗产年画项目代表性传承人作品展”在国家图书馆拉开帷幕,共遴选出馆藏年画 120 幅及年画项目代表性传承人的代表作品 110 幅展出。

1 月 30 日,文化部正式发布《全国公共图书馆事业发展“十二五”规划》,这是我国第一个全国性的公共图书馆事业发展五年规划。

2 月

2 月 4 日,国家图书馆联合全国 66 家省市公共图书馆共同启动“网络书香过大年”系列活动,持续到 3 月 11 日,借助虚拟网为各地读者送去总量超过 120TB 的网络文化大餐,内容包括 100 万余册中外文图书、700 余种中外文期刊、7 万余个教学课件、18 余万份外文档案全文、1 万余幅图片以及 3000 余种讲座和地方戏曲等视频资源。

2 月 22 日,由国家图书馆与总后勤部共建的军队后勤数字图书馆正式开通,内容涵盖“衣、食、住、行、医、用、修”等与后勤相关的数字资源和有关文学、艺术、哲学、历史、地理等方面的普适性图书资料,资源总量达到 8TB。

3 月

3 月 13—14 日,公共图书馆评估定级工作培训班在国家图书馆举办。来自全国省级、副省级图书馆(包括少儿馆)的馆长及相关部门负责人约 100 人参加了培训。

3 月 14 日,中国交响乐发展基金会向国家图书馆捐赠了纪录片《世纪交响——中国杰出音乐家访谈录》和《交响世界》杂志等珍贵资料。据悉,此次捐赠的音乐文献从未公开发行,是极为珍贵的第一手史料。

3 月 21 日,民国时期文献保护工作座谈会在江苏省南京市举行。会议对前一阶段民国时期文献保护工作进行了总结,安排部署下一阶段工作。

3 月 23 日,由中国下一代教育基金会、中国数字图书馆和中国信息化推进联盟共同发起的“中国下一代教育基金会学前教育数字图书馆公益行动”启动仪式暨“学前教育数字图书馆分馆”授牌仪式在中国科学院文献情报中心学术报告厅举行。

3 月 27 日，“大学数字图书馆国际合作计划（CADAL）”香港地区合作筹备中心在香港城市大学揭牌。香港城市大学将于 2013 年统筹本港学术、研究机构在六个月内完成一百万页图书、期刊、杂志、报纸、论文、照片、契约等资源的数字化工作。

4 月

4 月 2 日，国家图书馆馆长周和平与香港特别行政区康乐及文化事务署署长冯程淑仪在香港中央图书馆签署了《关于在香港公共图书馆开展数字图书馆合作的协议》，进一步推动陆港两地的文化和数字图书馆的交流合作。

4 月 2 日，“科普阅读——开启智慧人生”2013 全国少年儿童阅读年系列活动启动仪式在国家图书馆举行。活动主题为“儿童阅读”，联合全国各地少年儿童图书馆、公共图书馆、中小学图书馆开展行动。

4 月 12 日，上海纺织（集团）有限公司（SHANGTEX）与上海图书馆共建的“上海时尚产业主题图书馆”在上海国际时尚教育中心正式开馆，开设国际数字资源阅览区、数字技术体验区、图书文献阅览室、“远程智库沙龙”报告厅等多个功能区域。

4 月 18 日，第四批《国家珍贵古籍名录》暨古籍普查重要发现在国家图书馆正式发布。第四批《国家珍贵古籍名录》包括 189 家藏书单位的 1516 部古籍。

4 月 18 日，全国国民阅读调查项目正式对外发布“第十次全国国民阅读调查”初步研究成果。调查结果显示图书阅读率与数字阅读接触率双双上升。

4 月 23 日，湖南图书馆打出“女性牌”和“老年牌”，成立中国首家公共女子图书馆和湖南首家公共老年图书馆。

4 月 27 日，我国图书馆界第一份综合性蓝皮书——《中国图书馆事业发展报告 2012》在国家图书馆正式发布，旨在为广大图书馆工作者进一步提高业务水平和管理水平提供经验借鉴，为研究人员深入开展图书馆事业研究提供基础资料，为各级政府科学制定图书馆相关政策提供参考依据。

5 月

5 月 11 日，湘鄂赣皖四省公共图书馆举行签约仪式，正式成立湘鄂赣皖四省公共图书馆联盟。联盟将在文献采购、资源共享、信息服务、专业人员培养、研讨活动开展、办馆经验交流等方面积极搭建平台。

5 月 17 日,中国首座以文物图书为主题的图书馆——陕西文物图书中心在西安碑林博物馆建成。该中心收藏的古籍图书、平装图书、过期报刊达 15 余万册,其中古籍图书 4199 种,珍贵古善本 54 部。

5 月 18 日,“孙中山纪念图书馆”在台湾政治大学社会科学资料中心揭幕。该馆藏有丰富的中国国民党党史资料,将向公众和研究人员开放。

5 月 22—23 日,“CALIS 三期‘高校古文献资源库’扩大建设工作总结暨发展战略研讨会”在复旦大学召开。

5 月 25 日,“书香中国·让知识的阳光照亮每一个人的心灵”——图书馆文化助残系列活动在国家图书馆启动。活动中,中国残疾人联合会和国家图书馆联合发出《图书馆知识助残行动倡议书》。

5 月 29 日,由上海市图书馆学会和上海图书馆主办、上海市图书馆学会学术委员会承办的“2013 图书馆前沿技术论坛:‘资源发现之旅’”专题研讨会在上海图书馆召开。

5 月 30 日,“网络书香”全国数字阅读推广活动在福建省图书馆启动。该活动由中国国家图书馆联合全国百家公共图书馆共同开展,福建省图书馆是此次活动的首发站。活动以“融入生活的数字图书馆”为主要策划理念,采用互动体验的方式,集中展示推广工程成果。

6 月

6 月 1 日,由国家图书馆出版社和北京人天书店有限公司共同策划的《20 世纪中国图书馆文库》正式出版发行。这是对 20 世纪中国图书馆学文献进行的一次系统整理,丛书共分 95 册,收录著作 101 种,内容涵盖图书馆学基础理论、资源建设、分类、编目、读者服务、文献检索等。

6 月 3—6 日,“第五届 CALIS 全国高校医学图书馆工作会议暨 2013 两岸三地医学图书馆馆长论坛”在宁夏回族自治区举办。会议内容包括 CALIS 项目建设进展、CALIS 全国医学中心工作汇报、两岸三地医学图书馆工作交流、生物医学电子资源汇展等。

6 月 5—7 日,第十届数字图书馆前沿问题高级研讨班和深圳大学图书馆 30 周年馆庆在深圳大学图书馆举办。会议主题为“数字环境下的图书馆变革与创新”。

6 月 7 日,中国记忆项目系列展览之“大漆的记忆——中国大漆髹饰暨国家级非物质文化遗产项目代表性传承人作品大展”在国家图书馆拉开帷幕。展览展出不同地域流派的漆器精品 238 件，国家图书馆馆藏相关珍贵典籍 260 种以及由北京金漆镶嵌厂提供的 60 件大型家具和仿古文物精品；还邀请到 19 位国家级非物质文化遗产项目代表性传承人进行现场演示。

6 月 7 日，财政部、文化部联合发布《中央补助地方美术馆、公共图书馆、文化馆(站)免费开放专项资金管理暂行办法》，明确了美术馆公共图书馆文化馆(站)免费开放补助范围、标准与支出内容，申报与审批，管理与使用，监督与检查等方面。

6 月 17 日，全国中小型公共图书馆联合会 2013 年研讨会在江苏省张家港市开幕。会议主题是“新时期文化强国建设中的中小型图书馆服务”。

6 月 17—18 日，“海外(北美地区)中华古籍保护工作研讨会”在国家图书馆召开。会议邀请北美地区收藏中文善本较多的十二家图书馆馆长或负责人，讨论编纂《北美中文善本古籍联合目录》、北美中文古籍数字化和整理出版。

6 月 17—19 日，2013 中国高校图书馆发展论坛暨中国图书馆学会高等学校图书馆分会换届大会在吉林省长春市召开。会议主题为“服务——时代旋律　永恒主题”。

6 月 19 日，由国家图书馆主办、绍兴图书馆承办的“数字图书馆推广工程”市级图书馆必配系统培训班在浙江省绍兴市举行。本次培训班是该工程首次针对市级图书馆技术人员开展的大规模培训。

6 月 20 日，全国数字图书馆建设与服务联席会议第十四次会议在辽宁省大连市举行。会议主题为数字图书馆的“中国梦”。

6 月 20 日，全新的数字式“讲座图书馆”在上海图书馆举办了开通仪式。来自长三角和全国部分省级图书馆的馆长们共同探讨公益讲座的发展与创新之路。

6 月 27—7 月 1 日，广州图书馆、广州市图书馆学会在广州图书馆新馆举办“大都市的公共图书馆事业国际学术研讨会”，邀请与会专家学者共同探讨图书馆多元文化服务、城市第三空间塑造、图书馆国际化和本土化、图书馆服务体系构建与发展策略、图书馆特色和创新服务、新媒体环境下的图书馆服务以及图书馆社会公益服务等主题的理论和实践问题。

6 月 28 日，共青团中央、国家图书馆在中国青年政治学院签署合作协议，宣布以中青院图书馆为平台的国家图书馆团中央分馆正式成立。

7月

7月1日,山西省图书馆新馆在山西省太原市汾河西畔的长风商务区开馆。新馆总建筑面积5万平方米,阅览座席3000个,藏书规模达700万册。

7月11—13日,首届全国阅读推广高峰论坛在浙江省绍兴县举行,主题为“免费开放背景下图书馆的阅读推广”。

7月11—14日,2013年中文数字出版与数字图书馆国际研讨会在甘肃省敦煌市举行。会议主要围绕“中文数字资源建设与服务模式”“数字出版与服务的新模式”“图书馆建设与发展的新思考”“中华文化云数字图书馆建设”等四个主题展开讨论。

7月12日,为推动我国边疆基层文化发展,促进海南省三沙市以及驻军部队的文化建设,国家图书馆首家地方分馆——三沙市分馆在西沙永兴岛挂牌成立。

7月17—18日,“第二届中美高校图书馆合作发展论坛”在甘肃省兰州市召开。论坛主题为“中国周边国家文献资源的收集、整理和共享服务”,涉及东北亚、东南亚、南亚、中亚、俄罗斯和外蒙等多区域、多语种文献。

7月26日,四川省第十二届人民代表大会常务委员会第四次会议审议通过《四川省公共图书馆条例》,对公共图书馆开放时间进行了明确规定。

7月30—8月1日,2013出版界图书馆界全民阅读年会在黑龙江省图书馆举办。会议主题是“携手共促,全民阅读”。与会代表就全民阅读推广、馆社合作、数字阅读和数字出版的工作进行探讨。

7月30日,由国家图书馆主办的“网络书香”全国数字阅读推广活动地市级首站在天津市泰达图书馆档案馆启动。

8月

8月1日,全民阅读立法专家研讨会在京召开。会上宣布《全民阅读促进条例》初稿出炉,全民阅读立法列入国务院立法计划。

8月1—2日,第四届教育部高等学校图书情报工作指导委员会成立大会暨第一次工作会议在河南省郑州市召开。北京大学图书馆馆长朱强成为新一任主任委员,共聘任委员70人、高职高专分委员会委员23人。

8月8日,第四届世界华语学校图书馆论坛在福建省福州市召开。会议主题为“努力把图书馆打造成中小学的课程资源中心、校园文化中心、知识学习中心”。

8月13日,第二届国家公共文化服务体系建设专家委员会成立大会在北京召开。专家委员会由 59 名来自高等院校、科研院所、文化系统公共文化单位的学术造诣较高、实践经验丰富、工作成绩斐然的专家学者、公共文化工作者和部分媒体记者组成，分布在东、中、西部 15 个省、区、市，具有广泛的代表性和较高的权威性。

8 月 14—15 日，第一届全国图书馆未成年人服务论坛在云南省昆明市召开。论坛主题是“阅读与圆梦”，还包括以阅读指导、阅读实践、绘本阅读和阅读管理为主题的 4 个学术分会场。

8 月 9 日，贵州省图书馆理事会成立，由 11 位理事组成，其中来自政府代表 3 人，馆方代表 5 人，社会人士和服务对象 3 人，馆长为副理事长。

8 月 22—23 日，东北地区第十四次图书馆学科学讨论会在黑龙江省绥芬河市图书馆召开。会议主题是“融合　创新　超越　发展”。

8 月 23 日，《中国科学院国家科学图书馆与中关村科技园区海淀园工会工作委员会联合开展文献信息服务合作协议》在中国科学院国家科学图书馆签署。

8 月 27 日，国家图书馆藏“天禄琳琅”珍贵古籍修复项目启动，计划利用 4 至 5 年时间完成总体修复。“天禄琳琅”珍贵古籍是清代宫廷昭仁殿所藏宋、元、明本精华，现存 600 部左右。

8 月 28 日，中国图书馆学会医院图书馆委员会第 21 届学术研讨会暨 2013 年年会在浙江省宁波市召开。会议主题为“医院图书馆服务与发展——评审中的医院图书馆”。

8 月 29 日，第五届“中国图书馆馆长与国际出版社高层对话论坛”在北京举行。论坛主题为“电子图书与图书馆”。

9 月

9 月 2 日，由国家图书馆和上海交通大学联合整理影印，国家图书馆出版社与上海交通大学出版社共同出版的 80 卷、5 万页的《远东国际军事法庭庭审记录》正式出版发行。此次完整出版庭审记录在中国尚属首次。

9 月 4 日，四川省人民政府第 111 次常务会议审议通过《四川省公共图书馆条例（草案）》。

9 月 5—7 日，“第十二届中国社区乡镇图书馆发展战略研讨会”在内蒙古自治区呼伦贝尔市海拉尔区召开。会议主题是“图书馆知识服务与阅读推广”。

9 月 9 日，国家图书馆建馆 104 周年馆庆之际，国家图书馆进一步放宽入馆年龄，实现入馆“零门槛”，成为世界上开放程度最高的国家图书馆之一。

9 月 9 日,国家图书馆在北京联合全国所有公共图书馆面向公众发布《共创文明图书馆倡议书》。

9 月 10—11 日,“网络资源采集与数字资源长期保存”研讨会在北京会议中心举办。会议探讨了“网络资源采集与数字资源长期保存”领域的发展方向、研究重点、实践经验、研究成果以及面临的问题,并开设“网络资源采集”和“数字资源长期保存”两个分会场。

9 月 11—14 日,第二十二届中国西部地区市地州公共图书馆协作网年会暨学术研讨会在贵州省毕节市举行。会议主题是“西部地区公共图书馆的理论创新、服务创新及协作发展”。

9 月 12—13 日,华北地区高校图书馆协作委员会第二十七届学术年会在山西大学图书馆举行。年会主题是“盛世危言:网络环境下图书馆生存危机探讨”。

9 月 12—15 日,中国图书馆学会阅读推广委员会 2013 年工作会议暨第七届全民阅读论坛在郑州大学召开。论坛主题为“经典重读与书香未来”。

9 月 14 日,福建省泉州市万祥图书馆海洋馆正式开馆。该馆志在成为中国海洋类相关资料最丰富、最齐全的海洋文化交流平台。

9 月 16 日,中国文化部部长蔡武与巴林教育部大臣马吉德·本·阿里·纳依米在人民大会堂签署了《中国国家图书馆与巴林王国教育部(哈马德国王图书馆)合作备忘录》。备忘录旨在为两馆在图书馆领域的资源采集、存储和学术交流上的合作奠定基础。

9 月 23—25 日,首届“中国藏书文化学术研讨会”在温州市图书馆举行,主题为“图书馆与民间文献”。

9 月 25—26 日,“第六届图书馆管理与服务创新论坛”(CFLMS-Creative Forum for Library Management and Service)在甘肃省兰州市召开。会议主题是“放飞智慧图书馆的梦想”,探讨作为图书馆创新转型和可持续发展新模式的智慧图书馆的新理念和新探索。

9 月 26 日,“2013 年中南、西南省(市)、自治区公共图书馆业务协作研讨会”在重庆图书馆拉开帷幕。会议主题为“图书馆合作与共享”。

9 月 26—29 日,中国图书馆学会专业图书馆分会举办 2013 中国机构知识库研讨会。会议以“机构知识库的积极实践”为主题,全面系统展现近年来我国中文机构知识库的发展现况及未来可持续发展的路径。

10 月

10 月 9 日，由行政公职局、澳门大学、澳门区域公共管理研究学会联合主办，福建省公务员局及台湾世新大学协办的“提升公共管治能力 2013 两岸四地学术研讨会”在澳门举行。会议议题包括区域合作、公共管治及绩效评估等。

10 月 11 日，目前全国唯一的花木类专业图书馆——中国·嘉泽花木图书馆正式开馆，馆藏花木类专业图书共 2000 余册，涵盖花木、园艺、盆景、景观设计等多个行业相关的文献资料。该馆还与国家图书馆合作推出花木行业信息数据库——“中国嘉泽花木信息行业服务平台”。

10 月 11—13 日，华北地区高校图协第二十七届学术年会在山西大学图书馆召开，主题为“盛世危言：网络环境下图书馆生存危机探讨”。

10 月 13—19 日，“全国图书馆参考咨询协作网参考咨询业务培训班”及“2013 年全国图书馆参考咨询工作研讨会”在山东省青岛市举办。会议分享了参考咨询服务中的服务理念、应用系统与工作经验。

10 月 14—25 日，第一期全国传拓技术高级培训班在广西壮族自治区桂林市举办。来自国家图书馆、广东省中山图书馆、山西省图书馆等 16 家公共图书馆、博物馆学员参加了此次学习。

10 月 15 日，“2013 年中国图书馆年会”会徽在上海揭晓，由湖南益阳刘中涛设计的作品在海内外 600 多件应征作品中脱颖而出，被选为中国图书馆年会的永久会徽。

10 月 15—17 日，2013 年 CALIS 全国农学文献信息中心业务交流暨学术报告会在安徽农业大学举行。会议主题是“变革与思考”。

10 月 16—18 日，由国际图书馆协会联合会（IFLA）主办、中国高等教育文献保障系统（CALIS）承办的“国际图联第 13 届馆际互借与文献提供（ILDS）会议”在北京大学英杰交流中心召开。

10 月 16 日，首都图书馆迎来建馆 100 周年。“城市与图书馆”学术论坛暨首都图书馆百年纪念会在北京举行。

10 月 18 日，第 25 届“全国十五城市公共图书馆工作研讨会”在武汉图书馆开幕。会议以“城市公共图书馆服务模式创新及管理创新”为主题，共同探讨城市公共图书馆事业现状与发展趋势。

10 月 22—26 日，由文化部人事司主办的“数字图书馆可持续发展战略”高级研修班在湖南省长沙市举办。研修班围绕“数字图书馆可持续发展战略”的主线，安排了公共数字文化发展、数字图书馆建设与发展、信息技术前沿、跨界分享、知识产权等5大主题。

10月21—23日，2013（第二届）全国开放获取推介周在中国科学院国家科学图书馆举办。会议分为机构知识库发展趋势、挑战与现况，机构知识库发展的激励、标准与评价，国内外开放出版的积极实践，开放出版的支持机制，开放资源及其挑战五个板块。

11月

11月1日，始建于1903年（清光绪二十九年）的湖南省常德市图书馆迎来了110岁的生日。此馆为我国最早以“图书馆”命名的地市级公共图书馆。

11月2日，文化部公共文化司发布《文化部关于公布第五次公共图书馆评估定级上等级图书馆名单的通知》。其中，一级图书馆859个，二级图书馆640个，三级图书馆731个。

11月2—3日，第六届全国目录学学术研讨会在武汉大学召开。会议主题为“继承与发展——中国目录学的发展”。

11月7日，2013年中国图书馆年会——中国图书馆学会年会·中国图书馆展览会在上海浦东世博中心开幕。年会主题是“书香中国——阅读引领未来”。

11月12日，安徽省图书馆举办百年庆典，安徽省图书馆100周年纪念展和全国公共图书馆古籍整理出版成果邀请展同时开展。

11月12日，中共十八届三中全会通过《中共中央关于全面深化改革若干重大问题的决定》，提出构建现代公共文化服务体系，建立协调机制，统筹服务设施网络建设，促进基本公共文化服务标准化、均等化。

11月19日，文化部发布《文化部关于调整公共文化司内设机构及主要职责的通知》。公共文化司下设办公室、政策规划处、事业发展处、群众文化指导处、权益保障处、监督管理处。

11月19—20日，2013亚洲图书馆馆长论坛在云南省昆明市举办。论坛主题是“知识全球化与亚洲图书馆发展”，论坛通过并正式发布《2013亚洲图书馆昆明宣言》。

11月21—22日，“2013高校图书馆服务与技术发展研讨会”在北京师范大学图书馆举行，内容涉及图书馆发展趋势研讨，数字图书馆系统建设与展望；云计算与云服务、学科服务、课题咨询服务、开放获取服务、CALIS新服务与协同服务；图书馆省中心、应用服务示范经验交流等主题。

11月22日，第四次中国旅游院校“五星联盟（5+1）”图书馆馆长会议在桂林旅游高等专科学校召开。会议围绕新馆建设使用、图书馆现代化技术应用、旅游院校高职高专图书馆创新管理模式、资源数据整理及提交的质量控制等议题进行学术及经验交流。

12 月

12 月 3 日,古籍普查重要发现暨第四批国家珍贵古籍特展在国家图书馆开幕。特展公布了"第四批《国家珍贵古籍名录》(1516 部)和全国重点古籍保护单位(16 家)"名单。

12 月 3 日,由中国文联终身名誉主席周巍峙题写馆名的全国首家公益民营少儿图书馆——荆楚少儿图书馆枣阳分馆开馆。"全国道德模范"吴天祥任名誉馆长。

12 月 3—5 日,第四届全国知识组织与知识链接学术交流会在北京召开,内容涵盖知识组织、知识链接、知识评价、知识服务四个方面。

12 月 11 日,由全国图书馆标准化技术委员会组织的《社区图书馆建设指南》《乡镇图书馆统计指南》《社区图书馆服务规范》等 3 个文化行业标准专家审查会在国家图书馆召开。

12 月 12—13 日,第十四届全国省、自治区、直辖市、较大城市图书馆馆长联席会议在国家图书馆举行,会议主题是围绕全国公共图书馆服务体系建设问题进行研讨。

12 月 12—15 日,2013 华夏阅读论坛之"图书评论与乡镇社区阅读推广研讨会"在云南省腾冲市和顺图书馆召开。本次会议是阅读推广委员会第一次将工作会议开到乡镇基层。

12 月 30 日,国内第一个二星级绿色建筑图书馆——广东省深圳市宝安中心图书馆新馆部分建成开放。

12 月 30 日,"丝绸的记忆——中国蚕丝织绣暨国家级非物质文化遗产项目特展"在国家图书馆开展。展览由"认识蚕丝""丝绸的历史""非遗里的丝绸""丝绸之路""丝绸精品及文献展示"等五大部分组成,共展出丝绸、文献等实物展品 300 余件。

2014 年

1 月

1 月 1 日,全国首家融入了儿童多元智能开发理念,并由玩具专业人才团队坐镇的玩具图书馆——广州图书馆玩具馆正式开馆。

1月2日,朝外街道文化服务中心、朝阳区图书馆、悠贝亲子图书馆三方正式签署了《社会力量参与朝外地区图书馆运营合作协议书》,北京首个由社会力量参与管理的街道图书馆在朝外街道运营。

2月

2月25日,中国图书馆学会国家机关图书馆分会成立。

3月

3月4—7日,《普通高等学校图书馆规程》修订工作会议在南方科技大学召开。规程修订工作组拟订《普通高等学校图书馆规程》修订草案。

3月19日,文化部牵头成立了国家公共文化服务体系建设协调组,并召开第一次全体会议。这标志着国家层面的公共文化服务协调机制正式运转。

4月

4月2日,中国图书馆学会发布《关于表彰先进学会、优秀会员和优秀学会工作者的决定》的通知,授予全国11个单位"先进学会",475名会员"优秀会员"和47位同志"优秀学会工作者"的荣誉称号。

4月9日,第80届国际图联大会官网宣布:杭州图书馆"发现身边的图书馆"项目获2014年国际图联(IFLA)市场营销奖前十名。这也是继2012年清华大学图书馆"爱上图书馆"项目获得IFLA营销大奖后,中国第二次获奖。

4月14日,农业部、国家图书馆在农业部签署合作协议,以农业部图书馆为平台共建国家图书馆农业部分馆。

4月15—25日,《中国图书馆分类法(未成年人图书馆版)》(第四版)培训班分别在天津及长沙市两地举办。培训内容涵盖此次修订概括、修订重点以及少儿文献分类规则(包括各类型实例分析)。

4月17日,"2014年省级古籍保护中心工作会议"在国家图书馆举行。会议旨在做好2014年全国古籍保护重点工作,全面推进中华古籍保护计划。

4月28—29日,"2014全国少年儿童阅读年"活动启动仪式暨全国图书馆员绘本讲读高级研修班在国家图书馆举办。启动仪式还发布国家图书馆组织专家共同研制完成的《绘本100——2014全国少年儿童阅读年指导书目》。

4月28—30日,"2014年全国公共图书馆技术部主任会议"在天津召开。会议对"数字缩微示范馆建设及数字缩微推广""馆际间合作模式的创新发展"及"文献缩微抢救方向"等全国缩微工作议题进行了深入研讨。

4月30日,上海召开公共信用信息服务平台开通仪式及社会信用体系建设联席会议。会议宣布上海市各级各类公共图书馆读者借阅信息将纳入上海市公共信用信息服务平台。

5 月

5 月 3 日，珍贵"大仓文库"孤本首次亮相北京大学图书馆。这批古籍从日本大仓集古馆购得，共 931 种 28 143 册，系我国 100 多年来首次大批量回购留存海外的中华典籍。

5 月 7—9 日，"全国师范院校图书馆联盟"首届成员大会暨联盟工作研讨会在北京师范大学图书馆召开。会议探讨了如何利用数字化手段实现全国高等师范院校图书馆协同创新服务与教育信息资源的共知共建共享，并就师范联盟的各项工作达成共识。

5 月 12—14 日，"移动数字图书馆建设与服务专题研讨班"在国家图书馆举行，由国家图书馆、上海图书馆、清华大学图书馆和北京大学图书馆分享了各自移动数字图书馆服务与实践。

5 月 13—16 日，"湘鄂赣皖四省图书馆联盟之地方文献整理与研究培训班"在湖南图书馆举行。培训班围绕图书馆管理、地方文献与地方文化、地方文献资源建设，以及湖南方志与地方文献等内容展开。

5 月 14—22 日，上海交通大学图书馆承办教育部高等学校图书情报工作指导委员会第一期海外学科化服务馆员培训班。培训围绕学科化服务主题展开，还组织高校图书馆员分赴美国加州大学伯克利分校图书馆和新加坡南洋理工大学图书馆进行海外观摩与实践。

5 月 22—23 日，首届全国高校图书馆服务创新案例大赛暨研讨会在南方医科大学召开。来自全国 23 个省、自治区、直辖市的 105 所高校图书馆提交 156 份服务创新案例，上海交通大学、北京大学、南方医科大学和中国科学技术大学等图书馆的 6 支代表队荣获大赛一等奖。

5 月 27—29 日，西北五省（区）"图书馆网站和数据库建设暨图书馆员继续教育培训班"在甘肃省兰州市举办。培训课程围绕图书馆网站建设和图书馆特色资源数据库建设展开。

5 月 28 日，中国美术出版总社带来的"连环画数字图书馆阅读系统"亮相中国（北京）国际服务贸易交易会文创创新展位。该阅读系统采用多媒体互动技术，内容囊括新中国成立以来已经出版的经典连环画作品、珍藏名家绘本、权威期刊以及绝版影印珍本。

5 月 28—30 日，2014 年中国高校图书馆发展论坛在陕西省西安市召开。论坛主题为"数字资源——用数据量体，为学科裁衣"。

5月29日，“中三角”湘鄂赣皖四省公共图书馆联盟第二届“四省图书馆联盟巡回讲座”暨“四省馆员交流培训”活动在终点站安徽省图书馆结束。讲座主题是“高山仰止——湘鄂赣皖名山文化解读”。

6月

6月1日，全国第一家由社会捐赠建设的省级少年儿童图书馆——河南省少年儿童图书馆正式开馆。

6月1日，天津市少年儿童图书馆新馆开馆，建筑面积1万余平方米，设亲子阅览室、中小学阅览室、动漫文献阅览室三层阅读区域，座椅500个。

6月4—6日，“第26届全国十五城市公共图书馆工作研讨会”在山东省青岛市举行。会议主题为“公共图书馆服务体系建设与体制机制创新”。

6月11—12日，“川、吉、苏、冀、桂”五省（区）图书馆学会第十四届学术研讨会在广西壮族自治区南宁市召开。研讨会主题分别为“地方文献资源建设与古籍保护”和“阅读推广的探索与实践”。

6月12日，中华古籍保护计划成果宣传推广活动启动仪式在安徽省图书馆举行。活动将通过中华古籍保护计划成果展、古籍保护讲座、古籍修复技艺展示以及读者互动等形式全面展示中华古籍保护计划成果。展览在安徽、广西、北京、山西、江苏、广东、福建、重庆、陕西、河北等10个省市举办。

6月14日，由文化部主办、中国非物质文化遗产保护中心与国家图书馆联合承办的“中国非物质文化遗产保护出版成果展”在国家图书馆开幕，展出非遗图书1800余种、3000余册，非遗纪录片100余部。

6月18日，安徽省公共图书馆阅读推广联盟召开成立大会。该联盟由安徽省文化厅组建、107家公共图书馆加盟。

6月25日，第十一届“数字图书馆前沿问题高级研讨班”在中国海洋大学开幕。会议主题为“图书馆视角下的大数据与应用领域”。

6月26—29日，中国图书馆学会代表团出席在美国拉斯维加斯举办的美国图书馆协会2014年年会暨博览会，并举办题为“中国的多层级网络图书馆服务”的专题论坛。

7月

7月1日，中国国家图书馆与土耳其国家图书馆签署合作备忘录，旨在就专家互访、互办展览、古籍修复、数字图书馆建设、出版物交换和文献搜集等方面开展交流与合作。

7月2日，光明网与中国社会科学院图书馆签署战略合作协议，双方围绕

“国家哲学社会科学学术期刊数据库”展开全方位合作，共同建设国家级哲学社会科学学术文化交流平台。

7 月 6—8 日，第十二届海峡两岸图书资讯学学术研讨会在南开大学商学院举行。会议主题为“大数据与云环境下的多维图书资讯学”。

7 月 9—11 日，第七届上海国际图书馆论坛在上海图书馆召开。论坛主题为“转型时代的图书馆：新空间 · 新服务 · 新体验”，来自世界 26 个国家和地区的 400 余位代表出席。

7 月 10—11 日，由扶持动漫产业发展部际联席会议办公室主办、国家图书馆承办的国家动漫公共素材库在第十届中国国际动漫游戏博览会上亮相。该素材库是一个集多功能于一体的国家级素材资源共享平台。

7 月 11 日，中国图书馆学会国家机关图书馆分会组织会员赴全国人大图书馆进行首次培训、参观。培训的主题为“面向知识服务的专业图书馆转型与变革”。

7 月 30—8 月 2 日，“全国绘本阅读推广高峰论坛”在安徽省休宁县召开。论坛主题为“照亮童年——绘本的可能性”。

8 月

8 月 5 日，2014 年全国古籍评审工作会议在北京召开，第五批《国家珍贵古籍名录》和“全国古籍重点保护单位”评审工作正式启动。

8 月 7 日，全国数字图书馆建设与服务联席会议第十五次会议在宁夏回族自治区银川市举行。会议主题是“数字环境下图书馆的信息安全”。

8 月 7 日，“全国公共图书馆地方文献工作与数据库建设研讨会”在湖南省长沙市开幕。会议在总结地方文献工作和研究的相关经验和成果，以及地方文献数据库建设等方面做出了积极的探索。

8 月 8 日，江苏省张家港市建成全国首家城市街区全智能图书馆驿站，面积 35 平方米，藏书量 2000 多册，设置了开放式书架、定制桌椅、自助办证机、图书消毒柜等设备设施，提供 24 小时服务。

8 月 16 日，全国首个商务印书馆版本图书馆在浙江省海盐县开馆，面积 287 平方米，收藏图书 1. 6 万种、2. 4 万册，其中新中国成立前商务老版本文献 4785 册。

8 月 18 日，“陈伯吹儿童文学奖”在上海正式更名为“陈伯吹国际儿童文学奖”，并列入“中国上海国际童书展”的重要奖项，成为内地首个国际性儿童文学奖项。

8月17—20日,2014年鲁豫皖赣新五省(区)图书馆学术年会暨2014年“春雨工程——文化共享志愿者新疆行·基层业务骨干培训班”在新疆维吾尔自治区乌鲁木齐市召开。年会主题是“跨区域合作背景下的图书馆建设”。

8月20—23日,西北五省(区)图书馆第十二次科学讨论会在青海省西宁市举行。会议主题是“共铸辉煌——进一步提升西北五省(区)图书馆的服务能力”。

8月21日,全国第一个公益咖啡图书馆——乐寻公益图书馆在广东省深圳市福田区落成。

8月27—31日,第21届北京国际图书博览会在中国国际展览中心新馆举办,包括国内出版物展区、海外出版物展区、数字馆和部分国内出版物展区、主题馆(包括中国作家馆、部分海内外主题展区、海外期刊和图书馆现采专区等)4个展区。

8月29日,第六届“中国图书馆馆长与国际出版社高层对话论坛”在北京举行。论坛主题为“科学数据与共享”。

9月

9月2日,“缪荃孙诞辰170周年纪念会暨学术研讨会”在国家图书馆召开。会议主题是“缪荃孙与近代中国图书馆事业发展”和“缪荃孙的生平、学术活动及贡献”。

9月3日,“抗战文献暨民国时期文献整理出版座谈会”在国家图书馆召开。“民国时期文献保护计划”项目已出版文献38种、1400余册,初步形成体系与规模。

9月3日,我国首个抗战大后方3D数字图书馆在重庆图书馆官方网站正式上线,目前有近5万种数字藏品,包括抗战时期出版的各种报纸、杂志、期刊、名人手迹以及重庆图书馆收集的抗战时期的图片和视频资料。

9月9—10日,全国省级公共图书馆馆长座谈会在国家图书馆召开。会议旨在研讨公共图书馆与国家图书馆“十三五”事业发展。

9月10日,中国国家典籍博物馆正式开馆,开馆首展“国家图书馆馆藏精品大展”与观众见面。该馆建筑面积11 549平方米,拥有展厅10个,旨在保护和展示中国典籍、弘扬中国文化,使博物馆与图书馆功能充分融合,使祖先留下的珍贵文化遗产最大程度惠及社会公众。

9月11日,《中华古籍保护计划十三五时期发展规划》研讨会在国家图书馆召开。与会代表结合各地实际工作情况,围绕“十三五”时期全国古籍保护工作重点、现存问题、发展方向等方面展开讨论。

9 月 16—17 日,第四届“全国馆际互借与文献传递研讨会”在浙江省杭州市举行。会议主题是“变革与发展:数字时代的馆际互借与文献传递”。

9 月 18 日,由国家海洋局主办的“钓鱼岛历史与主权”图片展在国家图书馆开展,分为“钓鱼岛是中国的固有领土”“日本窃取钓鱼岛”“美日对钓鱼岛私相授受”“钓鱼岛上空的阴霾”和“神圣领土不容侵犯”五个部分,详细展示了钓鱼岛及其附属岛屿自古就是我国固有领土的历史和法理依据。

9 月 20 日,苏州图书馆开通“网上借阅社区投递”服务。“网上借阅社区投递”是指读者通过电脑或手机、平板电脑等移动智能终端访问图书馆的网上借阅平台,提出借阅请求,图书馆找到图书后,通过物流系统配送到读者指定的社区分馆或者社区服务点,同时短信通知读者,读者凭证刷卡取书。

9 月 22—27 日,“中国西部公共图书馆联合会首届年会暨学术讨论会”在陕西省西安市开幕,会议主题是“融合、发展、创新——西部公共图书馆区域合作与职能拓展”。

9 月 23—25 日,“2014 学科馆员服务学术研讨会”在江苏省南京市召开。会议主题是“学科馆员服务:发展、转型、创新和最佳实践”。

9 月 24—25 日,华北地区高校图协第二十八届学术年会在中国人民大学召开。会议主题为“现代大学图书馆的技术与服务”。

9 月 25 日,“2014 书香中国 · 第四届北京阅读季”阅读盛典在北京市西城区文化中心举行,“北京最美阅读空间”重磅出炉。

9 月 25—26 日,第五届全国文献采访工作研讨会在天津召开。会议主题是“数字出版对文献资源建设的影响”。

9 月 27 日,上海图书馆发出国内首张“信用借书卡”。读者信用与“上海公共信用信息服务平台”关联并免押金借书。

9 月 28 日,吉林省图书馆新馆正式开馆,建筑面积 5.3 万余平方米,设计藏书量为 500 万册,阅览座位 3000 个,可日均接待读者 6000 人次。

10 月

10 月 10 日,由国家图书馆、台湾汉学研究中心共同举办的“书海之间 · 遇见幸福——海峡两岸公共图书馆事业发展联展”及“两岸图书馆前瞻论坛”在国家图书馆开幕。这是海峡两岸图书馆首度携手合作办展。

10 月 10—12 日,2014 年中国图书馆年会——中国图书馆学会年会 · 中国图书馆展览会在北京市东城区召开。年会主题是“馆员的力量:改革发展进步”，围绕工作会议、学术会议、展览会三大板块展开。

10 月 11 日，全国古籍保护工作会议在北京召开。会上文化部授予 81 个单位“全国古籍保护工作先进单位”称号，授予 157 人“全国古籍保护工作先进个人”称号，并向 12 家“国家古籍保护人才培训基地”颁牌。

10 月 13 日，“中国—阿拉伯国家图书馆馆长论坛”在中国国家图书馆举行。论坛促成并通过了《中国与阿拉伯国家图书馆 2014 北京合作倡议》。

10 月 13 日，“第二届全国公共图书馆视障服务工作研讨会”在中国盲文图书馆举办。研讨会主题为“全媒体时代的盲人文化服务与阅读推广”。

10 月 20—21 日，中国科学院文献情报中心成功举办“2014 中国开放获取周”，重点面向国内科技期刊编辑设立“开放获取出版日”，面向图书馆界的机构知识库技术人员、管理者和图书馆管理者设立“开放存储日”。

10 月 21—22 日，第十次中文文献资源共建共享合作会议在香港召开。会议主题为“数码薪传——中文文献共建共享项目的回顾与展望”。

10 月 28 日，中国科学院文献情报中心与 ORCID（开放研究者与贡献者身份）签署的合作协议，将保障中国科学家永久持有“国际学术身份证”——ORCID 号，与多家战略伙伴签署的合作备忘录，将有效助推 ORCID 号在科研工作各环节的应用。同时，中国科学家在线（iAuthor）平台作为 ORCID 中国服务平台正式上线。

10 月 28 日，上海图书馆理事会成立，由 13 名理事组成，分别来自政府、社科文化、媒体、企业、读者和图书馆界，理事长为著名学者余秋雨。

11 月

11 月 3—6 日，2014 中国机构知识库学术研讨会在福建省厦门市召开。会议主题是“机构知识库的创新发展”。

11 月 5—6 日，第二届图书馆现代技术学术研讨会在国家图书馆举行。会议主题为“数字资源揭示——海量数据环境下图书馆资源发现之路”。

11 月 8 日，“第二届中文古籍整理与版本目录学国际学术研讨会”暨“十年磨一剑——《广州大典》编纂展”在广州图书馆举行。《广州大典》第一次发掘性地将海内外珍藏的广州文献典籍尽收其中，系统地收录了 1911 年以前有关广州的著作、广州人的著作和广州版丛书 3500 余种，编成 540 余册。

11 月 11—13 日，“出版界图书馆界全民阅读年会（2014）”在湖南图书馆举行。年会主题为“全媒体时代下，各界合作共促阅读”。

11 月 18 日，成都图书馆理事会成立，暂定由 15 位理事组成，由成都市文化局副局长担任理事长,馆长为副理事长。

11 月 18—20 日,第十三次全国民族地区图书馆学术研讨会在湖南省吉首市召开。会议主题为“民族地方文献保护与研究”。

11 月 19 日,第二届“全球化视野 · 大学图书馆馆长论坛”在上海财经大学开幕。论坛主题分别是“大学图书馆战略转型的必要性、核心思想及关键因素”“大学图书馆组织变革的策略、模式与评价”“大学图书馆员角色转化、路径与职业发展”。

11 月 20—22 日,以“与世界和未来在一起”为主题的 2014 中国上海国际童书展在上海世博展览馆举办。

11 月 26 日,国家级古籍修复技艺中心附设传习所揭牌仪式在山东省图书馆举行。山东成为首批建立国家级古籍修复技艺传习所的五个地点之一。

11 月 26 日,“传承文明服务社会——全国图书馆文献缩微工作成果展”在国家图书馆举办。展览展示了从 1985 年至今由全国图书馆文献缩微复制中心引领各省级公共图书馆,利用缩微技术对馆藏珍贵文献进行抢救取得的成果。

11 月 27 日,江苏省人大十二届常委会第十三次会议审议通过我国首个全民阅读地方性法规《江苏省人大常委会关于全民阅读的决定》,将于 2015 年 1 月 1 日起正式实施。

11 月 28 日,南京图书馆理事会成立,由 14 名理事组成,第一任理事长为南京图书馆党委书记方标军,还同时成立了由 5 人组成的监事会。

11 月 29—30 日,由联合国教科文组织、深圳读书月组委会等主办的“2014 全球图书会议:数字图书与未来科技”在深圳图书馆举行。

11 月 30 日—12 月 1 日,湘鄂赣皖四省公共图书馆联盟工作研讨会在湖南图书馆召开。会议绕湘鄂赣皖四省公共图书馆联盟可持续性发展模式这一主题展开讨论。

11 月 30 日,复旦大学中华古籍保护研究院正式成立,并从 2015 年开始招收全国首届古籍保护方向专业硕士。

12月

12 月 11 日,《中国金石总录》整理出版,填补了中国古籍整理和出版领域的空白,共收存历代出土的秦汉以前钟鼎文献、清末以前出土及遗存的历代石刻文献(含部分民国时期重要碑碣),总量约 30 万种、40 万件。

12 月 11—12 日,2014 全国高职院校图书馆馆长论坛在北京国际图书城开幕。论坛主题为“高职院校图书馆特色资源建设”。

12 月 12 日，首个“南京大屠杀死难者国家公祭日”到来前夕，《远东国际军事法庭证据文献集成》首发式暨出版座谈会在国家图书馆举行。同日，“历史的审判——馆藏东京审判图片展”在国家图书馆总馆北区开展。

12 月 18 日，“全国图书馆文献缩微工作十三五时期发展规划”专家座谈会在国家图书馆召开。会议讨论了缩微工作“十三五”规划的发展思路和重点任务。

12 月 18—20 日，第十三届中国社区乡镇图书馆发展战略研讨会在海南省海口市召开。会议主题是“图书馆员与社会发展创新”。

12 月 18—20 日，高等学校图书馆十三五规划研讨会在海南省海口市举行。会议主题是“务实与前瞻：如何规划图书馆的未来”。

12 月 30 日，湖北省图书馆理事会成立，暂定由 15 名理事组成，理事长为湖北省图书馆馆长汤旭岩。

12 月 30 日，广东省立中山图书馆理事会成立，理事 13 人按照“三三制”原则构成，包括政府部门代表 4 人、社会公众代表 5 人和馆方代表 4 人，理事长为广东省文化厅公共文化处处长唐国华，馆长为副理事长。

2015 年

1 月

1 月 5 日，全国县以上公共图书馆评估定级工作研讨会在天津图书馆召开，中国图书馆学会接受委托“县以上公共图书馆评估定级工作”。

1 月 10 日，浙江省宁波市图书馆音乐专题馆——天一音乐馆开放。该馆共有 300 平方米，旨在打造宁波高端的音乐文献和音乐数字化研究传承基地。

1 月 12 日，京城首个地铁图书馆——“M 地铁·图书馆”正式开馆。M 地铁·图书馆是由京港地铁和国家图书馆共同创意发起的大型公益项目，将定期组织各类主题活动，并在新媒体环境下长期免费提供优质的图书阅读资源。

1 月 12 日，都柏林核心元数据组织（DCMI）在其官方网站上（http://dublincore.org/）宣布上海图书馆正式成为其机构会员，上海图书馆副馆长、DCMI 教育推广委员会联合主席刘炜先生将作为上海图书馆代表任 DCMI 管理委员会委员。

1 月 14 日，中共中央办公厅、国务院办公厅印发《关于加快构建现代公共文化服务体系的意见》，对加快构建现代公共文化服务体系，推进基本公共文化服务标准化均等化,保障人民群众基本文化权益作了全面部署。

1 月 19 日,西藏自治区图书馆即日起闭馆并同时启动改扩建工程。

1 月 23 日,中国古籍保护协会第一次会员代表大会暨协会成立大会在北京召开,审议通过《中国古籍保护协会章程》《中国古籍保护协会会费标准及管理办法》,国家图书馆副馆长刘惠平当选为协会会长。

2 月

2 月 11 日,国家图书馆与全国 180 多家公共图书馆参与的 2015 网络书香过大年网站上线,该活动以线上推送资源、线下举办具有地域特色的文化活动的方式开展。

2 月 25 日,由四川日报社联合省精神文明办、省新闻出版广电局、新华文轩出版传媒有限公司,共同启动大型公益活动“为乡村孩子定制‘精神营养餐’”第二季推出“微图书馆计划”,为乡村小学生定制适合他们的“微图书馆”。

3 月

3 月 1 日,全国首部关于全民阅读的地方性政府规章《湖北省全民阅读促进办法》实施,明确了各级政府及其工作部门在促进全民阅读工作中的职责,规定了全民阅读的组织机构、经费保障、服务体系、权益保障、社会服务等。

3 月 1 日,广州少年儿童图书馆新馆正式开馆。新馆增加了借阅生物识别技术,读者伸手扫描掌纹,即可借书回家。

3 月 13 日,济南市图书馆理事会成立,由 15 位理事组成,委派济南市文广新局副局长鲍立军为理事长,馆长为执行理事。

3 月 19—20 日,2015 年全国省级及副省级市公共图书馆参考咨询工作会议在江苏省南京市召开。会议讨论了全国图书馆参考咨询协作网与全国省级公共图书馆决策咨询服务协作平台章程、业务培训规划、培训教材编制方案。

3 月 23 日,文化部公共文化司在北京召开“图书馆与全民阅读研讨会”,来自国家图书馆、中国图书馆学会、高校、基层文化单位、新闻媒体、文化企业的 20 余位专家学者就新形势下各级各类图书馆如何更好地参与全民阅读进行研讨。

3 月 31 日,湖南图书馆理事会在长沙成立,是湖南首个文化事业单位成立的理事会,理事长为湖南省文化厅党组副书记、常务副厅长禹新荣。

4月

4月9日，中国图书馆学会第九次全国会员代表大会在北京召开。大会审议通过中国图书馆学会第八届理事会工作报告等，选举产生175名理事和55名常务理事。国家图书馆馆长韩永进当选为理事长。

4月19日，文化部文化科技司在深圳召开“图书馆智慧平台的研究与示范”项目专家验收会，国内首个“智慧图书馆”落户广东省深圳市盐田区。

4月23日，北京高校图书馆面向中小学设立参观开放日启动仪式在中国人民大学图书馆举行。北京市52所高校将免费为中小学开放。

4月23日，第十届文津图书奖获奖图书正式揭晓。《中国古代物质文化》《沈从文的后半生:1948—1988》《耶路撒冷三千年》等10种图书获得第十届文津图书奖优秀图书奖。

4月25日，目前京津冀区域最大的社区图书馆——幸福图书馆在河北省固安新城开馆。该馆是公益性社区图书馆，将以社区公共客厅的形态24小时提供服务。

4月28日，圆明园四十景图文化展在国家图书馆典籍博物馆开展。《圆明园四十景图咏》原件目前藏于法国国家图书馆，是流散海内外圆明园文物中学术价值、艺术价值较高的文献，本次展出的《圆明园四十景图咏》(含大红酸枝木盒)，由法国国家图书馆全球首次授权上海远东出版社原件再造展出。

5月

5月5日，国务院办公厅转发文化部等四部委起草的《关于做好政府向社会力量购买公共文化服务工作的意见》，对建立健全政府向社会力量购买公共文化服务机制，完善公共文化服务供给体系，提高公共文化服务效能做出了重要部署。

5月5日，中国图书馆学会联合内蒙古图书馆学会、宁波市图书馆、广西壮族自治区图书馆等多家单位，面向全国图书馆发布了“书香城市”(县级)、“书香社区”标准指标体系，为我国“书香城市”建设提供依据。

5月7—8日，“公共图书馆法人治理结构建设研讨班”在湖北省武汉市汤湖图书馆举办，研讨内容包括文化事业单位改革与法人治理、公共图书馆法人治理、公共图书馆法人治理结构试点单位的实践和经验。

5月15日，“册府千华——西域文献保护成果展”在国家图书馆开展。展览梳理、精选近50件西域文献原件和50余件其他展品，集中展示21世纪初以来国家图书馆在西域文献征集入藏、修复保护、整理研究等方面的成果。

5 月 18—21 日，由中国图书馆学会青少年阅读推广委员会、广州市图书馆学会主办，广东图书馆学会阅读指导委员会和广州图书馆承办的“全国图书馆手工绘本创作研修班”在广东省立中山图书馆举行。

5 月 20 日，全国图书馆标准化技术委员会第二届委员会正式成立，委员会由来自全国各级各类图书馆、高等院校、政府组织、行业协(学)会的 41 名专家组成，国家图书馆馆长、中国图书馆学会理事长韩永进任主任委员。

5 月 20 日，教育部、文化部、国家新闻出版广电总局联合印发《关于加强新时期中小学图书馆建设与应用工作的意见》，明确了新时期中小学图书馆的发展定位，针对当前不同程度存在的馆藏质量不高、与教育教学融合不够等突出问题，提出了一系列具有针对性的工作举措。

5 月 21—22 日，中国图书馆学会第五届百县馆长论坛在福建省晋江市召开。论坛主题为“县级图书馆在构建现代公共文化服务体系中的地位和作用”。

6 月

6 月 3—5 日，中国高校图书馆发展论坛在湖北省武汉市开幕。本次论坛由中国图书馆学会高等学校图书馆分会主办，论坛主题为：大学图书馆服务能力的提升与拓展——资源支撑，技术助力。

6 月 12 日起，“册府千华——珍贵古籍雕版特展”在国家典籍博物馆举行。展览分为雕版的发明与发展、古籍雕版、日用雕版、雕版技艺、雕版印刷活态演示五个部分，展出展品 200 余件。

6 月 16—17 日，中文数字出版与数字图书馆国际研讨会在陕西省西安市召开。研讨会以“数字图书馆的知识创新”为主题。

6 月 21—23 日，全国中小型图书馆联合会 2015 年研讨会在内蒙古自治区赤峰市举办。研讨会主题是“新蓝图、新发展——现代公共文化服务体系下的中小型公共图书馆”。

6 月 24—28 日，中国图书馆学会第九届“全民阅读论坛”暨 2015 年阅读推广峰会在江苏省镇江市举办。论坛主题是“促进全民阅读，构建书香镇江”。

6 月 28 日，“中国西部公共图书馆联合会第二届(2015)年会暨学术讨论会”在内蒙古自治区呼伦贝尔市召开。会议主题是“改革、发展、和谐——西部公共图书馆区域协作”。

6 月 30 日，国家图书馆人民法院分馆正式成立并开通，拥有实时报刊、电子图书、部级领导干部历史文化讲座等数字资源。该平台实现了对全国人民法院系统的垂直化服务。

7月

7月8—10日,东北地区第十五次图书馆学科学讨论会在吉林省白城市举办。会议以“引领全民阅读,创新协作发展”为主题,下设“图书馆的社会责任与可持续发展”“图书馆与社会力量的合作共赢”“公共图书馆与未成年人书目推荐”等15个分主题。

7月10日,“册府千华——民间珍贵典籍收藏展”在国家图书馆开幕。该展是新中国成立以来对海内外民间珍贵古籍藏品进行的首次集中展示,邀请海内外30位私人收藏家展出展品百余件。

7月20日,“中华古籍普查志愿服务行动”启动仪式在国家图书馆举行,旨在通过组织高校学生参加古籍普查,发动社会力量参与古籍保护,推动古籍普查登记工作在“十三五”时期全面完成。

8月

8月1日,文化部发布《图书馆参考咨询服务规范》,为公共图书馆参考咨询工作的开展提供标准和依据。

8月14日,“不朽的长城——纪念中国人民抗日战争暨世界反法西斯战争胜利70周年馆藏文献展”在国家典籍博物馆及国家图书馆总馆北区开幕。展览分为“烽火连天”“血肉长城”“抗战文化”“鉴往知来”和“抗战中的国图”五个单元。

8月18日,冯仲云图书馆揭牌暨捐赠仪式在黑龙江省兴隆林业局举行,这是中国首个以东北抗日联军将领命名的图书馆。

8月27日,第七届“中国图书馆馆长与国际出版社高层对话论坛”在北京举行。论坛主题是“增强出版与图书馆服务转型”。

8月27—28日,“全国图书馆标准化技术委员会第二届委员会成立大会暨标准化工作与图书馆事业发展研讨会”在国家图书馆召开。

9月

9月10—11日,由中国图书馆学会主办、长春市图书馆承办的第27届全国十五城市公共图书馆工作研讨会在吉林省长春市召开。会议主题为“现代公共文化服务体系建设进程中城市公共图书馆的创新发展与服务效能提升”。

9月10—12日,以“新时代,新思维,新挑战——互联网+背景下数字图书馆的战略规划与创新发展”为主题的第三届图书馆现代技术学术研讨会在北京举行。

9月14日,辽宁、吉林、黑龙江、青海、西藏、新疆及云南图书馆界联合举办的首届“八省区图书馆界蒙古文文献工作研讨会”在内蒙古自治区鄂尔多斯市召开。研讨会以“团结 协作 共建 共享”为主题，旨在促进我国图书馆界蒙古文文献工作的开展。

9 月 18—19 日，“出版界图书馆界全民阅读年会”(2015)在江苏省苏州市举办。本届年会主题为“倡导全民阅读，共建书香社会”。

9 月 21—22 日，“第十一届中国信息无障碍论坛”在北京举行。论坛主题为“跨界·融合·共享：信息无障碍再上新台阶”，并设立“辅助技术”“教育培训”“公共文化服务”等分论坛。

9 月 23 日，国家科技图书文献中心(NSTL)邀请国内多个图书馆共同发起签署《数字文献资源长期保存共同声明》发布会在北京举行。国家图书馆、中国科学院文献情报中心、北京大学图书馆、清华大学图书馆等近 60 个文献信息机构的领导和代表出席发布会，集体签署《共同声明》。

9 月 28 日，澳门文化局中央图书馆迎来成立一百二十年周年纪念日。

10 月

10 月 9 日，宁波图书馆理事会成立，由 13 位理事组成，审核聘任宁波如意股份有限公司董事长储吉旺为理事长，馆长为执行理事。

10 月 16 日，由上海交通大学、上海财经大学、华中师范大学三校图书馆共同承办的首届全国高校图书馆阅读推广案例大赛总决赛暨研讨会在华中师范大学举行。清华大学、北京大学、上海交通大学、武汉大学、四川大学、天津财经大学等 6 所高校图书馆案例获一等奖。

10 月 19—20 日，2015 年中国开放获取推介周在北京举办。会议讨论了如何检验、衡量和评价开放获取政策的实施效果、如何制定合理的开放出版资助框架、如何利用机构知识库开展深层次的服务以及如何通过建立合理的权益框架与激励机制推动科研数据及其他类型科研成果开放获取等内容。

10 月 21—22 日，第十次中文文献资源共建共享合作会议在香港召开，会议主题为“数码薪传——中文文献共建共享项目的回顾与展望”。

10 月 22—23 日，2015 竞争情报上海论坛在上海图书馆召开。论坛主题为“创新、创业、创客与竞争情报”，论坛的分议题包括“创新中心：情报的视角”“创业：情报发现新机遇”“创客：情报带来的创意”。

10 月 22—23 日，第四届全国文献编目工作研讨会在重庆举行。会议主题为“编目：核心能力与挑战”。

10 月 29—31 日，华北高校图协第 29 届学术年会在河北大学图书馆举办。年会主题为“转型环境下高校图书馆发展”。

10月30日,内蒙古图书馆理事会成立,由13位理事组成,理事长由社会知名人士担任,馆长为普通理事。

11月

11月,国家文献战略储备库项目获国家发改委审批立项,并被列入文化部“十三五”四大工程之一。项目位于河北省承德县,计划占地152亩,用于建设存储库区、业务加工区、配套用房、文化展示区和武警营房等,使该储备库具备文献存储、数字化加工、纸质文本保护修复等功能,计划总投资9.7877亿元

11月1日,内蒙古自治区最大的少儿图书馆——内蒙古图书馆少儿馆正式开馆,面积达3200平方米,是集益智、趣味、互动、体验为一体的多功能少儿图书馆。

11月6日,2015海峡两岸暨港澳图书馆学情报学期刊发展论坛在河南省图书馆召开。论坛主题是“图书馆学情报学学术创新与期刊发展”,并发起《中国图书馆学情报学期刊抵制学术不端联合行动计划倡议》(征求意见稿)。

11月19日,“2015年鲁豫皖赣新琼图书馆学会年会”在海南省海口市召开。大会主题是“有活力的图书馆:合作、共赢”。

11月19日,北京、天津、河北三地公共图书馆在河北省石家庄市签署合作协议,成立京津冀图书馆联盟,并就搭建资源共建共享平台、联合参考咨询平台、专业人才培养平台、惠民服务平台、公共文化示范区建设平台、冬奥会主题服务平台等事宜达成深化合作意向。

11月20日,长春图书馆理事会成立,由11名理事组成,首届理事长为市文化局副局长,馆长为执行理事。

11月21日,“十三五”时期现代公共文化服务体系建设研讨会暨北京大学国家现代公共文化研究中心、文化部公共文化研究基地揭牌仪式在京举行。研讨会主题包括“十三五”时期公共文化法律体系建设、公共数字文化发展、公共文化服务评价体系建设。

11月29日,重庆首个作家图书馆,即重庆文学珍藏馆举行开馆仪式。目前入驻珍藏馆的作家包括重庆著名诗人李元胜、作家王明凯、悬疑小说家庄秦、网络作家司徒浪、著名编剧熊明国等30位重庆本土作家。

12月

12月,青岛市图书馆理事会成立,由9位理事组成,青岛市文化局副局长

为理事长，馆长为副理事长。

12 月 1 日，由二十一世纪出版社集团主导的国内首家提供完整儿童阅读服务体系的平台——“二十一世纪中国儿童阅读推广云平台”正式发布。这是出版机构第一次尝试与终端读者建立牢固联系，通过提供优质的延伸服务获得读者认可和追随。

12 月 4 日，由文化部公共文化司指导、上海图书馆主办的“大数据与公共数字文化服务研讨会暨文化部公共文化研究上海图书馆基地揭牌仪式”在上海图书馆举行。上海图书馆是国内唯一一家入选公共文化研究基地的图书馆。

12 月 4—6 日，全国图书馆地方文献建设学术研讨会在河南师范大学图书馆召开。会议主题为“地方文献相关理论研究”“地方文献建设个案探讨”“地方文献的征集与数字化”和“地方文献的利用与相关研究”等。

12 月 8 日，澳大利亚国家图书馆和中国国家图书馆共同主办的“大清世相”展览在澳大利亚国家图书馆举行媒体预展，首次在国外展出“样式雷”图档《大清门至坤宁宫中一路立样糙底》。

12 月 9 日，山西省图书馆理事会成立，由 13 位理事组成，由山西省图书馆馆长魏存庆担任理事长。

12 月 9 日，国务院法制办公室公布《中华人民共和国公共图书馆法（征求意见稿）》公开征求意见的通知。该征求意见稿共包括六章，分别为总则、设立、运行、服务、法律责任和附则，计 42 条。

12 月 11 日，杭州图书馆理事会成立，由 11 位理事组成，外聘北京大学信息管理系教授吴慰慈为理事长，武汉国图书馆馆长李静霞为执行理事。

12 月 11 日，文化部、国家发改委、国家民委、财政部、国家新闻出版广电总局、国家体育总局、国务院扶贫办七部委联合印发《“十三五”时期贫困地区公共文化服务体系建设规划纲要》。《纲要》提出到 2020 年，贫困地区基本公共文化服务主要指标接近全国平均水平，扭转发展差距扩大趋势。

12 月 15—17 日，2015 年中国图书馆年会在广州市举行。年会以“图书馆——社会进步的力量”为主题，围绕工作会、学术会和展览会三大板块展开。

12 月 16 日，中国记忆项目资源共建共享研讨会在广东省广州市召开。国家图书馆、北京大学图书馆等 29 家公共图书馆在广州发出倡议，加紧对“记忆资源”的征集、抢救性采访、摸底、编目、推广等工作，共建“中国记忆”。

12月19日，全国少儿主题图书馆发展论坛在山西省运城市召开。全国二十几个省市的150家少儿图书馆或绘本馆负责人围绕如何搭建阅读推广平台和如何推进图书馆科学持续发展等主题展开讨论。

12月21日，浙江图书馆首届理事会举行成立仪式。该理事会由13位理事组成，其中社会代表理事9名，由浙江省政协文化卫生体育委员会主任钟桂松担任理事长。

12月26日，重庆图书馆第一届理事会成立大会在该馆举行。该理事会由15人组成，其中政府方代表5名，社会方代表6名，馆方代表4名，三峡博物馆原馆长黎小龙担任理事长。

12月26日，武汉图书馆理事会成立，首届理事会由15位理事组成，由武汉市文化局副局长朱进担任理事长，武汉图书馆馆长李静霞为执行理事。

12月31日，在教育部高等学校图书情报工作指导委员会的积极组织下，历经3年、经过四上四下修订过程的《普通高校图书馆规程》由教育部印发全国高等学校。

附录三　2011—2015 年国家社会科学基金项目（图书馆、情报与文献学）一览表

序号	项目类别	项目名称	立项时间	项目负责人
1	重点项目	网络信息生态链发展机制与优化管理研究	2011	娄策群
2	重点项目	我国战略性新兴产业的信息资源保障体系与服务模式研究	2011	叶继元
3	重点项目	基于语义的馆藏资源深度聚合与可视化展示研究	2011	夏立新
4	后期资助项目	英汉信息管理大词典	2011	王知津
5	后期资助项目	企业竞争情报智能挖掘	2011	张玉峰
6	后期资助项目	中国古代图书出版业的营销研究	2011	李鹏
7	重点项目	国际大都市图书馆服务体系研究	2011	王世伟
8	重点项目	类序研究	2011	夏南强
9	重点项目	面向泛在信息社会的国家战略及图书馆对策研究	2011	朱强
10	重点项目	北方少数民族家谱整理与研究	2011	李小文
11	重点项目	维护安全与发展战略的情报理论与体系研究	2011	沈固朝
12	重点项目	中国科技报告资源体系构建研究	2011	贺德方
13	一般项目	出版产业国际竞争力研究	2011	黄先蓉
14	一般项目	俄罗斯图书馆国家信息资源建设与保障制度研究	2011	贺延辉
15	一般项目	中西部地区文化信息共享工程实施效果与问题研究	2011	杨玉麟
16	一般项目	《资源描述与检索》的中文化及其应用研究	2011	胡小菁

续表

序号	项目类别	项目名称	立项时间	项目负责人
17	一般项目	国际性编目规则及其发展研究	2011	孙更新
18	一般项目	叙词表与分众分类系统的集成研究	2011	贾君枝
19	一般项目	中外分类知识组织体系互操作实证研究	2011	李芳
20	一般项目	西藏公共图书馆设置与服务体系建设研究	2011	旦增卓玛
21	一般项目	基于用户多维交互行为的数字图书馆可持续发展评估模型与实证研究	2011	李月琳
22	一般项目	基于用户交互的数字图书馆服务评价模型与实证研究	2011	梁孟华
23	一般项目	基于用户体验的移动数字图书馆服务整合与系统集成研究	2011	张成昱
24	一般项目	我国农民信息需求特征及其影响因素研究	2011	蔡东宏
25	一般项目	社会科学院系统图书馆绩效评估研究	2011	王超湘
26	一般项目	敦煌写本类书《籯金》整理研究	2011	李强
27	一般项目	刘向文献编纂实践与编纂思想研究	2011	李景文
28	一般项目	“大拱北医术”文献整理及医药文化研究	2011	窦红莉
29	一般项目	我国典籍载苗族早期历史资料整理与研究	2011	石朝江
30	一般项目	阅读史写作研究、边界、视野、史料和方法论研究	2011	王龙
31	一般项目	基于多方法融合的中外图书馆学情报学知识图谱实证研究	2011	肖明
32	一般项目	基于社会网络分析的学科评价研究	2011	李长玲
33	一般项目	人文社会科学评价中同行评议与科学计量相结合的机理研究和对策分析	2011	姜春林

续表

序号	项目类别	项目名称	立项时间	项目负责人
34	一般项目	中国专利文献与世界科学论文之间的引文分析研究	2011	杨祖国
35	一般项目	基于 SOA 架构的术语注册和服务系统构建与应用研究	2011	欧石燕
36	一般项目	基于无监督语义标注的网络中文学术信息抽取研究	2011	段宇锋
37	一般项目	基于知识管理的跨部门政府信息资源整合与共享路径研究	2011	姚乐野
38	一般项目	面向企业技术创新的信息与知识可视化模式与实证研究	2011	杨峰
39	一般项目	企业转型过程中的知识转移模型及其应用研究	2011	郭东强
40	一般项目	高校信息公开制度的构建与绩效评价	2011	马海群
41	一般项目	民族地区突发事件的网络舆情研判及宏观预警研究	2011	阿斯哈尔·吐尔逊
42	一般项目	我国与欧美政府信息公开中信息安全审查机制及保障制度比较研究	2011	周庆山
43	一般项目	我国政府信息公开成效与影响因素分析	2011	罗春荣
44	一般项目	政府信息资源管理创新的理论与方法	2011	赖茂生
45	一般项目	重大突发公共事件的政府应急信息公开研究	2011	向立文
46	一般项目	泛在信息社会测度模型及新一代信息化指标体系研究	2011	吕斌
47	一般项目	科研组织的智力资本结构及其协同机制研究	2011	肖建华
48	一般项目	档案社会化服务的理论基础与实践发展研究	2011	黄霄羽

续表

序号	项目类别	项目名称	立项时间	项目负责人
49	一般项目	基于公共安全管理的我国国家档案馆安全保障研究	2011	彭远明
50	一般项目	基于组件的电子文件管理软件规范研究	2011	刘洪
51	一般项目	“区域—国家”电子文件管理整合模型构建与实证研究	2011	于英香
52	一般项目	语义网络环境下面向数字化科研的分布式知识发现研究	2011	李进华
53	一般项目	关联数据的理论和应用研究	2011	刘炜
54	一般项目	回族古籍资源的文献价值与数据库建设研究	2011	陈冬梅
55	一般项目	社会网络环境下用户参与的图书馆数字信息资源建设模式研究	2011	刘磊
56	一般项目	不同科研模式下学术研究人员信息查询行为与创新行为互动机理研究	2011	胡德华
57	一般项目	基于日志与认知分析的探索式信息搜索行为研究	2011	张云秋
58	一般项目	图书馆用户网络自主培训策略与系统构建研究	2011	潘燕桃
59	一般项目	行为生态学视角下的学术用户网络信息查寻行为研究	2011	邓小昭
60	一般项目	商务网站的信息生态环境分析与经营效益评价研究	2011	张海涛
61	一般项目	锦屏文书数据库建设与村寨原地保护模式研究	2011	曾羽
62	青年项目	全球背景下知识流程外包与中国知识型服务业发展战略研究	2011	李颖

续表

序号	项目类别	项目名称	立项时间	项目负责人
63	青年项目	馆藏资源元数据的语义描述及关联网络构建研究	2011	成全
64	青年项目	联合虚拟参考咨询系统的知识库研究	2011	许鑫
65	青年项目	云计算环境下图书馆信息资源安全政策法律研究	2011	黄国彬
66	青年项目	公共文化服务体系中社区图书馆发展战略研究	2011	龚蛟腾
67	青年项目	数字图书馆知识社区构建与服务研究	2011	刘高勇
68	青年项目	我国科学院系统图书馆数字资源利用状况与发展趋势研究	2011	苏金燕
69	青年项目	西部地区城市低收入者日常信息需求与社区信息保障机制研究	2011	郑华
70	青年项目	中国农民数字化贫困实证研究:现象、根源与对策	2011	闫慧
71	青年项目	藏族文献的类型特征及其发展演变研究	2011	才项南杰
72	青年项目	我国文献信息标准体系框架研究	2011	刘华
73	青年项目	明清时期中韩文人来往尺牍的收集、整理和研究	2011	徐毅
74	青年项目	情报分析中的个体认知偏差及其干预策略研究	2011	严贝妮
75	青年项目	学术授信评价及其在学术博客评价中的应用	2011	周春雷
76	青年项目	中外图书情报学科知识图谱比较研究	2011	杨思洛
77	青年项目	关联数据中潜在知识关联的发现方法研究	2011	洪娜
78	青年项目	基于语义理解的多模态信息融合与集成服务研究	2011	曹高辉

续表

序号	项目类别	项目名称	立项时间	项目负责人
79	青年项目	基于知识组织的术语服务研究	2011	宋培彦
80	青年项目	面向文献相关性度量的共词与引文综合分析方法研究	2011	王立学
81	青年项目	移动网络环境下情景敏感的个性化知识推荐机制研究	2011	艾丹祥
82	青年项目	人际竞争情报分析方法研究	2011	吴晓伟
83	青年项目	用户评论情感分析及其在竞争情报服务中的应用研究	2011	徐健
84	青年项目	知识管理 RS-CBR 自学习系统研究	2011	张建华
85	青年项目	我国主要农产品价格异常波动情报预警研究	2011	方伟
86	青年项目	科研组织的研究领域可视化挖掘研究	2011	安璐
87	青年项目	虚拟社区中的信息交流与导控机制研究	2011	谢晓专
88	青年项目	低被引论文对情报学研究热点、方法及经典理论的影响及实证研究	2011	杨利军
89	青年项目	基于动态语义演化的网络舆情监测机制	2011	张茂元
90	青年项目	开放数字环境下个人科研信息空间研究	2011	包冬梅
91	青年项目	基于互操作协议标准的档案信息资源整合模式研究	2011	包海峰
92	青年项目	妈祖信俗非物质文化遗产档案研究	2011	陈祖芬
93	青年项目	面向社会的档案信息资源规划研究	2011	周林兴
94	青年项目	中国数字档案馆的基本结构及运行机制研究	2011	程妍妍
95	青年项目	档案双元价值论及其实证研究	2011	任越
96	青年项目	以责任为导向的档案开放利用政策评价与设计研究	2011	李扬新

续表

序号	项目类别	项目名称	立项时间	项目负责人
97	青年项目	基于网络日志的知识地图构建及其应用研究	2011	张梅
98	青年项目	基于用户认知差异的检索系统人机交互过程及界面评估	2011	柯青
99	青年项目	网络学术社区的信息聚合与共享模式研究	2011	张敏
100	青年项目	城市低收入者日常生活信息行为研究	2011	王素芳
101	青年项目	基于网络日志挖掘的科研人员信息查寻行为研究	2011	沈丽宁
102	青年项目	云南傣族医药古籍文献整理及其基础数据库建设研究	2011	陈海玉
103	西部项目	《中图法》在藏文图书管理中的应用研究	2011	桑旦扎西
104	西部项目	欠发达地区农村基层图书馆建设研究	2011	彭宝珍
105	西部项目	我国图书馆员职业化问题研究	2011	张淑香
106	西部项目	不同养老模式下老年人生活质量研究——基于老年人日常信息查询行为视角	2011	李小平
107	西部项目	西部地区农民信息需求特征及其影响因素研究	2011	贺洪明
108	西部项目	西部农民信息需求特征及农村信息服务调查与研究	2011	朱立芸
109	西部项目	维吾尔语情感语义资源建设与分析方法研究	2011	冯冠军
110	西部项目	西南民族档案资源集成管理研究	2011	杨毅
111	西部项目	电子政务系统可生存策略研究	2011	孟祥宏
112	西部项目	湖南碑刻整理研究和数据库建设	2011	龙仕平
113	西部项目	撒拉族文献资料数据库的建设研究	2011	段新文

续表

序号	项目类别	项目名称	立项时间	项目负责人
114	西部项目	云南少数民族医药文献联合目录编纂与研究	2011	戴翥
115	西部项目	《汉书·艺文志》注解长编及研究	2011	孙振田
116	西部项目	战国至隋出土文献引经辑证	2011	吕蒙
117	成果文库	网络信息资源评价指标体系的建立和测定	2011	朱庆华
118	成果文库	海源阁藏书研究	2011	丁延峰
119	重大项目	云计算环境下的信息资源集成与服务研究	2012	杜小勇、卢小宾
120	重大项目	面向学科领域的网络信息资源深度聚合与服务研究	2012	孙建军
121	重大项目	基于特定领域的网络资源知识组织与导航机制研究	2012	曹树金
122	西部项目	我国面向西南开放的图书馆联盟战略研究	2012	赵益民
123	西部项目	军队院校图书馆延伸服务研究	2012	江友霞
124	西部项目	移动图书馆云服务SAAS模型研究	2012	魏群义
125	西部项目	农转城新市民信息素养及促进模式研究	2012	张必兰
126	西部项目	边疆少数民族地区农家书屋建设研究	2012	毕东
127	西部项目	欠发达地区农家书屋管理、使用及发展问题研究	2012	王旭东
128	西部项目	中华图书馆协会史研究	2012	李彭元
129	西部项目	西北戏曲文献综录研究	2012	周琪
130	西部项目	《秦简书法大字典》创编及数字化应用研究	2012	王焕林
131	西部项目	藏文大藏经《甘珠尔》目录编制研究	2012	西道草
132	西部项目	黑水城出土版刻研究	2012	佟建荣

续表

序号	项目类别	项目名称	立项时间	项目负责人
133	西部项目	云计算环境下基于信息熵的安全风险度量与评估模型研究	2012	姜茸
134	西部项目	西夏档案及档案工作	2012	赵彦龙
135	西部项目	中国社会管理体制发展视阈中的档案体系化建设研究	2012	芮润江
136	西部项目	网络环境下国家综合档案馆生态位优化研究	2012	康蠡
137	重点项目	数字图书馆信息安全管理标准规范研究	2012	黄水清
138	重点项目	陕甘地方志中宁夏史料整理与研究	2012	胡玉冰
139	重点项目	档案学专业创新人才培养模式研究	2012	张斌
140	重点项目	基于情报综合研判技术的反恐维稳决策系统构建研究	2012	邓新元
141	重点项目	基于信息共享的网络舆情信息工作机制建构与服务内容研究	2012	戴维民
142	重点项目	中外电子书产业比较研究	2012	张志强
143	一般项目	非传统公共图书馆理论体系建构研究	2012	金胜勇
144	一般项目	基于我国文化发展新战略的公共图书馆政策建设研究	2012	范兴坤
145	一般项目	我国公共图书馆服务体系政策保障研究	2012	申晓娟
146	一般项目	我国图书馆事业发展中的社会捐赠研究	2012	赵长海
147	一般项目	基于员工援助计划模式的高校图书馆人力资源管理研究	2012	刘贵勤
148	一般项目	图书馆资源组织语义化理论及方法研究	2012	刘耀
149	一般项目	网络环境下图书馆的生存环境与功能定位的变革研究	2012	卢章平
150	一般项目	我国公共图书馆社会形象定位研究	2012	周九常

续表

序号	项目类别	项目名称	立项时间	项目负责人
151	一般项目	基于众包的图书馆数字馆藏建设模式及保障机制研究	2012	王琼
152	一般项目	面向数字图书馆信息网络传播的政策法规研究	2012	周丽霞
153	一般项目	数字图书馆的经济评价研究	2012	臧振春
154	一般项目	推进公共数字文化建设版权策略研究	2012	韦景竹
155	一般项目	我国数字图书馆标准规范体系及其构建机制研究	2012	汪东波
156	一般项目	基于社会网络的数字信息资源开放获取与共享机制研究	2012	盛小平
157	一般项目	社会网络环境下学位论文信息开放获取与共享模式研究	2012	李欣
158	一般项目	网络环境下科技信息资源建设中的质量元数据及评估应用研究	2012	宋立荣
159	一般项目	公益性数字文化服务体系研究	2012	魏大威
160	一般项目	社会信息公平性评价与公共图书馆服务研究	2012	吴正荆
161	一般项目	图书馆移动服务模式与质量评价研究	2012	过仕明
162	一般项目	基于用户视角的数字资源质量管理实务研究	2012	刘素清
163	一般项目	社会弱势群体公共信息服务权益保障中的法律问题研究	2012	赵媛
164	一般项目	移动互联网用户阅读行为与服务策略研究	2012	茆意宏
165	一般项目	中国城乡数字鸿沟及其对城市化进程的影响研究	2012	韩圣龙

续表

序号	项目类别	项目名称	立项时间	项目负责人
166	一般项目	民族地区农(牧)家书屋管理与发展问题研究	2012	王丽莉
167	一般项目	农家书屋后续发展研究	2012	杨智慧
168	一般项目	徽州藏书研究及其存世文献的调查、整理与利用研究	2012	薛贞芳
169	一般项目	乾嘉三大考史著作比较研究	2012	刘玲
170	一般项目	苏州传统藏书文化研究	2012	曹培根
171	一般项目	中国少数民族家谱目录	2012	陈建华
172	一般项目	历代《管子》文献整理与研究	2012	郭丽
173	一般项目	蒙元时期蒙文碑刻研究	2012	全荣
174	一般项目	明清官藏与私藏戏曲文献研究	2012	倪莉
175	一般项目	科技政策视角下科学评价指标与方法研究	2012	宋丽萍
176	一般项目	期刊论文创新性评价标准及其计量模型研究	2012	魏瑞斌
177	一般项目	信息支援的法律制度研究	2012	相丽玲
178	一般项目	以创新和质量为导向的人文社会科学研究评价机制及其实施体系研究	2012	谭春辉
179	一般项目	以创新和质量为导向的哲学社会科学评价体系实证研究	2012	邓三鸿
180	一般项目	大众分类中标签间语义关系挖掘研究	2012	熊回香
181	一般项目	基于关联数据的知识创造中知识外化和融合机制研究	2012	高劲松
182	一般项目	基于叙词表自动集成的领域本体构建方法研究	2012	于海燕
183	一般项目	虚拟社区知识组织研究	2012	谷斌

续表

序号	项目类别	项目名称	立项时间	项目负责人
184	一般项目	学科领域知识网络的可视化构建与在线利用研究	2012	寇继虹
185	一般项目	语境视角下合作信息查寻与检索的行为机制与相关性模型研究	2012	韩毅
186	一般项目	知识构建范式演进及其服务创新研究	2012	姜永常
187	一般项目	中文知识组织系统形式化语义描述标准体系研究	2012	曾新红
188	一般项目	国家层面的私人档案信息资源体系建设研究	2012	孙爱萍
189	一般项目	口述历史档案资源建设及其开发利用策略研究	2012	潘玉民
190	一般项目	西部散存民族档案文献遗产集中保护问题研究	2012	华林
191	一般项目	政府商事登记档案公开获取制度研究	2012	孙军
192	一般项目	电子文件凭证价值保障问题研究	2012	黄世喆
193	一般项目	电子政务信息公平研究	2012	唐思慧
194	一般项目	重大突发事件中的档案应急管理研究	2012	薛匡勇
195	一般项目	基于网络舆情日志挖掘的政府决策信息工作机制研究	2012	陆和建
196	一般项目	科研社交网络用户信息交流机制研究	2012	张素芳
197	一般项目	突发事件网络舆情演化的动态监测预警模式研究	2012	陈涛
198	一般项目	云计算时代民族地区网络舆情监控与疏导研究	2012	张建华
199	一般项目	泛信息环境下信息异化及和谐信息生态环境构建研究	2012	孙瑞英
200	一般项目	数字出版物呈缴制度研究	2012	翟建雄

续表

序号	项目类别	项目名称	立项时间	项目负责人
201	一般项目	我国出版产业海外投资布局研究	2012	姚永春
202	青年项目	公共文化服务多元化投入模式研究	2012	马艳霞
203	青年项目	图书馆法与著作权法关联协调研究	2012	吴钢
204	青年项目	数字图书馆标签系统的语义挖掘研究	2012	罗琳
205	青年项目	数字图书馆动态知识管理研究	2012	周义刚
206	青年项目	数字图书馆移动服务质量控制研究	2012	赵杨
207	青年项目	泛在知识环境下图书馆知识发现技术与应用研究	2012	张计龙
208	青年项目	徽州文书分类法与元数据标准设计研究	2012	王蕾
209	青年项目	推动我国学术信息资源开放获取的政策体系研究	2012	张新鹤
210	青年项目	基于关联数据的图书馆语义云服务研究	2012	虞为
211	青年项目	基于知识链的图书馆学科服务平台研究	2012	蔚海燕
212	青年项目	公民权视域的社会弱势群体公共信息服务权益研究	2012	张靖
213	青年项目	基于信息援助的弱势群体公共信息服务权益发展研究	2012	陈婧
214	青年项目	图书馆保障弱势群体公共信息获取权益的对策研究	2012	洪伟达
215	青年项目	我国未成年人数字化阅读实证研究	2012	王佑镁
216	青年项目	新媒体环境下阅读行为嬗变与国民阅读素养提升策略研究	2012	吴赟
217	青年项目	农村文化信息资源共享的路径选择与实现策略	2012	王丽华
218	青年项目	农家书屋管理、使用及发展问题研究	2012	王少军
219	青年项目	白族口承文艺非物质文化遗产调查及专题数据库建设	2012	王晋

续表

序号	项目类别	项目名称	立项时间	项目负责人
220	青年项目	哈佛燕京学社汉学引得丛刊研究	2012	马学良
221	青年项目	基于《苯教大藏经·丹珠尔》的词汇计量研究	2012	更尕易西
222	青年项目	以敦煌为中心西北出土汉至宋涉医文献研究	2012	王亚丽
223	青年项目	创新和质量导向的中国人文社科学术成果评价管理控制机制研究	2012	杨红艳
224	青年项目	人文社会科学网络开放学术信息质量评价体系研究与实证分析	2012	丁敬达
225	青年项目	中国信息政策转移与扩散研究	2012	裴雷
226	青年项目	专利信息的生命特征揭示和老化规律研究	2012	望俊成
227	青年项目	作者引用网络模式与功效研究	2012	马瑞敏
228	青年项目	泛在网络中的信息过载与信息组织模式研究	2012	王娜
229	青年项目	基于语义的社会化标注个性化推荐服务研究	2012	魏建良
230	青年项目	基于社会网络知识图谱的高校科研创新团队内部的知识整合研究	2012	赵丽梅
231	青年项目	面向科技型中小企业创新的技术竞争情报方法体系研究	2012	刘志辉
232	青年项目	我国研究型大学创新团队中的知识冲突与知识协同管理机制研究	2012	朱彬
233	青年项目	学术文献“意抄”检测研究	2012	白如江
234	青年项目	知识型团队隐性知识共享意愿研究	2012	肖志雄
235	青年项目	重大科技工程中多学科团队的协同知识创造研究	2012	王馨

续表

序号	项目类别	项目名称	立项时间	项目负责人
236	青年项目	公共文化服务体系中公共档案馆发展战略研究	2012	苏君华
237	青年项目	国有企业境外档案监管体系研究	2012	徐拥军
238	青年项目	社会记忆视野下的重大事件档案管理机制与资源开发利用模式	2012	蔡娜
239	青年项目	我国非物质文化遗产建档标准体系研究	2012	戴旸
240	青年项目	基于档案部门视角的存档网络信息采集模式研究	2012	冯湘君
241	青年项目	信任管理视域的企业电子文件管理机理、模式与实践研究	2012	付正刚
242	青年项目	质量导向型数字档案资源建设模式研究	2012	蒋冠
243	青年项目	基于 Web 挖掘的网络水军伪舆情识别及防范研究	2012	钟敏娟
244	青年项目	基于情报学方法的网络舆情发现与分析研究	2012	陈忆金
245	青年项目	基于信任的网络社区口碑信息传播模式及其演化研究	2012	邓卫华
246	青年项目	社群网络环境下开放内容的协作生产与共享机制研究	2012	张薇薇
247	青年项目	网络“微信息”知识化的形成机理与组织模式研究	2012	杜智涛
248	青年项目	中国网络威客的运行机制及应用研究	2012	莫凡
249	青年项目	民国时期重要出版人群体研究	2012	李雅
250	青年项目	期刊分层的理论构建与实证研究	2012	刘宇
251	一般项目	基于员工援助计划模式的高校图书馆人力资源管理研究	2012	刘贵勤
252	成果文库	信息资源共享系统绩效评估研究	2012	肖希明

续表

序号	项目类别	项目名称	立项时间	项目负责人
253	成果文库	创新型国家的信息服务体制与信息保障体系研究	2012	胡昌平
254	重大项目	中国图书馆学史	2013	王余光
255	后期资助项目	政府信息公开公众满意度测评与管理创新研究	2013	朱红灿
256	后期资助项目	开放型机构知识库著作权管理研究	2013	谷秀洁
257	后期资助项目	图像语义信息可视化交互研究	2013	陆泉
258	重大项目	天一阁所藏文献分类整理与研究	2013	龚缨晏
259	重大项目	国家图书馆藏未刊稿整理与研究	2013	刘玉才
260	重大项目	历代孔府档案文献集成与研究及全文数据库建设	2013	傅永聚
261	重点项目	中国图书馆学史专题研究	2013	程焕文
262	后期资助项目	知识学研究	2013	柯平
263	后期资助项目	新中国古籍影印丛书总目	2013	南江涛
264	后期资助项目	基于语义 Web 的知识处理方法研究	2013	朝乐门
265	重点项目	公共数字文化服务中的资源整合研究	2013	肖希明
266	重点项目	云计算环境下电子文件管理元数据智能化研究	2013	张正强
267	一般项目	构建基于本体的循证医学知识管理体系	2013	徐维
268	一般项目	新疆周边国家及中亚文献资源保障体系建设研究	2013	张沛黎
269	一般项目	信息素质教育网络游戏模型与实证研究	2013	吴建华
270	一般项目	宁夏明清人士著述整理与研究	2013	田富军
271	一般项目	西夏遗民文献整理与研究	2013	张琰玲
272	一般项目	《藏文大藏经目录》编制研究	2013	董多杰
273	一般项目	民国以前云南水资料整理及数据库建设	2013	江燕
274	一般项目	彝文古籍及其数字化保护与利用研究	2013	李仲良

续表

序号	项目类别	项目名称	立项时间	项目负责人
275	一般项目	美国战略情报体制研究	2013	丰建泉
276	一般项目	情报研究有效性评价的理论构建及方法设计	2013	钟丽萍
277	一般项目	张琪玉学术思想研究	2013	王崇良
278	一般项目	海量图像资源检索中的语义标注及改进策略研究	2013	金聪
279	一般项目	老年人社会化网络服务采纳及持续使用行为研究	2013	刘炜
280	一般项目	非物质文化遗产档案资源建设"群体智慧模式"研究	2013	周耀林
281	一般项目	黄河流域岩画文化遗产档案式保护模式与实现机制研究	2013	杨敏
282	一般项目	苏联解体20年来俄罗斯档案事业的变革与发展研究	2013	肖秋会
283	青年项目	老年人健康信息行为及信息服务机制研究	2013	彭骏
284	青年项目	敦煌藏文写本《入菩萨行论》的整理、翻译与研究	2013	索南
285	青年项目	我国区域基础研究特点与竞争力对比分析研究	2013	马廷灿
286	青年项目	西北地区民族宗教问题网络舆情危险辨识与引导机制研究	2013	胡圣方
287	青年项目	基于大数据的产业竞争态势动态预警机制研究	2013	吴金红
288	青年项目	民族地区城乡义务教育信息资源协同配置与绩效评估研究	2013	罗廷锦

续表

序号	项目类别	项目名称	立项时间	项目负责人
289	青年项目	世界记忆遗产——东巴古籍文献整合性保护研究	2013	胡莹
290	青年项目	西南地区县级档案馆重大自然灾害防治研究	2013	胡红霞
291	西部项目	元杂剧校勘研究	2013	窦开虎
292	西部项目	敦煌文学写本文献研究	2013	冷江山
293	西部项目	我国图书馆职业价值与图书馆员职业化研究	2013	马谦
294	西部项目	政府信息资源开发中的公私合作研究	2013	范丽莉
295	西部项目	数字信息资源长期保存机制及法律保障研究	2013	王爱霞
296	西部项目	白族家谱整理与研究	2013	何俊伟
297	西部项目	西南联大文献资源的发掘利用研究	2013	王顺英
298	重点项目	图书馆面向残疾人的服务模式与规范研究	2013	陈力
299	重点项目	中国古代版印图录	2013	李致忠
300	一般项目	国家叙词库构建方式与发展机制研究	2013	吴雯娜
301	一般项目	面向共享的科技计划项目元数据框架研究	2013	刘春燕
302	重点项目	数字档案馆生态系统培育与管理研究	2013	金波
303	一般项目	多种媒体特色资源深度聚合与组织研究	2013	郑巧英
304	一般项目	全媒体语境下老龄社会的阅读服务保障整合研究	2013	邓香莲
305	一般项目	面向知识服务的学科领域术语语义分析及应用研究	2013	孙济庆
306	青年项目	W3C 的 RDB2RDF 标准规范在关联数据服务构建中的应用	2013	夏翠娟

续表

序号	项目类别	项目名称	立项时间	项目负责人
307	青年项目	新媒介环境下青少年社会化阅读及其引导机制研究	2013	李武
308	青年项目	真人图书馆:图书馆知识服务新模式及构架研究	2013	吴才唤
309	青年项目	现存《永乐大典》涉医文献研究	2013	张雪丹
310	青年项目	新兴信息技术环境下我国个人信息安全保护体系构建及应用研究	2013	罗力
311	青年项目	移动互联网环境下网络舆情新特征、新问题与对策研究	2013	唐涛
312	青年项目	财经垂直门户信息服务模式选择及绩效评估研究	2013	胡翠华
313	青年项目	科技型中小企业知识资本运营中的法律风险识别与防范机制研究	2013	李丹
314	青年项目	数字档案安全及长期保存策略研究	2013	耿志杰
315	一般项目	新型网络环境下信息无障碍建设的影响因素及保障体系研究	2013	赵英
316	一般项目	百年以来羌学论著总目提要	2013	袁琳蓉
317	一般项目	复杂语境下专利引用行为机制与专利引文评价的相关性研究	2013	李睿
318	青年项目	清代巴县婚姻档案研究	2013	张晓霞
319	西部项目	四川南派藏医药古籍文献的抢救性挖掘整理及数据库研究	2013	邓都
320	西部项目	中文图书引文数据库建设及其学术影响力分析研究	2013	吕先竞
321	一般项目	农业信息传播模式对我国农业现代化的影响研究	2013	臧运平

续表

序号	项目类别	项目名称	立项时间	项目负责人
322	一般项目	大学生抑郁症阅读疗法中医学配伍书方研究	2013	宫梅玲
323	青年项目	基于社会认同视角的微博群体意见传播机制及控制策略研究	2013	张军
324	青年项目	中外公共档案馆发展路径比较及对策研究	2013	谭必勇
325	一般项目	跨系统区域图书馆联盟建设与发展研究	2013	邓菊英
326	青年项目	面向知识创新的企业知识利用行为分析	2013	张勤
327	青年项目	我国数字档案信息长期保存的策略体系研究	2013	谢永宪
328	重点项目	中国民间家书的文化价值与抢救性收藏研究	2013	张丁
329	一般项目	国外数据库商业版权模式及图书馆应对策略研究	2013	刘兹恒
330	一般项目	面向公共安全决策需求的信息资源开发利用战略及政策研究	2013	马德辉
331	一般项目	社会网络中意见领袖对个性化信息推荐服务质量的影响研究	2013	张莉
332	一般项目	1970年代“保钓运动”历史文献与口述历史的整理研究	2013	高瑄
333	青年项目	高校图书馆基于区域图书馆联盟开展阅读推广活动的策略研究	2013	刘彦丽
334	青年项目	基于R2RML的RDB到RDF的转换模式研究与实现	2013	吴思竹
335	青年项目	大规模个性化定制环境下的情报系统研究	2013	徐扬

续表

序号	项目类别	项目名称	立项时间	项目负责人
336	青年项目	科研领域合作关系的识别与关联强度分析	2013	吕娜
337	青年项目	医学知识组织体系映射模式及其在医保中的应用服务研究	2013	李亚子
338	一般项目	公共图书馆开展全民阅读活动与建设学习型社会研究	2013	吴晞
339	一般项目	公共图书馆为阅读障碍人群服务的理论、方法与对策研究	2013	束漫
340	一般项目	基于经典扎根理论的我国高校图书馆 FOLKS ONOMY 实证研究	2013	王翠英
341	一般项目	城镇化进程中新市民信息行为及其社区信息服务策略	2013	俞守华
342	青年项目	基于公私伙伴关系的公益性信息服务组织与运行机制研究	2013	聂勇浩
343	青年项目	“资源—资产”视角下我国政府信息资源商业价值实现路径研究	2013	陈兰杰
344	青年项目	古籍公文纸印本《王文公文集》纸背文书整理与研究	2013	魏琳
345	青年项目	我国政府部门基于大数据的决策模式研究	2013	迪莉娅
346	重点项目	基于知识组织的产品分类本体研究	2013	黄奇
347	一般项目	数字阅读机制与导读策略研究	2013	袁曦临
348	一般项目	大数据时代图书馆用户信息的资源化研究	2013	李爱国
349	一般项目	基于用户感知的移动图书馆服务质量评价及提升策略研究	2013	郑德俊

续表

序号	项目类别	项目名称	立项时间	项目负责人
350	一般项目	移动图书馆服务质量影响因素与提升策略研究	2013	施国洪
351	一般项目	基于地图文献与GIS技术的南海地名汇释与考证	2013	许盘清
352	一般项目	海洋强国科研实力的情报学分析及海洋学领域学科导航的构建	2013	华薇娜
353	一般项目	面向微博的舆情波动与扩散趋势预估模型研究	2013	张亮
354	一般项目	基于协同网络的行业知识库的构建及其应用研究	2013	张明宝
355	一般项目	我国普通公众档案馆利用行为研究	2013	胡燕
356	青年项目	图书馆电子书服务体系的构建与评价研究	2013	陈铭
357	青年项目	基于社区发现的学术Web主题显著度研究	2013	杨波
358	青年项目	基于引文分析的期刊非正常引用行为研究	2013	鞠秀芳
359	青年项目	面向知识服务的科学数据组织与应用研究	2013	何琳
360	青年项目	中国企业海外风险情报检测的合作治理机制研究	2013	丁源
361	青年项目	云计算环境下电子文件一体化管理实证研究	2013	毕建新
362	一般项目	基于生态化程度测评的网络信息生态系统研究	2013	马捷
363	一般项目	交互式信息服务环境下的用户认知需求及其量表的开发和应用研究	2013	曹锦丹

续表

序号	项目类别	项目名称	立项时间	项目负责人
364	青年项目	组织间信息系统扩散理论及扩散关键影响因素研究	2013	王姣
365	一般项目	农村少数民族阅读困难群体分布状况与图书馆关怀研究	2013	王虹
366	一般项目	基于用户行为和信息粒度的社会网络环境下信息组织模式研究	2013	顾伟泉
367	一般项目	信息文化视域下档案价值认知转型研究	2013	倪丽娟
368	青年项目	新时期我国图书馆学研究主题分布及其演变趋势研究	2013	张雪梅
369	青年项目	图书馆为阅读困难群体服务的对策研究	2013	王政
370	一般项目	瑶族档案文化对外传播路径研究	2013	郑慧
371	青年项目	基于制度创新视角的公共数字文化建设机制研究	2013	吴高
372	西部项目	壮族传统文化信息资源与文化创意产业融合发展研究	2013	梁福兴
373	西部项目	用户信息素养教育与信息消费能力长效互动机制研究	2013	陆浩东
374	一般项目	泛在网络环境下公众对健康信息的选择策略研究	2013	赵文龙
375	西部项目	智慧图书馆理论与系统实践研究	2013	杨新涯
376	一般项目	中国方志馆研究	2013	潘捷军
377	一般项目	面向城乡公共服务均等化的信息资源公益性开发研究	2013	王云娣
378	一般项目	基于社会化媒体的图书馆品牌营销研究	2013	卢振波
379	一般项目	江南进士藏书研究	2013	陈心蓉
380	青年项目	文献计量学视角下的 NPE 及其专利的计量与评价	2013	宋艳辉

续表

序号	项目类别	项目名称	立项时间	项目负责人
381	一般项目	民国时期古籍出版研究	2013	刘洪权
382	一般项目	有限实名网络中的个人信息动态监管研究	2013	周伟良
383	一般项目	知识管理视角下差错学习机制和模型构建的研究	2013	张家年
384	一般项目	面向社会的档案服务体系建设与创新研究	2013	李财富
385	青年项目	基于产学研协同创新的隐性知识转移机制及支持系统研究	2013	王培林
386	重点项目	基于公众视角的政府电子信息服务质量评价及优化研究	2013	高洁
387	一般项目	基于管理沟通的图书馆组织文化研究	2013	唐承秀
388	青年项目	中小企业经理人的信息搜寻影响因素与行为模式研究	2013	王琳
389	青年项目	公共文化服务中的民间图书馆发展战略研究	2013	吴汉华
390	青年项目	基于框架网络本体的标签系统语义分析研究	2013	郜杨芳
391	青年项目	历代藏文译师及其译著目录研究	2013	桑杰措
392	西部项目	藏文文献数据库建设实证调查研究	2013	德萨
393	重点项目	重大突发事件中的政府应急信息发布研究	2013	陈艳红
394	一般项目	基于知识产权的民族文化资源产业转化机理研究	2013	罗爱静
395	一般项目	面向临床决策的电子病历潜在语义分析及应用研究	2013	陈先来

续表

序号	项目类别	项目名称	立项时间	项目负责人
396	一般项目	公共档案馆档案信息服务社会化绩效评价研究	2013	王灿荣
397	一般项目	图书馆电子借阅服务的利益平衡机制研究	2013	傅文奇
398	青年项目	新生代农民工对城市的文化适应研究	2013	洪秋兰
399	青年项目	面向检索的网络用户行为可靠性度量研究	2013	吴清强
400	青年项目	研究型图书馆电子资源优先策略研究	2013	孔青青
401	一般项目	《舶载书目》研究	2013	孙文
402	一般项目	现当代中国文献辨伪学(1912—2012)研究	2013	王国强
403	一般项目	河洛地区名人家谱收集、整理与研究	2013	谢琳惠
404	一般项目	依法治档研究	2013	陈忠海
405	青年项目	数字图书馆用户数据资源化管理研究	2013	王丹丹
406	青年项目	引用认同和引证形象在引文分析中的应用研究	2013	苏芳荔
407	青年项目	移动网络环境下高校图书馆用户情景敏感服务模式及实证研究	2013	袁静
408	西部项目	南海及南海诸岛资料数据库构建	2013	李敏
409	后期资助项目	中国图书馆史	2014	韩永进
410	后期资助项目	协同信息检索行为研究	2014	吴丹
411	重大项目	数位典藏的理论探讨和软件平台建设及其实践语言研究	2014	徐世璇
412	重大项目	国际智库当代中国研究数据库与重要专题研究	2014	张树华
413	重大项目	大数据环境下社会舆情分析与决策支持研究	2014	蔡立辉

续表

序号	项目类别	项目名称	立项时间	项目负责人
414	重大项目	大数据环境下舆情分析与社会治理创新研究	2014	谢耘耕
415	重大项目	云环境下国家数字学术资源信息安全保障体系研究	2014	胡昌平
416	重点项目	大数据环境下社会舆情与决策支持方法体系研究	2014	王曰芬
417	重点项目	云环境下数字学术资源安全的法律保障体系研究	2014	肖冬梅
418	一般项目	基于组织的电子文件管理成熟度模型研究	2014	钱毅
419	青年项目	面向政府决策的档案知识库构建研究	2014	牛力
420	一般项目	大数据环境下公安情报学理论体系研究	2014	彭知辉
421	一般项目	面向知识服务的健康知识组织体系构建研究	2014	侯丽
422	青年项目	大数据环境下基于个体识别风险的个人信息利用研究	2014	刘雅琦
423	青年项目	基于实时大数据的潜在新兴技术敏捷预测机制研究	2014	王翠波
424	青年项目	高校图书馆嵌入式学科服务模式与质量评价研究	2014	谢守美
425	青年项目	语义和情景关联的网络资源聚合单元分类体系构建与评估研究	2014	马翠嫦
426	青年项目	基于书目框架的图书编目变革与创新研究	2014	宋琳琳
427	一般项目	新型网络环境下学术期刊影响力的计量分析与评价研究	2014	张洋
428	一般项目	数字图书馆的智能图像检索系统研制	2014	王华秋

续表

序号	项目类别	项目名称	立项时间	项目负责人
429	青年项目	基于用户关系的自媒体健康信息扩散机制及干预对策研究	2014	侯筱蓉
430	青年项目	移动互联网隐私安全现状分析及对策研究	2014	周由胜
431	一般项目	大数据背景下实时海量情报数据分析技术研究	2014	王涛
432	青年项目	大数据时代情报分析的支撑环境研究	2014	蔡超
433	青年项目	学科交叉主题识别和预测方法研究	2014	许海云
434	一般项目	大数据环境下的科技信息潜在语义挖掘技术优化与比较研究	2014	崔运鹏
435	一般项目	科学数据用户相关性标准与使用模式实证研究	2014	王健
436	一般项目	图书馆电子书服务模式及平台研究	2014	谢强
437	青年项目	乾嘉四大藏书家研究	2014	刘鹏
438	青年项目	公共图书馆出版物国际交换研究	2014	李伟
439	一般项目	公共图书馆发展的社会支持机制研究	2014	张铁
440	一般项目	面向图书馆的电子书服务内容、平台与终端的实证研究	2014	赵亮
441	重点项目	面向大数据的单元信息组织体系研究	2014	倪晓建
442	一般项目	基于事实型科技大数据的情报分析方法及集成分析平台研究	2014	曾文
443	青年项目	大数据时代科技成果信息资源的个性化推荐服务研究	2014	李晓慧
444	西部项目	西部民族地区城镇化建设中的农村公共阅读服务体系建设研究	2014	魏学宏
445	一般项目	大数据时代国际网络舆情监测研究	2014	惠志斌
446	青年项目	大数据时代个人信息安全规制研究	2014	张衡

续表

序号	项目类别	项目名称	立项时间	项目负责人
447	一般项目	20世纪中叶云南民族社会历史调查资料整理与研究	2014	田青
448	一般项目	大数据环境下科技型中小企业知识密集服务模式研究	2014	程刚
449	青年项目	大数据环境下移动互联网用户信息行为研究	2014	叶凤云
450	西部项目	西夏文文献的文献学研究	2014	景永时
451	重点项目	大数据环境下的计算型情报分析方法与技术研究	2014	李广建
452	一般项目	《十三经注疏》版本研究	2014	张丽娟
453	一般项目	旅游资源信息的语义标注与相关性研究	2014	彭晖
454	一般项目	机构科研数据管理关键技术和服务机制研究	2014	崔宇红
455	一般项目	云数字档案馆风险评估指标体系研究	2014	徐华
456	青年项目	高校图书馆全媒体服务推广模式及运行保障机制研究	2014	刘兰
457	青年项目	基于本体推理演化的语义级中文校对模型研究	2014	姜赢
458	一般项目	清代整理中医药文献研究	2014	杨东方
459	西部项目	藏医药经典藏文古籍珍善本的抢救性搜集、整理及数字化研究	2014	华尔江
460	一般项目	高科技前沿监测中的知识图谱方法与应用研究	2014	侯海燕
461	重点项目	基于云计算的国家数字学术信息资源安全保障体系构建研究	2014	刘万国
462	青年项目	图书馆资源组织中的数据关联机制研究	2014	常娥

续表

序号	项目类别	项目名称	立项时间	项目负责人
463	青年项目	基于多学科视域的档案价值及实现机制研究	2014	王运彬
464	一般项目	大数据环境下科研数据管理关键技术与服务机制研究	2014	殷沈琴
465	一般项目	中国百年图书馆本质论的理论反思与当下建构研究	2014	刘君
466	一般项目	晚清民国时期四川藏区涉外藏事档案整理与研究	2014	高晓波
467	一般项目	西南少数民族手工造纸技艺及传承机制研究	2014	李忠峪
468	一般项目	数字图书馆动态组合学科服务模式研究	2014	董颖
469	青年项目	体验视角下网络信息服务的用户采纳行为及质量评价研究	2014	李君君
470	一般项目	我国民间读书会研究	2014	赵俊玲
471	一般项目	新型城镇结构演化中的信息驱动研究	2014	杨秀丹
472	一般项目	我国档案生态安全应急管理机制研究	2014	张艳欣
473	青年项目	数据开放环境下政府数字信息资源质量保障研究	2014	白献阳
474	青年项目	基于微信息交流的企业品牌传播机理与实证研究	2014	杜晓曦
475	青年项目	面向专利数据的多重共现分析方法及其在技术创新网络中的应用研究	2014	温芳芳
476	一般项目	新民主主义革命时期中国共产党文书档案工作研究	2014	刘迎红
477	一般项目	档案信息服务与移动数字终端融合发展研究	2014	张锐
478	青年项目	高模糊抄袭检测研究	2014	孔蕾蕾

续表

序号	项目类别	项目名称	立项时间	项目负责人
479	青年项目	情景应对视角下的情报资源动态响应机制研究	2014	范炜
480	一般项目	民国时期图书馆学教育研究	2014	任家乐
481	一般项目	新型城镇化进程中工业遗产档案整理与保护研究	2014	尚海永
482	一般项目	公共图书馆以财政投入为主体的资金保障体系研究	2014	张进昌
483	重点项目	基于用户与情境视域的网络学术信息资源评价研究	2014	刘冰
484	青年项目	基于用户体验量化的图书馆信息服务质量控制体系构建研究	2014	钱蔚蔚
485	一般项目	基于社交问答平台的用户知识贡献行为与服务优化研究	2014	邓胜利
486	青年项目	民国时期图书馆学教育与业界的互动研究	2014	彭敏惠
487	一般项目	基于信息时域的跨学科协同信息行为与特征研究	2014	代君
488	一般项目	跨学科科研协作行为的动态可视化跟踪与预测机制研究	2014	陈勇跃
489	一般项目	社会化媒体在跨语言信息检索中的应用研究	2014	刘伟成
490	一般项目	基于生态系统理论的公共图书馆与社会支撑体系相关性实证研究	2014	赵迎红
491	青年项目	多叙词表的开放关联与映射方法研究	2014	陶俊
492	青年项目	藏文文献分布及书目之书目研究	2014	尕藏卓玛
493	西部项目	藏学文献数字化管理与共享服务策略研究	2014	孔繁秀

续表

序号	项目类别	项目名称	立项时间	项目负责人
494	一般项目	多民族语言信息资源跨语种共享策略研究	2014	赵生辉
495	一般项目	四川凉山彝族毕摩文献整理编目与研究	2014	安群英
496	一般项目	法国国家图书馆藏敦煌藏文文献目录解题全编(上、中、下)	2014	王启龙
497	一般项目	非物质文化遗产档案式保护模式与实现机制研究	2014	肖文建
498	青年项目	清人地理考据文献集成与研究	2014	孔祥军
499	西部项目	云南少数民族文字碑刻及其数字化保护与利用研究	2014	沈峥
500	一般项目	社会网络中用户的情绪分析与影响力研究	2014	施寒潇
501	重点项目	中国海洋古文献总目提要	2014	程继红
502	重点项目	基于读者需求的图书馆阅读推广活动与服务创新研究	2014	崔波
503	一般项目	我国政府公开信息的质量评估标准体系构建及实证研究	2014	白清礼
504	青年项目	大数据环境下数字出版知识服务研究	2014	郭亚军
505	一般项目	智慧城市背景下的档案信息化研究	2014	刘永
506	一般项目	基于移动互联大数据环境下社会化商务的消费者行为与偏好研究	2014	刘蔚
507	一般项目	中国农村公共阅读服务体系研究	2014	金武刚
508	一般项目	社交媒体信息质量内容评价研究	2014	袁毅
509	一般项目	基于关联数据的政府数据开放研究	2014	赵龙文
510	重点项目	中外图书馆联盟管理模式比较研究	2014	高波
511	青年项目	区域创新中的知识扩散规律与保障机制研究	2014	瞿辉

续表

序号	项目类别	项目名称	立项时间	项目负责人
512	青年项目	基于关联数据的数字图书馆多粒度集成知识服务研究	2014	王忠义
513	一般项目	晚清民国华侨文献整理与研究	2014	王华
514	青年项目	科研人员持续自存储行为的影响因素及激励机制研究	2014	袁顺波
515	一般项目	吴地文化遗产网络知识服务研究	2014	王小根
516	一般项目	社会化媒体环境下的信息质量影响机理及管控体系研究	2014	冯缨
517	一般项目	图书馆知识发现服务的功能定位和建设策略研究	2014	袁润
518	青年项目	移动社交网络对网络舆情的影响及治理研究	2014	丁菊玲
519	青年项目	黑水城出土汉文占卜文书整理与研究	2014	赵小明
520	青年项目	基于网络出版的电子期刊评价体系及评价机制研究	2014	王娟
521	西部项目	西北农业信息资源协同机制构建研究	2014	杨秀平
522	一般项目	中国文档名词发展演变史	2014	丁海斌
523	一般项目	基于国际编目新规则的我国编目工作变革研究	2014	张秀兰
524	一般项目	汲古阁藏书、刻书、抄书研究	2014	丁延峰
525	青年项目	数字档案资源生态安全研究	2014	聂云霞
526	重点项目	新型城镇化进程中的信息化问题研究	2014	郑建明
527	一般项目	我国图书馆大众化服务模式定位和建设策略研究	2014	陈雅
528	一般项目	社会化信息搜寻认知模型研究	2014	杨建林
529	青年项目	产业融合背景下的移动出版价值链重构研究	2014	王鹏涛

续表

序号	项目类别	项目名称	立项时间	项目负责人
530	青年项目	非常规突发事件舆情预警中的风险信号研究	2014	宋继伟
531	一般项目	我国跨系统区域图书馆联盟建设与发展实证研究	2014	赵乃瑄
532	一般项目	在线社交网络中基于用户的知识组织模式研究	2014	章成志
533	青年项目	人机交互环境下文献数据库用户心智模型演进机理研究	2014	韩正彪
534	青年项目	用户交互视角下社会标签系统的动力学模型构建及应用实证研究	2014	庄倩
535	一般项目	个人信息保护政策的国际比较研究	2014	池建新
536	一般项目	大数据环境下药品安全突发事件预警与应急管理研究	2014	魏建香
537	青年项目	城市化背景下我国城乡居民信息消费研究	2014	王子敏
538	一般项目	英文版中国学术期刊的国际影响力评价与发展策略研究	2014	范爱红
539	一般项目	基于网络信任体系构建的网络谣言识别与阻断机制研究	2014	刘凤鸣
540	一般项目	基于信息生态的信息资源协同建设研究	2014	裴成发
541	一般项目	面向供应链增值的企业竞争情报运作模式和实施策略研究	2014	李景峰
542	西部项目	宋代榜文研究	2014	杨军
543	重点项目	城乡档案记忆工程推进机制研究	2014	丁华东
544	一般项目	学术图书馆云存储联盟模式与机制研究	2014	刘华
545	一般项目	基于体制改革的档案馆馆藏资源优化配置研究	2014	罗军

续表

序号	项目类别	项目名称	立项时间	项目负责人
546	青年项目	智慧城市与数字档案资源建设研究	2014	杨智勇
547	一般项目	社会治理视角下的档案制度变迁研究	2014	陆阳
548	青年项目	明代禁书研究	2014	马刘凤
549	一般项目	非常规突发事件中社会化媒体不实信息的群体干预模式研究	2014	夏志杰
550	一般项目	高校图书馆延伸服务的理论与实践研究	2014	陈幼华
551	一般项目	基于智能移动终端的9岁儿童阅读能力实证研究	2014	姜洪伟
552	一般项目	基于语义关联的数字档案资源跨媒体知识集成服务研究	2014	吕元智
553	青年项目	基于数字网络的知识关联服务研究	2014	赵雪芹
554	一般项目	突发事件网络舆情应急机制的中美比较研究	2014	周松青
555	青年项目	出土《日书》类文献中涉医资料研究	2014	丁媛
556	后期资助项目	《儒门事亲》新校释	2014	苏春梅
557	后期资助项目	晚清民初的石印术与石印本研究	2014	杨丽莹
558	后期资助项目	中国近代辞书指要	2015	钟少华
559	后期资助项目	诗注要义	2015	陈永正
560	后期资助项目	数字环境下高校图书馆业务流程重组模式研究	2015	徐军华
561	后期资助项目	移动互联新媒体的采纳与使用研究	2015	巢乃鹏
562	后期资助项目	数据挖掘在Web资源开发与利用中的应用研究	2015	刘忠宝
563	后期资助项目	面向创新的区域信息资源配置研究	2015	吕彬
564	后期资助项目	学术型大数据知识组织与服务标准研究	2015	刘柏嵩
565	后期资助项目	技术创新与产业经济视角下我国信息服务业发展路径研究	2015	王建冬

续表

序号	项目类别	项目名称	立项时间	项目负责人
566	重点项目	新型出版模式对学术图书馆的影响研究	2015	初景利
567	重点项目	北美华人图书馆员共同体的身份认同研究(1927—2015)	2015	李刚
568	重点项目	当代图书馆员“快乐指数”再测量与变迁研究	2015	徐建华
569	重点项目	基于关联数据的中文名称规范档语义描述及数据聚合研究	2015	贾君枝
570	重点项目	图书馆阅读推广的基础理论和体系结构研究	2015	范并思
571	重点项目	《中图法》最终用户版体系结构及可视化研究	2015	卜书庆
572	重点项目	大数据环境下战略性新兴产业的信息资源服务创新研究	2015	王学东
573	重点项目	开放数据与数据安全的政策协同研究	2015	马海群
574	重点项目	数字档案资源社会化开发研究	2015	连志英
575	一般项目	基于公民阅读权利保障的公共图书馆制度建设研究	2015	赵奇钊
576	一般项目	基于“投入—状态—产出”框架的高校图书馆建设促进学科发展绩效评价研究	2015	田景梅
577	一般项目	民国时期图书馆学者群体研究	2015	韦庆媛
578	一般项目	民国时期新知识群体图书馆学术思想史研究	2015	王安功
579	一般项目	图书馆智库职能与群体化新型智库建设研究	2015	张旭
580	一般项目	图书馆组织氛围测评模型及应用实践研究	2015	包平

续表

序号	项目类别	项目名称	立项时间	项目负责人
581	一般项目	信息—知识—智能转换视野下的图书馆职业能力研究	2015	王正兴
582	一般项目	移动网络社交媒体与图书馆合作创新发展研究	2015	汪琼
583	一般项目	中美图书馆职业能力比较研究	2015	刘泳洁
584	一般项目	农村社区图书馆建设的众筹模式及保障机制研究	2015	鞠彦辉
585	一般项目	数字环境下图书馆物理馆藏空间动态配置研究	2015	刘利
586	一般项目	图书馆空间资源变革与服务融合趋势研究	2015	盛兴军
587	一般项目	文化强国战略中公共图书馆的职能定位及其实现机制研究	2015	袁永久
588	一般项目	政府购买公共信息服务的绩效评估研究	2015	陈则谦
589	一般项目	机构规范文档结构及构建方式研究	2015	赵捷
590	一般项目	基于大规模网络分析方法和内存计算技术的高校图书馆大数据应用模式与实证研究	2015	何胜
591	一般项目	数字资源使用绩效的多指标综合评价体系研究	2015	蒲筱哥
592	一般项目	图书馆书目数据社会化应用研究	2015	魏来
593	一般项目	网络信息采集与保存策略研究	2015	张炜
594	一般项目	城镇化背景下农民工社会网络信息寻求研究	2015	黄丽霞
595	一般项目	图书馆服务质量、关系质量与用户忠诚的关系研究	2015	齐向华

续表

序号	项目类别	项目名称	立项时间	项目负责人
596	一般项目	阅读推广活动的评价指标体系构建及其实证研究	2015	岳修志
597	一般项目	大数据时代图书馆服务体系的创新与发展研究	2015	程结晶
598	一般项目	大数据时代图书馆微服务应用研究	2015	白广思
599	一般项目	面向用户的微知识服务研究	2015	彭爱东
600	一般项目	新生代农民工的信息行为特征与图书馆服务策略研究	2015	程孝良
601	一般项目	需求和能力导向的大学图书馆专利情报服务机制研究	2015	慎金花
602	一般项目	中国图书馆动漫服务研究	2015	李常庆
603	一般项目	基本服务均等目标下西部贫困县公共图书馆财政保障研究	2015	段小虎
604	一般项目	面向叙词表构建的知识组织生态系统研究	2015	常春
605	一般项目	基于小数据的高校图书馆用户电子资源使用习惯研究	2015	杨涛
606	一般项目	近六十年来中国古籍出版研究	2015	王育红
607	一般项目	古籍修复技术的科学化管理研究	2015	马文大
608	一般项目	滇缅抗战文献的收集整理与研究	2015	魏国彬
609	一般项目	伪满时期日本战争罪行文献史料整理与研究	2015	高承龙
610	一般项目	藏文古籍纸张的鉴别与修复综合技术研究	2015	索朗仁青
611	一般项目	建川博物馆馆藏二战时期侵华日军日记的整理、翻译与研究	2015	瞿沐学

续表

序号	项目类别	项目名称	立项时间	项目负责人
612	一般项目	晚清至民国时期流传于民间的阿拉伯文献搜集整理研究	2015	马和斌
613	一般项目	近代书目与中国传统学术的学科化转型研究	2015	傅荣贤
614	一般项目	口述史方法下的中国大陆当代古籍版本学家鉴定经验整理集成与研究	2015	赵宣
615	一般项目	中国古代经典辞书编纂思想的发掘及其传承研究	2015	钱荣贵
616	一般项目	20世纪上半叶中国自主出版的英文报刊研究	2015	黄芳
617	一般项目	跨媒体用户生成内容情感倾向挖掘及其应用研究	2015	徐勇
618	一般项目	产学研协同创新中的知识产权问题及对策研究	2015	李玲娟
619	一般项目	大数据环境下情报研究方法论体系研究	2015	周瑛
620	一般项目	媒介融合背景下的版权机制研究	2015	黄先蓉
621	一般项目	基于专利视角的面向企业技术创新风险管理的竞争情报预警研究	2015	邱洪华
622	一般项目	情报学视野下我国智库运行机制和能力体系建设研究	2015	卓翔芝
623	一般项目	网络信息资源著作权侵权风险动态评估及风险沟通机制研究	2015	张文德
624	一般项目	信息安全策略与网络强国关系研究	2015	李农
625	一般项目	大数据环境下政务信息资源优化配置与服务模式创新研究	2015	毛太田
626	一般项目	公平关切视角下微政务信息公开的动力机制与创新模式研究	2015	朱晓峰

续表

序号	项目类别	项目名称	立项时间	项目负责人
627	一般项目	科学数据引用的实现机制研究	2015	屈宝强
628	一般项目	数据连续性的实现方法与保障机制研究	2015	朝乐门
629	一般项目	网络信息资源长期保存中信息安全保护机制研究	2015	李伟超
630	一般项目	我国地方政府公信力的网络媒体评价机制研究	2015	孙越恒
631	一般项目	基于E-SCIENCE的新型科研范式研究	2015	陈凯泉
632	一般项目	大数据环境下人文社会科学学术创新力自动测度研究	2015	钱玲飞
633	一般项目	基于信息熵的学术期刊传播规律和评价方法研究	2015	马峥
634	一般项目	融合ALTMETRICS的科研影响力综合评价方法及实证研究	2015	阎素兰
635	一般项目	影响因子缺陷的多维度矫正与学术期刊跨学科评价研究	2015	刘雪立
636	一般项目	多模态危机情报在城市突发事件应急管理中的融合及应用研究	2015	宋绍成
637	一般项目	基于社会网络分析的网络舆情主题发现研究	2015	丁晟春
638	一般项目	基于用户行为挖掘的UGC质量实时预判与控制机制研究	2015	金燕
639	一般项目	重大突发事件网络舆情的信息引导和处置策略研究	2015	刘焕成
640	一般项目	多种类型文本数字资源自动分类研究	2015	李湘东
641	一般项目	面向用户感知效用的在线评论的质量评价与控制研究	2015	聂卉
642	一般项目	开放获取期刊知识传播效果研究	2015	刘锦宏

续表

序号	项目类别	项目名称	立项时间	项目负责人
643	一般项目	数字资源国际许可使用的法律风险及防控机制研究	2015	张静
644	一般项目	跨学科研究影响力的计量分析研究	2015	陈仕吉
645	一般项目	档案信息生态性保护理论与实现研究	2015	麻新纯
646	一般项目	古村落档案“泛化”现象及管理路径研究	2015	徐欣云
647	一般项目	基于区域性远程服务实践的档案资源共享研究	2015	张林华
648	一般项目	数字时代档案保护技术变革与理论创新研究	2015	赵淑梅
649	一般项目	西藏地方档案发展史研究	2015	侯希文
650	一般项目	现存中国古代历史档案编纂研究	2015	赵彦昌
651	一般项目	信息化背景下城市档案资源体系结构与整合利用研究	2015	赵爱国
652	一般项目	信息化条件下档案社会化媒体信息资源的整合路径与机制研究	2015	王兰成
653	一般项目	云计算环境下电子文件的凭证性保障原理和方法研究	2015	薛四新
654	一般项目	当代中国档案利用理论与实践研究	2015	马仁杰
655	一般项目	公共档案馆用户感知服务质量评价与优化研究	2015	邓君
656	一般项目	文化与科技融合背景下非物质文化遗产建档式保护机制及实现研究	2015	叶鹏
657	一般项目	西部少数民族传统村落档案管理与利用研究	2015	王萍
658	青年项目	公共图书馆理事会制度的建设与完善研究	2015	冯佳

续表

序号	项目类别	项目名称	立项时间	项目负责人
659	青年项目	基于保障公民阅读权利的图书馆制度创新研究	2015	刘鑫
660	青年项目	面向2020的我国图书馆战略执行力模型与实证研究	2015	贾东琴
661	青年项目	公共图书馆保障公民阅读权利的对策研究	2015	张春春
662	青年项目	公共图书馆理事会配套制度研究	2015	袁澍宇
663	青年项目	基于关联数据的学术资源深度挖掘方法研究	2015	王颖
664	青年项目	面向语义出版的数字图书馆资源多维度聚合研究	2015	翟姗姗
665	青年项目	大数据视阈下军队院校青年教员信息能力再培养研究	2015	何鹏
666	青年项目	基于嵌入式服务视角的高校图书馆特定用户延伸服务的理论与实践探索研究	2015	罗亚泓
667	青年项目	基于用户体验的公共数字文化服务营销研究	2015	戴艳清
668	青年项目	移动互联网思维中图书馆微服务体系构建与保障研究	2015	孙慧明
669	青年项目	面向科学数据与科学文献关联的机构知识库重构研究	2015	卫军朝
670	青年项目	社会化媒体情境下高校信息素养内容框架与教育实践实证研究	2015	彭立伟
671	青年项目	《明史·艺文志》五种文本研究	2015	王宣标
672	青年项目	布达拉宫修缮史料整理与研究	2015	多吉平措
673	青年项目	城乡一体化进程中公共信息资源均衡配置的激励机制及实现路径研究	2015	严密

续表

序号	项目类别	项目名称	立项时间	项目负责人
674	青年项目	基于信息价格动态揭示的社交媒体用户隐私保护研究	2015	王树义
675	青年项目	企业技术创新风险管理中的竞争情报预警机制研究	2015	周鹏
676	青年项目	融合用户个性化与实时性意图的查询推荐模型研究	2015	张晓娟
677	青年项目	基于复杂网络的公众健康知识网络构建研究	2015	李晓瑛
678	青年项目	信息生命周期视角下科研数据管理与共享的政策保障研究	2015	邢文明
679	青年项目	非相关网络科技信息的识别及其应用研究	2015	邹益民
680	青年项目	基于多维信息计量分析的学术影响力综合评价研究	2015	王菲菲
681	青年项目	基于社交媒体的学术信息交流模型及实证研究	2015	程妮
682	青年项目	科研合作中的协同信息行为研究	2015	严炜炜
683	青年项目	面向社会网络的科学交流信任模式研究	2015	许洁
684	青年项目	学术创新扩散过程及创新力测度研究	2015	宋歌
685	青年项目	大数据时代面向国家安全的非通用语社交网络舆情研究	2015	梁野
686	青年项目	动态社交网络中的信息扩散优化机理研究	2015	张凌
687	青年项目	基于超网络分析的微博舆情主题发现研究	2015	田儒雅
688	青年项目	面向高新技术企业技术创新的技术威胁预警研究	2015	张丽玮

续表

序号	项目类别	项目名称	立项时间	项目负责人
689	青年项目	意义构建视野下安全情报的弱信号研究	2015	刘千里
690	青年项目	政府危机信息联合服务质量控制研究	2015	邵艳丽
691	青年项目	新媒体时代基于移动情境感知的知识服务研究	2015	廖宏建
692	青年项目	学科结构与演化的可视化分析理论框架及应用研究	2015	陈必坤
693	青年项目	数字档案资源生态管理策略研究	2015	倪代川
694	青年项目	新媒体环境下档案公共服务机理与策略研究	2015	李颖
695	青年项目	馆际合作视阈下数字档案文化遗产整合路径研究	2015	张卫东
696	青年项目	面向档案公共服务的档案法规体系建设研究	2015	周旖
697	西部项目	少数民族地区院校蒙古族大学生信息素养的培育与提高研究	2015	蔺继红
698	西部项目	《史记》写本文献及其传写与阅读研究	2015	张宗品
699	西部项目	内蒙古地方志特色日文旧籍整理与研究	2015	文宝
700	西部项目	南方丝绸之路国内文献整理研究	2015	范佳
701	西部项目	晚清民国时期南海文献整理与研究	2015	王琦
702	西部项目	文化数字化保护视域下甘青川藏族民间苯教文献整理研究	2015	庄虹
703	西部项目	东乡族文献资料数据库建设研究	2015	段新文
704	西部项目	贵州“三线建设”文献收集整理研究	2015	刘瑞
705	西部项目	湘黔边区傩书文献收集、整理研究	2015	欧阳大霖
706	西部项目	大数据并行聚类关键技术研究	2015	洪月华
707	西部项目	社会化媒体环境下新疆突发事件舆情演变规律的分析及应对研究	2015	哈丽云

附录四 2011—2015年教育部人文社会科学研究规划基金项目(图书馆、情报与文献学)一览表

序号	项目类别	项目类别	项目名称	立项时间	项目负责人
1	一般项目	规划基金项目	羌族碑刻文献整理与研究	2011	曾晓梅
2	一般项目	规划基金项目	企业知识管理能力形成机制及综合评价模型研究	2011	程刚
3	一般项目	规划基金项目	基于粒度计算理论的文本挖掘技术的研究	2011	周瑛
4	一般项目	规划基金项目	国际科技合作中企业反竞争情报工作机制研究	2011	朱礼龙
5	一般项目	规划基金项目	清代徽州藏书家与文化传播研究	2011	张健
6	一般项目	规划基金项目	中国现代服务业创新能力评价的理论与实证研究	2011	申静
7	一般项目	规划基金项目	民国文献数字化信息组织和智能处理——以民国报纸为例的研究	2011	王雅戈
8	一般项目	规划基金项目	基于微博客的危机事件群体情绪感知研究	2011	李兵
9	一般项目	规划基金项目	"藏书楼"术语文献记载考	2011	江向东
10	一般项目	规划基金项目	基于关联数据的本体发布与重用实证研究	2011	任瑞娟
11	一般项目	规划基金项目	基于知识生态的本体动态构建研究	2011	冯兰萍
12	一般项目	规划基金项目	新媒体时代网络文献集群与资源整合背景下区域高校图书馆联盟建设与发展战略研究	2011	高新陵
13	一般项目	规划基金项目	服务型政府中的电子政务信息链及其管理模型研究	2011	陈氢

续表

序号	项目类别	项目类别	项目名称	立项时间	项目负责人
14	一般项目	规划基金项目	基于企业网络的组织间知识共享理论与实证研究	2011	雷志柱
15	一般项目	规划基金项目	电子政务信息公开成效评价模型与实证研究——以湖南地区为例	2011	熊曙初
16	一般项目	规划基金项目	当前古籍数字化工作中存在的问题及其对策研究	2011	陈得媛
17	一般项目	规划基金项目	关联数据在知识地图中的链接模式研究	2011	高劲松
18	一般项目	规划基金项目	数字时代国家开放档案价值实现研究	2011	王萍
19	一般项目	规划基金项目	浙江历代进士藏书研究	2011	陈心蓉
20	一般项目	规划基金项目	公共图书馆服务质量评价模型与方法研究	2011	施国洪
21	一般项目	规划基金项目	甘肃南部山居藏族家藏古藏文苯教文献抢救发掘与整理编目	2011	庄虹
22	一般项目	规划基金项目	中国古代科技文献史	2011	丁海斌
23	一般项目	规划基金项目	产品分类的语义分析及其形式化研究	2011	黄奇
24	一般项目	规划基金项目	西方主要发达国家的出版教育研究	2011	张志强
25	一般项目	规划基金项目	晚明士人商业出版活动研究	2011	何朝晖
26	一般项目	规划基金项目	明代图书出版与社会文化互动研究	2011	杨军
27	一般项目	规划基金项目	转型中的政府信息资源规划研究——基点、模式与策略	2011	周毅
28	一般项目	规划基金项目	基于语义 Web 服务的协同政务知识共享研究	2011	高洁

续表

序号	项目类别	项目类别	项目名称	立项时间	项目负责人
29	一般项目	规划基金项目	大英图书馆收藏敦煌、新疆古藏文文书编目	2011	胡静
30	一般项目	规划基金项目	国家档案馆公共服务评价体系设计与实证研究	2011	傅荣校
31	一般项目	规划基金项目	明清时期的钓鱼岛文献资料研究	2011	陈小法
32	一般项目	规划基金项目	社会捐赠与中国图书馆	2011	赵长海
33	一般项目	规划基金项目	我国手工造纸术综合性保护规划研究	2011	张美芳
34	一般项目	规划基金项目	中国古代私人藏戏曲文献研究	2011	倪莉
35	一般项目	青年基金项目	学术机构知识图谱构建及其应用研究	2011	魏瑞斌
36	一般项目	青年基金项目	《清儒学案书札》的整理与研究	2011	沙志利
37	一般项目	青年基金项目	我国图书馆标准化体系及其发展战略研究	2011	张广钦
38	一般项目	青年基金项目	基于大众参与的图像感性特征标引机制与方法研究	2011	黄崑
39	一般项目	青年基金项目	基于知识组织体系的科技文献新主题监测研究	2011	安新颖
40	一般项目	青年基金项目	基于决策树的热点识别与趋势预测方法研究	2011	洪娜
41	一般项目	青年基金项目	面向个性化情报检索的隐私泄露与保护研究	2011	康海燕
42	一般项目	青年基金项目	《四库全书总目·医家类》研究	2011	杨东方
43	一般项目	青年基金项目	网络环境下科研人员信息查寻行为与创新能力相关性研究:理论模型与实证分析	2011	王伟

续表

序号	项目类别	项目类别	项目名称	立项时间	项目负责人
44	一般项目	青年基金项目	免费服务环境下的公共图书馆媒体宣传对策研究	2011	张正
45	一般项目	青年基金项目	《四库全书总目》存目补正	2011	周录祥
46	一般项目	青年基金项目	面向用户的网络叙词表的构建与应用研究	2011	陈红艳
47	一般项目	青年基金项目	面向泛在信息社会的大规模协作机制研究	2011	傅荣
48	一般项目	青年基金项目	融合跨媒体检索的数字图书馆个性化信息推送服务研究	2011	李广丽
49	一般项目	青年基金项目	电子商务生态系统运行机制研究	2011	肖毅
50	一般项目	青年基金项目	数字图书馆知识服务能力成熟度模型与评价体系研究	2011	刘佳
51	一般项目	青年基金项目	少数民族口述历史资源开发利用与永久性保存机制研究——以武陵山区为例	2011	彭燕
52	一般项目	青年基金项目	面向服务的高校图书馆绩效评价研究	2011	殷之明
53	一般项目	青年基金项目	地方电子政务的用户接纳问题及其推进策略研究	2011	陈贵梧
54	一般项目	青年基金项目	开放存取运动中我国科研人员的参与行为研究	2011	袁顺波
55	一般项目	青年基金项目	基于个性化服务的推荐引擎质量研究	2011	许炜
56	一般项目	青年基金项目	魏晋南北朝类书研究	2011	刘全波
57	一般项目	青年基金项目	流失海外珍贵历史档案的调查、追索与整理研究	2011	赵彦昌

续表

序号	项目类别	项目类别	项目名称	立项时间	项目负责人
58	一般项目	青年基金项目	基于概念统计的信息政策文本计算与实证	2011	裴雷
59	一般项目	青年基金项目	基于社区发现的 Web 主题图构建技术研究	2011	杨波
60	一般项目	青年基金项目	基于中文维基百科的叙词表自动构建研究	2011	陆勇
61	一般项目	青年基金项目	网络群体结构与网络群体行为规律研究	2011	张军
62	一般项目	青年基金项目	学术期刊与学科认同——从民国图书馆学三大期刊看近代图书馆学研究范式的凝结	2011	刘宇
63	一般项目	青年基金项目	面向政府决策支持的灾害信息资源管理机制与实现路径研究	2011	蔡娜
64	一般项目	青年基金项目	基于文献计量学的学术表现评价体系研究	2011	张玲
65	一般项目	青年基金项目	政府信息资源公益性增值利用对策研究	2011	吴钢
66	一般项目	青年基金项目	泛在信息环境下基于情境感知的自适应信息服务研究	2011	吴金红
67	一般项目	青年基金项目	藏文伏藏文献研究	2011	还克加
68	一般项目	青年基金项目	宋辽金元墓志纂注	2011	何山
69	一般项目	青年基金项目	统筹城乡发展背景下西部地区城乡信息鸿沟研究	2011	李健
70	一般项目	青年基金项目	基于知识组织体系的可视化智能检索模型研究	2011	吴清强

续表

序号	项目类别	项目类别	项目名称	立项时间	项目负责人
71	一般项目	青年基金项目	基于语义挖掘的维语网络舆情分析关键技术研究	2011	李勇
72	一般项目	青年基金项目	《淮南子》征引先秦诸子文献研究	2011	朱新林
73	一般项目	青年基金项目	全民阅读背景下流动儿童的阅读现状与保障体系建设研究	2011	张曼玲
74	一般项目	青年基金项目	中国馆藏域外汉籍研究	2011	陈莉
75	一般项目	青年基金项目	协同式社会管理中的政务信息共享模式研究	2011	聂勇浩
76	一般项目	青年基金项目	公民社会理论视角的图书馆社会角色研究	2011	周旖
77	西部和边疆地区项目	规划基金项目	大湄公河次区域电子商务非语言即时交流方法研究	2011	凤羽翚
78	西部和边疆地区项目	青年基金项目	活字印刷鉴别方法及活字印刷排版程式研究——以西夏文《大方广佛华严经》为例	2011	孙飞鹏
79	西部和边疆地区项目	青年基金项目	云南少数民族金石文献数据库建设	2011	甘友庆
80	西藏项目	青年基金项目	中国少数民族语言电子文件统一归档研究	2011	赵生辉
81	一般项目	规划基金项目	明清徽州契约文书整理与开发——以 S 大学馆藏为研究中心	2012	周向华
82	一般项目	规划基金项目	中国周边国家文献的国家保障研究	2012	关志英
83	一般项目	规划基金项目	关联数据环境下安全机制与数据溯源的研究	2012	倪静
84	一般项目	规划基金项目	当代学习理论视阈下高校图书馆泛在学习共享空间构建研究	2012	许春漫

续表

序号	项目类别	项目类别	项目名称	立项时间	项目负责人
85	一般项目	规划基金项目	市民化进程中的农民工信息保障研究	2012	杨玫
86	一般项目	规划基金项目	民国图书馆学学术转型研究(1912—1937)	2012	曾凡菊
87	一般项目	规划基金项目	团体导向的数字图书馆评价研究机制	2012	董颖
88	一般项目	规划基金项目	农家书屋可持续发展的图书馆专业化援助机制研究	2012	姚秀敏
89	一般项目	规划基金项目	信息文明视阈下档案文化范式转型研究	2012	倪丽娟
90	一般项目	规划基金项目	基于制度建设的我国图书馆职业化问题研究	2012	盛小平
91	一般项目	规划基金项目	我国农民信息需求与信息行为研究	2012	桂学文
92	一般项目	规划基金项目	面向用户生成内容组织的关联数据技术应用研究	2012	张自然
93	一般项目	规划基金项目	《艺文类聚》编撰研究	2012	韩建立
94	一般项目	规划基金项目	刘国钧早期学术思想研究	2012	吴稌年
95	一般项目	规划基金项目	民国时期的古籍丛书研究	2012	崔建利
96	一般项目	规划基金项目	基于 ISC 理论的信息用户行为评测与服务改进研究	2012	孙建军
97	一般项目	规划基金项目	基于技术融合的图书馆数字资源利用服务机制研究	2012	武三林
98	一般项目	规划基金项目	公共档案馆的发展模式与治理机制研究	2012	曹航
99	一般项目	规划基金项目	公共信息空间的结构转型——以政府信息公开制度变迁为例	2012	陆阳

续表

序号	项目类别	项目类别	项目名称	立项时间	项目负责人
100	一般项目	规划基金项目	公共服务背景下我国档案管理体制嬗变研究	2012	罗军
101	一般项目	规划基金项目	档案馆信息资源服务公众现状及推进策略研究	2012	张林华
102	一般项目	规划基金项目	中国高职院校图书馆协同管理评价体系的构建与实践研究	2012	郭向勇
103	一般项目	规划基金项目	大学图书馆嵌入式教学服务实践研究	2012	薛调
104	一般项目	规划基金项目	基于本体论视角的新疆高校求职招聘系统信息传播、交流与利用模式研究	2012	闵东
105	一般项目	规划基金项目	国际科技合作趋势与影响力的量化实证研究	2012	钟旭
106	一般项目	规划基金项目	基于物联网技术的边疆民族地区高校图书馆数字化建设研究——以云南为例	2012	王新
107	一般项目	规划基金项目	高校图书馆数字资源绩效评价研究	2012	覃凤兰
108	一般项目	规划基金项目	基于云计算的农产品生态监测研究	2012	黄晓英
109	一般项目	规划基金项目	社会认同视野下的乡村档案文化建设研究——基于改革开放以来浙江实践的考察	2012	蒋国勇
110	一般项目	规划基金项目	民国时期文献原生性保护研究	2012	林明
111	一般项目	规划基金项目	军机处满文录副奏折所藏18世纪托忒文文书研究	2012	叶尔达
112	一般项目	青年基金项目	基于群体智慧的非物质文化遗产档案管理模式及其实现机制研究	2012	戴旸

续表

序号	项目类别	项目类别	项目名称	立项时间	项目负责人
113	一般项目	青年基金项目	明清徽州民间文书俗字、俗词、俗语考释	2012	凌桂萍
114	一般项目	青年基金项目	重大科技工程中代际知识传承的导师制研究	2012	王馨
115	一般项目	青年基金项目	特色数字馆藏建设用户参与模式与保障机制研究	2012	李书宁
116	一般项目	青年基金项目	基于维度本体的数字图书馆情境敏感知识管理研究	2012	姜赢
117	一般项目	青年基金项目	知识管理无形学院中知识交流结构研究——以社会网络分析为方法	2012	张勤
118	一般项目	青年基金项目	面向轻博客热点话题情感倾向性分析的研究	2012	王娟
119	一般项目	青年基金项目	朝鲜古写徽州本《朱子语类》整理研究	2012	杨艳
120	一般项目	青年基金项目	基于三网融合的数字图书馆著作权豁免诉求研究	2012	吉宇宽
121	一般项目	青年基金项目	信息网络传播与数字图书馆权利研究	2012	周丽霞
122	一般项目	青年基金项目	虚拟社会网络环境下微博的集群行为感知与规律研究	2012	胡昌龙
123	一般项目	青年基金项目	国际比较视野下的高校图书馆社会服务动力机制研究	2012	阳国华
124	一般项目	青年基金项目	图书馆、档案馆数字化服务融合研究	2012	张卫东
125	一般项目	青年基金项目	云计算环境下数字图书馆云服务信息化平台架构策略与用户服务模式研究	2012	马晓亭

续表

序号	项目类别	项目类别	项目名称	立项时间	项目负责人
126	一般项目	青年基金项目	三网融合环境区域数字图书馆云服务研究	2012	张龙昌
127	一般项目	青年基金项目	我国学术信息资源开放存取政策研究	2012	张耀坤
128	一般项目	青年基金项目	面向农村的“三农知识”自动问答服务系统构建的关键问题研究	2012	朱鹏
129	一般项目	青年基金项目	基于中文信息处理技术的古籍整理研究	2012	顾磊
130	一般项目	青年基金项目	科技期刊评价中利益相关者的关系特征分析及其改进	2012	王灵芝
131	一般项目	青年基金项目	长句检索中信息查询扩展技术研究	2012	白如江
132	一般项目	青年基金项目	学术虚拟社区知识交流的模式和规律研究	2012	丁敬达
133	一般项目	青年基金项目	清末民初私人藏书家与近代图书馆学的形成	2012	马刘凤
134	一般项目	青年基金项目	场域·文化·公共空间:大学图书馆公共性研究	2012	倪代川
135	一般项目	青年基金项目	清中叶民间书业研究——以江南地区为中心	2012	郑幸
136	一般项目	青年基金项目	构建上海国际航运中心文献信息支撑体系研究	2012	吕长红
137	一般项目	青年基金项目	面向云计算环境下科技文献共享的语义集成模型研究	2012	朱小栋
138	一般项目	青年基金项目	新时期俄罗斯图书馆事业研究	2012	文凤
139	一般项目	青年基金项目	科学—技术关联探测方法研究——专利引文视角	2012	李睿

续表

序号	项目类别	项目类别	项目名称	立项时间	项目负责人
140	一般项目	青年基金项目	云仓储环境下数字资源长期保存协作模式研究	2012	李卓卓
141	一般项目	青年基金项目	基于群体智慧的微博客信息可信度评价机制研究	2012	王树义
142	一般项目	青年基金项目	社会性标签系统中用户信息搜寻行为研究	2012	姜婷婷
143	一般项目	青年基金项目	文华图专对中国图书馆学教育本土化的贡献研究	2012	彭敏惠
144	一般项目	青年基金项目	基于社交网络及情境感知的移动互联网信息推荐研究	2012	曹洪江
145	一般项目	青年基金项目	西藏地区民间苯教经典调查及分类研究	2012	更尕易西
146	一般项目	青年基金项目	引用认同的相关规律及其应用研究	2012	苏芳荔
147	一般项目	青年基金项目	基于综合情报平台的重大社会安全事件预警防范机制研究	2012	陈亮
148	一般项目	青年基金项目	信息生态视角下的网络信息资源优化配置研究	2012	陈明红
149	西部和边疆地区项目	青年基金项目	敦煌文学写本文献的原生态特点研究	2012	冷江山
150	西部和边疆地区项目	青年基金项目	E-Science 环境下高校文献信息保障策略研究	2012	周剑
151	一般项目	规划基金项目	西部民族地区农民信息行为特征及其信息保障机制研究	2013	龚立群
152	一般项目	规划基金项目	图书馆促进新生代农民工城市融入的模式及路径研究	2013	程孝良

续表

序号	项目类别	项目类别	项目名称	立项时间	项目负责人
153	一般项目	规划基金项目	纺织史研究资源保障及其服务体系构建研究	2013	陈惠兰
154	一般项目	规划基金项目	福建历代私家藏书研究	2013	方宝川
155	一般项目	规划基金项目	清末民初社会变革中的图书馆应对研究（1900—1920）	2013	范玉红
156	一般项目	规划基金项目	基于协同创新的企业知识产权合作研究	2013	李朝明
157	一般项目	规划基金项目	武陵山片区农村信息贫困程度评价及扶贫机制研究	2013	赵奇钊
158	一般项目	规划基金项目	中国进士藏书家研究及其数据库建设	2013	丁辉
159	一般项目	规划基金项目	“日本侵华时期图书损失”史料数据库建设研究	2013	黄红
160	一般项目	规划基金项目	基于 CALIS 的区域贮存图书馆建设模式研究	2013	熊太纯
161	一般项目	规划基金项目	基于网络爬虫和数字水印的图书馆数字资源侵权追踪研究	2013	李启南
162	一般项目	规划基金项目	蒙古学信息服务平台建设研究	2013	德力格尔
163	一般项目	规划基金项目	网络社区驱动的高校图书馆数字资源服务与管理功能全关联映射研究	2013	赵乃瑄
164	一般项目	规划基金项目	多语言高质量社会化标签生成及聚类研究	2013	章成志
165	一般项目	规划基金项目	山东方志人物传记资料索引	2013	王恒柱
166	一般项目	规划基金项目	云环境下研究图书馆文献资源建设策略与机制研究	2013	刘华

续表

序号	项目类别	项目类别	项目名称	立项时间	项目负责人
167	一般项目	规划基金项目	科学共同体动态演化过程的可视化研究	2013	贺颖
168	一般项目	规划基金项目	我国科学数据集成与共享的保障研究	2013	司莉
169	一般项目	规划基金项目	馆藏数字资源语义化深度聚合的理论与关键技术研究	2013	赵蓉英
170	一般项目	规划基金项目	明朝以前西藏地方档案管理研究	2013	侯希文
171	一般项目	规划基金项目	晚清翻译小说目录志编撰	2013	陆国飞
172	一般项目	规划基金项目	图书馆数字资源的细粒度语义化描述与复用研究	2013	郭少友
173	一般项目	规划基金项目	公共文化服务体系视野下新生代农民工日常生活信息获取行为研究	2013	肖永英
174	一般项目	青年基金项目	基于排序学习的信息检索模型研究	2013	程凡
175	一般项目	青年基金项目	清代宫廷戏曲文献整理及研究	2013	熊静
176	一般项目	青年基金项目	基于互联网开放领域构建京剧专业语料库	2013	乐娟
177	一般项目	青年基金项目	基于学术博客的知识转移与传播研究	2013	陈卓群
178	一般项目	青年基金项目	图书馆云的服务质量模型	2013	黎春兰
179	一般项目	青年基金项目	基于移动互联网的网络社会集群行为感知与引导研究	2013	刘蔚
180	一般项目	青年基金项目	中国图书馆法律制度建设的实践及成效研究	2013	金武刚
181	一般项目	青年基金项目	基于用户兴趣挖掘的电子政务门户知识整合研究	2013	翟姗姗

续表

序号	项目类别	项目类别	项目名称	立项时间	项目负责人
182	一般项目	青年基金项目	面向用户的数字图书馆自适应信息服务机制研究	2013	沈旺
183	一般项目	青年基金项目	基于新核函数的相似专利文献检索研究	2013	王秀红
184	一般项目	青年基金项目	企业反竞争情报能力的构成、测度与提升路径研究	2013	黎小平
185	一般项目	青年基金项目	基于压缩感知和可逆水印的数字图书馆信息资源知识产权认证研究	2013	高光勇
186	一般项目	青年基金项目	《通志堂经解》版本学研究	2013	王爱亭
187	一般项目	青年基金项目	数字遗产长期保存策略研究	2013	聂云霞
188	一般项目	青年基金项目	众包社区中参与者的动因分类及调节效应研究	2013	赵宇翔
189	一般项目	青年基金项目	全纳视阈下高校图书馆泛在知识服务研究	2013	王焕景
190	一般项目	青年基金项目	戴志骞外文著述整理、翻译与研究	2013	郑锦怀
191	一般项目	青年基金项目	社会化标注系统资源多维度聚合与导航研究	2013	张云中
192	一般项目	青年基金项目	数字档案馆服务能力测评模型与实证研究	2013	吕元智
193	一般项目	青年基金项目	数字图书馆的用户交互模型与服务改进研究	2013	徐芳
194	一般项目	青年基金项目	基于在线网络和媒体的社会实体公信力评价体系研究	2013	孙越恒
195	一般项目	青年基金项目	基于情报学理论和方法的社会预警研究	2013	刘建准

续表

序号	项目类别	项目类别	项目名称	立项时间	项目负责人
196	一般项目	青年基金项目	社会网络环境下信息内容主题挖掘与语义分类研究	2013	胡吉明
197	一般项目	青年基金项目	移动虚拟社区的群推荐信息服务研究——以涌现知识和时空情境整合的视角	2013	胡慕海
198	一般项目	青年基金项目	基于认知地图的隐性知识表达与组织研究	2013	张凌
199	一般项目	青年基金项目	公益性数字文化服务合作机制研究	2013	戴艳清
200	一般项目	青年基金项目	面向知识服务的图书馆信息资源整合研究	2013	丁楠
201	一般项目	青年基金项目	基于意见领袖的在线购买决策行为研究	2013	梦非
202	一般项目	青年基金项目	民国时期图书馆学本土化实践探索研究——以人物个案为中心	2013	刘应芳
203	一般项目	青年基金项目	国家海洋权益视野下的海洋档案管理模式研究	2013	范世清
204	一般项目	青年基金项目	基于重叠结构的学科交叉演化研究	2013	陈仕吉
205	一般项目	青年基金项目	全程管理框架下的电子文件与档案分类:模型构建与实证研究	2013	马林青
206	一般项目	青年基金项目	基于语义述谓网络属性的多文档自动摘要:以生物医学为例	2013	张晗
207	一般项目	青年基金项目	图书馆、档案馆与博物馆数字信息资源的深度聚合研究	2013	宋琳琳
208	西部和边疆地区项目	规划基金项目	基于项目情境的社会科学信息查寻行为研究	2013	李桂华

续表

序号	项目类别	项目类别	项目名称	立项时间	项目负责人
209	西部和边疆地区项目	青年基金项目	高校人文社会科学研究者信息需求规律及服务模式研究	2013	丁恩俊
210	西藏项目	规划基金项目	网络环境下特定主题的藏文信息发现与采集方法研究	2013	刘伟光
211	一般项目	规划基金项目	比较法视角下图书馆孤儿作品利用的路径选择和制度构建	2014	王本欣
212	一般项目	规划基金项目	基于微本体架构的微博信息管理机理研究	2014	崔金栋
213	一般项目	规划基金项目	我国公共图书馆服务能力的评价与建设研究	2014	孙成江
214	一般项目	规划基金项目	基于后结构主义网络分析的 Folksonomy 模式中社群知识非线性自组织研究	2014	滕广青
215	一般项目	规划基金项目	李燕亭图书馆学著述整理与研究	2014	翟桂荣
216	一般项目	规划基金项目	数据库垄断趋势与图书馆服务创新研究	2014	李明理
217	一般项目	规划基金项目	伦明《辛亥以来藏书纪事诗》研究	2014	刘平
218	一般项目	规划基金项目	文字图像识别模型在古典文献版本差异比对系统中的应用	2014	张忠林
219	一般项目	规划基金项目	“西学东渐”与“文化反哺”：中美图书馆事业交流史研究（1903—1949）	2014	李刚
220	一般项目	规划基金项目	图书馆员职业胜任力模型构建与应用研究	2014	徐建华
221	一般项目	规划基金项目	苏沪医籍考	2014	刘时觉
222	一般项目	规划基金项目	云环境下信息消费知识产权的风险分析与对策研究	2014	冉从敬

续表

序号	项目类别	项目类别	项目名称	立项时间	项目负责人
223	一般项目	规划基金项目	西部文化生态系统中的基层图书馆服务体系建设研究	2014	段小虎
224	一般项目	规划基金项目	制度创新视野下西藏农家书屋工程后续发展问题研究	2014	李子
225	一般项目	青年基金项目	政府危机决策信息保障体系与信息机理研究	2014	陈凌
226	一般项目	青年基金项目	全民阅读视角下的读书会推广机制研究	2014	曹桂平
227	一般项目	青年基金项目	基于《马拉喀什条约》视角的图书馆无障碍服务版权制度研究	2014	徐轩
228	一般项目	青年基金项目	大数据驱动的信息服务业协同竞争态势动态发现机制研究	2014	胡凤
229	一般项目	青年基金项目	微博热点事件发现及其内容自动摘要研究	2014	王连喜
230	一般项目	青年基金项目	近代以来藏书文化嬗变研究——以典籍捐公为中心	2014	王安功
231	一般项目	青年基金项目	RDA 与中国编目变革及推广研究	2014	姜化林
232	一般项目	青年基金项目	移动环境下图书馆用户行为发现与知识推荐研究	2014	程秀峰
233	一般项目	青年基金项目	二十世纪西方书籍史学理论与研究范式研究	2014	郭平兴
234	一般项目	青年基金项目	高校图书馆开展科研产出元数据监护服务研究	2014	杨鹤林
235	一般项目	青年基金项目	基于超图模型的专利文本多标签分类研究	2014	刘桂锋

续表

序号	项目类别	项目类别	项目名称	立项时间	项目负责人
236	一般项目	青年基金项目	认同性整合视野下面向西北民族地区城市社区的图书馆延伸服务研究	2014	牛勇
237	一般项目	青年基金项目	异构知识网络中主题突变动态识别研究	2014	张金柱
238	一般项目	青年基金项目	我国科研人员接受开放存取期刊出版的影响因素模型构建与实证研究	2014	苏小波
239	一般项目	青年基金项目	复杂网络视角下的科学共同体研究	2014	朱云霞
240	一般项目	青年基金项目	基于约束控制和数字指纹的数字出版资源抗叛逆者侵权研究	2014	陈志文
241	一般项目	青年基金项目	数据素养对科学数据管理的影响及对策研究	2014	沈婷婷
242	一般项目	青年基金项目	上海明代著述研究	2014	孙麒
243	一般项目	青年基金项目	基于专利挖掘的突破性创新识别方法研究	2014	周磊
244	一般项目	青年基金项目	基于用户感知的移动图书馆服务接受与使用行为研究	2014	明均仁
245	一般项目	青年基金项目	基于用户体验的移动图书馆服务质量提升机制研究	2014	金小璞
246	一般项目	青年基金项目	新疆汉文古籍调查与研究	2014	赵剑锋
247	一般项目	青年基金项目	19 世纪士人日常阅读的书目整理、编纂与研究	2014	程彦霞
248	一般项目	青年基金项目	移动互联网环境下个性化信息服务研究——基于情境感知和本体的方法	2014	姜毅
249	一般项目	青年基金项目	网络科技信息情报价值判断的理论、方法与实证研究	2014	邹益民

续表

序号	项目类别	项目类别	项目名称	立项时间	项目负责人
250	一般项目	青年基金项目	基于用户认知的可视化学科服务模式研究	2014	李亚梅
251	一般项目	青年基金项目	教育公平视野下公共图书馆 MOOCs 教学支持服务研究	2014	韩宇
252	一般项目	青年基金项目	宋刊群经义疏的编校与刻印	2014	李霖
253	一般项目	青年基金项目	《千顷堂书目》研究	2014	王宣标
254	西部和边疆地区项目	规划项目	简帛学百年论著目录研究	2014	杨晓华
255	西部和边疆地区项目	规划项目	西北地区农村居民信息贫富分化现状及政策启示研究	2014	周文杰
256	西部和边疆地区项目	青年基金项目	国民政府时期四川户政档案文献研究	2014	黄小忠
257	西藏项目	规划基金项目	西藏城镇化进程中的农村公共阅读服务体系研究	2014	张若蓉
258	一般项目	规划基金项目	社会化网络、知识协同和开放式创新:作用机制及相关因素研究	2015	储节旺
259	一般项目	规划基金项目	中日图书馆学交流 65 年(1899—1964)历史探微	2015	范凡
260	一般项目	规划基金项目	基于文献计量学视阈的科学家学术谱系研究	2015	吕瑞花
261	一般项目	规划基金项目	后现代图书馆学理论建构与发展的哲学思考	2015	陈立华
262	一般项目	规划基金项目	西方校勘学理论与方法研究	2015	苏杰
263	一般项目	规划基金项目	湖南石刻文献著录与研究	2015	李花蕾

续表

序号	项目类别	项目类别	项目名称	立项时间	项目负责人
264	一般项目	规划基金项目	基于标签主题的多维社会网络构建与Web知识推送研究	2015	易明
265	一般项目	规划基金项目	基于企业创新价值链的知识融合服务研究	2015	胡潜
266	一般项目	规划基金项目	分科与聚合:民国前期西方学术观念传入与中国图书馆学的产生	2015	于作敏
267	一般项目	规划基金项目	中国农村博物馆研究	2015	周裕兴
268	一般项目	规划基金项目	大数据环境下面向MOOC的高校图书馆知识服务平台建设研究	2015	毛海波
269	一般项目	规划基金项目	黔南民族民间古籍留存现状调查及整理研究	2015	杨龙娇
270	一般项目	规划基金项目	《新疆图志》版本研究	2015	史明文
271	一般项目	规划基金项目	《楚辞集解》版本文献研究	2015	熊良智
272	一般项目	规划基金项目	MOOC背景下图书馆嵌入教学服务的对策与实证研究	2015	胡永生
273	一般项目	规划基金项目	开放网络环境下高校学术素养教育MOOC模式研究	2015	林嘉
274	一般项目	规划基金项目	机构知识资源知识关联揭示方法与关键问题研究	2015	都平平
275	一般项目	规划基金项目	新型城镇化视角下的农村劳动力档案体系构建研究	2015	马雁
276	一般项目	青年基金项目	社会化媒体信息质量感知及用户信息行为影响规律和优化研究	2015	李晶
277	一般项目	青年基金项目	基于多重数据融合的科研关系网络中关系挖掘研究	2015	陈颖

续表

序号	项目类别	项目类别	项目名称	立项时间	项目负责人
278	一般项目	青年基金项目	大数据时代图书馆文本类文献复制取证技术研究	2015	王晓霞
279	一般项目	青年基金项目	异构环境下个性化数字资源云服务研究	2015	张龙昌
280	一般项目	青年基金项目	社会化标注系统中个性化信息推荐多维度融合与优化模型研究	2015	武慧娟
281	一般项目	青年基金项目	基于学术交流的高校图书馆科研服务模式与保障研究	2015	孟祥保
282	一般项目	青年基金项目	基于云计算的科学数据资源聚合研究	2015	张新兴
283	一般项目	青年基金项目	基于大数据的数字图书馆移动视觉搜索机制及其应用模式研究	2015	李晨晖
284	一般项目	青年基金项目	图书馆学对图书馆事业发展贡献定量研究	2015	张垒
285	一般项目	青年基金项目	湘粤桂边区民间文献研究及其数据库建设	2015	尹华君
286	一般项目	青年基金项目	面向语义出版的富语义模型构建与应用研究	2015	李楠
287	一般项目	青年基金项目	基于事件群的网络舆情监测机制	2015	张茂元
288	一般项目	青年基金项目	新业态环境下高校图书馆专业馆员职业能力研究	2015	王启云
289	一般项目	青年基金项目	基于快数据处理的语义数字阅读推广研究	2015	陈俊鹏
290	一般项目	青年基金项目	论文低被引的影响因素分析、预测及其评价应用研究	2015	胡泽文

续表

序号	项目类别	项目类别	项目名称	立项时间	项目负责人
291	一般项目	青年基金项目	海上丝绸之路文献目录整理、编纂与研究	2015	陈彬强
292	一般项目	青年基金项目	元代官箴文献整理	2015	马继业
293	一般项目	青年基金项目	20 世纪以来地理学译著出版史	2015	肖超
294	一般项目	青年基金项目	基于信息融合分析的战略性新兴产业技术预测机制研究	2015	王兴旺
295	一般项目	青年基金项目	“魂系历史主义”的档案元数据核心集的构建研究	2015	崔杰
296	一般项目	青年基金项目	中国特色新型高校智库评价体系研究	2015	吴艳
297	一般项目	青年基金项目	普适个性化内容推荐的方法研究——基于知识管理和服务过程建模的视角	2015	张宇
298	一般项目	青年基金项目	经典阅读推广的困境与发展路径研究	2015	何官峰
299	一般项目	青年基金项目	面向全信息检索的藏文古籍特征研究	2015	胡建
300	一般项目	青年基金项目	基于大数据分析的在线社会网络舆情挖掘及风险管控研究	2015	陈雪刚
301	一般项目	青年基金项目	美国智库文本数据库及其情报分析系统的构建研究	2015	陈媛媛
302	一般项目	青年基金项目	大数据时代的数字图书馆资源深度挖掘与服务个性化推荐研究	2015	过珊珊
303	一般项目	青年基金项目	Altmetrics 语境下的多类型科研成果评价新体系研究	2015	刘春丽
304	一般项目	青年基金项目	海外瑶族古籍的挖掘、整理与研究	2015	陈朋

续表

序号	项目类别	项目类别	项目名称	立项时间	项目负责人
305	一般项目	青年基金项目	我国政府社交媒体信息档案化管理体系研究	2015	宋魏巍
306	一般项目	青年基金项目	协同创新视角下高校图书馆基于MOOCs和SPOCs的服务模式研究	2015	陶海柱
307	西藏项目	规划基金项目	藏族网络用户信息行为特征分析与图书馆服务策略研究	2015	马凌云

后　记

《中国图书馆事业发展报告》是我国图书馆界第一套较为完整的事业发展蓝皮书,也是国家图书馆履行全国图书馆发展研究中心职能的一个重要体现。该系列蓝皮书以综合报告和专题报告交替出版的形式,由国家图书馆研究院组织编撰。

本书是该系列蓝皮书中的第二份综合报告,主要对我国"十二五"时期图书馆事业建设的成果、经验、特点等进行总结分析,并就未来发展提出展望。参与本报告编纂工作的既有来自教育科研机构的专业研究团队,也有长期从事实践工作的图书馆员。全书编纂过程的组织、联络和协调工作由国家图书馆研究院负责,各章内容撰写具体分工如下:综述报告由国家图书馆馆长韩永进负责,申晓娟、李丹、王天乐、刘宇初参与执笔;国家图书馆部分由国家图书馆研究院副院长申晓娟负责,张若冰、杨凡参与执笔;公共图书馆部分由广州图书馆馆长方家忠负责,陈丽纳、谭丽琼、黄洁晶、陈深贵参与执笔;高校图书馆部分由西南交通大学图书馆馆长高凡负责;中小学图书馆部分由教育部中国教育装备行业协会会员服务部主任王海明负责,北京教育学院学报编辑部主任曹青参与执笔;专业图书馆部分由中国科学院文献情报中心副主任刘细文负责,中国图书馆学会专业图书馆分会副秘书长赵树宜参与执笔;民办图书馆部分由洛阳师范学院图书馆副馆长马艳霞负责;图书馆行业组织由国家图书馆社会教育部主任汤更生负责,李月婷、全根先参与执笔;华北地区图书馆部分由北京市西城区图书馆管理协会会长郭斌负责,高建忠参与执笔;东北地区图书馆部分由辽宁师范大学讲师张文亮负责,张桐、付皋男参与执笔;华东地区图书馆部分由江苏省图书馆学会秘书长杨岭雪负责;华中地区图书馆部分由湖南图书馆副馆长邹序明负责,刘小花、王昕晗参与执笔;华南地区图书馆部分由广东省立中山图书馆研究辅导部主任陈卫东负责;西南地区图书馆部分由四川省图书馆培训辅导部主任熊文负责,李秋雨参与执笔;西北地区部分由陕西省图书馆发展研究部主任万行明负责,王阳、辛娜参与执笔;图书馆学教育与研究部分由北京大学信息管理系教授刘兹恒负责,涂志芳、苗美娟、梁宵萌参与执笔。文后附录一、二由国家图书馆研究院章遥整理，附录三、四由北京大学苗美娟整理。全书由申晓娟、李丹、王天乐、杨凡、李伟、荆倩金汇总整理。

自2016年1月编纂工作启动以来，编写组全体成员反复沟通，精心锤炼，数易其稿，终成全书，在此一并致谢！

国家图书馆研究院

2018年3月